해커스변호사

민법

Civil Law

최근 3개년
판례의 脈

 해커스변호사

객관식이든 주관식이든 개별적인 판례를 단순히 병렬적으로 암기하는 것은 판례가 '사례지문화' 되는 최근 출제경향에서는 효과적인 공부방법이 될 수 없습니다. 즉 민법판례를 공부할 때는 당해 판례가 민법 몇 조의 해석과 관련성이 있는지, 당해 판례가 민법상 어떤 법리를 전개하고 있는지, 다른 판례와는 어떤 연관성이 있는지를 면밀히 따져보아야 합니다. 한마디로 판례를 '정확히', '제대로' 그리고 '수험적합적'으로 공부하는 것이 중요합니다. 이에 본 저자는 민법 판례집을 기존판례집처럼 단순히 판례판시내용만 소개하는 틀에서 벗어나 해당 판례가 문제될 수 있는 '쟁점정리', '관련판례' 또는 '비교판례'를 정리하고 필요에 따라서는 '사례문제화'하여 당해 판례를 중심으로 쟁점화 될 수 있는 판례와 판례이론을 효과적으로 정리하였습니다.

[3년간 최신판례 + 2개년 중요판례를 선별한 이유]

매년도 기출문제를 분석해 보면 시험 직전의 1년간의 판례는 당해 연도 시험에 가장 많이 출제된 후 차년도 (1년 후) 또는 차차 연도(2년 후)에 출제되어 왔으며 3년이 지난 후에는 특히 중요한 판례를 제외하고는 거의 최근판례의 효용성이 다하여져 출제빈도수가 확연하게 떨어진다는 것을 확인할 수 있었습니다. 이러한 분석을 바탕으로 최근 3년간의 판례와 그 이전의 2년 정도의 중요판례에는 대부분의 중요한 판례이론이 한번쯤은 반복되므로 본서를 일독하는 것만으로도 판례를 거의 대부분 살펴보는 효과를 거둘 수 있을 것입니다. 즉, 본서에 소개된 판례는 **2022년 1월 1일부터 2024년 6월 13일**까지의 판례는 지엽적인 판례를 제외하고는 거의 빠짐없이 소개하였고, **2020년~2021년** 판례는 출제가능성이 매우 유력한 중요판례만 소개하였습니다.

[최근 3개년 + 2개년 중요 민법판례 교재의 특징]

(1) 최신 판례의 다양한 변형과 해당 판례를 정확히 이해하기 위해 해당판례와 관련한 '쟁점정리', '비교판례', '관련판례'들을 꼭 필요한 만큼 소개하였습니다.
(2) 단순히 최신 판례를 소개하는 것에 그치지 않고 ○, × 지문화하여 바로 시험에 적용할 수 있게 하였습니다.
(3) 꼭 확인해야 하는 중요한 판례는 ★ 또는 ★★로 표시하였고, 경우에 따라서는 당해 판례를 활용한 '사례문제'도 소개하였습니다.
(4) 최근 3개년 국가고시(13회 변호사시험, 23년도 3차 법전협 모의시험, 23년도 법원행정고시, 23년도 법무사시험) 기출표시를 통해 강약조절을 추가로 할 수 있게 하였습니다.

각종 시험에서 최신 판례의 중요성은 아무리 강조해도 지나치지 않습니다. 하지만 참고할 만한 자료(판례평석 등)가 많지 않기 때문에 최신 판례를 '정확하게, 그리고 수험적합적'으로 재가공하는 일은 여간 힘든 작업이 아니었습니다. 하지만 그 어느 판례집보다 정성을 쏟아 부은 만큼 수험생들에게는 좋은 길잡이가 될 수 있을 거라 믿습니다.

2024년 6월 중순 윤동환

민법총칙

제1장	민법 서론
제2장	법률관계와 권리의무

민법의 법원

1 ★ 과거에는 조리에 부합하였던 법규범이라도 사회관념과 법의식의 변화 등으로 인해 헌법을 최상위 규범으로 하는 전체 법질서에 부합하지 않게 되었다면, 대법원은 전체 법질서에 부합하지 않는 부분을 배제하는 등의 방법으로 그러한 법규범이 현재의 법질서에 합치하도록 하여야 한다.

( )

> **판결요지**
>
> "대판 2008.11.20. 전합2007다27670 판결은 피상속인의 유체·유해가 민법 제1008조의3 소정의 제사용 재산에 준해서 제사주재자에게 승계되고, 제사주재자는 우선적으로 공동상속인들 사이의 협의에 의해 정하되, 협의가 이루어지지 않는 경우에는 그 지위를 유지할 수 없는 특별한 사정이 있지 않는 한 장남 또는 장손자 등 남성 상속인이 제사주재자라고 판시하였다. 그러나 공동상속인들 사이에 협의가 이루어지지 않는 경우 제사주재자 결정방법에 관한 2008년 전원합의체 판결의 법리는 더 이상 조리에 부합한다고 보기 어려워 유지될 수 없다. …(중략)…공동상속인들 사이에 협의가 이루어지지 않는 경우에는 제사주재자의 지위를 인정할 수 없는 특별한 사정이 있지 않는 한 피상속인의 직계비속 중 남녀, 적서를 불문하고 최근친의 연장자가 제사주재자로 우선한다고 보는 것이 가장 조리에 부합한다"(대판 2023.5.11. 전합2018다248626) **정답** ○

신의성실의 원칙

1 ★★ 어떤 토지가 그 개설경위를 불문하고 일반 공중의 통행에 공용되는 도로, 즉 공로가 되면 그 부지의 소유권 행사는 제약을 받게 되며, 이는 소유자가 수인하여야만 하는 재산권의 사회적 제약에 해당한다. 따라서 공로 부지의 소유자가 이를 점유·관리하는 지방자치단체를 상대로 공로로 제공된 도로의 철거, 점유 이전 또는 통행금지를 청구하는 것은 법질서상 원칙적으로 허용될 수 없는 '권리남용'이라고 보아야 한다. 22년 법행, 23년 법무, 23년 1차모의 사례형 ( )

1-1 ★★ 제3자가 특정인에 대하여만 그 도로의 통행을 방해함으로써 일상생활에 지장을 받게 하는 등의 방법으로 특정인의 통행 자유를 침해하였다면 민법상 불법행위에 해당하고, 침해를 받은 자로서는 방해의 배제나 장래에 생길 방해를 예방하기 위하여 통행방해 행위의 금지를 소구할 수 있다. 23년 변호 유사, 23년 1차모의 사례형 ( )

판결요지

※ 토지소유자가 공로의 인도를 청구하는 것이 권리남용에 해당하는지 여부(적극)

"권리의 행사가 주관적으로 오직 상대방에게 고통을 주고 손해를 입히려는 데 있을 뿐 이를 행사하는 사람에게는 이익이 없고, 객관적으로 사회질서에 위반된다고 볼 수 있으면, 그 권리의 행사는 권리남용으로서 허용되지 아니하고, 이 때 권리의 행사가 상대방에게 고통이나 손해를 주기 위한 것이라는 주관적 요건은 권리자의 정당한 이익을 결여한 권리행사로 보이는 객관적인 사정들을 모아서 추인할 수 있으며, 이와 같이 권리의 행사에 해당하는 외관을 지닌 어떠한 행위가 권리남용이 되는가의 여부는 권리남용 제도의 취지 및 그 근간이 되는 동시대 객관적인 사회질서의 토대 하에서 개별적이고 구체적인 상황을 종합하여 판단하여야 한다.

어떤 토지가 그 개설경위를 불문하고 일반 공중의 통행에 공용되는 도로, 즉 공로가 되면 그 부지의 소유권 행사는 제약을 받게 되며, 이는 소유자가 수인하여야만 하는 재산권의 사회적 제약에 해당한다. 따라서 공로 부지의 소유자가 이를 점유·관리하는 지방자치단체를 상대로 공로로 제공된 도로의 철거, 점유 이전 또는 통행금지를 청구하는 것은 법질서상 원칙적으로 허용될 수 없는 '권리남용'이라고 보아야 한다"(대판 2021.10.14. 2021다242154).

정답 ○

※ 일반 공중의 통행에 공용된 도로의 통행을 방해함으로써 특정인의 통행 자유를 침해한 경우, 민법상 불법행위에 해당하는지 여부(적극) 및 이때 침해를 받은 자가 통행방해 행위의 금지를 소구할 수 있는지 여부(적극)

"불특정 다수인인 일반 공중의 통행에 공용된 도로, 즉 공로(공로)를 통행하고자 하는 자는 그 도로에 관하여 다른 사람이 가지는 권리 등을 침해한다는 등의 특별한 사정이 없는 한, 일상생활상 필요한 범위 내에서 다른 사람들과 같은 방법으로 그 도로를 통행할 자유가 있다. 제3자가 특정인에 대하여만 그 도로의 통행을 방해함으로써 일상생활에 지장을 받게 하는 등의 방법으로 특정인의 통행 자유를 침해하였다면 민법상 불법행위에 해당하고, 침해를 받은 자로서는 방해의 배제나 장래에 생길 방해를 예방하기 위하여 통행방해 행위의 금지를 소구할 수 있다"(대판 2021.10.14. 2021다242154). 유제

정답 ○

[사실관계] 수십 년 전부터 자연발생적으로 마을 주민들의 통행로로 사용되어 주요 마을 안길의 일부가 된 이 사건 도로에 대하여 전 소유자가 인근 공장 신축 위해 받은 산림형질변경허가에서도 현황도로로 부관이 부가되어 있었음. 원고가 이 사건 도로를 포함한 토지를 그 현황대로 매수하고 전 소유자의 건축허가도 승계받은 경우, 공로로서의 이용상황을 알면서도 매수하였고 대물적 성격의 허가에 부가된 부관의 효력도 부담하게 되는 점 등 제반사정을 고려하면, 원고가 이 사건 도로의 인도를 구하는 것이 권리남용에 해당하거나 신의칙에 반하여 허용되지 않는다고 판단한 원심을 수긍한 사안

|쟁점정리|

※ 불법행위에 따른 효과로서 금지청구권의 인정여부

불법행위에 대한 구제수단으로 손해배상청구권 외에 금지청구권, 즉 불법행위에 기한 방해제거 또는 방해예방청구가 가능한지 문제된다. 손해배상은 사후적 손해전보수단에 불과하여 피해자의 이익을 충분히 보호할 수 없기 때문이다(제394조 참조). 종래 判例는 불법행위가 인격권에 대한 침해를 구성하는 경우에 인격권에 기한 금지청구를 인정한 바 있고(대판 1996.4.12. 93다40614 ; 대결 2005.1.17. 2003마1477 등), 최근에 判例는 ① 특정 행위가 부정한 경쟁행위로서 민법상 불법행위에 해당하는 경우, ⅰ) 금전배상을 명하는 것만으로는 피해자 구제의 실효성을 기대하기 어렵고, ⅱ) 그 행위의 금지로 보호되는 피해자의 이익과 그로 인한 가해자의 불이익을 비교·교량할 때 피해자의 이익이 더 큰 경우에는 그 행위의 금지 또는 예방을 청구할 수 있다고 판시하였고(대결 2010.8.25. 2008마1541). ② 일반 공중의 통행에 제공된 도로에서 제3자가 통행의 자유를 침해하는

> 것은 민법상 불법행위에 해당하며, 침해를 받은 자로서는 그 방해의 배제나 장래에 생길 방해를 예방하기 위하여 통행방해 행위의 금지를 소구할 수 있다고 한다(대판 2011.10.13. 2010다63720 : 12회 선택형).

1-2 X토지가 오래전부터 도로로 이용되었던 점을 알면서 이를 매수한 甲이, 乙 지방자치단체에 높은 금액의 보상금을 요구하였다가 乙 지방자치단체가 응하지 않자 토지 인도를 구한 사정이 인정되고, X토지가 도로의 일부로 고가도로를 연결하는 지점에 위치하고 있어 차량 통행에 필수적이고, 위 토지가 인도되면 교통에 큰 지장이 초래되는 반면 주변 현황에 비추어 甲이 이를 다른 용도로 사용하기 어려운 점 등이 인정된다면, 甲의 토지 인도 청구는 권리남용에 해당한다.   (   )

판결요지

> ※ **소유권에 기초를 둔 토지 인도 청구가 권리남용에 해당하는지 판단하는 기준**
>
> "민법 제2조 제2항은 권리남용 금지 원칙에 관하여 "권리는 남용하지 못한다."라고 정한다. 권리남용에 해당하는지는 구체적인 사안에서 개별적으로 판단해야 하는데, 권리 행사자에게 아무런 이익이 없는데도 상대방을 괴롭히기 위해 권리를 행사하거나 권리 행사에 따른 이익과 손해를 비교하여 권리 행사가 사회 관념에 비추어 도저히 허용할 수 없는 정도로 막대한 손해를 상대방에게 입히게 한다거나 권리 행사로 말미암아 사회질서와 신의성실의 원칙에 반하는 결과를 초래하는 경우에는 권리남용으로서 허용되지 않는다. 소유권에 기초를 둔 토지 인도 청구가 권리남용에 해당하는지는 토지 취득 경위와 이용현황 등에 비추어 토지 인도에 따른 소유자의 이익과 상대방의 손해 사이에 얼마나 큰 차이가 있는지, 토지 소유자가 인도 청구를 하는 실제 의도와 목적이 무엇인지, 소유자가 적절한 가격으로 토지를 매도해 달라는 상대방의 요구에 정당한 이유 없이 불응하며 상대방에게 부당한 가격으로 토지를 매수할 것을 요구하고 있는지, 토지에 대한 법적 규제나 토지 이용현황 등에 비추어 다른 용도로 사용할 수 있는지, 토지 인도로 말미암아 사회 일반에 중대한 불이익이 발생하는지, 인도 청구 이외에 다른 권리구제수단이 있는지 등 여러 사정을 종합적으로 고려해서 판단해야 한다"(대판 2021.11.11. 2020다254280).   **정답** ○
>
> **[사실관계]** 도로로 이용되고 있는 토지의 소유자인 甲이 도로 관리청인 乙 지방자치단체를 상대로 토지 인도를 구한 사안에서, 위 토지는 오래전부터 도로로 이용되었고 甲은 경매절차에서 이를 알면서 매수한 점, 甲은 乙 지방자치단체에 높은 금액의 보상금을 요구하였으나 乙 지방자치단체가 응하지 않자 토지 인도를 구한 점, 위 토지는 도로의 일부로 고가도로를 연결하는 지점에 위치하고 있어 차량 통행에 필수적이고 통행량도 많은 점, 위 토지가 인도되면 교통에 큰 지장이 초래되는 반면 주변 현황에 비추어 甲이 이를 다른 용도로 사용하기 어려운 점 등에 비추어 甲의 토지 인도 청구가 권리남용에 해당한다고 본 원심판단이 정당하다고 한 사례.

1-3 어떤 토지가 그 개설경위를 불문하고 일반 공중의 통행에 공용되는 도로인 공로가 되면 그 부지의 소유권 행사는 제약을 받게 되며, 이는 소유자가 수인하여야만 하는 재산권의 사회적 제약에 해당하고, 그 경우 특별한 사정이 없는 한 그 도로 지하 부분에 매설된 시설에 대한 철거 등 청구도 '권리남용'이라고 봄이 상당하다.   (   )

판결요지

> ※ 1. 일반 공중의 통행에 공용되는 도로 부지의 소유자가 이를 점유·관리하는 지방자치단체를 상대로 도로의 철거, 점유 이전 또는 통행금지를 청구하는 것이 권리남용에 해당하는지 여부(원칙적 적극) / 2. 그 경우 도로 지하 부분에 매설된 시설에 대한 철거 등 청구도 권리남용에 해당하는지 여부(원칙적 적극)

[2] 어떤 토지가 개설경위를 불문하고 일반 공중의 통행에 공용되는 도로, 즉 공로가 되면 그 부지의 소유권 행사는 제약을 받게 되며, 이는 소유자가 수인하여야만 하는 재산권의 사회적 제약에 해당한다. 따라서 공로 부지의 소유자가 이를 점유·관리하는 지방자치단체를 상대로 공로로 제공된 도로의 철거, 점유 이전 또는 통행금지를 청구하는 것은 법질서상 원칙적으로 허용될 수 없는 '권리남용'이라고 보아야 한다. <u>그 경우 특별한 사정이 없는 한 도로 지하 부분에 매설된 시설에 대한 철거 등 청구도 '권리남용'이라고 봄이 상당하다</u>(대판 2023.9.14. 2023다214108)

정답 ○

1-4 토지 소유자가 소유 토지를 일반 공중 등의 통행로로 무상 제공하거나 그에 대한 통행을 용인하는 등으로 자신의 의사에 부합하는 토지이용상태가 형성되어 그에 대한 독점적·배타적 사용·수익권의 행사가 제한되는 경우, 사용·수익권 자체를 대세적·확정적으로 상실하게 된다. 그 후 일정한 요건을 갖추었더라도 사정변경의 원칙에 따라 소유자가 다시 독점적·배타적 사용·수익권을 행사할 수는 없다.   (   )

판결요지

※ 토지 소유자가 소유 토지를 일반 공중 등의 통행로로 무상 제공하거나 그에 대한 통행을 용인하는 등으로 자신의 의사에 부합하는 토지이용상태가 형성되어 그에 대한 독점적·배타적 사용·수익권의 행사가 제한되는 경우, 사용·수익권 자체를 대세적·확정적으로 상실하는지 여부(소극) 및 그 후 일정한 요건을 갖춘 때에는 사정변경의 원칙에 따라 소유자가 다시 독점적·배타적 사용·수익권을 행사할 수 있는지 여부(적극) / 독점적·배타적 사용·수익권 행사가 제한되는지를 판단할 때 고려하여야 할 사항 및 그에 대한 증명책임의 소재(=독점적·배타적 사용·수익권 행사의 제한을 주장하는 사람)

"[1] 토지 소유자가 그 소유 토지를 일반 공중 등의 통행로로 무상 제공하거나 그에 대한 통행을 용인하는 등으로 자신의 의사에 부합하는 토지이용상태가 형성되어 그에 대한 독점적·배타적 사용·수익권의 행사가 제한되는 것은 금반언이나 신뢰보호 등 신의성실의 원칙상 기존 이용상태가 유지되는 한 토지 소유자가 이를 수인해야 함에 따른 결과일 뿐이고 그로써 <u>소유권의 본질적 내용인 사용·수익권 자체를 대세적·확정적으로 상실하는 것은 아니다.</u> 또한 토지 소유자의 독점적·배타적 사용·수익권 행사가 제한되는 경우에도 일정한 요건을 갖춘 때에는 신의성실의 원칙으로부터 파생되는 <u>사정변경의 원칙에 따라 소유자가 다시 독점적·배타적 사용·수익권을 행사할 수 있다.</u> 이러한 신의성실의 원칙과 독점적·배타적 사용·수익 제한 법리의 관련성에 비추어 보면, 독점적·배타적 사용·수익권 행사가 제한되는지를 판단할 때는 토지 소유자의 의사를 비롯하여 다음에 보는 여러 사정을 종합적으로 고찰할 때 토지 소유자나 그 승계인이 권리를 행사하는 것이 금반언이나 신뢰보호 등 신의성실의 원칙상 허용될 수 있는지가 고려되어야 한다"(대판 2024.2.15. 2023다295442)

정답 ✕

2 A가 자기 소유 빌딩과 B 소유 빌딩 사이의 부지 중 자기 소유 부분에 관하여, B에게 부당이득반환청구와 통행금지청구를 한 경우, A가 해당 부분에 관한 배타적 사용·수익권을 포기한 것으로 인정되지 않는 경우 '부당이득반환청구'는 인용되나, B에 대해서만 선별적·자의적으로 통행을 금지하는 것은 소유권의 행사에 따른 실질적 이익도 없이 단지 상대방의 통행의 자유에 대한 침해라는 고통과 손해만을 가하는 것이 되어 법질서상 원칙적으로 허용될 수 없는 '권리남용'이라고 볼 여지가 크므로, '통행금지청구'는 인용될 수 없다.   (   )

판결요지

※ **통행금지청구의 권리남용 해당 여부에 관한 판단 기준**

"권리의 행사가 주관적으로 오직 상대방에게 고통을 주고 손해를 입히려는 데 있을 뿐 이를 행사하는 사람에게는 이익이 없고 객관적으로 사회질서에 위반된다고 볼 수 있으면, 그 권리의 행사는 권리남용으로서 허용되지 아니하고, 이때 권리의 행사가 상대방에게 고통이나 손해를 주기 위한 것이라는 주관적 요건은 권리자의 정당한 이익을 결여한 권리행사로 보이는 객관적 사정을 모아 추인할 수 있으며, 이와 같이 권리의 행사에 해당하는 외관을 지닌 어떠한 행위가 권리남용이 되는지 여부는 권리남용 제도의 취지 및 그 근간이 되는 동시대 객관적인 사회질서의 토대 아래 개별적·구체적 상황을 종합하여 판단하여야 한다(대판 2012.6.14. 2012다20819 판결, 대판 2021.10.14. 2021다242154 판결 등 참조)"(대판 2023.3.13. 2022다293999). **정답** ○

[사실관계] 甲 등이 취득한 빌딩과 乙 등이 구분소유하는 빌딩 사이에 乙 등의 빌딩에 출입하는 사람과 인근 주민들이 통행로로 사용하는 부지가 있고, 그중 대부분이 甲 등의 빌딩 부지에 포함되어 있는데, 甲이 乙 등을 상대로 위 통행로 중 甲 등의 소유 부분에 대한 통행금지를 구한 사안에서, 제반 사정에 비추어 甲 등이 乙 등에 대해서만 선별적·자의적으로 통행을 금지하는 것은 소유권의 행사에 따른 실질적 이익도 없이 단지 상대방의 통행의 자유에 대한침해라는 고통과 손해만을 가하는 것이 되어 법질서상 원칙적으로 허용될 수없는 '권리남용'이라고 볼 여지가 크다고 한 사례

3 권리자가 실제로 권리를 행사할 수 있는 기회가 있어서 권리행사의 기대가능성이 있었음에도 불구하고 상당한 기간이 경과하도록 권리를 행사하지 아니하여 의무자인 상대방으로서도 이제는 권리자가 권리를 행사하지 아니할 것으로 신뢰할 만한 정당한 기대를 가지게 된 다음에 새삼스럽게 그 권리를 행사하는 것이 법질서 전체를 지배하는 신의성실의 원칙을 위반하는 것으로 인정되는 결과가 될 때에는 그 권리의 행사가 허용되지 않는다. ( )

판결요지

※ **권리자가 회생절차 진행 중인 채무자를 상대로 권리를 행사하는 경우, 그와 같은 권리행사가 신의성실의 원칙에 반하는지를 판단하는 기준**

"권리자가 실제로 권리를 행사할 수 있는 기회가 있어서 권리행사의 기대가능성이 있었음에도 불구하고 상당한 기간이 경과하도록 권리를 행사하지 아니하여 의무자인 상대방으로서도 이제는 권리자가 권리를 행사하지 아니할 것으로 신뢰할 만한 정당한 기대를 가지게 된 다음에 새삼스럽게 그 권리를 행사하는 것이 법질서 전체를 지배하는 신의성실의 원칙을 위반하는 것으로 인정되는 결과가 될 때에는 그 권리의 행사가 허용되지 않는다고 보아야 한다.

권리자가 회생절차 진행 중인 채무자를 상대로 권리를 행사하는 경우 신의성실의 원칙을 위반하는지는 권리행사 이전에 회생절차에서 보인 태도와 회생절차 내에서 부여받은 지위, 권리행사를 할 당시 회생절차의 진행단계 등에 비추어 권리자의 권리행사가 집단적·포괄적 채무처리절차의 성질을 가지는 회생절차 및 그에 참여하는 다른 회생담보권자, 회생채권자 등 이해관계인들에게 어떠한 영향을 미치는지, 채무자의 효율적인 회생을 도모하고자 하는 회생절차의 목적에 반하는 결과가 발생할 위험이 있는지, 권리행사를 허용하는 경우 권리자가 이미 회생절차 내에서 부여받은 지위에 비추어 부당하게 이익을 얻게 되는지 등을 종합적으로 고려하여 판단하여야 한다"(대판 2022.10.14. 2018다210690) **정답** ○

[사실관계] 甲 주식회사가 乙 의료법인과 의료기기인 기계에 관하여 리스계약을 체결하고 乙 법인에 기계를 리스해 주었는데, 乙 법인에 관한 회생절차가 개시되자 甲 회사가 리스계약에 따른 채권을 회생담보권으로 신고하였다가 乙 법인이 위 기계를 이용하여 계속적으로 영업활동을 하는 것을 전제로 한 회생계획이 인가된 후 '리스계약에서 정한 바에 따라 계약을 해지하고 환취권을 행사하였다.'고 주장하면서 위 기계의 인도를 구한 사안에서, 제반 사정에 비추어 甲 회사가 리스계약을 해지하고 환취권을 행사하는 것은 신의성실의 원칙에 비추어 허용될 수 없는 것이라고 볼 여지가 있는데도, 이를 심리하거나 고려하지 않은 원심판단에 심리미진 등의 잘못이 있다고 한 사례

|쟁점정리|

※ 실효의 원칙

권리자가 '상당한 기간' 권리를 행사하지 않음에 따라 의무자인 상대방은 더 이상 그 권리가 행사되지 아니할 것으로 '신뢰'하고 있었는데, 후에 이르러 권리자가 새삼 권리를 행사하는 것이 상대방으로서는 '기대불가능'할 때 권리자의 이와 같은 권리 '행사'를 제한하는 원칙이다.

4 ★ 甲이 주택건설사업을 위한 견본주택 건설을 목적으로 임대인 乙과 토지에 관하여 임대차계약을 체결하면서 임대차계약서에 특약사항으로 위 <u>목적을 명시</u>하였는데, 지방자치단체장으로부터 가설건축물 축조신고 반려통보 등을 받고 위 토지에 견본주택을 건축할 수 없게 되었다면, 甲은 乙을 상대로 임대차계약의 '해지' 및 임차보증금 반환을 구할 수 있다. 22년도 2차모의 ( )

[판결요지]

"계약 성립의 기초가 된 사정이 현저히 변경되고, 당사자가 계약의 성립 당시 이를 예견할 수 없었으며, 그로 인하여 계약을 그대로 유지하는 것이 당사자의 이해에 중대한 불균형을 초래하거나 계약을 체결한 목적을 달성할 수 없는 경우에는 계약준수 원칙의 예외로서 사정변경을 이유로 계약을 해제하거나 해지할 수 있다"(대판 2020.12.10. 2020다254846). 정답 ○

[사실관계] 甲이 주택건설사업을 위한 견본주택 건설을 목적으로 임대인 乙과 토지에 관하여 임대차계약을 체결하면서 임대차계약서에 특약사항으로 위 목적을 명시하였는데, 지방자치단체장으로부터 가설건축물 축조신고 반려통보 등을 받고 위 토지에 견본주택을 건축할 수 없게 되자, 甲이 乙을 상대로 임대차계약의 해지 및 임차보증금 반환을 구한 사안에서, 위 임대차계약은 甲의 해지통보로 적법하게 해지되었고, 乙이 甲에게 임대차보증금을 반환할 의무가 있다고 한 사례.

|비교판례|

A(지방자치단체)는 개발제한구역으로 지정된 그 소유 X토지가 해제되자 이를 공개매각하게 되었고, 위 토지상에 음식점을 건축 운영하려는 B가 1999. 10. 29. 이를 대금 134,000,000원에 낙찰 받아 그 소유권이전등기를 마쳤다. 그런데 위 공개입찰에서는 '매각재산이 공부와 일치하지 않거나 행정상의 제한이 있더라도 A는 책임을 지지 않는다.'는 내용이 공고되었고, 또 이러한 내용이 B와의 매매계약에도 명시된 바 있었다. 그 후 A는 도시계획정비를 하면서 위 토지를 포함한 34필지에 대해 건축개발을 할 수 없는 공공용지로 정하기로 하고, 주민들의 의견을 수렴하는 절차를 거쳐 2002. 4. 29. 공공용지로 결정을 하였다.
☞ 대판 2007.3.29. 2004다31302 判例에 따르면 X토지상의 건축가능 여부는 매수인 B가 X토지를 매수하게 된 주관적인 목적에 불과할 뿐 매매계약의 성립에 있어 기초가 되었다고 보기 어렵다 할 것이므로, 매매계약 후

X토지가 공공용지에 편입됨으로써 매수인이 의도한 건축이 불가능하게 되었다 하더라도 이러한 사정변경은 매매계약을 해제할 만한 사정변경에 해당한다고 할 수 없다고 하였다.

5 ★ 사정변경에 대한 예견가능성이 있었는지는 추상적·일반적으로 판단할 것이 아니라, 구체적인 사안에서 여러 사정을 종합적으로 고려하여 개별적으로 판단하여야 한다. 이때 합리적인 사람의 입장에서 볼 때 당사자들이 사정변경을 예견했다면 계약을 체결하지 않거나 다른 내용으로 체결했을 것이라고 기대되는 경우 특별한 사정이 없는 한 예견가능성이 없다고 볼 수 있다. ( )

5-1 합리적인 사람의 입장에서 사정변경을 예견할 수 있었다면 사정변경을 이유로 계약을 해제할 수 없다. ( )

[판결요지]

※ 사정변경에 대한 예견가능성이 있었는지 판단하는 기준

"민법 제2조 제1항은 신의성실의 원칙에 관하여 "권리의 행사와 의무의 이행은 신의에 좇아 성실히 하여야 한다."라고 정하고 있다. 이 원칙은 법률관계의 당사자가 상대방의 이익을 배려하여 형평에 어긋나거나 신의를 저버리는 내용 또는 방법으로 권리를 행사하거나 의무를 이행해서는 안 된다는 추상적 규범으로서 법질서 전체를 관통하는 일반 원칙으로 작용하고 있다. 판례는 계약을 체결할 때 예견할 수 없었던 사정이 발생함으로써 야기된 불균형을 해소하고자 신의성실 원칙의 파생원칙으로서 사정변경의 원칙을 인정하고 있다. 즉, 계약 성립의 기초가 된 사정이 현저히 변경되고 당사자가 계약의 성립 당시 이를 예견할 수 없었으며, 그로 인하여 계약을 그대로 유지하는 것이 당사자의 이해에 중대한 불균형을 초래하거나 계약을 체결한 목적을 달성할 수 없는 경우에는 계약준수 원칙의 예외로서 사정변경을 이유로 계약을 해제하거나 해지할 수 있다.

여기에서 말하는 사정이란 당사자들에게 계약 성립의 기초가 된 사정을 가리키고, 당사자들이 계약의 기초로 삼지 않은 사정이나 어느 일방당사자가 변경에 따른 불이익이나 위험을 떠안기로 한 사정은 포함되지 않는다. 사정변경에 대한 예견가능성이 있었는지는 추상적·일반적으로 판단할 것이 아니라, 구체적인 사안에서 계약의 유형과 내용, 당사자의 지위, 거래경험과 인식가능성, 사정변경의 위험이 크고 구체적인지 등 여러 사정을 종합적으로 고려하여 개별적으로 판단하여야 한다. 이때 합리적인 사람의 입장에서 볼 때 당사자들이 사정변경을 예견했다면 계약을 체결하지 않거나 다른 내용으로 체결했을 것이라고 기대되는 경우 특별한 사정이 없는 한 예견가능성이 없다고 볼 수 있다.

경제상황 등의 변동으로 당사자에게 손해가 생기더라도 합리적인 사람의 입장에서 사정변경을 예견할 수 있었다면 사정변경을 이유로 계약을 해제하거나 해지할 수 없다. 특히 계속적 계약에서는 계약의 체결 시와 이행 시 사이에 간극이 크기 때문에 당사자들이 예상할 수 없었던 사정변경이 발생할 가능성이 높지만, 이러한 경우에도 계약을 해지하려면 경제상황 등의 변동으로 당사자에게 불이익이 발생했다는 것만으로는 부족하고 위에서 본 요건을 충족하여야 한다"(대판 2021.6.30. 2019다276338). **정답** ○

[유제] **정답** ○

[사실관계] 甲 등이 해외이주 알선업체인 乙 주식회사와 미국 비숙련 취업이민을 위한 알선업무계약을 체결한 후 이민허가를 받고 이에 따라 乙 회사에 국외알선 수수료를 모두 지급하였는데, 주한 미국대사관이 甲 등에 대한 이민비자 인터뷰에서 추가 행정검토 및 이민국 이송 결정을 하여 비자발급 절차가 진행되지 않고 중단된 사안에서, 甲 등은 사정변경을 이유로 위 계약을 해지할 수 있다고 한 사례

| 쟁점정리 |

> ### ※ 사정변경의 원칙
> ⅰ) 법률행위 당시 '객관적 사정'이 변경되었을 것, ⅱ) 사정의 변경이 법률행위 성립 후 법률행위 효력 소멸 이전에 발생하였을 것, ⅲ) 사정의 변경이 예견할 수 없는 현저한 것일 것, ⅳ) 사정의 변경이 당사자의 귀책사유로 인한 것이 아닐 것(사정변경이 당사자 일방의 책임 있는 사유로 발생되었을 경우에는 과실 있는 당사자가 사정변경의 결과를 부담하여야 한다), ⅴ) 당초 계약내용대로의 구속력을 인정한다면 신의칙·공평의 원칙에 반하는 결과가 될 것을 요건으로 한다.

6 ★ 근로기준법상 취업규칙의 불이익변경 과정에서 노동조합이나 근로자들이 집단적 동의권을 행사할 때도 신의성실의 원칙과 권리남용금지 원칙이 적용되어야 한다. 따라서 관계 법령이나 근로관계를 둘러싼 사회 환경의 변화로 취업규칙을 변경할 필요성이 객관적으로 명백히 인정되고, 나아가 근로자의 집단적 동의를 구하고자 하는 사용자의 진지한 설득과 노력이 있었음에도 불구하고 노동조합이나 근로자들이 합리적 근거나 이유 제시 없이 취업규칙의 변경에 반대하였다는 등, 노동조합이나 근로자들이 집단적 동의권을 남용하였다고 볼 만한 특별한 사정이 있는 경우에는 그 동의가 없더라도 취업규칙의 불이익변경을 유효하다고 볼 수 있다. ( )

6-1 관계 법령이나 근로관계를 둘러싼 사회 환경의 변화로 취업규칙을 변경할 필요성이 객관적으로 명백히 인정되고, 나아가 근로자의 집단적 동의를 구하고자 하는 사용자의 진지한 설득과 노력이 있었음에도 불구하고 노동조합이나 근로자들이 합리적 근거나 이유 제시 없이 취업규칙의 변경에 반대하였다는 등, 노동조합이나 근로자들이 집단적 동의권을 남용하였다고 볼 만한 특별한 사정이 있는 경우에는 그 동의가 없더라도 취업규칙의 불이익변경을 유효하다고 볼 수 있다. ( )

판결요지

> ### ※ 취업규칙 불이익변경에 대한 노동조합이나 근로자들의 집단적 동의권의 남용과 신의성실의 원칙
> "근로기준법상 취업규칙의 불이익변경 과정에서 노동조합이나 근로자들이 집단적 동의권을 행사할 때도 신의성실의 원칙과 권리남용금지 원칙이 적용되어야 한다. 따라서 노동조합이나 근로자들이 집단적 동의권을 남용하였다고 볼 만한 특별한 사정이 있는 경우에는 그 동의가 없더라도 취업규칙의 불이익변경을 유효하다고 볼 수 있다. 여기에서 노동조합이나 근로자들이 집단적 동의권을 남용한 경우란 관계 법령이나 근로관계를 둘러싼 사회 환경의 변화로 취업규칙을 변경할 필요성이 객관적으로 명백히 인정되고, 나아가 근로자의 집단적 동의를 구하고자 하는 사용자의 진지한 설득과 노력이 있었음에도 불구하고 노동조합이나 근로자들이 합리적 근거나 이유 제시 없이 취업규칙의 변경에 반대하였다는 등의 사정이 있는 경우를 말한다. 다만 취업규칙을 근로자에게 불리하게 변경하는 경우에 근로자의 집단적 동의를 받도록 한 근로기준법 제94조 제1항 단서의 입법 취지와 절차적 권리로서 동의권이 갖는 중요성을 고려할 때, 노동조합이나 근로자들이 집단적 동의권을 남용하였는지는 엄격하게 판단할 필요가 있다"(대판 2023.5.11.전합2017다35588, 355959). 정답 ○
>
> 유제 정답 ○

7 일단 유효하게 성립한 계약상 책임을 공평의 이념 및 신의칙과 같은 일반원칙에 의하여 제한하는 것은 자칫하면 사적 자치의 원칙이나 법적 안정성에 대한 중대한 위협이 될 수 있으므로 신중을 기하여 가능한 한 예외적으로 인정하여야 한다. ( )

판결요지

※ 유효하게 성립한 계약상 책임을 공평의 이념, 신의칙과 같은 일반원칙에 의하여 제한할 수 있는지 여부(한정 적극)

"채권자의 권리행사가 신의칙에 비추어 용납할 수 없는 것인 때에는 이를 부정하는 것이 예외적으로 허용될 수 있을 것이나 일단 유효하게 성립한 계약상 책임을 공평의 이념 및 신의칙과 같은 일반원칙에 의하여 제한하는 것은 자칫하면 사적 자치의 원칙이나 법적 안정성에 대한 중대한 위협이 될 수 있으므로 신중을 기하여 가능한 한 예외적으로 인정하여야 한다(대판 2015.10.15. 2012다64253 판결, 대판 2016.12.1. 2016다240543 판결 등 참조)"(대판 2024.4.4. 2022다239131(본소), 2022다239148(반소))

정답 ○

8 단체협약 등 노사합의의 내용이 근로기준법의 강행규정을 위반하여 무효인 경우에 그 무효를 주장하는 것이 신의칙에 위배된다고 볼 수 없음이 원칙이다. 그러나 노사합의의 내용이 근로기준법의 강행규정을 위반한다는 이유로 노사합의의 무효 주장에 대하여 예외 없이 신의칙의 적용이 배제되는 것은 아니다. ( )

판결요지

※ 유효하게 성립한 계약상 책임을 공평의 이념, 신의칙과 같은 일반원칙에 의하여 제한할 수 있는지 여부(한정 적극)

"단체협약 등 노사합의의 내용이 근로기준법의 강행규정을 위반하여 무효인 경우에 그 무효를 주장하는 것이 신의칙에 위배되는 권리의 행사라는 이유로 이를 배척한다면, 강행규정으로 정한 입법 취지를 몰각시키는 결과가 되므로, 그러한 주장은 신의칙에 위배된다고 볼 수 없음이 원칙이다. 그러나 노사합의의 내용이 근로기준법의 강행규정을 위반한다는 이유로 노사합의의 무효 주장에 대하여 예외 없이 신의칙의 적용이 배제되는 것은 아니다. 신의칙을 적용하기 위한 일반적인 요건을 갖춤은 물론 근로기준법의 강행규정성에도 불구하고 신의칙을 우선하여 적용할 만한 특별한 사정이 있는 예외적인 경우에 한하여 그 노사합의의 무효를 주장하는 것이 신의칙에 위배되어 허용될 수 없다"(대판 2024.4.28. 2019다238053)

정답 ○

9 공공질서를 위하여 공익적 요구를 선행시켜야 할 경우, 신의성실의 원칙은 합법성의 원칙보다 우월한 것이므로 합법성의 원칙을 희생하여서라도 신의성실의 원칙을 적용하여야 한다.

23년 3차모의 ( )

판결요지

※ 민법상 신의성실의 원칙의 의미 및 사적자치의 영역을 넘어 공공질서를 위하여 공익적 요구를 선행시켜야 할 사안에서 신의성실의 원칙이 적용되는 경우

"민법상 신의성실의 원칙은, 법률관계의 당사자가 상대방의 이익을 배려하여 형평에 어긋나거나 신뢰를 저버리는 내용 또는 방법으로 권리를 행사하거나 의무를 이행하여서는 안된다는 추상적 규범을 말하는 것인바, 사적자치의 영역을 넘어 공공질서를 위하여 공익적 요구를 선행시켜야 할 사안에서는 원칙적으로 합법성의 원칙은 신의성실의 원칙보다 우월한 것이므로 신의성실의 원칙은 합법성의 원칙을 희생하여서라도 구체적 신뢰보호의 필요성이 인정되는 경우에 비로소 적용된다고 봄이 상당하다"(대판 2021.6.10. 2021다207489, 207496)

정답 ✕

| 제3장 | 권리의 주체 |

자연인의 행위능력

1 ★ 의사무능력을 이유로 법률행위의 무효를 주장하는 측은 그에 대하여 증명책임을 부담한다.

23년 2차모의 (　)

판결요지

대판 2022.12.1. 2022다261237 　　　　　　　　　　　　　　　　　　　　정답 ○

2 ★ 지적장애를 가진 사람이 장애인복지법령에 따라 지적장애인 등록을 하지 않았다거나 등록 기준을 충족하지 못하였다면 원칙적으로 의사능력자로 판단해야 한다. 　　　　　　　　　(　)

판결요지

"[1] 의사능력이란 자기 행위의 의미나 결과를 정상적인 인식력과 예기력을 바탕으로 합리적으로 판단할 수 있는 정신적 능력이나 지능을 말한다. 의사능력 유무는 구체적인 법률행위와 관련하여 개별적으로 판단해야 하고, 특히 어떤 법률행위가 일상적인 의미만을 이해해서는 알기 어려운 특별한 법률적 의미나 효과가 부여되어 있는 경우 의사능력이 인정되기 위해서는 그 행위의 일상적인 의미뿐만 아니라 법률적인 의미나 효과에 대해서도 이해할 수 있어야 한다.

[2] 장애인복지법 제2조 제2항 제2호, 장애인복지법 시행령 제2조 제1항 [별표 1] 제6호, 장애인복지법 시행규칙 제2조 제1항 [별표 1] 제6호에 따르면, 특별한 사정이 없는 한 지능지수가 70 이하인 사람은 교육을 통한 사회적·직업적 재활이 가능하더라도 지적장애인으로서 위 법령에 따른 보호의 대상이 된다. 지적장애인에 해당하는 경우에도 의학적 질병이나 신체적 이상이 드러나지 않아 사회 일반인이 보았을 때 아무런 장애가 없는 것처럼 보이는 경우가 있다. 반면 지적장애를 가진 사람이 장애인복지법령에 따라 지적장애인 등록을 하지 않았다거나 등록 기준을 충족하지 못하였다고 해서 반드시 의사능력이 있다고 단정할 수 없다.

이러한 사정을 고려하면, 지적장애를 가진 사람에게 의사능력이 있는지를 판단할 때 단순히 그 외관이나 피상적인 언행만을 근거로 의사능력을 쉽게 인정해서는 안 되고, 의학적 진단이나 감정 등을 통해 확인되는 지적장애의 정도를 고려해서 법률행위의 구체적인 내용과 난이도, 그에 따라 부과되는 책임의 중대성 등에 비추어 볼 때 지적장애를 가진 사람이 과연 법률행위의 일상적 의미뿐만 아니라 법률적인 의미나 효과를 이해할 수 있는지, 법률행위가 이루어지게 된 동기나 경위 등에 비추어 합리적인 의사결정이라고 보기 어려운 사정이 존재하는지 등을 세심하게 살펴보아야 한다"(대판 2022.5.26. 2019다213344). 정답 ✕

[사실관계] 지적장애 3급의 장애인인 甲이 乙 주식회사와 체결한 굴삭기 구입자금 대출약정에 기한 대출금채무를 연체하자 乙 회사가 甲을 상대로 대출원리금의 지급을 구하는 소를 제기하였고, 이에 甲이 대출약정 당시 의사능력이 없었으므로 대출약정이 무효라고 주장한 사안에서, 제반 사정에 비추어 지적장애인인 甲이 대출약정의 법률적인 의미나 효과를 이해할 수 있었다고 보기 어려우므로, 甲은 대출약정 당시 의사능력이 없다는 이유로 대출약정은 무효라고 볼 여지가 많은데도, 이와 달리 본 원심판결에 법리오해 등의 잘못이 있다고 한 사례

3 ★ 성년후견이나 한정후견 개시의 청구가 있는 경우 가정법원은 청구 취지와 원인, 본인의 의사, 성년후견제도와 한정후견제도의 목적 등을 고려하여 어느 쪽의 보호를 주는 것이 적절한지를 결정하고, 그에 따라 필요하다고 판단하는 절차를 결정해야 한다. 따라서 '한정후견'의 개시를 청구한 사건에서 의사의 감정결과 등에 비추어 '성년후견' 개시의 요건을 충족하고 본인도 성년후견의 개시를 희망한다면 법원이 성년후견을 개시할 수 있고, '성년후견' 개시를 청구하고 있더라도 필요하다면 '한정후견'을 개시할 수 있다. 즉, <u>후견심판에서 법원은 청구취지에 기속되지 않는다.</u>

23년 1차모의, 23년 법무사 （　）

3-1 ★ 피성년후견인이나 피한정후견인이 될 사람의 정신상태를 판단할 만한 다른 충분한 자료가 있는 경우에는 <u>가정법원은 의사의 감정이 없더라도 성년후견이나 한정후견을 개시할 수 있다.</u>

23년 1차모의 （　）

[판결요지]

> **1. 후견심판에서 법원이 청구취지에 기속되는지 여부**
> "성년후견이나 한정후견에 관한 심판 절차는 가사소송법 제2조 제1항 제2호 (가)목에서 정한 가사비송사건으로서, 가정법원이 당사자의 주장에 구애받지 않고 후견적 입장에서 합목적적으로 결정할 수 있다. 이때 성년후견이든 한정후견이든 본인의 의사를 고려하여 개시 여부를 결정한다는 점은 마찬가지이다(제9조 제2항, 제12조 제2항). 위와 같은 규정 내용이나 입법 목적 등을 종합하면, 성년후견이나 한정후견 개시의 청구가 있는 경우 가정법원은 청구 취지와 원인, 본인의 의사, 성년후견제도와 한정후견제도의 목적 등을 고려하여 어느 쪽의 보호를 주는 것이 적절한지를 결정하고, 그에 따라 필요하다고 판단하는 절차를 결정해야 한다. 따라서 한정후견의 개시를 청구한 사건에서 의사의 감정결과 등에 비추어 성년후견 개시의 요건을 충족하고 본인도 성년후견의 개시를 희망한다면 법원이 성년후견을 개시할 수 있고, 성년후견 개시를 청구하고 있더라도 필요하다면 한정후견을 개시할 수 있다고 보아야 한다.　　　　　　　정답 ○
>
> **2. 의사의 감정 없이 성년후견이나 한정후견을 개시할 수 있는지 여부**
> 한편 가사소송법 제45조의2 제1항은 "가정법원은 성년후견 개시 또는 한정후견 개시의 심판을 할 경우에는 피성년후견인이 될 사람이나 피한정후견인이 될 사람의 정신상태에 관하여 의사에게 감정을 시켜야 한다. 다만, 피성년후견인이 될 사람이나 피한정후견인이 될 사람의 정신상태를 판단할 만한 다른 충분한 자료가 있는 경우에는 그러하지 아니하다."라고 정하고 있다. 이 규정의 의미는 의사의 감정에 따라 정신적 제약으로 사무를 처리할 능력이 부족하거나 지속적으로 결여되었는지를 결정하라는 것이 아니라, 의학상으로 본 정신능력을 기초로 하여 성년후견이나 한정후견의 개시 요건이 충족되었는지 여부를 결정하라는 것이다. 따라서 피성년후견인이나 피한정후견인이 될 사람의 정신상태를 판단할 만한 다른 충분한 자료가 있는 경우 가정법원은 의사의 감정이 없더라도 성년후견이나 한정후견을 개시할 수 있다"(대결 2021.6.10. 2020스596). 유제　　　　　정답 ○

부재와 실종

1 법원이 선임한 부재자 재산관리인이 그 관리대상인 부재자의 재산에 대한 범죄행위에 관하여 법원으로부터 고소권 행사에 관한 허가를 얻은 경우 부재자 재산관리인은 형사소송법 제225조 1항에서 정한 법정대리인으로서 적법한 고소권자에 해당한다.　　　　　　　　　　　　　（　）

대판 2022.5.26. 2021도2488　　　　　　　　　　　　　　　　　　　　　　　　　　정답 ○

법 인

1　사립학교법 제28조에 따라 학교법인이 용도변경이나 의무부담을 내용으로 하는 계약을 체결한 경우 반드시 계약 전에 관할청의 허가를 받아야만 하는 것은 아니고 '계약 후'라도 관할청의 허가를 받으면 유효하게 될 수 있다. 이러한 계약은 관할청의 불허가 처분이 있는 경우뿐만 아니라 당사자가 허가신청을 하지 않을 의사를 명백히 표시하거나 계약을 이행할 의사를 철회한 경우 또는 그 밖에 관할청의 허가를 받는 것이 사실상 불가능하게 된 경우에도 무효로 확정된다.　　　　　　　　　　　　(　)

판결요지

> ※ 학교법인이 기본재산에 대한 용도변경이나 의무부담을 내용으로 하는 계약을 체결한 경우 반드시 계약 전에 관할청의 허가를 받아야 하는 것은 아니고 계약 후라도 관할청의 허가를 받으면 유효하게 될 수 있는지 여부(적극) 및 이러한 계약이 확정적으로 무효가 되는 경우
>
> "학교법인이 기본재산에 대한 용도변경 등을 하거나 의무를 부담하려는 경우에는 관할청의 허가를 받아야 하고(사립학교법 제28조 제1항 본문), 관할청의 허가 없이 이러한 행위를 하면 효력이 없다. 위 규정은 학교법인의 용도변경 등 자체를 규제하려는 것이 아니라 사립학교를 설치·운영하는 학교법인의 재산을 유지·보전하기 위하여 관할청의 허가 없이 용도를 변경하거나 의무를 부담하는 것 등을 규제하려는 것이다. 따라서 학교법인이 용도변경이나 의무부담을 내용으로 하는 계약을 체결한 경우 반드시 계약 전에 관할청의 허가를 받아야만 하는 것은 아니고 계약 후라도 관할청의 허가를 받으면 유효하게 될 수 있다. 이러한 계약은 관할청의 불허가 처분이 있는 경우뿐만 아니라 당사자가 허가신청을 하지 않을 의사를 명백히 표시하거나 계약을 이행할 의사를 철회한 경우 또는 그 밖에 관할청의 허가를 받는 것이 사실상 불가능하게 된 경우 무효로 확정된다"(대판 2022.1.27. 2019다289815).
>
> 　　　　　　　　　　　　　　　　　　　　　　　　　　　　　　　　　　　　정답 ○

2　乙법인과 丙법인의 사실상 대표자인 甲이 乙법인 산하 학교의 교비를 횡령한 행위에 대해 乙법인이 丙법인을 상대로 민법 제35조 제1항 불법행위로 인한 손해배상을 구한 경우, 甲이 乙법인 산하 학교에 대해 허위 공사를 통해 교비를 횡령한 행위에 대하여 제반 사정에 비추어 외관상 객관적으로 丙법인의 직무에 관한 행위라고 보기 어렵고 丙법인의 대표기관이 甲의 불법행위를 공모하거나 방조하였다고 단정하기도 어렵다면, 법원은 丙법인에게 불법행위로 인한 손해배상책임을 인정할 수 없다.　　　　　　　　　　　　　　　　　　　　　　　　　　　　　　　　　　　　(　)

판결요지

> ※ 민법 제35조 제1항에 규정된 '직무에 관하여'의 의미
>
> "법인이 대표자의 불법행위로 인하여 손해배상의무를 지는 것은 그 대표자의 직무에 관한 행위로 인하여 손해가

발생한 것임을 요한다. 법인의 대표자의 행위가 대표자 개인의 사리를 도모하기 위한 것이었거나 혹은 법령의 규정에 위배된 것이었다 하더라도 외관상 객관적으로 직무에 관한 행위라고 인정할 수 있다면 민법 제35조 제1항의 직무에 관한 행위에 해당하는바, 외관상 객관적으로 법인의 대표자의 직무에 관한 것인지 여부는 법인의 목적, 대표자의 통상적 업무와 불법행위와의 관련 정도를 고려하여 판단하여야 한다"(대판 2023.6.1. 2020다9268).

정답 ○

[사실관계] 원고 법인과 피고 법인들의 사실상 대표자인 甲이 원고 산하 학교의 교비를 횡령한 행위에 대해 원고가 피고들을 상대로 민법 제35조 제1항 불법행위로 인한 손해배상을 구한 사안에서, 대법원은 甲이 원고 산하 학교에 대해 허위 공사를 통해 교비를 횡령한 행위에 대하여는 제반 사정에 비추어 외관상 객관적으로 피고들의 직무에 관한 행위라고 보기 어렵고 피고들의 대표기관이 甲의 불법행위를 공모하거나 방조하였다고 단정하기도 어려움에도, 이 부분에 대해 피고들에게 불법행위로 인한 손해배상책임을 인정한 원심판결에 법인의 불법행위책임 등에 관한 법리를 오해한 잘못이 있다고 보아 원심을 파기·환송하였다.

3 사단법인의 정관에서 임시총회 소집 권한을 가지는 사원의 정수를 '총사원의 1/2 이상'으로 정하는 등 사실상 소수사원으로 하여금 총회 소집 권한을 행사하는 것을 어렵게 하거나 그 부담을 과도하게 가중시키는 임시총회 소집 요건 또는 절차적 요건을 부과하는 것은 민법 제70조의 입법취지 및 목적에 반하여 원칙적으로 무효라고 보아야 한다. ( )

판결요지

※ **민법 제70조의 입법취지 및 목적에 반하는 사단법인 정관의 효력(원칙적 무효)**
"민법 제70조는 사단법인의 이사에게 임시총회 소집 권한을 부여하되(제1항), 총사원의 1/5 이상이 회의의 목적사항을 제시하여 임시총회 소집을 청구한 경우에는 이사에게 소집 의무가 있음을 명시하였고(제2항), 위와 같은 소집 청구 후 2주일 내에 이사가 총회소집 절차를 밟지 아니하는 때에는 청구한 사원이 법원의 허가를 얻어 임시총회를 소집할 수 있도록 정하였다(제3항).
이는 임시총회 소집 권한을 이사에게만 배타적·독점적으로 부여할 경우에 사원과 사단법인에 발생할 수 있는 불이익을 방지하고, 사원 개개인에게 소집 권한이 부여된 경우에 그것이 남용됨에 따라 사단법인의 운영·유지·존립에 혼란이 생길 위험을 방지하기 위하여 일정한 범위의 소수사원에게 그 소집권한을 부여한 것이다. 그러므로 민법 제70조 제2항 후문에서 정관으로 임시총회 소집 권한을 부여한 소수사원의 범위를 증감시킬 수 있음을 명시하였더라도, 민법 제70조의 입법취지 및 목적에 비추어 소수사원에게 부여된 임시총회 소집 권한을 박탈하거나 이를 해치는 수준에 이르지 못한다는 내재적 한계를 가진다.
결국 사단법인의 정관에서 임시총회 소집 권한을 가지는 사원의 정수를 '총사원의 1/2 이상으로 정하거나, 소집 절차 중 '회의의 목적사항 제시' 요건을 구체화하는 등 절차적 요건을 보다 구체화하거나 명확히 하는 것 이외에 사실상 소수사원으로 하여금 총회 소집 권한을 행사하는 것을 어렵게 하거나 그 부담을 과도하게 가중시키는 임시총회 소집 요건 또는 절차적 요건을 부과하는 것은 민법 제70조의 입법취지 및 목적에 반하여 원칙적으로 무효라고 보아야 한다"(대결 2023.8.18. 2023그608).

정답 ○

4 ★ 법인의 정관에 이사의 해임사유에 관한 규정이 있는 경우 이사의 중대한 의무위반 또는 정상적인 사무집행 불능 등의 특별한 사정이 없는 이상 법인은 정관에서 정하지 아니한 사유로 이사를 해임할 수 없다.

22년 법행 ( )

4-1 법인이 정관에서 이사의 해임사유와 절차를 정하였고 그 해임사유가 실제로 발생하였다면, 법인은 이를 이유로 정관에서 정한 절차에 따라 이사를 해임할 수 있다. 이때 정관에서 정한 해임사유가 발생하였다는 요건 외에 이로 인하여 법인과 이사 사이의 신뢰관계가 더 이상 유지되기 어려울 정도에 이르러야 한다는 요건이 추가로 충족되어야 법인이 비로소 이사를 해임할 수 있다.   (   )

판결요지

※ 1. 법인의 정관에 이사의 해임사유에 관한 규정이 있는 경우 정관에서 정하지 아니한 사유로 이사를 해임할 수 있는지 여부(원칙적 소극), 2. 법인이 정관으로 이사의 해임사유를 정한 경우, 그 해임사유로 인하여 법인과 이사 사이의 신뢰관계가 더 이상 유지되기 어려울 정도에 이르러야 하는지 여부(소극)

"[1] 법인과 이사의 법률관계는 신뢰를 기초로 하는 위임 유사의 관계이다. 민법 제689조 제1항에 따르면 위임계약은 각 당사자가 언제든지 해지할 수 있다. 그러므로 법인은 원칙적으로 이사의 임기 만료 전에도 언제든지 이사를 해임할 수 있다. 다만 이러한 민법 규정은 임의규정이므로 법인이 자치법규인 정관으로 이사의 해임사유 및 절차 등에 관하여 별도 규정을 둘 수 있다. 이러한 규정은 법인과 이사의 관계를 명확히 하는 것 외에 이사의 신분을 보장하는 의미도 아울러 가지고 있으므로 이를 단순히 주의적 규정으로 볼 수는 없다. 따라서 법인의 정관에 이사의 해임사유에 관한 규정이 있는 경우 이사의 중대한 의무위반 또는 정상적인 사무집행 불능 등의 특별한 사정이 없는 이상 법인은 정관에서 정하지 아니한 사유로 이사를 해임할 수 없다(대판 2013.11.28. 2011다41741 판결 참조).

[2] 법인의 자치법규인 정관을 존중할 필요성은 법인이 정관에서 정하지 아니한 사유로 이사를 해임하는 경우뿐만 아니라 법인이 정관에서 정한 사유로 이사를 해임하는 경우에도 요구된다. 법인이 정관에서 이사의 해임사유와 절차를 정하였고 그 해임사유가 실제로 발생하였다면, 법인은 이를 이유로 정관에서 정한 절차에 따라 이사를 해임할 수 있다. 이때 정관에서 정한 해임사유가 발생하였다는 요건 외에 이로 인하여 법인과 이사 사이의 신뢰관계가 더 이상 유지되기 어려울 정도에 이르러야 한다는 요건이 추가로 충족되어야 법인이 비로소 이사를 해임할 수 있는 것은 아니다. 해임사유의 유형이나 내용에 따라서는 그 해임사유 자체에 이미 법인과 이사 사이의 신뢰관계 파탄이 당연히 전제되어 있거나 그 해임사유 발생 여부를 판단하는 과정에서 이를 고려하는 것이 적절한 경우도 있으나, 이 경우에도 궁극적으로는 해임사유에 관한 정관 조항 자체를 해석·적용함으로써 해임사유 발생 여부를 판단하면 충분하고, 법인과 이사 사이의 신뢰관계 파탄을 별도 요건으로 보아 그 충족 여부를 판단해야 하는 것은 아니다"(대판 2024.1.4. 2023다263537).   정답 ○

유제   정답 ✕

5 학교법인이 해산하여 청산인이 선임된 경우, 해산 전 이사들로 구성된 이사회가 청산인을 해임할 권한이 있다고 볼 수 없다.   (   )

판결요지

※ 학교법인이 해산하여 청산인이 선임된 경우, 해산 전 이사들로 구성된 이사회가 청산인을 해임할 권한이 있는지 여부(원칙적 소극), 학교법인이 해산하여 청산인이 선임된 경우 청산인을 해임할 권한의 주체(= 원칙적 법원 또는 청산인회)

"[1] 사립학교법은 학교법인의 이사회에서 임원의 임면에 관한 사항을 심의·의결하도록 한다(제16조 제1항 제4호). 그런데 학교법인은 해산한 경우 청산의 목적범위 내에서 권리·의무의 주체가 되고(사립학교법 제42조 제1

항, 민법 제81조 참조), 그 청산인은 학교법인의 사무집행기관이자 대표기관으로서 이사에 갈음하여 청산의 목적 범위 내에 있는 학교법인의 모든 사무를 처리할 권한을 가진다(사립학교법 제42조 제1항, 민법 제87조 참조). 따라서 학교법인이 해산하여 청산인이 선임된 후에는 법원(민법 제84조 참조) 또는 청산인회(사립학교법 제42조 제2항, 제18조, 제16조 제1항 제4호 참조)에 청산인을 해임할 권한이 있을 뿐, 해산하기 전의 이사들로 구성된 이사회에는 특별한 사정이 없는 한 청산인을 해임할 권한이 없다"(대판 2024.3.28. 2023다252209, 252216)   **정답** ○

비법인사단 · 재단

1   ★ 정관에 의한 회원 자격이 함양박씨의 후손뿐만 아니라 그 배우자까지 포함하고 있다면 그 단체는 종중유사단체이다.   (   )

[판결요지]

※ 피고가 종중인지 종중유사단체인지를 판단함에 있어 피고 정관에 규정된 구성원의 자격 규정과 회원등록 규정의 내용, 양자의 관계 등의 의미

"원심은, 피고 정관 제5조가 함양박씨의 후손뿐만 아니라 그 배우자들을 피고 회원으로 포함하고 있으므로, '덕수이씨 도정공 배위 함양박씨 자손과 그 배우자'를 회원으로 하여 선조의 유훈 계승과 종족 간의 돈목 도모 등을 목적으로 선조의 묘역 관리 및 정화 등의 사업을 수행하는 종중 유사의 권리능력 없는 사단 즉, 종중 유사단체라고 판단하였다. 피고의 구성원은 함양박씨의 자손과 그 배우자 중 피고 정관 제6조에 따라 등록한 회원으로 제한된다는 피고의 주장에 대하여, 피고 정관 제6조는 "이 종중의 회원은 본인의 주소 및 방명(芳名)을 종중에 신고함으로써 등록된다."라고 규정하고 있기는 하나, 피고의 회원자격에 관하여는 피고 정관 제5조에서 별도로 정하고 있는바, 피고 정관 제6조는 회원관리의 편의 등을 위하여 그 등록절차를 규정한 것에 불과하다고 판단하여 피고의 주장을 배척하였다.

관련 법리와 기록에 비추어 살펴보면, 원심의 위와 같은 판단은 수긍할 수 있고, 거기에 상고이유 주장과 같이 논리와 경험의 법칙을 위반하여 자유심증주의의 한계를 벗어나거나 종중총회 소집절차에 관한 법리를 오해하거나 채증법칙 위반, 심리미진 등으로 판결에 영향을 미친 잘못이 없다"(대판 2020.11.26. 2020다255900).   **정답** ○

[사실관계] 피고의 총회결의가 일부 구성원들에게 소집통지를 하지 않아 무효임을 주장하면서 피고가 종중인지 종중유사단체인지 여부가 문제된 사안에서, 피고 정관에 의하면 회원 자격이 함양박씨의 후손뿐만 아니라 그 배우자까지 포함하고 있다는 사정을 들어 종중유사단체라고 보고, 피고 정관 규정에 '회원은 종중에 신고함으로써 등록된다'는 규정이 있다고 하더라도 이는 회원관리의 편의 등을 위하여 등록절차를 규정한 것에 불과하므로 회원의 자격을 정한 규정에 영향을 미칠 수 없다고 본 원심판결을 수긍한 사례

2   ★★ 민법 제781조 제6항에 따라 자녀의 복리를 위하여 자녀의 성과 본을 변경할 필요가 있어 자녀의 성과 본이 모의 성과 본으로 변경되었을 경우, 성년인 그 자녀는 모가 속한 종중의 공동선조와 성과 본을 같이 하는 후손으로서 당연히 종중의 구성원이 된다.   23년 1차 · 2차모의 (   )

판결요지

※ 모의 성과 본을 따라 모가 속한 종중의 공동선조와 성과 본을 같이 하게 된 후손의 종원 자격

"종중이란 공동선조의 분묘수호와 제사 및 종원 상호간의 친목 등을 목적으로 하여 구성되는 자연발생적인 종족집단이므로, 종중의 이러한 목적과 본질에 비추어 볼 때 공동선조와 성과 본을 같이 하는 후손은 성별의 구별 없이 성년이 되면 당연히 그 구성원이 된다(대판 2005.7.21. 전합2002다1178). 민법 제781조 제6항에 따라 자녀의 복리를 위하여 자녀의 성과 본을 변경할 필요가 있어 자녀의 성과 본이 모의 성과 본으로 변경되었을 경우 성년인 그 자녀는 모가 속한 종중의 공동선조와 성과 본을 같이 하는 후손으로서 당연히 종중의 구성원이 된다. 그 이유는 다음과 같다.

대판 2005.7.21. 전합2002다1178 판결에 따라 종중에 관한 관습법 중 종중의 구성원을 성년 남성만으로 제한한 부분은 변화된 우리의 전체 법질서에 부합하지 않아 정당성과 합리성이 인정되지 않으므로 그 효력을 상실하였고, 조리 상 공동선조와 성과 본을 같이 하는 성년 여성도 당연히 종원이 된다고 보게 되었다. 이와 마찬가지로 공동선조와 성과 본을 같이 하는 성년 여성의 후손이 모계혈족이라는 이유만으로 종중의 구성원이 될 수 없다는 관습도 법적 규범으로서 효력을 가진 관습법으로 남아 있다고 보기 어렵다. … (중략) …

민법은 부성주의 원칙의 예외로서 부모가 혼인신고 시 모의 성과 본을 따르기로 협의한 경우에는 자는 출생 시부터 모의 성과 본을 따른다고 규정하고 있다(제781조 제1항 단서). 이처럼 출생 시부터 모의 성과 본을 따르게 된 경우 그 자녀는 모가 속한 종중의 구성원이 된다고 보아야 하므로, 출생 후에 자녀의 복리를 위하여 성과 본을 변경할 필요가 있어 법원의 허가를 받아 이를 변경한 경우에도 달리 볼 합리적 이유가 없다.

법원의 허가를 받아 모의 성과 본을 따르기로 변경된 자녀는 더 이상 부의 성과 본을 따르지 않아 부가 속한 종중에서 탈퇴하게 되므로, 동시에 여러 종중의 구성원이 될 수 없다. 따라서 출생 후 모의 성과 본으로 변경된 경우 모가 속한 종중의 구성원이 될 수 없다고 본다면 종중의 구성원 자격을 박탈하는 것이 되어, 헌법상 평등의 원칙에 반한다. 종중이 자연발생적 종족집단이기는 하나 종래 관습법에서도 입양된 양자가 양부가 속한 종중의 종원이 되는 등 종중 구성원의 변동이 허용되었으므로, 모의 성과 본을 따르게 되어 모가 속한 종중의 구성원이 되었다고 하더라도 이를 가지고 종원 자격이 인위적으로 변동된 것이라고 볼 수 없다"(대판 2022.5.26. 2017다260940).

정답 ○

3 ★★ 비법인사단도 <u>인격권의 주체</u>가 되므로 명칭에 관한 권리를 가질 수 있고, 자신의 명칭이 타인에 의해 함부로 사용되지 않도록 보호받을 수 있다.   (   )

판결요지

※ [1] 비법인사단이 인격권의 주체로서 명칭에 관한 권리를 가질 수 있는지 여부(적극) 및 비법인사단의 명칭이 지리적 명칭이나 보편적 성질을 가리키는 용어 등 일반적인 단어로 이루어졌다고 하더라도 명칭에 관한 권리를 인정받을 수 있는 경우 / 다른 비법인사단 등이 특정 비법인사단의 명칭과 같거나 유사한 명칭을 사용하는 행위가 비법인사단의 명칭에 관한 권리를 침해하는 것인지 판단하는 방법 / [2] 인격권의 침해에 대해서는 사전(예방적) 구제수단으로 침해행위 정지·방지 등의 금지청구권이 인정되는지 여부(적극) / 비법인사단이 자신의 명칭을 사용하여 권리를 침해한 다른 비법인사단 등을 상대로 명칭 사용의 금지를 청구할 수 있는 요건

"[1] 성명권은 개인을 표시하는 인격의 상징인 이름에서 연유되는 이익을 침해받지 않고 자신의 관리와 처분 아래 둘 수 있는 권리로서 헌법상 행복추구권과 인격권의 한 내용을 이룬다. 비법인사단도 인격권의 주체가 되므로 명

칭에 관한 권리를 가질 수 있고, 자신의 명칭이 타인에 의해 함부로 사용되지 않도록 보호받을 수 있다.

[2] 인격권은 성질상 일단 침해된 후의 구제수단(금전배상이나 명예회복 처분 등)만으로는 그 피해의 완전한 회복이나 손해전보의 실효성을 기대하기 어려우므로 인격권의 침해에 대해서는 사전(예방적) 구제수단으로 침해행위 정지·방지 등의 금지청구권이 인정될 수 있다. 따라서 다른 비법인사단 등(이하 '타인'이라고 한다)이 비법인사단의 명칭을 사용함으로써 비법인사단의 명칭에 관한 권리를 침해하였음이 인정될 경우, 그러한 침해행위가 계속되어 금전배상을 명하는 것만으로는 비법인사단의 권리 구제에 실효성을 기대하기 어렵고 침해행위 금지로 보호되는 비법인사단의 이익과 그로 인한 타인의 불이익을 비교·형량할 때 비법인사단의 이익이 더 크다고 인정되면 비법인사단은 자신의 명칭을 사용하여 권리를 침해한 타인을 상대로 명칭 사용의 금지를 청구할 수 있다"(대판 2022.11.17. 2018다249995).   정답 ○

---

4 ★ 비법인사단에서 임기 만료된 대표자의 적법한 후임자가 선출되지 않은 경우 임기 만료된 구대표자로 하여금 업무를 수행하게 함이 적당하지 않다고 인정할 만한 특별한 사정이 없고 종전의 직무를 구 대표자로 하여금 처리하게 할 필요가 있는 때에는 후임 대표자가 선임될 때까지 임기 만료된 구 대표자에게 대표자의 직무를 수행할 수 있는 권한이 인정된다.   (   )

> **판결요지**
>
> 대판 2021.1.14. 2018다286888   정답 ○

|쟁점정리|

> ※ 임기만료된 이사에게 후임 이사의 선임시까지의 업무수행권이 인정되는지 여부(한정 적극)
>
> ㉠ "민법상 법인의 이사 전원 또는 그 일부의 ⅰ) 임기가 만료되었거나 사임하였음에도 불구하고 ⅱ) 그 후임 이사의 선임이 없거나 ⅲ) 또는 그 후임 이사의 선임이 있었다고 하더라도 그 선임결의가 무효이고, 남아 있는 다른 이사만으로는 정상적인 법인의 활동을 할 수 없는 경우, 임기 만료되거나 사임한 구 이사로 하여금 법인의 업무를 수행케 함이 부적당하다고 인정할 만한 특별한 사정이 없는 때에는, 구 이사는 후임 이사가 선임될 때까지 민법 제691조의 규정을 유추하여 구 '종전'의 직무를 수행할 수 있다"(대판 2010.6.24. 2010다2107 등). ㉡ 따라서 "이사 중 일부의 임기가 만료되었더라도 아직 임기가 만료되지 아니한 다른 이사들로 정상적인 활동을 할 수 있는 경우에는 임기만료된 이사로 하여금 이사로서 직무를 행사하게 할 필요가 없고, 이러한 경우에는 임기만료로서 당연히 퇴임하며, 법인의 정상적인 활동이 가능한지는 이사의 임기만료 시를 기준으로 판단하여야 하지 그 이후의 사정까지 고려할 수는 없다"(대결 2014.1.17. 2013마1801). ㉢ "사임한 대표자의 직무수행권은 법인이 '정상적인 활동을 중단하게 되는 처지를 피하기 위하여 보충적으로 인정'되는 것이다"(대판 2003.3.14. 2001다7599).

---

5 ★ 종중이 종중원의 자격을 박탈하거나 종중원이 종중을 탈퇴할 수 없는 것이어서 공동선조의 후손들은 종중을 양분하는 것과 같은 종중분열을 할 수 없다.   (   )

판결요지

※ 고유 의미의 종중의 의의 / 일부 종원의 자격을 임의로 제한하거나 확장한 종중규약의 효력(무효) 및 그로 인하여 이미 성립한 종중의 실재 자체가 부인되는지 여부(소극) / 공동선조의 후손들이 종중을 양분하는 것과 같은 종중분열을 할 수 있는지 여부(소극)

"고유 의미의 종중이란 공동선조의 후손 중 성년인 사람을 종원으로 하여 구성되는 자연발생적인 종족집단으로서 특별한 조직행위를 필요로 함이 없이 관습상 당연히 성립하는 것이고, 종중이 자연발생적으로 성립한 후에 정관 등 종중규약을 작성하면서 일부 종원의 자격을 임의로 제한하거나 확장하더라도 그러한 규약은 종중의 본질에 반하여 무효이고, 그로 인하여 이미 성립한 종중의 실재 자체가 부인되는 것은 아니다. 또한 종중이 종중원의 자격을 박탈하거나 종중원이 종중을 탈퇴할 수 없는 것이어서 공동선조의 후손들은 종중을 양분하는 것과 같은 종중분열을 할 수 없다."(대판 2023.12.28. 2023다278829).   **정답** ○

6 ★ 소속 교단에서의 탈퇴 내지 소속 교단의 변경은 사단법인 정관변경에 준하여 의결권을 가진 교인 2/3 이상의 찬성에 의한 결의를 필요로 하며, 다만 정수에 관하여 지교회의 규약에 다른 규정을 두고 있는 때에는 특별한 사정이 없는 한 그 규정에 의한 결의가 필요하다.   ( )

판결요지

※ 교회의 실체와 재산 귀속에 관한 판단 기준(=법인 아닌 사단에 관한 민법의 일반 이론) / 지교회의 소속 교단 탈퇴 내지 변경을 위한 결의요건(=의결권을 가진 교인 2/3 이상의 찬성) 및 위 정수에 관하여 지교회의 규약에 다른 규정을 두고 있는 경우, 그 규정에 의한 결의가 필요한지 여부(원칙적 적극)

"교회가 법인 아닌 사단으로서 존재하는 이상 그 법률관계를 둘러싼 분쟁을 소송을 통해 해결함에 있어서는 법인 아닌 사단에 관한 민법의 일반 이론에 따라 교회의 실체를 파악하고 교회의 재산 귀속에 대하여 판단하여야 한다. 한편 특정 교단에 가입한 지교회가 교단이 정한 헌법을 지교회 자신의 자치규범으로 받아들였다고 인정되는 경우에는 소속 교단의 변경은 실질적으로 지교회 자신의 규약에 해당하는 자치규범을 변경하는 결과를 초래하고, 만약 지교회 자신의 규약을 갖춘 경우에는 교단변경으로 인하여 지교회의 명칭이나 목적 등 지교회의 규약에 포함된 사항의 변경까지 수반하기 때문에, 소속 교단에서의 탈퇴 내지 소속 교단의 변경은 사단법인 정관변경에 준하여 의결권을 가진 교인 2/3 이상의 찬성에 의한 결의를 필요로 하며, 다만 정수에 관하여 지교회의 규약에 다른 규정을 두고 있는 때에는 특별한 사정이 없는 한 그 규정에 의한 결의가 필요하다(민법 제42조 제1항 단서)"(대판 2023.11.2. 2023다259316).   **정답** ○

제4장 　권리변동

법률행위의 해석

1　계약당사자가 누구인지는 계약에 관여한 당사자의 의사해석의 문제로서 이에 관한 당사자들의 의사가 합치되지 않는 경우 계약의 성질, 내용, 체결 경위 및 계약 체결을 전후한 구체적인 제반 사정을 토대로 상대방이 합리적인 인간이라면 누구를 계약당사자로 이해하였을 것인지를 기준으로 당사자를 결정하고, 계약의 성립 여부와 효력을 판단함이 상당하다.　　　　　　　　　　　　　　(　)

1-1　★ 실제 계약을 체결한 행위자가 자신의 이름은 특정하여 기재하되 불특정인을 추가하는 방식으로 계약서상 당사자를 표시한 경우(즉, 실제 계약체결자의 이름에 '외 ○인'을 부가하는 형태), 그 계약서 자체에서 당사자로 특정할 수 있거나 상대방의 입장에서도 특정할 수 있는 특별한 사정이 인정될 수 있는 당사자만 계약당사자 지위를 인정할 수 있다.　　　　　　　　　(　)

[판결요지]

※ 실제 계약을 체결한 행위자가 자신의 이름은 특정하여 기재하되 불특정인을 추가하는 방식으로 계약서상 당사자를 표시한 경우(즉, 실제 계약체결자의 이름에 '외 ○인'을 부가하는 형태), 계약당사자가 누구인지 판단하는 기준

"1. 의사표시의 해석은 당사자가 그 표시행위에 부여한 객관적인 의미를 명백하게 확정하는 것으로서, 계약당사자 사이에 어떠한 계약 내용을 처분문서인 서면으로 작성한 경우에는 서면에 사용된 문구에 구애받는 것은 아니지만 어디까지나 당사자의 내심에 있는 의사가 어떠한지와 관계없이 서면의 기재 내용에 따라 당사자가 표시행위에 부여한 객관적 의미를 합리적으로 해석하여야 한다. 이 경우 문언의 객관적인 의미가 명확하다면 특별한 사정이 없는 한 문언대로의 의사표시의 존재와 내용을 인정하여야 한다. 계약당사자가 누구인지는 계약에 관여한 당사자의 의사해석의 문제로서 이에 관한 당사자들의 의사가 합치되지 않는 경우 계약의 성질, 내용, 체결 경위 및 계약 체결을 전후한 구체적인 제반 사정을 토대로 상대방이 합리적인 인간이라면 누구를 계약당사자로 이해하였을 것인지를 기준으로 당사자를 결정하고, 계약의 성립 여부와 효력을 판단함이 상당하다.

2. 실제 계약을 체결한 행위자가 자신의 이름은 특정하여 기재하되 불특정인을 추가하는 방식으로 계약서상 당사자를 표시한 경우(즉, 실제 계약체결자의 이름에 '외 ○인'을 부가하는 형태), 그 계약서 자체에서 당사자로 특정할 수 있거나 상대방의 입장에서도 특정할 수 있는 특별한 사정이 인정될 수 있는 당사자만 계약당사자 지위를 인정할 수 있다. 계약당사자가 되면 계약으로 발생하는 권리·의무의 주체가 될 수 있다는 점에서 당사자 사이의 법률관계에 중대한 영향을 초래하는 것이고, 때로는 강행규정 등 법률상 제한규정의 적용을 잠탈하려는 탈법적 의도에 따른 법률효과가 부여될 수도 있음을 고려하여, 위 특별한 사정의 인정 여부는 신중하게 판단하여 한다"(대판 2023.6.15. 2022다247422).

[정답] ○

[유 제]　　　　　　　　　　　　　　　　　　　　　　　　[정답] ○

2　★ 여러 개의 계약서에 따른 법률관계 등이 명확히 정해져 있지 않다면 각각의 계약서에 정해져 있는 내용 중 서로 양립할 수 없는 부분에 관해서는 원칙적으로 <u>나중에 작성된 계약서</u>에서 정한 대로 계약 내용이 변경되었다고 해석하는 것이 합리적이다.　　　　　　　　　　　　(　)

판결요지

※ 하나의 법률관계를 둘러싸고 각기 다른 내용을 정한 여러 개의 계약서가 순차로 작성되어 있는 경우 계약 내용의 확정

"처분문서는 그 성립의 진정함이 인정되는 이상 법원은 그 기재 내용을 부인할 만한 분명하고도 수긍할 수 있는 반증이 없으면 처분문서에 기재된 문언대로 의사표시의 존재와 내용을 인정하여야 한다. 당사자 사이에 법률행위의 해석을 둘러싸고 다툼이 있어 처분문서에 나타난 당사자의 의사해석이 문제되는 경우에는 문언의 내용, 법률행위가 이루어진 동기와 경위, 법률행위로써 달성하려는 목적, 당사자의 진정한 의사 등을 종합적으로 고찰하여 논리와 경험칙에 따라 합리적으로 해석하여야 한다(대판 2002.6.28. 2002다23482 판결, 대판 2017.2.15. 2014다19776,19783 판결 등 참조).

하나의 법률관계를 둘러싸고 각기 다른 내용을 정한 여러 개의 계약서가 순차로 작성되어 있는 경우 당사자가 그러한 계약서에 따른 법률관계나 우열관계를 명확하게 정하고 있다면 그와 같은 내용대로 효력이 발생한다. 그러나 여러 개의 계약서에 따른 법률관계 등이 명확히 정해져 있지 않다면 각각의 계약서에 정해져 있는 내용 중 서로 양립할 수 없는 부분에 관해서는 원칙적으로 나중에 작성된 계약서에서 정한 대로 계약 내용이 변경되었다고 해석하는 것이 합리적이다"(대판 2020.12.30. 2017다17603). **정답** ○

3 당사자가 표시한 문언에 의하여 그 객관적인 의미가 명확하게 드러나지 않는 경우에는, 그 문언의 내용, 당사자의 주장과 증명을 통하여 드러나는 그 법률행위가 이루어지게 된 동기 및 경위, 당사자가 그 법률행위에 의하여 달성하려고 하는 목적과 진정한 의사, 거래의 관행 등을 종합적으로 고찰하여, 사회정의와 형평의 이념에 맞도록 논리와 경험의 법칙, 그리고 사회일반의 상식과 거래의 통념에 따라 합리적으로 해석하여야 한다. ( )

판결요지

※ 당사자가 표시한 문언에 의하여 객관적 의미가 명확하게 드러나지 않는 경우, 법률행위의 해석 방법

"법률행위의 해석은 당사자가 그 표시행위에 부여한 객관적인 의미를 명백하게 확정하는 것으로서 당사자가 표시한 문언대로 의사표시의 존재와 내용을 인정하여야 한다. 당사자가 표시한 문언에 의하여 그 객관적인 의미가 명확하게 드러나지 않는 경우에는, 그 문언의 내용, 당사자의 주장과 증명을 통하여 드러나는 그 법률행위가 이루어지게 된 동기 및 경위, 당사자가 그 법률행위에 의하여 달성하려고 하는 목적과 진정한 의사, 거래의 관행 등을 종합적으로 고찰하여, 사회정의와 형평의 이념에 맞도록 논리와 경험의 법칙, 그리고 사회일반의 상식과 거래의 통념에 따라 합리적으로 해석하여야 한다. 특히 당사자 일방이 주장하는 법률행위의 내용이 상대방의 권리의무관계에 중대한 영향을 초래하게 되는 경우에는 더욱 엄격하게 해석하여야 한다(대판 2001.1.19. 2000다33607 판결, 대판 2007.4.13. 2005다68950 판결 등 참조)"(대판 2024.3.28. 2018다274229) **정답** ○

| 관련판례 |

[사실관계] 甲 공사가 乙 주식회사와 체결한 수출신용보증계약의 약관에는 '은행은 신용보증관계가 성립된 신용보증부대출과 관련한 채권에 대하여 신용보증관계가 성립되지 아니한 채권과 동일한 주의를 가지고 권리의 보전에 노력하여야 한다.' 는 조항이 있고, 위 조항 등의 주의의무를 해태한 경우 그로 인하여 증가된 손실에 관하여는 보증채무가 면책된다고 규정되어 있는데, 丙 은행이 위 수출신용보증계약에 따라 甲 공사

가 발행한 수출신용보증서를 담보로 수출거래 관련 채권을 매입하는 방식으로 수출자인 乙 회사에 대출하였다가 수입자로부터 수출대금을 지급받지 못하는 보증사고가 발생하여 甲 공사에 보증채무의 이행을 구하자, 甲 공사가 丙 은행이 수출채권을 매입할 때 위 약관 조항에 따른 주의의무를 위반하였다며 보증채무의 면책을 주장한 사안에서, 위 약관 조항은 은행이 신용보증부대출을 실행하여 신용보증관계가 성립된 이후의 사후적 손실방지의무를 정한 규정으로 해석함이 타당한데도, 이를 은행이 수출채권 매입 시 부담해야 하는 사전적 주의의무에 관한 규정이라고 보아 丙 은행의 위 약관 조항 위반으로 甲 공사의 보증채무가 면책되었다고 본 원심판단에 법리오해 등의 잘못이 있다고 한 사례(대판 2024.2.15. 2019다272404).

법률행위 목적의 사회적 타당성

1　★ 업무상 재해로 사망한 근로자의 직계가족 등 1인을 특별채용하기로 하는 단체협약은 선량한 풍속 기타 사회질서에 반하여 무효이다.　　　　　　　　　　　　　　　22년 2차모의 ( )

판결요지

"사용자가 노동조합과의 단체교섭에 따라 업무상 재해로 인한 사망 등 일정한 사유가 발생하는 경우 조합원의 직계가족 등을 채용하기로 하는 내용의 단체협약을 체결하였다면, 그와 같은 단체협약이 사용자의 채용의 자유를 과도하게 제한하는 정도에 이르거나 채용 기회의 공정성을 현저히 해하는 결과를 초래하는 등의 특별한 사정이 없는 한 선량한 풍속 기타 사회질서에 반한다고 단정할 수 없다. 이러한 단체협약이 사용자의 채용의 자유를 과도하게 제한하는 정도에 이르거나 채용 기회의 공정성을 현저히 해하는 결과를 초래하는지 여부는 단체협약을 체결한 이유나 경위, 그와 같은 단체협약을 통해 달성하고자 하는 목적과 수단의 적합성, 채용대상자가 갖추어야 할 요건의 유무와 내용, 사업장 내 동종 취업규칙 유무, 단체협약의 유지 기간과 그 준수 여부, 단체협약이 규정한 채용의 형태와 단체협약에 따라 채용되는 근로자의 수 등을 통해 알 수 있는 사용자의 일반 채용에 미치는 영향과 구직희망자들에 미치는 불이익 정도 등 여러 사정을 종합하여 판단하여야 한다"(대판 2020.8.27. 전합2016다248998).

정답 ✕

2　★ 당사자가 통정하여 단속규정을 위반하는 법률행위를 한 경우 제103조에 해당하여 무효이다.

（ ）

판결요지

"지역주택조합의 조합원 자격에 관한 구 주택법(2015. 7. 24. 법률 제13435호로 개정되기 전의 것) 제32조 제5항 및 구 주택법 시행령(2014. 12. 23. 대통령령 제25880호로 개정되기 전의 것) 제38조 제1항은 단순한 단속규정에 불과할 뿐 효력규정이라고 할 수 없어 당사자 사이에 이를 위반한 약정을 하였다고 하더라도 그 약정이 당연히 무효라고 할 수는 없다. 다만 당사자가 통정하여 위와 같은 단속규정을 위반하는 법률행위를 한 경우에 비로소 선량한 풍속 기타 사회질서에 위반한 사항을 내용으로 하는 법률행위에 해당하게 된다"(대판 2022.7.14. 2021다281999, 282008)

정답 ○

3　금전 소비대차계약 당사자 사이의 경제력 차이로 인하여 이율이 사회통념상 허용되는 한도를 초과하여 현저하게 고율로 정해진 경우, 그 부분 이자 약정은 무효이다.　　　　　　（　）

판결요지

"금전 소비대차계약과 함께 이자의 약정을 하는 경우, 양쪽 당사자 사이의 경제력의 차이로 인하여 그 이율이 당시의 경제적·사회적 여건에 비추어 사회통념상 허용되는 한도를 초과하여 현저하게 고율로 정하여졌다면, 그와 같이 허용할 수 있는 한도를 초과하는 부분의 이자 약정은 대주가 그의 우월한 지위를 이용하여 부당한 이득을 얻고 차주에게는 과도한 반대급부 또는 기타의 부당한 부담을 지우는 것이므로 선량한 풍속 기타 사회질서에 위반한 사항을 내용으로 하는 법률행위로서 무효이다."(대판 2023.6.15. 2022다211959)　**정답** ○

[사실관계] 甲 저축은행이 연 24%의 약정이율로 乙 주식회사에 대출을 하였는데, 대출 당시 甲 저축은행이 乙 회사에 대출원금에서 인지대 및 신용조사료를 공제한 나머지 금원을 입금해주었고, 乙 회사는 대출 당일 甲 저축은행에 이자상환 명목의 금원을 지급하였으며, 대출원금이 입금된 乙 회사의 계좌에서 대출취급수수료, 공증료 명목의 금원이 출금된 사안에서, 甲 저축은행이 그의 우월한 지위를 이용하여 사회통념상 허용되는 한도를 초과하는 대출의 대가를 지급받은 이상, 乙 회사가 지급한 금원 중 한도를 초과한 부분은 법정충당에 의하여 원금에 충당될 여지가 있다고 한 사례.

4　★ 궁박 때문에 법률행위를 하였다고 주장하는 당사자가 법률행위의 결과 제3자와의 계약관계에서 입었을 불이익을 면하게 된 경우, 이러한 불이익의 면제를 법률행위에서 정한 상대방의 급부로 평가할 수 없다.　　　　　　（　）

4-1　당사자 일방이 제3자와의 매매계약으로 자신이 얻을 경제적 이익을 고려하여 자신의 법적·경제적 위험을 예측하면서도 이를 기꺼이 감수하고 이 사건 매매계약을 체결한 결과 상대방과의 관계에서 다소 곤궁한 상태에 빠졌더라도, 이와 같이 그가 자초한 상태를 민법 제104조의 궁박이라고 쉽사리 인정하여서는 안 된다.　　　　　　（　）

판결요지

※ 1. 민법 제104조에서 정한 불공정한 법률행위의 성립 요건과 규정 목적 / 급부와 반대급부 사이에 현저한 불균형이 존재하는지 판단하는 방법 / 궁박 때문에 법률행위를 하였다고 주장하는 당사자가 법률행위의 결과 제3자와의 계약관계에서 입었을 불이익을 면하게 된 경우, 이러한 불이익의 면제를 법률행위에서 정한 상대방의 급부로 평가할 수 있는지 여부(원칙적 소극)

2. '궁박'의 의미 및 당사자가 궁박한 상태에 있었는지 판단하는 방법 / 당사자가 계약을 지키지 않는 경우 얻을 이익이 이로 인해 입을 불이익보다 크다고 판단하여 불이익의 발생을 예측하면서도 이를 감수할 생각으로 계약에 반하는 행위를 함으로써 계약 상대방과의 관계에서 급박한 곤궁 상태를 자초한 경우, 이를 민법 제104조의 궁박이라고 쉽게 인정할 수 있는지 여부(소극)

"[1] 민법 제104조에 규정한 불공정한 법률행위는 객관적으로 급부와 반대급부 사이에 현저한 불균형이 존재하고, 주관적으로 그와 같이 균형을 잃은 거래가 피해 당사자의 궁박, 경솔 또는 무경험을 이용하여 이루어진 경우에 성립하는 것으로서, 약자적 지위에 있는 자의 궁박, 경솔 또는 무경험을 이용한 폭리행위를 규제하려는 데에 그 목적이 있다. 객관적으로 급부와 반대급부 사이에 현저한 불균형이 존재하는지를 판단하려면 우선 해당 법률행위의 급부와 반대급부가 무엇인지를 확정한 뒤 그 각각의 객관적 가치를 비교·평가해야 한다. 또한 급부와 반대급부 사이에 현저한 불균형이 있는지는 단순히 시가와의 차액 또는 시가와의 배율로 판단할 수 있는 것은 아니고, 구체적·개별적 사안에서 일반인의 사회통념에 따라 결정하여야 한다. 여기에서 급부와 반대급부는 해당 법률행위에서 정한 급부와 반대급부를 의미하므로, 궁박 때문에 법률행위를 하였다고 주장하는 당사자가 그 법률행위의 결과 제3자와의 계약관계에서 입었을 불이익을 면하게 되었더라도, 특별한 사정이 없는 한 이러한 불이익의 면제를 곧바로 해당 법률행위에서 정한 상대방의 급부로 평가해서는 안 된다. 이를 상대방의 급부로 평가한다면, 당사자가 그 불이익을 입는 것보다 해당 법률행위에서 정한 반대급부를 이행하는 것이 경제적으로 유리하다고 보아 그 법률행위를 한 대부분의 경우에 그 불이익을 포함한 급부의 객관적 가치가 반대급부의 객관적 가치를 초과하여, 그 이유만으로 당사자의 궁박 여부와 관계없이 법률행위의 불공정성이 부정되는 부당한 결과가 발생할 수 있기 때문이다. 이러한 불이익은 급부와 반대급부 사이의 객관적 가치 차이가 사회통념상 현저하게 균형을 잃은 정도에 이르렀는지, 또는 당사자가 궁박한 상태에 있었는지를 판단할 때 고려할 수 있을 뿐이다.

[2] '궁박'이라 함은 '급박한 곤궁'을 의미하는 것으로서 경제적 원인에 기인할 수도 있고 정신적 또는 심리적 원인에 기인할 수도 있으며, 당사자가 궁박한 상태에 있었는지 여부는 그의 나이와 직업, 교육 및 사회경험의 정도, 재산 상태 및 그가 처한 상황의 절박성의 정도 등 여러 사정을 종합하여 구체적으로 판단하여야 한다. 한편 당사자가 계약을 지키지 않는 경우 얻을 이익이 이로 인해 입을 불이익보다 크다고 판단하여, 그 불이익의 발생을 예측하면서도 이를 감수할 생각으로 계약에 반하는 행위를 함으로써 계약 상대방과의 관계에서 그가 주장하는 급박한 곤궁 상태에 이르렀다면, 이와 같이 그가 자초한 상태를 민법 제104조의 궁박이라고 인정하는 것은 엄격하고 신중하게 이루어져야 한다"(대판 2024.3.12. 2023다301712) **정답** ○

유제 **정답** ○

[사실관계] 甲 소유 주택에 관하여 甲과 乙이 체결한 주택임대차계약의 임대차 기간 중 甲이 위 주택 및 부지와 이에 인접한 토지들을 함께 매수하여 다세대주택을 신축하려는 丙 주식회사에 위 주택 및 부지를 매도하는 매매계약을 체결하면서 '甲이 임차인들을 퇴거시켜야 하고, 잔금 지급일까지 이를 완전히 해결하지 않으면 위 매매계약의 위약금뿐만 아니라 다른 부동산 매매계약의 위약금도 모두 책임진다.'는 취지의 특약을 포함시켰는데, 乙이 임대차계약을 합의해제하고 임차목적물을 인도해 달라는 甲의 요구에 응하지 않아 甲이 거액의 위약금을 지급하여야 할 위험에 처하게 되자, 쌍방이 협의를 거쳐 甲이 매매계약의 잔금을 수령하면 乙에게 임차보증금과 이사비용뿐만 아니라 임차보증금의 10배에 달하는 인도 합의금을 지급하기로 한다는 내용의 합의를 하고, 丁은 합의에 따른 甲의 채무를 보증한 사안에서, 위 합의에 따라 임차목적물의 인도가 이루어짐으로써 지급을 면하게 된 위약금 상당액을 乙의 급부에 포함시켜 乙의 급부의 객관적 가치가 甲과 丁의 반대급부의 객관적 가치보다 오히려 높으므로 급부와 반대급부 사이에 현저한 불균형이 존재하지 않는다고 본 원심의 판단은 잘못이나, 甲과 丁이 곤궁한 상태에 이르게 된 원인과 배경을 비롯하여 당사자의 신분 및 상호관계, 매매계약에 따른 경제적 이익, 합의의 경위 및 내용, 합의 이후의 상황, 매매계약의 해제와 같이 甲에게 존재하였던 다른 대안 등 모든 사정을 고려하면 위 합의가 甲과 丁의 궁박 상태에서 체결되었다고 단정할 수 없으므로, 위 합의가 유효하다고 본 원심의 결론은 정당하다고 한 사례.

통정한 허위의 의사표시

1 ★★ 통정한 허위의 의사표시에 기하여 허위 가등기가 설정된 후 그 원인이 된 통정허위표시가 당사자 간에 철회되었으나 그 외관인 허위 가등기가 미처 제거되지 않고 잔존하는 동안에 가등기 명의인이 임의로 소유권이전의 본등기를 마친 것이라면, 위 본등기를 토대로 다시 소유권이전등기를 마친 자는 민법 제108조 제2항 소정의 '제3자'에 해당하지 않는다.　　　　　　　(　)

판결요지

"1. 상대방과 통정한 허위의 의사표시는 무효이고 누구든지 그 무효를 주장할 수 있는 것이 원칙이나, 허위표시의 당사자와 포괄승계인 이외의 자로서 허위표시에 의하여 외형상 형성된 법률관계를 토대로 실질적으로 새로운 법률상 이해관계를 맺은 선의의 제3자에 대하여는 허위표시의 당사자뿐만 아니라 그 누구도 허위표시의 무효를 대항하지 못하는 것인데, 허위표시를 선의의 제3자에게 대항하지 못하게 한 취지는 이를 기초로 하여 별개의 법률원인에 의하여 고유한 법률상의 이익을 갖는 법률관계에 들어간 자를 보호하기 위한 것이므로 제3자의 범위는 권리관계에 기초하여 형식적으로만 파악할 것이 아니라 허위표시행위를 기초로 하여 새로운 법률상 이해관계를 맺었는지 여부에 따라 실질적으로 파악하여야 한다(대판 2000.7.6. 99다51258 등 참조).

2. 이 사건 부동산에 관한 소외 1 명의의 본등기는 소외 2와 소외 1 사이의 허위 가등기 설정이라는 통정한 허위의 의사표시 자체에 기한 것이 아니라, 이러한 통정한 허위의 의사표시가 철회된 이후에 소외 1이 항소심판결에 의해 취소 확정되어 소급적으로 무효가 된 위 제1심판결에 기초하여 일방적으로 마친 원인무효의 등기라고 봄이 타당하다. 이에 따라 소외 1 명의의 본등기를 비롯하여 그 후 원고에 이르기까지 순차적으로 마쳐진 각 지분소유권이전등기는 부동산등기에 관하여 공신력이 인정되지 아니하는 우리 법제 하에서는 특별한 사정이 없는 한 무효임을 면할 수 없다.

나아가 소외 2와 소외 1이 통정한 허위의 의사표시에 기하여 마친 가등기와 소외 3 명의의 지분소유권이전등기 사이에는 앞서 본 바와 같이 소외 1이 일방적으로 마친 원인무효의 본등기가 중간에 개재되어 있으므로, 이를 기초로 마쳐진 소외 3 명의의 지분소유권이전등기는 소외 1 명의의 가등기와는 서로 단절된 것으로 평가된다. 그리고 가등기의 설정행위와 본등기의 설정행위는 엄연히 구분되는 것으로서 소외 3 내지 그 후 지분소유권이전등기를 마친 자들에게 신뢰의 대상이 될 수 있는 '외관'은 소외 1 명의의 가등기가 아니라 단지 소외 1 명의의 본등기일 뿐이라는 점에서도 이들은 소외 1 명의의 허위 가등기 자체를 기초로 하여 새로운 법률상 이해관계를 맺은 제3자의 지위에 있다고 볼 수 없다. 이는 소외 2의 추완항소를 계기로 소외 2와 소외 1 사이의 통정한 허위의 의사표시가 실체적으로는 철회되었음에도 불구하고 그 외관인 가등기가 미처 제거되지 않고 잔존하는 동안에 소외 1 명의의 본등기가 마쳐졌다고 하여 달리 볼 수 없다"(대판 2020.1.30. 2019다280375)   **정답** ○

[사실관계] 甲이 부동산 관리를 위해 乙에게 매매예약을 등기원인으로 소유권이전등기청구권 가등기를 마쳐주었고, 그 후 乙이 제기한 가등기에 기한 본등기의 이행을 구하는 소송이 공시송달로 진행된 결과 乙의 승소판결이 선고되어 외형상 확정되었으나, 甲이 추완항소를 제기하여 가등기의 등기원인인 매매예약이 甲과 乙의 통정한 허위의 의사표시에 의한 것으로 무효라는 이유로 제1심판결을 취소하고 乙의 청구를 기각하는 판결이 선고·확정되었는데, 위 부동산에 관하여 乙이 甲의 추완항소 이전에 발급받았던 송달증명원 및 확정증명원을 가지고 확정판결을 원인으로 지분소유권이전등기를 마쳤고, 乙의 남편인 丙이 재산분할을 원인으로 지분소유권이전등기를 마쳤으며, 그 후 丁과 戊가 위 부동산에 관하여 매매를 원인으로 지분소유권이전등기를 순차로 마친 사안에서, 戊는 乙 명의의 허위 가등기 자체를 기초로 하여 새로운 법률상 이해관계를 맺은 제3자의 지위에 있다고 볼 수 없는데도, 戊가 통정한 허위의 의사표시의 제3자에 해당한다고 본 원심판단에 법리오해 등의 잘못이 있다고 한 사례

착오에 의한 의사표시

1 ★ 장래에 발생할 막연한 사정을 예측하거나 기대하고 법률행위를 한 경우 그러한 예측이나 기대와 다른 사정이 발생하였다고 하더라도 그로 인한 위험은 원칙적으로 법률행위를 한 사람이 스스로 감수하여야 하고 상대방에게 전가해서는 안 되므로 착오를 이유로 취소를 구할 수 없다.

22년 법무사(　)

판결요지

※ 장래에 발생할 막연한 사정을 예측하거나 기대하고 법률행위를 하였으나 그러한 예측이나 기대와 다른 사정이 발생한 경우, 착오를 이유로 법률행위를 취소할 수 있는지 여부(소극)

"민법 제109조에 따라 의사표시에 착오가 있다고 하려면 법률행위를 할 당시에 실제로 없는 사실을 있는 사실로 잘못 깨닫거나 아니면 실제로 있는 사실을 없는 것으로 잘못 생각하듯이 의사표시자의 인식과 그러한 사실이 어긋나는 경우라야 한다. 의사표시자가 행위를 할 당시 장래에 있을 어떤 사항의 발생을 예측한 데 지나지 않는 경우는 의사표시자의 심리상태에 인식과 대조사실의 불일치가 있다고 할 수 없어 이를 착오로 다룰 수 없다. 장래에 발생할 막연한 사정을 예측하거나 기대하고 법률행위를 한 경우 그러한 예측이나 기대와 다른 사정이 발생하였다고 하더라도 그로 인한 위험은 원칙적으로 법률행위를 한 사람이 스스로 감수하여야 하고 상대방에게 전가해서는 안 되므로 착오를 이유로 취소를 구할 수 없다"(대판 2020.5.14. 2016다12175). **정답** ○

|쟁점정리|

※ **착오의 개념**

判例는 일반적으로 착오를 의사표시의 내용과 내심의 의사가 일치하지 않는 것을 표시자가 모르는 것이라고 한다(대판 1985.4.23. 84다카890). 특히 判例는 '장래의 불확실한 사실자체'에 관한 것이라도 착오에 해당한다고 하나(대판 1994.6.10. 93다24810 : 장래에 부과될 양도소득세 등의 세액에 관한 착오), 이와 달리 단순히 '장래의 미필적 사실의 발생에 대한 기대나 예상'이 빗나간 것에 불과한 것은 착오라고 할 수 없다고 한다(대판 2011.6.24. 2008다44368 등). 예컨대 매매계약 당시 장차 도시계획이 변경되어 호텔 등의 신축에 대한 인·허가를 받을 수 있을 것이라고 생각하였으나 그 후 생각대로 되지 않은 경우, 이는 법률행위 당시를 기준으로 장래의 미필적 사실의 발생에 대한 기대나 예상이 빗나간 것에 불과할 뿐 착오라고 할 수는 없다고 한다(대판 2007.8.23. 2006다15755).

2 ★ 토지의 현황과 경계에 착오가 있어 계약을 체결하기 전에 이를 알았다면 계약의 목적을 달성할 수 없음이 명백하여 계약을 체결하지 않았을 것으로 평가할 수 있을 경우에 계약의 중요부분에 관한 착오가 인정된다.

22년 변호(　)

2-1 ★ 토지매매에서 특별한 사정이 없는 한 매수인 甲에게 측량을 하거나 지적도와 대조하는 등의 방법으로 매매목적물이 지적도상의 그것과 정확히 일치하는지 여부를 미리 확인하여야 할 주의의무가 없고, 매도인 乙측의 잘못된 설명으로 매수인 甲의 착오가 유발되었다면 매수인의 착오에는 중대한 과실이 있다고 보기 어렵다.

(　)

[판결요지]

> ※ 법률행위의 중요부분의 착오의 의미, 착오에 의한 의사표시를 취소할 수 없는 표의자의 '중대한 과실'의 의미
> "의사표시는 법률행위 내용의 중요부분에 착오가 있는 때에는 취소할 수 있다. 법률행위 중요부분의 착오란 표의자가 그러한 착오가 없었더라면 그 의사표시를 하지 않았으리라고 생각될 정도로 중요한 것이어야 하고 보통 일반인도 표의자의 처지에 있었더라면 그러한 의사표시를 하지 않았으리라고 생각될 정도로 중요한 것이어야 한다. 가령 토지의 현황과 경계에 착오가 있어 계약을 체결하기 전에 이를 알았다면 계약의 목적을 달성할 수 없음이 명백하여 계약을 체결하지 않았을 것으로 평가할 수 있을 경우에 계약의 중요부분에 관한 착오가 인정된다. 법률행위 내용의 중요부분에 착오가 있는 때에는 그 의사표시를 취소할 수 있으나 그 착오가 표의자의 중대한 과실로 인한 때에는 취소하지 못한다. 여기서 '중대한 과실'이란 표의자의 직업, 행위의 종류, 목적 등에 비추어 보통 요구되는 주의를 현저히 게을리한 것을 의미한다. 토지매매에서 특별한 사정이 없는 한 매수인에게 측량을 하거나 지적도와 대조하는 등의 방법으로 매매목적물이 지적도상의 그것과 정확히 일치하는지 여부를 미리 확인하여야 할 주의의무가 있다고 볼 수 없다"(대판 2020.3.26. 2019다288232). **정답** ○
>
> [유 제] **정답** ○
> [사실관계] 甲이 乙로부터 토지를 매수하는 계약을 체결하면서 '위 토지에 인접한 매실나무 밭 바로 앞부분 약 80평이 포함되고 인접한 도로 부분 약 40평이 포함되지 않는다'고 잘못 알고 있었는데, 乙도 甲과 같이 토지의 경계를 잘못 인식하고 있어 매매계약 당시 甲에게 토지의 경계에 대하여 정확한 설명을 하지 않은 사안에서, 甲이 잘못 인식한 부분의 면적이 위 토지면적의 상당한 부분을 차지하므로, 甲은 매매계약의 목적물의 경계에 대하여 착오를 하였고, 그 착오는 중요한 부분에 해당하며, 乙 측의 잘못된 설명으로 甲의 착오가 유발되었으므로 甲의 착오에는 중대한 과실이 있다고 보기 어렵다고 한 사례.

| 쟁점정리 |

> ※ 토지의 현황·경계에 관한 착오
> 토지 1,389평을 전부 경작할 수 있는 농지인 줄 알고 매수하고 소유권이전등기를 하였으나 측량결과 약 600평이 하천을 이루고 있는 경우(대판 1968.3.26. 67다2160), 인접 대지의 경계선이 자신의 대지의 경계선과 일치하는 것으로 잘못 알고 그 경계선에 담장을 설치하기로 합의한 경우(대판 1989.7.25. 88다카9364), 각각 '법률행위 내용의 중요부분의 착오'에 해당하는 것으로 보아 취소를 인정하였다.

3 ★ 소취하합의가 민법상의 화해계약에 해당하는 경우에는 당사자는 착오를 이유로 취소하지 못하고 다만 화해 당사자의 자격 또는 화해의 목적인 분쟁 이외의 사항에 착오가 있는 때에 한하여 이를 취소할 수 있으나, 민법상의 화해계약에 이르지 않은 법률행위에 해당하는 경우에는 민법 제109조에 따라 법률행위의 내용의 중요 부분에 착오가 있는 때에 취소할 수 있다.

23년 1차모의, 22법행, 22년 법무사(　)

[판결요지]

> 1. 소취하합의가 민법상의 화해계약에 해당하는 경우 착오를 이유로 취소할 수 있는 요건
> "화해계약은 당사자가 상호 양보하여 당사자 간의 분쟁을 종지할 것을 약정하는 것으로(민법 제731조), 당사자 일방이 양보한 권리가 소멸되고 상대방이 화해로 인하여 그 권리를 취득하는 효력이 있다(민법 제732조). 즉, 화해계약이 성립되면 특별한 사정이 없는 한 그 창설적 효력에 따라 종전의 법률관계를 바탕으로 한 권리의무관계는 소

멸하고, 계약 당사자 사이에 종전의 법률관계가 어떠하였는지를 묻지 않고 화해계약에 따라 새로운 법률관계가 생긴다(대판 2018.5.30. 2017다21411 판결 등 참조).

민법상의 화해계약을 체결한 경우 당사자는 착오를 이유로 취소하지 못하고 다만 화해 당사자의 자격 또는 화해의 목적인 분쟁 이외의 사항에 착오가 있는 때에 한하여 이를 취소할 수 있다(민법 제733조). '화해의 목적인 분쟁 이외의 사항'이라 함은 분쟁의 대상이 아니라 분쟁의 전제 또는 기초가 된 사항으로서, 쌍방 당사자가 예정한 것이어서 상호 양보의 내용으로 되지 않고 다툼이 없는 사실로 양해된 사항을 말한다(대판 1997.4.11. 95다48414 판결 등 참조).

2. 소취하합의가 민법상의 화해계약에 이르지 않은 법률행위에 해당하는 경우 착오를 이유로 취소할 수 있는 요건

소취하합의의 의사표시 역시 민법 제109조에 따라 법률행위의 내용의 중요 부분에 착오가 있는 때에는 취소할 수 있을 것이다. 의사표시의 동기에 착오가 있는 경우에는 당사자 사이에 그 동기를 의사표시의 내용으로 삼았을 때에 한하여 의사표시의 내용의 착오가 되어 취소할 수 있는 것이며, 법률행위의 중요 부분의 착오라 함은 표의자가 그러한 착오가 없었더라면 그 의사표시를 하지 않으리라고 생각될 정도로 중요한 것이어야 하고 보통 일반인도 표의자의 처지에 섰더라면 그러한 의사표시를 하지 않았으리라고 생각될 정도로 중요한 것이어야 한다(대판 1999.4.23. 98다45546 판결 등 참조). 이때 착오를 이유로 의사표시를 취소하는 자는 법률행위의 내용에 착오가 있었다는 사실과 함께 착오가 의사표시에 결정적인 영향을 미쳤다는 점, 즉 만일 착오가 없었더라면 의사표시를 하지 않았을 것이라는 점을 증명하여야 한다(대판 2018.10.25. 2016다239345 판결 등 참조)"(대판 2020.10.15. 2020다227523,227530).

정답 ○

[사실관계] 소유권이전등기절차 이행을 청구하는 본소에 대해 피고가 본안전항변으로 이 사건 소취하합의를 한 사안에서, 원심은 이 사건 소취하합의가 민법상의 화해계약에 해당한다고 단정한 후 착오를 이유로 취소되었다고 판단하였는데, 대법원은 소취하합의는 민법상의 화해계약에 이르지 않은 법률행위에도 해당할 수 있고 그러한 경우 착오를 이유로 한 취소의 요건이 달라질 수 있음을 전제로, 원심이 이 사건 소취하합의에 이르게 된 경위, 사정, 사실관계 등을 심리하여, 민법상 화해계약에 해당하는지, 민법상 화해계약에는 이르지 못한 소취하합의인지 등을 판단한 후, 원고가 주장하는 착오가 이 사건 소취하합의의 취소사유가 될 수 있는지를 구체적으로 심리·판단하였어야 함에도 이에 대한 충분한 심리가 이루어지지 않았다는 이유로 파기환송한 사례

| 쟁점정리 |

※ 소송행위와 착오

절차안정이 요구되는 소송행위에는 제109조가 적용되지 않으므로 소송행위를 착오를 이유로 취소하지 못한다. 따라서 判例는 '**소를 취하한 경우**'(대판 1971.7.27. 71다941 : 재판외 에서 행하는 당사자의 소취하합의는 사법계약인 반면 소취하는 소송행위이다), **소송상 화해**(대판 1979.5.15. 78다1094 : 재판 외에서 행하는 화해계약은 사법계약인 반면 소송상 화해는 소송행위이다), 상소포기(대판 1980.4.4. 80모11) 등의 경우에 그러한 행위에 착오가 있더라도 이를 이유로 취소할 수 없다고 한다.

[비교판례] '**소취하합의**'가 민법상의 화해계약에 해당하는 경우에는 당사자는 착오를 이유로 취소하지 못하고 다만 화해 당사자의 자격 또는 화해의 목적인 분쟁 이외의 사항에 착오가 있는 때에 한하여 이를 취소할 수 있으나(제733조 단서), 민법상의 화해계약에 이르지 않은 법률행위에 해당하는 경우에는 민법 제109조에 따라 법률행위의 내용의 중요 부분에 착오가 있는 때에 취소할 수 있다(대판 2020.10.15. 2020다227523,227530).

4   한국거래소가 설치한 파생상품시장에서 이루어지는 파생상품 거래와 관련하여 상대방 투자중개업자
나 그 위탁자가 표의자의 착오를 알고 이용했는지 여부를 판단할 때에는 단순히 표의자가 제출한
호가가 당시 시장가격에 비추어 이례적이라는 사정만으로 표의자의 착오를 알고 이용하였다고 단정
할 수 없다.   (   )

4-1   甲 주식회사가 자신의 파생상품거래 시스템에 乙 주식회사로부터 사용권을 구매한 소프트웨어를
설치하고 乙 회사 소속 직원에게 이자율 등 변수를 입력하도록 하여 입력된 조건에 따라 위 소프
트웨어에 의해 자동으로 호가가 생성·제출되는 방식으로 한국거래소가 설치한 파생상품시장에서
파생상품거래를 하였는데, 乙회사 소속 직원이 위 소프트웨어에 입력할 변수 중 이자율을 계산하
기 위한 설정 값을 잘못 입력하여 丙 외국법인과 시장가격에 비추어 이례적인 가격으로 다수의 파
생상품거래가 체결되자, 丙 회사를 상대로 착오를 이유로 위 매매거래를 취소한다는 의사표시를
하고 부당이득반환을 구하더라도, 위 매매거래에 관한 甲 회사의 착오는 중대한 과실로 인한 것이
고, 丙 회사가 甲회사의 착오를 이용하여 위 매매거래를 체결하였다고 보기도 어려우므로, 甲회사
가 착오를 이유로 위 매매거래를 취소할 수는 없다.   (   )

[판결요지]

※ 파생상품거래와 관련하여 상대방이 표의자의 착오를 알고 이용했는지 여부를 판단하는 기준
"민법 제109조 제1항은 법률행위 내용의 중요 부분에 착오가 있는 때에는 그 의사표시를 취소할 수 있다고 규정하
면서, 같은 항 단서에서 그 착오가 표의자의 중대한 과실로 인한 때에는 취소하지 못한다고 규정하고 있다. 여기서
'중대한 과실'이란 표의자의 직업, 행위의 종류, 목적 등에 비추어 보통 요구되는 주의를 현저히 결여한 것을 의미
한다. 한편 위 단서 규정은 표의자의 상대방의 이익을 보호하기 위한 것이므로, 상대방이 표의자의 착오를 알고
이를 이용한 경우에는 그 착오가 표의자의 중대한 과실로 인한 것이라고 하더라도 표의자는 그 의사표시를 취소할
수 있다. 다만 한국거래소가 설치한 파생상품시장에서 이루어지는 파생상품 거래와 관련하여 상대방 투자중개업
자나 그 위탁자가 표의자의 착오를 알고 이용했는지 여부를 판단할 때에는 파생상품시장에서 가격이 결정되고 계
약이 체결되는 방식, 당시의 시장 상황이나 거래관행, 거래량, 관련 당사자 사이의 구체적인 거래형태와 호가 제출
의 선후 등을 종합적으로 고려하여야 하고, 단순히 표의자가 제출한 호가가 당시 시장가격에 비추어 이례적이라는
사정만으로 표의자의 착오를 알고 이용하였다고 단정할 수 없다"(대판 2023.4.27. 2017다227264).   **정답** ○

[유 제]   **정답** ○

[사실관계] 자본시장과 금융투자업에 관한 법률에 따른 금융투자업자인 甲 주식회사가 자신의 파생상품거래 시스
템에 乙 주식회사로부터 사용권을 구매한 소프트웨어를 설치하고 乙 회사 소속 직원에게 이자율 등 변수를 입력하
도록 하여 입력된 조건에 따라 위 소프트웨어에 의해 자동으로 호가가 생성·제출되는 방식으로 한국거래소가 설
치한 파생상품시장에서 파생상품거래를 하였는데, 乙회사 소속 직원이 위 소프트웨어에 입력할 변수 중 이자율을
계산하기 위한 설정 값을 잘못 입력하여 丙 외국법인과 시장가격에 비추어 이례적인 가격으로 다수의 파생상품거
래가 체결되자, 丙 회사를 상대로 착오를 이유로 위 매매거래를 취소한다는 의사표시를 하고 부당이득반환을 구한
사안에서, 위 매매거래에 관한 甲 회사의 착오는 중대한 과실로 인한 것이고, 丙 회사가 甲회사의 착오를 이용하여
위 매매거래를 체결하였다고 보기도 어려우므로, 甲회사가 착오를 이유로 위 매매거래를 취소할 수 없다고 본 원
심판단을 정당하다고 한 사례

|쟁점정리|

※ **상대방이 표의자의 착오를 알면서 이용한 경우**
상대방이 표의자의 착오를 알면서 이를 이용한 경우에, 표의자에게 중대한 과실이 있더라도 표의자는 그 의사표시를 취소할 수 있다(대판 1955.11.10. 4288민상321 : 5회,7회,9회 선택형).
제109조 1항 단서가 상대방의 이익을 보호하기 위한 것이지만 이러한 경우에는 상대방의 보호가치가 부정되므로 그 규정의 적용이 배제되어야 하고, 또한 상대방이 표의자의 중대한 과실을 원용하여 표의자의 취소권을 부인하는 것은 신의칙에 반하기 때문이다.
[사실관계] 미래에셋증권의 직원이 거래 당일 개장 전인 08:50경 이 사건 계약의 매수주문을 입력하면서 주문가격란에 0.80원을 입력하여야 함에도 80원으로 잘못 입력하였는데, 상대방은 그것이 주문자의 착오로 인한 것임을 충분히 알 수 있었음에도 이를 이용하여 다른 사람들보다 먼저 매매계약을 체결한 사안이다(대판 2014.11.27. 2013다49794)

---

5 甲 지방자치단체가 입찰절차를 거쳐 폐기물 처리업자인 乙 주식회사 등과 체결한 생활폐기물 위탁처리 용역계약에 따라 乙 회사 등에 용역대금과 부가가치세를 지급하였다가 나중에 위 용역의 공급이 부가가치세 면세대상임을 알게 되자, 乙 회사 등을 상대로 기지급한 부가가치세 상당액의 반환을 구한 사안에서, 용역계약 체결 당시 위 용역의 공급이 부가가치세 면세대상이라는 사정을 알았다면 부가가치세를 제외하고 기존 용역대금에 상당한 금액만을 지급하기로 약정하였을 것으로 보기는 어렵다.　　　　　　　　　　　　　　　　　　　　　　　　　(　)

판결요지

※ **2. 계약당사자 쌍방이 계약의 전제나 기초가 되는 사항에 관하여 같은 내용으로 착오가 있어 이에 관한 구체적 약정을 하지 않은 경우, 착오가 없을 때에 약정하였을 것으로 보이는 내용으로 당사자의 의사를 보충하여 계약을 해석할 수 있는지 여부(적극) 및 여기서 보충되는 '당사자의 의사'의 의미(=객관적으로 추인되는 정당한 이익조정 의사)**
"[2] 계약당사자 쌍방이 계약의 전제나 기초가 되는 사항에 관하여 같은 내용으로 착오가 있고 이로 인하여 그에 관한 구체적 약정을 하지 아니하였다면, 당사자가 그러한 착오가 없을 때에 약정하였을 것으로 보이는 내용으로 당사자의 의사를 보충하여 계약을 해석할 수 있다. 여기서 보충되는 당사자의 의사는 당사자의 실제 의사 또는 주관적 의사가 아니라 계약의 목적, 거래관행, 적용법규, 신의칙 등에 비추어 객관적으로 추인되는 정당한 이익조정 의사를 말한다"(대판 2023.8.18. 2019다200126).
[사실관계] 甲 지방자치단체와 乙 회사 등은 위 용역의 공급을 부가가치세 과세대상이라고 착오하여 위 용역의 공급이 부가가치세 면세대상일 경우 乙 회사 등이 공제받지 못하는 매입세액을 용역대금에 어떻게 반영할 것인지에 대하여 구체적 약정을 하지 않았는데, 일반적인 과세사업의 경우 사업자가 용역을 공급받는 자로부터 수령한 매출에 관한 부가가치세에서 자신이 부담하였던 매입에 관한 부가가치세를 공제함으로써 실질적으로 매입에 관한 부가가치세를 부담하지 않는 반면, 면세사업의 경우 사업자가 용역을 공급받는 자로부터 매출에 관한 부가가치세를 수령하지 못하는데도 매입에 관한 부가가치세를 부담하게 되어 그만큼 원가가 증가하는 점(저자 주 : 거래관행), 위 용역계약에 적용되는 구 지방자치단체를 당사자로 하는 계약에 관한 법률(2013. 8. 6. 법률 제12000호로 개정되기 전의 것) 제11조 제1항 본문, 구 지방자치단체를 당사자로 하는 계약에 관한 법률 시행령(2011. 9. 15. 대통령령 제23134호로 개정되기 전의 것) 제10조 및 그 위임에 따른 구 지방자치단체를 당사자로 하는 계약에 관한 법률

시행규칙(2011. 12. 26. 행정안전부령 제266호로 개정되기 전의 것) 제11조에 따르면, 지방자치단체의 장 또는 계약담당자는 입찰 또는 수의계약 등에 부칠 사항에 관하여 해당 규격서 및 설계서 등에 따라 예정가격을 작성하여야 하고, 예정가격에는 부가가치세 등을 포함시켜야 하며, 원가계산에 의한 가격을 기준으로 예정가격을 결정하는 경우 계약목적물의 공급가액에 부가가치세율을 곱하여 산출한 부가가치세를 가산하되, 부가가치세가 면제되는 재화 또는 용역을 공급하는 자와 계약을 체결할 때에는 해당 계약당사자가 부담할 비목별 원재료의 부가가치세 매입세액 해당액을 예정가격에 합산한다고 <u>규정하고 있는 점 등(저자 주 : 적용법규)</u> 제반 사정에 비추어 보면, 甲 지방자치단체와 乙 회사 등이 용역계약 체결 당시 위 용역의 공급이 부가가치세 면세대상이라는 사정을 알았다면 甲 지방자치단체가 부가가치세를 제외하고 기존 용역대금에 상당한 금액만을 지급하기로 약정하였을 것으로 보기 어려운데도, 이와 같이 약정하였을 것으로 보아 乙 회사 등이 甲 지방자치단체에 대해 지급받은 부가가치세 전액 상당의 부당이득반환의무를 부담한다고 본 원심판단에 법리오해의 잘못이 있다고 한 사례(대판 2023.8.18. 2019다 200126).

정답 ○

쟁점정리

※ **당사자 쌍방의 공통하는 동기의 착오**
判例의 경우 최근에 명시적으로 '보충적 해석'에 의한 수정가능성을 인정하였으나, 실제로 대부분의 判例에서는 의사표시가 법률행위의 중요부분일 경우 취소를 인정하여 왔다. 즉, 대법원은 **계약취소에 앞서 당사자의 의사를 보충하여 계약을 해석할 것**을 요구하고 있는바, 여기서 '보충되는 당사자의 의사'란 "당사자의 실제 의사 또는 **주관적 의사가 아니라 계약의 목적, 거래관행, 적용법규, 신의칙 등**에 비추어 **객관적으로 추인되는 정당한 이익조정** 의사(가정적 의사)를 말한다"(대판 2006.11.23. 2005다13288 : 6회 선택형)고 한다.

사기에 의한 의사표시

1 지역주택조합의 설립인가를 위한 조합원 모집에 있어 그 모집 관련 거래의 관행과 신의칙에 비추어 거래의 중요한 사항에 관한 구체적 사실을 비난받을 정도의 방법으로 허위로 고지한 경우에 해당하는지 여부는 관련 법령과 규약의 내용, 모집공고의 내용과 당시 모집 현황 및 이를 전후한 진행 경과 등 여러 사정을 종합하여 구체적 상황에 맞추어 합목적적으로 판단하여야 할 것이다. (   )

판결요지

※ 1. 상품에 대한 허위 또는 과장의 선전·광고가 기망행위에 해당하는 경우 2. 지역주택조합의 설립인가를 위한 조합원 모집에서 거래의 중요한 사항에 관한 구체적 사실을 비난받을 정도의 방법으로 허위로 고지하였는지 판단하는 방법 3. 지역주택조합 조합원 모집 광고가 계약상대방을 속이거나 계약상대방으로 하여금 잘못 알게 할 우려가 있는지 판단하는 기준
[1] 상품의 선전·광고에 있어 다소의 과장이나 허위가 수반되는 것은 그것이 일반 상거래의 관행과 신의칙에 비추어 시인될 수 있는 한 기망성이 결여되나, 거래에 있어서 중요한 사항에 관하여 구체적 사실을 신의성실의 의무에 비추어 비난받을 정도의 방법으로 허위로 고지한 경우에는 기망행위에 해당한다.
[2] <u>지역주택조합의 설립인가를 위한 조합원 모집에 있어 그 모집 관련 거래의 관행과 신의칙에 비추어 거래의 중요한 사항에 관한 구체적 사실을 비난받을 정도의 방법으로 허위로 고지한 경우에 해당하는지 여부는 관련 법령과 규약의 내용, 모집공고의 내용과 당시 모집 현황 및 이를 전후한 진행 경과 등 여러 사정을 종합하여 구체적 상황</u>

에 맞추어 합목적적으로 판단하여야 한다.

[3] 일반인은 광고에서 직접적으로 표현된 문장, 단어 등과 그 결합에 의하여 제시되는 표현뿐만 아니라 간접적으로 암시하고 있는 사항, 관례적이고 통상적인 상황 등 여러 사정을 종합하여 전체적·궁극적 인상을 형성하게 되므로, 지역주택조합 조합원 모집 광고가 계약상대방을 속이거나 계약상대방으로 하여금 잘못 알게 할 우려가 있는지는 보통의 주의력을 가진 일반인이 그 광고를 받아들이는 전체적·궁극적 인상을 기준으로 하여 객관적으로 판단하여야 한다(대판 2023.7.27. 2022다293395).　　　　　**정답** ○

의사표시의 효력발생

1　★ 상대방이 부당하게 등기취급 우편물의 수취를 거부함으로써 우편물의 내용을 알 수 있는 객관적 상태의 형성을 방해한 경우에는 부당한 수취 거부가 없었더라면 상대방이 우편물의 내용을 알 수 있는 객관적 상태에 놓일 수 있었던 때, 즉 수취거부 시에 의사표시의 효력이 생긴 것으로 보아야 한다.　　　　　　　　　　　　　　　　　　22년 3차모의　（　）

판결요지

"상대방이 부당하게 등기취급 우편물의 수취를 거부함으로써 우편물의 내용을 알 수 있는 객관적 상태의 형성을 방해한 경우 그러한 상태가 형성되지 아니하였다는 사정만으로 발송인의 의사표시의 효력을 부정하는 것은 신의성실의 원칙에 반하므로 허용되지 아니한다. 이러한 경우에는 부당한 수취 거부가 없었더라면 상대방이 우편물의 내용을 알 수 있는 객관적 상태에 놓일 수 있었던 때, 즉 수취 거부 시에 의사표시의 효력이 생긴 것으로 보아야 한다. 여기서 우편물의 수취 거부가 신의성실의 원칙에 반하는지는 발송인과 상대방과의 관계, 우편물의 발송 전에 발송인과 상대방 사이에 우편물의 내용과 관련된 법률관계나 의사교환이 있었는지, 상대방이 발송인에 의한 우편물의 발송을 예상할 수 있었는지 등 여러 사정을 종합하여 판단하여야 한다. 이때 우편물의 수취를 거부한 것에 정당한 사유가 있는지에 관해서는 수취 거부를 한 상대방이 이를 증명할 책임이 있다"(대판 2020.8.20. 2019두34630).　　　　　**정답** ○

|관련쟁점|

민법은 상대방 있는 의사표시는 그 통지가 상대방에 도달한 때로부터 그 효력이 생긴다고 하여 '도달주의'를 채택하고 있다(제111조 1항). 이 때 '도달'이란 상대방의 지배권 내에 들어가 사회통념상 일반적으로 알 수 있는 상태에 이른 것을 말하고, 상대방이 현실적으로 수령하였거나 내용을 알았을 것까지 요하지는 않는다(대판 1997.11.25. 97다31281).

대 리

1 ★ 일방 당사자가 대리인을 통하여 계약을 체결하는 경우에 있어서 계약의 상대방이 대리인을 통하여 본인과 사이에 계약을 체결하려는 데 의사가 일치하였다면 대리인의 대리권 존부 문제와는 무관하게 상대방과 본인이 그 계약의 당사자라고 할 것이다.   (   )

판결요지

"계약의 당사자가 누구인지는 계약에 관여한 당사자의 의사해석 문제이다. 당사자들의 의사가 일치하는 경우에는 그 의사에 따라 계약의 당사자를 확정해야 한다. 그러나 당사자들의 의사가 합치되지 않는 경우에는 의사표시 상대방의 관점에서 합리적인 사람이라면 누구를 계약의 당사자로 이해하였을 것인지를 기준으로 판단해야 한다. 일방 당사자가 대리인을 통하여 계약을 체결하는 경우에 있어서 계약의 상대방이 대리인을 통하여 본인과 사이에 계약을 체결하려는 데 의사가 일치하였다면 대리인의 대리권 존부 문제와는 무관하게 상대방과 본인이 그 계약의 당사자라고 할 것이다"(대판 2022.12.16. 2022다245129)   **정답** ○

2 ★ 민법상 대리는 행위자 아닌 자에게 법률행위의 효력을 귀속시키는 제도로서 의사표시를 요소로 하는 법률행위에서 인정되는 것이 원칙이지만, '의사 또는 관념의 통지'와 같은 준법률행위에 대하여도 대리에 관한 규정이 유추적용된다.   (   )

2-1 변호사는 당사자 한쪽으로부터 상의를 받아 수임을 승낙한 사건의 상대방이 위임하는 사건에 관하여 직무를 수행할 수 없으므로(변호사법 제31조 제1항 제1호), 이른바 '쌍방대리'는 원칙적으로 변호사의 직무 범위에서 제외된다. 이러한 수임제한 규정을 위반한 경우에는 민법 제124조가 적용됨에 따라 원칙적으로 허용되지 않는 무권대리행위에 해당한다.   (   )

2-2 금지되는 쌍방대리행위일지라도 예외적으로 본인의 허락이 있는 경우에 한하여 효력이 인정될 수 있다. '본인의 허락'이 있는지 여부는 이익충돌의 위험을 회피하기 위한 입법 취지에 비추어 쌍방대리행위에 관하여 유효성을 주장하는 자가 주장·증명책임을 부담하고, 이때의 '허락'은 명시된 사전 허락 이외에도 '묵시적 허락' 또는 '사후 추인'의 방식으로도 가능하다.   (   )

판결요지

※ 1. '의사 또는 관념의 통지'와 같은 준법률행위에 대하여도 대리에 관한 규정이 유추적용되는지 여부(적극) / 대리인이 본인을 위한 대리행위라는 의사의 표시(현명)를 묵시적으로 할 수 있는지 여부(적극) 및 현명을 하지 않았으나 여러 사정에 비추어 대리행위임을 상대방이 알았거나 알 수 있었을 경우, 적법한 대리행위로서 효력이 인정되는지 여부(적극) 2. 대리인과 사자를 구별하는 기준 / 이는 변호사가 각종 권리의무의 발생과 법적 책임 등 복잡한 법률관계가 수반되는 당사자 사이의 계약 체결을 위한 일련의 교섭 과정에 어느 일방을 위한 자문의 역할로 개입한 경우에 그 행위가 대리에 해당하는지 단순한 사자에 불과한지 다투어지는 경우에도 마찬가지인지 여부(적극) 3. 변호사법 제31조 제2항에 따른 법률사무소 소속 변호사들이 상대방의 관계에 있는 당사자 쌍방으로부터 각자 수임한 경우 변호사법 제31조 제1항 제1호에 따라 원칙적으로 수임이 제한되는지 여부(적극), 4. 변호사법 제31조 제1항 제1호 수임제한 규정 위반 시 민법 제124조 적용 여부(적극) 및 위 민법 조항에 따른 '본인의 허락'에 관한 주장·증명책임(= 쌍방대리행위에 관하여 유효성을 주장하는 자)과 '허락'의 방법

"[1] 민법상 대리는 행위자 아닌 자에게 법률행위의 효력을 귀속시키는 제도로서 의사표시를 요소로 하는 법률행위에서 인정되는 것이 원칙이지만, '의사 또는 관념의 통지'와 같은 준법률행위에 대하여도 대리에 관한 규정이 유추적용된다. 또한 '대리인'은 본인으로부터 위임받은 권한 내에서 본인을 위한 것임을 표시하면서 본인에게 효력이 발생할 의사표시를 자신의 이름으로 상대방에게 행하는 자로(민법 제114조 제1항), 대리인이 본인을 위한 것임을 표시하지 아니한 때에는 그 의사표시는 자기를 위한 것으로 보지만, 상대방이 대리인으로서 한 것임을 알았거나 알 수 있었을 때에는 본인에게 효력이 발생한다(민법 제115조). 대리인이 본인을 위한 대리행위라는 의사의 표시(현명)는 방식을 불문할 뿐만 아니라 반드시 명시적으로만 할 필요가 없이 묵시적으로도 할 수 있는 것이고, 현명을 하지 아니한 경우라도 그 행위를 둘러싼 여러 사정에 비추어 대리행위로서 이루어진 것임을 상대방이 알았거나 알 수 있었을 때에는 적법한 대리행위로서 효력이 인정된다.

[2] 본인에게 효력이 발생할 의사표시의 내용을 스스로 결정하여 상대방과의 관계에서 자신의 이름으로 법률행위를 하는 대리인과 달리 '사자'는 본인이 완성해 둔 의사표시의 단순한 전달자에 불과하지만, 대리인도 본인의 지시에 따라 행위를 하여야 하는 이상(민법 제116조 제2항), 법률행위의 체결 및 성립 여부에 관한 최종적인 결정권한이 본인에게 유보되어 있다는 사정이 대리와 사자를 구별하는 결정적 기준이나 징표가 될 수는 없다. 그 구별은 의사표시 해석과 관련된 문제로서, 상대방의 합리적 시각, 즉 본인을 대신하여 행위하는 자가 상대방과의 외부적 관계에서 어떠한 모습으로 보이는지 여부를 중심으로 살펴보아야 하고, 이러한 사정과 더불어 행위자가 지칭한 자격·지위·역할에 관한 표시 내용, 행위자의 구체적 역할, 행위자에게 일정한 범위의 권한이나 재량이 부여되었는지 여부, 행위자가 그 역할을 수행함에 필요한 전문적인 지식이나 자격의 필요 여부, 행위자에게 지급할 보수나 비용의 규모 등을 종합적으로 고려하여 합리적으로 판단하여야 한다. 이는 당사자와 그 밖의 관계인의 위임이나 국가·지방자치단체와 그 밖의 공공기관의 위촉 등에 의하여 소송에 관한 행위 및 행정처분의 청구에 관한 대리행위와 일반 법률사무를 하는 것을 직무(변호사법 제3조)로 하는 변호사가 각종 권리의무의 발생과 법적 책임 등 복잡한 법률관계가 수반되는 당사자 사이의 계약의 체결을 위한 일련의 교섭 과정에 어느 일방을 위한 자문의 역할로 개입한 경우, 그 행위가 대리에 해당하는지 혹은 단순한 사자에 불과한지 다투어지는 경우에도 마찬가지이다.

[3] 변호사는 당사자 한쪽으로부터 상의를 받아 수임을 승낙한 사건의 상대방이 위임하는 사건에 관하여 직무를 수행할 수 없으므로(변호사법 제31조 제1항 제1호), 이른바 '쌍방대리'는 원칙적으로 변호사의 직무 범위에서 제외된다. 그런데 법무법인·법무법인(유한)·법무조합이 아니면서 변호사 2명 이상이 사건의 수임·처리나 그 밖의 변호사 업무 수행 시 통일된 형태를 갖추고 수익을 분배하거나 비용을 분담하는 형태로 운영되는 법률사무소는 하나의 변호사로 취급되므로(변호사법 제31조 제2항), 이러한 법률사무소 소속 변호사들이 상대방의 관계에 있는 당사자 쌍방으로부터 각자 수임을 받은 경우에도 '쌍방대리'에 해당하여 변호사법 제31조 제1항 제1호에 따라 원칙적으로 수임이 제한된다.

[4] 변호사가 변호사법 제31조 제1항 제1호에 따른 수임제한 규정을 위반한 경우에는 민법 제124조가 적용됨에 따라 원칙적으로 허용되지 않는 무권대리행위에 해당하고, 예외적으로 본인의 허락이 있는 경우에 한하여 효력이 인정될 수 있다. '본인의 허락'이 있는지 여부는 이익충돌의 위험을 회피하기 위한 입법 취지에 비추어 쌍방대리행위에 관하여 유효성을 주장하는 자가 주장·증명책임을 부담하고, 이때의 '허락'은 명시된 사전 허락 이외에도 '묵시적 허락' 또는 '사후 추인'의 방식으로도 가능하다"(대판 2024.1.4. 2023다225580).

정답 ○

정답 ○

유제 전부

법률행위의 무효와 취소

1 ★ 민법 제137조의 법률행위의 일무무효 법리는 여러 개의 계약이 체결된 경우에 그 계약 전부가 경제적, 사실적으로 일체로서 행하여져서 하나의 계약인 것과 같은 관계에 있는 경우에도 적용된다.
(　)

판결요지

※ **여러 개의 계약 중 하나의 계약이 무효로 된 경우 법률행위 일부무효의 법리가 적용될 수 있는지**(한정 적극)

"법률행위의 일부분이 무효인 때에는 그 전부를 무효로 하나, 그 무효 부분이 없더라도 법률행위를 하였을 것이라고 인정될 때에는 나머지 부분은 무효가 되지 아니한다(민법 제137조). 이와 같은 <u>법률행위의 일무무효 법리는 여러 개의 계약이 체결된 경우에 그 계약 전부가 경제적, 사실적으로 일체로서 행하여져서 하나의 계약인 것과 같은 관계에 있는 경우에도 적용된다</u>. 이때 그 계약 전부가 일체로서 하나의 계약인 것과 같은 관계에 있는 것인지의 여부는 계약체결의 경위와 목적 및 당사자의 의사 등을 종합적으로 고려하여 판단해야 한다(대판 2006.7.28. 2004다54633 판결, 대판 2013.5.9. 2012다115120 판결 등 참조)"(대판 2022.3.17. 2020다288375). **정답** ○

[사실관계] 甲 등이 아파트 조성사업을 추진하는 乙 지역주택조합 추진위원회로부터 '약정한 날까지 사업계획이 승인되지 않는 경우 납부한 전액의 환불을 보장한다.'는 취지가 포함된 안심보장증서를 받고 분양목적물에 관한 조합가입계약을 체결하여 계약금을 납입하였다가, 조합가입계약의 무효 등을 주장하며 납입금 반환을 구한 사안에서, 안심보장증서상 환불보장 약정은 조합가입계약과 전체적으로 하나의 계약인 것과 같은 관계에 있으므로, 위 환불보장 약정이 무효라면 환불보장 약정이 없더라도 조합가입계약을 체결하였을지에 관한당사자들의 가정적 의사를 심리하여 조합가입계약의 무효 여부를 판단하였어야 하는데도, 이를 살펴보지도 아니한 채 조합가입계약이 무효라는 甲 등의 주장을 배척한 원심의 판단에는 법리오해 등 잘못이 있다고 한 사례

1-1 甲 주택재개발정비사업조합설립추진위원회가 주택재개발사업을 시행하기 위해 乙 주식회사를 시공사로 선정하는 결의를 한 후, 乙 회사와 공사도급계약을 체결하면서 乙 회사가 甲 추진위원회에 정비사업 시행을 위하여 소요되는 자금을 대여하는 내용의 소비대차약정을 체결하였는데, 제반 사정에 비추어 甲 추진위원회와 乙 회사는 공사도급계약과 소비대차약정을 체결할 당시 공사도급계약이 무효로 된다고 하더라도 소비대차약정을 체결, 유지하려는 의사가 있었다고 볼 여지가 있다면, 이와 달리 당사자 사이의 가정적 의사 존부에 관한 심리를 제대로 하지 않은 채, 공사도급(가)계약이 무효라는 이유만으로 소비대차계약도 무효라고 판단해서는 안 된다.
(　)

판결요지

※ **재개발 추진위원회가 무효인 시공사 선정결의를 하고 해당 시공사와 공사도급(가)계약을 체결한 경우 공사도급(가)계약의 무효에 따라 그 계약에 삽입된 소비대차약정의 효력까지 무효로 되는지 여부**

"법률행위의 일부분이 무효인 때에는 그 전부를 무효로 하나, 그 무효 부분이 없더라도 법률행위를 하였을 것이라고 인정될 때에는 나머지 부분은 무효가 되지 아니한다(민법 제137조). 여기서 당사자의 의사는 법률행위의 일부가 무효임을 법률행위 당시에 알았다면 의욕하였을 가정적 효과의사를 가리키는 것이다(대판 2013.4.26. 2011다9068판결 등 참조). 그리고 이와 같은 법률행위의 일부무효 법리는 여러 개의 계약이 체결된 경우에 그 계약 전부가 경제적, 사실적으로 일체로서 행하여져서 하나의 계약인 것과 같은 관계에 있는 경우에도 적용된다. 이때 그 계약 전부

가 일체로서 하나의 계약인 것과 같은 관계에 있는 것인지의 여부는 계약 체결의 경위와 목적 및 당사자의 의사 등을 종합적으로 고려하여 판단해야 한다(대판 2006.7.28. 2004다54633 판결, 대판 2022.3.17. 2020다288375 판결 등 참조)"(대판 2023.2.2. 2019다232277)

정답 ○

[사실관계] 무효인 재개발 추진위원회의 시공사 선정결의에 따라 시공사로 선정된 건설회사가 재개발 추진위원회와 체결한 공사도급(가)계약의 소비대차약정 및 개별 소비대차계약을 법률원인으로 하여 재개발 추진위원회 및 그 연대보증인들을 상대로 대여금반환을 구하였고, 이에 대해 공사도급(가)계약의 무효로 인해 공사도급(가)계약과 하나로 이루어진 소비대차약정 및 개별 소비대차계약까지 무효가 되는지 여부가 문제된 사안에서, 대법원은 위와 같은 법리를 판시하고, 이 사건에서 시공사와 재개발 추진위원회 사이에 소비대차계약이 포함된 공사도급(가)계약 체결 당시 가정적 의사는 공사도급(가)계약이 무효라 하더라도 소비대차계약을 체결한 것으로 볼 여지가 있다고 보아, 이와 달리 당사자 사이의 가정적 의사 존부에 관한 심리를 제대로 하지 않은 채, 공사도급(가)계약이 무효라는 이유만으로 소비대차계약도 무효라고 판단한 원심을 파기·환송하였다.

2 공공건설임대주택의 임대보증금과 임대료의 상한을 정한 구 임대주택법령의 규정은 효력규정인바, 임대주택의 임대보증금과 임대료를 정한 약정 중 위 규정의 한도액을 초과하는 부분은 무효이다. ( )

2-1 민법 제137조는 임의규정으로서 원칙적으로 사적자치의 원칙이 지배하는 영역에서 적용되므로 법률이 별도로 일부무효의 효과를 규정하는 경우에는 이에 의하고, 그러한 규정이 없다면 원칙적으로 제137조가 적용될 것이나, 나머지 부분을 무효로 한다면 당해 효력규정의 취지에 명백히 반하는 결과가 초래되는 경우에는 나머지 부분까지 무효가 된다고 할 수는 없다. ( )

2-2 법률행위가 강행법규에 위반되어 무효가 되는 경우에 그 법률행위가 다른 법률행위의 요건을 구비하고 당사자 쌍방이 위와 같은 무효를 알았더라면 다른 법률행위를 하는 것을 의욕하였으리라고 인정될 때에는 민법 제138조에 따라 다른 법률행위로서 효력을 가질 수도 있다. 다만 이때 다른 법률행위를 하였을 것인지에 관한 당사자의 의사는 그 법률행위가 강행법규 위반으로 무효인 점을 고려하더라도 당시에 무효임을 알았다면 의욕하였을 것으로 평가할 수 있는 가정적 효과의사로서, 당사자가 법률행위 당시와 같은 구체적 사정 아래 있다고 상정하는 경우에 거래관행을 고려하여 신의성실의 원칙에 비추어 결단하였을 바를 의미한다. ( )

2-3 공공건설임대주택의 임대사업자인 甲 주식회사가 임차인인 乙과 임대주택법령의 규정에서 정한 정당한 전환임대보증금보다 높은 금액의 임대보증금만으로 임대차계약을 체결하였다가 乙로부터 임대보증금 약정 중 정당한 전환임대보증금을 초과하는 부분은 강행법규에 반하여 무효이므로 그 부분 보증금을 부당이득으로 반환하라는 소를 제기당하자, 무효행위 전환의 법리에 따라 위 초과 부분의 임대보증금 약정이 무효임을 알았더라면 그 부분에 상응하는 임대료를 지급하는 내용의 임대차계약을 체결하였을 것이라며 임대료 채권과 부당이득반환채권 간의 예비적 상계항변을 한 경우, 무효행위 전환을 허용하는 것이 강행법규인 임대주택법 및 그 시행령 규정의 입법 취지와 그 위반행위에 대한 제재의 의미를 사실상 부정하거나 무력화시키는 결과가 된다고 볼 여지가 많으므로, 법원은 甲 주식회사의 예비적 상계항변을 배척하여야 한다. ( )

판결요지

[1] 민법 제137조는 임의규정으로서 의사자치의 원칙이 지배하는 영역에서 적용되므로, 법률행위의 일부가 강행법규인 효력규정에 위반되어 무효가 되는 경우 그 부분의 무효가 나머지 부분의 유효·무효에 영향을 미치는지 판단

함에 있어서는 개별 법령이 일부무효의 효력에 관한 규정을 두고 있는 경우에는 그에 따라야 하고, 그러한 규정이 없다면 원칙적으로 민법 제137조가 적용된다. 다만 당해 효력규정 및 그 효력규정을 둔 법의 입법 취지를 고려하여 볼 때 나머지 부분을 무효로 한다면 당해 효력규정 및 그 법의 취지에 명백히 반하는 결과가 초래되는 경우에는 나머지 부분까지 무효가 된다고 할 수는 없다.

[2] 법률행위가 강행법규에 위반되어 무효가 되는 경우에 그 법률행위가 다른 법률행위의 요건을 구비하고 당사자 쌍방이 위와 같은 무효를 알았더라면 다른 법률행위를 하는 것을 의욕하였으리라고 인정될 때에는 민법 제138조에 따라 다른 법률행위로서 효력을 가질 수도 있다. 다만 이때 다른 법률행위를 하였을 것인지에 관한 당사자의 의사는 그 법률행위가 강행법규 위반으로 무효인 점을 고려하더라도 당시에 무효임을 알았다면 의욕하였을 것으로 평가할 수 있는 가정적 효과의사로서, 당사자가 법률행위 당시와 같은 구체적 사정 아래 있다고 상정하는 경우에 거래관행을 고려하여 신의성실의 원칙에 비추어 결단하였을 바를 의미한다. 이는 그 법률행위의 경위, 목적과 내용, 무효의 사유 및 강행법규의 입법 취지와 위반의 경위 등을 두루 고려하여 판단할 것이나, 그 결과가 한쪽 당사자에게 일방적인 불이익을 주거나 거래관념과 형평에 반하는 것이어서는 안 됨은 물론, 이러한 전환을 허용하는 것이 강행법규의 입법 취지 및 그 위반행위에 대한 제재의 의미를 전적으로 부정하거나 무력화시키는 것이어서는 안 된다"(대판 2022.5.26. 2020다253515).
정답 ○

유제 모두
정답 ○

[사실관계] 공공건설임대주택의 임대사업자인 甲 주식회사가 임차인인 乙 등과 구 임대주택법령의 규정에서 정한 정당한 전환임대보증금보다 높은 금액의 임대보증금만으로 임대차계약을 체결하였다가 乙 등으로부터 임대보증금 약정 중 정당한 전환임대보증금을 초과하는 부분은 강행법규에 반하여 무효이므로 그 부분 보증금을 부당이득으로 반환하라는 소를 제기당하자, 무효행위 전환의 법리에 따라 위 초과 부분의 임대보증금 약정이 무효임을 알았더라면 그 부분에 상응하는 임대료를 지급하는 내용의 임대차계약을 체결하였을 것이라며 임대료 채권과 부당이득반환채권 간의 예비적 상계항변을 한 사안에서, 무효행위 전환을 허용하는 것이 강행법규인 구 임대주택법 및 그 시행령 규정의 입법 취지와 그 위반행위에 대한 제재의 의미를 사실상 부정하거나 무력화시키는 결과가 된다고 볼 여지가 많다는 등의 이유로, 같은 취지에서 예비적 상계항변을 배척한 원심판단에 법리오해의 잘못이 없다고 한 사례

3 민법 제137조의 당사자의 의사는 법률행위의 일부가 무효임을 법률행위 당시에 알았다면 의욕하였을 가정적 효과의사를 가리키는 것이다. 그리고 이와 같은 법률행위의 일부무효 법리는 여러 개의 계약이 체결된 경우에 그 계약 전부가 경제적, 사실적으로 일체로서 행하여져서 하나의 계약인 것과 같은 관계에 있는 경우에도 적용된다. ( )

3-1 변호사에게 계쟁 사건의 처리를 위임하는 경우, 보수 지급 및 수액에 관하여 명시적인 약정을 아니 하였더라도 원칙적으로 보수를 지급할 묵시의 약정이 있는 것으로 보아야 한다. ( )

3-2 甲 법무법인이 남북 주민 사이의 가족관계와 상속 등에 관한 특례법의 적용을 받는 북한주민인 乙 등과 乙 등의 丙에 대한 친생자확인소송, 상속회복 청구소송 등에 관한 위임약정 및 '총상속지분의 30% 또는 이에 상응하는 금전'을 성공보수로 받는 보수약정을 체결하였고, 이후 丙의 상속인들 사이에 화해가 성립하여 乙 등이 상속재산을 분할받자, 甲 법무법인이 乙 등을 상대로 위 보수약정에 따라 상속재산 30%에 해당하는 돈의 지급을 구하였으나, 乙 등이 위 보수약정은 위 특례법 제15조에 따라 무효라고 주장한 사안에서, 제반 사정에 비추어 위 보수약정이 무효로 된다고 하더라도 양 당사자는 위 위임계약을 체결, 유지하려는 가정적 의사가 있었다고 볼 여지가 있고, 응분의 보수를 지급할 묵시의 약정이 있는 것으로 볼 수 있다. ( )

판결요지

※ 1. 북한주민이 상속 등으로 취득한 재산 그 자체는 물론이고 그 재산을 처분한 대가로 얻은 재산을 처분하는 행위 역시 남북 주민 사이의 가족관계와 상속 등에 관한 특례법 제15조에 따라 재산관리인을 통하지 않은 경우, 무효인지 여부(적극) 및 그러한 법률행위가 재산관리인이 선임되기 전에 있었다고 하더라도 마찬가지인지 여부(적극) 2. 일부무효의 법리를 정한 민법 제137조에서 '당사자의 의사'의 의미 / 여러 개의 계약 전부가 경제적, 사실적으로 일체로서 행하여져서 하나의 계약인 것과 같은 관계에 있는 경우, 법률행위의 일부무효 법리가 적용되는지 여부(적극) 3. 변호사에게 계쟁 사건의 처리를 위임하는 경우, 보수 지급 및 수액에 관하여 명시적인 약정을 아니하였더라도 보수를 지급할 묵시의 약정이 있는 것으로 보아야 하는지 여부(원칙적 적극) 및 이 경우 보수액을 결정하는 방법

"[1] 남북 주민 사이의 가족관계와 상속 등에 관한 특례법(이하 '남북가족특례법'이라 한다) 제15조 본문은 "재산관리인을 통하지 아니하고 상속·유증재산 등에 관하여 한 법률행위는 무효로 한다."라고 규정하고 있고, 남북가족특례법상 '상속·유증재산 등'은 상속 등으로 취득한 북한주민의 남한 내 재산과 상속·유증 받은 재산 등의 과실 또는 대가로 얻은 재산을 포함한다(남북가족특례법 제13조 제1항). 위와 같은 규정과 북한주민이 취득한 남한 내 재산이 북한으로 유출되어 다른 용도로 전용되는 것을 방지하고자 하는 남북가족특례법상의 북한주민 상속·수증재산 등 관리제도의 입법 목적 등을 고려하면, 북한주민이 상속 등으로 취득한 재산 그 자체는 물론이고 그 재산을 처분한 대가로 얻은 재산을 처분하는 행위 역시 남북가족특례법 제15조에 따라 재산관리인을 통하지 않으면 무효이고, 그러한 법률행위가 재산관리인이 선임되기 전에 있었다고 하더라도 마찬가지라고 보아야 한다.

[2] 법률행위의 일부분이 무효인 때에는 그 전부를 무효로 하나, 그 무효 부분이 없더라도 법률행위를 하였을 것이라고 인정될 때에는 나머지 부분은 무효가 되지 아니한다(민법 제137조). 여기서 당사자의 의사는 법률행위의 일부가 무효임을 법률행위 당시에 알았다면 의욕하였을 가정적 효과의사를 가리키는 것이다. 그리고 이와 같은 법률행위의 일부무효 법리는 여러 개의 계약이 체결된 경우에 그 계약 전부가 경제적, 사실적으로 일체로서 행하여져서 하나의 계약인 것과 같은 관계에 있는 경우에도 적용된다.

[3] 변호사에게 계쟁 사건의 처리를 위임하는 경우에 그 보수 지급 및 수액에 관하여 명시적인 약정을 아니하였더라도, 무보수로 한다는 등 특별한 사정이 없는 한 응분의 보수를 지급할 묵시의 약정이 있는 것으로 봄이 상당하고, 이 경우 그 보수액은 사건 수임의 경위, 사건의 경과와 난이 정도, 소송물 가액, 승소로 인하여 당사자가 얻는 구체적 이익, 의뢰인과 변호사 간의 관계, 기타 변론에 나타난 여러 사정을 참작하여 결정함이 상당하다.

[4] 甲 법무법인이 남북 주민 사이의 가족관계와 상속 등에 관한 특례법의 적용을 받는 북한주민인 乙 등과 乙 등의 丙에 대한 친생자확인소송, 상속회복 청구소송 등에 관한 위임약정 및 '총상속지분의 30% 또는 이에 상응하는 금전'을 성공보수로 받는 보수약정을 체결하였고, 이후 丙의 상속인들 사이에 화해가 성립하여 乙 등이 상속재산을 분할받자, 甲 법무법인이 乙 등을 상대로 위 보수약정에 따라 상속재산 30%에 해당하는 돈의 지급을 구하였으나, 乙 등이 위 보수약정은 재산관리인을 통하지 아니하고 상속재산 등에 관하여 한 법률행위이므로, 위 특례법 제15조에 따라 무효라고 주장한 사안에서, 북한주민인 乙 등으로서는 아무런 보수를 지급하지 않고서 甲 법무법인에 사건을 위임하겠다는 의사가 있었다기보다는, 甲 법무법인에 어느 정도의 보수를 지급할 의사가 있었다고 보일 뿐만 아니라, 남한 내 상속재산을 회복하기 위해서는 甲 법무법인과의 위임계약이 필요한 상황이었으므로, 위 보수약정이 무효가 된다는 사정을 알았더라도 위 위임계약을 체결할 의사가 있었다고 보이고, 乙 등의 상황과 남한 내 상속재산의 규모 등을 고려하면, 甲 법무법인으로서는 위 보수약정이 무효라는 사정을 알았더라도 추후 선임될 재산관리인을 통하여 보수약정을 체결하는 것이 가능한 이상, 보수약정 없이 먼저 위임계약만을 체결하는 것을 용인할 의사가 있었을 것으로 추단할 수 있는 점에 비추어, 위 보수약정이 무효로 된다고 하더라도 양 당사자는 위 위임계약을 체결, 유지하려는 가정적 의사가 있었다고 볼 여지가 있고, 응분의 보수를 지급할 묵시의 약정이 있는 것으로 볼 수 있다"(대판 2024.4.4. 2023다298670) **정답** ○　　　　**유제 모두** **정답** ○

법률행위의 부관

1 ★ 甲과 乙이 빌라 분양을 甲이 대행하고 수수료를 받기로 하는 내용의 분양전속계약을 체결하면서, 특약사항으로 "분양계약기간 완료 후 미분양 물건은 甲이 모두 인수하는 조건으로 한다."라고 정한 경우 위 특약사항은 미분양 물건 세대를 인수하지 아니할 경우 분양전속계약은 효력이 없다는 법률행위의 부관으로서 조건을 정한 것이다.　　　　　　　　　　　　　　　　　　21년 법원직 (　　)

판결요지

※ 당사자가 표시한 문언에 의하여 객관적인 의미가 명확하게 드러나지 않는 경우, 법률행위의 해석 방법 / 조건을 붙이고자 하는 의사는 외부에 표시되어야 하는지 여부(적극) 및 이를 인정하기 위한 요건

"법률행위의 해석에 있어 당사자가 표시한 문언에 의하여 객관적인 의미가 명확하게 드러나지 않는 경우에는 문언의 형식과 내용, 법률행위가 이루어진 동기 및 경위, 당사자가 법률행위에 의하여 달성하려는 목적과 진정한 의사, 거래의 관행 등을 종합적으로 고려하여 사회정의와 형평의 이념에 맞도록 논리와 경험의 법칙, 그리고 사회일반의 상식과 거래의 통념에 따라 합리적으로 해석하여야 한다. 한편 조건은 법률행위 효력의 발생 또는 소멸을 장래 불확실한 사실의 발생 여부에 따라 좌우되게 하는 법률행위의 부관이고, 법률행위에서 효과의사와 일체적인 내용을 이루는 의사표시 그 자체이다. 조건을 붙이고자 하는 의사는 법률행위의 내용으로 외부에 표시되어야 하고, 조건을 붙이고자 하는 의사가 있는지는 의사표시에 관한 법리에 따라 판단하여야 한다. 조건을 붙이고자 하는 의사가 외부에 표시되었다고 인정하려면, 법률행위가 이루어진 동기와 경위, 법률행위에 의하여 달성하려는 목적, 거래의 관행 등을 종합적으로 고려하여 법률행위 효력의 발생 또는 소멸을 장래의 불확실한 사실의 발생 여부에 따라 좌우되게 하려는 의사가 인정되어야 한다"(대판 2020.7.9. 2020다202821).　　**정답** ✕

[사실관계] 甲과 乙이 빌라 분양을 甲이 대행하고 수수료를 받기로 하는 내용의 분양전속계약을 체결하면서, 특약사항으로 "분양계약기간 완료 후 미분양 물건은 甲이 모두 인수하는 조건으로 한다."라고 정한 사안에서, <u>위 특약사항은 甲이 분양계약기간 만료 후 미분양 세대를 인수할 의무를 부담한다는 계약의 내용을 정한 것에 불과하고, 이와 달리 계약의 효력발생이 좌우되게 하려는 법률행위의 부관으로서 조건을 정한 것이라고 보기 어렵다고 한 사례</u>

2 임금지급약정에 붙은 부관이 근로기준법 제43에 반하여 허용될 수 없다면 부관만 무효이고, 나머지 임금지급약정은 유효하다.　　　　　　　　　　　　　　　　　　　　　　　　　　(　　)

2-1 ★ 부관에 표시된 사실이 발생하지 아니하면 채무를 이행하지 아니하여도 된다고 보는 것이 타당한 경우에는 조건으로 보아야 하고, 표시된 사실이 발생한 때에는 물론이고 반대로 발생하지 아니하는 것이 확정된 때에도 채무를 이행하여야 한다고 보는 것이 타당한 경우에는 표시된 사실의 발생 여부가 확정되는 것을 불확정기한으로 정한 것으로 보아야 한다.　　　　23년 변호, 23년 법무사 (　　)

판결요지

[1] "부관이 붙은 법률행위의 경우에, 부관에 표시된 사실이 발생하지 아니하면 채무를 이행하지 아니하여도 된다고 보는 것이 타당한 경우에는 조건으로 보아야 하고, 표시된 사실이 발생한 때에는 물론이고 반대로 발생하지 아니하는 것이 확정된 때에도 채무를 이행하여야 한다고 보는 것이 타당한 경우에는 표시된 사실의 발생 여부가 확정되는 것을 불확정기한으로 정한 것으로 보아야 한다. 그리고 이미 부담하고 있는 채무의 변제에 관하여 일정한 사실이 부관으로 붙여진 경우에는, 특별한 사정이 없는 한 그것은 변제기를 유예한 것으로서 그 사실이 발생한

때 또는 발생하지 아니하는 것으로 확정된 때에 기한이 도래한다.

[2] "근로기준법 제43조에 의하면, 임금은 통화로 직접 근로자에게 그 전액을 지급하여야 하고(제1항), 매월 1회 이상 일정한 날짜를 정하여 지급하여야 한다(제2항). 이는 사용자로 하여금 매월 일정하게 정해진 기일에 근로자에게 근로의 대가 전부를 직접 지급하게 강제함으로써 근로자의 생활안정을 도모하려는 데에 입법 취지가 있다. 한편 근로기준법 제15조 제1항은 근로기준법에서 정하는 기준에 미치지 못하는 근로조건을 정한 근로계약은 그 부분에 한하여 무효로 한다고 정하고 있으므로, 임금지급약정에 붙은 부관이 근로기준법 제43조에 반하여 허용될 수 없다면 부관만 무효이고, 나머지 임금지급약정은 유효하다고 보아야 한다"(대판 2020.12.24. 2019다293098)

정답 ○

유 제

정답 ○

---

3 ★ 조건 성취에 대한 반신의행위의 효과를 규정하는 민법 제150조 제1항은 계약 당사자 사이에서 정당하게 기대되는 '협력'을 신의성실에 반하여 거부함으로써 계약에서 정한 사항을 이행할 수 없게 된 경우에 유추적용될 수 있다. 21년 3차모의 (   )

판결요지

"민법 제150조 제1항은 계약 당사자 사이에서 정당하게 기대되는 협력을 신의성실에 반하여 거부함으로써 계약에서 정한 사항을 이행할 수 없게 된 경우에 유추적용될 수 있다. 그러나 민법 제150조 제1항이 방해행위로 조건이 성취되지 않을 것을 요구하는 것과 마찬가지로, 위와 같이 유추적용되는 경우에도 단순한 협력 거부만으로는 부족하고 이 조항에서 정한 방해행위에 준할 정도로 신의성실에 반하여 협력을 거부함으로써 계약에서 정한 사항을 이행할 수 없는 상태가 되어야 한다. 또한 민법 제150조는 사실관계의 진행이 달라졌더라면 발생하리라고 희망했던 결과를 의제하는 것은 아니므로, 이 조항을 유추적용할 때에도 조건 성취 의제와 직접적인 관련이 없는 사실관계를 의제하거나 계약에서 정하지 않은 법률효과를 인정해서는 안 된다"(대판 2021.1.14. 2018다223054) **정답** ○

3-1 ★ 일방 당사자의 신의성실에 반하는 방해행위 등이 있었다는 사정만으로 곧바로 민법 제150조 제1항에 의해 그 상대방이 발생할 것으로 희망했던 결과까지 의제된다고 볼 수는 없으므로, 여기서 말하는 '조건의 성취를 방해한 때'란 사회통념상 일방 당사자의 방해행위가 없었더라면 조건이 성취되었을 것으로 볼 수 있음에도 방해행위로 인하여 조건이 성취되지 못한 정도에 이르러야 하고, 방해행위가 없었더라도 조건의 성취가능성이 현저히 낮은 경우까지 포함되는 것은 아니다. 24년 변호 (   )

판결요지

※ 민법 제150조 제1항에서 정한 '조건의 성취를 방해한 때'의 의미 및 방해행위가 없었더라도 조건의 성취가능성이 현저히 낮은 경우가 이에 포함되는지 여부(소극) / 일방 당사자가 신의성실에 반하여 조건의 성취를 방해하였는지 판단하는 기준

"민법 제150조 제1항은 조건의 성취로 인하여 불이익을 받을 당사자가 신의성실에 반하여 조건의 성취를 방해한 때에는 상대방은 그 조건이 성취한 것으로 주장할 수 있다고 정함으로써, 조건이 성취되었더라면 원래 존재했어야 하는 상태를 일방 당사자의 부당한 개입으로부터 보호하기 위한 규정을 두고 있다. 이 조항은 권리의 행사와 의무의 이행은 신의에 좇아 성실히 하여야 한다는 법질서의 기본원리가 발현된 것으로서, 누구도 신의성실에 반하는 행태를 통해 이익을 얻어서는 안 된다는 사상을 포함하고 있다.

다만 일방 당사자의 신의성실에 반하는 방해행위 등이 있었다는 사정만으로 곧바로 민법 제150조 제1항에 의해 그 상대방이 발생할 것으로 희망했던 결과까지 의제된다고 볼 수는 없으므로, 여기서 말하는 '조건의 성취를 방해한 때'란 사회통념상 일방 당사자의 방해행위가 없었더라면 조건이 성취되었을 것으로 볼 수 있음에도 방해행위로 인하여 조건이 성취되지 못한 정도에 이르러야 하고, 방해행위가 없었더라도 조건의 성취가능성이 현저히 낮은 경우까지 포함되는 것은 아니다. 만일 위와 같은 경우까지 조건의 성취를 의제한다면 단지 일방 당사자의 부당한 개입이 있었다는 사정만으로 곧바로 조건 성취로 인한 법적 효과를 인정하는 것이 되고 이는 상대방으로 하여금 공평·타당한 결과를 초과하여 부당한 이득을 얻게 하는 결과를 초래할 수 있기 때문이다.

한편 일방 당사자가 신의성실에 반하여 조건의 성취를 방해하였는지는 당사자들이 조건부 법률행위 등을 하게 된 경위나 의사, 조건부 법률행위의 목적과 내용, 방해행위의 태양, 해당 조건의 성취가능성 및 방해행위가 조건의 성취에 미친 영향, 조건의 성취에 영향을 미치는 다른 요인의 존재 여부 등 여러 사정을 고려하여 개별적·구체적으로 판단하여야 한다"(대판 2022.12.29. 2022다266645). 정답 ○

[사실관계] 甲 주식회사가 지적재산권을 활용한 전자제품을 개발·판매하는 사업을 추진하고 있었고, 乙이 甲 회사에 투자하면서 '甲 회사는 乙에게 지적재산권을 통한 매출 발생 시마다 수익금 중 10%를 투자금 원금을 포함한 5배 금액이 될 때까지 상환한다.'는 내용의 투자협정을 체결하였는데, 그 후 乙이 甲 회사를 상대로 甲 회사가 '지적재산권을 통한 매출 발생'이라는 투자상환금 지급 조건의 성취를 방해하였으므로 민법 제150조 제1항에 따라 조건의 성취가 의제되었다고 주장하며 약정금의 지급을 구한 사안에서, 甲 회사가 개발하려는 전자제품 판매로 인한 매출 발생 가능성 자체가 현저히 낮았다면 사업 진행을 위해 진지한 노력을 기울이지 않았다거나 처음부터 그러한 의사가 없었다는 사정 등만으로 甲 회사가 매출 발생이라는 조건 성취를 방해한 경우라고 평가하기 부족하다고 한 사례

4 ★ 이자부 금전소비대차계약에서 채무자가 변제기 전에 변제하는 경우 변제기까지의 약정이자 등 채권자의 손해를 배상하여야 한다. 　　　　23년 법무사 (　)

4-1 ★ 당사자가 계약 내용에 편입된 약관을 통해 기한의 이익과 그 포기 및 변제기 전의 변제에 관한 민법 규정들과 다른 약정을 할 수 있다. 　　　　　　　　　(　)

판결요지

※ 1. 이자부 금전소비대차계약에서 채무자가 변제기 전에 변제하는 경우 변제기까지의 약정이자 등 채권자의 손해를 배상하여야 하는지 여부(적극) 2. 당사자가 계약 내용에 편입된 약관을 통해 기한의 이익과 그 포기 및 변제기 전의 변제에 관한 민법 규정들과 다른 약정을 할 수 있는지 여부(적극)

"기한의 이익은 포기할 수 있으나, 상대방의 이익을 해하지 못한다(민법 제153조 제2항). 변제기 전이라도 채무자는 변제할 수 있으나, 상대방의 손해는 배상하여야 한다(민법 제468조). 채무의 변제는 제3자도 할 수 있으나(민법 제469조 제1항 본문), 그 경우에도 급부행위는 채무내용에 좇은 것이어야 한다(민법 제460조). 채권자와 채무자 모두가 기한의 이익을 갖는 이자부 금전소비대차계약 등에 있어서 채무자가 변제기로 인한 기한의 이익을 포기하고 변제기 전에 변제하는 경우 변제기까지의 약정이자 등 채권자의 손해를 배상하여야 하고, 이러한 약정이자 등 손해액을 함께 제공하지 않으면 채무의 내용에 따른 변제제공이라고 볼 수 없으므로, 채권자는 수령을 거절할 수 있다. 이는 제3자가 변제하는 경우에도 마찬가지이다.

그러나 기한의 이익과 그 포기에 관한 민법 제153조 제2항, 변제기 전의 변제에 관한 민법 제468조의 규정들은 임의규정으로서 당사자가 그와 다른 약정을 할 수 있다. 은행여신거래에 있어서 당사자는 계약 내용에 편입된 약관에서 정한 바에 따라 위 민법 규정들과 다른 약정을 할 수도 있다"(대판 2023.4.13. 2021다305338). 정답 ○

유제

[사실관계] 물상보증인인 원고가 은행인 피고를 상대로 피담보채무 잔액 공탁을 이유로 근저당권의 말소를 청구한 사안에서, 원심은 원고가 대출만기까지의 약정이자 등 손해 상당액까지 배상하여야 한다는 등 이유로 원고의 청구를 받아들이지 않았으나, 대법원은 채무자와 피고가 대출거래약정 당시 중도상환수수료에 관한 구체적 약정을 하지 않은 것으로 보이고, 기한의 이익이 채무자에게만 있을 여지가 있다는 이유로, 이와 달리 본 원심판결을 파기·환송한 사례

제5장 소멸시효

기산점과 기간

1 ★ 건설업을 하는 甲 주식회사가 공사에 투입한 인원이 공사 기간 중에 리조트의 객실과 식당을 사용한 데에 대한 사용료를 乙에게 매월 말 지급하기로 약정하였는데, 숙박료와 음식료로 구성되어 있는 위 리조트 사용료 채권의 소멸시효기간은 1년이다. ( )

판결요지

※ 민법 제164조 제1호에 정한 '숙박료 및 음식료 채권'

대판 2020.2.13. 2019다271012

[사실관계] 건설업을 하는 甲 주식회사가 공사에 투입한 인원이 공사 기간 중에 리조트의 객실과 식당을 사용한 데에 대한 사용료를 乙에게 매월 말 지급하기로 약정하였는데, 숙박료와 음식료로 구성되어 있는 위 리조트 사용료 채권의 소멸시효기간이 문제 된 사안에서, 민법 제164조 제1호는 여관, 음식점, 대석, 오락장의 숙박료, 음식료, 대석료, 입장료, 소비물의 대가 및 체당금의 채권은 1년간 행사하지 아니하면 소멸시효가 완성한다고 특별히 규정하고 있으므로, 甲 회사가 리조트 사용료를 월 단위로 지급하기로 약정하였더라도, 리조트 사용료 채권은 민법 제164조 제1호에 정한 '숙박료 및 음식료 채권'으로서 소멸시효기간은 1년이라는 이유로, 이와 달리 민법 제163조 제1호의 '사용료 기타 1년 이내의 기간으로 정한 금전의 지급을 목적으로 한 채권'으로서 소멸시효기간이 3년이라고 본 원심판결을 파기한 사례

2 ★ 법원이 판결로 소송비용의 부담을 정하는 재판을 하면서 그 액수를 정하지 않은 경우, 소송비용상환청구권은 소송비용부담의 재판에 해당하는 판결확정시부터 5년의 소멸시효가 적용된다.

23년 법행 ( )

판결요지

※ 법원이 판결로 소송비용의 부담을 정하는 재판을 하면서 그 액수를 정하지 않은 경우, 소송비용상환청구권의 소멸시효의 기산점(=소송비용부담의 재판에 해당하는 판결 확정 시) 및 이때 민법 제165조 제1항에서 정한 10년의 소멸시효가 적용되는지 여부(소극) / 국가의 소송비용상환청구권의 소멸시효기간(=5년)

"민법 제165조는 제1항에서 "판결에 의하여 확정된 채권은 단기의 소멸시효에 해당한 것이라도 그 소멸시효는 10년으로 한다."라고 정하면서 제3항에서 '판결 확정 당시에 변제기가 도래하지 않은 채권에 대해서는 민법 제165조

제1항이 적용되지 않는다.'고 정하고 있다. 소송에서 법원이 판결로 소송비용의 부담을 정하는 재판을 하면서 그 액수를 정하지 않은 경우 소송비용부담의 재판이 확정됨으로써 소송비용상환의무의 존재가 확정되지만, 당사자의 신청에 따라 별도로 민사소송법 제110조에서 정한 소송비용액확정결정으로 구체적인 소송비용 액수가 정해지기 전까지는 그 의무의 이행기가 도래한다고 볼 수 없고 이행기의 정함이 없는 상태로 유지된다.

위와 같이 발생한 소송비용상환청구권은 소송비용부담의 재판에 해당하는 판결 확정 시 발생하여 그때부터 소멸시효가 진행하지만, 민법 제165조 제3항에 따라 민법 제165조 제1항에서 정한 10년의 소멸시효는 적용되지 않는다. 따라서 국가의 소송비용상환청구권은 금전의 급부를 목적으로 하는 국가의 권리로서 국가재정법 제96조 제1항에 따라 5년 동안 행사하지 않으면 소멸시효가 완성된다고 보아야 한다"(대결 2021.7.29. 2019마6152). **정답** ○

3 ★★ 보험계약이 선량한 풍속 기타 사회질서에 반하여 무효인 경우 보험회사가 보험계약자 등을 상대로 이미 지급한 보험금의 반환을 구하는 부당이득반환청구권은 5년의 상사 소멸시효기간이 적용된다.

22년 3차모의 (   )

판결요지

※ 보험회사가 보험계약의 무효를 이유로 보험계약자 등을 상대로 이미 지급한 보험금의 반환을 구하는 청구권은 5년의 상사 소멸시효기간이 적용되는지 여부(적극)

"보험계약자가 다수의 계약을 통하여 보험금을 부정 취득할 목적으로 보험계약을 체결하여 그것이 민법 제103조에 따라 선량한 풍속 기타 사회질서에 반하여 무효인 경우 보험자의 보험금에 대한 부당이득반환청구권은 상법 제64조를 유추적용하여 5년의 상사 소멸시효기간이 적용된다고 봄이 타당하다. 이와 달리 공제회사가 선량한 풍속 기타 사회질서에 반하여 무효인 공제계약에 기초하여 지급한 공제금의 반환을 구하는 사안(이러한 사안에도 보험계약의 무효에 관한 법리가 그대로 적용된다. 상법 제664조 참조)에서 부당이득반환청구권의 소멸시효기간을 10년이라고 본 대판 2016.10.27. 2014다233596 판결은 이 판결의 견해에 배치되는 범위에서 이를 변경하기로 한다"(대판 2021.7.22. 전합2019다277812). **정답** ○

3-1 입원치료의 필요성이 없는데도 그 필요성을 가장하여 보험금을 받은 경우, 보험회사가 보험수익자를 상대로 이미 지급한 보험금의 반환을 구하는 부당이득반환청구권은 5년의 상사 소멸시효기간이 적용된다.

(   )

판결요지

"부당이득반환청구권이 상행위인 계약에 기초하여 이루어진 급부 자체의 반환을 구하는 것으로서 채권의 발생 경위나 원인, 당사자의 지위와 관계 등에 비추어 법률관계를 상거래 관계와 같은 정도로 신속하게 해결할 필요성이 있는 경우 등에는 상법 제64조를 유추하여 5년의 상사 소멸시효기간이 적용된다"(대판 2021.8.19. 2019다269354). **정답** ○

[사실관계] 보험회사가 보험수익자인 피고를 상대로 보험계약자 겸 피보험자인 A의 과잉입원을 원인으로 수령한 보험금에 대한 부당이득반환을 구하는 사안에서, 원고의 피고에 대한 부당이득반환청구권은 상행위에 해당하는 이 사건 각 보험계약에 기초한 급부가 이루어짐에 따라 발생한 것일 뿐만 아니라, 상법이 보험금청구권의 소멸시효를 3년이라는 단기로 규정한 취지 등에 비추어 볼 때 지급한 보험금에 대한 부당이득반환청구권을 둘러싼 분쟁도 상거래 관계와 같은 정도로 신속하게 해결할 필요성이 있으므로 5년의 상사 소멸시효기간에 걸린다고 본 사례

3-2 ★★ 상행위인 계약의 무효로 인한 부당이득반환청구권은 민법 제741조의 부당이득 규정에 따라 발생한 것으로서 민법 제162조 제1항이 정하는 10년의 민사 소멸시효기간이 적용되나, 부당이득반환청구권이 상행위인 계약에 기초하여 이루어진 급부 자체의 반환을 구하는 것으로서 법률관계를 상거래 관계와 같은 정도로 신속하게 해결할 필요성이 있는 경우에는 상법 제64조가 유추적용되어 5년의 상사 소멸시효기간에 걸린다. ( )

3-3 동일인의 입원치료 시에 보험금을 지급하는 내용의 보험을 다수 가입한 후 입원치료의 필요성이 없는데도 여러 차례 입원치료를 받았다며 보험금을 청구·수령한 보험계약자가 사기죄로 처벌받은 경우, 보험자의 피보험자 등에 대한 보험금 상당 부당이득반환청구권은 상사소멸시효 기간에 걸린다. ( )

판결요지

"상행위인 계약의 무효로 인한 부당이득반환청구권은 민법 제741조의 부당이득 규정에 따라 발생한 것으로서 특별한 사정이 없는 한 민법 제162조 제1항이 정하는 10년의 민사 소멸시효기간이 적용되나, 부당이득반환청구권이 상행위인 계약에 기초하여 이루어진 급부 자체의 반환을 구하는 것으로서 채권의 발생 경위나 원인, 당사자의 지위와 관계 등에 비추어 법률관계를 상거래 관계와 같은 정도로 신속하게 해결할 필요성이 있는 경우 등에는 상법 제64조가 유추적용되어 같은 조항이 정한 5년의 상사 소멸시효기간에 걸린다. 이러한 법리는 실제로 발생하지 않은 보험사고의 발생을 가장하여 청구·수령된 보험금 상당 부당이득반환청구권의 경우에도 마찬가지로 적용할 수 있다"(대판 2021.8.19. 2018다258074). **정답 ○**

유제 **정답 ○**

[사실관계] 동일인의 입원치료 시에 보험금을 지급하는 내용의 보험을 다수 가입한 후 입원치료의 필요성이 없는데도 여러 차례 입원치료를 받았다며 보험금을 청구·수령한 보험계약자가 사기죄로 처벌받은 경우, 보험자의 피보험자 등에 대한 보험금 상당 부당이득반환청구권은 기본적 상행위인 보험계약에 기초하여 이루어진 급부 자체의 반환을 구하는 것으로서 그 법률관계를 상거래 관계와 같은 정도로 정형적으로 신속하게 해결할 필요성이 있으므로 상사소멸시효 기간에 걸린다고 판단하여, 이와 달리 민사소멸시효기간의 적용을 받는다고 본 원심판결을 파기환송한 사례

3-4 사업장 마련을 위해 전대차계약을 체결하고자 권리금과 보증금을 지급하였으나 끝내 계약이 성립되지 않은 경우 그 권리금과 보증금 반환채권은 상행위인 계약의 불성립으로 인한 부당이득반환청구권에 해당하므로 상행위인 계약의 무효로 인한 부당이득반환청구권과 마찬가지로 상사 소멸시효기간이 적용된다. ( )

판결요지

※ 1. 상행위인 계약의 해제로 인한 원상회복청구권에 상사시효가 적용되는지 여부
  2. 상행위인 계약의 불성립으로 인한 부당이득반환청구권에도 상사시효가 (유추)적용되는지 여부

"1. 당사자 쌍방에 대하여 모두 상행위가 되는 행위로 인한 채권뿐만 아니라 당사자 일방에 대하여만 상행위에 해당하는 행위로 인한 채권도 상법 제64조 소정의 5년의 소멸시효기간이 적용되는 상사채권에 해당하는 것이고, 그 상행위에는 상법 제46조 각 호에 해당하는 기본적 상행위뿐만 아니라 상인이 영업을 위하여 하는 보조적 상행위도 포함되며, 상인이 영업을 위하여 하는 행위는 상행위로 보되 상인의 행위는 영업을 위하여 하는 것으로 추정되고, 상행위인 계약의 해제로 인한 원상회복청구권 또한 상법 제64조의 상사시효의 대상이 된다.
2. 상행위인 계약의 무효로 인한 부당이득반환청구권은 민법 제741조의 부당이득 규정에 따라 발생한 것으로서

특별한 사정이 없는 한 민법 제162조 제1항이 정하는 10년의 민사 소멸시효기간이 적용된다. 다만 부당이득반환청구권이 상행위인 계약에 기초하여 이루어진 급부 자체의 반환을 구하는 것으로서, 채권의 발생 경위나 원인, 당사자의 지위와 관계 등에 비추어 법률관계를 상거래 관계와 같은 정도로 신속하게 해결할 필요성이 있는 경우 등에는 상법 제64조가 정하는 5년의 상사 소멸시효기간이 적용되거나 유추적용된다(대판 2021.7.22. 전합2019다277812 등 참조). 그리고 이러한 법리는 상행위인 계약의 불성립으로 인한 부당이득반환청구권에도 그대로 적용된다"(대판 2021.9.9. 2020다299122).　　　　　　　　　　　　　　　　　　　　　　　　　　　　**정답** ○

[사실관계] 사업장 마련을 위해 전대차계약을 체결하고자 권리금과 보증금을 지급하였으나 끝내 계약이 성립되지 않은 경우 그 권리금과 보증금 반환채권은 상행위인 계약의 불성립으로 인한 부당이득반환청구권에 해당하므로 상행위인 계약의 무효로 인한 부당이득반환청구권과 마찬가지로 상사 소멸시효기간이 적용되거나 유추적용된다

4　기부자가 상인인 경우 지방자치단체와 그 기부자 사이에 체결된 기부채납 약정은 다른 사정이 없는 한 상인이 영업을 위하여 한 '보조적 상행위'에 해당하므로, 그러한 기부채납 약정에 근거한 채권에는 5년의 상사 소멸시효기간이 적용된다.　　　　　　　( )

판결요지

※ 지방자치단체가 주식회사와 체결한 기부채납 약정에 기하여 취득한 채권에 상사소멸시효가 적용되는지 여부(적극)

"기부채납이란 지방자치단체 외의 자가 부동산 등의 소유권을 무상으로 지방자치단체에 이전하여 지방자치단체가 이를 취득하는 것으로서, 기부자가 재산을 지방자치단체의 공유재산으로 증여하는 의사표시를 하고 지방자치단체가 이를 승낙하는 채납의 의사표시를 함으로써 성립하는 증여계약에 해당한다(대판 2012.11.15. 2010다47834 판결 등 참조). 당사자 쌍방에 대하여 모두 상행위가 되는 행위로 인한 채권뿐만 아니라 당사자 일방에 대하여만 상행위에 해당하는 행위로 인한 채권도 상법 제64조에 정해진 5년의 소멸시효기간이 적용되는 상사채권에 해당한다. 이 경우 상행위에는 상법 제46조 각호에 해당하는 기본적 상행위뿐만 아니라 상인이 영업을 위하여 하는 보조적 상행위(상법 제47조)도 포함되고, 상인이 영업을 위하여 하는 행위는 상행위로 보되 상인의 행위는 영업을 위하여 하는 것으로 추정된다(대판 2002.9.24. 2002다6760,6777 판결 등 참조). 따라서 기부자가 상인인 경우 지방자치단체와 그 기부자 사이에 체결된 기부채납 약정은 다른 사정이 없는 한 상인이 영업을 위하여 한 보조적 상행위에 해당하므로, 그러한 기부채납 약정에 근거한 채권에는 5년의 상사 소멸시효기간이 적용된다"(대판 2022.4.28. 2019다272053).　　　　　　　　　**정답** ○

[사실관계] 건설회사인 피고가 지방자치단체인 원고가 추진하는 개발사업의 시행자로 선정되면서 원고와 사이에 주차장을 설치하여 기부채납하기로 약정하였고, 이후 주차장이 완공된 이후 주민들이 무상으로 이를 사용하고 있는 사안에서, 대법원은, ① 위 기부채납 약정은 피고의 보조적 상행위에 해당하므로 원고가 위 기부채납 약정에 기한 소유권이전등기청구권에는 5년의 상사소멸시간이 적용된다고 판단하면서도(원심의 결론 수긍), ② 주민들이 위 기부채납 약정에서 예정한 대로 주차장을 이용하고 있고, 원고가 정기적으로 시설을 관리하고 있는 사정 등을 근거로 원고의 점유가 인정되므로 소멸시효가 중단되었다고 인정하여 이와 달리 판단한 원심을 파기한 사례

4-1　★ 당사자 일방이 상인인 경우에는 토지보상법에 의한 협의취득으로 체결된 부동산 매매계약이라고 하더라도 다른 사정이 없는 한 보조적 상행위에 해당하므로, 매도인의 채무불이행책임이나 하자담보책임에 기한 매수인의 손해배상채권에 대해서는 상사소멸시효가 적용된다.　　　( )

판결요지

※ 공익사업을 위한 토지 등의 취득 및 보상에 관한 법률에 따른 협의취득으로 체결된 부동산 매매계약에서 당사자 일방이 상인인 경우, 매도인의 채무불이행책임이나 하자담보책임에 따른 매수인의 손해배상채권에 대하여 상사소멸시효가 적용되는지 여부(적극)

"당사자 일방에 대하여만 상행위에 해당하는 행위로 인한 채권도 상법 제64조에서 정한 5년의 소멸시효기간이 적용되는 상사채권에 해당하는데, 여기서 말하는 상행위에는 기본적 상행위(상법 제46조 각호)뿐만 아니라 상인이 영업을 위하여 하는 보조적 상행위(상법 제47조)도 포함되고, 상인의 행위는 영업을 위하여 하는 것으로 추정된다. 이때 매매계약이 상행위에 해당하는 경우 매매계약에 의해 직접 생긴 채권뿐만 아니라 매도인의 채무불이행책임이나 하자담보책임에 기한 매수인의 손해배상채권에 대해서도 상사소멸시효가 적용된다. 한편 공익사업을 위한 토지 등의 취득 및 보상에 관한 법률(이하 '토지보상법'이라 한다)에 의한 협의취득은 사법상의 매매계약에 해당한다.

따라서 상인이 그 소유 부동산을 매도하기 위해 체결한 매매계약은 영업을 위하여 한 것으로 추정되고, 그와 같은 추정은 매매계약이 토지보상법에 의한 협의취득이라는 사정만으로 번복되지 않는다. 결국 당사자 일방이 상인인 경우에는 토지보상법에 의한 협의취득으로 체결된 부동산 매매계약이라고 하더라도 다른 사정이 없는 한 보조적 상행위에 해당하므로, 매도인의 채무불이행책임이나 하자담보책임에 기한 매수인의 손해배상채권에 대해서는 상사소멸시효가 적용된다"(대판 2022.7.14. 2017다242232).   정답 ○

[사실관계] 한국토지주택공사(매수인, 원고)가 상인인 회사(매도인, 피고)로부터 토지보상법에 따른 협의취득절차로서 매수한 이 사건 토지에 하자가 있다고 주장하면서 손해배상청구(민법 제390조, 제580조)를 한 사안에서, 매도인인 피고가 상인인 이상 매매계약은 피고의 영업을 위한 것으로 추정되고, 토지보상법에 따른 협의취득에 따라 매매계약이 체결되었다는 사정만으로 그 추정이 번복되는 것은 아니라고 보아 원고의 상고를 기각하고, 매수인의 손해배상청구권에 상사소멸시효가 적용된다고 보고 매수인의 손해배상청구권이 시효가 완성되어 소멸하였다고 판단한 원심을 확정한 사례

5 ★ 건설공사에 관한 도급계약이 상행위에 해당하는 경우 그 도급계약에 근거한 수급인의 하자담보책임은 상법 제64조 본문에 의하여 원칙적으로 5년의 소멸시효에 걸리고, 그 소멸시효기간은 민법 제166조 제1항에 따라 그 권리를 행사할 수 있는 때인 하자가 발생한 시점부터 진행하는 것이 원칙이나, 그 하자가 건물의 인도 당시부터 이미 존재하고 있는 경우에는 이와 관련한 '하자보수를 갈음하는 손해배상채권의 소멸시효기간은 건물을 인도한 날'부터 진행한다.   (   )

판결요지

※ 도급계약의 하자보수에 갈음한 손해배상액에서 부가가치세 상당액을 공제하여야 하는지 여부, 건설공사에 관한 도급계약이 상행위에 해당하는 경우, 수급인의 하자담보책임의 소멸시효기간(=5년) 및 그 기산점

"타인의 불법행위로 인하여 피해자 소유의 물건이 손괴되어 수리를 요하는 경우에 그 수리를 위해서는 피해자가 수리에 소요되는 부가가치세까지 부담하여야 한다면 피해자는 그 부가가치세를 포함한 수리비만큼의 손해를 입었다고 하여 가해자에 대하여 그 배상을 청구할 수 있음이 원칙이다. 그러나 피해자가 부가가치세법상 납세의무자인 사업자로서 그 수리가 자기의 사업을 위하여 사용하였거나 사용할 목적으로 공급받은 용역에 해당하는 경우에는 위 부가가치세는 부가가치세법 제38조 제1항 제1호 소정의 매입세액에 해당하는 것이어서 피해자가 자기의 매출세액에서 공제하거나 환급받을 수 있으므로 위 부가가치세는 실질적으로는 피해자의 부담으로 돌아가지 않게 되고 따라서 이러한 경우에는 다른 특별한 사정이 없는 한 피해자가 가해자에게 위 부가가치세 상당의 손해배상을

청구할 수 없다.

위의 법리는 도급에 있어서, 수급인의 도급공사상 하자로 인하여 도급인이 수급인을 상대로 하자보수를 갈음하는 손해배상청구를 하는 경우도 마찬가지여서 원칙적으로 도급인이 하자보수공사에 소요되는 부가가치세까지 부담하여야 한다면 그 배상을 청구할 수 있다.

그러나 도급인이 부가가치세 과세사업자로서 그 하자보수에 소요되는 부가가치세를 자기의 매출세액에서 공제하거나 환급받을 수 있는 때에는 그 부가가치세는 실질적으로 도급인의 부담으로 돌아가지 않게 되므로, 특별한 사정이 없는 한 도급인이 수급인에게 위 부가가치세 상당의 손해배상을 청구할 수 없다.

도급인이 부가가치세 면세사업자로서 그 하자보수에 소요되는 부가가치세가 부가가치세법 제39조 제1항 제7호에서 규정한 '면세사업과 관련된 매입세액' 등에 해당하여 이를 자기의 매출세액에서 공제하거나 환급받을 수 없는 때에는 그 부가가치세는 실질적으로 도급인의 부담이 되므로, 도급인은 수급인에게 그 부가가치세 상당의 손해배상을 청구할 수 있다. 또한 도급인이 수급인에 대하여 청구할 수 있는 하자보수를 갈음하는 손해배상액에서 부가가치세액 상당을 공제하도록 하는 취지는 도급인이 하자 발생 및 그에 대한 보수 또는 배상으로 인하여 그 이전보다 더 유리하게 되는 불합리를 방지하고자 하는 데 있는 것이므로 현실적으로 도급인이 부가가치세액을 매출세액에서 공제하거나 환급받은 경우뿐만 아니라 그러한 가능성이 있는 경우까지도 포함한다고 할 것이지만, 도급인에게 책임지울 수 없는 사유로 부가가치세액의 공제나 환급이 사실상 불가능하게 된 때에는 하자보수를 갈음하는 손해배상액에서 이를 공제할 것은 아니다.

건설공사에 관한 도급계약이 상행위에 해당하는 경우 그 도급계약에 근거한 수급인의 하자담보책임은 상법 제64조 본문에 의하여 원칙적으로 5년의 소멸시효에 걸리고, 그 소멸시효기간은 민법 제166조 제1항에 따라 그 권리를 행사할 수 있는 때인 하자가 발생한 시점부터 진행하는 것이 원칙이나, 그 하자가 건물의 인도 당시부터 이미 존재하고 있는 경우에는 이와 관련한 하자보수를 갈음하는 손해배상채권의 소멸시효기간은 건물을 인도한 날부터 진행한다"(대판 2021.8.12. 2021다210195).

정답 ○

6 ★ 근로계약이 보조적 상행위에 해당하더라도 사용자가 근로계약에 수반되는 신의칙상의 부수적 의무로서 근로자의 안전에 대한 '보호의무'를 부담하며, 근로계약상 보호의무 위반에 따른 근로자의 손해배상청구권에 대하여 10년의 민사 소멸시효기간이 적용된다. 23년 1차모의 ( )

판결요지

"사용자는 근로계약에 수반되는 신의칙상의 부수적 의무로서 근로자가 노무를 제공하는 과정에서 생명, 신체, 건강을 해치는 일이 없도록 인적·물적 환경을 정비하는 등 필요한 조치를 강구하여야 하는 보호의무를 부담하고, 이러한 보호의무를 위반하여 근로자가 손해를 입었다면 이를 배상할 책임을 진다.

상법 제64조에서 5년의 상사시효를 정하는 것은 대량, 정형, 신속이라는 상거래 관계 특성상 법률관계를 신속하게 해결할 필요성이 있기 때문이다. 사용자가 상인으로서 영업을 위하여 근로자와 체결하는 근로계약이 보조적 상행위에 해당하더라도 사용자가 근로계약에 수반되는 신의칙상의 부수적 의무인 보호의무를 위반하여 근로자에게 손해를 입힘으로써 발생한 근로자의 손해배상청구와 관련된 법률관계는 근로자의 생명, 신체, 건강 침해 등으로 인한 손해의 전보에 관한 것으로서 그 성질상 정형적이고 신속하게 해결할 필요가 있다고 보기 어렵다. 따라서 근로계약상 보호의무 위반에 따른 근로자의 손해배상청구권은 특별한 사정이 없는 한 10년의 민사 소멸시효기간이 적용된다고 봄이 타당하다"(대판 2021.8.19. 2018다270876).

정답 ○

7 ★ 이익의 배당이나 중간배당은 회사가 획득한 이익을 내부적으로 주주에게 분배하는 행위로서 회사가 영업으로 또는 영업을 위하여 하는 상행위가 아니므로 배당금지급청구권은 상법 제64조가 적용되는 상행위로 인한 채권이라고 볼 수 없고, 위법배당에 따른 부당이득반환청구권 역시 근본적으로 상행위에 기초하여 발생한 것이라고 볼 수 없으므로 10년의 민사소멸시효에 걸린다. 22년 변호 (   )

> 판결요지

※ 회사의 위법배당에 따라 회사가 주주에게 행사하는 부당이득반환청구권이 10년의 민사소멸시효의 적용을 받는지 여부(적극)

"부당이득반환청구권이라도 그것이 상행위인 계약에 기초하여 이루어진 급부 자체의 반환을 구하는 것으로서, 그 채권의 발생 경위나 원인, 당사자의 지위와 관계 등에 비추어 그 법률관계를 상거래 관계와 같은 정도로 신속하게 해결할 필요성이 있는 경우 등에는 5년의 소멸시효를 정한 상법 제64조가 적용된다. 그러나 이와 달리 부당이득반환청구권의 내용이 급부 자체의 반환을 구하는 것이 아니거나, 위와 같은 신속한 해결 필요성이 인정되지 않는 경우라면 특별한 사정이 없는 한 상법 제64조는 적용되지 않고 10년의 민사소멸시효기간이 적용된다(대판 2002.6.14. 2001다47825, 대판 2019.9.10. 2016다271257 판결 등 참조). 이익의 배당이나 중간배당은 회사가 획득한 이익을 내부적으로 주주에게 분배하는 행위로서 회사가 영업으로 또는 영업을 위하여 하는 상행위가 아니므로 배당금지급청구권은 상법 제64조가 적용되는 상행위로 인한 채권이라고 볼 수 없다. 이에 따라 위법배당에 따른 부당이득반환청구권 역시 근본적으로 상행위에 기초하여 발생한 것이라고 볼 수 없다. 특히 배당가능이익이 없는데도 이익의 배당이나 중간배당이 실시된 경우 회사나 채권자가 주주로부터 배당금을 회수하는 것은 회사의 자본충실을 도모하고 회사 채권자를 보호하는 데 필수적이므로, 회수를 위한 부당이득반환청구권 행사를 신속하게 확정할 필요성이 크다고 볼 수 없다. 따라서 위법배당에 따른 부당이득반환청구권은 민법 제162조 제1항이 적용되어 10년의 민사소멸시효에 걸린다고 보아야 한다"(대판 2021.6.24. 2020다208621) 정답 ○

[사실관계] 원고는 피고보조참가인에 대하여 체납조세채권을 가지고 있었는데, 피고들은 피고보조참가인의 주주들로 피고보조참가인으로부터 위법한 중간배당을 받았다. 이에 원고가 피고보조참가인을 대위하여 피고들에게 위법한 중간배당으로 인한 부당이득반환청구를 하자, 피고들은 부당이득반환청구권에 상사소멸시효가 적용되므로 이미 소멸시효가 완성되었다고 항변하였으나 이를 받아들이지 않고 민사소멸시효가 적용된다고 판단하여 상고기각한 사례

8 ★ 변호사, 변리사, 공증인, 공인회계사 및 법무사의 직무에 관한 채권의 소멸시효기간을 3년으로 정한 민법 제163조 제5호가 세무사 등 유사한 직무를 수행하는 다른 자격사의 직무에 관한 채권에 대하여 유추적용되지는 않는다. (   )

8-1 ★ 세무사를 상법 제4조 또는 제5조 제1항이 규정하는 상인이라고 볼 수는 없으므로 세무사의 직무에 관한 채권의 소멸시효기간은 10년이다. (   )

> 판결요지

대판 2022.8.25. 2021다311111판결요지 정답 ○

유 제 정답 ○

9   소멸시효가 진행하지 않는 '권리를 행사할 수 없는' 경우란 그 권리행사에 법률상의 장애사유, 예
컨대 기간의 미도래나 조건불성취 등이 있는 경우를 말하는 것이고, 사실상 그 권리의 존부나 권리
행사의 가능성을 알지 못하였거나 알지 못함에 과실이 없다고 하여도 이러한 사유는 법률상 장애사
유에 해당한다고 할 수 없다. ( )

9-1 ★ 변호사의 성공보수채권의 소멸시효 기산점은 당사자 사이의 특약이 없는 한, 해당 심급의 판결
을 송달받은 때이다. ( )

판결요지

※ 1. 소멸시효가 진행하지 않는 '권리를 행사할 수 없는' 경우의 의미, 2. 성공보수채권의 소멸시효 기산
점(=당사자 사이의 특약이 없는 한, 해당 심급의 판결을 송달받은 때)

"1. 민법 제166조 제1항에 의하면 소멸시효는 객관적으로 권리가 발생하고 그 권리를 행사할 수 있는 때로부터
진행하고, 그 권리를 행사할 수 없는 동안에는 진행하지 아니한다. 여기서 '권리를 행사할 수 없다'라고 함은 그
권리행사에 법률상의 장애사유, 예컨대 기간의 미도래나 조건불성취 등이 있는 경우를 말하는 것이고, 사실상 그
권리의 존부나 권리행사의 가능성을 알지 못하였거나 알지 못함에 과실이 없다고 하여도 이러한 사유는 법률상
장애사유에 해당한다고 할 수 없다.

2. 한편 민법 제686조 제2항에 의하면 수임인은 위임사무를 완료하여야 보수를 청구할 수 있다. 따라서 소송위임
계약으로 성공보수를 약정하였을 경우 심급대리의원칙에 따라 수임한 소송사무가 종료하는 시기인 해당 심급의
판결을 송달받은 때로부터 그 소멸시효기간이 진행하나, 당사자 사이에 보수금의 지급시기에 관한 특약이 있다면
그에 따라 보수채권을 행사할 수 있는 때로부터 소멸시효가 진행한다고 보아야 한다"(대판 2023.2.2. 2022다276307).

정답 ○

유제

정답 ○

[사실관계] 대법원은 위와 같은 법리에 따라, 이 사건 보수채권은 수임사건이 확정된 때가 아니라 제1심판결이 선
고되어 그 판결문이 송달된 때부터 행사할 수 있어 소멸시효가 진행한다고 본 원심판단을 수긍하되, 수임사건 확
정 이후 그 확정판결에 기초한 강제집행 불허를 구하는 청구이의 사건의 제1심판결 선고로 추가 지급받은 판결원
리금에 대하여는 위 청구이의 사건 판결문 송달 시점부터 새로 소멸시효기간이 기산한다고 본 것에 대하여는, 청
구이의 사건 판결은 위임사건 확정판결에 기초한 강제집행을 불허하는 것일 뿐 금전의 지급을 명하는 것이 아니
고, 위임사건 제1심판결이 송달된 때부터 이 사건 보수채권을 행사함에 법률상 장애사유가 되는 것도 아니라는
점에서 소멸시효의 기산점에 관한 법리오해가 있다고 보아 해당 부분을 파기하였다.

10 보증기간 내에 발생한 하자에 대하여 보증기간이 종료된 후 보증사고가 발생한 경우 그 보증사고가
발생한 때로부터 보증금청구권의 소멸시효가 진행한다. ( )

판결요지

※ 보증기간을 주계약의 하자담보책임기간과 동일하게 정한 하자보수보증계약상 보증금청구권의 소멸시
효 기산점

"가. 보험금청구권의 소멸시효 기산점은 특별한 사정이 없는 한 보험사고가 발생한 때이고(대판 2012.8.23. 2012다18748
판결 등 참조), 보험사고란 보험계약에서 보험자의 보험금 지급책임을 구체화하는 불확정한 사고를 의미하는 것이
다. 보증보험에서 보험사고가 구체적으로 무엇인지는 당사자 사이의 약정으로 계약내용에 편입된 보험약관과 보

험약관이 인용하고 있는 보험증권 및 주계약의 구체적인 내용 등을 종합하여 결정하여야 한다(대판 2006.4.28. 2004다16976 판결, 대판 2014.6.26. 2012다44808 판결 등 참조). 그리고 보증보험증권에 보험기간이 정해져 있는 경우에는 보험사고가 그 기간 내에 발생한 때에 한하여 보험자가 보험계약상의 책임을지는 것이 원칙이지만, 보증보험계약의 목적이 주계약의 하자담보책임기간 내에 발생한 하자에 대하여 보험계약자의 하자보수의무 불이행으로 인한 손해를 보상하기 위한 것임에도 불구하고 보험기간을 주계약의 하자담보책임기간과 동일하게 정한 경우 특별한 사정이 없으면 위 보증보험계약은 그 계약의 보험기간, 즉 <u>하자담보책임기간 내에 발생한 하자에 대하여는 비록 보험기간이 종료된 후 보험사고가 발생하였다고 하더라도 보험자로서 책임을 지기로 하는 내용의 계약이라고 해석함이 상당하다</u>(대판 2001.5.29. 2000다3897 판결, 대판 2015.11.26. 2013다62490 판결 등 참조).

나. 이와 같은 법리는 보증기간을 주계약의 하자담보책임기간과 동일하게 정한 하자보수보증계약에서도 마찬가지로 적용되어야 하므로, 특별한 사정이 없는 한 그 계약의 보증기간, 즉 하자담보책임기간 내에 발생한 하자에 대하여 <u>보증기간이 종료된 후 보증사고가 발생하였다면 그 보증사고가 발생한 때로부터 보증금청구권의 소멸시효가 진행한다</u>"(대판 2022.3.31. 2021다294902,2021다294919) **정답 ○**

[사실관계] 원고들과 보증회사인 피고 사이에 체결된 이 사건 보증계약은 각 보증기간을 각 공정별 하자보수책임기간과 동일하게 정하였다. 원고들이 피고에게 1, 2년차 하자에 대하여 이 사건 보증계약에 따른 하자보수보증금 청구한 사건에서, 원심은 보험금청구권의 소멸시효는 늦어도 보험기간의 종기부터 진행한다고 전제한 다음, 1, 2년차 하자는 각 보증기간의 종기로부터 5년의 소멸시효 기간이 지난 후에 소가 제기되어 보증금청구권은 시효소멸하였다고 판단하였다. 그러나 대법원은 앞서 본 법리에 비추어 보증기간 내에 발생한 하자에 대하여 보증기간이 종료된 후 보증사고가 발생한 경우 그 보증사고가 발생한 때로부터 보증금청구권의 소멸시효가 진행한다고 봄이 상당하다고 판단하여 파기환송하였다.

11 이행인수계약의 불이행으로 인한 손해배상의 범위는 원칙적으로 채무자가 채무의 내용에 따른 이행을 하지 않음으로써 생긴 통상의 손해를 한도로 하므로, 매수인이 인수하기로 한 근저당권의 피담보채무를 변제하지 않아 원리금이 늘어났다면 그 원리금이 매수인의 이행인수계약 불이행으로 인한 통상의 손해액이 된다. ( )

11-1 ★ 甲 소유의 부동산에 채무자를 甲, 근저당권자를 乙로 하는 근저당권설정등기가 마쳐진 상태에서, 丙이 丁에게 위 부동산을 매도하는 내용의 매매계약을 체결하면서 위 근저당권이 담보하는 甲의 대출금채무를 丁이 승계하는 대신 중도금의 전부나 일부로 대체하기로 하였고, 그 후 丙이 甲과 체결한 약정에 따라 위 부동산에 관하여 자기 앞으로 소유권이전등기를 한 다음 丁 앞으로 매매계약에 따른 소유권이전등기를 하였는데, 丁이 대출금채무에 대한 인수의무를 이행하지 않아 甲이 대출금 이자 등을 지급하는 손해를 입게 되자, 甲이 丁을 상대로 丙을 대위하여 채권자대위에 따른 손해배상청구를 제기한다면, <u>이행인수인 丁이 인수의무를 불이행한 때가 아니라 甲이 이자 등을 지급한 때 丙의 丁에 대한 손해배상청구권이 발생하고 소멸시효가 진행된다고 보아야 한다.</u> ( )

11-2 ★ 채무불이행으로 채권자가 제3자에 대해 채무를 부담하게 된 경우 채권자가 채무자에게 제3자에 대한 채무액과 같은 금액을 손해배상금으로 청구하기 위해서는 채무의 부담이 현실적·확정적이어서 실제로 변제해야 할 성질의 것이어야 한다. ( )

판결요지

"[1] 부동산의 매수인이 매매목적물에 관한 근저당권의 피담보채무를 인수하고 그 채무액을 매매대금에서 공제하기로 약정한 경우, 특별한 사정이 없는 한 매도인을 면책시키는 채무인수가 아니라 이행인수로 보아야 한다. 이행인수계약의 불이행으로 인한 손해배상의 범위는 원칙적으로 채무자가 채무의 내용에 따른 이행을 하지 않음으로써 생긴 통상의 손해를 한도로 한다. 매수인이 인수하기로 한 근저당권의 피담보채무를 변제하지 않아 원리금이 늘어났다면 그 원리금이 매수인의 이행인수계약 불이행으로 인한 통상의 손해액이 된다.

[2] 소멸시효는 권리를 행사할 수 있는 때부터 진행한다(민법 제166조 제1항). 채무불이행으로 인한 손해배상청구권은 현실적으로 손해가 발생한 때에 성립한다. 채무불이행으로 채권자가 제3자에 대해 채무를 부담하게 된 경우 채권자가 채무자에게 제3자에 대한 채무액과 같은 금액을 손해배상금으로 청구하기 위해서는 채무의 부담이 현실적·확정적이어서 실제로 변제해야 할 성질의 것이어야 한다. 그와 같은 채무의 부담이 현실적·확정적이어서 손해가 현실적으로 발생하였다고 볼 것인지는 사회통념에 비추어 객관적이고 합리적으로 판단해야 한다"(대판 2021.11.25. 2020다294516). **정답** ○   **유제 모두**   **정답** ○

[사실관계] 甲 소유의 부동산에 채무자 甲, 근저당권자 乙 축산업협동조합으로 하는 근저당권설정등기가 마쳐진 상태에서, 丙이 丁에게 위 부동산을 매도하는 내용의 매매계약을 체결하면서 위 근저당권이 담보하는 대출금채무를 丁이 승계하는 대신 중도금의 전부나 일부로 대체하기로 하였고, 그 후 丙이 甲과 체결한 약정에 따라 위 부동산에 관하여 자기 앞으로 소유권이전등기를 한 다음 丁 앞으로 매매계약에 따른 소유권이전등기를 하였는데, 丁이 대출금채무에 대한 인수의무를 이행하지 않아 甲이 대출금 이자 등을 지급하는 손해를 입게 되자, 甲이 丁을 상대로 丙을 대위하여 채권자대위에 따른 손해배상청구를 하여 丙의 손해배상채권의 소멸시효 기산점이 문제된 사안에서, 丁이 중도금 지급기일에 인수의무를 이행하지 않았다는 사정만으로 곧바로 丙에게 손해가 현실적으로 발생하였다고 볼 수는 없고, 甲이 이자 등을 지급한 때 丙에 대하여 채무불이행에 따른 손해배상청구권을 갖게 되며, 그때 丙에게 丁의 이행인수계약 불이행에 따른 손해가 현실적으로 발생하였다고 볼 수 있으므로, 丙에게 손해가 현실적으로 발생한 시점을 심리하여 소멸시효가 완성되었는지 판단하였어야 하는데도, 이에 관한 심리 없이 중도금 지급기일부터 소멸시효가 진행하여 이미 소멸시효가 완성되었다고 본 원심판단에 소멸시효 기산점 등에 관한 법리오해 등의 잘못이 있다고 한 사례.

관련쟁점

① 判例에 따르면 매수인은 매매대금에서 인수채무액을 공제한 나머지를 지급함으로써 잔금지급의무를 다한 것으로 보아야 하므로, 매수인이 인수채무를 변제하지 않았다고 하여도 매도인이 계약을 해제할 수는 없다(대판 1993.6.29. 93다19108). 다만 "매수인이 인수채무를 이행하지 아니함으로써 매매대금의 일부를 지급하지 아니한 것과 동일하다고 평가할 수 있는 '특별한 사유'가 있을 때에 한하여 매도인의 계약해제권이 발생한다"고 한다(대판 1993.2.12. 92다23193). ② 이 때 특별한 사유에 대해 判例는 "매수인이 인수채무를 이행하지 않음에 따라 ⅰ) 매매목적물인 부동산이나 공동담보로 제공된 다른 부동산에 설정된 담보권의 실행으로 임의경매절차가 개시되었다거나 개시될 염려가 있고, ⅱ) 또한 매도인 측이 이를 막기 위하여 부득이 피담보채무를 '변제할 필요성'이 있는 경우"라고 한다(대판 1998.10.27. 98다25184). 다만 구체적 사안에서 대체로 判例는 '매도인이 자기의 出捐으로 매수인이 인수한 채무를 대신 변제한 경우'에만 계약해제권의 발생을 인정하는 입장을 취하고 있다.

11-3 ★ 채무불이행으로 인한 손해배상청구권은 '현실적으로 손해가 발생한 때' 성립하고, 이때부터 소멸시효가 진행한다. ( )

판결요지

"소멸시효는 권리를 행사할 수 있는 때부터 진행한다(민법 제166조 1항). 채무불이행으로 인한 손해배상청구권은 '현실적으로 손해가 발생한 때' 성립하고, 현실적으로 손해가 발생하였는지 여부는 사회통념에 비추어 객관적이고 합리적으로 판단하여야 한다"(대판 2020.6.11. 2020다201156) 정답 ○

쟁점정리

※ 채무불이행으로 인한 손해배상청구권의 시효기간과 기산점

① 채무불이행으로 인한 손해배상채권(제394조)은 본래의 채권이 확장된 것이거나 본래의 채권의 내용이 '금전채권'으로 변경된 것이므로 본래의 채권과 '동일성'을 가진다. 따라서 채무불이행으로 인한 손해배상청구권의 시효기간은 원채권의 시효기간에 따르고(대판 2010.9.9. 2010다28031), 본래의 채권이 시효로 소멸한 때에는 손해배상채권도 함께 소멸한다(대판 2018.2.28. 2016다45779).

② 문제는 그 기산점인데, 그 '동일성'이 유지되므로 본래의 채권을 행사할 수 있는 때로부터 진행한다는 견해가 있으나, 判例가 판시하는 바와 같이 손해배상청구권은 채무불이행시에 비로소 발생한 것인 만큼 '채무불이행시'부터 소멸시효가 진행한다(대판 1990.11.9. 90다카22513). 다만 채무불이행으로 인한 손해배상청구권은 '현실적으로 손해가 발생한 때' 성립하고, 현실적으로 손해가 발생하였는지 여부는 사회통념에 비추어 객관적이고 합리적으로 판단하여야 한다"(대판 2020.6.11. 2020다201156)

12 ★★ 채무불이행에 따른 해제의 의사표시 당시에 이미 채무불이행의 대상이 되는 본래 채권이 시효가 완성되어 소멸하였다면, 채무자가 소멸시효의 완성을 주장하는 것이 신의성실의 원칙에 반하여 허용될 수 없다는 등의 특별한 사정이 없는 한, 채권자는 채무불이행 시점이 본래 채권의 시효 완성 전인지 후인지를 불문하고 그 채무불이행을 이유로 한 해제권 및 이에 기한 원상회복청구권을 행사할 수 없다. ( )

판결요지

※ 본래 채권의 소멸시효가 완성된 경우 그 채무의 이행불능을 이유로 채권자가 법정해제권을 행사할 수 있는지 여부(소극)

"이행불능 또는 이행지체를 이유로 한 법정해제권은 채무자의 채무불이행에 대한 구제수단으로 인정되는 권리이다. 따라서 채무자가 이행해야 할 본래 채무가 이행불능이라는 이유로 계약을 해제하려면 그 이행불능의 대상이 되는 채무자의 본래 채무가 유효하게 존속하고 있어야 한다.

민법 제167조는 "소멸시효는 그 기산일에 소급하여 효력이 생긴다."라고 정한다. 본래 채권이 시효로 인하여 소멸하였다면 그 채권은 그 기산일에 소급하여 더는 존재하지 않는 것이 되어 채권자는 그 권리의 이행을 구할 수 없는 것이고, 이와 같이 본래 채권이 유효하게 존속하지 않는 이상 본래 채무의 불이행을 이유로 계약을 해제할 수 없다고 보아야 한다. 결국 채무불이행에 따른 해제의 의사표시 당시에 이미 채무불이행의 대상이 되는 본래 채권이 시효가 완성되어 소멸하였다면, 채무자가 소멸시효의 완성을 주장하는 것이 신의성실의 원칙에 반하여 허용될 수 없다는 등의 특별한 사정이 없는 한, 채권자는 채무불이행 시점이 본래 채권의 시효 완성 전인지 후인지를 불문하고 그 채무불이행을 이유로 한 해제권 및 이에 기한 원상회복청구권을 행사할 수 없다"(대판 2022.9.29. 2019다 204593).

정답 ○

[사실관계] 甲 회사와 피고가 2007. 1. 10. 체결한 매매계약에 관하여 甲 회사가 계약금만 지급하고 나머지 매매대금을 지급하지 않았고, 피고가 2012. 2. 10. 제3자에게 매매목적물인 부동산을 매도하였다. 원고는 2017. 1. 5. 甲 회사를 채무자, 피고를 제3채무자로 하여 피고의 채무불이행에 따른 매매계약의 해제로 인하여 甲 회사가 피고에 대하여 가지는 계약금 등 반환채권에 대하여 압류·추심명령을 받았고 2017. 1. 11. 압류·추심명령이 피고에게 송달되었다. 피고는 원고의 추심금 청구에 대하여 원고의 청구는 이미 시효로 인하여 소멸한 채권에 기한 청구라는 내용의 항변을 하였다. 대법원은 채무불이행에 따른 해제의 의사표시 당시에 이미 채무불이행의 대상이 되는 본래 채권이 시효가 완성되어 소멸하였다면, 특별한 사정이 없는 한 그 채무불이행 시점이 본래 채권의 소멸시효 완성 전이라 하더라도 채권자가 이를 이유로 법정해제권을 행사할 수 없다고 판단하고, 이와 달리 피고의 소멸시효 항변을 해제권의 행사에 따른 원상회복청구권에 관한 항변이라고 단정하여 원상회복청구권의 소멸시효가 아직 완성되지 않았다는 이유로 피고의 소멸시효 항변을 배척한 원심판결을 파기환송하였다.

13 ★ 집행채권의 부존재나 소멸은 집행채무자가 청구에 관한 이의의 소에서 주장할 사유이고, 추심의 소에서 제3채무자인 피고가 이를 항변으로 주장하여 채무의 변제를 거절할 수 없다. 그러나 제3채무자인 피고는 압류된 채권에 관하여는 채무자에 대하여 주장할 수 있는 실체법상의 모든 항변으로 추심채권자에게 대항할 수 있다. ( )

13-1 ★★ 계약해제 의사표시 당시에 본래 채권이 시효의 완성으로 소멸하였다면 그 해제권 및 이에 근거한 원상회복청구권과 위약금청구권도 행사할 수 없거나 소멸한다. ( )

13-2 甲은 乙로부터 乙 소유 부동산을 매수하는 매매계약을 체결하고, 乙에게 계약금을 지급하였는데, 강제경매로 매매목적물인 부동산의 소유권이 제3자에게 이전되었다. 甲의 채권자인 丙은, 甲 을 채무자로, 乙을 제3채무자로 하여, 乙의 채무불이행에 따른 매매계약의 해제로 인하여 甲이 乙에 대하여 가지는 계약금 등 반환채권에 대하여 압류·추심명령을 받은 다음, 乙을 상대로 추심금 청구 소송을 제기한 경우, 乙이 丙의 청구는 이미 시효로 인하여 소멸한 채권에 기한 청구라는 내용의 항변을 하고 실제로 시효가 완성되어 소멸하였다면, 법원은 丙의 청구를 기각해야 한다. ( )

판결요지

"1. 추심소송에서의 항변사유 제한에 관한 법리오해 주장에 대하여
집행채권의 부존재나 소멸은 집행채무자가 청구에 관한 이의의 소에서 주장할 사유이고, 추심의 소에서 제3채무자인 피고가 이를 항변으로 주장하여 채무의 변제를 거절할 수 없다. 그러나 제3채무자인 피고는 압류된 채권에 관하여는 채무자에 대하여 주장할 수 있는 실체법상의 모든 항변으로 추심채권자에게 대항할 수 있다(대판 2022.12.16. 2020다201613 판결 등 참조). 따라서 원심이 이 사건 추심명령의 채무자인 주식회사 대목이 제3채무자인 피고에 대하여 가지는 이 사건 매매계약에 관한 해제권 및 그에 근거한 원상회복청구권과 위약금청구권이 소멸하였다는 취지의 피고의 항변을 판단한 것은 정당하고, 거기에 추심소송에서의 항변사유 제한에 관한 법리를 오해한 잘못이 없다.
2. 소멸시효 완성 및 계약해제로 인한 원상회복청구권과 위약금청구권에 관한 법리오해 주장에 대하여
원심은 판시와 같은 이유로, 계약해제 의사표시 당시에 본래 채권이 시효의 완성으로 소멸하였다면 그 해제권 및 이에 근거한 원상회복청구권과 위약금청구권도 행사할 수 없거나 소멸한다고 보아 원고의 청구를 받아들이지 않았다. 원심판결 이유를 관련 법리와 기록에 비추어 살펴보면, 원심의 판단에 본래 채권의 소멸시효 완성과 계약해

제로 인한 원상회복청구권과 위약금청구권의 소멸에 관한 법리를 오해하여 판결에 영향을 미친 잘못이 없다"(대판 2023.5.18. 2020다8432).

정답 ○

정답 ○

유제 모두

[사실관계] 甲 회사가 피고로부터 피고 소유 부동산을 매수하는 매매계약을 체결하고, 피고에게 계약금을 지급하였는데, 강제경매로 매매목적물인 부동산의 소유권이 제3자에게 이전되었다. 甲 회사의 채권자인 원고는, 甲 회사를 채무자로, 피고를 제3채무자로 하여, 피고의 채무불이행에 따른 매매계약의 해제로 인하여 甲 회사가 피고에 대하여 가지는 계약금 등 반환채권에 대하여 압류·추심명령을 받은 다음, 피고를 상대로 추심금 청구 소송을 제기하고, 이에 대하여 피고는, 원고의 청구는 이미 시효로 인하여 소멸한 채권에 기한 청구라는 내용의 항변을 하자, 대법원은 채무불이행에 따른 해제의 의사표시 당시 이미 채무불이행의 대상이 되는 본래 채권이 시효가 완성되어 소멸하였다면, 해제권 및 이에 기한 원상회복 청구권도 더 이상 행사할 수 없거나 소멸된다고 판단한 원심판결을 수긍하여 상고를 기각하였다.

14 ★★ 주택임대차보호법에 따른 임대차에서 임차인이 임대차 종료 후 동시이행항변권을 근거로 임차목적물을 계속 점유하고 있는 경우, 보증금반환채권에 대한 소멸시효는 진행하지 않는다.

22년 2차모의 기록형, 22년 1차모의, 21년 3차모의, 21년 법원직, 23년 법무사 ( )

판결요지

"소멸시효는 권리자가 권리를 행사할 수 있는데도 일정한 기간 권리를 행사하지 않은 경우에 권리의 소멸이라는 법률효과가 발생하는 제도이다. 이것은 시간의 흐름에 따라 법률관계가 점점 불명확해지는 것에 대처하기 위한 제도로서, 일정 기간 계속된 사회질서를 유지하고 시간이 지남에 따라 곤란해지는 증거보전으로부터 채무자를 보호하며 자신의 권리를 행사하지 않는 사람을 법적 보호에서 제외함으로써 법적 안정성을 유지하는 데 중점을 두고 있다.

소멸시효가 완성되기 위해서는 권리의 불행사라는 사실상태가 일정한 기간 동안 계속되어야 한다. 채권을 일정한 기간 행사하지 않으면 소멸시효가 완성하지만(민법 제162조, 제163조, 제164조), 채권을 계속 행사하고 있다고 볼 수 있다면 소멸시효가 진행하지 않는다. 나아가 채권을 행사하는 방법에는 채무자에 대한 직접적인 이행청구 외에도 변제의 수령이나 상계, 소송상 청구 및 항변으로 채권을 주장하는 경우 등 채권이 가지는 다른 여러 가지 권능을 행사하는 것도 포함된다. 따라서 채권을 행사하여 실현하려는 행위를 하거나 이에 준하는 것으로 평가할 수 있는 객관적 행위 모습이 있으면 권리를 행사한다고 보는 것이 소멸시효 제도의 취지에 부합한다.

임대차가 종료함에 따라 발생한 임차인의 목적물반환의무와 임대인의 보증금반환의무는 동시이행관계에 있다. 임차인이 임대차 종료 후 동시이행항변권을 근거로 임차목적물을 계속 점유하는 것은 임대인에 대한 보증금반환채권에 기초한 권능을 행사한 것으로서 보증금을 반환받으려는 계속적인 권리행사의 모습이 분명하게 표시되었다고 볼 수 있다. 따라서 임대차 종료 후 임차인이 보증금을 반환받기 위해 목적물을 점유하는 경우 보증금반환채권에 대한 권리를 행사하는 것으로 보아야 하고, 임차인이 임대인에 대하여 직접적인 이행청구를 하지 않았다고 해서 권리의 불행사라는 상태가 계속되고 있다고 볼 수 없다.

임차인의 보증금반환채권과 동시이행관계에 있는 임대인의 목적물인도청구권은 소유권 등 물권에 기초하는 경우가 많으므로, 임대인이 적극적으로 권리를 행사하는지와 관계없이 권리가 시효로 소멸하는 경우는 거의 발생하지 않는다. 만일 임차인이 임대차 종료 후 보증금을 반환받기 위해 목적물을 점유하여 적극적인 권리행사의 모습이 계속되고 있는데도 보증금반환채권이 시효로 소멸한다고 보면, 임차인은 목적물반환의무를 그대로 부담하면서 임대인에 대한 보증금반환채권만 상실하게 된다. 이는 보증금반환채무를 이행하지 않은 임대인이 목적물에 대한 자신의 권리는 그대로 유지하면서 보증금반환채무만 면할 수 있게 하는 결과가 되어 부당하다. 나아가 이러한 소멸시효 진행의 예외는 어디까지나 임차인이 임대차 종료 후 목적물을 적법하게 점유하는 기간으로 한정되고, 임차인이 목적물을 점유하지 않거나 동시이행항변권을 상실하여 정당한 점유권원을 갖지 않는 경우에 대해서까지 인정되는 것은 아니다. 따라서 임대차 종료 후 보증금을 반환받기 위해 목적물을 점유하는 임차인의 보증금반환채권에 대하여 소멸시효가 진행하지 않는다고 보더라도 그 채권에 관계되는 당사자 사이의 이익 균형에 반하지 않는다.

주택임대차보호법 제4조 제2항은 "임대차기간이 끝난 경우에도 임차인이 보증금을 반환받을 때까지는 임대차관계가 존속되는 것으로 본다."라고 정하고 있다(2008. 3. 21. 법률 제8923호로 개정되면서 표현이 바뀌었을 뿐 그 내용은 개정 전과 같다). 2001. 12. 29. 법률 제6542호로 제정된 상가건물 임대차보호법도 같은 내용의 규정을 두고 있다(제9조 제2항). 이는 임대차기간이 끝난 후에도 임차인이 보증금을 반환받을 때까지는 임차인의 목적물에 대한 점유를 임대차기간이 끝나기 전과 마찬가지 정도로 강하게 보호함으로써 임차인의 보증금반환채권을 실질적으로 보장하기 위한 것이다. 따라서 임대차기간이 끝난 후 보증금을 반환받지 못한 임차인이 목적물을 점유하는 동안 위 규정에 따라 법정임대차관계가 유지되고 있는데도 임차인의 보증금반환채권은 그대로 시효가 진행하여 소멸할 수 있다고 한다면, 이는 위 규정의 입법 취지를 훼손하는 결과를 가져오게 되어 부당하다.

위와 같은 소멸시효 제도의 존재 이유와 취지, 임대차기간이 끝난 후 보증금반환채권에 관계되는 당사자 사이의 이익형량, 주택임대차보호법 제4조 제2항의 입법 취지 등을 종합하면, 주택임대차보호법에 따른 임대차에서 그 기간이 끝난 후 임차인이 보증금을 반환받기 위해 목적물을 점유하고 있는 경우 보증금반환채권에 대한 소멸시효는 진행하지 않는다고 보아야 한다"(대판 2020.7.9. 2016다244224,244231).　　　**정답** ○

|비교판례|

동시이행의 항변권이 붙어 있는 채권의 경우에 이행기 도래 후에 반대급부를 제공하면 언제라도 권리를 행사할 수 있으므로 이행기부터 소멸시효가 진행한다(대판 1991.3.22. 90다9797 : 4회,5회,6회,9회 선택형).

15 ★★ 임대인이 임대차 존속 중 이미 소멸시효가 완성된 구상금채권을 자동채권으로 삼아 임차인의 유익비상환채권과 상계하는 것은 민법 제495조에 의하더라도 인정될 수 없다.

24년 변호, 22년 변호사시험 사례형, 21년 3차모의 기록형, 22년 2차모의 사례형, 22년 1차모의 (　　)

[판결요지]

※ 민법 제495조에 따른 소멸시효가 완성된 채권에 의한 상계는 '자동채권의 소멸시효 완성 전에 양 채권이 상계적상에 이르렀을 것'을 요건으로 하는지 여부(적극) / 임차인이 유익비를 지출한 경우, 임차인의 유익비상환채권의 발생 시기(=임대차계약 종료 시) 및 임대차 존속 중 임대인의 구상금채권 소멸시효가 완성된 경우, 임대인이 이미 소멸시효가 완성된 구상금채권을 자동채권으로 삼아 임차인의 유익비상환채권과 상계할 수 있는지 여부(소극)

"민법 제495조는 "소멸시효가 완성된 채권이 그 완성 전에 상계할 수 있었던 것이면 그 채권자는 상계할 수 있다."라고 규정하고 있다. 이는 당사자 쌍방의 채권이 상계적상에 있었던 경우에 당사자들은 그 채권·채무관계가 이미 정산되어 소멸하였다고 생각하는 것이 일반적이라는 점을 고려하여 당사자들의 신뢰를 보호하기 위한 것이다. 다만 이는 '자동채권의 소멸시효 완성 전에 양 채권이 상계적상에 이르렀을 것'을 요건으로 한다.

민법 제626조 제2항은 임차인이 유익비를 지출한 경우에는 임대인은 임대차 종료 시에 그 가액의 증가가 현존한 때에 한하여 임차인의 지출한 금액이나 그 증가액을 상환하여야 한다고 규정하고 있으므로, 임차인의 유익비상환채권은 임대차계약이 종료한 때에 비로소 발생한다고 보아야 한다. 따라서 임대차 존속 중 임대인의 구상금채권(임차인이 세금을 납부하기로 약정하였으나 이를 이행하지 않아 임대인이 직접 납부하여 발생한 채권 : 저자 주)의 소멸시효가 완성된 경우에는 위 구상금채권과 임차인의 유익비상환채권이 상계할 수 있는 상태에 있었다고 할 수 없으므로, 그 이후에 임대인이 이미 소멸시효가 완성된 구상금채권을 자동채권으로 삼아 임차인의 유익비상환채권과 상계하는 것은 민법 제495조에 의하더라도 인정될 수 없다"(대판 2021.2.10. 2017다258787) **정답 ○**

[판례해설] 임차보증금에는 연체차임에 대한 담보적 기능이 인정되므로 제495조의 유추적용이 인정되지만(대판 2016.11.25. 2016다211309), 유익비상환청구권에는 그러한 담보적 기능이 인정되지 않으므로 제495조를 유추적용하지 않은 것으로 보인다.

16 ★★ 원고가 피고로부터 토지를 매수하여 매매대금을 모두 지급하였으나 소유권이전등기를 마치지는 않았고, 그 지상에 공장을 건축하여 소유권보존등기를 마쳤는데 국세체납을 이유로 공매되어 제3자에게 공장의 소유권이 이전된 경우, 그 때부터 원고의 토지에 관한 소유권이전등기청구권에 관한 소멸시효가 진행된다. ( )

판결요지

※ 토지 매수인이 공매로 지상 건물에 대한 소유권을 상실한 사안에서 그 토지에 관한 매도인에 대한 소유권이전등기청구권의 소멸시효가 진행하는지 여부(적극)

"[1] 부동산의 매수인이 매매목적물을 인도 받아 사용·수익하고 있는 경우 매수인의 이전등기청구권은 소멸시효에 걸리지 아니하나, 매수인이 그 목적물의 점유를 상실하여 더 이상 사용·수익하고 있는 상태가 아니라면 점유상실 시부터 매수인의 이전등기청구권에 관한 소멸시효가 진행함이 원칙이다(대법원 1992. 7. 24. 선고 91다40924 판결 참조). 다만 부동산의 매수인이 그 부동산을 인도받아 사용·수익하다가 이에 대한 보다 적극적인 권리 행사의 일환으로 다른 사람에게 그 부동산을 처분하고 점유를 승계하여 준 경우에는 그 이전등기청구권의 행사 여부에 관하여 그 부동산을 자신이 계속 사용·수익하고 있는 경우와 특별히 다르지 않으므로 이전등기청구권의 소멸시효는 진행되지 않는다고 보아야 한다(대판 1999.3.18. 전합98다32175 판결 참조).

한편 건물은 일반적으로 그 대지를 떠나서는 존재할 수 없으므로, 건물의 소유자는 건물의 소유를 위하여 그 대지인 토지를 점유하고 있다고 볼 수 있고, 이는 건물의 소유자가 현실적으로 건물이나 그 대지를 점유하지 않더라도 마찬가지이지만, 그가 건물의 소유권을 상실한 경우에는 특별한 사정이 없는 한 그 내지에 대한 점유도 함께 상실한다(대판 1993.10.26. 93다2483 판결, 대판 2017.1.25. 2012다72469 판결 참조)"(대판 2023.9.21. 2023다249876). **정답 ○**

[사실관계] 원고가 피고로부터 토지를 매수하여 매매대금을 모두 지급하였으나 소유권이전등기를 마치지는 않았고, 그 지상에 공장을 건축하여 소유권보존등기를 마쳤는데 국세체납을 이유로 공매되어 제3자에게 소유권이 이전된 경우, 원심은 '공장에 대한 공매가 토지에 대한 원고의 권리행사라고 보기 어렵고, 원고가 공매로 공장의 소유권을 상실함으로써 토지의 점유를 상실하였으므로 그 때부터 소유권이전등기청구권에 관한 상사시효가 진행되어 상사소멸시효가 완성되었다는 이유로 피고의 소멸시효항변을 받아들여 원고의 소유권이전등기청구를 기각'하였고, 이에 대해 대법원은, 원심의 판단이 위 법리에 기초한 것으로서 정당하다고 판단하여 원고의 상고를 기각한 사례

|비교판례|

> ### ※ 토지에 관하여 사실상의 지배를 상실하였다고 단정할 수 없다고 본 판례
>
> "물건에 대한 점유란 사회관념상 어떤 사람의 사실적 지배에 있다고 할 수 있는 객관적 관계를 가리키는 것으로서, 사실상의 지배가 있다고 하기 위하여는 반드시 물건을 물리적·현실적으로 지배할 필요는 없고, 물건과 사람과의 시간적·공간적 관계와 본권관계, 타인의 간섭가능성 등을 고려하여 사회관념에 따라 합목적적으로 판단하여야 하므로, 물건에 대한 사실상의 지배를 상실했는가의 여부도 역시 위와 같은 사회관념에 따라 결정되어야 한다"(대판 2012.1.27. 2011다74949 판결, 대판 2015.10.29. 2013다212790 판결 등 참조)(대판 2023.11.30. 2023다249555).
>
> **[사실관계]** 가) (지번 6 생략), (지번 3 생략) 토지는 원고의 부친 소외인이 밭으로 사용하다가 1991년경 이 사건 아파트를 신축하는 과정에서 아파트 시행사가 원고의 부친인 소외인으로부터 공사 완료 시 원상복구 해주는 조건으로 사용승낙을 받아 공사 출입로로 포장하여 사용한 것으로 보인다. 위와 같은 사용은 원상복구를 전제로 한 일시적인 것에 불과하므로, 이러한 <u>일시적인 사용승낙에 의한 현상변경만으로는 소외인이 이 부분 토지에 관하여 사실상의 지배를 상실하였다고 단정할 수 없다.</u>
>
> 나) 이 사건 아파트가 완공된 1994. 2.경 이후에도 (지번 6 생략), (지번 3 생략) 토지가 아파트 주차장 부지와 아파트 진출입로로 사용되어 온 것으로 보이기는 한다. 그러나 ① 소외인이 위와 같은 원상복구 약정에 따라 아파트 시행사를 통하여 (지번 6 생략), (지번 3 생략) 토지를 간접점유 하였다고 볼 수 있고, 아파트 완공 이후 원상복구가 되지 않은 채 그러한 간접점유 상태가 아파트 주민들을 통하여 유지되었다고 볼 여지가 있으며, 달리 위와 같은 간접점유 상태가 해소되었다고 볼 만한 사정이 보이지 않는 점, ② (지번 6 생략), (지번 3 생략) 토지가 이 사건 아파트의 유일한 진출입로는 아니고, 이 사건 주택 왼쪽 (지번 7 생략) 토지에 진출입로가 새롭게 개설되기 전에도 이 사건 아파트 북쪽에 진출입로가 있었던 점, ③ 원고는 아파트 입주민들의 임시 통행로로 사용할 수 있게 해달라는 아파트 측의 요청이 있어 원고 측에서 동의하였고 이후 지속적으로 아파트 측에 (지번 6 생략), (지번 3 생략) 토지의 원상복구를 요청하였다고 주장하였는데, 실제로 새로운 진출입로가 개설된 점 등을 고려해 보면, 앞서 본 원상복구를 전제로 한 일시적인 사용승낙에 의한 현상변경 상태가 위와 같은 새로운 진출입로가 개설될 때까지 유지되어 온 것으로 볼 여지도 있다.
>
> 다) 또한 (지번 6 생략), (지번 3 생략) 토지는 그 바로 오른쪽에 있는 원고가 직접 경작하는 밭[(지번 2 생략) 토지]과 그 바로 왼쪽에 있는 원고가 거주하는 이 사건 주택[(지번 1 생략) 토지] 사이에 존재하는 토지로서 위 밭과 주택 사이를 연결하는 통로로서의 역할을 한다고 볼 수 있으므로, 시간적·공간적 관계에서 원고가 직접 (지번 6 생략), (지번 3 생략) 토지에 관한 사실상의 지배상태를 유지하여 왔다고 볼 여지도 충분하다.

17 근로기준법 제60조에 정한 연차유급휴가권을 취득한 근로자가 휴가권이 발생한 때부터 1년 이내에 연차유급휴가를 사용하지 못하게 됨에 따라 발생하는 연차휴가미사용수당도 그 성질이 임금이므로, 같은 법 제49조의 규정에 따라 연차휴가미사용수당 청구권에는 3년의 소멸시효가 적용되고, 그 기산점은 연차유급휴가권을 취득한 날부터 1년의 경과로 휴가의 불실시가 확정된 다음 날이다.

( )

> **판결요지**
>
> ### ※ 연차휴가미사용수당 청구권에 적용되는 소멸시효기간(=3년)과 그 기산점(=연차유급휴가권을 취득한 날부터 1년의 경과로 휴가의 불실시가 확정된 다음 날)
>
> "[1] 근로기준법 제60조에 정한 연차유급휴가권을 취득한 근로자가 휴가권이 발생한 때부터 1년 이내에 연차유급휴가를 사용하지 못하게 됨에 따라 발생하는 연차휴가미사용수당도 그 성질이 임금이므로, 같은 법 제49조의 규정에 따라 연차휴가미사용수당 청구권에는 3년의 소멸시효가 적용되고, 그 기산점은 연차유급휴가권을 취득한 날부터 1년의 경과로 휴가의 불실시가 확정된 다음 날이다"(대판 2023.11.16. 2022다231403).

정답 ○

[사실관계] 근로자인 원고가 연차휴가미사용수당을 청구하고 이에 대하여 사용자인 피고가 소멸시효 항변을 하자 원심은 '2014. 7. 21.부터 2015. 7. 20.까지의 근무기간에 대하여 발생한 연차유급휴가의 미사용에 따른 연차휴가미 사용수당 청구권은 그 소멸시효가 연차유급휴가권 취득일인 2015. 7. 21.부터 진행하므로, 원고의 연차휴가미사용 수당 청구권은 이 사건 소 제기일 이전에 시효 완성으로 소멸되었다'고 판단하였으나, 이에 대하여 대법원은 "연차 유급휴가의 미사용에 따른 연차휴가미사용수당 청구권은 그 소멸시효가 연차유급휴가권을 취득한 날부터 1년의 경과로 그 휴가의 불실시가 확정된 다음 날부터 기산된다"고 보아, 이와 달리 피고의 소멸시효 항변을 일부 받아들 인 원심을 파기 · 환송한 사례

18 공탁물이 금전인 경우 그 원금 또는 이자의 수령, 회수에 대한 권리는 그 권리를 행사할 수 있는 때부터 10년간 행사하지 아니하면 시효로 소멸하는데(공탁법 제9조 제3항), 경매절차에서 채무자에 게 교부할 잉여금을 공탁한 경우에는 권리를 행사할 수 있는 공탁일부터 소멸시효기간이 진행한다.
( )

18-1 부동산경매절차에서 채무자에 대한 송달이 공시송달의 방법으로 이루어져 채무자가 경매진행 사실 및 잉여금의 존재를 사실상 알지 못한 경우에도 공탁금 수령에 대한 권리의 소멸시효기간이 진행한 다.
( )

판결요지

※ 1. 경매절차에서 채무자에게 교부할 잉여금을 공탁한 경우, 공탁금 수령 및 회수에 대한 권리의 소멸시 효 기산점(= 공탁일), 2. 부동산경매절차에서 채무자에 대한 송달이 공시송달의 방법으로 이루어져 채무 자가 경매진행 사실 및 잉여금의 존재를 사실상 알지 못한 경우에도 공탁금 수령에 대한 권리의 소멸시효 기간이 진행하는지 여부(적극)

"[1] 공탁물이 금전인 경우 그 원금 또는 이자의 수령, 회수에 대한 권리는 그 권리를 행사할 수 있는 때부터 10년 간 행사하지 아니하면 시효로 소멸하는데(공탁법 제9조 제3항), 경매절차에서 채무자에게 교부할 잉여금을 공탁한 경우에는 권리를 행사할 수 있는 공탁일부터 소멸시효기간이 진행한다[대법원 행정예규(제948호)인 「공탁금지급 청구권의 소멸시효와 국고귀속절차」 2.의 다(2)항].

[2] 한편, 소멸시효는 객관적으로 권리가 발생하고 그 권리를 행사할 수 있는 때부터 진행하고, 그 권리를 행사할 수 없는 동안에는 진행하지 아니한다. 여기서 '권리를 행사할 수 없다'라고 함은 그 권리행사에 법률상의 장애사유, 예컨대 기간의 미도래나 조건 불성취 등이 있는 경우를 말하는 것이고, 사실상 그 권리의 존부나 권리행사의 가능 성을 알지 못하였거나 알지 못함에 과실이 없다고 하여도 이러한 사유는 법률상 장애사유에 해당한다고 할 수 없 다(대판 2010.9.9. 2008다15865 판결 등 참조). 따라서 부동산경매절차에서 채무자에 대한 송달이 공시송달의 방법으로 이 루어짐으로써 채무자가 경매진행 사실 및 잉여금의 존재에 관하여 사실상 알지 못하였다고 하더라도 소멸시효기 간이 진행한다."(대결 2024.4.30. 2023그887).

정답 ○

유 제

정답 ○

19 甲 주식회사가 도시개발사업의 사업시행대행자 및 시공사로 선정된 乙 주식회사로부터 사업권 일부를 얻을 목적으로 乙 회사의 대표이사 丙에게 위 사업의 사업비로 사용할 금전을 대여하였다가 乙 회사가 부도로 사업에서 배제된 후 파산선고를 받자, 丙 및 乙 회사의 공동대표이사 丁과 위 대여금 채권의 정산에 관한 내용이 포함된 금전소비대차계약을 체결하고, 丙, 丁이 戊 신탁회사에 신탁한 부동산에 관하여 甲 회사 명의의 근저당권설정등기를 마친 사안에서, 甲 회사의 금전소비대차계약 체결행위는 영업을 위하여 한 것으로 추정되고 이를 번복할만한 사정이 없으므로 위 근저당권의 피담보채권인 금전소비대차계약에 기한 정산금 채권에는 5년의 상사 소멸시효기간이 적용된다.

( )

[판결요지]

※ 일방적 상행위 또는 보조적 상행위로 인한 채권도 상법 제64조에 정한 상사 소멸시효가 적용되는 상사 채권에 해당하는지 여부(적극) / 회사의 행위는 영업을 위하여 한 것으로 추정되는지 여부(적극) 및 이러한 추정을 번복하기 위한 증명책임의 소재(=회사의 행위가 영업을 위하여 한 것이 아니라고 주장하는 사람)

"[1] 당사자 쌍방에 대하여 모두 상행위가 되는 행위로 인한 채권뿐만 아니라 당사자 일방에 대하여만 상행위에 해당하는 행위로 인한 채권도 상법 제64조에서 정한 5년의 소멸시효기간이 적용되는 상사채권에 해당하고, 그 상행위에는 상법 제46조 각호에 해당하는 기본적 상행위뿐만 아니라 상인이 영업을 위하여 하는 보조적 상행위도 포함된다. 또한 상법 제5조, 제47조에 의하면, 회사는 상행위를 하지 않더라도 상인으로 보고, 상인이 영업을 위하여 하는 행위는 상행위로 보며, 상인의 행위는 영업을 위하여 하는 것으로 추정된다. 그러므로 회사가 한 행위는 그 영업을 위하여 한 것으로 추정되고, 회사가 그 영업을 위하여 하는 행위는 상행위로 보아야 한다. 이와 같은 <u>추정을 번복하기 위해서는 회사의 행위가 영업을 위하여 한 것이 아니라는 사실을 주장하는 사람이 이를 증명할 책임이 있다.</u>

[2] 甲 주식회사가 도시개발사업의 사업시행대행자 및 시공사로 선정된 乙 주식회사로부터 사업권 일부를 얻을 목적으로 乙 회사의 대표이사 丙에게 위 사업의 사업비로 사용할 금전을 대여하였다가 乙 회사가 부도로 사업에서 배제된 후 파산선고를 받자, 丙 및 乙 회사의 공동대표이사 丁과 위 대여금 채권의 정산에 관한 내용이 포함된 금전소비대차계약을 체결하고, 丙, 丁이 戊 신탁회사에 신탁한 부동산에 관하여 甲 회사 명의의 근저당권설정등기를 마친 사안에서, 甲 회사가 丙, 丁과 금전소비대차계약을 체결한 행위는 영업을 위하여 한 것으로 추정되고, 위 계약이 기존 대여금 채권의 원금과 이자를 확정하고 이를 다시 甲 회사가 丙에게 대여하는 것으로 정하고 있다는 등의 사정만으로는 그러한 추정이 번복된다고 보기 부족하므로, 위 근저당권의 피담보채권인 금전소비대차계약에 기한 정산금 채권에는 5년의 상사 소멸시효기간이 적용된다고 보아야 한다"(대판 2024.3.12. 2021다309927).

정답 ○

시효중단 : 제168조 1호 청구(재판상 청구)

1 ★★ 소장에서 청구의 대상으로 삼은 채권 중 일부만을 청구하면서 소송의 진행경과에 따라 장차 청구금액을 확장할 뜻을 표시하고 해당 소송이 종료될 때까지 실제로 청구금액을 확장한 경우, 소 제기 당시부터 채권 전부에 관하여 재판상 청구로 인한 시효중단의 효력이 발생한다.　　　　(　)

판결요지

※ 소송이 종료될 때까지 실제로 청구금액을 확장한 일부청구의 시효중단 효력(= 채권 전부) 및 효력 발생 시기(= 소 제기 당시)

"[1] 하나의 채권 중 일부에 관하여만 판결을 구한다는 취지를 명백히 하여 소송을 제기한 경우에는 소 제기에 의한 소멸시효중단의 효력이 그 일부에 관하여만 발생하고 나머지 부분에는 발생하지 않으나, 소장에서 청구의 대상으로 삼은 채권 중 일부만을 청구하면서 소송의 진행경과에 따라 장차 청구금액을 확장할 뜻을 표시하고 해당 소송이 종료될 때까지 실제로 청구금액을 확장한 경우에는 소 제기 당시부터 채권 전부에 관하여 재판상 청구로 인한 시효중단의 효력이 발생한다.

[2] 한편 민사소송법 제136조 제1항은 "재판장은 소송관계를 분명하게 하기 위하여 당사자에게 사실상 또는 법률상 사항에 대하여 질문할 수 있고, 증명을 하도록 촉구할 수 있다."라고 규정하고, 제4항은 "법원은 당사자가 간과하였음이 분명하다고 인정되는 법률상 사항에 관하여 당사자에게 의견을 진술할 기회를 주어야 한다."라고 규정하고 있다. 따라서 당사자가 부주의 또는 오해로 증명하지 아니한 것이 분명하거나 쟁점으로 될 사항에 관하여 당사자 사이에 명시적인 다툼이 없는 경우에는 법원은 석명을 구하고 증명을 촉구하여야 하고, 만일 당사자가 전혀 의식하지 못하거나 예상하지 못하였던 법률적 관점을 이유로 법원이 청구의 당부를 판단하려는 경우에는 그 법률적 관점에 대하여 당사자에게 의견진술의 기회를 주어야 한다. 그와 같이 하지 않고 예상외의 재판으로 당사자 일방에게 불의의 타격을 가하는 것은 석명의무를 다하지 않아 심리를 제대로 하지 않은 위법을 범한 것이 된다(대판 2020.2.13. 2015다47396 판결 등 참조)"(대판 2023.10.12. 2020다210860, 210877).

정답 ○

[사실관계] 피고(반소원고, 이하 '피고')가 2017. 1. 5. 반소를 제기하였는데, 반소장에 미지급 공사대금 중 일부 청구로 4억 원을 청구하고 추후 감정결과에 따라 청구취지를 확장하겠다는 취지가 기재되어 있었고, 이후 피고는 2018. 8. 24. 제1심법원에 위 공사대금채권 청구금액을 1,189,435,536원으로 확장하는 취지의 반소 청구취지 및 청구원인 변경신청서를 제출하였다.

원고(반소피고, 이하 '원고')들은 2019. 9. 20. 원심법원의 제4차 변론기일에, 피고가 이 사건 반소로 청구한 4억 원을 초과하는 공사대금채권은 공사를 중단한 때로부터 3년이 경과한 2017. 6. 1. 소멸시효 완성으로 소멸하였다는 주장이 담긴 2019. 8. 20. 자 준비서면을 진술하였다. 이에 대하여 피고는 같은 변론기일에서 피고가 2015. 7. 22. 위 공사대금채권에 관하여 중재를 신청함으로써 시효가 중단되었고, 원고들의 소멸시효 주장은 민사소송법 제149조에서 정한 실기한 공격·방어방법에 해당한다는 주장이 담긴 2019. 9. 16. 자 준비서면을 진술하였다. 원심은, 원고들이 피고에게 지급할 의무가 있는 공사대금 915,592,878원 중 4억 원을 초과하는 부분은 2017. 8.경 소멸시효의 완성으로 소멸되었다고 판단하는 한편, 피고의 소멸시효 중단 주장에 관하여 중재신청은 법률상 시효중단 사유에 해당하지 않아 시효중단의 효력이 없고 원고들의 소멸시효 주장이 실기한 공격·방어방법에도 해당하지 않는다고 판단하였다.

이에 대해 대법원은, 피고가 위 공사대금채권의 소멸시효가 완성되기 전인 2017. 1. 5. 이 사건 반소를 제기하면서 장차 청구금액을 확장할 뜻을 표시하였고 이후 실제로 청구금액을 확장한 사실은 소송상 명백하게 드러나 있는 바, 이는 위 공사대금채권 전부에 관한 시효 중단사유인 재판상 청구에 해당하고, 한편 중재신청으로 소멸시효가 중단되었다는 피고의 주장은 권리 위에 잠자는 것이 아님을 표명한 것으로서 이는 소멸시효의 중단사유로서 민법 제168조 제1호에서 정한 '청구'를 주장하는 것으로 볼 여지가 있으므로, 원심으로서는 설령 피고가 명시적으로 재판상 청구를 소멸시효 중단사유로 주장하지 아니하였다고 하더라도 피고의 소멸시효 중단 주장에 그러한 주장이 포함된 것인지 여부 등 피고의 주장이 의미하는 바를 보다 분명히 밝히도록 촉구하는 방법으로 석명권을 행사하여 그에 따라 심리하였어야 한다고 보아, 원심판결을 파기·환송한 사례

2　★★ 소장에서 청구의 대상으로 삼은 채권 중 일부만을 청구하면서 소송의 진행경과에 따라 장차 청구금액을 확장할 뜻을 표시하였으나 당해 소송이 종료될 때까지 실제로 청구금액을 확장하지 않은 경우, 나머지 부분에 대하여는 재판상 청구로 인한 시효중단의 효력이 발생하지 아니한다. 그러나 채권자는 '당해 소송이 종료된 때'부터 6월 내에 민법 제174조에서 정한 조치를 취함으로써 나머지 부분에 대한 소멸시효를 중단시킬 수 있다.

22년 변호사시험 기록형, 22년 1차모의 사례형, 22년 2차모의 기록형, 24년 변호 (　)

2-1　★ 소장에서 청구의 대상으로 삼은 금전채권 중 일부만을 청구하면서 소송의 진행경과에 따라 나머지 부분에 대하여 장차 청구금액을 확장할 뜻을 표시하였으나 당해 소송이 종료될 때까지 실제로 청구금액을 확장하지 않은 경우, 나머지 부분에 대하여는 재판상 청구로 인한 시효중단의 효력이 발생하지는 않지만 특별한 사정이 없는 한 소송이 계속 중인 동안에는 '최고'에 의한 권리행사가 지속되는 것으로 볼 수 있다.

21년 변호 (　)

> **판결요지**
>
> "소장에서 청구의 대상으로 삼은 채권 중 일부만을 청구하면서 소송의 진행경과에 따라 장차 청구금액을 확장할 뜻을 표시하였으나 당해 소송이 종료될 때까지 실제로 청구금액을 확장하지 않은 경우에는 소송의 경과에 비추어 볼 때 채권 전부에 관하여 판결을 구한 것으로 볼 수 없으므로, 나머지 부분에 대하여는 재판상 청구로 인한 시효중단의 효력이 발생하지 아니한다. 그러나 이와 같은 경우에도 소를 제기하면서 장차 청구금액을 확장할 뜻을 표시한 채권자로서는 장래에 나머지 부분을 청구할 의사를 가지고 있는 것이 일반적이라고 할 것이므로, 다른 특별한 사정이 없는 한 당해 소송이 계속 중인 동안에는 나머지 부분에 대하여 권리를 행사하겠다는 의사가 표명되어 최고에 의해 권리를 행사하고 있는 상태가 지속되고 있는 것으로 보아야 하고, 채권자는 당해 소송이 종료된 때부터 6월 내에 민법 제174조에서 정한 조치를 취함으로써 나머지 부분에 대한 소멸시효를 중단시킬 수 있다"(대판 2020.2.6. 2019다223723)
>
> **유제**
>
> 정답 ○
> 정답 ○

2-2　★★ 소장에서 청구의 대상으로 삼은 채권 중 일부만을 청구하면서 소송의 진행경과에 따라 장차 청구금액을 확장할 뜻을 표시하였더라도 그 후 채권의 특정 부분을 청구범위에서 명시적으로 제외하였다면, 그 부분에 대하여는 애초부터 소의 제기가 없었던 것과 마찬가지이므로 재판상 청구로 인한 시효중단의 효력이 발생하지 않는다.

22년 3차모의 사례형 (　)

판결요지

"하나의 채권 중 일부에 관하여만 판결을 구한다는 취지를 명백히 하여 소송을 제기한 경우에는 소제기에 의한 소멸시효중단의 효력이 그 일부에 관하여만 발생하고, 나머지 부분에는 발생하지 않는다(대판 1975.2.25. 74다1557 판결 등 참조). 다만 소장에서 청구의 대상으로 삼은 채권 중 일부만을 청구하면서 소송의 진행경과에 따라 장차 청구금액을 확장할 뜻을 표시하고 해당 소송이 종료될 때까지 실제로 청구금액을 확장한 경우에는 소제기 당시부터 채권 전부에 관하여 재판상 청구로 인한 시효중단의 효력이 발생하나(대판 1992.4.10. 91다43695 판결 등 참조), 소장에서 청구의 대상으로 삼은 채권 중 일부만을 청구하면서 소송의 진행경과에 따라 장차 청구금액을 확장할 뜻을 표시하였더라도 그 후 채권의 특정 부분을 청구범위에서 명시적으로 제외하였다면, 그 부분에 대하여는 애초부터 소의 제기가 없었던 것과 마찬가지이므로 재판상 청구로 인한 시효중단의 효력이 발생하지 않는다"(대판 2021.6.10. 2018다44114).

정답 ○

2-3 丁에 대해 각 2억 원의 집행채권을 가지고 있는 추심채권자 甲과 乙이 丁에 대해 2억 원의 채무(피압류채권)를 지고 있는 제3채무자인 丙을 상대로 추심금 청구의 소(선행소송)를 제기하면서, 각자 채권액 비율로 안분한 1억 원의 추심금만 청구하였는데, 甲의 청구는 인용되고 乙의 청구가 기각되자, 甲이 선행소송에서 기각된 나머지 피압류채권 부분(선행소송에서 乙의 청구금액에 해당하는 부분) 1억 원에 대하여 소멸시효기간 도과 후 재차 추심금 청구의 소(후행소송)를 제기한 경우, 甲이 선행소송에서 잔부 채권 1억 원까지 권리행사를 하였다고 볼 여지가 있더라도, 실제 잔부 채권을 청구하지는 않은 이상 잔부 채권까지 재판상청구로서의 시효중단 효력이 미치지 않고, 다만 선행소송 계속 중 잔부 채권에 '최고'로서의 효력이 지속될 수 있을 뿐이므로, 선행소송 종료 후 6월 내에 소멸시효를 중단시켰다는 등 특별한 사정이 없다면 잔부 채권은 후행소송의 소 제기 전에 소멸시효가 완성되었다고 보아야 한다.   (   )

판결요지

※ 다수 추심채권자들이 압류경합으로 인해 집행채권 합계액이 피압류채권액을 초과하자 자신들의 채권액 비율로 안분하여 각자 일부 추심금만 청구하여 승소한 경우, 잔부 채권에도 재판상 청구로서의 시효중단의 효력이 미치는지 여부(소극)

"하나의 채권 중 일부에 관하여만 판결을 구한다는 취지를 명백히 하여 소송을 제기한 경우에는 소 제기에 의한 소멸시효 중단의 효력이 그 일부에 관하여만 발생하고, 나머지 부분에는 발생하지 않는다(대판 1975.2.25. 74다1557 판결 등 참조). 다만 소장에서 청구의 대상으로 삼은 채권 중 일부만을 청구하면서 소송의 진행경과에 따라 장차 청구금액을 확장할 뜻을 표시하고 해당 소송이 종료될 때까지 실제로 청구금액을 확장한 경우에는 소 제기 당시부터 채권 전부에 관하여 재판상 청구로 인한 시효중단의 효력이 발생하나, 소장에서 청구의 대상으로 삼은 채권 중 일부만을 청구하면서 소송의 진행경과에 따라 장차 청구금액을 확장할 뜻을 표시하였더라도 그 후 채권의 특정 부분을 청구범위에서 명시적으로 제외하였다면, 그 부분에 대하여는 애초부터 소의 제기가 없었던 것과 마찬가지이므로 재판상 청구로 인한 시효중단의 효력이 발생하지 않는다(대판 2021.6.10. 2018다44114 판결 참조).

한편, 이와 같은 경우에도 소를 제기하면서 장차 청구금액을 확장할 뜻을 표시한 채권자는 장래에 나머지 부분을 청구할 의사를 가지고 있는 것이 일반적이라고 할 것이므로, 다른 특별한 사정이 없는 한 당해 소송이 계속 중인 동안에는 나머지 부분에 대하여 권리를 행사하겠다는 의사가 표명되어 최고에 의해 권리를 행사하고 있는 상태가 지속되고 있는 것으로 보아야 하고, 채권자는 당해 소송이 종료된 때부터 6월 내에 민법 제174조에서 정한 조치를 취함으로써 나머지 부분에 대한 소멸시효를 중단시킬 수 있다(대판 2020.2.6. 2019다223723 참조)"(대판 2022.5.26. 2020다206625).

정답 ○

[사실관계] 추심채권자인 원고들과 A, B가 제3채무자인 피고를 상대로 추심금 청구의 소(선행소송)를 제기하면서, 집행채권(추심채권자의 채무자에 대한 채권) 합계액이 피압류채권(채무자의 제3채무자에 대한 채권)액을 초과하는 상황이어서 각자 채권액 비율로 안분하여 일부 추심금만 청구하였는데 원고들과 A의 청구는 인용되고 B의 청구가 기각되자, 원고들이 선행소송에서 기각된 나머지 피압류채권 부분(선행소송에서 B의 청구금액에 해당하는 부분)에 대하여 소멸시효기간 도과 후 재차 추심금 청구의 소(후행소송)를 제기한 사건에서, 원고들이 선행소송에서 잔부 채권까지 권리행사를 하였다고 볼 여지가 있더라도, 실제 잔부 채권을 청구하지는 않은 이상 잔부 채권까지 재판상청구로서의 시효중단 효력이 미치지 않고, 다만 선행소송 계속 중 잔부 채권에 '최고'로서의 효력이 지속될 수 있을 뿐이므로, 선행소송 종료 후 6월 내에 소멸시효를 중단시켰다는 등 특별한 사정이 없다면 잔부 채권은 후행소송의 소 제기 전에 소멸시효가 완성되었다고 보아, 선행소송의 소 제기만으로 잔부 채권까지 소멸시효가 중단되었다고 인정한 원심을 파기한 사례

|쟁점정리|

※ 일부청구와 시효중단

① 일부의 청구(특히 일부를 특정하고 일부청구임을 명시하여 청구한 경우)는 나머지 부분에 대한 시효중단의 효력이 없다는 것이 判例의 기본적인 입장이다(대판 1967.5.23. 67다529). 그러나 비록 일부만을 청구한 경우에도 그 취지로 보아 채권 전부에 관하여 판결을 구하는 것으로 해석되는 경우에는 그 전부에 대해 시효중단의 효력이 발생한다(대판 1992.4.10. 91다43695)(3회, 6회 선택형).

② 소장에서 청구의 대상으로 삼은 채권 중 일부만을 청구하면서 소송의 진행경과에 따라 장차 청구금액을 확장할 뜻을 표시하였으나 당해 소송이 종료될 때까지 실제로 청구금액을 확장하지 않은 경우, 나머지 부분에 대하여는 재판상 청구로 인한 시효중단의 효력이 발생하지 아니한다. 그러나 채권자는 '당해 소송이 종료된 때'부터 6월 내에 민법 제174조에서 정한 조치를 취함으로써 나머지 부분에 대한 소멸시효를 중단시킬 수 있다(대판 2020.2.6. 2019다223723).

3　★★ 민법 제170조의 재판상 청구가 그 소송의 각하 등으로 시효중단의 효력이 없는 경우 최고로서의 효력이 있는데, 그 최고로서의 효력이 지속되는 중 민법 제174조의 시효중단 조치를 한 경우 시효중단 효력은 당초의 소 제기시부터 계속 유지되고 있다고 보아야 한다.　　　　　(　)

3-1　★ A는 2007. 7. 4. B를 상대로 지급명령을 신청하였고, 이 지급명령 정본은 원고에게 송달되어 2007. 7. 26. 확정되었다. 그 후 A는 소멸시효 중단을 위해 2017. 7. 17. B를 상대로 다시 지급명령을 신청하였고 B는 2017. 7. 28. 위 지급명령 정본을 송달받고 2017. 8. 4. 지급명령에 대한 이의신청을 하였다. 이에 법원은 소가 제기된 것으로 간주하여 2017. 11. 7. A에게 부족한 인지액과 송달료의 보정을 명하였고, A가 보정기한 내에 위 보정명령을 이행하지 않자 법원은 2018. 4. 16. A에 대하여 소장 각하명령을 하였다. 한편, A는 2018. 1. 23. 채무자를 B, 제3채무자를 C로 한 채권압류 및 추심명령을 신청하여, 2018. 2. 2. 법원으로부터 채권압류 및 추심명령을 받았다.
이 경우, ① A가 2017. 7. 17. 시효중단을 위한 지급명령신청을 함으로써 B에게 권리를 행사한다는 의사를 표시하였으므로, <u>그 소송 절차가 계속되는 동안에는 최고에 의하여 권리를 행사하고 있는 상태가 지속되고 있다</u>고 보아야 하고, 이와 같이 최고에 의한 권리행사가 지속되고 있는 해당 소송절차 기간 중에 A가 압류 조치를 취한 이상, 그 시효중단의 효력은 2017. 7. 17. 지급명령신청을 한 때부터 계속 유지되고 있다고 할 것인지, ② 아니면 시효중단을 위하여 한 지급명령신청은 2018. 4. 16. 각하됨으로써 제170조 제1항에 의하여 시효중단의 효력이 없어졌고, 피고가 2018. 1. 23. 신청한 채권압류 및 추심명령은 소멸시효 기간이 경과한 후에 한 것으로서 시효중단의 효력이 없으므로, 이 사건 채권은 시효가 완성된 것인지에 관하여 판례는 전자의 입장이다.　　　　　(　)

판결요지

※ 민법 제170조의 재판상 청구가 그 소송의 각하 등으로 시효중단의 효력이 없는 경우 최고로서의 효력이 있는데, 그 최고로서의 효력 범위 및 최고의 효력이 지속되는 중 민법 제174조의 시효중단 조치를 한 경우 시효중단 효력이 생기는 시점

"민법 제170조의 해석에 의하면, 재판상의 청구는 그 소송이 각하, 기각 또는 취하된 경우에는 그로부터 6월내에 다시 재판상의 청구 등을 하지 않는 한 시효중단의 효력이 없고, 다만 최고의 효력이 있게 된다(대판 1987.12.22. 87다카2337). 그런데 이와 같이 채권자가 소 제기를 통하여 채무자에게 권리를 행사한다는 의사를 표시한 경우 그 소송이 계속되는 동안에는 최고에 의하여 권리를 행사하고 있는 상태가 지속되고 있다고 보아야 하고(대판 2009.7.9. 2009다14340 판결, 대판 2020.2.6. 2019다223723 판결 참조), <u>최고에 의한 권리행사가 지속되고 있는 해당 소송 기간 중에 채권자가 민법 제174조에 규정된 재판상 청구, 압류 또는 가압류, 가처분 등의 조치를 취한 이상, 그 시효중단의 효력은 당초의 소 제기시부터 계속 유지되고 있다고 할 것이다</u>"(대판 2022.4.28. 2020다251403).   **정답** ○

유제   **정답** ○

[사실관계] **가. 원심판결 이유와 기록에 의하면 다음과 같은 사실을 알 수 있다**

1) 피고는 2007. 7. 4. 원고를 상대로 창원지방법원 진해시법원 2007차613호로 지급명령을 신청하였고, 이 지급명령 정본은 원고에게 송달되어 2007. 7. 26. 확정되었다(이하 지급명령으로 확정된 채권을 '이 사건 채권'이라 한다).

2) 피고는 이 사건 채권의 소멸시효 중단을 위해 2017. 7. 17. 원고를 상대로 부산지방법원 서부지원 2017차1716호로 지급명령을 신청하였다(이하 '시효중단을 위한 지급명령신청'이라 한다). 원고는 2017. 7. 28. 위 지급명령 정본을 송달받고 2017. 8. 4. 지급명령에 대한 이의신청을 하였다. 3) 이에 피고는 2017. 8. 22. 법원에 위 지급명령신청 사건에 대하여 조정으로의 이행을 신청하였고, 이로써 지급명령을 신청한 때에 조정이 신청된 것으로 간주되었다.

4) 법원은 2017. 10. 16. 진행된 조정기일에서 당사자 사이에 조정이 불성립함에 따라 조정을 신청한 때에 소가 제기된 것으로 간주하여 2017. 11. 7. 피고에게 부족한 인지액과 송달료의 보정을 명하였다. 5) 피고가 보정기한 내에 위 보정명령을 이행하지 않자 법원은 2018. 4. 16. 피고에 대하여 소장 각하명령을 하였다.

6) 한편 피고는 2018. 1. 23. 춘천지방법원 속초지원 2018타채101호로 채무자를 원고, 제3채무자를 양양군수산업협동조합으로 한 채권압류 및 추심명령을 신청하여, 2018. 2. 2. 법원으로부터 채권압류 및 추심명령을 받았다(이하 '이 사건 압류'라 한다).

나. 이러한 사실을 앞에서 본 법리에 비추어 살펴보면, <u>피고가 2017. 7. 17. 시효중단을 위한 지급명령신청을 함으로써 원고에게 권리를 행사한다는 의사를 표시하였으므로, 그 소송 절차가 계속되는 동안에는 최고에 의하여 권리를 행사하고 있는 상태가 지속되고 있다고 보아야 하고, 이와 같이 최고에 의한 권리행사가 지속되고 있는 해당 소송절차 기간 중에 피고가 이 사건 압류 조치를 취한 이상, 그 시효중단의 효력은 2017. 7. 17. 지급명령신청을 한 때부터 계속 유지되고 있다고 할 것이므로, 이 사건 채권은 소멸시효가 완성되지 않았다</u>고 봄이 상당하다.

다. 그럼에도 원심은 앞서 본 사실을 인정하면서도, 2017. 7. 17. 제기된 시효중단을 위하여 한 지급명령신청은 2018. 4. 16. 각하됨으로써 민법 제170조 제1항에 의하여 시효중단의 효력이 없어졌고, 피고가 2018. 1. 23. 신청한 채권압류 및 추심명령은 소멸시효 기간이 경과한 후에 한 것으로서 시효중단의 효력이 없으므로, 이 사건 채권은 시효가 완성되어 소멸하였다고 판단하였다. 이러한 원심의 판단에는 소멸시효 중단에 관한 법리를 오해하여 판결에 영향을 미친 잘못이 있다. 이를 지적하는 상고이유 주장은 이유 있다.

4 ★ 채권의 소멸시효기간 도과일이 약 1개월 반 가량 남은 상태에서 이행을 청구하는 뜻이 별도로 덧붙여진 채권양도 및 양도통지가 이루어지고, 소멸시효기간이 경과한 이후(채권양도통지일로부터는 6개월 내)에 채무자가 양수인에게 채무조정신청 및 분할상환약정에 기하여 <u>일부 채무금을 변제한 경우</u>에도 민법 제174조에 따라 최고시에 시효중단의 효력이 발생한다. ( )

4-1 ★★ 최고 후 확정적 시효중단을 위한 보완조치에, 민법 제174조를 유추적용하여 채무의 승인이 포함된다. ( )

판결요지

> ※ 최고 후 확정적 시효중단을 위한 보완조치에, 민법 제174조를 유추적용하여 채무의 승인이 포함된다고 볼 수 있는지 여부(적극)
>
> "민법 제174조는 "최고는 6월 내에 재판상의 청구, 파산절차참가, 화해를 위한 소환, 임의출석, 압류 또는 가압류, 가처분을 하지 아니하면 시효중단의 효력이 없다."라고 정한다. 위 규정은 채권자가 최고 후 6개월 내에 확정적으로 시효를 중단시키기 위해 취할 보완조치에 채무의 승인을 포함하고 있지는 않지만, <u>최고 후 6개월 내에 채무자의 승인이 있는 경우에도 위 규정을 유추적용하여 시효중단의 효력이 발생한다고 해석하는 것이 타당하다</u>"(대판 2022.7.28. 2020다46663). 정답 ○
>
> 유제 정답 ○
>
> [사실관계] 채권의 소멸시효기간 도과일이 약 1개월 반 가량 남은 상태에서 채권양도 및 양도통지가 이루어지고, 소멸시효기간이 경과한 이후(채권양도통지일로부터는 6개월 내)에 채무자가 양수인에게 채무조정신청 및 분할상환약정에 기하여 일부 채무금을 변제한 상황에서, 양수인이 보증인을 상대로 잔여채무의 이행을 구하자 보증인들이 소멸시효 항변을 하였고, 이에 양수인이 '양도인의 채권양도통지가 최고에 해당하고 그로부터 6개월 내에 주채무자의 승인이 있었으므로 소멸시효가 중단되었다'고 재항변을 하자, 원심은 최고 후 6개월 내에 채무의 승인이 있는 경우에도 민법 제174조에 따라 최고시에 시효중단의 효력이 발생한다는 전제 아래, <u>이행을 청구하는 뜻이 별도로 덧붙여진 이 사건 채권양도통지와 채무자의 채무조정신청 및 분할상환약정에 기한 변제에 의하여 보증채권의 소멸시효가 중단되었다</u>고 판단하였고, 대법원은 원심의 판단을 수긍한 사례

|비교판례|

> ※ 제척기간과 권리행사
> 하자담보책임에 따른 권리의 제척기간(제582조 등)은 재판 외 행사기간이라고 한다(대판 2000.6.9. 2000다15371). 그리고 전원합의체 판결에 따르면 하자담보책임에 따른 손해배상청구권과 관련하여 채권양도의 통지는 양도인이 채권이 양도되었다는 사실을 채무자에게 알리는 것에 그치는 행위이므로, 그것만으로 제척기간 준수에 필요한 권리의 재판외 행사에 해당한다고 할 수 없다고 한다(대판 2012.3.22. 전합 2010다28840 : 7회 선택형).

5 甲이 소장에서 乙의 불법행위로 인한 손해배상청구를 하였다가 환송 후 원심에서 비로소 예금청구를 선택적 청구로 추가한 경우, 甲은 그 주장의 5억 원 상당 채권의 목적을 달성하기 위하여 불법행위 손해배상청구권과 예금청구권 중 선택에 따라 권리를 행사할 수 있으나, 甲이 乙을 상대로 손해배상청구의 소를 제기하였다고 하여 이로써 예금채권을 행사한 것으로 볼 수는 없으므로, 甲의 乙에 대한 예금채권 청구의 소멸시효가 중단될 수는 없다.　　　　　　　　　　　　　　　　　　　　　( )

5-1 ★ 채권자가 동일한 목적을 달성하기 위하여 복수의 채권을 갖고 있는 경우, 채권자로서는 그 선택에 따라 권리를 행사할 수 있되, 그중 어느 하나의 청구를 한 것만으로는 다른 채권 그 자체를 행사한 것으로 볼 수는 없으므로, 특별한 사정이 없는 한 그 다른 채권에 대한 소멸시효 중단의 효력은 없다.　　　　　　　　　　　　　　　　　　　　　　　( )

판결요지

※ 복수의 채권 간 소멸시효 중단의 법리

"채권자가 동일한 목적을 달성하기 위하여 복수의 채권을 갖고 있는 경우, 채권자로서는 그 선택에 따라 권리를 행사할 수 있되, 그중 어느 하나의 청구를 한 것만으로는 다른 채권 그 자체를 행사한 것으로 볼 수는 없으므로, 특별한 사정이 없는 한 그 다른 채권에 대한 소멸시효 중단의 효력은 없다(대판 2014.6.26. 2013다45716 판결 참조). 따라서 공동불법행위자에 대한 구상금 청구의 소 제기로 사무관리로 인한 비용상환청구권의 소멸시효가 중단될 수 없고(대판 2001.3.23. 2001다6145 판결 참조), 부당이득반환청구의 소 제기로 채무불이행으로 인한 손해배상청구권의 소멸시효가 중단될 수 없고(대판 2011.2.10. 2010다81285 판결 참조), 보험자대위에 기한 손해배상청구의 소를 제기하였더라도 양수금 청구의 소멸시효가 중단될 수는 없다(대판 2014.6.26. 2013다45716 판결 참조)"(대판 2020.3.26. 2018다221867).

정답 ○

유제

정답 ○

[판결이유] 이 사건에서 원고는 소장에서 피고 등의 공동불법행위로 인한 손해배상청구를 하였다가 환송 후 원심에서 비로소 예금청구를 선택적 청구로 추가하였다.

원고는 그 주장의 5억 원 상당 채권의 목적을 달성하기 위하여 불법행위 손해배상청구권과 예금청구권 중 선택에 따라 권리를 행사할 수 있으나, 원고가 피고를 상대로 손해배상청구의 소를 제기하였다고 하여 이로써 예금채권을 행사한 것으로 볼 수는 없으므로, 원고의 피고에 대한 예금채권 청구의 소멸시효가 중단될 수는 없다고 할 것이다. 그럼에도 원심은 이 사건 손해배상청구가 예금채권 청구의 소멸시효를 중단시키는 재판상 청구에 해당한다고 보아 소멸시효가 중단되었다고 판단하였으니, 위와 같은 원심의 판단에는 소멸시효의 중단에 관한 법리를 오해하여 판결에 영향을 미친 잘못이 있다. 이를 지적하는 상고이유 주장은 이유 있다.

6 시효중단 사유로서 재판상의 청구에는 그 권리가 발생한 기본적 법률관계를 기초로 하여 재판의 형식으로 주장하는 경우 또는 그 권리를 기초로 하거나 그것을 포함하여 형성된 후속 법률관계에 관한 청구를 하는 경우에도 그로써 권리 실행의 의사를 표명한 것으로 볼 수 있을 때에는 이에 포함된다.　　　　　　　　　　　　　　　　　　　　　　　　　　( )

6-1 ★ 채무자회생법 제294조에 따른 채권자의 파산신청은 민법 제168조 제1호에서 정한 시효중단 사유인 재판상의 '청구'에 해당한다고 보아야 한다.　　　　　　　　　　　　( )

판결요지

"[1] 시효중단 사유로서 재판상의 청구에는 소멸시효 대상인 권리 자체의 이행청구나 확인청구를 하는 경우만이 아니라, 그 권리가 발생한 기본적 법률관계를 기초로 하여 재판의 형식으로 주장하는 경우 또는 그 권리를 기초로 하거나 그것을 포함하여 형성된 후속 법률관계에 관한 청구를 하는 경우에도 그로써 권리 실행의 의사를 표명한 것으로 볼 수 있을 때에는 이에 포함된다.

[2] 채무자에게 파산원인이 있는 경우 채권자는 채무자 회생 및 파산에 관한 법률(이하 '채무자회생법'이라 한다) 제294조에 따라 채무자에 대한 파산신청을 할 수 있다. 이는 파산채무자의 재산을 보전하여 공평하게 채권의 변제를 받는 재판절차를 실시하여 달라는 것으로서 채무자회생법 제32조에서 규정하고 있는 파산채권신고 등에 의한 파산절차참가와 유사한 재판상 권리 실행방법에 해당한다. 따라서 채무자회생법 제294조에 따른 채권자의 파산신청은 민법 제168조 제1호에서 정한 시효중단 사유인 재판상의 '청구'에 해당한다고 보아야 한다"(대판 2023.11.9. 2023마6582).

정답 ○

유 제

정답 ○

시효중단 : 제168조 2호 압류, 가압류, 가처분

1 ★ 채권자가 배당요구의 방법으로 권리를 행사하여 경매절차에 참가하였다면 그 배당요구는 민법 제168조 제2호의 압류에 준하는 것으로서 배당요구에 관련된 채권에 관하여 소멸시효를 중단하는 효력이 생긴다.   ( )

1-1 가압류채권자에 대한 배당액을 공탁한 뒤 그 공탁금을 가압류채권자에게 전액 지급할 수 없어서 추가배당이 실시됨에 따라 배당표가 변경되는 경우에는 추가배당표가 확정되는 시점까지 배당요구에 의한 권리행사가 계속된다고 볼 수 있으므로, 그 권리행사로 인한 소멸시효 중단의 효력은 추가배당표가 확정될 때까지 계속된다.   ( )

판결요지

※ 가압류채권자에 대한 배당액 공탁금에 대한 추가배당이 실시된 경우 배당요구 채권자의 채권 중 종전 배당에서 배당받지 못한 부분에 대한 소멸시효 중단의 효력이 종료(=새로운 소멸시효기간이 기산)되는 시기

"채권자가 배당요구의 방법으로 권리를 행사하여 경매절차에 참가하였다면 그 배당요구는 민법 제168조 제2호의 압류에 준하는 것으로서 배당요구에 관련된 채권에 관하여 소멸시효를 중단하는 효력이 생긴다(대판 2002.2.26. 2000다25484 판결, 대판 2009.3.26. 2008다89880 판결 등 참조). 배당을 받아야 할 채권자 중 가압류채권자가 있어 그에 대한 배당액이 공탁된 경우 공탁된 배당금이 가압류채권자에게 지급될 때까지 배당절차가 종료되었다고 단정할 수 없다(대판 2004.4.9. 2003다32681 판결 등 참조). 따라서 가압류채권자에 대한 배당액을 공탁한 뒤 그 공탁금을 가압류채권자에게 전액 지급할 수 없어서 추가배당이 실시됨에 따라 배당표가 변경되는 경우에는 추가배당표가 확정되는 시점까지 배당요구에 의한 권리행사가 계속된다고 볼 수 있으므로, 그 권리행사로 인한 소멸시효 중단의 효력은 추가배당표가 확정될 때까지 계속된다"(대판 2022.5.12. 2021다280026).

정답 ○

유 제

정답 ○

[사실관계] 채무자 겸 소유자인 원고가 피고의 임대차보증금반환채권은 추가배당 전에 이미 시효로 소멸하였다고 주장하면서 피고에 대한 추가배당에 관하여 배당이의를 구한 사안에서, 가압류채권자에 대한 배당액을 공탁한 뒤 그 공탁금을 가압류채권자에게 전액 지급할 수 없어서 추가배당이 실시됨에 따라 배당표가 변경되는 경우에는 추가배당표가 확정되는 시점까지 종전 배당절차에서의 배당요구에 의한 권리행사가 계속된다고 볼 수 있으므로 그 권리행사로 인한 소멸시효 중단의 효력은 추가배당표가 확정될 때까지 계속된다고 판단하고 배당요구에 의하여 중단되었던 소멸시효는 종전배당표가 확정된 다음 날부터 다시 진행한다고 보아, 시효중단이 추가배당표 확정 시까지 계속된다는 피고의 항변을 받아들이지 아니한 원심을 파기한 사례

2 ★★ 채권자가 채무자의 제3채무자에 대한 채권을 가압류할 당시 그 피압류채권이 부존재하는 경우라면 집행채권에 대한 권리 행사로 볼 수 없으므로 특별한 사정이 없는 한 가압류집행으로써 그 집행채권의 소멸시효는 중단되지 않는다 ( )

> **판결요지**

※ 채권자가 채무자의 제3채무자에 대한 채권을 가압류할 당시 피압류채권이 부존재하는 경우, 가압류집행으로써 집행채권의 소멸시효가 중단되는지 여부(원칙적 적극) / 가압류결정 정본이 제3채무자에게 송달될 당시 피압류채권 발생의 기초가 되는 법률관계가 없어 가압류의 대상이 되는 피압류채권이 존재하지 않는 경우, 집행채권의 시효중단 효력이 종료되는 시점(=가압류결정 송달 시)

"채권자가 채무자의 제3채무자에 대한 채권을 가압류할 당시 그 피압류채권이 부존재하는 경우에도 집행채권에 대한 권리 행사로 볼 수 있어 특별한 사정이 없는 한 <u>가압류집행으로써 그 집행채권의 소멸시효는 중단된다.</u> 다만 가압류결정 정본이 제3채무자에게 송달될 당시 피압류채권 발생의 기초가 되는 법률관계가 없어 가압류의 대상이 되는 피압류채권이 존재하지 않는 경우에는 가압류의 집행보전 효력이 없으므로, 특별한 사정이 없는 한 <u>가압류결정의 송달로써 개시된 집행절차는 곧바로 종료되고, 이로써 시효중단사유도 종료되어 집행채권의 소멸시효는 그때부터 새로이 진행한다고 보아야 한다</u>"(대판 2023.12.14. 2022다210093).

정답 ✕

[사실관계] 대법원은 "이 사건 가압류결정이 송달될 당시 피고는 제3채무자들에 대하여 예금계좌를 가지고 있지 않았으므로 이 사건 가압류결정은 그 피압류채권이 부존재하여 가압류로서 집행보전의 효력이 없고, 따라서 이 사건 가압류집행으로써 그 집행채권인 이 사건 대여금 채권의 소멸시효가 중단되더라도 그 가압류결정에 따른 집행절차는 곧바로 종료되므로, 시효중단사유도 종료되어 그 소멸시효는 그때부터 새로이 진행한다. 따라서 그로부터 5년의 상사소멸시효 기간이 경과한 2016. 12. 13.경 이 사건 채권의 소멸시효는 완성되었다고 보아야 할 것임에도 원심은 이 사건 가압류가 장래 입금될 예금도 포함하고 있다는 이유로 그 집행보전의 효력이 존속되므로 시효중단의 효력 또한 계속된다고 판단, 피압류채권이 부존재하는 경우 채권가압류의 대상 및 가압류로 인한 소멸시효중단에 관한 법리를 오해하여 필요한 심리를 다하지 않음으로써 재판에 영향을 미친 잘못이 있다."고 본 사례

3 ★ 체납처분으로서의 압류는 행정처분이므로 설령 하자가 있다고 하더라도 그 하자가 중대·명백하여 압류를 당연무효로 볼 수 없는 이상, 그러한 하자의 존재만으로 압류로 인한 시효중단의 효력을 부인할 수는 없다. ( )

판결요지

※ 구 지방세법에 의해 결손처분된 주민세채권에 기해 이루어진 채권압류처분과 관련하여, 채권압류처분에 앞서 결손처분에 대한 취소 및 통지 절차를 거치지 않은 경우에도 그 채권압류처분에 시효중단효를 인정할 수 있는지 여부(원칙적 적극)

"[1] 구 지방세법 제30조의3 제2항 본문은 '지방자치단체의 장 등은 결손처분을 한 후 압류할 수 있는 다른 재산을 발견한 때에는 지체 없이 그 처분을 취소하고 체납처분을 하여야 한다'고 규정하고, 구 지방세법 시행령 제14조 제3항은 '지방자치단체의 장 등이 구 지방세법 제30조의3 제2항의 규정에 의하여 결손처분을 취소한 때에는 지체 없이 납세의무자 등에게 그 취소사실을 통지하여야 한다'고 규정하고 있다. 위 각 규정의 문언, 체계 및 취지에 따르면, 지방자치단체의 장 등이 지방세에 관하여 결손처분을 하였다가 압류 등 체납처분을 하고자 하는 경우 체납처분에 앞서 기존 결손처분을 취소하고 그 사실을 납세의무자 등에게 통지하여야 하고, 그러한 결손처분 취소 및 통지 절차를 거치지 않고 한 체납처분은 특별한 사정이 없는 한 위법하다고 할 것이다.

[2] 한편, 구 지방세법 제30조의5 제1항은 '지방세징수권이 그 권리를 행사할 수 있는 때부터 5년간 행사하지 아니한 때에는 시효로 인하여 소멸한다'고 규정하고, 같은 법 제30조의6 제1항 제4호는 '압류'를 그 시효중단 사유 중 하나로 규정하고 있는데, 체납처분으로서의 압류는 행정처분이므로 설령 하자가 있다고 하더라도 그 하자가 중대·명백하여 압류를 당연무효로 볼 수 없는 이상, 그러한 하자의 존재만으로 압류로 인한 시효중단의 효력을 부인할 수는 없다"(대판 2024.5.30. 2021다301688).

정답 ○

시효중단 : 제168조 3호 승인

1 ★ 동일한 채권자에게 다수의 채무를 부담하는 채무자가 충당할 채무를 지정하지 아니한 채 모든 채무를 변제하기에 부족한 변제금을 지급한 경우 모든 채무에 대하여 채무 승인의 효과가 미친다.
( )

판결요지

※ 동일한 채권자에게 다수의 채무를 부담하는 채무자가 충당할 채무를 지정하지 아니한 채 모든 채무를 변제하기에 부족한 변제금을 지급한 경우 모든 채무에 대하여 채무 승인의 효과가 미치는지(적극)

"동일한 채권자와 채무자 사이에 다수의 채권이 존재하는 경우 채무자가 변제를 충당하여야 할 채무를 지정하지 않고 모든 채무를 변제하기에 부족한 금액을 변제한 때에는 특별한 사정이 없는 한 그 변제는 모든 채무에 대한 승인으로서 소멸시효를 중단하는 효력을 가진다. 채무자는 자신이 계약당사자로 있는 다수의 계약에 기초를 둔 채무들이 존재한다는 사실을 인식하고 있는 것이 통상적이므로, 변제 시에 충당할 채무를 지정하지 않고 변제를 하였으면 특별한 사정이 없는 한 다수의 채무 전부에 대하여 그 존재를 알고 있다는 것을 표시했다고 볼 수 있기 때문이다"(대판 2021.9.30. 2021다239745).

정답 ○

[사실관계] 원고에 대하여 A 채무와 B 채무를 함께 부담하고 있던 피고가 변제를 충당하여야 할 채무를 지정하지 아니한 채 두 채무를 변제하기에 부족한 변제금을 지급하였는데, 위 변제로 인한 채무 승인의 효과가 A, B 양 채무에 미친다고 본 원심의 결론을 수긍한 사례

2 ★ 시효완성 전에 채무의 일부를 변제한 경우에는 그 수액에 관하여 다툼이 없는 한 채무 승인으로서의 효력이 있어 채무 전부에 관하여 시효중단의 효력이 발생하고, 이는 채무자가 시효완성 전에 채무의 일부를 상계한 경우에도 마찬가지로 볼 수 있다. ( )

2-1 甲이 乙에게 물품을 공급하고 乙이 이를 가공하여 甲에게 납품하면서 그 가공비를 甲의 물품대금에서 공제하는 방식으로 계속적 거래를 한 경우 甲이 구하는 물품대금 채권에 대하여 乙의 채무 승인이 있었다고 볼 여지가 있고, 乙의 공제를 상계계약에 의한 예약완결권의 행사로 보면서도 이를 시효중단사유로서의 채무승인 아니라고 판단할 수는 없다. ( )

판결요지

"시효완성 전에 채무의 일부를 변제한 경우에는 그 수액에 관하여 다툼이 없는 한 채무 승인으로서의 효력이 있어 채무 전부에 관하여 시효중단의 효력이 발생하고(대판 1980.5.13. 78다1790 판결, 대판 1996.1.23. 95다39854 판결 등 참조), 이는 채무자가 시효완성 전에 채무의 일부를 상계한 경우에도 마찬가지로 볼 수 있다"(대판 2022.5.26. 2021다271732).

정답 ○   유제 정답 ○

[사실관계] 원고가 피고에게 물품을 공급하고 피고가 이를 가공하여 원고에게 납품하면서 그 가공비를 원고 물품대금에서 공제하는 방식으로 계속적 거래를 한 사안에서, 원심은 피고가 가공비를 원고 물품대금에서 공제한 것을 '상계예약에 의한 예약완결권의 행사'로 인정하면서도 다른 한편으로 이를 '당사자 사이의 사전 합의에 따라 기계적으로 처리된 것'으로 보아 시효중단사유로서의 채무승인이 없었다고 판단하였다.

그러나 대법원은 원고가 구하는 물품대금 채권에 대하여 피고의 채무 승인이 있었다고 볼 여지가 있고, 피고의 공제를 상계예약에 의한 예약완결권의 행사로 보면서도 이를 시효중단사유로서의 채무승인 아니라고 판단한 원심에 이유모순이 있다고 보아, 원심판결을 파기·환송하였다.

3 소멸시효 중단사유로서의 채무승인은 시효이익을 받는 당사자인 채무자가 소멸시효의 완성으로 채권을 상실하게 될 자에 대하여 상대방의 권리 또는 자신의 채무가 있음을 알고 있다는 뜻을 표시함으로써 성립하는 이른바 관념의 통지이다. ( )

3-1 ★★ 피고 A, B회사의 대표 및 실질적 대표인 피고 C의 주도로, 피고 A회사는 토지를 매수하며 매매대금 중 일부를 원고에게 지급하기로 약정하고 관련된 차용증이 작성되었는데, 피고 C의 조카로서 피고 B회사에 근무하던 甲은 토지 매수 관련 업무를 하고 피고 A, B회사를 대리하여 차용증에 날인을 하였으며, 원고의 변제 요청에 대해 여러 차례 '변제될 것이니 기다려 달라'고 답변하였다면, 甲은 피고들을 대리하여 채무를 승인할 권한이 있었다고 볼 여지가 있다. ( )

판결요지

※ [1] 채무승인의 의의 / [2] 피고 회사들의 관계인으로서 토지 매수 업무 및 매매대금 지급 관련 차용증 작성을 담당한 사람에게 피고들을 대리하여 채무승인을 할 권한이 있었다고 볼 여지가 있는 경우

"[1] 소멸시효 중단사유로서의 채무승인은 시효이익을 받는 당사자인 채무자가 소멸시효의 완성으로 채권을 상실하게 될 자에 대하여 상대방의 권리 또는 자신의 채무가 있음을 알고 있다는 뜻을 표시함으로써 성립하는 이른바 관념의 통지이다

[2] 피고 4는 피고 □□종합건설 주식회사(이하 '피고 □□종합건설'이라 한다)의 대표이사로 재직하였고, 소외인은 피고 4의 조카로서 피고 □□종합건설의 사내이사 내지 감사로 재직하였다. 피고 합자회사 △△건설(이하 '피고

△△건설'이라 한다)은 2012. 11.경 주식회사 ◇◇◇◇건설(이하 '◇◇◇◇건설'이라 한다)로부터 포항시 (주소 생략) 소재 7필지 토지를 38억 원에 매수하면서, 매매대금 중 1억 원은 위 ◇◇◇◇건설의 주주 측이 대표이사로 있던 원고에게 지급하기로 약정하였다. 소외인은 피고 ㅁㅁ종합건설에서 근무하며 피고 △△건설의 위 토지 매수 관련 업무를 담당하였다.

원고는 피고 4가 피고 △△건설, 피고 ㅁㅁ종합건설의 실질적인 대표라고 주장하며, 이에 대해 피고들이 적극적으로 반박하는 것으로는 보이지 않는다. 위 매매계약 체결 경위에 관하여 ◇◇◇◇건설의 대표이사가 "피고 △△건설과 피고 ㅁㅁ종합건설을 운영한다는 피고 4가 피고 △△건설에게 매각해 달라고 요청하였다."라고 확인하고, 소외인 역시 피고 △△건설과 피고 ㅁㅁ종합건설의 실질 대표는 피고 4이었으며 피고 △△건설의 대표사원인 피고 2는 피고 4의 측근의 아내라고 확인하고 있다. 피고들은 위 1억 원에 관하여 채권자 원고, 채무자 피고 △△건설, 연대보증인 피고 ㅁㅁ종합건설 및 피고 4, 변제기 2015. 12. 31.의 차용증을 작성하였고, 소외인은 피고 △△건설, 피고 ㅁㅁ종합건설을 대리하여 위 차용증에 날인하였다. 피고 회사들의 대표 및 실질적 대표인 피고 4의 주도로 피고 △△건설이 토지를 매수하며 매매대금 중 일부를 원고에게 지급하기로 약정하였고, 이와 관련하여 차용증이 작성된 점, 소외인은 피고 4의 친족으로 피고 ㅁㅁ종합건설에서 근무하며 위 토지 매수 관련 업무를 담당하면서 피고 회사들을 대리하여 차용증에 날인하였고, 원고의 변제 요청에 대해 여러 차례 '변제될 것이니 기다려 달라.'고 답변한 점 등의 사정을 종합하면, 소외인은 위 채무에 관하여 피고들을 대리하여 승인할 권한이 있었다고 볼 여지가 있고, 달리 소외인의 채무승인 행위 이전에 그 채무승인 권한이 소멸하였다고 볼만한 사정은 보이지 않는다."(대판 2023.8.18. 2022다301906).

정답 ○

유제

정답 ○

시효정지

1 ★ 민법 제181조에 의하면 상속재산에 속한 권리는 상속인의 확정, 관리인의 선임 또는 파산선고가 있는 때로부터 6월 내에는 소멸시효가 완성하지 않는다고 정하고 있는데, 여기서 상속인의 확정은 상속인의 존부 불명 내지 소재나 생사불명인 경우에 상속인이 확정된 경우뿐만 아니라 상속의 포기, 단순승인, 한정승인 등 여부가 확정되지 아니하다가 상속의 승인에 의하여 상속의 효과가 확정된 경우까지 포함한다. ( )

판결요지

※ 1. 국가배상법 제2조 제1항 본문 전단 규정에 따른 배상청구권의 소멸시효기간(= 국가재정법에 따른 5년), 2. 소멸시효기간이 법원의 직권판단 대상인지 여부(적극)

"[1] 국가배상법 제2조 제1항 본문 전단 규정에 따른 배상청구권은 금전의 급부를 목적으로 하는 국가에 대한 권리로서 국가재정법 제96조 제2항, 제1항이 적용되므로 이를 5년간 행사하지 아니할 때에는 시효로 인하여 소멸한다. 소멸시효는 객관적으로 권리가 발생하여 그 권리를 행사할 수 있는 때로부터 진행하고 그 권리를 행사할 수 없는 동안은 진행하지 않으나, '권리를 행사할 수 없는' 경우란 그 권리행사에 법률상의 장애사유가 있는 경우를 의미하고 사실상 권리의 존재나 권리행사 가능성을 알지 못하였고 알지 못함에 과실이 없다고 하여도 이에 해당하지 않는다(대판 2008.5.29. 2004다33469 판결 등 참조).

[2] 한편 어떤 권리의 소멸시효기간이 얼마나 되는지에 관한 주장은 단순한 법률상의 주장에 불과하여 변론주의의 적용대상이 되지 않으므로 법원이 직권으로 판단할 수 있다(대판 1977.9.13. 77다832 판결, 대판 2006.11.10. 2005다35516 판결, 대판 2008.3.27. 2006다70929, 70936 판결 등 참조)"(대판 2023.12.14. 2023다248903).　　　정답 ○

[사실관계] 甲의 모친인 乙이 협의이혼 후 甲의 부친이 친권을 행사하였고, 甲은 세월호사고로 사망하였는데, 그 후 甲의 사망사실을 뒤늦게 알게 된 乙이 국가를 상대로 손해배상을 구한 사안에서, 乙 고유의 위자료채권은 국가 재정법에 따른 5년의 소멸시효기간이 적용되므로 이미 소멸시효기간이 경과하였다고 볼 여지가 크고, 乙이 甲의 사망사실을 알게 된 날로부터 6월의 소멸시효 정지기간이 지나기 전에 소를 제기하였으므로 甲의 일실수입 및 위자료채권에 대한 乙의 상속분은 소멸시효가 완성되지 않았다고 한 사례

[판례해설] 민법 제181조에 의하면 상속재산에 속한 권리는 상속인의 확정, 관리인의 선임 또는 파산선고가 있는 때로부터 6월 내에는 소멸시효가 완성하지 않는다고 정하고 있는데, 여기서 상속인의 확정은 상속인의 존부 불명 내지 소재나 생사불명인 경우에 상속인이 확정된 경우뿐만 아니라 상속의 포기, 단순승인, 한정승인 등 여부가 확정되지 아니하다가 상속의 승인에 의하여 상속의 효과가 확정된 경우까지 포함한다. 망인의 일실수입 및 위자료채권은 상속재산에 속한 권리로서 상속인이 확정된 때로부터 6월간 소멸시효가 정지되는데, 원고에 대하여 상속의 효과가 확정된 때는 원고가 망인의 사망사실을 알게 된 2021. 1. 25. 이후이고, 이 사건 소송은 그로부터 6월의 소멸시효 정지기간이 지나기 전인 2021. 3. 31. 제기되었으므로, 망인의 일실수입 및 위자료채권에 대한 원고의 상속분은 소멸시효가 완성되지 않았다.

소멸시효 완성의 효과

1　★★ 후순위 담보권자는 선순위 담보권의 피담보채권 소멸로 직접 이익을 받는 자에 해당하지 않아 선순위 담보권의 피담보채권에 관한 소멸시효가 완성되었다고 주장할 수 없다.

22년 법행, 22년 3차모의, 24년 변호, 23년 법무사 (　)

판결요지

"소멸시효가 완성된 경우 이를 주장할 수 있는 사람은 시효로 채무가 소멸되는 결과 직접적인 이익을 받는 사람에 한정된다. 후순위 담보권자는 선순위 담보권의 피담보채권이 소멸하면 담보권의 순위가 상승하고 이에 따라 피담보채권에 대한 배당액이 증가할 수 있지만, 이러한 배당액 증가에 대한 기대는 담보권의 순위 상승에 따른 반사적 이익에 지나지 않는다. 후순위 담보권자는 선순위 담보권의 피담보채권 소멸로 직접 이익을 받는 자에 해당하지 않아 선순위 담보권의 피담보채권에 관한 소멸시효가 완성되었다고 주장할 수 없다(대판 2021.2.25. 2016다232597)

정답 ○

2　★ 일반 채권자는 독자적으로 소멸시효의 주장을 할 수 없고 채무자를 대위하여 소멸시효 주장을 할 수 있는데 배당요구 채권자인 원고는 배당기일에서 지급명령에 기초한 피고의 채권이 시효로 소멸하였다고 이의한 이상, 채무자를 대위하여 청구이의의 소를 제기하였어야 하므로 일반 채권자에 불과한 원고의 배당이의의 소는 부적법하다.　　　(　)

판결요지

※ 1. 채권자가 집행권원을 가진 다른 채권자의 채권에 기한 배당액에 대하여 그 채권이 시효로 소멸하였다고 이의를 제기한 경우 다른 채권자를 상대로 제기해야 하는 소의 형태(= 배당이의의 소) / 2. 그 소송의 공격방어방법으로서 채무자를 대위하여 다른 채권자의 소멸시효가 완성되었다는 주장을 할 수 있는지 여부(적극)

"[1] 민사집행법 제151조 제3항은 "기일에 출석한 채권자는 자기의 이해에 관계되는 범위 안에서는 다른 채권자를 상대로 그의 채권 또는 그 채권의 순위에 대하여 이의할 수 있다."라고 규정하여 채무자의 배당이의와 별도로 채권자가 독자적으로 배당표에 이의할 수 있도록 규정하고 있다. 그리고 민사집행법 제154조는 제1항에서 "집행력 있는 집행권원의 정본을 가지지 아니한 채권자(가압류채권자를 제외한다)에 대하여 이의한 채무자와 다른 채권자에 대하여 이의한 채권자는 배당이의의 소를 제기하여야 한다.", 제2항에서 "집행력 있는 집행권원의 정본을 가진 채권자에 대하여 이의한 채무자는 청구이의의 소를 제기하여야 한다."라고 규정하고 있다. 따라서 채무자는 집행력 있는 집행권원의 정본을 가지지 아니한 채권자에 대하여는 배당이의의 소를, 집행력 있는 집행권원의 정본을 가진 채권자에 대하여는 청구이의의 소를 제기하여야 한다.

그러나 채무자가 아니라 채권자가 다른 채권자에 대한 배당에 대하여 이의를 한 경우에는 그 다른 채권자가 집행력 있는 집행권원의 정본을 가지고 있는지 여부에 상관없이 배당이의의 소를 제기하여야 하고(대판 2013.8.22. 2013다36668 판결)

[2] 소멸시효가 완성된 경우 채무자에 대한 일반 채권자는 채권자의 지위에서 독자적으로 소멸시효의 주장을 할 수는 없지만 자기의 채권을 보전하기 위하여 필요한 한도 내에서 채무자를 대위하여 소멸시효 주장을 할 수 있다"(대판 2023.8.18. 2023다234102).

정답 ✕

3 ★★ 집합건물의 전유부분만을 매수한 제3자가 분양자를 상대로 대지지분에 관한 소유권이전등기절차를 구하고 분양자는 이에 대하여 수분양자의 분양대금 미지급을 이유로 한 동시이행항변을 한 사안에서, 그 분양대금채권의 소멸 여부는 대지사용권에 결부된 동시이행의 부담을 면할 수 있는 매수인에게도 직접 영향을 미친다고 보아야 하므로 매수인은 분양대금채권의 소멸시효 완성을 주장할 수 있는 시효로 인한 채무 소멸로 직접 이익을 받는 자에 해당한다. ( )

판결요지

※ 분양자의 분양대금채권 동시이행항변 시 그 시효소멸 여부가 제3자에게 직접 영향을 미치는지 여부(적극)

"[1] 집합건물의 분양자가 수분양자에게 대지지분에 관한 소유권이전등기는 지적정리 후 해 주기로 하고 우선 전유부분에 관하여만 소유권이전등기를 마쳐 주었는데, 그 후 대지지분에 관한 소유권이전등기가 되지 아니한 상태에서 전유부분에 대한 경매절차가 진행되어 제3자가 전유부분을 매수한 경우, 그 매수인은 「집합건물의 소유 및 관리에 관한 법률」(이하 '집합건물법'이라 한다) 제2조 제6호의 대지사용권을 취득한다. 수분양자가 분양자에게 그 분양대금을 완납한 경우는 물론 그 분양대금을 완납하지 못한 경우에도 마찬가지이다. 따라서 매수인은 대지사용권 취득의 효과로서 수분양자를 순차 대위하여 또는 직접 분양자를 상대로 대지지분에 관한 소유권이전등기절차를 마쳐줄 것을 구할 수 있고, 분양자는 이에 대하여 수분양자의 분양대금 미지급을 이유로 한 동시이행항변을 할 수 있다(대판 2006.9.22. 2004다58611 판결, 대판 2008.9.11. 2007다45777 판결 등 참조).

[2] 채무의 소멸시효가 완성된 경우 이를 주장할 수 있는 사람은 시효로 채무가 소멸되는 결과 직접적인 이익을 받는 사람에 한정된다"(대판 2023.9.21. 2022다270613). 정답 ○

[사실관계] 제1심 공동피고 A(수분양자)는 피고(분양자)로부터 이 사건 아파트를 분양받았는데, 이 사건 아파트는 피고 명의로 소유권보존등기 당시까지 환지처분이 되지 않아 대지권 등기가 마쳐지지 않은 상태였음. A가 잔금 중 일부를 납부하지 못한 상태에서 이 사건 아파트에 관한 임의경매절차가 진행되었고, 원고가 위 경매절차에서 이 사건 아파트를 낙찰 받아 소유권이전등기를 마쳤다.

원고는 '전유부분인 이 사건 아파트를 낙찰 받아 대지사용권을 함께 취득하였다'고 주장하며 피고를 상대로 부동산등기법 제60조 제1항에 기해 대지지분의 이전등기를 구하고 (선택적 ② 청구), 이에 대하여 피고가 A의 미지급 분양잔금과의 동시이행항변을 하며 이를 다투자, 다시 원고가 피고의 분양대금채권이 2013. 10. 31.부터 5년이 도과하여 시효로 소멸하였다고 주장하였다.

대법원은, 원고가 취득한 이 사건 아파트에 관한 대지사용권은 원래 피고와 수분양자 사이에 체결된 이 사건 분양계약의 효력에 따라 발생한 것으로, 원고는 이 사건 아파트의 전유부분을 취득하면서 집합건물법 제20조 제1항에 따라 위 대지사용권도 함께 취득한 것이다. 따라서 앞서 본 것처럼 <u>피고가 원고에 대하여도 위 분양계약에 따른 분양대금의 미지급을 이유로 동시이행의 항변을 할 수 있다면, 그 분양대금채권의 소멸 여부는 대지사용권에 결부된 동시이행의 부담을 면할 수 있는 원고에게도 직접 영향을 미친다고 보아야 한다. 결국 원고는 피고의 채권이 시효로 소멸되는 결과 직접적인 이익을 받는 사람에 해당한다고 볼 수 있으므로, 원고는 피고의 수분양자에 대한 분양대금채권의 시효소멸을 원용할 수 있다.</u>

|비교판례|

※ 채무자에 대한 일반채권자
判例는 '채무자에 대한 일반채권자'는 자기의 채권을 보전하기 위하여 필요한 한도 내에서 채무자를 대위하여 소멸시효 주장을 할 수 있을 뿐 채권자의 지위에서 독자적으로 (다른 채권자의 채무자에 대한 채권에 대해) 소멸시효의 완성을 주장할 수 없다고 한다(대판 1997.12.26. 97다22676 : 6회 선택형).

4 ★ 채권자가 영업양도가 이루어진 뒤 영업양도인을 상대로 소를 제기하여 확정판결을 받았다면 영업양도인에 대한 관계에서 소멸시효가 중단되거나 소멸시효 기간이 연장된다고 하더라도 그와 같은 소멸시효 중단이나 소멸시효 연장의 효과는 상호를 속용하는 영업양수인에게 미치지 않는다. ( )

판결요지

※ 영업양도인의 영업으로 인한 채무와 상호를 속용하는 영업양수인의 상법 제42조 제1항에 따른 채무의 관계(=부진정연대채무) 및 채권자가 영업양도가 이루어진 뒤 영업양도인을 상대로 소를 제기하여 확정판결을 받은 경우, 소멸시효 중단이나 소멸시효 연장의 효과가 상호를 속용하는 영업양수인에게도 미치는지 여부(소극)

"상법 제42조 제1항은 "영업양수인이 양도인의 상호를 계속 사용하는 경우에는 양도인의 영업으로 인한 제3자의 채권에 대하여 양수인도 변제할 책임이 있다."라고 정하고 있다. 이는 채무가 승계되지 아니함에도 상호를 계속 사용함으로써 영업양도의 사실 또는 영업양도에도 불구하고 채무의 승계가 이루어지지 않은 사실이 대외적으로 판명되기 어렵게 되어 채권자에게 채권 추구의 기회를 상실시키는 경우 상호를 속용하는 영업양수인에게도 변제의 책임을 지우기 위한 것이다.

상법 제42조 제1항에 기한 영업양수인의 책임은 당사자의 의사나 인식과 관계없이 발생하는 법정 책임으로서, 상호를 속용하는 영업양수인은 상법 제42조 제1항에 의하여 영업양도인의 채권자에 대한 영업상 채무를 중첩적으로 인수하게 된다.

영업양도인의 영업으로 인한 채무와 상호를 속용하는 영업양수인의 상법 제42조 제1항에 따른 채무는 같은 경제적 목적을 가진 채무로서 서로 중첩되는 부분에 관하여는 일방의 채무가 변제 등으로 소멸하면 다른 일방의 채무도 소멸하는 이른바 부진정연대의 관계에 있다.

따라서 채권자가 영업양도인을 상대로 소를 제기하여 확정판결을 받아 소멸시효가 중단되거나 소멸시효 기간이 연장된 뒤 영업양도가 이루어졌다면 그와 같은 소멸시효 중단이나 소멸시효 연장의 효과는 상호를 속용하는 영업양수인에게 미치지만, 채권자가 영업양도가 이루어진 뒤 영업양도인을 상대로 소를 제기하여 확정판결을 받았다면 영업양도인에 대한 관계에서 소멸시효가 중단되거나 소멸시효 기간이 연장된다고 하더라도 그와 같은 소멸시효 중단이나 소멸시효 연장의 효과는 상호를 속용하는 영업양수인에게 미치지 않는다"(대판 2024.5.30. 2021다258463).

정답 ○

시효이익의 포기

1 ★ 상법 제814조 제1항에서 정한 해상운송인의 송하인이나 수하인에 대한 권리·의무의 소멸기간이 제척기간이다. ( )

1-1 ★ 상법 제814조 제1항에서 정한 제척기간이 지난 뒤에 그 기간 경과의 이익을 받는 당사자가 기간이 지난 사실을 알면서도 기간 경과로 인한 법적 이익을 받지 않겠다는 의사를 명확히 표시한 경우, 민법 제184조 제1항을 유추적용하여 제척기간 경과로 인한 권리소멸의 이익을 포기한 것으로 인정할 수 있다. ( )

판결요지

※ [1] 상법 제814조 제1항에서 정한 해상운송인의 송하인이나 수하인에 대한 권리·의무의 소멸기간이 제척기간인지 여부(적극) / [2] 상법 제814조 제1항에서 정한 제척기간이 지난 뒤에 그 기간 경과의 이익을 받는 당사자가 기간이 지난 사실을 알면서도 기간 경과로 인한 법적 이익을 받지 않겠다는 의사를 명확히 표시한 경우, 민법 제184조 제1항을 유추적용하여 제척기간 경과로 인한 권리소멸의 이익을 포기한 것으로 인정할 수 있는지 여부(적극)

"[1] 상법 제814조 제1항은 "운송인의 송하인 또는 수하인에 대한 채권 및 채무는 그 청구원인의 여하에 불구하고 운송인이 수하인에게 운송물을 인도한 날 또는 인도할 날부터 1년 이내에 재판상 청구가 없으면 소멸한다. 다만 이 기간은 당사자의 합의에 의하여 연장할 수 있다."라고 정하고 있다. 이러한 해상운송인의 송하인이나 수하인에 대한 권리·의무에 관한 소멸기간은 제척기간에 해당한다.

[2] 상법 제814조 제1항에서 정한 제척기간이 지난 뒤에 그 기간 경과의 이익을 받는 당사자가 기간이 지난 사실을 알면서도 기간 경과로 인한 법적 이익을 받지 않겠다는 의사를 명확히 표시한 경우에는, 소멸시효 완성 후 이익의 포기에 관한 민법 제184조 제1항을 유추적용하여 제척기간 경과로 인한 권리소멸의 이익을 포기하였다고 인정할 수 있다. 그 이유는 다음과 같다.

① 법적 규율이 없는 사안에 대하여 그와 유사한 사안에 관한 법규범을 적용하기 위해서는 양 사안 사이에 공통점

또는 유사점이 있어야 하고 법규범의 체계, 입법의도와 목적 등에 비추어 유추적용이 정당하다고 평가되어야 한다.

상법 제814조 제1항에서 정한 제척기간은 청구권에 관한 것으로서 그 권리가 행사되지 않은 채 일정한 기간이 지나면 권리가 소멸하거나 효력을 잃게 된다는 점에서 소멸시효와 비슷하다. 소멸시효가 완성된 후 시효이익을 받을 채무자는 시효 완성으로 인한 법적 이익을 받지 않겠다는 의사표시를 하여 시효이익을 포기할 수 있다(민법 제184조 제1항). 한편 어떠한 권리에 대하여 제척기간이 적용되는 경우에 그 기간이 지나면 권리가 소멸하고 의무자는 채무이행을 면하는 법적 이익을 얻게 된다.

제척기간을 정한 규정의 취지와 목적, 권리의 종류 · 성질 등에 비추어, 당사자들이 합의하여 그 기간을 연장할 수 있는 경우와 같이 기간 경과로 인한 이익 포기를 허용해도 특별히 불합리한 결과가 발생하지 않는 경우라면, 시효이익 포기에 관한 민법 제184조 제1항을 유추적용하여 당사자에게 그 기간 경과의 이익을 포기할 수 있도록 하여 법률관계에 관한 구체적인 사정과 형평에 맞는 해결을 가능하게 하는 것이 부당하다고 할 수 없다.

② 제척기간은 일반적으로 권리자로 하여금 자신의 권리를 신속하게 행사하도록 함으로써 법률관계를 조속히 확정하려는 데 그 제도의 취지가 있으나, 법률관계를 조속히 확정할 필요성의 정도는 개별 법률에서 정한 제척기간마다 다를 수 있다.

상법 제814조 제1항은 해상운송과 관련한 법률관계에서 발생한 청구권의 행사기간을 1년의 제소기간으로 정하면서도 위 기간을 당사자의 합의에 의하여 연장할 수 있도록 하고 있다. 운송인과 송하인 또는 수하인 사이의 해상운송을 둘러싼 법률관계를 조속히 확정할 필요가 있으나, 해상운송에 관한 분쟁 가운데는 단기간 내에 책임소재를 밝히기 어려워 분쟁 협의에 오랜 시간이 걸리는 경우가 있다. 이 조항은 이러한 사정을 감안하여, 당사자들에게 제소기간에 구애받지 않고 분쟁에 대한 적정한 해결을 도모할 기회를 부여하고자 당사자들이 기간 연장을 합의할 수 있도록 한 것이다.

상법 제814조 제1항에서 정한 제척기간은 해상운송과 관련하여 발생하는 채권 · 채무에 적용되는데 해상운송인을 보호하고 시간의 경과에 따른 증명곤란의 구제를 도모하기 위한 것이지만, 당사자들이 합의하여 제척기간을 연장할 수 있도록 하였다는 점에서 일반적인 제척기간과는 구별되는 특성이 있다. 이와 같이 이 조항에서 제척기간을 정한 취지와 목적, 권리의 성질 등 여러 사정을 고려하면, 당사자에게 그 기간 경과의 이익을 포기할 수 있도록 하여 법률관계에 관한 구체적인 사정과 형평에 맞는 해결을 가능하게 하더라도 특별히 불합리한 결과가 발생하는 경우라고 볼 수 없다"(대판 2022.6.9. 2017다247848)

정답 ○

유제

정답 ○

|쟁점정리|

※ 제척기간과 소멸시효의 차이점

원칙적으로 소멸시효이익은 완성 후 '**포기**'할 수 있지만(제184조 1항의 반대해석), 제척기간은 그렇지 않다. 하지만 "상법 제814조 1항[1]에서 정한 제척기간은 당사자들이 합의하여 제척기간을 연장할 수 있도록 하였다는 점에서 일반적인 제척기간과는 구별되는 특성이 있다. 따라서 상법 제814조 1항에서 정한 제척기간이 지난 뒤에 그 기간 경과의 이익을 받는 당사자가 기간이 지난 사실을 알면서도 기간 경과로 인한 법적 이익을 받지 않겠다는 의사를 명확히 표시한 경우, 민법 제184조 제1항을 유추적용하여 제척기간 경과로 인한 권리소멸의 이익을 포기한 것으로 인정할 수 있다"(대판 2022.6.9. 2017다247848)

---

1) [**상법 제814조 1항]** "운송인의 송하인 또는 수하인에 대한 채권 및 채무는 그 청구원인의 여하에 불구하고 운송인이 수하인에게 운송물을 인도한 날 또는 인도할 날부터 1년 이내에 재판상 청구가 없으면 소멸한다. 다만 이 기간은 당사자의 합의에 의하여 연장할 수 있다"

소멸시효의 남용

1 객관적으로 채권자가 권리를 행사할 수 없는 장애사유가 있었던 경우, 채무자가 소멸시효 완성을 주장하는 것은 신의성실의 원칙에 반하는 권리남용에 해당한다.   (   )

1-1 채권자에게 권리의 행사를 기대할 수 없는 객관적인 사실상의 장애사유가 있었으나 대법원이 채권자의 권리행사가 가능하다는 법률적 판단을 내린 경우, 특별한 사정이 없는 한 그 시점 이후에는 장애사유가 해소되었다고 볼 수 있다.   (   )

[판결요지]

> ※ **일제 강제동원 피해자들이 일본 기업을 상대로 불법행위로 인한 위자료 지급을 구하는 사건**
> "[1] 채무자의 소멸시효를 이유로 한 항변권의 행사도 민법의 대원칙인 신의성실의 원칙과 권리남용금지의 원칙의 지배를 받는 것이어서 객관적으로 채권자가 권리를 행사할 수 없는 장애사유가 있었다면 채무자가 소멸시효 완성을 주장하는 것은 신의성실의 원칙에 반하는 권리남용으로서 허용될 수 없다.
> [2] 채권자에게 권리의 행사를 기대할 수 없는 객관적인 사실상의 장애사유가 있었던 경우에도 대법원이 이에 관하여 채권자의 권리행사가 가능하다는 법률적 판단을 내렸다면 특별한 사정이 없는 한 그 시점 이후에는 그러한 장애사유가 해소되었다고 볼 수 있다"(대판 2023.12.21. 2018다303653).   **정답** ○
>
> **유 제**   **정답** ○
>
> **[사실관계]** 일제강점기에 강제동원되어 기간 군수사업체인 구 미쓰비시중공업 주식회사에서 강제노동에 종사한 갑 등이 위 회사가 해산된 후 새로이 설립된 미쓰비시중공업 주식회사를 상대로 위자료 지급을 구한 사안에서, 대법원은 2012. 5. 24. 선고한 2009다68620 판결 및 2009다22549 판결에서 일제강점기에 강제동원된 피해자들의 일본 기업에 대한 불법행위를 이유로 한 손해배상청구권이 '대한민국과 일본국 간의 재산 및 청구권에 관한 문제의 해결과 경제협력에 관한 협정'(이하 '청구권협정'이라고 한다)의 적용 대상에 포함되지 않았다는 이유로 그 청구권이 소멸되지 않았다고 판단하였으나, 청구권협정의 적용 대상에 강제동원 피해자들의 일본 기업에 대한 불법행위를 이유로 한 손해배상청구권이 포함되는지 여부 등에 관하여 여전히 국내외에서 논란이 계속되는 등 강제동원 피해자들로서는 위 판결 선고 이후에도 개별적으로 일본 기업을 상대로 한 소송을 통해 실질적인 피해구제를 받을 수 있는지에 대하여 여전히 의구심을 가질 수 있었고, 대법원은 2018. 10. 30. 선고한 2013다61381 전원합의체 판결을 통해 일본 정부의 한반도에 대한 불법적인 식민지배 및 침략전쟁의 수행과 직결된 일본 기업의 반인도적인 불법행위를 전제로 하는 강제동원 피해자의 일본 기업에 대한 위자료청구권은 청구권협정의 적용 대상에 포함되지 않는다는 법적 견해를 최종적으로 명확하게 밝혔고, 위 전원합의체 판결 선고로 비로소 대한민국 내에서 강제동원 피해자들의 사법적 구제가능성이 확실하게 되었다고 볼 수 있으므로, 강제동원 피해자 또는 그 상속인들에게는 위 전원합의체 판결이 선고될 때까지는 미쓰비시중공업 주식회사를 상대로 객관적으로 권리를 사실상 행사할 수 없는 장애사유가 있었다고 봄이 타당하다고 한 사례.

2 기존회사가 채무를 면탈하기 위하여 기업의 형태 · 내용이 실질적으로 동일한 신설회사를 설립한 경우, 기존회사에 대한 소멸시효가 완성되지 않은 상태에서 신설회사가 기존회사와 별도로 자신에 대하여 소멸시효가 완성되었다고 주장하는 것은 허용되지 않는다.   (   )

판결요지

※ 권리자가 재판상 그 권리를 주장하여 권리 위에 잠자는 것이 아님을 표명한 경우, 시효중단 사유가 되는지 여부(적극) / 기존회사가 채무를 면탈하기 위하여 기업의 형태·내용이 실질적으로 동일한 신설회사를 설립한 경우, 기존회사의 채권자가 두 회사 모두에 대하여 채무의 이행을 청구할 수 있는지 여부(적극) 및 기존회사에 대한 소멸시효가 완성되지 않은 상태에서 신설회사가 기존회사와 별도로 자신에 대하여 소멸시효가 완성되었다고 주장하는 것이 허용되는지 여부(소극)

"[1] 시효제도의 존재 이유는 영속된 사실 상태를 존중하고 권리 위에 잠자는 자를 보호하지 않는다는 데에 있고 특히 소멸시효에 있어서는 후자의 의미가 강하므로, 권리자가 재판상 그 권리를 주장하여 권리 위에 잠자는 것이 아님을 표명한 때에는 시효중단 사유가 된다.

[2] 기존회사가 채무를 면탈하기 위하여 기업의 형태·내용이 실질적으로 동일한 신설회사를 설립하였다면, 신설회사의 설립은 기존회사의 채무면탈이라는 위법한 목적 달성을 위하여 회사제도를 남용한 것에 해당한다. 이러한 경우에 기존회사의 채권자에 대하여 위 두 회사가 별개의 법인격을 갖고 있음을 주장하는 것은 신의성실의 원칙상 허용될 수 없으므로, 기존회사의 채권자는 두 회사 어느 쪽에 대하여도 채무의 이행을 청구할 수 있다.

나아가 기존회사에 대한 소멸시효가 완성되지 않은 상태에서 신설회사가 기존회사와 별도로 자신에 대하여 소멸시효가 완성되었다고 주장하는 것 역시 별개의 법인격을 갖고 있음을 전제로 하는 것이어서 신의성실의 원칙상 허용될 수 없다"(대판 2024.3.28. 2023다265700).

정답 ○

물권법

제1장	물권법 서론

1 토지 소유자가 토지를 일반 공중의 이용에 제공함으로써 자신의 의사에 부합하는 토지이용상태가 형성되어 그에 대한 독점적·배타적인 사용·수익권의 행사가 제한되더라도, 토지이용상태에 중대한 변화가 생기는 등 독점적·배타적인 사용·수익권의 행사를 제한하는 기초가 된 객관적인 사정이 현저히 변경되고, 소유자가 일반 공중의 사용을 위하여 토지를 제공할 당시 이러한 변화를 예견할 수 없었으며, 사용·수익권 행사가 계속하여 제한된다고 보는 것이 당사자의 이해에 중대한 불균형을 초래하는 경우에는, 토지 소유자는 이러한 <u>사정변경이 있는 때부터는 다시 사용·수익 권능을 포함한 완전한 소유권에 기한 권리를 주장할 수 있다.</u>   (   )

판결요지

※ [1] 토지 소유자가 스스로 토지를 도로로 제공하여 인근 주민이나 일반 공중에 무상 통행권을 부여하거나 토지에 대한 독점적·배타적인 사용·수익권을 포기하였는지 판단하는 기준 / [2] 독점적·배타적인 사용·수익권 행사의 제한이 있는 토지 소유자가 그 후 사정변경을 이유로 완전한 소유권에 기한 권리를 주장할 수 있는지 여부(적극) 및 그러한 사정변경이 있는지 판단하는 기준

"[1] 토지의 소유자가 스스로 토지를 도로로 제공하여 인근 주민이나 일반 공중에 무상 통행권을 부여하거나 토지에 대한 독점적·배타적인 사용·수익권을 포기하였는지를 판단하기 위해서는, 소유자가 당해 토지를 소유하게 된 경위와 보유기간, 토지의 제공에 따른 소유자의 이익·편익의 유무, 소유자가 토지를 공공의 사용에 제공한 경위와 규모, 도로로 사용되는 당해 토지의 위치나 형태, 인근의 다른 토지와의 관계, 주위 환경 등 여러 가지 사정과 아울러 인근의 다른 토지의 효과적인 사용·수익을 위하여 당해 토지의 기여 정도 등을 종합적으로 고찰함으로써 토지 소유권의 보장과 공공의 이익 사이에 비교형량을 하여야 한다.

[2] 토지 소유자가 토지를 일반 공중의 이용에 제공함으로써 자신의 의사에 부합하는 토지이용상태가 형성되어 그에 대한 독점적·배타적인 사용·수익권의 행사가 제한되더라도, 토지이용상태에 중대한 변화가 생기는 등 독점적·배타적인 사용·수익권의 행사를 제한하는 기초가 된 객관적인 사정이 현저히 변경되고, 소유자가 일반 공중의 사용을 위하여 토지를 제공할 당시 이러한 변화를 예견할 수 없었으며, 사용·수익권 행사가 계속하여 제한된다고 보는 것이 당사자의 이해에 중대한 불균형을 초래하는 경우에는, 토지 소유자는 이러한 사정변경이 있는 때부터는 다시 사용·수익 권능을 포함한 완전한 소유권에 기한 권리를 주장할 수 있다. 그러나 이러한 사정변경이 있는지는 해당 토지의 위치와 물리적 형태, 토지 소유자가 토지를 일반 공중의 이용에 제공하게 된 동기·경위, 해당 토지와 인근 다른 토지와의 관계, 토지이용상태가 바뀐 경위와 종전 이용상태와의 동일성 여부 및 소유자의 권리행사를 허용함으로써 일반 공중의 신뢰가 침해될 가능성 등 전후 여러 사정을 종합적으로 고려하여야 한다"
(대판 2022.7.14. 2022다228544).

정답 ○

[사실관계] 甲이 건물을 신축하여 분양·사용하기 위해 토지를 4필지로 분할하면서 건축허가를 받기 위해 그중 1필지의 지목을 도로로 변경하였고, 막다른 골목 형태의 위 토지는 기존 건물들이 준공된 나머지 3필지에서 북쪽 간선도로까지 도보로 이동 가능한 유일한 통로로 그로부터 약 30년 동안 인근 주민들의 통행로로 사용되었는데, 그 후 乙이 기존 건물들과 각 부지를 매수한 후 기존 건물들을 철거하고 인근 2필지를 합병하여 다세대주택을 신

축한 이후 위 토지를 거쳐 남쪽 간선도로까지 도보로 왕래할 수 있게 되었고, 위 토지와 다세대주택의 일부 부지를 통하여 차량 진입도 가능하게 된 사안에서, 甲은 기존 건물들이 준공된 무렵부터 위 토지에 관하여 독점적 · 배타적인 사용 · 수익권을 포기하였다고 봄이 합리적이고, 위 토지를 둘러싼 객관적 사정변경을 이유로 甲이 위 토지에 관하여 사용 · 수익권을 포함한 완전한 소유권을 주장할 수 없다고 한 사례

쟁점정리

※ 소유권의 사용·수익 권능을 '대세적,영구적'으로 포기하는 것이 허용되는지 여부(소극)

"민법 제211조는 '소유자는 법률의 범위 내에서 그 소유물을 사용, 수익, 처분할 권리가 있다.'고 규정하고 있으므로, 소유자가 '채권적'으로 상대방에 대하여 사용 · 수익의 권능을 포기하거나 사용 · 수익권 행사에 제한을 설정하는 것 외에 소유권의 핵심적 권능에 속하는 배타적인 사용 · 수익 권능이 소유자에게 존재하지 아니한다고 하는 것은 물권법정주의에 반하여 특별한 사정이 없는 한 허용될 수 없다"(대판 2012.6.28. 2010다81049 등).

[판례해설] '배타적 사용수익권 포기'는 타인의 토지를 도로 등으로 무단점용하는 자에 대하여 토지소유자의 부당이득반환청구를 제약하기 위해 대법원이 창출한 독특한 개념인바, 이러한 법리의 유효범위는 부당이득의 반환에 한정되고, 소유권에 기한 방해배제청구, 즉 건물철거 및 토지인도청구에는 적용될 수 없다고 한다. 따라서 判例는 '배타적 사용수익권의 포기'를 소유권의 권능으로서의 사용수익권의 포기가 아닌 '채권적 포기'로 보고, 이것은 '사용대차'와 다름 아니라고 한다(위 2009다228,235 판결 등).

제2장 — 물권의 변동

부동산물권의 변동과 등기

1 ★ 식재된 입목은 명인방법을 실시해야 그 토지와 독립하여 소유권을 취득한다. 이는 토지와 분리하여 입목을 처분하는 경우뿐만 아니라, 입목의 소유권을 유보한 채 입목이 식재된 토지의 소유권을 이전하는 경우에도 마찬가지이다. ( )

판결요지

※ 입목과 토지를 분리하여 토지만 양도하기 위해 명인방법이 필요한지(적극)

"부동산의 소유자는 그 부동산에 부합한 물건의 소유권을 취득하지만, 타인의 권원에 의하여 부속된 것은 그러하지 아니하다(민법 제256조). 토지 위에 식재된 입목은 토지의 구성부분으로 토지의 일부일 뿐 독립한 물건으로 볼 수 없으므로 특별한 사정이 없는 한 토지에 부합하고, 토지의 소유자는 식재된 입목의 소유권을 취득한다. 토지 위에 식재된 입목을 그 토지와 독립하여 거래의 객체로 하기 위해서는 '입목에 관한 법률'에 따라 입목을 등기하거나 명인방법을 갖추어야 한다. 물권변동에 관한 성립요건주의를 채택하고 있는 민법에서 명인방법은 부동산의 등기 또는 동산의 인도와 같이 입목에 대하여 물권변동의 성립요건 또는 효력발생요건에 해당하므로 식재된 입목에 대하여 명인방법을 실시해야 그 토지와 독립하여 소유권을 취득한다. 이는 토지와 분리하여 입목을 처분하는 경우뿐만 아니라, 입목의 소유권을 유보한 채 입목이 식재된 토지의 소유권을 이전하는 경우에도 마찬가지이다"(대판 2021.8.19. 2020다266375).

정답 ○

2 저당권설정등기청구권을 보전하기 위한 처분금지가처분의 등기가 이미 되어 있는 부동산에 관하여 그 후 소유권이전등기나 처분제한의 등기 등이 이루어지고, 그 뒤 가처분채권자가 본안소송의 승소 확정으로 그 피보전권리 실현을 위한 저당권설정등기를 하는 경우, 가처분채권자의 권리 취득과 저촉되는 범위에서는 가처분등기 후에 등기된 권리의 취득이나 처분의 제한으로 가처분채권자에게 대항할 수 없고, 이러한 법리는 소유권이전청구권가등기 청구채권을 보전하기 위한 처분금지가처분의 등기가 마쳐진 부동산에 관하여 그 피보전권리 실현을 위한 가등기와 그에 의한 소유권이전의 본등기가 마쳐진 때에도 마찬가지로 적용되어야 한다. ( )

판결요지

※ 소유권이전청구권가등기 청구채권을 피보전권리로 한 처분금지가처분등기 및 그 피보전권리 실현을 위한 가등기와 본등기가 순차로 마쳐진 경우 본등기의 등기순위의 기준(가처분등기시)

"부동산에 관하여 처분금지가처분의 등기가 된 후에 가처분채권자가 본안소송에서 승소판결을 받아 확정되면 그 피보전권리의 범위 내에서 가처분 위반행위의 효력을 부정할 수 있고, 이때 그 처분행위가 가처분에 저촉되는 것인지의 여부는 그 처분행위에 따른 등기와 가처분등기의 선후에 의하여 정해진다(대판 2003.2.28. 2000다65802,65819 판결 참조). 이에 따라 대법원은 저당권설정등기청구권을 보전하기 위한 처분금지가처분의 등기가 이미 되어 있는 부동산에 관하여 그 후 소유권이전등기나 처분제한의 등기 등이 이루어지고, 그 뒤 가처분채권자가 본안소송의 승소 확정으로 그 피보전권리 실현을 위한 저당권설정등기를 하는 경우에, 가처분등기 후에 이루어진 위와 같은 소유권이전등기나 처분제한의 등기 등 자체가 가처분채권자의 권리 취득에 장애가 되는 것은 아니어서 그 등기가 말소되지는 않지만, 가처분채권자의 권리 취득과 저촉되는 범위에서는 가처분등기 후에 등기된 권리의 취득이나 처분의 제한으로 가처분채권자에게 대항할 수 없게 된다고 하였다(대판 2015.7.9. 2015다202360 판결 참조). 이러한 법리는 소유권이전청구권가등기 청구채권을 보전하기 위한 처분금지가처분의 등기가 마쳐진 부동산에 관하여 그 피보전권리 실현을 위한 가등기와 그에 의한 소유권이전의 본등기가 마쳐진 때에도 마찬가지로 적용되어야 한다"(대판 2022.6.30. 2018다276218).

[사실관계] 원고가 이 사건 토지에 대한 자신의 권리 확보를 위하여 피고의 구성원 법무사로부터 소유권이전청구권가등기 청구채권을 피보전권리로 한 처분금지가처분을 할 것을 조언 받고, 피고를 통해 가처분신청서를 작성하여 그 가처분등기를 마쳤으나, 원고는 위 가처분등기의 효력이 없어 손해를 입었다고 주장하면서 피고에게 손해배상을 구한 사건에서, 소유권이전청구권가등기 청구채권을 보전하기 위한 처분금지가처분의 등기가 마쳐진 부동산에 관하여 그 피보전권리 실현을 위한 가등기와 그에 의한 소유권이전의 본등기가 마쳐진 경우 가처분등기시를 기준으로 본등기의 효력이 있고, 법무사의 조언에 잘못이 없다고 보아, 피고의 과실을 인정하기 어렵다고 판단한 원심 판결을 수긍한 사례

정답 ○

3 ★ 甲과 乙은 甲 소유 A부동산에 관하여 매매계약을 체결하였고, 그 후 乙은 소유권이전등기를 마치지 않은 상태에서 丙과 A부동산에 관한 매매계약을 체결하였다. 甲, 乙, 丙 사이에 중간생략등기의 합의가 없는 경우 乙이 甲에 대한 A부동산의 소유권이전등기청구권을 丙에게 양도하고 이를 甲에게 '통지'하였다 하더라도, 甲이 이에 대해 동의 또는 승낙하지 않은 이상 丙은 甲에게 직접 소유권이전등기를 청구할 수는 없다. 19년 변호 ( )

3-1 ★★ 취득시효완성으로 인한 소유권이전등기청구권의 양도의 경우에는, 등기의무자의 동의 또는 승낙이 필요하다는 매매로 인한 소유권이전등기청구권의 양도제한의 법리가 적용되지 않는다.
22년 변호, 22년 1차모의 ( )

판결요지

"부동산매매계약에서 매도인과 매수인은 서로 동시이행관계에 있는 일정한 의무를 부담하므로 이행과정에 신뢰관계가 따른다. 특히 매도인으로서는 매매대금 지급을 위한 매수인의 자력, 신용 등 매수인이 누구인지에 따라 계약유지 여부를 달리 생각할 여지가 있다. 이러한 이유로 매매로 인한 소유권이전등기청구권의 양도는 특별한 사정이 없는 이상 양도가 제한되고 양도에 채무자의 승낙이나 동의를 요한다고 할 것이므로 통상의 채권양도와 달리 양도인의 채무자에 대한 통지만으로는 채무자에 대한 대항력이 생기지 않으며 반드시 채무자의 동의나 승낙을 받아야 대항력이 생긴다. 그러나 취득시효완성으로 인한 소유권이전등기청구권은 채권자와 채무자 사이에 아무런 계약관계나 신뢰관계가 없고, 그에 따라 채권자가 채무자에게 반대급부로 부담하여야 하는 의무도 없다. 따라서 취득시효완성으로 인한 소유권이전등기청구권의 양도의 경우에는 매매로 인한 소유권이전등기청구권에 관한 양도제한의 법리가 적용되지 않는다"(대판 2018.7.12. 2015다36167).

정답 ○

유 제

정답 ○

3-2 ★★ 부동산 명의신탁자가 유효한 명의신탁약정을 해지한 다음 제3자에게 '명의신탁 해지를 원인으로 한 소유권이전등기청구권'을 양도하였다고 하더라도 명의수탁자가 그 양도에 대하여 '동의하거나 승낙' 하지 않고 있다면 그 양수인은 위와 같은 소유권이전등기청구권을 양수하였다는 이유로 명의수탁자에 대하여 직접 소유권이전등기청구를 할 수 없다.

22년 2차모의 사례형, 23년 3차모의, 22년 법무사 ( )

판결요지

※ 명의수탁자의 동의·승낙 없이 명의신탁해지로 인한 소유권이전등기청구권을 양수받아 청구할 수 있는지 여부(소극)

"부동산이 전전 양도된 경우에 중간생략등기의 합의가 없는 한 그 최종 양수인은 최초 양도인에 대하여 직접 자기 명의로의 소유권이전등기를 청구할 수 없고, 부동산의 양도계약이 순차 이루어져 최종 양수인이 중간생략등기의 합의를 이유로 최초 양도인에게 직접 그 소유권이전등기청구권을 행사하기 위하여는 관계 당사자 전원의 의사 합치, 즉 중간생략등기에 대한 최초 양도인과 중간자의 동의가 있는 외에 최초 양도인과 최종 양수인 사이에도 그 중간등기 생략의 합의가 있었음이 요구된다. 그러므로 비록 최종 양수인이 중간자로부터 소유권이전등기청구권을 양도받았다 하더라도 최초 양도인이 그 양도에 대하여 동의하지 않고 있다면 최종 양수인은 최초 양도인에 대하여 채권양도를 원인으로 하여 소유권이전등기절차 이행을 청구할 수 없다(대판 1997.5.16. 97다485 판결 등 참조).

이와 같은 법리는 명의신탁자가 부동산에 관한 유효한 명의신탁약정을 해지한 후 이를 원인으로 한 소유권이전등기청구권을 양도한 경우에도 적용된다. 따라서 비록 부동산 명의신탁자가 명의신탁약정을 해지한 다음 제3자에게 '명의신탁 해지를 원인으로 한 소유권이전등기청구권'을 양도하였다고 하더라도 명의수탁자가 그 양도에 대하여 동의하거나 승낙하지 않고 있다면 그 양수인은 위와 같은 소유권이전등기청구권을 양수하였다는 이유로 명의수탁자에 대하여 직접 소유권이전등기청구를 할 수 없다"(대판 2021.6.3. 2018다280316).

정답 ○

4 지적공부상 면적의 표시가 잘못된 등록사항 정정 대상토지의 일부에 관하여 시효취득한 점유자는 토지소유자를 상대로 그 토지에 관하여 지적공부 등록사항 정정절차 이행을 청구할 수 있다. ( )

판결요지

"점유자가 지적공부 등록사항 정정절차 이행을 구할 수 없다고 본다면, 토지소유자가 지적공부 등록사항 정정신청
을 하지 않는 이상 점유자는 점유 부분에 관한 소유권을 이전받을 수 없게 되므로 점유취득시효가 완성됨에 따라
소유권이전등기청구권을 갖는 점유자의 법적 지위가 보장받지 못하게 되는 결과가 발생한다"(대판 2023.6.15. 2022다
303766).   정답 ○

[사실관계] 원심은, 원고가 점유취득시효 완성자의 지위에 있다는 사정만으로 피고에게 지적공부 등록사항 정정
절차의 협력을 구할 수는 없으며, 이 사건 토지의 분필을 전제로 하지 않은 현황측량 감정은 충분히 가능하므로
한국국토정보공사의 지적측량 거절이라는 사정만으로 피고의 지적공부 등록사항 정정절차 이행의무를 인정하기
어렵다고 판단하였다. 그러나 대법원은 이 사건 토지의 일부에 관하여 원고의 점유취득시효가 완성되었다면 이
사건 토지를 분할한 다음 점유 부분에 관한 소유권이전등기를 하여야 할 것인데, 이 사건 토지는 지적공부상 면적
의 표시가 잘못된 등록사항 정정 대상토지로 지적공부 등록사항 정정절차가 선행되어야 하며, 이러한 경우 원고는
피고를 상대로 지적공부 등록사항 정정절차를 이행을 구할 수 있다는 이유로, 원심판결을 파기·환송하였다.

5 부동산등기법 제23조 제4항에서 말하는 '등기절차의 이행을 명한 판결'은 주문에 반드시 등기절차
를 이행하라는 등기의무자의 등기신청 의사를 진술하는 내용 등이 포함되어 있어야 한다. ( )

5-1 소송서류 등이 공시송달의 방법으로 송달되어 확정된 제1심판결문을 기초로 등기권리자가 소유권
이전등기를 마쳤으나 이후 제기된 추후보완항소에서 제1심판결이 취소되고 등기권리자의 청구가
기각되었다면, 등기의무자로서는 이미 등기명의를 이전받은 등기권리자를 상대로 위 추후보완항소
절차에서 반소를 제기하거나 별도로 소를 제기하여 소유권이전등기의 말소등기절차를 구할 수 있
다.   ( )

판결요지

대판 2023.4.27. 2021다276225, 276232   정답 ○

6 ★ 토지에 관하여 점유취득시효 완성에 따라 소유권이전등기가 마쳐진 경우에도 적법한 등기원인에
따라 소유권을 취득한 것으로 추정되는 것은 마찬가지이므로, 제3자가 등기명의자의 취득시효 기간
중 일부 기간 동안 해당 토지 일부에 관하여 직접적·현실적인 점유를 한 사실이 있다는 사정만으로
등기의 추정력이 깨어진다거나 위 소유권이전등기가 원인무효의 등기가 된다고 볼 수는 없다. ( )

판결요지

"[1] 부동산에 관하여 소유권이전등기가 마쳐진 경우에 등기명의자는 그 전 소유자는 물론 제3자에 대하여도 적법
한 등기원인에 따라 소유권을 취득한 것으로 추정되므로 이를 다투는 측에서 무효사유를 주장·증명하여야 한다.
즉, 부동산등기는 그것이 형식적으로 존재하는 것 자체로부터 적법한 등기원인에 의하여 마쳐진 것으로 추정되고,
등기명의자가 등기부에 기재된 것과 다른 원인으로 등기 명의를 취득하였다고 주장하고 있지만 그 주장 사실이
인정되지 않는다 하더라도 그 자체로 등기의 추정력이 깨어진다고 할 수 없으므로, 그와 같은 경우에도 등기가
원인 없이 마쳐진 것이라고 주장하는 쪽에서 무효사유를 주장·증명할 책임을 지게 된다. 토지에 관하여 점유취득

시효 완성에 따라 소유권이전등기가 마쳐진 경우에도 적법한 등기원인에 따라 소유권을 취득한 것으로 추정되는 것은 마찬가지이므로, 제3자가 등기명의자의 취득시효 기간 중 일부 기간 동안 해당 토지 일부에 관하여 직접적·현실적인 점유를 한 사실이 있다는 사정만으로 등기의 추정력이 깨어진다거나 위 소유권이전등기가 원인무효의 등기가 된다고 볼 수는 없다.

[2] 등기원인의 존부에 관하여 분쟁이 발생하여 당사자 사이에 소송이 벌어짐에 따라 법원이 위 등기원인의 존재를 인정하면서 이에 기한 등기절차의 이행을 명하는 판결을 선고하고 그 판결이 확정됨에 따라 이에 기한 소유권이전등기가 마쳐진 경우, 그 등기원인에 기한 등기청구권은 법원의 판단에 의하여 당사자 사이에서 확정된 것임이 분명하고, 법원이나 제3자도 위 당사자 사이에 그러한 기판력이 발생하였다는 사실 자체는 부정할 수 없는 것이므로, 위 기판력이 미치지 아니하는 타인이 위 등기원인의 부존재를 이유로 확정판결에 기한 등기의 추정력을 번복하기 위해서는 일반적으로 등기의 추정력을 번복함에 있어서 요구되는 증명의 정도를 넘는 명백한 증거나 자료를 제출하여야 하고, 법원도 그러한 정도의 증명이 없는 한 확정판결에 기한 등기가 원인무효라고 단정하여서는 아니 된다"(대판 2023. 7. 13. 2023다223591, 223607). 정답 ○

제3장	기본물권

점유권

1 점유회수의 청구에 있어 물건에 대한 '점유'란 사회관념상 어떤 사람이 사실적으로 지배하고 있는 객관적 상태를 말하는 것으로서, 사실적 지배는 반드시 물건을 물리적, 현실적으로 지배하는 것만을 의미하는 것이 아니고, 그 인정 여부는 물건과 사람 사이의 시간적, 공간적 관계와 본권 관계, 타인 지배의 배제 가능성 등을 고려해서 사회관념에 따라 합목적적으로 판단해야 한다. 22년 법행 ( )

1-1 乙이 甲의 정당한 관리·보존 업무에 대해서 직접적이고 현실적인 방해 행위를 계속하는 경우 이에 대응하기 위해 甲이 지출한 비용 부분은 乙의 불법행위에 대한 통상손해에 해당한다. ( )

판결요지

※ 물건에 대한 점유의 의미 및 판단 기준

"물건에 대한 점유란 사회관념상 어떤 사람이 사실적으로 지배하고 있는 객관적 상태를 말하는 것으로서, 사실적 지배는 반드시 물건을 물리적, 현실적으로 지배하는 것만을 의미하는 것이 아니고, 그 인정 여부는 물건과 사람 사이의 시간적, 공간적 관계와 본권 관계, 타인 지배의 배제 가능성 등을 고려해서 사회관념에 따라 합목적적으로 판단해야 한다"(대판 2022. 2. 10. 2018다298799). 정답 ○

[사실관계] 수산업협동조합중앙회가 甲 주식회사에 수산물도매시장 건물을 임대하여 甲 회사가 시장 건물 내 점포를 상인에게 전대하는 등의 방법으로 시장을 관리·운영하던 중 시장 현대화 사업에 따라 새로운 시장이 준공되었고, 乙 등을 비롯한 구 시장 상인 일부가 현대화 시장 이전에 반대하는 단체를 구성하였는데, 수산업협동조합중앙회와 甲 회사가 乙 등을 상대로 구 시장 주차장 무단점유 및 구 시장 점포 반환거부, 공실 무단점유, 기물 파손과 무단 물품 적재 등을 이유로 손해배상을 구한 사안에서, 제반 사정에 비추어 乙 등은 수산업협동조합중앙회의 구 시장 주차장에 대한 사실적 지배를 적극적으로 배제하고 구 시장 주차장을 실질적으로 지배·관리하면서 사용·수익한 것으로 볼 수 있으며, 乙 등이 甲 회사의 정당한 관리·보존 업무에 대해서 직접적이고 현실적인 방해 행위를 계속하는 경우 이에 대응하기 위해 甲 회사가 지출한 비용 부분은 乙 등의 불법행위에 대한 통상손해로 인정함이 타당하다고 한 사례 유제 정답 ○

2 ★★ 점유를 침탈당한 자가 점유권에 기한 점유회수의 소를 제기하고, 본권자가 그 점유회수의 소가 인용될 것에 대비하여 본권에 기초한 장래이행의 소로서 별소를 제기한 경우, 양 청구가 모두 이유 있다면 법원은 점유권에 기초한 본소와 본권에 기초한 별소를 모두 인용해야 한다.
22년 1차 모의, 22년 법행 유사 ( )

판결요지

"점유권을 기초로 한 본소에 대하여 본권자가 본소청구의 인용에 대비하여 본권에 기초한 장래이행의 소로서 예비적 반소를 제기하고 양 청구가 모두 이유 있는 경우, 법원은 점유권에 기초한 본소와 본권에 기초한 예비적 반소를 모두 인용해야 하고 점유권에 기초한 본소를 본권에 관한 이유로 배척할 수 없다. 이러한 법리는 점유를 침탈당한 자가 점유권에 기한 점유회수의 소를 제기하고, 본권자가 그 점유회수의 소가 인용될 것에 대비하여 본권에 기초한 장래이행의 소로서 별소를 제기한 경우에도 마찬가지로 적용된다"(대판 2021. 3. 25. 2019다208441). 정답 ○

2-1 ★ 점유회수의 본소에 대하여 본권자가 소유권에 기한 인도를 구하는 반소를 제기하여 본소청구와 예비적 반소청구가 모두 인용되어 확정되면, 점유자는 본소 확정판결에 의하여 집행문을 부여받아 강제집행으로 물건의 점유를 회복할 수 있지만, 본권자는 위 <u>본소 집행 후</u> 집행문을 부여받아 비로소 반소 확정판결에 따른 강제집행으로 물건의 점유를 회복할 수 있다.   22년 1차 모의 (   )

2-2 ★ 토지 소유자가 무권원 점유자의 토지점유를 실력으로 빼앗아 점유자가 소유자를 상대로 제기한 점유권에 기한 본소와 소유자의 소유권에 기한 예비적 반소가 모두 이유가 있어 양 청구가 모두 인용·확정된 경우, 집행단계에서 점유권에 기한 본소 집행이 허용됨이 원칙이나, 점유자의 점유회수의 집행이 무의미한 점유상태의 변경을 반복하는 것에 불과하다면 본권자는 청구이의의 소를 통해서 점유권에 기한 강제집행을 저지할 수 있다.   (   )

[판결요지]

※ 1. 토지 소유자가 무권원 점유자의 토지점유를 실력으로 빼앗아 점유자가 소유자를 상대로 제기한 점유권에 기한 본소(민법 제204조의 점유물반환청구)와 소유자의 소유권에 기한 예비적 반소(민법 제213조의 소유물반환청구)가 모두 이유 있는 경우 법원이 취할 조치(=본소와 반소 모두 인용), 2. 양 청구가 모두 인용·확정된 경우 집행단계에서 점유권에 기한 본소 집행을 허용해야하는지 여부(=원칙적 긍정)

"<u>점유회수의 본소에 대하여 본권자가 소유권에 기한 인도를 구하는 반소를 제기하여 본소청구와 예비적 반소청구가 모두 인용되어 확정되면, 점유자가 본소 확정판결에 의하여 집행문을 부여받아 강제집행으로 물건의 점유를 회복할 수 있다. 본권자의 소유권에 기한 반소청구는 본소의 의무 실현을 정지조건으로 하므로, 본권자는 위 본소 집행 후 집행문을 부여받아 비로소 반소 확정판결에 따른 강제집행으로 물건의 점유를 회복할 수 있다.</u> 이러한 과정은 애당초 본권자가 허용되지 않는 자력구제로 점유를 회복한 데 따른 것으로 그 과정에서 본권자가 점유 침탈 중 설치한 장애물 등이 제거될 수 있다. 다만 점유자의 점유회수의 집행이 무의미한 점유상태의 변경을 반복하는 것에 불과할 뿐 아무런 실익이 없거나 본권자로 하여금 점유회수의 집행을 수인하도록 하는 것이 명백히 정의에 반하여 사회생활상 용인할 수 없다고 인정되는 경우, 또는 점유자가 점유권에 기한 본소 승소 확정판결을 장기간 강제집행하지 않음으로써 본권자의 예비적 반소 승소 확정판결까지 조건불성취로 강제집행에 나아갈 수 없게 되는 등 특별한 사정이 있다면 본권자는 점유자가 제기하여 승소한 본소 확정판결에 대한 청구이의의 소를 통해서 <u>점유권에 기한 강제집행을 저지할 수 있다</u>"(대판 2021.2.4. 2019다202795,202801) [유제 전부]   정답 ◯

|관련판례|

※ **점유권의 상호침탈**(제208조, 제209조)

원고 甲이 피고 乙소유 부동산을 무단으로 점유하고 있던 중 피고 乙이 원고 甲의 점유를 방해한 사안에서 <u>원고는 피고에게 점유권에 기하여 방해제거를 청구할 수 있다</u>고 하였다. 피고 乙은 그 부동산의 소유자라 하더라도 일단 원고 甲의 점유가 성립한 이상 실력으로 그 점유를 탈환하거나 방해할 수는 없다는 것을 근거로 하였다. <u>다만 피고는 원고에게 소유권에 기하여 그 부동산의 인도를 구하는 반소를 제기할 수 있고, 법원은 본소와 반소를 모두 인용하여야 한다</u>고 하였다(대판 1957.11.14. 4290민상454).

결국 사안에서 判例는 甲이 乙의 점유를 침탈한 후 乙이 甲의 점유를 탈환하거나 방해하면 甲은 乙을 상대로 점유물반환이나 방해제거를 청구할 수 있고(제204조, 제205조), 이때 乙은 소유권에 기한 항변을 할 수 없으나(제208조 2항), 반소로 소유권에 기한 반환청구를 할 수 있으며(제213조), 이 경우 법원은 甲의 점유권에 기한 '본소청구'와 乙의 소유권에 기한 '반소청구'를 모두 인용하는 판결을 하고, 집행단계에서 乙의 '본권에 기한 청구'(반소청구)를 우선하여 해결한다. 이점에 비추어 보면 제208조의 의의도 상당히 상실될 것이다.

2-3 ★ 상대방으로부터 점유를 위법하게 침탈당한 점유자가 상대방으로부터 점유를 탈환하였을 경우(이른바 '점유의 상호침탈'), 상대방은 자신의 점유가 침탈당하였음을 이유로 점유자를 상대로 민법 제204조 제1항에 따른 점유의 회수를 청구할 수 있다.   ( )

판결요지

※ 상대방으로부터 점유를 위법하게 침탈당한 점유자가 상대방으로부터 점유를 탈환한 이른바 '점유의 상호침탈'의 경우, 상대방이 자신의 점유가 침탈당하였음을 이유로 점유자를 상대로 민법 제204조 제1항에 따른 점유회수를 청구할 수 있는지 여부(원칙적 소극)

"상대방으로부터 점유를 위법하게 침탈당한 점유자가 상대방으로부터 점유를 탈환하였을 경우(이른바 '점유의 상호침탈'), 상대방의 점유회수청구가 받아들여지더라도 점유자가 상대방의 점유침탈을 문제삼아 점유회수청구권을 행사함으로써 다시 자신의 점유를 회복할 수 있다면 상대방의 점유회수청구를 인정하는 것이 무용할 수 있다. 따라서 이러한 경우 점유자의 점유탈환행위가 민법 제209조 제2항의 자력구제에 해당하지 않는다고 하더라도 특별한 사정이 없는 한 상대방은 자신의 점유가 침탈당하였음을 이유로 점유자를 상대로 민법 제204조 제1항에 따른 점유의 회수를 청구할 수 없다고 보는 것이 타당하다"(대판 2023.8.18. 2022다269675)   정답 ✕

3 ★★ 민법 제203조 제1항 단서에서 말하는 '점유자가 과실을 취득한 경우'란 점유자가 선의의 점유자로서 민법 제201조 제1항에 따라 과실수취권을 보유하고 있는 경우를 뜻한다고 보아야 한다. 선의의 점유자는 과실을 수취하므로 물건의 용익과 밀접한 관련을 가지는 비용인 통상의 필요비를 스스로 부담하는 것이 타당하기 때문이다. 따라서 과실수취권이 없는 악의의 점유자에 대해서는 위 단서 규정이 적용되지 않는다.   ( )

3-1 ★★ 부동산의 일부 지분 소유자가 다른 지분 소유자의 동의 없이 부동산을 다른 사람에게 임대하여 임대차보증금을 받았다면, 그로 인한 수익 중 자신의 지분을 초과하는 부분은 법률상 원인 없이 취득한 부당이득이 되고, 또한 다른 지분 소유자의 공유지분의 사용·수익을 침해한 불법행위가 성립된다. 다만 그 반환 또는 배상의 범위는 부동산 임대차로 인한 차임 상당액이고 부동산의 임대차보증금 자체에 대한 다른 지분 소유자의 지분비율 상당액을 구할 수는 없다.

22년 2차모의 기록형 ( )

판결요지

※ 1. 제203조 1항 단서가 악의의 점유자에게도 적용되어 무단점유자는 회복자에게 통상의 필요비 상환을 청구할 수 없는지 여부(소극), 2. 무단점유자가 수령한 임대차보증금 자체를 부당이득으로 볼 수 있는지 여부(소극)

"[1] 민법 제201조 제1항은 "선의의 점유자는 점유물의 과실을 취득한다."라고 정하고, 제2항은 "악의의 점유자는 수취한 과실을 반환하여야 하며 소비하였거나 과실로 인하여 훼손 또는 수취하지 못한 경우에는 그 과실의 대가를 보상하여야 한다."라고 정하고 있다. 민법 제203조 제1항은 "점유자가 점유물을 반환할 때에는 회복자에 대하여 점유물을 보존하기 위하여 지출한 금액 기타 필요비의 상환을 청구할 수 있다. 그러나 점유자가 과실을 취득한 경우에는 통상의 필요비는 청구하지 못한다."라고 정하고 있다. 위 규정을 체계적으로 해석하면 민법 제203조 제1항 단서에서 말하는 '점유자가 과실을 취득한 경우'란 점유자가 선의의 점유자로서 민법 제201조 제1항에 따라 과실수취권을 보유하고 있는 경우를 뜻한다고 보아야 한다. 선의의 점유자는 과실을 수취하므로 물건의 용익과 밀접한 관련을 가지는 비용인 통상의 필요비를 스스로 부담하는 것이 타당하기 때문이다. 따라서 과실수취권이 없는 악의의 점유자에 대해서는 위 단서 규정이 적용되지 않는다.   정답 ◯

[2] 부동산의 일부 지분 소유자가 다른 지분 소유자의 동의 없이 부동산을 다른 사람에게 임대하여 임대차보증금을 받았다면, 그로 인한 수익 중 자신의 지분을 초과하는 부분은 법률상 원인 없이 취득한 부당이득이 되어 다른 지분 소유자에게 이를 반환할 의무가 있다. 또한 이러한 무단 임대행위는 다른 지분 소유자의 공유지분의 사용·수익을 침해한 불법행위가 성립되어 그 손해를 배상할 의무가 있다. 다만 그 반환 또는 배상의 범위는 부동산 임대차로 인한 차임 상당액이고 부동산의 임대차보증금 자체에 대한 다른 지분 소유자의 지분비율 상당액을 구할 수는 없다"(대판 2021.4.29. 2018다261889). 유제   정답 ○

[판례해설] 원고가 피고의 건물 무단점유를 이유로 차임 상당액 이외에 피고가 임차인으로부터 받은 임대차보증금 자체를 부당이득으로 구하고, 피고는 자신이 지출한 관리비 등의 공제를 주장한 사건에서, 민법 제203조 제1항 단서가 악의의 점유자에게는 적용되지 않으므로 피고는 통상의 필요비 상환을 청구할 수 있고, 무단점유자가 수령한 임대차보증금 자체는 부당이득으로 볼 수 없다고 한 사례

4 ★ 점유자가 점유의 침탈을 당한 때에는 그 물건의 반환 및 손해의 배상을 청구할 수 있고, 위 청구권은 점유를 침탈당한 날부터 1년 내에 행사하여야 하므로, 점유를 침탈당한 자가 본권인 유치권 소멸에 따른 손해배상청구권을 행사하는 때에는 점유를 침탈당한 날부터 1년 내에 행사하여야 한다. 22년 법행, 23·24년변호 ( )

판결요지

※ 제204조 제3항에서 말하는 1년의 행사기간의 의미(=소를 제기하여야 하는 제척기간) 및 점유를 침탈당한 자가 본권인 유치권 소멸에 따른 손해배상청구권을 행사하는 경우, 위 조항이 적용되는지 여부(소극)

"민법 제204조에 따르면, 점유자가 점유의 침탈을 당한 때에는 그 물건의 반환 및 손해의 배상을 청구할 수 있고(제1항), 위 청구권은 점유를 침탈당한 날부터 1년 내에 행사하여야 하며(제3항), 여기서 말하는 1년의 행사기간은 제척기간으로서 소를 제기하여야 하는 기간을 말한다. 그런데 민법 제204조 제3항은 본권 침해로 발생한 손해배상청구권의 행사에는 적용되지 않으므로 점유를 침탈당한 자가 본권인 유치권 소멸에 따른 손해배상청구권을 행사하는 때에는 민법 제204조 제3항이 적용되지 아니하고, 점유를 침탈당한 날부터 1년 내에 행사할 것을 요하지 않는다"(대판 2021.8.19. 2021다213866). 정답 ✕

5 ★ 점유자가 점유물 반환 이외의 원인으로 물건의 점유자 지위를 잃어 소유자가 그를 상대로 물권적 청구권을 행사할 수 없게 되었다면, 그들은 더 이상 민법 제203조가 규율하는 점유자와 회복자의 관계에 있지 않으므로, 점유자는 위 조항을 근거로 비용상환청구권을 행사할 수 없고, 다만 비용 지출이 사무관리에 해당할 경우 그 상환을 청구하거나(민법 제739조), 자기가 지출한 비용으로 물건 소유자가 얻은 이득의 존재와 범위를 증명하여 반환청구권(민법 제741조)을 행사할 수 있을 뿐이다. ( )

판결요지

※ 점유자가 점유물 반환 이외의 원인으로 물건의 점유자 지위를 잃어 소유자가 그를 상대로 물권적 청구권을 행사할 수 없게 된 경우, 점유자가 민법 제203조를 근거로 비용상환청구권을 행사할 수 있는지 여부(소극)

"물건의 소유자는 적법한 점유 권한 없는 점유자를 상대로 물권적 청구권을 행사하여 반환을 청구할 수 있고(민법

제213조), 점유자는 점유물을 반환하거나 그 반환을 청구받은 때에 회복자에 대하여 자기가 거기에 지출한 필요비나 유익비의 상환을 청구할 수 있다(민법 제203조). 그러나 점유자가 점유물 반환 이외의 원인으로 물건의 점유자 지위를 잃어 소유자가 그를 상대로 물권적 청구권을 행사할 수 없게 되었다면, 그들은 더 이상 민법 제203조가 규율하는 점유자와 회복자의 관계에 있지 않으므로, 점유자는 위 조항을 근거로 비용상환청구권을 행사할 수 없고, 다만 비용 지출이 사무관리에 해당할 경우 그 상환을 청구하거나(민법 제739조), 자기가 지출한 비용으로 물건 소유자가 얻은 이득의 존재와 범위를 증명하여 반환청구권(민법 제741조)을 행사할 수 있을 뿐이다"(대판 2022.6.30. 2020다209815).   정답 ○

구분소유권

1 아파트 지하주차장은 아파트 구분소유자만의 공용에 제공되는 일부공용부분에 해당하므로, 甲 아파트 입주자대표회의가 지하주차장 진출입로에 자동차 번호판을 인식할 수 있는 차단기를 설치하여 사전에 번호를 등록한 입주자와 목적을 밝힌 방문자의 자동차만 출입하도록 하면서, 상가에 입점한 상인이나 고객 등의 자동차 출입은 제한한 행위는 정당하다.   (   )

[판결요지]

※ 집합건물의 어느 부분이 구분소유자 전원이나 일부의 공용에 제공되는지 판단하는 기준 / 이러한 법리는 여러 동의 집합건물로 이루어진 단지 내 특정 동의 건물부분으로서 구분소유의 대상이 아닌 부분의 소유권 귀속을 판단할 때에도 마찬가지로 적용되는지 여부(적극)

"집합건물 중 여러 개의 전유부분으로 통하는 복도, 계단, 그 밖에 구조상 구분소유자의 전원 또는 일부의 공용에 제공되는 건물부분과 규약이나 공정증서로 공용부분으로 정한 건물부분 등은 공용부분이다. 집합건물의 공용부분은 원칙적으로 구분소유자 전원의 공유에 속하지만, 일부 구분소유자에게만 공용에 제공되는 일부공용부분은 그들 구분소유자의 공유에 속한다(집합건물의 소유 및 관리에 관한 법률 제3조, 제10조 제1항).

건물의 어느 부분이 구분소유자 전원이나 일부의 공용에 제공되는지 여부는 일부공용부분이라는 취지가 등기되어 있거나 소유자의 합의가 있다면 그에 따르고, 그렇지 않다면 건물의 구조·용도·이용 상황, 설계도면, 분양계약서나 건축물대장의 공용부분 기재 내용 등을 종합하여 구분소유가 성립될 당시 건물의 구조에 따른 객관적인 용도에 따라 판단하여야 한다.

이러한 법리는 여러 동의 집합건물로 이루어진 단지 내 특정 동의 건물부분으로서 구분소유의 대상이 아닌 부분이 해당 단지 구분소유자 전원의 공유에 속하는지, 해당 동 구분소유자 등 일부 구분소유자만이 공유하는 것인지를 판단할 때에도 마찬가지로 적용된다"(대판 2022.1.13. 2020다278156).   정답 ○

[사실관계] 甲 아파트 입주자대표회의가 지하주차장 진출입로에 자동차 번호판을 인식할 수 있는 차단기를 설치하여 사전에 번호를 등록한 입주자와 목적을 밝힌 방문자의 자동차만 출입하도록 하면서, 상가에 입점한 상인이나 고객 등의 자동차 출입은 제한하자, 상가 구분소유자 乙 등이 甲 아파트 입주자대표회의를 상대로 지하주차장 이용 방해 행위 금지 등을 구한 사안에서, 지하주차장이 아파트 구분소유자만의 공용에 제공되는 일부공용부분이라고 보아 乙 등의 청구를 배척한 원심판결이 정당하다고 한 사례

2 1동의 건물에 대하여 구분소유가 성립하기 위해서는 객관적·물리적인 측면에서 1동의 건물이 존재하고 구분된 건물부분이 구조상·이용상 독립성을 갖추어야 할 뿐 아니라 1동의 건물 중 물리적으로 구획된 건물부분을 각각 구분소유권의 객체로 하려는 구분행위가 있어야 한다.   21년 법무사( )

[판결요지]

※ 1. 부동산처분금지가처분등기보다 먼저 마쳐진 가등기에 의하여 본등기가 마쳐진 경우, 본등기가 가처분등기 후에 마쳐졌더라도 채무자가 채권자에게 대항할 수 있는지 여부(적극) / 가처분등기보다 먼저 설정등기가 마쳐진 근저당권이 소멸되는 경매절차에서의 매각으로 채무자가 건물 소유권을 상실한 경우, 채권자가 가처분의 효력을 내세워 채무자가 여전히 건물을 처분할 수 있는 지위에 있다고 주장할 수 있는지 여부(소극) / 압류나 근저당권설정등기 이후에 마쳐진 가처분등기가 경매절차 매각대금 지급 후에도 말소되지 않은 채 남아 있다고 해서 채무자가 여전히 건물을 처분할 수 있는 지위에 있는지 여부(소극) 2. 구분소유가 성립하기 전의 집합건물의 대지에 관하여 대지사용권의 분리처분을 금지하는 집합건물의 소유 및 관리에 관한 법률 제20조가 적용되는지 여부(소극) / 1동의 건물에 대하여 구분소유가 성립하기 위한 요건 / 구분소유가 성립하기 전에 대지에 관하여만 근저당권이 설정되었다가 구분소유가 성립하여 대지사용권이 성립되었더라도 이미 설정된 근저당권 실행으로 대지가 매각됨으로써 전유부분으로부터 분리처분된 경우, 전유부분을 위한 대지사용권이 소멸하는지 여부(적극)

"[1] 부동산처분금지가처분은 부동산에 대한 채무자의 소유권이전, 저당권, 전세권, 임차권의 설정 그 밖의 일체의 처분행위를 금지하는 가처분으로서, 자기 소유 토지 위에 채무자 소유 건물에 대한 철거청구권, 즉 방해배제청구권의 보전을 위해서도 할 수 있다. 채무자 소유 건물에 대한 철거청구권을 피보전권리로 한 가처분에도 불구하고 채무자가 건물을 처분하였을 때에는 이를 채권자에게 대항할 수 없으므로 채권자에 대한 관계에 있어서 채무자가 여전히 그 건물을 처분할 수 있는 지위에 있다고 볼 수 있다.처분행위가 가처분에 저촉되는지 여부는 그 처분행위에 따른 등기와 가처분등기의 선후에 따라 정해진다.

그런데 가등기는 본등기 순위보전의 효력이 있기 때문에, 가처분등기보다 먼저 마쳐진 가등기에 의하여 본등기가 마쳐진 경우에는 그 본등기가 설사 가처분등기 후에 마쳐졌더라도 채권자에게 대항할 수 있다.

또한 근저당권이 소멸되는 경매절차에서 부동산이 매각된 경우에는 근저당권설정등기와 가처분등기의 선후에 따라 채무자가 채권자에게 대항할 수 있는지 여부가 정해진다. 따라서 가처분등기보다 먼저 설정등기가 마쳐진 근저당권이 소멸되는 경매절차에서의 매각으로 채무자가 건물 소유권을 상실한 경우에는 채권자로서도 가처분 효력을 내세워 채무자가 여전히 그 건물을 처분할 수 있는 지위에 있다고 주장할 수 없다.

한편 경매절차에서 매각대금이 지급되면 법원사무관 등은 매수인 앞으로 소유권을 이전하는 등기와 함께 매수인이 인수하지 아니한 부동산의 부담에 관한 기입을 말소하는 등기 등도 촉탁하여야 하는데(민사집행법 제144조 제1항), 이때 토지 소유자가 그 소유 토지 위에 채무자 소유 건물 철거청구권을 보전하기 위하여 건물에 대한 처분금지가처분으로 마쳐진 가처분등기는, 건물에 관한 압류 또는 근저당권설정등기 이후에 마쳐졌더라도 말소되지 않은 채 남아 있지만, 이는 위 가처분이 건물 자체에 대한 어떠한 권리를 보전하기 위한 것이 아니기 때문이다. 위와 같이 압류나 근저당권설정등기 이후에 마쳐진 위 가처분등기가 경매절차 매각대금 지급 후에도 말소되지 않은 채 남아 있다고 해서 채무자가 여전히 그 건물을 처분할 수 있는 지위에 있다고 볼 수는 없다.

[2] 집합건물의 소유 및 관리에 관한 법률 제20조에 따라 분리처분이 금지되는 대지사용권이란 구분소유자가 전유부분을 소유하기 위하여 건물의 대지에 대하여 가지는 권리로서, 구분소유의 성립을 전제로 한다. 따라서 구분소유가 성립하기 전에는 집합건물의 대지에 관하여 분리처분금지 규정이 적용되지 않는다. <u>1동의 건물에 대하여 구분소유가 성립하기 위해서는 객관적·물리적인 측면에서 1동의 건물이 존재하고 구분된 건물부분이 구조상·이용상 독립성을 갖추어야 할 뿐 아니라 1동의 건물 중 물리적으로 구획된 건물부분을 각각 구분소유권의 객체로 하려</u>

는 구분행위가 있어야 한다. 여기서 구분행위는 건물의 물리적 형질을 변경하지 않고 그 건물의 특정 부분을 구분하여 별개의 소유권의 객체로 하려는 법률행위로서, 그 시기나 방식에 특별한 제한이 있는 것은 아니고 처분권자의 구분의사가 객관적으로 외부에 표시되면 충분하다. 구분건물이 물리적으로 완성되기 전에도 건축허가신청이나 분양계약 등을 통하여 장래 신축되는 건물을 구분건물로 하겠다는 구분의사가 객관적으로 표시되면 구분행위의 존재를 인정할 수 있다. 그러나 그 구조와 형태 등이 1동의 건물로서 완성되고 구분행위에 상응하는 구분건물이 객관적·물리적으로 완성되어야 그 시점에 구분소유가 성립한다. 구분소유가 성립하기 전에 대지에 관하여만 근저당권이 설정되었다가 구분소유가 성립하여 대지사용권이 성립되었더라도 이미 설정된 그 근저당권 실행으로 대지가 매각됨으로써 전유부분으로부터 분리처분된 경우에는 그 전유부분을 위한 대지사용권이 소멸하게 된다"(대판 2022.3.31. 2017다9121, 2017다9138). **정답** ○

3 ★ 상가건물 구분소유자가 그 건물 1층의 복도와 로비를 무단으로 점유하여 자신의 영업장 내부공간인 것처럼 사용하고 있는 경우 그 구분소유자에게 부당이득반환의무가 인정된다. ( )

[판결요지]

※ 구분소유자가 집합건물의 공용부분을 정당한 권원 없이 배타적으로 점유·사용하는 경우 부당이득이 성립하는지 여부(적극)

"1. 구분소유자 중 일부가 정당한 권원 없이 집합건물의 복도, 계단 등과 같은 공용부분을 배타적으로 점유·사용함으로써 이익을 얻고, 그로 인하여 다른 구분소유자들이 해당 공용부분을 사용할 수 없게 되었다면, 공용부분을 무단점유한 구분소유자는 특별한 사정이 없는 한 해당 공용부분을 점유·사용함으로써 얻은 이익을 부당이득으로 반환할 의무가 있다. 해당 공용부분이 구조상 이를 별개 용도로 사용하거나 다른 목적으로 임대할 수 있는 대상이 아니더라도, 무단점유로 인하여 다른 구분소유자들이 해당 공용부분을 사용·수익할 권리가 침해되었고 이는 그 자체로 민법 제741조에서 정한 손해로 볼 수 있다.

2. 이러한 법리는 구분소유자가 아닌 제3자가 집합건물의 공용부분을 정당한 권원 없이 배타적으로 점유·사용하는 경우에도 마찬가지로 적용된다.

이와 달리 집합건물의 복도, 계단 등과 같은 공용부분은 구조상 이를 점포로 사용하는 등 별개의 용도로 사용하거나 그와 같은 목적으로 임대할 수 있는 대상이 아니므로 특별한 사정이 없는 한 구분소유자 중 일부나 제3자가 정당한 권원 없이 이를 점유·사용하였더라도 이로 인하여 다른 구분소유자에게 차임 상당의 이익을 상실하는 손해가 발생하였다고 볼 수 없다고 하여 부당이득이 성립하지 않는다고 판시한 대판 1998.2.10. 96다42277,96다42284, 대판 2005.6.24. 2004다30279, 대판 2014.7.24. 2014다202608 등을 비롯하여 같은 취지의 대법원판결들은 이 판결의 견해에 배치되는 범위에서 이를 모두 변경하기로 한다"(대판 2020.5.21. 전합2017다220744). **정답** ○

[사실관계] 원고는 상가건물의 관리단이고 피고는 상가건물 1층 상가의 구분소유자로서 그곳에서 골프연습장을 운영하면서 1층 복도와 로비를 점유하여 골프연습장의 내부공간인 것처럼 사용하자 원고가 피고에게 복도와 로비의 인도청구와 함께 이 부분의 점유·사용에 따른 부당이득반환을 청구한 사례.

대법원은, ① 피고가 이 사건 복도와 로비를 배타적으로 점유·사용함으로써 이익을 얻었고 상가건물의 다른 구분소유자들은 이 사건 복도와 로비를 전혀 사용하지 못하게 되는 손해가 발생하였으므로 이로써 부당이득이 성립하고, ② 이 사건 복도와 로비를 다른 용도로 사용할 수 있는지 임대할 수 있는지는 부당이득의 성립과 관련이 없으며, ③ 일반적으로 부동산의 무단 점유·사용에 대하여 차임 상당액을 부당이득으로 인정하는 이유는 해당 부동산의 점유·사용으로 인한 이익을 객관적으로 평가할 때 그 부동산 사용에 관하여 약정되었을 대가로 산정하는 것이 합리적이기 때문이지 해당 부동산이 임대가능하기 때문이 아니라는 이유 등을 들어 종전 선례를 변경하고, 종전 선례에 따라 원고의 부당이득반환청구를 기각한 원심판결을 파기(일부)하였음

3-1 ★ 구분소유자 중 일부가 정당한 권원 없이 집합건물의 복도, 계단 등과 같은 공용부분을 배타적으로 점유·사용함으로써 이익을 얻은 경우, <u>공용부분은 구조상 별개의 용도로 사용하거나 임대할 수 없으므로 무단점유한 구분소유자는 특별한 사정이 없는 한 해당 공용부분을 점유·사용함으로써 얻은 이익을 부당이득으로 반환할 의무가 없다.</u> 21년 3차모의 (   )

판결요지

"구분소유자 중 일부가 정당한 권원 없이 집합건물의 복도, 계단 등과 같은 공용부분을 배타적으로 점유·사용함으로써 이익을 얻고, 그로 인하여 다른 구분소유자들이 해당 공용부분을 사용할 수 없게 되었다면, 공용부분을 무단점유한 구분소유자는 특별한 사정이 없는 한 해당 공용부분을 점유·사용함으로써 얻은 이익을 부당이득으로 반환할 의무가 있다. 해당 공용부분이 구조상 이를 별개 용도로 사용하거나 다른 목적으로 임대할 수 있는 대상이 아니더라도, 무단점유로 인하여 다른 구분소유자들이 해당 공용부분을 사용·수익할 권리가 침해되었다면 이는 그 자체로 민법 제741조에서 정한 손해로 볼 수 있다"(대판 2020.6.25. 2017다207727) 정답 ✕

4 집합건물에서 전유부분 면적 비율에 상응하는 적정 대지지분을 가진 구분소유자는 그 대지 전부를 용도에 따라 사용·수익할 수 있는 적법한 권원을 가지므로, 구분소유자 아닌 대지 공유자는 그 대지 공유지분권에 기초하여 적정 대지지분을 가진 구분소유자를 상대로는 대지의 사용·수익에 따른 부당이득반환을 청구할 수 없다. (   )

판결요지

※ 집합건물의 구분소유자가 아닌 대지 공유자가 대지 공유지분권에 기초하여 적정 대지지분을 가진 구분소유자를 상대로 대지의 사용·수익에 따른 부당이득반환을 청구할 수 있는지 여부(소극)
"공유자는 공유물 전부를 지분의 비율로 사용·수익할 수 있으므로 공유토지의 일부를 배타적으로 점유하면서 사용·수익하는 공유자는 그가 보유한 공유지분의 비율에 관계없이 다른 공유자에 대하여 부당이득반환의무를 부담한다. 그런데 일반 건물에서 대지를 사용·수익할 권원이 건물의 소유권과 별개로 존재하는 것과는 달리, 집합건물의 경우에는 대지사용권인 대지지분이 구분소유권의 목적인 전유부분에 종속되어 일체화되는 관계에 있으므로, 집합건물 대지의 공유관계에서는 이와 같은 민법상 공유물에 관한 일반 법리가 그대로 적용될 수 없고, 이는 대지 공유자들 중 구분소유자 아닌 사람이 있더라도 마찬가지이다.
<u>집합건물에서 전유부분 면적 비율에 상응하는 적정 대지지분을 가진 구분소유자는 그 대지 전부를 용도에 따라 사용·수익할 수 있는 적법한 권원을 가지므로, 구분소유자 아닌 대지 공유자는 그 대지 공유지분권에 기초하여 적정 대지지분을 가진 구분소유자를 상대로는 대지의 사용·수익에 따른 부당이득반환을 청구할 수 없다</u>"(대판 2022.8.25. 전합2017다257067). 정답 ◯

[사실관계] 원고는 그 소유 주택이 침범한 인접 토지 소수지분권자인 피고에게 점유로 얻은 부당이득을 반환하라는 판결을 받았는데, 그 후 원고가 과반수 지분권을 취득함으로써 관리행위로 위 토지를 점유할 수 있게 되었지만 피고가 그 부분을 사용·수익하지 못하는 한 부당이득반환의무는 계속되므로 종전 판결의 집행력 소멸 사유가 되지 않는다고 보아, 종전 판결 중 부당이득반환 부분에 대한 집행력 배제 청구를 전부 인용한 원심판결을 파기하고 자판한 사례

[동지판례] ※ 집합건물의 구분소유자가 아닌 대지 공유자가 적정 대지 지분을 소유한 건물 구분소유자들을 상대로 각 소유기간별 전유부분 면적 비율에 따른 대지 사용·수익 부당이득반환을 청구할 수 있는지

여부(소극)

"공유자는 공유물 전부를 지분의 비율로 사용·수익할 수 있으므로 공유토지의 일부를 배타적으로 점유하면서 사용·수익하는 공유자는 그가 보유한 공유지분의 비율에 관계없이 다른 공유자에 대하여 부당이득반환의무를 부담한다. 그런데 일반 건물에서 대지를 사용·수익할 권원이 건물의 소유권과 별개로 존재하는 것과는 달리, 집합건물의 경우에는 대지사용권인 대지지분이 구분소유권의 목적인 전유부분에 종속되어 일체화되는 관계에 있으므로, 집합건물 대지의 공유관계에서는 이와 같은 민법상 공유물에 관한 일반 법리가 그대로 적용될 수 없고, 이는 대지 공유자들 중 구분소유자 아닌 사람이 있더라도 마찬가지이다.

집합건물에서 전유부분 면적 비율에 상응하는 적정 대지지분을 가진 구분소유자는 그 대지 전부를 용도에 따라 사용·수익할 수 있는 적법한 권원을 가지므로, 구분소유자 아닌 대지 공유자는 그 대지 공유지분권에 기초하여 적정 대지지분을 가진 구분소유자를 상대로는 대지의 사용·수익에 따른 부당이득반환을 청구할 수 없다고 봄이 타당하다"(대판 2022.9.29. 2022다228674).

5 관리단은 관리단집회의 결의나 규약에서 정한 바에 따라 집합건물의 공용부분이나 대지를 정당한 권원 없이 점유하는 사람에 대하여 부당이득의 반환에 관한 소송을 할 수 있다.　　　　　　(　)

[판결요지]

※ 1. 집합건물의 관리단이 집합건물의 공용부분이나 대지를 무단으로 점유하는 사람을 상대로 부당이득 반환청구를 하기 위한 요건(관리단집회의 결의나 규약에서 정하는 바에 따름), 2. 집합건물 관리단이 집합건물의 공용부분의 관리에 관한 사항을 타인에게 위임할 수 있는지(적극), 위임하는 방법, 집합건물 관리단이 관리단 집회결의로 타인에게 공용부분 관리를 위임하고 수임인이 소 제기를 결정한 경우 소제기에 관한 관리단 집회결의가 있다고 볼 수 있는지(적극)

"[1] 정당한 권원 없는 사람이 집합건물의 공용부분이나 대지를 점유·사용함으로써 이익을 얻고, 구분소유자들이 해당 부분을 사용할 수 없게 되어 부당이득반환을 구하는 법률관계는 구분소유자의 공유지분권에 기초한 것이어서 그에 대한 소송은 1차적으로 구분소유자가 각각 또는 전원의 이름으로 할 수 있다. 한편 관리단은 집합건물에 대하여 구분소유 관계가 성립되면 건물과 그 대지 및 부속시설의 관리에 관한 사업의 시행을 목적으로 당연히 설립된다. 관리단은 건물의 관리 및 사용에 관한 공동이익을 위하여 필요한 구분소유자의 권리와 의무를 선량한 관리자의 주의의무로 행사하거나 이행하여야 하고, 관리인을 대표자로 하여 관리단집회의 결의 또는 규약에서 정하는 바에 따라 공용부분의 관리에 관한 사항에 관련된 재판상 또는 재판 외의 행위를 할 수 있다(집합건물의 소유 및 관리에 관한 법률 제16조, 제23조, 제23조의2, 제25조 참조). 따라서 관리단은 관리단집회의 결의나 규약에서 정한 바에 따라 집합건물의 공용부분이나 대지를 정당한 권원 없이 점유하는 사람에 대하여 부당이득의 반환에 관한 소송을 할 수 있다.

[2] 집합건물의 공용부분 변경에 관한 업무는 구분소유자 전원으로 법률상 당연하게 성립하는 관리단에 귀속되고, 그 변경에 관한 사항은 관리단집회에서의 구분소유자 및 의결권의 각 3분의 2 이상의 결의[집합건물의 소유 및 관리에 관한 법률(이하 '집합건물법'이라 한다) 제15조 제1항] 또는 구분소유자 및 의결권의 각 5분의 4 이상의 서면이나 전자적 방법 등에 의한 합의(집합건물법 제41조 제1항)로써 결정하는 것이므로, 집합건물의 관리단은 위와 같은 방법에 의한 결정으로 구분소유자들의 비용 부담 아래 공용부분 변경에 관한 업무를 직접 수행할 수 있음은 물론 타인에게 위임하여 처리할 수도 있다. 이와 같은 법리는 관리단이 집합건물의 공용부분 관리에 관한 업무로서 공용부분이나 대지를 정당한 권원 없이 점유하는 사람에 대하여 부당이득반환을 청구하는 경우에도 마찬가지

이다. 한편 위와 같은 공용부분 변경에 관한 사항 등을 제외한 공용부분의 관리에 관한 사항은 통상의 집회결의로 써 결정하므로(집합건물법 제16조 제1항), 관리단은 통상의 집회결의로써 타인에게 공용부분 관리에 관한 사항을 위임할 수 있다"(대판 2022.9.29. 2021다292425). **정답 ○**

6 ★ 1동의 집합건물 중 일부 전유부분만을 떼어내거나 철거하는 것은 사실상 불가능하지만, 구분소 유자 전체를 상대로 각 전유부분과 공용부분의 철거 판결을 받거나 동의를 얻는 등으로 집합건물 전체를 철거하는 것은 가능하고 이와 같은 철거 청구가 구분소유자 전원을 공동피고로 해야 하는 필수적 공동소송이라고 할 수 없으므로, 일부 전유부분만을 철거하는 것이 사실상 불가능하다는 사 정은 집행 개시의 장애요건에 불과할 뿐 철거 청구를 기각할 사유에 해당하지 않는다.

22년 법원직 ( )

[판결요지]

※ 1. 집합건물 전체가 아닌 일부 전유부분의 철거를 명할 수 있는지 여부(적극), 2. 대지 지분 소유자가 일부 전유부분의 철거를 청구하는 것이 권리남용에 해당하는지 여부(소극)

"1. 1동의 집합건물의 구분소유자들은 그 전유부분을 구분소유하면서 건물의 대지 전체를 공동으로 점유·사용하 는 것이므로(대판 2014.9.4. 2012다7670 판결 등 참조), 대지 소유자는 대지사용권 없이 전유부분을 소유하면서 대지를 무단 점유하는 구분소유자에 대하여 그 전유부분의 철거를 구할 수 있다(대판 1996.11.29. 95다40465 판결 등 참조). 집합 건물은 건물 내부를 (구조상·이용상 독립성을 갖춘) 여러 개의 부분으로 구분하여 독립된 소유권의 객체로 하는 것일 뿐 1동의 건물 자체는 일체로서 건축되어 전체 건물이 존립과 유지에 있어 불가분의 일체를 이루는 것이므 로, 1동의 집합건물 중 일부 전유부분만을 떼어내거나 철거하는 것은 사실상 불가능하다. 그러나 구분소유자 전체 를 상대로 각 전유부분과 공용부분의 철거 판결을 받거나 동의를 얻는 등으로 집합건물 전체를 철거하는 것은 가 능하고 이와 같은 철거 청구가 구분소유자 전원을 공동피고로 해야 하는 필수적 공동소송이라고 할 수 없으므로, 일부 전유부분만을 철거하는 것이 사실상 불가능하다는 사정은 집행 개시의 장애요건에 불과할 뿐 철거 청구를 기각할 사유에 해당하지 않는다(대판 2011.9.8. 2011다23125 판결 참조).

2. 집합건물 대지의 소유자는 대지사용권을 갖지 아니한 구분소유자에 대하여 전유부분의 철거를 구할 수 있고, 일부 전유부분만의 철거가 사실상 불가능하다고 하더라도 이는 집행개시의 장애요건에 불과할 뿐이어서 대지 소 유자의 건물 철거청구가 권리남용에 해당한다고 볼 수 없다(대판 2011.9.8. 2010다18447 판결 참조)"(대판 2021.7.8. 2017다 204247). **정답 ○**

[사실관계] 집합건물 대지의 일부 지분(다른 대지지분은 모두 집합건물 구분소유자들이 대지권으로 보유하고 있 음)을 경락받은 원고가 위 대지지분과 상호 관련된 구분건물을 소유한 피고에게 구분건물 철거 및 토지 인도를 구한 사건에서, 그 청구를 받아들이고 원고의 철거 청구가 신의칙 위반 내지 권리남용에 해당한다고 보기 어렵다 고 본 원심의 판단을 수긍하여 상고기각한 사례

7 집합건물에서 전유부분 면적 비율에 상응하는 적정 대지지분을 가진 구분소유자는 그 대지 전부를 용도에 따라 사용·수익할 수 있는 적법한 권원을 가지므로, 구분소유자 아닌 대지 공유자는 그 대 지 공유지분권에 기초하여 적정 대지지분을 가진 구분소유자를 상대로는 대지의 사용·수익에 따른 부당이득반환을 청구할 수 없다. ( )

판결요지

※ 집합건물의 구분소유자가 아닌 대지 공유자가 대지 공유지분권에 기초하여 적정 대지지분을 가진 구분소유자를 상대로 대지의 사용·수익에 따른 부당이득반환을 청구할 수 있는지 여부(소극)

"공유자는 공유물 전부를 지분의 비율로 사용·수익할 수 있으므로 공유토지의 일부를 배타적으로 점유하면서 사용·수익하는 공유자는 그가 보유한 공유지분의 비율에 관계없이 다른 공유자에 대하여 부당이득반환의무를 부담한다. 그런데 일반 건물에서 대지를 사용·수익할 권원이 건물의 소유권과 별개로 존재하는 것과는 달리, 집합건물의 경우에는 대지사용권인 대지지분이 구분소유권의 목적인 전유부분에 종속되어 일체화되는 관계에 있으므로, 집합건물 대지의 공유관계에서는 이와 같은 민법상 공유물에 관한 일반 법리가 그대로 적용될 수 없고, 이는 대지 공유자들 중 구분소유자 아닌 사람이 있더라도 마찬가지이다.

집합건물에서 전유부분 면적 비율에 상응하는 적정 대지지분을 가진 구분소유자는 그 대지 전부를 용도에 따라 사용·수익할 수 있는 적법한 권원을 가지므로, 구분소유자 아닌 대지 공유자는 그 대지 공유지분권에 기초하여 적정 대지지분을 가진 구분소유자를 상대로는 대지의 사용·수익에 따른 부당이득반환을 청구할 수 없다"(대판 2022.8.25. 전합2017다257067).

정답 ○

[사실관계] 원고는 그 소유 주택이 침범한 인접 토지 소수지분권자인 피고에게 점유로 얻은 부당이득을 반환하라는 판결을 받았는데, 그 후 원고가 과반수 지분권을 취득함으로써 관리행위로 위 토지를 점유할 수 있게 되었지만 피고가 그 부분을 사용·수익하지 못하는 한 부당이득반환의무는 계속되므로 종전 판결의 집행력 소멸 사유가 되지 않는다고 보아, 종전 판결 중 부당이득반환 부분에 대한 집행력 배제 청구를 전부 인용한 원심판결을 파기하고 자판한 사례

[동지판례] ※ 집합건물의 구분소유자가 아닌 대지 공유자가 적정 대지 지분을 소유한 건물 구분소유자들을 상대로 각 소유기간별 전유부분 면적 비율에 따른 대지 사용-수익 부당이득반환을 청구할 수 있는지 여부(소극)

"공유자는 공유물 전부를 지분의 비율로 사용-수익할 수 있으므로 공유토지의 일부를 배타적으로 점유하면서 사용-수익하는 공유자는 그가 보유한 공유지분의 비율에 관계없이 다른 공유자에 대하여 부당이득반환의무를 부담한다. 그런데 일반 건물에서 대지를 사용-수익할 권원이 건물의 소유권과 별개로 존재하는 것과는 달리, 집합건물의 경우에는 대지사용권인 대지지분이 구분소유권의 목적인 전유부분에 종속되어 일체화되는 관계에 있으므로, 집합건물 대지의 공유관계에서는 이와 같은 민법상 공유물에 관한 일반 법리가 그대로 적용될 수 없고, 이는 대지 공유자들 중 구분소유자 아닌 사람이 있더라도 마찬가지이다.

집합건물에서 전유부분 면적 비율에 상응하는 적정 대지지분을 가진 구분소유자는 그 대지 전부를 용도에 따라 사용-수익할 수 있는 적법한 권원을 가지므로, 구분소유자 아닌 대지 공유자는 그 대지 공유지분권에 기초하여 적정 대지지분을 가진 구분소유자를 상대로는 대지의 사용-수익에 따른 부당이득반환을 청구할 수 없다고 봄이 타당하다"(대판 2022.9.29. 2022다228674).

7-1 그러나 적정 대지지분보다 부족한 대지 공유지분(이하 '과소 대지지분'이라 한다)을 가진 구분소유자는, 특별한 사정이 없는 한, 구분소유자 아닌 대지공유자에 대하여 적정 대지지분에서 부족한 지분의 비율에 해당하는 차임 상당의 부당이득반환의무를 부담한다.　　　　　　　　（　　）

※ 과소 대지지분을 가진 구분소유자가 구분소유자 아닌 대지 공유자에 대하여 대지의 사용·수익에 따른 부당이득반환의무를 부담하는지 여부(원칙적 적극)

"그러나 적정 대지지분보다 부족한 대지 공유지분(이하 '과소 대지지분'이라 한다)을 가진 구분소유자는, 과소 대지

지분이 적정 대지지분에 매우 근소하게 부족하여 그에 대한 부당이득반환청구가 신의성실의 원칙에 반한다고 볼 수 있는 경우, 구분건물의 분양 당시 분양자로부터 과소 대지지분만을 이전받으면서 건물 대지를 무상으로 사용할 수 있는 권한을 부여받았고 이러한 약정이 분양자의 대지지분을 특정승계한 사람에게 승계된 것으로 볼 수 있는 경우, 또는 과소 대지지분에 기하여 전유부분을 계속 소유·사용하는 현재의 사실상태가 장기간 묵인되어온 경우 등과 같은 특별한 사정이 없는 한, 구분소유자 아닌 대지공유자에 대하여 적정 대지지분에서 부족한 지분의 비율에 해당하는 차임 상당의 부당이득반환의무를 부담한다고 봄이 타당하다"(대판 2023.9.14. 2016다12823).

정답 ○

7-2 이때 구분소유자가 적정 대지지분을 소유하였는지 여부나 과소 대지지분권자로서 구분소유자 아닌 대지공유자에 대하여 부당이득반환의무를 부담하는지 여부 및 그 범위는 구분소유권별로 판단하여야 하고, 이는 특정 구분소유자가 복수의 구분소유권을 보유한 경우에도 마찬가지이므로 특별한 사정이 없는 한 복수의 구분소유권에 관한 전체 대지지분을 기준으로 이를 판단하여서는 아니 된다.

( )

관련판례

※ 집합건물의 구분소유자들이 건물의 대지 중 일부 지분만 가지고 있고 구분소유자 아닌 대지공유자가 나머지 지분을 가진 경우, 구분소유자 중 자신의 전유부분 면적 비율에 상응하는 적정 대지지분보다 부족한 대지지분을 가진 구분소유자는 구분소유자 아닌 대지공유자에게 적정 대지지분에서 부족한 지분의 비율에 해당하는 차임 상당의 부당이득반환의무를 부담하는지 여부(원칙적 적극) / 이때 적정 대지지분 소유 여부나 부당이득반환의무 부담 여부 및 그 범위는 구분소유권별로 판단하여야 하는지 여부(적극) / 이는 특정 구분소유자가 복수의 구분소유권을 보유한 경우에도 마찬가지인지 여부(적극)

"집합건물의 구분소유자들이 건물의 대지 중 일부 지분만 가지고 있고 구분소유자 아닌 대지 공유자가 나머지 지분을 가진 경우에, 구분소유자 아닌 대지공유자는 대지 공유지분권에 기초하여 구분소유자 중 자신의 전유부분 면적 비율에 상응하는 대지 공유지분(이하 '적정 대지지분'이라 한다)을 가진 구분소유자를 상대로는 대지의 사용·수익에 따른 부당이득반환을 청구할 수 없다(대판 2022.8.25. 전합2017다257067 판결 참조). 그러나 적정 대지지분보다 부족한 대지 공유지분(이하 '과소 대지지분'이라 한다)을 가진 구분소유자는, 과소 대지지분이 적정 대지지분에 매우 근소하게 부족하여 그에 대한 부당이득반환청구가 신의성실의 원칙에 반한다고 볼 수 있는 경우, 구분건물의 분양 당시 분양자로부터 과소 대지지분만을 이전받으면서 건물 대지를 무상으로 사용할 수 있는 권한을 부여받았고 이러한 약정이 분양자의 대지지분을 특정승계한 사람에게 승계된 것으로 볼 수 있는 경우 또는 과소 대지지분에 기하여 전유부분을 계속 소유·사용하는 현재의 사실상태가 장기간 묵인되어온 경우 등과 같은 특별한 사정이 없는 한, 구분소유자 아닌 대지공유자에 대하여 적정 대지지분에서 부족한 지분의 비율에 해당하는 차임 상당의 부당이득반환의무를 부담한다고 봄이 타당하다(대판 2023.9.14. 2016다12823 판결 참조). 이때 구분소유자가 적정 대지지분을 소유하였는지 여부나 과소 대지지분권자로서 구분소유자 아닌 대지공유자에 대하여 부당이득반환의무를 부담하는지 여부 및 그 범위는 구분소유권별로 판단하여야 하고, 이는 특정 구분소유자가 복수의 구분소유권을 보유한 경우에도 마찬가지이므로 특별한 사정이 없는 한 복수의 구분소유권에 관한 전체 대지지분을 기준으로 이를 판단하여서는 아니 된다"(대판 2023.10.18. 2019다266386)

정답 ○

[판례해설] 집합건물의 구분소유자 아닌 대지공유자인 원고의 구분소유자인 피고들에 대한 부당이득반환청구에 관하여 원심은, ① 적정 대지지분을 가진 피고3은 부당이득반환의무를 부담하지 않고, ② 과소 대지지분을 가진 피고1, 2는 적정 대지지분에서 부족한 지분의 비율에 해당하는 차임 상당의 부당이득반환의무를 부담한다고 판단하였는데, 이에 대해 대법원은 위 법리를 설시한 다음, ① 원고가 취득한 대지지분은 수분양자의 대지사용권에 해당하여 그 이전행위는 「집합건물의 소유 및 관리에 관한 법률」제20조의 분리처분금지 규정에 위반

되어 무효라고 볼 여지가 많고, 원심판결 이유 및 원고의 상고이유 주장에 따르더라도, 피고들은 각 구분건물별로 적정 대지지분을 초과하여 대지 공유지분을 보유하거나 적정 대지지분보다 1% 내외에 불과할 정도로 매우 근소하게 부족한 대지 공유지분을 소유하였을 뿐만 아니라 원고가 대지지분을 취득하기 이전까지 상가점포의 구분소유자들이 적정 또는 과소 대지지분에 기하여 전유부분을 계속 소유·사용하는 현재의 사실상태가 장기간 묵인되어 왔기에 어느 모로 보나 원고에 대하여 부당이득반환의무를 부담하지 않는다고 봄이 타당하므로, 원고의 부당이득반환채권이 존재함을 전제로 하여 그 범위에 관하여 원심이 대법원 판례에 상반되는 판단을 하였다는 취지의 원고의 상고이유는 살필 필요 없이 이유가 없는 점, ② 피고2의 상고이유는 소액사건심판법 제3조 각 호의 사유에 해당하지 않는 점을 이유로, 상고를 모두 기각한 사례

|관련판례|

※ 1. 계약인수에 따른 법률관계, 2. 과소 대지지분을 가진 구분소유자의 부당이득반환 의무의 존부 및 범위

"[1] 부동산등기는 그것이 형식적으로 존재하는 것 자체로부터 적법한 등기원인에 의하여 마쳐진 것으로 추정된다(대판 2015.10.29. 2012다84479 판결, 대판 2019.12.27. 2019다265635 판결 등 참조). 한편 계약당사자로서 지위 승계를 목적으로 하는 계약인수는 계약으로부터 발생하는 채권·채무의 이전 외 계약관계로부터 생기는 해제권 등 포괄적 권리의무의 양도를 포함하는 것으로서, 계약인수가 적법하게 이루어지면 양도인은 계약관계에서 탈퇴하게 되고, 계약인수 후에는 양도인의 면책을 유보하였다는 등 특별한 사정이 없는 한 잔류당사자와 양도인 사이에는 계약관계가 존재하지 않게 되며 그에 따른 채권채무관계도 소멸한다. 이러한 계약인수가 이루어지면 그 계약관계에서 이미 발생한 채권·채무도 이를 인수 대상에서 배제하기로 하는 특약이 있는 등 특별한 사정이 없는 한 인수인에게 이전된다. [2] 집합건물의 구분소유자들이 건물의 대지 중 일부 지분만 가지고 있고 구분소유자 아닌 대지 공유자가 나머지 지분을 가진 경우에, 구분소유자 아닌 대지공유자는 대지 공유지분권에 기초하여 구분소유자 중 자신의 전유부분 면적 비율에 상응하는 대지 공유지분(이하 '적정 대지지분'이라 한다)을 가진 구분소유자를 상대로는 대지의 사용·수익에 따른 부당이득반환을 청구할 수 없다(대판 2022.8.25. 전합2017다257067 판결 참조). 그러나 적정 대지지분보다 부족한 대지 공유지분(이하 '과소 대지지분'이라 한다)을 가진 구분소유자는, 과소 대지지분이 적정 대지지분에 매우 근소하게 부족하여 그에 대한 부당이득반환청구가 신의성실의 원칙에 반한다고 볼 수 있는 경우, 구분건물의 분양 당시 분양자로부터 과소 대지지분만을 이전받으면서 건물 대지를 무상으로 사용할 수 있는 권한을 부여받았고 이러한 약정이 분양자의 대지지분을 특정승계한 사람에게 승계된 것으로 볼 수 있는 경우 또는 과소 대지지분에 기하여 전유부분을 계속 소유·사용하는 현재의 사실상태가 장기간 묵인되어온 경우 등과 같은 특별한 사정이 없는 한, 구분소유자 아닌 대지공유자에 대하여 적정 대지지분에서 부족한 지분의 비율에 해당하는 차임 상당의 부당이득반환의무를 부담한다고 봄이 타당하다(대판 2023.9.14. 2016다12823 판결 참조)."(대판 2023.9.27. 2018다260565) **정답** ○

[판례해설] ※ 채권자대위권 행사를 위한 채무자의 무자력 여부가 문제된 사건

원고들이 채무자에 대한 피보전채권을 근거로 채무자를 대위하여 이 사건 부동산에 관한 가등기 및 소유권이전등기의 말소등기청구를 하자(제1심에서 사해행위취소 및 원상회복청구를 하였다가 원심에서 청구를 변경하였음) 원심은, 변론종결 당시 채무자가 무자력 상태라고 보아 원고의 채권자대위권 행사를 긍정하여 승소 판결을 선고하였고 대법원은, ① 채무자의 금융기관에 대한 대출금채무는 이를 피담보채무로 하는 근저당권설정등기에 관하여 '계약인수'를 원인으로 채무자 명의를 변경하는 근저당권변경등기가 마쳐진 이상, 해당 채무는 근저당권의 새로운 채무자에게 이전되는 것이 원칙인 점, ② 과소 대지지분을 가진 구분소유자인 채무자가 구분소유자 아닌 대지공유자에 대해 부담하는 부당이득반환채무는 적정 대지지분에서 부족한 지분의 비율에 해당하는 차임 상당액에 한정되는 점 등에 비추어, 원심 변론종결 당시 채무자가 무자력 상태였다고 단정하기 어렵다고 보아, 계약인수, 채권자대위권의 '보전의 필요성'에 관한 법리오해를 이유로 원심판결을 파기·환송한 사례

8 집합건물의 대지를 집합건물의 구분소유자인 공유자와 구분소유자가 아닌 공유자가 공유하고 있고, 당해 대지를 집합건물의 구분소유자인 공유자에게 취득시키고 구분소유자가 아닌 다른 공유자에게는 그 지분의 가격을 취득시키는 것이 공유자 간의 실질적인 공평을 해치지 않는다고 인정되는 특별한 사정이 있는 경우에는, 공유물에 대한 분할청구는 집합건물법 제8조의 입법 취지에 비추어 허용된다고 보는 것이 타당하다. ( )

판결요지

※ 1. 집합건물의 대지에 대한 분할청구를 금지하는「집합건물의 소유 및 관리에 관한 법률」제8조의 입법 취지, 2. 집합건물 대지에 관한 공유물분할 청구가 예외적으로 허용되는 경우

"[1] 「집합건물의 소유 및 관리에 관한 법률」(이하 '집합건물법'이라고 한다) 제8조는 "대지 위에 구분소유권의 목적인 건물이 속하는 1동의 건물이 있을 때에는 그 대지의 공유자는 그 건물 사용에 필요한 범위의 대지에 대하여는 분할을 청구하지 못한다."라고 규정하고 있다. 위 법률 규정의 입법 취지는 1동의 건물로서 개개의 구성부분이 독립한 구분소유권의 대상이 되는 집합건물의 존립 기초를 확보하려는 데 있는바, 집합건물의 대지는 그 지상의 구분소유권과 일체성 내지 불가분성을 가지는데 일반의 공유와 같이 공유지분권에 기한 공유물 분할을 인정한다면 그 집합건물의 대지사용관계는 파탄에 이르게 되므로 집합건물의 공동생활관계의 보호를 위하여 분할청구가 금지된다.

[2] 집합건물 대지의 공유자가 청구한 대지의 분할청구가 허용되는지 여부를 판단함에 있어서는 집합건물법 제8조의 입법 취지가 우선 고려되어야 하는바, 집합건물의 대지를 집합건물의 구분소유자인 공유자와 구분소유자가 아닌 공유자가 공유하고 있고, 당해 대지를 집합건물의 구분소유자인 공유자에게 취득시키고 구분소유자가 아닌 다른 공유자에게는 그 지분의 가격을 취득시키는 것이 공유자 간의 실질적인 공평을 해치지 않는다고 인정되는 특별한 사정이 있어 그와 같이 공유물을 분할하는 것이 허용되는 경우에는, 그러한 공유물에 대한 분할청구는 집합건물법 제8조의 입법 취지에 비추어 허용된다고 보는 것이 타당하다"(대판 2023.9.14. 2022다271753). **정답 ○**

9 집합건물법은 제20조에서 구분소유자의 대지사용권은 그가 가지는 전유부분의 처분에 따르고, 구분소유자는 규약으로써 달리 정하지 않는 한 그가 가지는 전유부분과 분리하여 대지사용권을 처분할 수 없으며, 분리처분금지는 그 취지를 등기하지 아니하면 선의로 물권을 취득한 제3자에게 대항하지 못한다고 규정하고 있는바, 전유부분과 대지사용권의 일체성에 반하는 대지의 처분행위는 효력이 없다. ( )

판결요지

※ 1. 집합건물법의 적용범위, 2. 채권적 토지사용권에 기초한 대지사용권의 성립 여부(적극), 3. 전유부분과 대지사용권의 일체성에 반하는 토지의 처분행위의 효력(무효)

" 「집합건물의 소유 및 관리에 관한 법률」(이하 '집합건물법'이라 한다)은 법 시행 전에 건축되거나 구분된 건물에 관하여도 적용된다(대판 1989.4.11. 88다카2981, 88다카2998 판결 참조). 집합건물법 제2조 제6호에서 정한 대지사용권은 구분소유자가 전유부분을 소유하기 위하여 건물의 대지에 대하여 가지는 권리로서 반드시 대지에 대한 소유권과 같은 물권에 한정되는 것은 아니고 등기가 되지 않는 채권적 토지사용권도 대지사용권이 될 수 있다(대판 2017.12.5. 2014다227492 판결 참조). 이러한 대지사용권은 집합건물의 존재와 구분소유자가 전유부분 소유를 위하여 당해 대지를 사용할 수 있는 권리를 보유함으로써 성립하고, 그 외에 다른 특별한 요건이 필요하지 않다. 집합건물법은 제20조

에서 구분소유자의 대지사용권은 그가 가지는 전유부분의 처분에 따르고, 구분소유자는 규약으로써 달리 정하지 않는 한 그가 가지는 전유부분과 분리하여 대지사용권을 처분할 수 없으며, 분리처분금지는 그 취지를 등기하지 아니하면 선의로 물권을 취득한 제3자에게 대항하지 못한다고 규정하고 있다. 위 규정의 취지는 집합건물의 전유부분과 대지사용권이 분리되는 것을 최대한 억제하여 대지사용권이 없는 구분소유권의 발생을 방지함으로써 집합건물에 관한 법률관계의 안정과 합리적 규율을 도모하려는 데 있으므로, 전유부분과 대지사용권의 일체성에 반하는 대지의 처분행위는 효력이 없다(대판 2013.1.17. 전합2010다71578 판결 참조)"(대판 2023.11.9. 2023다254816). **정답** ○

9-1 집합건물법 부칙 제4조에 따라 같은 법 제20조의 규정이 적용되기 전에 구분소유자가 전유부분과 분리하여 대지사용권을 처분하는 것은 유효하고, 그 경우에는 집합건물법 제20조가 적용된 이후에도 그 전유부분과 대지사용권을 각자 처분하는 것이 전유부분과 대지사용권의 일체성에 위배되어 무효라고 할 수 없다. ( )

9-2 집합건물법 제20조에 의하여 분리처분이 금지되는 같은 법상 대지사용권은 구분소유자가 전유부분을 소유하기 위하여 건물의 대지에 대하여 가지는 권리이므로(집합건물법 제2조 제6호 참조), 구분소유자 아닌 자가 전유부분의 소유와 무관하게 집합건물의 대지로 된 토지에 대하여 가지고 있는 권리는 같은 법 제20조에 규정된 분리처분금지의 제한을 받지 아니한다. ( )

[판결요지]

※ 1.「집합건물의 소유 및 관리에 관한 법률」부칙 제4조에 따라 같은 법 제20조가 적용되기 전에 구분소유자가 전유부분과 분리하여 대지사용권을 처분한 경우의 효력(유효), 2. 이때 분리된 전유부분과 대지사용권을 같은 조가 적용된 이후에 각각 처분한 경우의 효력(유효)

"1984. 4. 10. 법률 제3725호로 제정된 「집합건물의 소유 및 관리에 관한 법률」(이하 '집합건물법'이라고 한다) 제20조는 "구분소유자의 대지사용권은 그가 가지는 전유부분의 처분에 따른다(제1항), 구분소유자는 그가 가지는 전유부분과 분리하여 대지사용권을 처분할 수 없다. 다만 규약으로써 달리 정한 때에는 그러하지 아니하다(제2항)"라고 규정하고, 같은 법 부칙 제1조는 "이 법은 공포 후 1년이 경과한 날로부터 시행한다", 제4조는 "이 법 시행 당시 현존하는 전유부분과 이에 대한 대지사용권에 관한 제20조 내지 제22조의 규정은 이 법의 시행일로부터 2년이 경과한 날로부터 적용한다"라고 규정한다.

위 각 규정에 의하면, 집합건물법 부칙 제4조에 따라 <u>같은 법 제20조의 규정이 적용되기 전에 구분소유자가 전유부분과 분리하여 대지사용권을 처분하는 것은 유효하고, 그 경우에는 집합건물법 제20조가 적용된 이후에도 그 전유부분과 대지사용권을 각자 처분하는 것이 전유부분과 대지사용권의 일체성에 위배되어 무효라고 할 수 없다</u>(대판 2011.1.27. 2010다72779, 72786 판결 참조).

집합건물법 제20조에 의하여 분리처분이 금지되는 같은 법상 대지사용권은 구분소유자가 전유부분을 소유하기 위하여 건물의 대지에 대하여 가지는 권리이므로(집합건물법 제2조 제6호 참조), <u>구분소유자 아닌 자가 전유부분의 소유와 무관하게 집합건물의 대지로 된 토지에 대하여 가지고 있는 권리는 같은 법 제20조에 규정된 분리처분금지의 제한을 받지 아니한다</u>(대판 2013.10.24. 2011다12149, 12156 판결 참조)"(대판 2023.12.14. 2023다229896) **유제 모두** **정답** ○

10 민법 제265조 단서가 공유물의 보존행위를 각 공유자가 단독으로 할 수 있도록 한 취지는 그 보존행위가 긴급을 요하는 경우가 많고 다른 공유자에게도 이익이 되는 것이 보통이기 때문이므로, 어느 공유자가 보존권을 행사하는 때에 그 행사의 결과가 다른 공유자의 이해와 충돌될 때에는 그 행사는 보존행위로 될 수 없다고 보아야 한다. ( )

10-1 구분소유자가 공용부분에 대해 그 지분권에 기하여 권리를 행사할 때 이것이 다른 구분소유자들의 이익에 어긋날 수 있다면 이는 각 구분소유자가 구 집합건물법 제16조 제1항 단서에 의하여 개별적으로 할 수 있는 보존행위라고 볼 수 없고 구 집합건물법 제16조 제1항 본문에 따라 관리단집회의 결의를 거쳐야 하는 관리행위라고 보아야 한다. ( )

10-2 집합건물의 공용부분이 적법한 용도 또는 관리방법에 어긋나게 사용되고 있어 일부 구분소유자가 방해배제청구로 원상회복을 구하는 경우라도 이러한 행위가 다른 구분소유자들의 이익에 어긋날 수 있다면 이를 관리행위로 보아서 관리단집회의 결의를 거치도록 하는 것이 집합건물 내 공동생활을 둘러싼 다수 구분소유자들 상호 간의 이해관계 조절을 위하여 제정된 구 집합건물법의 입법 취지에 부합하고 분쟁의 일회적인 해결을 위하여 바람직하다. ( )

[판결요지]

※ 구 「집합건물의 소유 및 관리에 관한 법률」(2020. 2. 4. 법률 제16919호로 개정되기 전의 것, 이하 '구 집합건물법') 제16조 제1항 단서에 따라 각 공유자가 할 수 있는 보존행위의 의미

"[1] 공유물의 보존행위는 공유물의 멸실·훼손을 방지하고 그 현상을 유지하기 위하여 하는 사실적·법률적 행위이다. 민법 제265조 단서가 이러한 공유물의 보존행위를 각 공유자가 단독으로 할 수 있도록 한 취지는 그 보존행위가 긴급을 요하는 경우가 많고 다른 공유자에게도 이익이 되는 것이 보통이기 때문이므로, 어느 공유자가 보존권을 행사하는 때에 그 행사의 결과가 다른 공유자의 이해와 충돌될 때에는 그 행사는 보존행위로 될 수 없다고 보아야 한다.

[2] 구 집합건물의 소유 및 관리에 관한 법률(2020. 2. 4. 법률 제16919호로 개정되기 전의 것, 이하 '구 집합건물법'이라 한다) 제16조 제1항은 공용부분의 관리에 관한 사항은 관리단의 통상의 집회결의로써 결정한다고 정하면서 그 단서에 보존행위는 각 공유자가 할 수 있다고 정하고 있다. 앞서 본 민법 제265조 단서의 취지, 구 집합건물법의 입법 취지와 관련 규정을 종합하여 보면, 구분소유자가 공용부분에 대해 그 지분권에 기하여 권리를 행사할 때 이것이 다른 구분소유자들의 이익에 어긋날 수 있다면 이는 각 구분소유자가 구 집합건물법 제16조 제1항 단서에 의하여 개별적으로 할 수 있는 보존행위라고 볼 수 없고 구 집합건물법 제16조 제1항 본문에 따라 관리단집회의 결의를 거쳐야 하는 관리행위라고 보아야 한다. 설령 집합건물의 공용부분이 적법한 용도 또는 관리방법에 어긋나게 사용되고 있어 일부 구분소유자가 방해배제청구로 원상회복을 구하는 경우라도 이러한 행위가 다른 구분소유자들의 이익에 어긋날 수 있다면 이를 관리행위로 보아서 관리단집회의 결의를 거치도록 하는 것이 집합건물 내 공동생활을 둘러싼 다수 구분소유자들 상호 간의 이해관계 조절을 위하여 제정된 구 집합건물법의 입법 취지에 부합하고 분쟁의 일회적인 해결을 위하여 바람직하다"(대판 2024. 3. 12. 2023다240879).

정답 ○
정답 ○

[유제 모두]

상린관계

1 ★ 공로에 통할 수 있는 자기의 공유토지를 두고 공로에의 통로라 하여 남의 토지를 통행한다는 것은, 설령 그 공유토지가 구분소유적 공유관계에 있고 공로에 접하는 공유 부분을 다른 공유자가 배타적으로 사용, 수익하고 있다고 하더라도 허용될 수 없다. 23년 변호, 23년 법행 (   )

판결요지

※ 공로로 통할 수 있는 공유토지를 갖고 있는 경우에 타인의 토지를 통행할 수 있는지 여부(소극)

"공로에 통할 수 있는 자기의 공유토지를 두고 공로에의 통로라 하여 남의 토지를 통행한다는 것은 민법 제219조, 제220조에 비추어 허용될 수 없다. 설령 위 공유토지가 구분소유적 공유관계에 있고 공로에 접하는 공유 부분을 다른 공유자가 배타적으로 사용, 수익하고 있다고 하더라도 마찬가지이다"(대판 2021.9.30. 2021다245443,245450).

정답 ○

[사실관계] 원고는 예비적으로 통로로 사용 중인 피고들의 토지에 관하여 주위토지통행권 확인 및 통행방해의 금지를 구함. 원심은 원고의 공유토지 중 공로와 접한 부분이 다른 공유자가 구분소유한 부분이고 이를 통로로 이용하기 위해서는 피고들의 토지를 통과하는 것에 비해 상대적으로 과다한 비용이 요구된다는 점 등을 이유로 원고의 예비적 청구를 인용하였다. 그러나 대법원은 공로에 통할 수 있는 자기의 공유토지를 두고 공로에의 통로라고 남의 토지를 통행한다는 것은 허용할 수 없다는 이유로 원심을 파기환송했다.

2 ★ 공로인 토지의 소유자가 공로의 철거·점유 이전·통행금지를 청구하는 것은 권리남용에 해당하며, 일반 공중의 통행에 공용된 도로의 통행을 방해함으로써 특정인의 통행의 자유를 침해한 경우, 민법상 불법행위에 해당한다. 23년 변호 (   )

판결요지

※ 공로인 토지의 소유자가 공로의 철거·점유 이전·통행금지를 청구하는 것이 권리남용에 해당하는지 여부(적극), 일반 공중의 통행에 공용된 도로의 통행을 방해함으로써 특정인의 통행의 자유를 침해한 경우, 민법상 불법행위에 해당하는지 여부(적극) 및 이때 침해를 받은 자가 통행방해 행위의 금지를 소구할 수 있는지 여부(적극)

"[1] 불특정 다수인인 일반 공중의 통행에 공용된 도로, 즉 공로(公路)를 통행하고자 하는 자는 그 도로에 관하여 다른 사람이 가지는 권리 등을 침해한다는 등의 특별한 사정이 없는 한, 일상생활상 필요한 범위 내에서 다른 사람들과 같은 방법으로 그 도로를 통행할 자유가 있고, 제3자가 특정인에 대하여만 그 도로의 통행을 방해함으로써 일상생활에 지장을 받게 하는 등의 방법으로 특정인의 통행의 자유를 침해하였다면 민법상 불법행위에 해당하며, 침해를 받은 자로서는 방해의 배제나 장래에 생길 방해를 예방하기 위하여 통행방해 행위의 금지를 소구할 수 있다.

[2] 형법 제185조는 일반교통방해죄에 관하여 "육로, 수로 또는 교량을 손괴 또는 불통하게 하거나 기타 방법으로 교통을 방해한 자를 10년 이하의 징역 또는 1천 500만 원 이하의 벌금에 처한다."라고 규정하고 있다. 여기에서 '육로'란 일반 공중의 통행에 공용된 장소, 즉 특정인에 한하지 않고 불특정 다수인 또는 차마가 자유롭게 통행할 수 있는 공공성을 지닌 장소를 말하며, 공로라고도 불린다. 그 부지의 소유관계나 통행권리관계 또는 통행인의 많고 적음 등은 가리지 않으며, 부지의 소유자라 하더라도 그 도로의 중간에 장애물을 놓아두거나 파헤치는 등의

방법으로 통행을 불가능하게 한 행위는 일반교통방해죄에 해당한다. 따라서 <u>어떤 도로가 일반 공중의 통행에 공용</u>된 도로, 즉 공로에 해당하는 경우에는 일반 공중의 자유로운 통행이 형법상 일반교통방해죄에 의해서도 보장된다고 볼 수 있다.

[3] 어떤 토지가 개설경위를 불문하고 일반 공중의 통행에 공용되는 도로, 즉 공로가 되면 그 부지의 소유권 행사는 제약을 받게 되며, 이는 소유자가 수인하여야 하는 재산권의 사회적 제약에 해당한다. 따라서 공로 부지의 소유자가 이를 점유·관리하는 지방자치단체를 상대로 공로로 제공된 도로의 철거, 점유 이전 또는 통행금지를 청구하는 것은 법질서상 원칙적으로 허용될 수 없는 '권리남용'이라고 보아야 한다(대판 2021.10.14. 2021다242154)

정답 ○

취득시효

1 국가나 지방자치단체가 취득시효의 완성을 주장하는 토지의 취득절차에 관한 서류를 제출하지 못하고 있다는 사정만으로 자주점유의 추정이 번복되지는 않는다. ( )

1-1 점유자가 스스로 매매 또는 증여와 같이 자주점유의 권원을 주장하였으나 이것이 인정되지 않는 경우에도 원래 자주점유의 권원에 관한 증명책임이 점유자에게 있지 아니한 이상 그 주장의 점유권원이 인정되지 않는다는 사유만으로 자주점유의 추정이 번복된다거나 또는 점유권원의 성질상 타주점유라고 볼 수 없다. 23년 법무사 ( )

1-2 일정한 토지가 지적공부에 한 필지의 토지로 복구 등록된 경우, 토지의 소재·지번·지목·지적과 경계는 지적공부의 복구 재제과정에서 관계 공무원이 사무착오로 지적공부를 잘못 작성하였다는 등의 특별한 사정이 없는 한, 지적복구 전 토지의 소재·지번·지목·지적과 경계가 그대로 복구된 것으로 추정된다. 지적공부가 관계 공무원의 사무착오로 잘못 작성되었다는 등의 특별한 사정에 대한 증명책임은 이를 주장하는 당사자에게 있다. ( )

판결요지

"부동산 점유권원의 성질이 분명하지 않을 때에는 민법 제197조 제1항에 의하여 점유자는 소유의 의사로 선의, 평온 및 공연하게 점유한 것으로 추정되는 것이며, 이러한 추정은 지적공부 등의 관리주체인 국가나 지방자치단체(이하 통틀어 '국가 등'이라고 한다)가 점유하는 경우에도 마찬가지로 적용되고, <u>점유자가 스스로 매매 또는 증여와 같이 자주점유의 권원을 주장하였으나 이것이 인정되지 않는 경우에도 원래 자주점유의 권원에 관한 증명책임이 점유자에게 있지 아니한 이상 그 주장의 점유권원이 인정되지 않는다는 사유만으로 자주점유의 추정이 번복된다거나 또는 점유권원의 성질상 타주점유라고 볼 수 없다</u>(대판 2002.2.26. 99다72743 판결, 대판 2007.2.8. 2006다28065 판결, 대판 2020.7.9. 2017다241116 등 참조). 따라서 국가 등이 취득시효의 완성을 주장하는 토지의 취득절차에 관한 서류를 제출하지 못하고 있다고 하더라도, 그 점유의 경위와 용도, 국가 등이 점유를 개시한 후에 지적공부에 그 토지의 소유자로 등재된 자가 소유권을 행사하려고 노력하였는지 여부, 함께 분할된 다른 토지의 이용 또는 처분관계 등 여러 가지 사정을 감안할 때 국가 등이 점유 개시 당시 공공용 재산의 취득절차를 거쳐서 소유권을 적법하게 취득하였을 가능성을 배제할 수 없는 경우에는, 국가 등의 자주점유의 추정을 부정하여 무단점유로 인정할 것이 아니다(대판 2010.8.19. 2010다33866 판결, 대판 2014.3.27. 2010다94731,94748 판결 등 참조)

일정한 토지가 지적공부에 한 필지의 토지로 복구 등록된 경우, 토지의 소재·지번·지목·지적과 경계는 지적공부의 복구 재제과정에서 관계 공무원이 사무착오로 지적공부를 잘못 작성하였다는 등의 특별한 사정이 없는 한,

지적복구 전 토지의 소재·지번·지목·지적과 경계가 그대로 복구된 것으로 추정된다. 지적공부가 관계 공무원의 사무착오로 잘못 작성되었다는 등의 특별한 사정에 대한 증명책임은 이를 주장하는 당사자에게 있다"(대판 2021.8.12. 2021다230991). **정답** ○ **유제 모두** **정답** ○

[동지판례] ※ 국가나 지방자치단체가 취득시효의 완성을 주장하는 토지의 취득절차에 관한 서류를 제출하지 못하고 있다는 사유만으로 자주점유의 추정이 번복되는지 여부(소극)(대판 2023.6.29. 2020다290767)

[관련판례] ※ 점유취득시효에 있어 국가 등의 자주점유 추정 여부에 관한 판단 기준(점유자가 적극적으로 점유권원을 증명하지 못하였다는 이유만으로 자주점유 추정이 번복된다고 볼 수 있는지)

"부동산 점유권원의 성질이 분명하지 않을 때에는 민법 제197조 제1항에 의하여 점유자는 소유의 의사로 선의, 평온 및 공연하게 점유한 것으로 추정되는 것이며, 이러한 추정은 지적공부 등의 관리주체인 국가나 지방자치단체(이하 통틀어 '국가 등'이라 한다)가 점유하는 경우에도 마찬가지로 적용된다. 따라서 국가 등이 점유취득시효의 완성을 주장하는 토지의 취득절차에 관한 서류를 제출하지 못하고 있다고 하더라도, 그 점유의 경위와 용도, 국가 등이 점유를 개시한 후에 지적공부에 그 토지의 소유자로 등재된 자가 소유권을 행사하려고 노력하였는지 여부, 함께 분할된 다른 토지의 이용 또는 처분관계 등 여러 가지 사정을 감안할 때 국가 등이 점유 개시 당시 공공용 재산의 취득절차를 거쳐서 소유권을 적법하게 취득하였을 가능성을 배제할 수 없는 경우에는, 국가 등의 자주점유의 추정을 부정하여 무단점유로 인정할 것이 아니다"(대판 2023.2.2. 2021다263496)

2 ★★ 소유권에 기초하여 부동산을 점유하는 사람이더라도 그 등기를 하고 있지 않아 자신의 소유권을 증명하기 어렵거나 소유권을 제3자에게 대항할 수 없는 등으로 점유의 사실 상태를 권리관계로 높여 보호하고 증명곤란을 구제할 필요가 있는 예외적인 경우에는, <u>자기 소유 부동산에 대한 점유도 취득시효를 인정하기 위해 기초가 되는 점유로 볼 수 있다.</u> 23년 1차모의 사례형 ( )

2-1 A가 가등기 설정된 토지에 대하여 가압류등기를 마쳤는데, 매매예약 완결권이 제척기간 경과로 소멸하여 가등기가 실효되었으나 이후 가등기 유용 합의에 따라 마쳐진 본등기로 인해 가압류가 직권말소 되자, 현재의 소유명의자인 B를 상대로 예비적으로 가압류등기의 회복에 대한 승낙의 의사표시를 구하는 청구를 하였고, B가 등기부취득시효에 따른 원시취득으로 A의 가압류가 소멸되었다고 항변하였다면, 법원은 설혹 B의 등기부취득시효가 완성되었더라도, A의 가압류가 점유개시 전에 설정된 것이어서 취득시효완성의 소급효가 없으므로 A의 가압류는 소멸하지 않는다고 판단하여야 하며, 나아가 B가 적법·유효한 소유권이전등기를 마친 자기 소유 부동산을 점유한 것은 취득시효의 기초가 되는 점유라고 할 수 없으므로 원고의 예비적 청구를 인용해야 한다. ( )

[판결요지]

※ 부동산에 관하여 적법·유효한 등기를 하고 소유권을 취득한 사람이 자기 소유의 부동산을 점유하는 경우, 그 점유가 취득시효의 기초가 되는 점유인지 여부(원칙적 소극) 및 위 점유를 취득시효의 기초가 되는 점유로 볼 수 있는 예외적인 경우

"부동산에 대한 취득시효 제도의 존재이유는 부동산을 점유하는 상태가 오랫동안 계속된 경우 권리자로서 외형을 지닌 사실 상태를 존중하여 이를 진실한 권리관계로 높여 보호함으로써 법질서의 안정을 도모하고, 장기간 지속된 사실 상태는 진실한 권리관계와 일치될 개연성이 높다는 사실을 고려하여 권리관계에 관한 분쟁이 생긴 경우 점유자의 증명곤란을 구제하려는 데에 있다.

부동산에 관하여 적법·유효한 등기를 하고 소유권을 취득한 사람이 자기 소유의 부동산을 점유하는 경우 특별한 사정이 없는 한 그러한 점유는 취득시효의 기초가 되는 점유라고 할 수 없다. 이러한 경우에는 사실 상태를 권리

관계로 높여 보호할 필요가 없고, 부동산의 소유명의자는 부동산에 대한 소유권을 적법하게 보유하는 것으로 추정되어 소유권에 대한 증명의 곤란을 구제할 필요도 없기 때문이다. 그러나 소유권에 기초하여 부동산을 점유하는 사람이더라도 그 등기를 하고 있지 않아 자신의 소유권을 증명하기 어렵거나 소유권을 제3자에게 대항할 수 없는 등으로 점유의 사실 상태를 권리관계로 높여 보호하고 증명곤란을 구제할 필요가 있는 예외적인 경우에는, 자기 소유 부동산에 대한 점유도 취득시효를 인정하기 위해 기초가 되는 점유로 볼 수 있다"(대판 2022.7.28. 2017다204629).

정답 ○ **유제** **정답** ○

[사실관계] 원고가 가등기 설정된 토지에 대하여 가압류등기를 마쳤는데, 매매예약 완결권이 제척기간 경과로 소멸하여 가등기가 실효되었으나 이후 가등기 유용 합의에 따라 마쳐진 본등기로 인해 가압류가 직권말소 되자, 현재의 소유명의자인 피고들을 상대로 예비적으로 가압류등기의 회복에 대한 승낙의 의사표시를 구하는 청구에 대하여, 피고들은 등기부취득시효에 따른 원시취득으로 원고의 가압류가 소멸되었다고 다투었으나, 원심은 설혹 피고들의 등기부취득시효가 완성되었더라도, 원고의 가압류가 점유개시 전에 설정된 것이어서 취득시효완성의 소급효가 없으므로 원고의 가압류는 소멸하지 않는 다고 판단하여 원고의 예비적 청구를 인용하였다. 이 후 대법원은, 피고들이 적법·유효한 소유권이전등기를 마친 자기 소유 부동산을 점유한 것은 취득시효의 기초가 되는 점유라고 할 수 없다는 이유로 취득시효완성을 전제로 하는 피고들의 항변은 이유 없다고 판단하고 상고를 기각한 사례

3 ★★ '계약명의신탁에서 명의신탁자'가 명의신탁약정에 따라 부동산을 점유한다면 명의신탁자에게 점유할 다른 권원이 인정되는 등의 특별한 사정이 없는 한 명의신탁자는 소유권 취득의 원인이 되는 법률요건이 없이 그와 같은 사실을 잘 알면서 타인의 부동산을 점유한 것이다. 이러한 명의신탁자는 타인의 소유권을 배척하고 점유할 의사를 가지지 않았다고 할 것이므로, 계약명의신탁에서 부동산의 소유자가 명의신탁약정을 알았는지 여부와 관계없이 신탁자가 소유의 의사로 점유한다는 추정은 깨어진다. ( )

3-1 ★★ 매도인이 선의인 계약명의신탁에서 명의신탁자의 상속인들이 명의수탁자를 상대로 점유취득시효가 완성되었다는 이유로 명의신탁 부동산의 소유권이전등기를 청구한 경우 특별한 사정이 없는 한 계약명의신탁자는 점유권원이 없음을 알고 점유를 개시한 자로서 악의의 무단점유자에 해당하므로 자주점유 추정이 번복된다. 23년 1차모의 ( )

판결요지

※ 1. 매도인이 선의인 계약명의신탁에서 명의신탁을 권원으로 개시된 명의신탁자의 점유가 자유점유로 추정되는지(소극), **2.** 계약명의신탁에서 명의신탁자가 명의신탁 부동산을 계속 점유하고 있던 경우 명의수탁자를 상대로 점유취득시효 완성을 이유로 소유권이전등기를 구할 수 있는지 여부(소극)
"**가.** 점유자가 점유개시 당시에 소유권취득의 원인이 될 수 있는 법률행위 기타 법률요건이 없이 그와 같은 사실을 잘 알면서 타인 소유의 부동산을 무단점유한 것임이 증명되었다면 특별한 사정이 없는 한 점유자는 타인의 소유권을 배척하고 점유할 의사를 갖고 있지 않다고 보아야 한다. 이로써 소유의 의사가 있는 점유라는 추정은 깨어진다 (대판 1997.8.21. 전합95다28625).
나. 계약명의신탁에서 명의신탁자는 부동산의 소유자가 명의신탁약정을 알았는지 여부와 관계없이 부동산의 소유권을 갖지 못할 뿐만 아니라 매매계약의 당사자도 아니어서 소유자를 상대로 소유권이전등기청구를 할 수 없고, 이는 명의신탁자도 잘 알고 있다고 보아야 한다. 명의신탁자가 명의신탁약정에 따라 부동산을 점유한다면 명의신탁자에게 점유할 다른 권원이 인정되는 등의 특별한 사정이 없는 한 명의신탁자는 소유권 취득의 원인이 되는 법률요건이 없이 그와 같은 사실을 잘 알면서 타인의 부동산을 점유한 것이다. 이러한 명의신탁자는 타인의 소유권

을 배척하고 점유할 의사를 가지지 않았다고 할 것이므로 소유의 의사로 점유한다는 추정은 깨어진다"(대판 2022.5.12. 2019다249428)

정답 ○

유제

정답 ○

[사실관계] 매도인이 선의인 계약명의신탁에서 명의신탁자의 상속인들이 명의수탁자를 상대로 점유취득시효가 완성되었다는 이유로 명의신탁 부동산의 소유권이전등기를 청구한 사안에서 원심은 명의신탁자의 점유를 자주점유라고 보아 점유취득시효 완성을 인정하였으나, 대법원은 특별한 사정이 없는 한 계약명의신탁자는 점유권원이 없음을 알고 점유를 개시한 자로서 악의의 무단점유자에 해당하므로 자주점유 추정이 번복된다고 판단하여 원심을 파기하였다.

관련판례

※ 계약명의신탁에서 명의신탁자가 명의신탁약정에 따라 부동산을 점유하는 경우 소유의 의사로 점유한 다는 자주점유의 추정이 깨어지는지 여부(원칙적 적극)

[사실관계] 피고(명의수탁자)는 甲(명의신탁자) 소유의 부동산에 관한 경매절차에서 부동산을 매수한 다음 자신의 명의로 소유권이전등기를 마쳤음. 甲은 피고가 위 소유권이전등기를 마친 전후로 위 부동산에서 계속 거주하다가 사망하였고, 이후에는 甲의 공동상속인인 배우자 乙과 자녀 원고가 위 부동산을 점유하여 왔음. 甲 사망 후 乙이 사망하자 공동상속인인 원고 등 6인은 乙의 상속재산 일체를 원고가 단독으로 상속하기로 하는 내용의 상속재산 분할협의를 하였음. 원고는, 甲이 피고에게 위 부동산을 명의신탁하여 피고의 명의로 위 부동산을 매수하여 계속 거주하였고, 甲이 사망한 이후 甲의 배우자이자 원고의 어머니인 乙과 원고가 망인으로부터 그 점유권을 상속하여 이 사건 부동산을 계속 점유함으로써 점유취득시효가 완성되었다고 주장하면서, 피고를 상대로 소유권이전등기절차 이행을 구하는 사안에서 원심은, 피고가 甲과 체결한 명의신탁계약에 따라 부동산경매절차에서 甲 소유인 위 부동산을 매수하였는데 甲이 그때부터 사망한 때까지 위 부동산을 점유하였고, 상속인 중 일부인 乙과 원고가 이를 승계하여 위 부동산을 소유의 의사로 점유함에 따라 乙과 원고의 점유취득시효가 완성되었다고 판단하고, 甲 및 그 상속인들의 점유가 타주점유라는 피고의 항변을 배척하였다.

이에 대해 대법원은, 甲이 자기 소유의 위 부동산을 점유하고 있는 상태에서 피고 명의로 소유권이전등기가 된 이상 甲의 위 부동산에 관한 점유는 피고의 소유권 취득 시점부터 취득시효의 기초가 되는 점유로서 개시되었다고 보아야 하고, 경매절차에서 위 부동산의 매수대금을 실질적으로 부담한 사람이 누구인가와 상관없이 甲과의 명의신탁계약에 따라 매수인이 된 피고가 위 부동산의 소유권을 취득하며, 특별한 사정이 없는 한 명의신탁자인 甲은 소유권 취득의 원인이 되는 법률요건이 없이 그와 같은 사실을 잘 알면서 타인의 부동산을 점유하였다고 보아야 하므로 甲이 위 부동산을 소유의 의사로 점유하였다는 추정은 깨어졌고, 원고 스스로도 乙과 원고가 甲의 상속인으로서 위 부동산에 관한 甲의 점유를 승계하였다고 주장할 뿐 새로운 권원에 의하여 자기 고유의 점유를 시작하였다고 주장하지 않고 있는 이상 점유취득시효의 기초가 되는 점유라고 볼 수 없다고 보아, 이와 달리 위 부동산에 관한 甲과 그 상속인인 乙과 원고의 점유가 타주점유라는 피고의 항변을 배척한 원심을 파기·환송한 사례(대판 2024.4.4. 전합2023다304650)

4 ★ 계약명의신탁자가 명의수탁자를 상대로 하여, 주위적으로 반환약정을 원인으로 한 소유권이전등 기를, 예비적으로 명의수탁자의 직접점유를 매개로 한 간접점유에 기한 점유취득시효 완성을 원인 으로 한 소유권이전등기를 구한 경우, 법원은 주위적 청구 및 예비적 청구를 모두 기각하여야 한다.

( )

판결요지

※ 1. 부동산 반환약정의 성립 및 그 약정의 효력 여부, 2. 명의신탁이 있었다는 사정만으로 직접점유자인 명의수탁자와의 사이에 점유매개관계에 기한 명의신탁자의 간접점유를 인정할 수 있는지 여부(소극)

부동산실명법 시행 전·후의 계약명의신탁에 의하여 각 부동산의 소유권을 취득한 피고(명의수탁자)를 상대로, 원고(명의신탁자)가 주위적으로 '명의신탁 이후에 이루어진 원고와 피고 사이의 반환약정'을 원인으로 한 소유권이전등기를, 예비적으로 '원고에게 피고의 직접점유를 매개로 한 간접점유가 인정되고, 그 간접점유에 기한 점유취득시효가 완성되었음'을 원인으로 한 소유권이전등기를 각 구한 사안에서, 대법원은 "원고와 피고 사이에 이루어진 반환약정은 무효인 명의신탁약정이 유효함을 전제로 부동산 자체의 반환을 구하는 범주여서 위 반환약정도 무효'라고 보고, '각 부동산을 직접 점유한 피고(명의수탁자)와 원고(명의신탁자) 사이에 점유매개관계를 인정할 수 없어 원고의 간접점유도 인정할 수 없다'(대판 2022.6.9. 2021다244617)고 보아 원고(명의신탁자)의 주위적 청구 및 예비적 청구를 모두 기각한 원심을 수긍하였다. **정답** ○

5 ★★ 적법한 원인 없이 타인 소유 부동산에 관하여 소유권보존등기를 마친 무권리자가 그 부동산을 제3자에게 매도하고 소유권이전등기를 마쳐주었다고 하더라도, 무권리자가 받은 매매대금이 부당이득에 해당하여 이를 원소유자에게 반환하여야 한다고 볼 수는 없다. ( )

5-1 ★★ 무권리자가 소유자 있는 부동산에 관하여 원인 없이 등기를 마치고 제3자에게 매도하여 등기를 마쳐준 후 제3자의 등기부취득시효가 완성된 경우, 원소유자가 무권리자를 상대로 하여 제3자로부터 받은 매매대금에 관한 부당이득반환을 구할 수는 없다. 24년 변호사시험 사례형 ( )

판결요지

※ 무권리자가 소유자 있는 부동산에 관하여 원인 없이 등기를 마치고 제3자에게 매도하여 등기를 마쳐준 후 제3자의 등기부취득시효가 완성된 경우, 원소유자가 무권리자를 상대로 하여 제3자로부터 받은 매매대금에 관한 부당이득반환을 구할 수 있는지(소극)

"적법한 원인 없이 타인 소유 부동산에 관하여 소유권보존등기를 마친 무권리자가 그 부동산을 제3자에게 매도하고 소유권이전등기를 마쳐주었다고 하더라도, 그러한 소유권보존등기와 소유권이전등기는 실체관계에 부합한다는 등의 특별한 사정이 없는 한 모두 무효이다. 따라서 이 경우 원소유자가 소유권을 상실하지 아니하고, 또 무권리자가 제3자와 체결한 매매계약의 효력이 원소유자에게 미치는 것도 아니므로, 무권리자가 받은 매매대금이 부당이득에 해당하여 이를 원소유자에게 반환하여야 한다고 볼 수는 없다.

무권리자로부터 부동산을 매수한 제3자나 그 후행 등기 명의인이 과실 없이 점유를 개시한 후 소유권이전등기가 말소되지 않은 상태에서 소유의 의사로 평온, 공연하게 선의로 점유를 계속하여 10년이 경과한 때에는 민법 제245조 제2항에 따라 바로 그 부동산에 대한 소유권을 취득하고, 이때 원소유자는 소급하여 소유권을 상실함으로써 손해를 입게 된다. 그러나 이는 민법 제245조 제2항에 따른 물권변동의 효과일 뿐 무권리자와 제3자가 체결한 매매계약의 효력과는 직접 관계가 없으므로, 무권리자가 제3자와의 매매계약에 따라 대금을 받음으로써 이익을 얻었다고 하더라도 이로 인하여 원소유자에게 손해를 가한 것이라고 볼 수도 없다"(대판 2022.12.29. 2019다272275)

정답 ○   **유제** **정답** ○

| 관련판례 |

"국가 명의로 소유권보존등기가 경료된 토지의 일부 지분에 관하여 甲 등 명의의 소유권이전등기가 경료되었는데, 乙이 등기말소를 구하는 소를 제기하여 국가는 乙에게 원인무효인 등기의 말소등기절차를 이행할 의무가 있고 甲 등 명의의 소유권이전등기는 등기부취득시효 완성을 이유로 유효하다는 취지의 판결이 확정되자, 乙이 국가를 상대로 손해배상을 구한 사안에서, 甲 등의 등기부취득시효 완성으로 토지에 관한 소유권을 상실한 乙이 불법행위를 이유로 소유권 상실로 인한 손해배상을 청구할 수 있음은 별론으로 하고, 애초 국가의 등기말소의무 이행불능으로 인한 채무불이행책임을 논할 여지는 없고…"(대판 2012.5.17. 전합2010다28604)

| 비교판례 |

권리자가 무권리자의 처분행위를 추인하더라도 이는 원래 무효이었던 처분행위를 유효하게 하여 처분행위의 상대방으로 하여금 권리를 취득하게 하는 것일 뿐, 무권리자가 권리자에 대하여 처분을 통해 받은 이익을 보유할 정당한 권원까지 부여한다고 볼 수는 없다. 따라서 권리자는 무권리자를 상대로 부당이득반환청구권을 행사할 수 있다. 이 경우 권리자의 손해는 추인 당시의 목적물의 시가 상당액이고, 무권리자의 이득은 처분대가 상당액이라고 할 것인바, 권리자는 자기의 손해를 한도로 하여 무권리자가 받은 이득의 반환을 청구할 수 있다(대판 2001.11.9. 2001다44291 ; 대판 2022.6.30. 2020다210686,210693 : 8회 선택형).

6 지적공부상 면적의 표시가 잘못된 등록사항 정정 대상토지의 일부를 점유함으로써 점유취득시효가 완성된 점유자가 자신의 점유 부분에 관한 소유권이전등기를 위하여 선행절차로 토지분할을 하여야 하는 경우, 점유자는 소유권이전등기청구권을 실행하기 위하여 토지소유자를 상대로 지적공부 등록사항 정정절차의 이행을 구할 수 있다고 보아야 한다.   (   )

판결요지

※ 지적공부상 면적의 표시가 잘못된 등록사항 정정 대상토지의 일부를 점유함으로써 점유취득시효가 완성된 점유자가 자신의 점유 부분에 관한 소유권이전등기를 위하여 선행절차로 토지분할을 하여야 하는 경우, 토지소유자를 상대로 지적공부 등록사항 정정절차의 이행을 구할 수 있는지 여부(적극)

"'공간정보의 구축 및 관리 등에 관한 법률'(이하 '공간정보관리법'이라 한다) 제84조 제1항은 "토지소유자는 지적공부의 등록사항에 잘못이 있음을 발견하면 지적소관청에 그 정정을 신청할 수 있다."라고 규정하고, 제2항은 "지적소관청은 지적공부의 등록사항에 잘못이 있음을 발견하면 대통령령으로 정하는 바에 따라 직권으로 조사·측량하여 정정할 수 있다."라고 규정하고 있다. '공간정보의 구축 및 관리 등에 관한 법률 시행령' 제82조 제1항 제2호는 지적소관청이 직권으로 조사·측량하여 정정할 수 있는 경우 중 하나로 '지적도 및 임야도에 등록된 필지가 면적의 증감 없이 경계의 위치만 잘못된 경우'를 규정하고 있다. 이러한 규정들을 종합하면, 지적공부의 등록사항 중 면적의 표시에 잘못이 있는 경우에는 지적소관청이 이를 직권으로 정정할 수 없고 토지소유자의 신청에 의하여만 정정할 수 있다. 나아가 공간정보관리법 제87조는 토지소유자의 채권자 등은 이 법에 따라 토지소유자가 해야 하는 신청을 대신할 수 있다고 규정하면서 그 단서에서 등록사항 정정 대상토지는 제외한다고 정하고 있다. 1필지의 토지 중 일부에 관하여 점유취득시효가 완성된 경우, 점유자가 토지소유자로부터 그 부분에 관한 소유권을 이전받으려면 먼저 그 1필지의 토지 중 점유취득시효가 완성된 부분에 대한 분할절차를 거치는 것이 일반적인 방법이다. 이때 그 1필지의 토지가 지적공부상 면적의 표시가 잘못된 등록사항 정정 대상토지라면 면적이 확정되어 있지 않아 그 상태로 토지분할을 하는 것은 어려우므로 면적의 확정이 선행되어야 할 것인데, 그 방법으로는 공간정보관리법 제84조에서 규정하는 지적공부의 등록사항 정정절차가 있다. 그런데 앞서 보았듯이 공간정보관리법은 토지소유자가 아닌 점유취득시효가 완성된 점유자가 직접 지적공부의 등록사항 정정신청을 하거나 토지소유자를 대위하여 신청할 수 있는 방법을 규정하고 있지 않다.

지적공부상 면적의 표시가 잘못된 등록사항 정정 대상토지의 일부를 점유함으로써 점유취득시효가 완성된 점유자가 자신의 점유 부분에 관한 소유권이전등기를 위하여 선행절차로 토지분할을 하여야 하는 경우, 점유자는 소유권이전등기청구권을 실행하기 위하여 토지소유자를 상대로 지적공부 등록사항 정정절차의 이행을 구할 수 있다고 보아야 한다. 이와 달리 점유자가 지적공부 등록사항 정정절차 이행을 구할 수 없다고 본다면, 토지소유자가 지적공부 등록사항 정정신청을 하지 않는 이상 점유자는 점유 부분에 관한 소유권을 이전받을 수 없게 되므로 점유취득시효가 완성됨에 따라 소유권이전등기청구권을 갖는 점유자의 법적 지위가 보장받지 못하게 되는 결과가 발생한다."(대판 2023.6.15. 2022다303766).　　　　　　　　　　　　　　　　　　　　　　　정답 ○

7　부동산 점유권원의 성질이 분명하지 않을 때에는 민법 제197조 제1항에 따라 점유자는 소유의 의사로 선의로 평온하고 공연하게 점유한 것으로 추정되고, 이러한 추정은 지적공부 등의 관리주체인 국가나 지방자치단체(이하 '국가 등'이라 한다)가 점유하는 경우에도 마찬가지로 적용된다.　( )

판결요지

※ 국가나 지방자치단체가 부동산을 점유하는 경우에도 민법 제197조 제1항이 적용되는지 여부(적극) / 국가나 지방자치단체가 취득시효의 완성을 주장하는 토지의 취득절차에 관한 서류를 제출하지 못하고 있다는 사정만으로 자주점유의 추정이 번복되는지 여부(소극)
"부동산 점유권원의 성질이 분명하지 않을 때에는 민법 제197조 제1항에 따라 점유자는 소유의 의사로 선의로 평온하고 공연하게 점유한 것으로 추정되고, 이러한 추정은 지적공부 등의 관리주체인 국가나 지방자치단체(이하 '국가 등'이라 한다)가 점유하는 경우에도 마찬가지로 적용된다. 점유자가 스스로 매매 또는 증여와 같이 자주점유의 권원을 주장하였으나 이것이 인정되지 않는 경우에도 원래 자주점유의 권원에 관한 증명책임이 점유자에게 있지 아니한 이상 그 주장의 점유권원이 인정되지 않는다는 사유만으로 자주점유의 추정이 번복된다거나 또는 점유권원의 성질상 타주점유라고 볼 수 없다. 따라서 국가 등이 취득시효의 완성을 주장하는 토지의 취득절차에 관한 서류를 제출하지 못하고 있다고 하더라도, 그 점유의 경위와 용도, 국가 등이 점유를 개시한 후에 지적공부에 그 토지의 소유자로 등재된 자가 소유권을 행사하려고 노력하였는지 여부, 함께 분할된 다른 토지의 이용 또는 처분 관계 등 여러 가지 사정을 감안할 때 국가 등이 점유 개시 당시 공공용 재산의 취득절차를 거쳐서 소유권을 적법하게 취득하였을 가능성을 배제할 수 없는 경우에는, 국가 등의 자주점유의 추정을 부정하여 무단점유로 인정할 것이 아니다"(대판 2023.6.29. 2020다290767).　　　　　　　　　　　　정답 ○

8　★ 타인의 토지 위에 분묘를 설치 또는 소유하는 자는 다른 특별한 사정이 없는 한 그 분묘의 보존·관리에 필요한 범위 내에서 타인의 토지를 점유하는 것이라고 할 것이고, 이 경우에는 점유의 성질상 소유의 의사가 추정된다.　　　　　　　　　　　　　　　　　　( )

판결요지

※ 1. 물건에 대한 점유의 의미와 판단 기준 및 자주점유의 추정이 번복되는 경우 2. 타인의 토지 위에 분묘를 설치·소유하는 경우, 그 토지를 소유의 의사로 점유하는 것으로 추정되는지 여부(소극)

"물건에 대한 점유란 사회관념상 어떤 사람의 사실적 지배 아래 있다고 보이는 객관적 관계를 말하는 것으로서, 이 때 말하는 사실적 지배는 반드시 물건을 물리적·현실적으로 지배하는지 여부만이 아니라, 물건과 사람 사이의 시간적·공간적 관계, 그 배경이 되는 본권관계, 타인에 의한 지배가 주장되거나 인정될 가능성 등을 종합하여 사회관념에 따라 합목적적으로 판단하여야 한다. 그리고 점유자의 점유가 소유의 의사 있는 자주점유인지 여부는 점유자의 내심의 의사에 의하여 결정되는 것이 아니라 점유 취득의 원인이 된 권원의 성질이나 점유와 관계 있는 모든 사정에 의하여 외형적·객관적으로 결정되어야 하므로 점유자가 성질상 소유의 의사가 없는 것으로 보이는 권원에 바탕을 두고 점유를 취득한 사실이 증명되었거나, 점유자가 타인의 소유권을 배제하여 자기의 소유물처럼 배타적 지배를 행사하는 의사를 가지고 점유하는 것으로 볼 수 없는 객관적 사정, 즉 점유자가 진정한 소유자라면 통상 취하지 아니할 태도를 나타내거나 소유자에게 당연히 기대되는 권능의 행사를 하지 아니한 경우 등 외형적·객관적으로 보아 점유자가 타인의 소유권을 배척하고 점유할 의사를 갖고 있지 아니하였던 것이라고 볼 만한 사정이 증명된 경우에도 그 추정은 깨어진다(대판 1996.12.23. 95다31317 판결, 대판 2000.3.24. 99다56765 판결, 대판 2011. 5. 13. 2010다106719 판결 등 참조).

타인의 토지 위에 분묘를 설치 또는 소유하는 자는 다른 특별한 사정이 없는 한 그 분묘의 보존관리에 필요한 범위 내에서만 타인의 토지를 점유하는 것이라고 할 것이고, 따라서 이 경우에는 점유의 성질상 소유의 의사가 추정되지 않는다(대판 1997.3.28. 97다3651, 3668 판결 등 참조)"(대판 2023.11.16. 2023다214566). 정답 ✕

9 ★ 시효취득의 요건인 점유에는 직접점유뿐만 아니라 간접점유도 포함된다. ( )

판결요지

※ 시효취득의 요건인 점유에 간접점유가 포함되는지 여부(적극) 및 간접점유를 인정하기 위해서는 '점유매개관계'가 필요한지 여부(적극)

"시효취득의 요건인 점유에는 직접점유뿐만 아니라 간접점유도 포함되는 것이기는 하나, 간접점유를 인정하기 위해서는 간접점유자와 직접점유를 하는 자 사이에 일정한 법률관계, 즉 점유매개관계가 필요하다(대판 2006.6.2. 2006다4649 판결 참조)"(대판 2020.5.28. 2020다202562). 정답 ○

[사실관계] 甲이 乙 소유의 토지를 점유·사용하면서 인접한 丙 소유의 토지에 지하관정을 설치하였는데 이후 丙이 甲을 상대로 지하관정의 철거를 구하자, 甲이 丙 소유의 토지에 대한 乙의 점유를 승계하여 점유취득시효가 완성되었다고 주장한 사안에서, 지하관정이 설치된 丙 소유의 토지 부분에 관하여 甲과 乙 사이에 점유매개관계가 성립하였다고 볼 수도 없는데도, 甲이 위 토지에 지하관정을 설치함으로써 乙이 간접점유를 취득하였다고 본 원심 판단에 법리오해 등의 잘못이 있다고 한 사례

부 합

1 타인 소유의 토지에 수목을 식재할 당시 토지의 소유권자로부터 그에 관한 명시적 또는 묵시적 승낙·동의·허락 등을 받았다면, 해당 수목은 토지에 부합하지 않고 식재한 자에게 그 소유권이 귀속된다. ( )

판결요지

※ 민법 제256조에서 부동산에의 부합의 예외사유로 규정한 '권원'의 의미 / 타인 소유의 토지에 수목을 식재할 당시 토지 소유권자로부터 그에 관한 명시적 또는 묵시적 승낙·동의·허락 등을 받은 경우, 수목의 소유권이 귀속되는 자(=수목을 식재한 자)

"민법 제256조에서 부동산에의 부합의 예외사유로 규정한 '권원'은 지상권, 전세권, 임차권 등과 같이 타인의 부동산에 자기의 동산을 부속시켜서 그 부동산을 이용할 수 있는 권리를 뜻한다. 따라서 타인 소유의 토지에 수목을 식재할 당시 토지의 소유권자로부터 그에 관한 명시적 또는 묵시적 승낙·동의·허락 등을 받았다면, 이는 민법 제256조에서 부동산에의 부합의 예외사유로 정한 '권원'에 해당한다고 볼 수 있으므로, 해당 수목은 토지에 부합하지 않고 식재한 자에게 그 소유권이 귀속된다"(대판 2023.11.16. 2023도11885) **정답** ○

소유권에 기한 물권적 청구권

1 ★ 토지소유자가 자신의 토지 위에 건축된 건물을 점유하고 있는 건물의 공유자를 상대로 건물에서 퇴거할 것을 청구할 권원이 없다. ( )

1-1 ★★ 건물의 소유자가 건물의 소유를 통하여 타인 소유의 토지를 점유하고 있다고 하더라도 토지소유자로서는 건물의 철거와 대지 부분의 인도를 청구할 수 있을 뿐, 자기 소유의 건물을 점유하고 있는 사람에 대하여 건물에서 퇴거할 것을 청구할 수 없다. 이러한 법리는 건물이 공유관계에 있는 경우에 건물의 공유자에 대해서도 마찬가지로 적용된다. 24년 변호 ( )

판결요지

※ 토지소유자가 자신의 토지 위에 건축된 건물을 점유하고 있는 건물의 공유자를 상대로 건물에서 퇴거할 것을 청구할 권원이 있는지 여부(소극)

"건물의 소유자가 건물의 소유를 통하여 타인 소유의 토지를 점유하고 있다고 하더라도 토지 소유자로서는 건물의 철거와 대지 부분의 인도를 청구할 수 있을 뿐, 자기 소유의 건물을 점유하고 있는 사람에 대하여 건물에서 퇴거할 것을 청구할 수 없다(대판 1999.7.9. 98다57457,57464 판결 등 참조). 이러한 법리는 건물이 공유관계에 있는 경우에 건물의 공유자에 대해서도 마찬가지로 적용된다. 그 이유는 다음과 같다.

(1) 모든 공유자는 공유물 전부를 지분의 비율로 사용·수익할 수 있다(민법 제263조). 공유자가 공유물에 대하여 가지는 공유지분권은 소유권의 분량적 일부이지만 하나의 독립된 소유권과 같은 성질을 가지므로, 공유자는 소유권의 권능에 속하는 사용·수익권을 갖는다. 설령 공유자 중 1인이 공유물을 독점적으로 점유하여 사용·수익하고 있더라도, 공유자 아닌 제3자가 공유물을 무단으로 점유하는 것과는 다르다. 따라서 공유자가 건물을 점유하는 것

은 그 소유 지분과 관계없이 자기 소유의 건물에 대한 점유로 보아야 하고, 소유 지분을 넘는 부분을 관념적으로 분리하여 그 부분을 타인의 점유라고 볼 수 없다.

(2) 토지 소유자는 토지 소유권에 기한 방해배제청구권의 행사로서 그 지상 건물의 철거와 해당 토지의 인도를 구할 수 있을 뿐이고 건물의 점유 자체를 회복하거나 건물에 관한 공유자의 사용관계를 정할 권한이 없다. 토지 소유자로 하여금 그 지상 건물 공유자를 상대로 퇴거 청구를 할 수 있도록 허용한다면 토지 소유자가 건물의 점유 자체를 회복하도록 하거나 해당 건물에 관한 공유자의 사용관계를 임의로 정하게 하는 결과를 가져오게 된다.

(3) 소유 지분의 범위에서 철거를 명하는 확정판결을 받은 공유자가 계속하여 건물을 점유하는 것은 토지 소유자가 건물 전체의 철거를 명하는 확정판결을 받지 못하여 철거집행이 불가능한 상황에 따른 반사적 효과에 지나지 않는다. 토지 소유자로서는 건물 전체에 대하여 철거에 관한 집행권원을 확보하여 곧바로 집행에 들어가거나 철거 집행 전까지 토지 점유에 관한 부당이득반환 등을 청구하는 방법으로 권리구제를 받을 수 있다"(대판 2022.6.30. 2021다276256).

정답 ○

유 제

정답 ○

[판례해설] 원고 소유 토지와 제3자 소유 토지를 대지로 하여 건축된 집합건물과 관련하여, 원고는 자신 소유 토지 지상 건물 부분에 대하여 위 집합건물 겸 대지 중 일부의 소유자(전유부분 소유자 겸 공용부분 및 일부 대지의 공유자, 이 사건 피고 포함)들을 상대로 철거 확정판결을 받았다. 이후 원고는 철거 집행을 하지 않은 상태에서 피고가 철거 대상인 공용부분 중 일부를 점유하고 있다는 이유로 다시 퇴거 청구를 하였는바, 대법원은 토지 소유자가 그 지상에 건축된 건물의 공유자 중 1인인 피고를 상대로 건물에서 퇴거할 것을 구할 권원이 없다고 판단함으로써 이와 달리 판단한 원심을 파기환송 하였음.

공 유

1 ★★ 공유물의 소수지분권자가 다른 공유자와 협의 없이 공유물의 전부 또는 일부를 독점적으로 점유·사용하고 있는 경우 다른 소수지분권자는 공유물의 보존행위로서 그 인도를 청구할 수는 없고, 다만 자신의 지분권에 기초하여 공유물에 대한 방해 상태를 제거하거나 공동 점유를 방해하는 행위의 금지 등을 청구할 수 있다. 21년·24년 변호, 21년 3차모의, 20년 2차모의 사례형, 20년 3차모의 기록형 (   )

판결요지

※ 1. 공유물의 소수지분권자가 다른 공유자와 협의 없이 공유물을 독점적으로 점유하는 다른 소수지분권자를 상대로 인도를 청구할 수 있는지 여부(소극), 2. 공유물의 소수지분권자가 공유물을 독점적으로 점유하는 다른 소수지분권자를 상대로 방해배제를 청구할 수 있는지 여부(적극)

"1. 공유물의 소수지분권자인 피고가 다른 공유자와 협의하지 않고 공유물의 전부 또는 일부를 독점적으로 점유하는 경우 소수지분권자인 원고가 피고를 상대로 공유물의 인도를 청구할 수는 없다고 보아야 한다.

(1) 공유자 중 1인인 피고가 공유물을 독점적으로 점유하고 있어 다른 공유자인 원고가 피고를 상대로 공유물의 인도를 청구하는 경우, 그러한 행위는 공유물을 점유하는 피고의 이해와 충돌한다. 애초에 보존행위를 공유자 중 1인이 단독으로 할 수 있도록 한 것은 보존행위가 다른 공유자에게도 이익이 되기 때문이라는 점을 고려하면, 이러한 행위는 민법 제265조 단서에서 정한 보존행위라고 보기 어렵다.

(2) 모든 공유자는 공유물 전부를 지분의 비율로 사용·수익할 수 있다(민법 제263조). 피고가 공유물을 독점적으로 점유하는 위법한 상태를 시정한다는 명목으로 원고의 인도 청구를 허용한다면, 피고가 적법하게 보유하는 '지

분 비율에 따른 사용·수익권'까지 근거 없이 박탈하는 부당한 결과를 가져온다.

(3) 원고 역시 소수지분권자에 지나지 않으므로 원고가 공유자인 피고를 전면적으로 배제하고 자신만이 단독으로 공유물을 점유하도록 인도해 달라고 청구할 권원은 없다.

(4) 공유물에 대한 인도 판결과 그에 따른 집행의 결과는 원고가 공유물을 단독으로 점유하며 사용·수익할 수 있는 상태가 되어 '일부 소수지분권자가 다른 공유자를 배제하고 공유물을 독점적으로 점유'하는 인도 전의 위법한 상태와 다르지 않다.

(5) 기존 대법원 판례가 공유자 사이의 공유물 인도 청구를 보존행위로서 허용한 것은, 소수지분권자가 자의적으로 공유물을 독점하고 있는 위법 상태를 시정하기 위해서 인도 청구를 가장 실효적인 구제수단으로 보았기 때문이라고 할 수 있다. 그러나 원고는 피고를 상대로 지분권에 기한 방해배제청구권을 행사함으로써 위와 같은 위법 상태를 충분히 시정할 수 있다.

2. 공유자들 사이에 공유물 관리에 관한 결정이 없는 경우 공유자가 다른 공유자를 배제하고 공유물을 독점적으로 점유·사용하는 것은 위법하여 허용되지 않지만, 다른 공유자의 사용·수익권을 침해하지 않는 방법으로, 즉 비독점적인 형태로 공유물 전부를 다른 공유자와 함께 점유·사용하는 것은 자신의 지분권에 기초한 것으로 적법하다. 일부 공유자가 공유물의 전부나 일부를 독점적으로 점유한다면 이는 다른 공유자의 지분권에 기초한 사용·수익권을 침해하는 것이다. 공유자는 자신의 지분권 행사를 방해하는 행위에 대해서 민법 제214조에 따른 방해배제청구권을 행사할 수 있고, 공유물에 대한 지분권은 공유자 개개인에게 귀속되는 것이므로 공유자 각자가 행사할 수 있다.

원고는 공유물의 종류(토지, 건물, 동산 등), 용도, 상태(피고의 독점적 점유를 전·후로 한 공유물의 현황)나 당사자의 관계 등을 고려해서 원고의 공동 점유를 방해하거나 방해할 염려 있는 피고의 행위와 방해물을 구체적으로 특정하여 그 방해의 금지, 제거, 예방(작위·부작위의무의 이행)을 구하는 형태로 청구취지를 구성할 수 있다. 법원은 이것이 피고의 방해 상태를 제거하기 위하여 필요하고 원고가 달성하려는 상태가 공유자들의 공동 점유 상태에 부합한다면 이를 인용할 수 있다. 위와 같은 출입 방해금지 등의 부대체적 작위의무와 부작위의무는 간접강제의 방법으로 민사집행법에 따라 충분히 실효성 있는 강제집행을 할 수 있다.

3. 이와 달리 공유물의 소수지분권자가 다른 공유자와 협의 없이 공유물의 전부 또는 일부를 독점적으로 점유하고 있는 경우 다른 소수지분권자가 공유물에 대한 보존행위로서 그 인도를 청구할 수 있다고 판단한 대판 1994.3.22. 93다9392, 93다9408 전원합의체 판결 등은 이 판결의 견해에 배치되는 범위에서 이를 변경하기로 한다"(대판 2020.5.21. 전합2018다287522)

정답 ○

[사실관계] 원고는 이 사건 토지의 1/2 지분을 소유하고 있는 소수지분권자로서, 그 지상에 소나무를 식재하여 토지를 독점적으로 점유하고 있는 피고를 상대로 소나무 등 지상물의 수거와 점유 토지의 인도 등을 청구한 사안에서, 원심은 원고가 공유물의 보존행위로서 공유 토지에 대한 방해배제와 인도를 청구할 수 있다고 보아 원고의 청구를 모두 받아들였으나, 대법원은 원고가 공유자인 피고를 상대로 토지 인도를 청구할 수는 없고 방해배제로 지상물 수거를 청구할 수 있다고 보아, 원심 판결 중 토지 인도 청구 부분을 법리 오해로 파기하고, 토지 인도 청구가 인용될 것을 전제로 한 일부 금원 지급 청구 부분도 함께 파기하였다.

1-1 ★ 집합건물의 구분소유자가 집합건물법의 관련 규정에 따라 관리단집회 결의나 다른 구분소유자의 동의 없이 공용부분의 전부 또는 일부를 독점적으로 점유·사용하고 있는 경우 다른 구분소유자는 공용부분의 보존행위로서 그 인도를 청구할 수는 없고, 특별한 사정이 없는 한 자신의 지분권에 기초하여 공용부분에 대한 방해 상태를 제거하거나 공동 점유를 방해하는 행위의 금지 등을 청구할 수 있다. ( )

판결요지

이러한 법리는 집합건물의 소유 및 관리에 관한 법률(이하 '집합건물법'이라 한다)에 따라 구분소유자 전원 또는 일부의 공유에 속하고 공유자가 그 용도에 따라 사용할 수 있는 집합건물의 공용부분에도 마찬가지로 적용된다. 따라서 "집합건물의 구분소유자가 집합건물법의 관련 규정에 따라 관리단집회 결의나 다른 구분소유자의 동의 없이 공용부분의 전부 또는 일부를 독점적으로 점유·사용하고 있는 경우 다른 구분소유자는 공용부분의 보존행위로서 그 인도를 청구할 수는 없고, 특별한 사정이 없는 한 자신의 지분권에 기초하여 공용부분에 대한 방해 상태를 제거하거나 공동 점유를 방해하는 행위의 금지 등을 청구할 수 있다"(대판 2020.10.15. 2019다245822).

[사실관계] 집합건물의 구분소유자인 피고들이 건물 1층 중 현관, 복도 등으로 이용되는 이 사건 건물부분에 유리문 등을 설치하여 독점적으로 점유·사용한다는 이유로 다른 구분소유자인 원고가 유리문 등의 철거와 이 사건 건물부분의 인도를 청구한 사안에서, 원고가 이 사건 건물부분의 공유자로서 그중 유리문 등이 설치된 부분을 독점적으로 점유하는 또 다른 공유자인 피고들을 상대로 이 사건 건물부분의 인도를 청구할 수 없다고 판단하여 건물 인도청구 부분을 파기·환송하고, 공유자의 지분권에 기초한 방해배제로서 이 사건 건물부분에 설치된 유리문 등 지상물의 철거를 청구할 수 있다고 보아 나머지 상고를 기각한 사례   **정답** ○

|쟁점정리|

※ 소수지분권자의 다른 소수지분권자에 대한 권리

소수지분권자의 배타적 점유의 경우 다른 소수지분권자는 자신의 지분침해를 이유로 손해배상청구 또는 부당이득반환청구를 할 수 있다(대판 2001.12.11. 2000다13948). 다만 '다른 소수지분권자에게 공유물인도청구'를 인정할 것인지 문제되는바, 기존 判例는 '공유물의 보존행위'로서 공유물의 인도나 명도를 청구할 수 있다"고 한다(대판 1994.3.22. 전합93다9392,9408 : 1회·2회 선택형).

그러나 바뀐 전원합의체 판결에 따르면 "제265조 단서가 공유자 각자가 다른 공유자와 <u>협의 없이 보존행위를 할 수 있게 한 것은</u> 그것이 다른 공유자에게도 이익이 되기 때문인바, 소수지분권자가 다른 소수지분권에게 공유물 인도를 청구하는 것은 다른 소수지분권자가 가지고 있는 '지분의 비율에 따른 사용·수익권'까지 근거 없이 박탈하는 것으로 다른 공유자에게도 이익이 되는 보존행위라고 볼 수 없다"는 것을 이유로 부정하였다. 다만 자신의 지분권에 기초한 공유토지 위의 지상물 철거청구나 공동점유에 대한 방해금지 등의 '방해배제청구'(제214조)는 가능하다고 보았다(대판 2020.5.21. 전합2018다287522) 21·23·24년 변호, 21년 법무사

[판례검토] 과거 判例에 따르면 '반복적인 배타적 점유와 인도요구의 악순환'을 인정하게 되는 결과가 되므로 타당하다고 할 수 없다. 그러므로 당해 문제는 인도청구가 아닌 '방해배제청구' '부당이득반환'이나 '공유물 분할'을 통해 궁극적으로 해결하는 것이 타당하다.

---

2   ★ 공유 지분 과반수 소유자의 공유물인도청구에 대해 상대방인 타공유자는 민법 제263조의 공유물의 사용수익권으로 이를 거부할 수 있다.   ( )

판결요지

"공유자 사이에 공유물을 사용·수익할 구체적인 방법을 정하는 것은 공유물의 관리에 관한 사항으로서 공유자의 지분의 과반수로써 결정하여야 할 것이고, 과반수 지분의 공유자는 다른 공유자와 사이에 미리 공유물의 관리방법에 관한 협의가 없었다 하더라도 공유물의 관리에 관한 사항을 단독으로 결정할 수 있으므로, 과반수 지분의 공유

자가 그 공유물의 특정 부분을 배타적으로 사용·수익하기로 정하는 것은 공유물의 관리방법으로서 적법하다. 또한 공유 지분 과반수 소유자의 공유물인도청구는 민법 제265조의 규정에 따라 공유물의 관리를 위하여 구하는 것으로서 그 상대방인 타 공유자는 민법 제263조의 공유물의 사용수익권으로 이를 거부할 수 없다"(대판 2022.11.17. 2022다253243)

정답 ✕

3 공유물분할의 소에서 공유물을 공유자 중의 1인의 단독소유 또는 수인의 공유로 하되 현물을 소유하게 되는 공유자로 하여금 다른 공유자에 대하여 그 지분의 적정하고도 합리적인 가격을 배상시키는 방법에 의한 분할도 허용되는바, 이때 가격배상의 기준이 되는 '지분가격'은 공유물분할 시점의 객관적인 교환가치에 해당하는 시장가격 또는 매수가격을 말한다. ( )

판결요지

"공유물분할의 소는 형성의 소로서 공유자 상호 간의 지분의 교환 또는 매매를 통하여 공유의 객체를 단독 소유권의 대상으로 하여 그 객체에 대한 공유관계를 해소하는 것을 말하므로, 법원은 공유물분할을 청구하는 자가 구하는 방법에 구애받지 아니하고 자유로운 재량에 따라 공유관계나 그 객체인 물건의 제반 상황에 따라 공유자의 지분비율에 따른 합리적인 분할을 하면 된다. 따라서 여러 사람이 공유하는 물건을 분할하는 경우 원칙적으로는 각 공유자가 취득하는 토지의 면적이 그 공유지분의 비율과 같도록 하여야 할 것이나, 반드시 그런 방법으로만 분할하여야 하는 것은 아니고, 분할 대상이 된 공유물의 형상이나 위치, 그 이용 상황이나 경제적 가치가 균등하지 아니할 때에는 이와 같은 여러 사정을 고려하여 경제적 가치가 지분비율에 상응되도록 분할하는 것도 허용되며, 일정한 요건이 갖추어진 경우에는 공유자 상호 간에 금전으로 경제적 가치의 과부족을 조정하여 분할을 하는 것도 현물분할의 한 방법으로 허용된다. 나아가 공유관계의 발생원인과 공유지분의 비율 및 분할된 경우의 경제적 가치, 분할 방법에 관한 공유자의 희망 등의 여러 사정을 종합적으로 고려하여 당해 공유물을 특정한 자에게 취득시키는 것이 상당하다고 인정되고, 다른 공유자에게는 그 지분의 가격을 취득시키는 것이 공유자 간의 실질적인 공평을 해치지 않는다고 인정되는 특별한 사정이 있는 때에는 공유물을 공유자 중의 1인의 단독소유 또는 수인의 공유로 하되 현물을 소유하게 되는 공유자로 하여금 다른 공유자에 대하여 그 지분의 적정하고도 합리적인 가격을 배상시키는 방법에 의한 분할도 현물분할의 하나로 허용된다. 이때 그 가격배상의 기준이 되는 '지분가격'이란 공유물분할 시점의 객관적인 교환가치에 해당하는 시장가격 또는 매수가격을 의미하는 것으로, 그 적정한 산정을 위해서는 분할 시점에 가까운 사실심 변론종결일을 기준으로 변론과정에 나타난 관련 자료를 토대로 최대한 객관적·합리적으로 평가하여야 하므로, 객관적 시장가격 또는 매수가격에 해당하는 시가의 변동이라는 사정을 일절 고려하지 않은 채 그러한 사정이 제대로 반영되지 아니한 감정평가액에만 의존하여서는 아니 된다"(대판 2022.9.7. 2022다244805).

정답 ◯

| 동지판례|

※ 1. 재판에 의하여 공유물을 분할하는 경우, 경매에 따른 대금분할을 명할 수 있는 요건인 '현물로 분할할 수 없거나 현물로 분할을 하게 되면 현저히 그 가액이 감손될 염려가 있는 때'의 의미 및 법원이 경매에 따른 대금분할의 방법을 선택할 때 유의할 사항 2. 공유물분할의 소에서 공유물분할의 방법 / 공유물을 공유자 중 1인의 단독소유 또는 수인의 공유로 하되 현물을 소유하게 되는 공유자로 하여금 다른 공유자에 대하여 그 지분의 적정하고도 합리적인 가격을 배상시키는 방법에 의한 분할이 허용되는 경우 및 이때 가격배상의 기준이 되는 '지분가격'의 의미(=공유물분할 시점의 객관적인 교환가치에 해당하는 시장가격 또는 매수가격)와 그 산정 방법

"[1] 공유는 물건에 대한 공동소유의 한 형태로서 물건에 대한 1개의 소유권이 분량적으로 분할되어 여러 사람에게 속하는 것이므로, 특별한 사정이 없는 한 공유자는 공유물의 분할을 청구하여 기존의 공유관계를 폐지하고 공유자 간에 공유물을 분배하는 법률관계를 실현하는 일방적인 권리를 가진다. 따라서 공유물의 분할은 당사자 간에 협의가 이루어지는 경우에는 그 방법을 임의로 선택할 수 있으나, 협의가 이루어지지 아니하여 재판에 의하여 공유물을 분할하는 경우에 법원은 현물로 분할하는 것이 원칙이고, 현물로 분할할 수 없거나 현물로 분할을 하게 되면 현저히 그 가액이 감손될 염려가 있는 때에 비로소 물건의 경매를 명할 수 있다(민법 제269조 제2항). 이때 '현물로 분할할 수 없다.'는 요건은 이를 물리적으로 엄격하게 해석할 것은 아니고, 공유물의 성질, 위치나 면적, 이용상황, 분할 후의 사용가치 등에 비추어 보아 현물분할을 하는 것이 곤란하거나 부적당한 경우를 포함하고, '현물로 분할을 하게 되면 현저히 그 가액이 감손될 염려가 있는 경우' 역시 공유자의 한 사람이라도 현물분할에 의하여 단독으로 소유하게 될 부분의 가액이 분할 전의 소유 지분 가액보다 현저하게 감손될 염려가 있는 경우까지 포함한다. 그러나 이 경우에도 재판에 의한 공유물분할은 공유자별 지분에 따른 합리적인 분할을 할 수 있는 한 현물분할을 하는 것이 원칙이므로, 원고가 바라는 방법에 따른 현물분할을 하는 것이 부적당하거나 이 방법에 따르면 그 가액이 현저히 감손될 염려가 있다고 하여 이를 이유로 곧바로 경매에 따른 대금분할을 명하여서는 아니 되고, 불가피하게 경매에 따른 대금분할을 할 수밖에 없는 요건에 관한 객관적·구체적인 심리 없이 단순히 공유자들 사이에 분할의 방법에 관하여 의사가 합치하고 있지 않다는 등의 주관적·추상적인 사정에 터 잡아 함부로 경매에 따른 대금분할을 명하는 것도 허용될 수 없다.

[2] 공유물분할의 소는 형성의 소로서 공유자 상호 간의 지분의 교환 또는 매매를 통하여 공유의 객체를 단독 소유권의 대상으로 하여 그 객체에 대한 공유관계를 해소하는 것을 말하므로, 법원은 공유물분할을 청구하는 자가 구하는 방법에 구애받지 아니하고 자유로운 재량에 따라 공유관계나 그 객체인 물건의 제반 상황에 따라 공유자의 지분비율에 따른 합리적인 분할을 하면 된다. 따라서 여러 사람이 공유하는 물건을 분할하는 경우 원칙적으로는 각 공유자가 취득하는 면적이 그 공유 지분의 비율과 같도록 하여야 할 것이나, 반드시 그런 방법으로만 분할하여야 하는 것은 아니고, 분할 대상이 된 공유물의 형상이나 위치, 그 이용 상황이나 경제적 가치가 균등하지 아니할 때에는 이와 같은 여러 사정을 고려하여 경제적 가치가 지분비율에 상응되도록 분할하는 것도 허용되며, 일정한 요건이 갖추어진 경우에는 공유자 상호 간에 금전으로 경제적 가치의 과부족을 조정하여 분할을 하는 것도 현물분할의 한 방법으로 허용된다. 나아가 공유관계의 발생원인과 공유 지분의 비율 및 분할된 경우의 경제적 가치, 분할 방법에 관한 공유자의 희망 등의 여러 사정을 종합적으로 고려하여 당해 공유물을 특정한 자에게 취득시키는 것이 상당하다고 인정되고, 다른 공유자에게는 그 지분의 가격을 취득시키는 것이 공유자 간의 실질적인 공평을 해치지 않는다고 인정되는 특별한 사정이 있는 때에는 공유물을 공유자 중의 1인의 단독소유 또는 수인의 공유로 하되 현물을 소유하게 되는 공유자로 하여금 다른 공유자에 대하여 그 지분의 적정하고도 합리적인 가격을 배상시키는 방법에 의한 분할도 현물분할의 하나로 허용된다. 이때 그 가격배상의 기준이 되는 '지분가격'이란 공유물분할 시점의 객관적인 교환가치에 해당하는 시장가격 또는 매수가격을 의미하는 것으로, 그 적정한 산정을 위해서는 분할시점에 가까운 사실심 변론종결일을 기준으로 변론과정에 나타난 관련 자료를 토대로 최대한 객관적·합리적으로 평가하여야 하므로, 객관적 시장가격 또는 매수가격에 해당하는 시가의 변동이라는 사정을 일절 고려하지 않은 채 그러한 사정이 제대로 반영되지 아니한 감정평가액에만 의존하여서는 아니 된다"(대판 2023.6.29. 2023다217916).

4   공유자 일부의 지분을 경매 등으로 취득한 사람이 공유물 점유·사용에 관한 기존의 명시적·묵시적 합의를 무시하고 경매분할의 방법으로 분할할 것을 주장할 경우, 법원이 경매분할을 선택하기 위해서는 현물로 분할할 수 없거나 현물로 분할하게 되면 그 가액이 현저히 감손될 염려가 있다는 사정이 분명하게 드러나야 하고, 현물분할을 위한 금전적 조정에 어려움이 있다고 하여 경매분할을 명하는 것에는 매우 신중하여야 한다.   (　　)

판결요지

※ 공유물분할 사건에서 공유물의 점유·사용관계를 고려하여야 할 특별한 사정이 있는 경우 경매에 의한 대금분할을 명하기 위한 요건

"재판에 의하여 공유물을 분할하는 경우에 법원은 현물로 분할하는 것이 원칙이므로, 불가피하게 경매분할을 할 수밖에 없는 요건에 관한 객관적·구체적인 심리 없이 단순히 공유자들 사이에 분할의 방법에 관하여 의사가 합치하고 있지 않다는 등의 주관적·추상적인 사정을 들어 함부로 경매분할을 명하는 것은 허용될 수 없다. 특히 공동상속을 원인으로 하는 공유관계처럼 공유자들 사이에 긴밀한 유대관계가 있어서 이들 사이에 공유물 사용에 관한 명시적 또는 묵시적 합의가 있었고, 공유자 전부 또는 일부가 분할의 목적이 된 공유토지나 그 지상 건물에서 거주생활하는 등 공유물 점유·사용의 형태를 보더라도 이러한 합의를 충분히 추단할 수 있는 사안에서, 그러한 공유자 일부의 지분을 경매 등으로 취득한 사람이 공유물 점유·사용에 관한 기존의 명시적·묵시적 합의를 무시하고 경매분할의 방법으로 분할할 것을 주장한다면 법원으로서는 기존 공유자들의 합의에 의한 점유·사용관계를 해치지 않고 공유물을 분할할 수 있는 방법을 우선적으로 강구하여야 한다. 따라서 이러한 경우 법원이 경매분할을 선택하기 위해서는 현물로 분할할 수 없거나 현물로 분할하게 되면 그 가액이 현저히 감손될 염려가 있다는 사정이 분명하게 드러나야 하고, 현물분할을 위한 금전적 조정에 어려움이 있다고 하여 경매분할을 명하는 것에는 매우 신중하여야 한다"(대판 2023.6.29. 2020다260025). 정답 ○

[조문] 제269조(분할의 방법) ①항 분할의 방법에 관하여 협의가 성립되지 아니한 때에는 공유자는 법원에 그 분할을 청구할 수 있다. ②항 현물로 분할할 수 없거나 분할로 인하여 현저히 그 가액이 감손될 염려가 있는 때에는 법원은 물건의 경매를 명할 수 있다.

4-1 재판에 의하여 공유물을 분할하는 경우에 법원은 현물로 분할하는 것이 원칙이므로, 불가피하게 경매분할을 할 수밖에 없는 요건에 관한 객관적·구체적인 심리 없이 단순히 공유자들 사이에 분할의 방법에 관하여 의사가 합치하고 있지 않다는 등의 주관적·추상적인 사정을 들어 함부로 경매분할을 명하는 것은 허용될 수 없다. ( )

판결요지

※ 1. 공유물분할의 소에서 공유물분할의 방법 / 공유물을 공유자 중 1인의 단독소유 또는 수인의 공유로 하되 현물을 소유하게 되는 공유자로 하여금 다른 공유자에 대하여 그 지분의 적정하고도 합리적인 가격을 배상시키는 방법에 의한 분할도 현물분할로 허용되는지 여부(적극), 2. 재판에 의하여 공유물을 분할하는 경우, 법원이 경매분할의 방법을 선택할 때 유의할 사항 / 공동상속을 원인으로 하는 공유관계처럼 공유자들 사이에 긴밀한 유대관계가 있어서 이들 사이에 공유물 사용에 관한 명시적 또는 묵시적 합의가 있고, 공유자 전부 또는 일부가 분할의 목적이 된 공유토지나 그 지상 건물에서 거주·생활하는 등 공유물 점유·사용의 형태를 보더라도 이러한 합의를 충분히 추단할 수 있는 경우, 공유자 일부의 지분을 경매 등으로 취득한 사람이 경매분할의 방법으로 분할할 것을 주장할 때 법원이 우선적으로 강구하여야 할 분할 방법 및 이때 경매분할을 선택하기 위한 요건

"[1] 공유물분할의 소는 형성의 소로서 공유자 상호 간의 지분의 교환 또는 매매를 통하여 공유의 객체를 단독 소유권의 대상으로 하여 그 객체에 대한 공유관계를 해소하는 것을 말하므로, 법원은 공유물분할을 청구하는 측이 구하는 방법에 구애받지 아니하고 자유로운 재량에 따라 공유관계나 그 객체인 물건의 제반 상황에 따라 공유자의 지분 비율에 따른 합리적인 분할을 할 수 있다. 이 경우 원칙적으로는 각 공유자가 취득하는 토지의 면적이 그 공유지분의 비율과 같도록 하여야 할 것이나, 반드시 그런 방법으로만 분할하여야 하는 것은 아니고, 분할 대상이

된 공유물의 형상이나 위치, 그 이용 상황이나 경제적 가치가 균등하지 아니할 때에는 이와 같은 여러 사정을 고려하여 경제적 가치가 지분비율에 상응되도록 분할하는 것도 허용되며, 일정한 요건이 갖추어진 경우에는 공유자 상호 간에 금전으로 경제적 가치의 과부족을 조정하여 분할을 하는 것도 현물분할의 한 방법으로 허용된다. 나아가 공유물을 공유자 중의 1인의 단독소유 또는 수인의 공유로 하되 현물을 소유하게 되는 공유자로 하여금 다른 공유자에 대하여 그 지분의 적정하고도 합리적인 가격을 배상시키는 방법에 의한 분할도 현물분할의 하나로 허용된다.

[2] 재판에 의하여 공유물을 분할하는 경우에 법원은 현물로 분할하는 것이 원칙이므로, <u>불가피하게 경매분할을 할 수밖에 없는 요건에 관한 객관적·구체적인 심리 없이 단순히 공유자들 사이에 분할의 방법에 관하여 의사가 합치하고 있지 않다는 등의 주관적·추상적인 사정을 들어 함부로 경매분할을 명하는 것은 허용될 수 없다.</u> 특히 공동상속을 원인으로 하는 공유관계처럼 공유자들 사이에 긴밀한 유대관계가 있어서 이들 사이에 공유물 사용에 관한 명시적 또는 묵시적 합의가 있었고, 공유자 전부 또는 일부가 분할의 목적이 된 공유토지나 그 지상 건물에서 거주·생활하는 등 공유물 점유·사용의 형태를 보더라도 이러한 합의를 충분히 추단할 수 있는 사안에서, <u>그러한 공유자 일부의 지분을 경매 등으로 취득한 사람이 공유물 점유·사용에 관한 기존의 명시적·묵시적 합의를 무시하고 경매분할의 방법으로 분할할 것을 주장한다면 법원으로서는 기존 공유자들의 합의에 의한 점유·사용관계를 해치지 않고 공유물을 분할할 수 있는 방법을 우선적으로 강구하여야 한다.</u> 따라서 이러한 경우 법원이 경매분할을 선택하기 위해서는 현물로 분할할 수 없거나 현물로 분할하게 되면 그 가액이 현저히 감손될 염려가 있다는 사정이 분명하게 드러나야 하고, 현물분할을 위한 금전적 조정에 어려움이 있다고 하여 경매분할을 명하는 것에는 매우 신중하여야 한다"(대판 2023.6.29. 2020다260025)　　정답 ○

관련판례

※ 공동상속을 원인으로 하는 공유관계 등과 같이 공유자들 사이에 긴밀한 유대관계가 있어 이들 사이에 공유물 사용에 관한 명시적 또는 묵시적 합의가 있고, 공유자 전부 또는 일부가 분할의 목적이 된 공유 토지나 그 지상 건물에서 거주·생활하는 등 공유물 점유·사용의 형태를 보더라도 이러한 합의를 충분히 추단할 수 있는 경우, 공유자 일부의 지분을 경매 등으로 취득한 사람이 경매분할의 방법으로 분할할 것을 주장할 때 법원이 우선적으로 참작하여야 할 분할방법 및 이때 경매분할을 선택하기 위한 요건

"공동상속을 원인으로 하는 공유관계 혹은 조상분묘가 설치된 임야에 대한 일가 친족의 공유관계 등과 같이 다수 공유자들 사이에 긴밀한 유대관계가 있어 이들 사이에 공유물 사용에 관한 명시적 또는 묵시적 합의가 있었고, 공유자 전부 또는 일부가 분할의 목적이 된 공유 토지나 그 지상 건물에서 거주·생활하거나 묘소를 설치하는 등 공유물 점유·사용의 형태를 보더라도 이러한 합의를 충분히 추단할 수 있는 사안에서, 그러한 공유자 일부의 지분에 대한 경매 등으로 새롭게 공유지분을 취득한 사람이 공유물의 점유·사용에 관한 기존의 명시적 또는 묵시적 합의를 무시하고 경매분할의 방법으로 분할할 것을 주장한다면 법원으로서는 기존의 공유물 점유·사용관계를 해치지 않고 공유물을 분할할 수 있는 방법을 우선적으로 참작할 필요가 있다. 이러한 경우 법원이 경매분할을 선택하기 위해서는 현물로 분할할 수 없거나 현물로 분할하게 되면 그 가액이 현저히 감손될 염려가 있다는 사정이 분명하게 드러나야 하고, 현물분할을 위한 금전적 조정에 어려움이 있다고 하여 경매분할을 명하는 것에는 신중하여야 한다"(대판 2023.6.29. 2022다294107)

5　공유물로부터 발생하는 임대소득의 경우 공동사업에서 발생한 소득금액과 마찬가지로 각 공유자가 그 지분의 비율에 따라 안분계산한 소득금액에 대한 종합소득세 등을 개별적으로 납부할 의무를 부담한다고 보아야 한다.　　　　　　　　　　　　　　　　　　　　　　　　　　(　)

판결요지

※ 공유물로부터 발생하는 임대소득의 경우, 각 공유자가 그 지분의 비율에 따라 안분계산한 소득금액에 대한 종합소득세 등을 개별적으로 납부할 의무를 부담하는지 여부(적극)

"[1] 소득세법 제43조 제2항은 "공동사업에서 발생한 소득금액은 해당 공동사업을 경영하는 각 거주자(출자공동사업자를 포함한다. 이하 '공동사업자'라 한다) 간에 약정된 손익분배비율(약정된 손익분배비율이 없는 경우에는 지분비율을 말한다. 이하 '손익분배비율'이라 한다)에 의하여 분배되었거나 분배될 소득금액에 따라 각 공동사업자별로 분배한다."라고 규정하고, 같은 법 제2조의2 제1항 본문은 "제43조에 따라 공동사업에 관한 소득금액을 계산하는 경우에는 해당 공동사업자별로 납세의무를 진다."라고 규정하고 있으므로, 공동사업에 관한 국세 중 소득세에 있어서는 각 공동사업자가 손익분배의 비율에 따라 안분계산한 소득금액에 대한 소득세를 개별적으로 납부할 의무를 부담한다.

[2] 위와 같이 소득세는 물건 자체를 과세대상으로 삼은 것이 아니라 소득을 과세물건으로 하는 조세이므로, 과세물건인 소득을 얻은 개인이 납세의무자가 된다. 소득세법 제2조도 거주자와 비거주자로서 국내원천소득이 있는 개인이 각자의 소득에 대한 소득세를 납부할 의무가 있다고 규정하고 있다. 위와 같은 소득세의 성격, 소득세법의 규정과 취지 등에다가 공유자는 공유물 전부를 지분의 비율로 사용·수익할 수 있으므로(민법 제263조 후단), 공유물로부터 발생하는 임대소득 역시 지분비율대로 귀속되어야 하는 점, 공유물인 건물의 임대소득 금액이 공유자별로 동일하더라도, 종합소득세의 특성상 공유자의 다른 소득 유무에 따라 납부하여야 할 세액은 공유자별로 달라질 수 있는 점 등을 고려해보면, 공유물로부터 발생하는 임대소득의 경우 공동사업에서 발생한 소득금액과 마찬가지로 각 공유자가 그 지분의 비율에 따라 안분계산한 소득금액에 대한 종합소득세 등을 개별적으로 납부할 의무를 부담한다고 보아야 한다."(대판 2023.10.12. 2022다282500, 282517)

정답 ○

6 ★ 원인무효의 등기가 특정 공유자의 지분에만 한정하여 마쳐진 경우에는 그로 인하여 지분을 침해받게 된 특정 공유자를 제외한 나머지 공유자들은 공유물의 보존행위로서 위 등기의 말소를 구할 수는 없다. ( )

판결요지

"부동산의 공유자의 1인은 당해 부동산에 관하여 제3자 명의로 원인무효의 소유권이전등기가 마쳐져 있는 경우 공유물에 관한 보존행위로서 제3자에 대하여 그 등기 전부의 말소를 구할 수 있으나(대판 1993.5.11. 92다52870 판결 참조), 공유자가 다른 공유자의 지분권을 대외적으로 주장하는 것을 공유물의 멸실·훼손을 방지하고 공유물의 현상을 유지하는 사실적·법률적 행위인 공유물의 보존행위에 속한다고 할 수는 없으므로(대판 1994.11.11. 94다35008 판결 참조), 자신의 소유지분 범위를 초과하는 부분에 관하여 마쳐진 등기에 대하여 공유물에 관한 보존행위로서 무효라고 주장하면서 말소를 구할 수는 없다(대판 2009.2.26. 2006다72802 판결, 대판 2010.1.14. 2009다67429 판결 참조). 결국 공유물에 관한 원인무효의 등기에 대하여 모든 공유자가 항상 공유물의 보존행위로서 말소를 구할 수 있는 것은 아니고, 원인무효의 등기로 인하여 자신의 지분이 침해된 공유자에 한하여 공유물의 보존행위로서 그 등기의 말소를 구할 수 있을 뿐이므로, 원인무효의 등기가 특정 공유자의 지분에만 한정하여 마쳐진 경우에는 그로 인하여 지분을 침해받게 된 특정 공유자를 제외한 나머지 공유자들은 공유물의 보존행위로서 위 등기의 말소를 구할 수는 없다"(대판 2023.12.7. 2023다273206)

정답 ○

명의신탁

1 ★ 명의수탁자가 무효인 '양자간 명의신탁'에 따라 명의신탁자로부터 소유권이전등기를 넘겨받은 부동산을 임의로 처분한 행위가 형사상 횡령죄로 처벌되지 않더라도, 위 행위는 명의신탁자의 소유권을 침해하는 행위로써 민법상 불법행위에 해당하여 명의수탁자는 명의신탁자에게 손해배상책임을 부담한다. ( )

판결요지

"(3) 부동산실명법은 명의신탁약정(제4조 제1항)과 명의신탁약정에 따른 등기로 이루어진 부동산에 관한 물권변동(제4조 제2항 본문)은 무효라고 명시하고 있다. 명의신탁약정에 따라 명의수탁자 앞으로 등기를 하더라도 부동산에 관한 물권변동의 효력이 발생하지 않는다. 그 결과 부동산 소유권은 그 등기와 상관없이 명의신탁자에게 그대로 남아있게 되고, 명의신탁자는 부동산 소유자로서 소유물방해배제청구권에 기초하여 명의수탁자를 상대로 그 등기의 말소를 청구할 수 있다(대판 2019.6.20. 전합2013다218156 판결 참조). 그런데 부동산실명법 제4조 제3항에서는 명의신탁약정과 그에 따른 물권변동의 무효는 "제3자에게 대항하지 못한다."라고 정하고 있다. 이에 따라 명의신탁자는 명의수탁자가 제3자에게 부동산을 임의로 처분한 경우 제3자에게 자신의 소유권을 주장하여 그 소유권이전등기의 말소를 구할 수 없고, 명의수탁자로부터 부동산을 양수한 제3자는 그 소유권을 유효하게 취득하게 된다. 그렇다면 명의신탁 받은 부동산을 명의신탁자의 동의 없이 제3자에게 임의로 처분한 명의수탁자는 명의신탁자의 소유권을 침해하는 위법행위를 한 것이고 이로 인하여 명의신탁자에게 손해가 발생하였으므로, 명의수탁자의 행위는 민법 제750조에 따른 불법행위책임의 성립요건을 충족한다.

(4) 대판 2016도18761 전원합의체 판결은 횡령죄의 본질이 신임관계에 기초하여 위탁된 타인의 물건을 위법하게 영득하는 데 있고 명의신탁자와 명의수탁자의 관계는 형법상 보호할 만한 가치 있는 신임관계가 아니므로 명의수탁자의 임의처분행위에 대하여 횡령죄를 인정할 수 없다는 취지를 밝힌 것이지 명의신탁관계에서 신탁자의 소유권을 보호할 수 없다는 취지로 볼 수는 없다. 따라서 명의수탁자의 임의처분행위로 인하여 명의신탁자의 소유권이 침해된 이상 형법상 횡령죄의 성립 여부와 관계없이 명의수탁자는 명의신탁자에 대하여 민사상 불법행위책임을 부담한다고 봄이 타당하다"(대판 2021.6.3. 2016다34007). **정답** ○

[사실관계] 원고와 피고A 간의 명의신탁약정에 따라 원고 소유의 부동산을 피고A의 아내인 피고B 명의로 보관하던 중(피고A는 신용불량자임) 피고A가 피고B의 인감증명서 등을 사용하여 위 부동산을 C에게 매도하고 소유권이전등기를 마치자 원고가 피고A와 피고B를 상대로 불법행위에 따른 손해배상을 청구한 사안에서, 대법원은 피고A의 이 사건 부동산 임의처분행위가 횡령죄에 해당한다고 판단한 관련 형사사건 항소심 판결이 양자간 명의신탁에서 수탁자가 명의신탁된 부동산을 임의로 처분한 행위는 횡령죄를 구성하지 않는다는 대법원 전원합의체판결의 취지에 따라 파기되었지만, 피고A의 이 사건 부동산 처분행위는 원고의 소유권을 침해한 행위로서 불법행위에 해당하고 피고B도 피고A의 행위를 도운 것이므로 공동불법행위책임을 부담한다고 보아 피고A와 피고B의 불법행위책임을 인정한 원심판결이 결론적으로 정당하다는 이유로 상고기각한 사례

2 ★ '3자간 등기명의신탁'에 따라 매도인으로부터 부동산의 소유권이전등기를 넘겨받은 명의수탁자가 그 부동산을 임의로 처분한 경우 명의신탁자에 대하여 민사상 불법행위책임을 부담한다.

24년 변호 ( )

판결요지

※ 3자간 등기명의신탁에 따라 매도인으로부터 부동산의 소유권이전등기를 넘겨받은 명의수탁자가 그 부동산을 임의로 처분한 경우 명의신탁자에 대하여 민사상 불법행위책임을 부담하는지(적극)

"(3) 3자간 등기명의신탁에서 명의수탁자의 임의처분 등을 원인으로 제3자 앞으로 소유권이전등기가 한 경우, 특별한 사정이 없는 한 제3자는 유효하게 소유권을 취득한다(부동산실명법 제4조 제3항). 그 결과 매도인의 명의신탁자에 대한 소유권이전등기의무는 이행불능이 되어 명의신탁자로서는 부동산 소유권을 이전받을 수 없게 된다. 명의수탁자가 명의신탁자의 채권인 소유권이전등기청구권을 침해한다는 사정을 알면서도 명의신탁 받은 부동산을 자기 마음대로 처분하였다면 이는 사회통념상 사회질서나 경제질서를 위반하는 위법한 행위로서 특별한 사정이 없는 한 제3자의 채권침해에 따른 불법행위책임이 성립한다.

(4) 위 대법원 2014도6992 전원합의체 판결은 횡령죄의 본질이 신임관계에 기초하여 위탁된 타인의 물건을 위법하게 영득하는 데 있고 명의신탁자와 명의수탁자의 관계는 형법상 보호할 만한 가치 있는 신임관계가 아니므로 명의수탁자의 임의처분행위에 대하여 횡령죄를 인정할 수 없다고 한 것이지 명의신탁관계에서 명의신탁자의 소유권이전등기청구권을 보호할 수 없다는 취지는 아니다. 따라서 명의수탁자의 임의처분으로 명의신탁자의 채권이 침해된 이상 형법상 횡령죄의 성립 여부와 관계없이 명의수탁자는 명의신탁자에 대하여 민사상 불법행위책임을 부담한다고 봄이 타당하다"(대판 2022.6.9. 2020다208997).   **정답** ○

3 ★ 명의수탁자가 신탁부동산을 임의로 처분하거나 강제수용이나 공공용지 협의취득 등을 원인으로 제3취득자 명의로 이전등기가 마쳐진 경우, 명의신탁관계가 당연히 종료된다.   ( )

판결요지

※ 명의수탁자가 신탁부동산을 임의로 처분하거나 강제수용이나 공공용지 협의취득 등을 원인으로 제3취득자 명의로 이전등기가 마쳐진 경우, 명의신탁관계가 당연히 종료되는지 여부(적극)

"부동산 실권리자명의 등기에 관한 법률 제4조 제3항에 따르면 명의수탁자가 신탁부동산을 임의로 처분하거나 강제수용이나 공공용지 협의취득 등을 원인으로 제3취득자 명의로 이전등기가 마쳐진 경우, 특별한 사정이 없는 한 제3취득자는 유효하게 소유권을 취득한다. 그리고 이 경우 명의신탁관계는 당사자의 의사표시 등을 기다릴 필요 없이 당연히 종료되었다고 볼 것이지, 주택재개발정비사업으로 인해 분양받게 될 대지 또는 건축시설물에 대해서도 명의신탁관계가 그대로 존속한다고 볼 수 없다.

명의신탁관계는 반드시 신탁자와 수탁자 사이의 명시적 계약에 의하여만 성립하는 것이 아니라 묵시적 합의에 의하여도 성립할 수 있으나, 명시적인 계약이나 묵시적 합의가 인정되지 않는데도 명의신탁약정이 있었던 것으로 단정하거나 간주할 수는 없다"(대판 2021.7.8. 2021다209225,209232).   **정답** ○

4 ★ 3자간 등기명의신탁에서 명의수탁자가 제3자에게 부동산을 매도하거나 부동산에 근저당권을 설정하는 등으로 처분행위를 하여 제3자가 부동산 실권리자명의 등기에 관한 법률 제4조 제3항에 따라 부동산에 관한 권리를 취득하는 경우, 명의신탁자는 명의수탁자를 상대로 직접 부당이득반환을 청구할 수 있다.   24년 변호( )

4-1 ★ 甲은 乙소유의 시가 1억 5천만 원인 X토지를 매수하고자 丙과 명의신탁약정을 체결하고서, 매도인 乙과 사이에서는 자신이 당사자로 매매계약 체결 후 매매대금 1억 원을 모두 지급하고, 다만 그 이전등기 명의에 관해서는 丙에게로 이전해달라고 하여 乙이 丙 명의로 소유권이전등기를 마쳐주었다. 이후 丙은 명의신탁 사실을 아는 丁에게 8천만 원을 차용하면서 X토지에 丁명의의 채권최고액 8천만 원의 근저당권을 설정해 주었다. <u>甲은 丙에 대해 X토지의 피담보채무액만큼 교환가치가 제한된 소유권만을 취득할 수밖에 없는 손해에 대해 직접 부당이득반환을 구할 수 있다.</u>

23년 3차모의 ( )

[판결요지]

> ※ 3자간 등기명의신탁에서 명의수탁자가 제3자에게 부동산을 매도하거나 부동산에 근저당권을 설정하는 등으로 처분행위를 하여 제3자가 부동산 실권리자명의 등기에 관한 법률 제4조 제3항에 따라 부동산에 관한 권리를 취득하는 경우, 명의신탁자가 명의수탁자를 상대로 직접 부당이득반환을 청구할 수 있는지 여부(적극)
>
> "(가) <u>3자간 등기명의신탁에서 명의수탁자의 임의처분 또는 강제수용이나 공공용지 협의취득 등</u>(이러한 소유명의 이전의 원인관계를 통틀어 이하에서는 '명의수탁자의 처분행위 등'이라 한다)<u>을 원인으로 제3자 명의로 소유권이전등기가 마쳐진 경우</u>, 특별한 사정이 없는 한 제3자는 유효하게 소유권을 취득한다[부동산 실권리자명의 등기에 관한 법률(이하 '부동산실명법'이라 한다) 제4조 제3항]. 그 결과 매도인의 명의신탁자에 대한 소유권이전등기의무는 이행불능이 되어 명의신탁자로서는 부동산의 소유권을 이전받을 수 없게 되는 한편, 명의수탁자는 부동산의 처분대금이나 보상금 등을 취득하게 된다. 판례는, <u>명의수탁자가 그러한 처분대금이나 보상금 등의 이익을 명의신탁자에게 부당이득으로 반환할 의무를 부담한다고 보고 있다.</u> 이러한 판례는 타당하므로 그대로 유지되어야 한다.
>
> (나) 명의수탁자가 부동산에 관하여 제3자에게 근저당권을 설정하여 준 경우에도 부동산의 소유권이 제3자에게 이전된 경우와 마찬가지로 보아야 한다.
>
> 명의수탁자가 제3자에게 부동산에 관하여 근저당권을 설정하여 준 경우에 제3자는 부동산실명법 제4조 제3항에 따라 유효하게 근저당권을 취득한다. 이 경우 매도인의 부동산에 관한 소유권이전등기의무가 이행불능된 것은 아니므로, 명의신탁자는 여전히 매도인을 대위하여 명의수탁자의 부동산에 관한 진정명의회복을 원인으로 한 소유권이전등기 등을 통하여 매도인으로부터 소유권을 이전받을 수 있지만, 그 소유권은 명의수탁자가 설정한 근저당권이 유효하게 남아 있는 상태의 것이다. 명의수탁자는 제3자에게 근저당권을 설정하여 줌으로써 피담보채무액 상당의 이익을 얻었고, 명의신탁자는 매도인을 매개로 하더라도 피담보채무액만큼의 교환가치가 제한된 소유권만을 취득할 수밖에 없는 손해를 입은 한편, 매도인은 명의신탁자로부터 매매대금을 수령하여 매매계약의 목적을 달성하였으면서도 근저당권이 설정된 상태의 소유권을 이전하는 것에 대하여 손해배상책임을 부담하지 않으므로 실질적인 손실을 입지 않는다.
>
> 따라서 <u>3자간 등기명의신탁에서 명의수탁자가 부동산에 관하여 제3자에게 근저당권을 설정한 경우 명의수탁자는 근저당권의 피담보채무액 상당의 이익을 얻었고 그로 인하여 명의신탁자에게 그에 상응하는 손해를 입혔으므로, 명의수탁자는 명의신탁자에게 이를 부당이득으로 반환할 의무를 부담한다</u>"(대판 2021.9.9. 전합2018다284233)

정답 ○
정답 ○

유제

5 ★ 계약명의자가 명의수탁자로 되어 있다 하더라도 명의수탁자가 아니라 명의신탁자에게 계약에 따른 법률효과를 직접 귀속시킬 의도로 계약을 체결한 사정이 인정된다면 명의신탁자가 계약당사자이고, 이 경우의 명의신탁관계는 3자간 등기명의신탁으로 보아야 한다. 21년 변호, 22년 법무사 ( )

5-1 甲이 부동산을 매수하면서 아내 명의로 매매계약서를 작성하고, 계약금과 중도금을 매도인에게 지급하였는데, 이후 甲이 아들인 乙로 매수인 명의를 변경하여 동일한 내용의 매매계약서를 다시 작성한 다음, 위 부동산에 관하여 乙 명의로 소유권이전등기를 마친 경우, 甲이 매매계약 당사자로서 부동산을 매수하면서 등기명의만 乙 앞으로 하였고, 매도인도 계약에 따른 법률효과는 甲에게 직접 귀속시킬 의도로 계약을 체결한 사정이 인정된다면, 매매계약의 당사자는 甲으로 보아야 하고, 甲과 乙 사이의 명의신탁약정은 3자간 등기명의신탁에 해당한다. ( )

[판결요지]

※ 명의신탁에 있어서 신탁자 자신이 직접 매도인과 계약을 체결하면서 계약명의만 수탁자 앞으로 하는 경우에 등기명의신탁인지 계약명의신탁인지 여부
"명의신탁약정이 3자간 등기명의신탁인지 아니면 계약명의신탁인지의 구별은 계약당사자가 누구인가를 확정하는 문제로 귀결되는데, 계약명의자가 명의수탁자로 되어 있다 하더라도 계약당사자를 명의신탁자로 볼 수 있다면 이는 3자간 등기명의신탁이 된다. 따라서 계약명의자인 명의수탁자가 아니라 명의신탁자에게 계약에 따른 법률효과를 직접 귀속시킬 의도로 계약을 체결한 사정이 인정된다면 명의신탁자가 계약당사자이고, 이 경우의 명의신탁관계는 3자간 등기명의신탁으로 보아야 한다(대판 2010.10.28. 2010다52799 판결 등 참조)"(대판 2022.4.28. 2019다300422)
[사실관계] 망인(원고의 아버지)이 아내 명의로 부동산 매매계약을 체결하고 중도금까지 지급하였다가 다시 외국 거주 중이던 원고 명의로 매매계약서를 작성하고 원고 명의로 소유권이전등기를 마친 사안에서, 망인이 부동산을 매수하고, 매매계약서가 원고 명의로 다시 작성된 경위, 원고가 부동산 매수과정에 관여하지 않았고 매수대금도 따로 부담하지 않았던 사정 등을 이유로 망인이 매매계약 당사자로서 부동산을 매수하면서 등기명의만 원고 앞으로 하였고, 매도인도 계약에 따른 법률효과는 망인에게 직접 귀속시킬 의도로 계약을 체결한 사정이 인정된다고 보고, 매매계약의 당사자는 망인으로 보아야 하므로 망인과 원고 사이의 명의신탁약정은 3자간 등기명의신탁이라고 판단하면서, 원심판결을 파기환송한 사례 **정답** ○   **유제** **정답** ○

6 ★★ 명의신탁약정 및 이에 따른 등기로 이루어진 부동산에 관한 물권변동의 무효는 명의신탁약정에 따라 형성된 외관을 토대로 다시 명의신탁이 이루어지는 등 연속된 명의신탁관계에서 '최후의 명의수탁자'가 물권자임을 기초로 그와 사이에 직접 새로운 이해관계를 맺은 사람에게도 대항하지 못한다. 24년 변호 ( )

[판결요지]

※ 부동산 실권리자명의 등기에 관한 법률 제4조 제3항에서 정한 '제3자'의 범위 및 이는 명의신탁약정에 따라 형성된 외관을 토대로 다시 명의신탁이 이루어지는 등 연속된 명의신탁관계에서 최후의 명의수탁자가 물권자임을 기초로 그와 사이에 직접 새로운 이해관계를 맺은 사람에게도 적용되는지 여부(원칙적 적극)
"부동산 실권리자명의 등기에 관한 법률 제4조 제3항에 의하면 명의신탁약정 및 이에 따른 등기로 이루어진 부동산에 관한 물권변동의 무효는 제3자에게 대항하지 못한다. 여기서 '제3자'는 명의신탁약정의 당사자 및 포괄승계인 이외의 자로서 명의수탁자가 물권자임을 기초로 그와 사이에 직접 새로운 이해관계를 맺은 사람으로서 소유권이

나 저당권 등 물권을 취득한 자뿐만 아니라 압류 또는 가압류채권자도 포함하고 그의 선의·악의를 묻지 않는다. 이러한 법리는 특별한 사정이 없는 한 명의신탁약정에 따라 형성된 외관을 토대로 다시 명의신탁이 이루어지는 등 연속된 명의신탁관계에서 최후의 명의수탁자가 물권자임을 기초로 그와 사이에 직접 새로운 이해관계를 맺은 사람에게도 적용된다"(대판 2021.11.11. 2019다272725). **정답 ○**

[사실관계] 피고 농협은 제1명의신탁약정의 명의수탁자인 소외인과 제1근저당권설정계약에 이어 대물변제약정을 맺은 피고 2가 피고 1과 체결한 제2명의신탁약정에 따라 피고 1이 소외인으로부터 이어받은 소유권등기를 바탕으로 피고 1이 물권자임을 기초로 피고 1로부터 직접 근저당권을 설정받은 자로서 부동산실명법 제4조 제3항에서 말하는 '제3자'에 해당하여, 제1명의신탁약정의 명의신탁자인 원고에게 제2근저당권설정등기의 유효를 주장할 수 있다고 보아야 한다. 이는 특별한 사정이 없는 한 제1명의신탁약정이 원고에 대한 관계에서 무효라는 사정 및 제2명의신탁약정이 피고 2에 대한 관계에서 무효라는 사정만으로 영향을 받지 않는다.

7 ★ '명의신탁자'가 부동산에 관한 매매계약을 체결하고 매매대금을 모두 지급하였다면 재산세 과세기준일 당시 그 부동산에 관한 소유권이전등기를 마치기 전이라도 해당 부동산에 대한 실질적인 소유권을 가진 자로서 재산세를 납부할 의무가 있다. ( )

7-1 ★ 3자간 등기명의신탁에 따라 해당 부동산의 공부상 소유자가 된 '명의수탁자'에게 재산세 부과처분을 하고 이에 따라 명의수탁자가 재산세를 납부하였다면 명의수탁자가 명의신탁자를 상대로 재산세 상당의 금액에 대한 부당이득반환청구권을 가진다. 22년 2차모의 ( )

[판결요지]

"[1] 지방세법 제107조 제1항에 따라 재산세 납세의무를 부담하는 '재산을 사실상 소유하고 있는 자'는 공부상 소유자로 등재된 여부를 불문하고 당해 토지나 재산에 대한 실질적인 소유권을 가진 자를 의미한다. 명의신탁자가 소유자로부터 부동산을 양수하면서 명의수탁자와 사이에 명의신탁약정을 하여 소유자로부터 바로 명의수탁자 명의로 해당 부동산의 소유권이전등기를 하는 3자간 등기명의신탁의 경우 명의신탁자의 매수인 지위는 일반 매매계약에서 매수인 지위와 근본적으로 다르지 않으므로, 명의신탁자가 부동산에 관한 매매계약을 체결하고 매매대금을 모두 지급하였다면 재산세 과세기준일 당시 그 부동산에 관한 소유권이전등기를 마치기 전이라도 해당 부동산에 대한 실질적인 소유권을 가진 자로서 특별한 사정이 없는 한 그 재산세를 납부할 의무가 있다"

"[2] 과세관청이 3자간 등기명의신탁에 따라 해당 부동산의 공부상 소유자가 된 명의수탁자에게 재산세 부과처분을 하고 이에 따라 명의수탁자가 재산세를 납부하였더라도 명의수탁자가 명의신탁자 또는 그 상속인을 상대로 재산세 상당의 금액에 대한 부당이득반환청구권을 가진다고 보기는 어렵다. 그 상세한 이유는 다음과 같다.

…(중략)…과세관청이 3자간 등기명의신탁에 따라 해당 부동산의 공부상 소유자가 된 명의수탁자에게 재산세 부과처분을 하고 이에 따라 명의수탁자가 재산세를 납부하였더라도 명의수탁자가 명의신탁자 또는 그 상속인을 상대로 재산세 상당의 금액에 대한 부당이득반환청구권을 가진다고 보기는 어렵다. …(중략)… 설령 과세관청이 명의신탁자에게 해당 부동산에 대한 재산세 부과처분을 하지 않게 됨으로써 결과적으로 명의신탁자가 재산세를 납부하지 않게 되는 이익을 얻게 되더라도 이것은 사실상 이익이나 반사적 이익에 불과할 뿐이다"(대판 2020.9.3. 2018다283773)

"이러한 법리는 양자간 등기명의신탁 또는 3자간 등기명의신탁의 명의수탁자가 명의신탁된 해당 부동산에 부과된 종합부동산세 또는 해당 부동산을 이용한 임대사업으로 인한 임대소득과 관련된 종합소득세, 지방소득세, 부가가치세 등을 납부한 경우라고 하여 달리 볼 것은 아니다"(대판 2020.11.26. 2019다298222, 298239) **정답 ○**

유제 **정답 ✕**

8 ★ 부동산 실권리자명의 등기에 관한 법률이 시행되기 전에 계약명의신탁 약정을 한 명의수탁자가 이러한 사실을 알지 못하는 소유자와 부동산에 관한 매매계약을 체결한 후 자신의 명의로 소유권이전등기를 마치면서 장차 위 부동산의 처분대가를 명의신탁자에게 지급하기로 하는 정산약정을 한 경우, 정산약정 이후에 같은 법이 시행되었다거나 부동산의 처분이 같은 법 시행 이후에 이루어졌다는 사정만으로 정산약정이 당연 무효가 되는 것은 아니다. ( )

판결요지

"부동산 실권리자명의 등기에 관한 법률(이하 '부동산실명법'이라 한다)이 시행되기 전에 명의신탁자와 명의수탁자가 명의신탁 약정을 맺고 이에 따라 명의수탁자가 당사자가 되어 명의신탁 약정이 있다는 사실을 알지 못하는 소유자와 부동산에 관한 매매계약을 체결한 후 그 매매계약에 기하여 당해 부동산의 소유권이전등기를 자신의 명의로 마치는 한편, 장차 위 부동산의 처분대가를 명의신탁자에게 지급하기로 하는 정산약정을 한 경우, 그러한 약정 이후에 부동산실명법이 시행되었다거나 그 부동산의 처분이 부동산실명법 시행 이후에 이루어졌다고 하더라도 그러한 사정만으로 위 정산약정까지 당연히 무효로 된다고 볼 수 없다. 그 이유는 다음과 같다.

위와 같은 정산약정 당시에는 부동산실명법이 시행되기 전으로서 부동산에 관한 명의신탁 약정이 허용되었고, 명의신탁의 당사자들 사이에 명의신탁자가 이른바 내부적 소유권을 가진다고 보았다. 이에 따라 장차 명의신탁자 앞으로 목적 부동산에 관한 소유권등기를 이전하거나 그 부동산의 처분대가를 명의신탁자에게 지급하는 것 등을 내용으로 하는 약정도 유효하였다.

부동산실명법 시행 전에 명의수탁자가 명의신탁 약정에 따라 부동산에 관한 소유명의를 취득한 경우에 부동산실명법 시행 후 같은 법 제11조의 유예기간이 경과하기 전까지 명의신탁자는 언제라도 명의신탁 약정을 해지하고 해당 부동산에 관한 소유권을 취득할 수 있었던 것으로, 실명화 등의 조치 없이 위 유예기간이 경과함으로써 같은 법 제12조 제1항, 제4조에 의해 명의신탁 약정은 무효로 되는 한편, 명의수탁자가 해당 부동산에 관한 완전한 소유권을 취득하게 된다. 그런데 부동산실명법 제3조 및 제4조가 명의신탁자에게 소유권이 귀속되는 것을 막는 취지의 규정은 아니므로 명의수탁자는 명의신탁자에게 자신이 취득한 해당 부동산을 부당이득으로 반환할 의무가 있다. 이와 같은 경위로 명의신탁자가 해당 부동산의 회복을 위해 명의수탁자에 대해 가지는 소유권이전등기청구권은 그 성질상 법률의 규정에 의한 부당이득반환청구권이다. 만일 명의수탁자가 신탁부동산을 처분하였다면, 앞서 본 바와 같은 처분대가에 관한 정산약정이 없는 경우라도 명의수탁자는 민법 제747조 제1항에 의하여 명의신탁자에게 그 부동산의 가액을 반환할 의무를 부담한다.

부동산실명법 시행 전에 명의수탁자가 신탁부동산의 처분대가를 명의신탁자에게 지급하기로 하는 정산약정을 한 경우 그러한 약정에 따른 법적 효과는 위와 같이 법률에 의하여 이미 명의신탁자에게 인정되는 권리의 범위 내에 속하는 것이라고 볼 수 있다. 따라서 위 약정이 애초부터 신탁부동산의 소유권을 취득할 수 없는 명의신탁자를 위하여 사후에 보완하는 방책에 해당한다거나 무효인 명의신탁 약정이 유효함을 전제로 명의신탁 부동산 자체 또는 그 처분대금의 반환을 구하는 범주에 든다고 보기 어렵다. 달리 위 정산약정 이후에 부동산실명법이 시행되었다거나 신탁부동산의 처분이 부동산실명법 시행 이후에 이루어졌다는 것만으로 그 유효성을 부인할 것은 아니다"

(대판 2021.7.21. 2019다266751) **정답** ○

9 ★ 매도인이 악의인 계약명의신탁에서 명의수탁자로부터 명의신탁의 목적물인 주택을 임차하여 주택 인도와 주민등록을 마침으로써 주택임대차보호법 제3조 제1항에 의한 대항요건을 갖춘 임차인은 부동산실명법 제4조 제3항의 규정에 따라 명의신탁약정 및 그에 따른 물권변동의 무효를 대항할 수 없는 제3자에 해당하므로, 명의수탁자의 소유권이전등기가 말소됨으로써 등기명의를 회복하게 된 매도인 및 매도인으로부터 다시 소유권이전등기를 마친 명의신탁자에 대해 자신의 임차권을 대항할 수 있고, 위의 방법으로 소유권이전등기를 마친 명의신탁자는 주택임대차보호법 제3조 제4항에 따라 임대인의 지위를 승계한다.   23년 3차모의 사례형 (   )

9-1 ★ 임차인이 임대인을 상대로 보증금반환의 승소확정판결을 받았으나 이후 주택 양수인을 상대로 이를 반환받고자 할 경우 승계가 명확하지 않거나 임대인 지위의 승계를 증명할 수 없는 때에는 임차인이 양수인을 상대로 승계집행문 부여의 소를 제기하여 승계집행문을 부여받음이 원칙이나, 이미 임차인이 양수인을 상대로 임대차보증금의 반환을 구하는 소를 제기하여 양수인과 사이에 임대인 지위의 승계 여부에 대해 상당한 정도의 공격방어 및 법원의 심리가 진행됨으로써 사실상 승계집행문 부여의 소가 제기되었을 때와 큰 차이가 없다면, 소의 이익이 없다고 섣불리 단정하여서는 안 된다.   (   )

판결요지

※ 1. 계약명의신탁이 무효임을 이유로 명의수탁자로부터 그 소유권이전등기를 회복하게 된 매도인으로부터 다시 소유권이전등기를 마친 명의신탁자가 주택임대차보호법상 임대인의 지위를 승계하는지 여부, 2. 피고(명의신탁자)가 변론종결 후의 승계인에 해당하여 기존 임대인에 대한 확정판결의 기판력이 미친다는 이유로 권리보호의 이익이 없다고 본 원심의 가정적 판단의 당부(부당)

"[1] 매도인이 악의인 계약명의신탁에서 명의수탁자로부터 명의신탁의 목적물인 주택을 임차하여 주택 인도와 주민등록을 마침으로써 주택임대차보호법 제3조 제1항에 의한 대항요건을 갖춘 임차인은 「부동산 실권리자명의 등기에 관한 법률」 (이하 '부동산실명법'이라 한다) 제4조 제3항의 규정에 따라 명의신탁약정 및 그에 따른 물권변동의 무효를 대항할 수 없는 제3자에 해당하므로 명의수탁자의 소유권이전등기가 말소됨으로써 등기명의를 회복하게 된 매도인 및 매도인으로부터 다시 소유권이전등기를 마친 명의신탁자에 대해 자신의 임차권을 대항할 수 있고, 이 경우 임차인 보호를 위한 주택임대차보호법의 입법 목적 및 임차인이 보증금반환청구권을 행사하는 때의 임차주택 소유자로 하여금 임차보증금반환채무를 부담하게 함으로써 임차인을 두텁게 보호하고자 하는 주택임대차보호법 제3조 제4항의 개정 취지 등을 종합하면 위의 방법으로 소유권이전등기를 마친 명의신탁자는 주택임대차보호법 제3조 제4항에 따라 임대인의 지위를 승계한다.

[2] 주택임대차보호법 제3조 제4항에 따라 임차주택의 양수인은 임대인의 지위를 승계한 것으로 보므로 임대차보증금 반환채무도 부동산의 소유권과 결합하여 일체로서 임대인의 지위를 승계한 양수인에게 이전되고 양도인의 보증금반환채무는 소멸하는 것으로 해석되므로, 변론종결 후 임대부동산을 양수한 자는 민사소송법 제218조 제1항의 변론종결 후의 승계인에 해당한다. 승계집행문은 그 승계가 법원에 명백한 사실이거나 증명서로 승계를 증명한 때에 한하여 내어 줄 수 있고(민사집행법 제31조 제1항), 승계를 증명할 수 없는 때에는 채권자가 승계집행문 부여의 소를 제기할 수 있다(제33조). 따라서 임차인이 임대인을 상대로 보증금반환의 승소확정판결을 받았으나 이후 주택 양수인을 상대로 이를 반환받고자 할 경우 승계가 명확하지 않거나 임대인 지위의 승계를 증명할 수 없는 때에는 임차인이 양수인을 상대로 승계집행문 부여의 소를 제기하여 승계집행문을 부여받음이 원칙이나, 이미 임차인이 양수인을 상대로 임대차보증금의 반환을 구하는 소를 제기하여 양수인과 사이에 임대인 지위의 승계 여부에 대해 상당한 정도의 공격방어 및 법원의 심리가 진행됨으로써 사실상 승계집행문 부여의 소가 제기되었을 때와 큰 차이가 없다면, 그럼에도 법원이 소의 이익이 없다는 이유로 후소를 각하하고 임차인으로 하여금 다시

승계집행문 부여의 소를 제기하도록 하는 것은 당사자들로 하여금 그동안의 노력과 시간을 무위로 돌리고 사실상 동일한 소송행위를 반복하도록 하는 것이어서 당사자들에게 가혹할 뿐만 아니라 신속한 분쟁해결이나 소송경제의 측면에서 타당하다고 보기 어려우므로 이와 같은 경우 <u>소의 이익이 없다고 섣불리 단정하여서는 안 된다</u>"(대판 2022.3.17. 2021다210720)

정답 ○

정답 ○

[유 제]

[사실관계] 명의수탁자로부터 주택을 임차하고 주택임대차보호법 제3조 제1항에 의한 대항요건을 갖춘 원고가, 명의신탁이 무효임을 이유로 명의수탁자로부터 매도인을 거쳐 그 소유권이전등기를 회복한 명의신탁자인 피고를 상대로 임대차보증금반환을 청구한 사안에서, 대법원은 이러한 방법으로 소유권이전등기를 마친 명의신탁자가 주택임대차보호법 제3조 제4항에 따라 임대인의 지위를 승계하고, 원고가 피고를 상대로 임대인 지위의 승계를 주장하면서 임대차보증금의 반환을 구할 권리보호의 이익이 없다고 단정하기 어렵다고 보아 원심판결을 파기환송하였다.

제4장 용익물권

(관습법상) 법정지상권 등

1 ★★ 법정지상권이 성립하려면 경매절차에서 매수인이 매각대금을 다 낸 때까지 해당 건물이 독립된 부동산으로서 건물의 요건을 갖추고 있어야 하므로, 가설건축물은 특별한 사정이 없는 한 법정지상권이 성립하지 않는다.

22년 법행 (   )

[판결요지]

※ 가설건축물에 관하여 민법 제366조의 법정지상권이 성립하는지 여부(원칙적 소극)

"민법 제366조의 법정지상권은 저당권 설정 당시 동일인의 소유에 속하던 토지와 건물이 경매로 인하여 양자의 소유자가 다르게 된 때에 건물의 소유자를 위하여 발생하는 것으로서, 법정지상권이 성립하려면 경매절차에서 매수인이 매각대금을 다 낸 때까지 해당 건물이 독립된 부동산으로서 건물의 요건을 갖추고 있어야 한다.

독립된 부동산으로서 건물은 토지에 정착되어 있어야 하는데(민법 제99조 제1항), 가설건축물은 일시 사용을 위해 건축되는 구조물로서 설치 당시부터 일정한 존치기간이 지난 후 철거가 예정되어 있어 일반적으로 토지에 정착되어 있다고 볼 수 없다. 민법상 건물에 대한 법정지상권의 최단 존속기간은 견고한 건물이 30년, 그 밖의 건물이 15년인 데 비하여, 건축법령상 가설건축물의 존치기간은 통상 3년 이내로 정해져 있다. 따라서 <u>가설건축물은 특별한 사정이 없는 한 독립된 부동산으로서 건물의 요건을 갖추지 못하여 법정지상권이 성립하지 않는다</u>"(대판 2021.10.28. 2020다224821)

정답 ○

[사실관계] 피고 소유 토지에 가설건축물인 창고가 설치된 후 토지의 근저당권이 실행되어 토지를 경락받은 원고가 피고를 상대로 창고의 철거와 토지인도를 구하자 피고가 창고에 대한 법정지상권이 성립되었다고 주장한 사안

2 ★ 구 장사 등에 관한 법률의 시행일인 2001. 1. 13. 이전에 타인의 토지에 분묘를 설치하여 20년간 평온·공연하게 분묘의 기지를 점유함으로써 분묘기지권을 시효로 취득한 경우에도, 분묘기지권자는 토지 소유자가 지료를 청구하면 그 '청구한 날'부터의 지료를 지급할 의무가 있다.

22년 1차모의 사례형, 22년 3차모의 기록형, 22년 법행 ( )

판결요지

※ 분묘기지권을 시효로 취득한 경우에도 토지 소유자가 지료를 청구한 때부터는 지료를 지급할 의무가 있는지 여부(적극)

"**[다수의견]** 2000. 1. 12. 법률 제6158호로 전부 개정된 구 장사 등에 관한 법률(이하 '장사법'이라 한다)의 시행일인 2001. 1. 13. 이전에 타인의 토지에 분묘를 설치한 다음 20년간 평온·공연하게 분묘의 기지(기지)를 점유함으로써 분묘기지권을 시효로 취득하였더라도, 분묘기지권자는 토지소유자가 분묘기지에 관한 지료를 청구하면 그 청구한 날부터의 지료를 지급할 의무가 있다고 보아야 한다.

관습법으로 인정된 권리의 내용을 확정함에 있어서는 그 권리의 법적 성질과 인정 취지, 당사자 사이의 이익형량 및 전체 법질서와의 조화를 고려하여 합리적으로 판단하여야 한다. 취득시효형 분묘기지권은 당사자의 합의에 의하지 않고 성립하는 지상권 유사의 권리이고, 그로 인하여 토지 소유권이 사실상 영구적으로 제한될 수 있다. 따라서 시효로 분묘기지권을 취득한 사람은 일정한 범위에서 토지소유자에게 토지 사용의 대가를 지급할 의무를 부담한다고 보는 것이 형평에 부합한다.

취득시효형 분묘기지권이 관습법으로 인정되어 온 역사적·사회적 배경, 분묘를 둘러싸고 형성된 기존의 사실관계에 대한 당사자의 신뢰와 법적 안정성, 관습법상 권리로서의 분묘기지권의 특수성, 조리와 신의성실의 원칙 및 부동산의 계속적 용익관계에 관하여 이러한 가치를 구체화한 민법상 지료증감청구권 규정의 취지 등을 종합하여 볼 때, 시효로 분묘기지권을 취득한 사람은 토지소유자가 분묘기지에 관한 지료를 청구하면 그 청구한 날부터의 지료를 지급하여야 한다고 봄이 타당하다. 이와 달리 분묘기지권을 시효로 취득하는 경우 분묘기지권자의 지료 지급의무가 분묘기지권이 성립됨과 동시에 발생한다는 취지의 대판 1992.6.26. 92다13936 판결 및 분묘기지권자가 지료를 지급할 필요가 없다는 취지로 판단한 대판 1995.2.28. 94다37912 판결 등은 이 판결의 견해에 배치되는 범위 내에서 이를 변경하기로 한다"(대판 2021.4.29. 전합2017다228007). 정답 ○

|관련판례|

"타인 소유의 토지에 분묘를 설치한 경우에 20년간 평온, 공연하게 분묘의 기지를 점유하면 지상권과 유사한 관습상의 물권인 분묘기지권을 시효로 취득한다는 점은 오랜 세월 동안 지속되어 온 관습 또는 관행으로서 법적 규범으로 승인되어 왔고, 이러한 법적 규범이 장사법(법률 제6158호) 시행일인 2001. 1. 13. 이전에 설치된 분묘에 관하여 현재까지 유지되고 있다"(대판 2017.1.19. 전합2013다17292).

3 ★ 원고가 시효취득한 분묘기지권자인 피고에 부당이득반환을 청구한 경우 법원은 석명권을 행사하여 그 주장이 지료를 구하는 것인지를 밝혀 그에 따라 심리해야 한다. ( )

판결요지

※ 1. 분묘기지권자가 토지 소유자에게 지료를 지급할 의무가 있는지 여부(적극), 2. 부당이득반환 주장에 지료 청구 취지가 포함된 것으로 볼 수 있는지(적극)

"「장사 등에 관한 법률」 시행일 이전에 타인의 토지에 분묘를 설치한 다음 20년간 평온·공연하게 분묘의 기지를 점유함으로써 분묘기지권을 시효로 취득한 경우에, 분묘기지권자는 토지 소유자에게 분묘기지에 관한 지료를 지급할 의무가 있다(대판 2021.4.29. 전합2017다228007 참조). 원고들의 부당이득반환 주장은 이러한 지료의 지급을 구하는 것으로 볼 여지가 있다. 원심으로서는 위 전원합의체 판결에 기초하여 석명권을 행사하여 위 주장이 지료를 구하는 것인지를 밝혀 그에 따라 심리해야 한다"(대판 2021.5.27. 2018다264420) [정답] ○

[사실관계] 원고가 시효취득한 분묘기지권자인 피고에 부당이득반환을 청구하자 원심이 기존 판례에 따라 이를 기각한 사안에서, 대법원이 새로 선고된 전원합의체 판결에 따라 분묘기지권자는 지료를 지급할 의무가 있고, 비록 청구원인이 지료 청구가 아닌 부당이득반환 청구라고 하더라도 석명권을 행사하여 그 주장이 지료를 구하는 것인지를 밝혀 그에 따라 심리해야 한다고 판단한 사례

4 분묘의 기지인 토지가 분묘의 수호·관리권자가 아닌 다른 사람의 소유인 경우, 토지 소유자가 분묘의 설치를 승낙한 때 분묘기지권을 설정한 것으로 보아야 하고, 위 분묘기지권 성립 당시 토지 소유자와 분묘의 수호·관리자가 지료 지급의무의 존부나 범위 등에 관하여 약정한 경우, 그 약정의 효력은 분묘 기지의 승계인에 미친다.   ( )

4-1 자기 소유 토지에 분묘를 설치한 사람이 토지를 양도하면서 분묘를 이장하겠다는 특약을 하지 않음으로써 분묘기지권을 취득한 경우, 특별한 사정이 없는 한 분묘기지권자는 '분묘기지권이 성립한 때'부터 토지 소유자에게 그 분묘의 기지에 대한 토지사용의 대가로서 지료를 지급할 의무가 있다.   22년 법무사 ( )

[판결요지]

"분묘의 기지인 토지가 분묘의 수호·관리권자 아닌 다른 사람의 소유인 경우에 그 토지 소유자가 분묘 수호·관리권자에 대하여 분묘의 설치를 승낙한 때에는 그 분묘의 기지에 관하여 분묘기지권을 설정한 것으로 보아야 한다. 이와 같이 승낙에 의하여 성립하는 분묘기지권의 경우 성립 당시 토지 소유자와 분묘의 수호·관리자가 지료 지급의무의 존부나 범위 등에 관하여 약정을 하였다면 그 약정의 효력은 분묘 기지의 승계인에 대하여도 미친다. 자기 소유 토지에 분묘를 설치한 사람이 그 토지를 양도하면서 분묘를 이장하겠다는 특약을 하지 않음으로써 분묘기지권을 취득한 경우, 특별한 사정이 없는 한 분묘기지권자는 분묘기지권이 성립한 때부터 토지 소유자에게 그 분묘의 기지에 대한 토지사용의 대가로서 지료를 지급할 의무가 있다"(대판 2021.5.27. 2020다295892 ; 대판 2021.9.16. 2017다271834,271841) [정답] ○   [유제] [정답] ○

|쟁점정리|

※ 분묘기지권의 취득

'분묘기지권'이란 타인의 토지 위에 분묘를 소유하기 위한 지상권유사의 물권으로 관습법상 물권이다.

判例에 의하면 ① 타인의 소유지 내에 토지소유자의 승낙을 얻어 분묘를 설치한 경우(법률행위에 의한 취득), ② 타인 소유의 토지에 토지소유자의 승낙 없이 분묘를 설치한 후 20년간 평온·공연하게 그 분묘의 기지를 점유하여 분묘기지권을 시효취득한 경우(취득시효), ③ 자기 소유의 토지에 분묘를 설치한 자가 후에 이 토지를 타인에게 양도한 경우(관습법상 법정지상권)에 성립한다.

※ 분묘기지권의 지료

① 타인의 소유지 내에 토지소유자의 승낙을 얻어 분묘를 설치한 경우, 약정이 있으면 유상, 없으면 무상으로 보며, ② 타인 소유의 토지에 토지소유자의 승낙 없이 분묘를 설치한 후 20년간 평온·공연하게 그 분묘의 기지를 점유하여 분묘기지권을 시효취득한 경우, 분묘기지권자는 토지소유자가 분묘기지에 관한 지료를 청구하면 그 청구한 날부터의 지료를 지급할 의무가 있다(대판 2021.4.29. 전합2017다228007). ③ 자기 소유 토지에 분묘를 설치한 사람이 토지를 양도하면서 분묘를 이장하겠다는 특약을 하지 않음으로써 분묘기지권(관습법상 법정지상권)을 취득한 경우, 관습법상 법정지상권의 법리를 유추적용한 것이므로 제366조를 유추적용하여 지료를 지급해야 한다(대판 2015.7.23. 2015다206850 : 대판 2021.5.27. 2020다295892). 이때 분묘기지권자는 '분묘기지권이 성립한 때'부터 토지 소유자에게 지료를 지급할 의무가 있다(대판 2021.9.16. 2017다271834,271841).

---

5 ★ 민법 제283조 제2항 소정의 지상물매수청구권은 지상권이 존속기간의 만료로 인하여 소멸하는 때에 지상권자에게 갱신청구권이 있어 그 갱신청구를 하였으나 지상권설정자가 계약갱신을 원하지 아니할 때 비로소 행사할 수 있는 권리이다. 한편 지상권갱신청구권의 행사는 지상권의 존속기간 만료 후 지체 없이 하여야 한다.   ( )

5-1 ★★ 지상권의 존속기간 만료 후 지체 없이 행사하지 아니하여 지상권갱신청구권이 소멸한 경우에는, 지상권자의 적법한 갱신청구권의 행사와 지상권설정자의 갱신 거절을 요건으로 하는 지상물매수청구권은 발생하지 않는다.   ( )

5-2 ★ A는 X토지의 소유권을 취득한 후 소유권에 기해 그 지상 건물의 소유자인 B에게 건물의 철거와 토지의 인도를 청구하였고, 이에 대해 B는 관습법상 법정지상권이 존재하고 설령 관습법상 법정지상권이 소멸하였다 하더라도 건물매수청구권이 있다고 주장하면서 동시이행항변을 하였다. 그런데 B의 관습법상 법정지상권이 30년의 존속기간 만료로 소멸하였고, 지상권 존속기간 만료 후 4년이 경과한 이 사건 소송절차 중 B가 갱신청구권 내지 건물매수청구권을 행사하였다면 그 효력은 인정될 수 없으므로 법원은 B의 항변을 배척하고 A의 청구를 인용하여야 한다.   ( )

[판결요지]

※ 지상권의 존속기간 만료 후 지체 없이 행사하지 아니하여 지상권갱신청구권이 소멸한 경우 지상물매수청구권의 발생 여부(소극)

"민법 제283조 제2항 소정의 지상물매수청구권은 지상권이 존속기간의 만료로 인하여 소멸하는 때에 지상권자에게 갱신청구권이 있어 그 갱신청구를 하였으나 지상권설정자가 계약갱신을 원하지 아니할 때 비로소 행사할 수 있는 권리이다. 한편 지상권갱신청구권의 행사는 지상권의 존속기간 만료 후 지체 없이 하여야 한다. 따라서 지상권의 존속기간 만료 후 지체 없이 행사하지 아니하여 지상권갱신청구권이 소멸한 경우에는, 지상권자의 적법한 갱신청구권의 행사와 지상권설정자의 갱신 거절을 요건으로 하는 지상물매수청구권은 발생하지 않는다고 할 것이다"(대판 2023.4.27. 2022다306642). **정답** ○   **유제 모두** **정답** ○

[사실관계] 원고는 이 사건 토지의 소유권을 취득한 후 소유권에 기해 그 지상 건물의 소유자인 피고에게 건물의 철거와 토지의 인도를 청구하였고, 이에 대해 피고는 관습법상 법정지상권이 존재하고 설령 관습법상 법정지상권이 소멸하였다 하더라도 건물매수청구권이 있다고 주장하면서 동시이행항변을 하였다. 대법원은 위 법리에 따라, 관습법상 법정지상권은 30년의 존속기간 만료로 소멸하였고, 지상권 존속기간 만료 후 4년이 경과한 이 사건 소송절차 중 행사한 피고인의 갱신청구 내지 건물매수청구는 그 효력이 인정될 수 없다는 이유로 피고의 항변을 배척하고 원고의 청구를 인용한 원심을 수긍하여 상고를 기각한 사례

전세권

1 ★ 임대차계약에 따른 임차보증금반환채권을 담보할 목적으로 전세권설정등기를 마친 경우 임대차계약에 따른 연체차임 공제는 전세권설정계약과 양립할 수 없으므로, 전세권설정자는 선의의 제3자에 대해서는 연체차임 공제 주장으로 대항할 수 없다. 여기에서 선의의 제3자가 보호될 수 있는 법률상 이해관계는 전세권설정계약의 당사자를 상대로 하여 직접 법률상 이해관계를 가지는 경우 외에도 법률상 이해관계를 바탕으로 하여 다시 위 전세권설정계약에 의하여 형성된 법률관계와 새로이 법률상 이해관계를 가지게 되는 경우도 포함된다. ( )

1-1 ★★ 임대차계약에 따른 임대차보증금반환채권을 담보할 목적에서 임차인 명의로 전세권설정등기를 마치기 위하여 임대인과 임차인이 전세권설정계약을 체결한 경우, 그 전세권설정계약은 임대차계약과 양립할 수 없는 범위에서 통정허위표시에 해당하여 무효이다. 23년 3차 모의 ( )

1-2 ★ 甲의 乙에 대한임대차보증금반환채권 담보 목적의 전세권에 근저당권이 설정된 후 丙이 전세권근저당권부채권을 압류하였는데, 전세권설정자인 乙이 甲의 전세금이 연체차임 공제로 모두 소멸하였다고 주장하면서 丙에 대하여 전세권설정등기 말소에 대하여 승낙의 의사표시를 청구한 경우, 丙이 甲의 전세권설정등기가 임대차보증금반환채권 담보 목적임을 알고 있었음을 인정할 증거가 없다면, 乙은 丙에 대하여 연체차임 공제를 주장할 수 없으므로, 법원은 乙의 청구를 기각하여야 한다. ( )

판결요지

※ 임대차보증금반환채권 담보 목적의 전세권에 근저당권이 설정된 후 그 전세권근저당권부 채권이 압류된 경우, 전세권설정자가 그 압류채권자에 대하여 연체차임 공제 주장으로 대항할 수 있는지 여부

"**가.** 전세권이 용익물권적 성격과 담보물권적 성격을 모두 갖추고 있고, 목적물의 인도는 전세권의 성립요건이 아닌 점 등에 비추어 볼 때, 당사자가 주로 채권담보의 목적으로 전세권을 설정하였고, 그 설정과 동시에 목적물을 인도하지 않은 경우라 하더라도, 장차 전세권자가 목적물을 사용·수익하는 것을 완전히 배제하는 것이 아니라면 그 전세권의 효력을 부인할 수는 없다. 전세금의 지급은 전세권 성립의 요소가 되는 것이지만 그렇다고 하여 전세금의 지급이 반드시 현실적으로 수수되어야만 하는 것은 아니고 기존의 채권으로 전세금의 지급을 갈음할 수도 있다(대판 1995.2.10. 94다18508 판결 등 참조).

임대차계약에 따른 임대차보증금반환채권을 담보할 목적으로 임차인과 임대인 사이의 합의에 따라 임차인 명의로 전세권설정등기를 마친 경우, 전세금의 지급은 임대차보증금반환채권으로 갈음한 것이고 장차 전세권자가 목적물을 사용·수익하는 것을 완전히 배제하는 것도 아니므로 전세권설정등기는 유효하다.

나. 임대차보증금은 임대차계약이 종료된 후 임차인이 목적물을 인도할 때까지 발생하는 차임과 그 밖의 채무를 담보한다(대판 2005.9.28. 2005다8323,8330 판결 등 참조). 임대인과 임차인이 위와 같이 임대차보증금반환채권을 담보할 목적으로 전세권을 설정하기 위해 전세권설정계약을 체결하였다면, 임대차보증금에서 연체차임 등을 공제하고 남은 돈을 전세금으로 하는 것이 임대인과 임차인의 합치된 의사라고 볼 수 있다. 그러나 전세권설정계약은 외관상으로는 그 내용에 차임지급 약정이 존재하지 않고 이에 따라 전세금에서 연체차임이 공제되지 않는 등 임대인과 임차인의 진의와 일치하지 않는 부분이 존재한다. 따라서 전세권설정계약은 위와 같이 임대차계약과 양립할 수 없는 범위에서 통정허위표시에 해당하여 무효라고 봄이 타당하다. 다만 전세권설정계약에 따라 형성된 법률관계에 기초하여 새로이 법률상 이해관계를 가지게 된 제3자에 대해서는 그 제3자가 그와 같은 사정을 알고 있었던 경우에만 무효를 주장할 수 있다(대판 2008.3.13. 2006다29372,29389, 대판 2013.2.15. 2012다49292 등 참조). 따라서 임대차계약에 따른 임차보증금반환채권을 담보할 목적으로 전세권설정등기를 마친 경우 임대차계약에 따른 연체차임 공제는

전세권설정계약과 양립할 수 없으므로, 전세권설정자는 선의의 제3자에 대해서는 연체차임 공제 주장으로 대항할 수 없다.

여기에서 선의의 제3자가 보호될 수 있는 법률상 이해관계는 전세권설정계약의 당사자를 상대로 하여 직접 법률상 이해관계를 가지는 경우 외에도 법률상 이해관계를 바탕으로 하여 다시 위 전세권설정계약에 의하여 형성된 법률관계와 새로이 법률상 이해관계를 가지게 되는 경우도 포함된다(대판 2013.2.15. 2012다49292 참조)"(대판 2021.12.30. 2020다257999, 대판 2021.12.30. 2018다233860).

정답 ○

유제 모두

정답 ○

[사실관계] 임대차보증금반환채권 담보 목적의 이 사건 전세권에 근저당권이 설정된 후 피고들이 조세채권에 기초하여 그 전세권근저당권부채권을 압류하였는데, 전세권설정자인 원고가 이 사건 전세금이 연체차임 공제로 모두 소멸하였다고 주장하면서 피고들에 대하여 전세권설정등기 말소에 대하여 승낙의 의사표시를 청구한 사안에서, 원심은 피고들이 이 사건 전세권설정등기가 임대차보증금반환채권 담보 목적임을 알고 있었음을 인정할 증거가 없으므로, 원고는 피고들에 대하여 연체차임 공제를 주장할 수 없다는 이유로 원고의 청구를 배척하였고, 대법원은 위와 같은 판시를 바탕으로 원심판결이 정당하다고 하였음

2 ★★ 저당권이 설정된 전세권의 존속기간이 만료된 경우 전세권저당권자는 전세금반환채권에 대하여 압류 및 추심명령 또는 전부명령을 받는 방법으로 물상대위권을 행사하여 전세금의 지급을 구할 수 있는바, 이 경우 전세권설정자는 압류 및 추심명령 또는 전부명령이 송달된 때를 기준으로 하여 그 이전에 채무자와 사이에 발생한 모든 항변사유로 압류채권자에게 대항할 수 있다. 그런데 임대차계약에 따른 임대차보증금반환채권을 담보할 목적으로 유효한 전세권설정등기가 마쳐진 경우에는 전세권저당권자가 저당권 설정 당시 그 전세권설정등기가 임대차보증금반환채권을 담보할 목적으로 마쳐진 것임을 알고 있었다면, 제3채무자인 전세권설정자는 전세권저당권자에게 그 전세권설정계약이 임대차계약과 양립할 수 없는 범위에서 무효임을 주장할 수 있으므로, 그 임대차계약에 따른 연체차임 등의 공제 주장으로 대항할 수 있다. 　　　23년 2차모의 사례형, 24년 변호 (　)

2-1 甲의 乙에 대한 임대차보증금반환채권 담보 목적의 유효한 전세권에 丙의 근저당권이 설정된 후 전세권의 존속기간이 만료되었다면, 丙은 전세금반환채권에 대하여 압류 및 추심명령 또는 전부명령을 받는 방법으로 물상대위권을 행사하여 전세금의 지급을 구할 수 있고, 丙이 저당권 설정 당시 그 전세권설정등기가 임대차보증금반환채권을 담보할 목적으로 마쳐진 것임을 알고 있었다면, 乙은 丙에게 임대차계약에 따른 연체차임 등의 공제 주장으로 대항할 수 있을 뿐이므로, 甲의 전세권설정등기는 임대차보증금 중 연체차임 등을 공제한 나머지를 담보하는 범위에서 여전히 유효하다. 따라서 乙이 丙에 대해 전세권설정등기 말소에 대한 승낙의 의사표시를 구하는 소를 제기한 경우 법원은 乙의 청구를 기각해야 한다. 　　　　　　　(　)

판결요지

※ 당사자가 주로 채권담보의 목적으로 전세권을 설정하면서 목적물을 인도하지 않은 경우, 장차 전세권자가 목적물을 사용·수익하는 것을 완전히 배제하지 않는 한 전세권이 유효한지 여부(적극) 및 저당권이 설정된 전세권의 존속기간이 만료된 경우, 저당권자가 전세금의 지급을 구하는 방법 / 전세권저당권자가 전세금반환채권에 대하여 압류 및 추심명령 또는 전부명령을 받는 방법으로 물상대위권을 행사하여 전세금의 지급을 구하는 경우, 전세권설정자가 압류 및 추심명령 또는 전부명령이 송달된 때를 기준으로 하여 그 이전에 채무자와 사이에 발생한 모든 항변사유로 압류채권자에게 대항할 수 있는지 여부(적극)

"[1] 전세권이 용익물권적 성격과 담보물권적 성격을 모두 갖추고 있고, 목적물의 인도는 전세권의 성립요건이 아닌 점 등에 비추어 볼 때, 당사자가 주로 채권담보의 목적으로 전세권을 설정하였고, 그 설정과 동시에 목적물을 인도하지 아니한 경우라 하더라도, 장차 전세권자가 목적물을 사용·수익하는 것을 완전히 배제하는 것이 아니라면 그 전세권의 효력을 부인할 수는 없다. 전세금의 지급은 전세권 성립의 요소가 되는 것이지만 그렇다고 하여 전세금의 지급이 반드시 현실적으로 수수되어야만 하는 것은 아니고 기존의 채권으로 전세금 지급을 대신할 수도 있다.

[2] 임대차계약에 따른 임대차보증금반환채권을 담보할 목적으로 임대인과 임차인 사이의 합의에 따라 임차인 명의로 전세권설정등기를 마친 경우, 그 전세금의 지급은 이미 지급한 임대차보증금으로 대신한 것이고, 장차 전세권자가 목적물을 사용·수익하는 것을 완전히 배제하는 것도 아니므로, 그 전세권설정등기는 유효하다. 이때 임대인과 임차인이 그와 같은 전세권설정등기를 마치기 위하여 전세권설정계약을 체결하여도, 임대차보증금은 임대차계약이 종료된 후 임차인이 목적물을 인도할 때까지 발생하는 차임 및 기타 임차인의 채무를 담보하는 것이므로, 임대인과 임차인이 위와 같이 임대차보증금반환채권을 담보할 목적으로 전세권을 설정하기 위하여 전세권설정계약을 체결하였다면, 임대차보증금에서 연체차임 등을 공제하고 남은 돈을 전세금으로 하는 것이 임대인과 임차인의 합치된 의사라고 볼 수 있다. 그러나 그 전세권설정계약은 외관상으로는 그 내용에 차임지급 약정이 존재하지 않고 이에 따라 전세금이 연체차임으로 공제되지 않는 등 임대인과 임차인의 진의와 일치하지 않는 부분이 존재한다. 따라서 그러한 전세권설정계약은 위와 같이 임대차계약과 양립할 수 없는 범위에서 통정허위표시에 해당하여 무효라고 봄이 타당하다. 다만 그러한 전세권설정계약에 의하여 형성된 법률관계에 기초하여 새로이 법률상 이해관계를 가지게 된 제3자에 대하여는 그 제3자가 그와 같은 사정을 알고 있었던 경우에만 그 무효를 주장할 수 있다.

[3] 전세권을 목적으로 한 저당권이 설정된 경우, 전세권의 존속기간이 만료되면 전세권의 용익물권적 권능이 소멸하기 때문에 더 이상 전세권 자체에 대하여 저당권을 실행할 수 없게 되고, 저당권자는 저당권의 목적물인 전세권에 갈음하여 존속하는 것으로 볼 수 있는 전세금반환채권에 대하여 압류 및 추심명령 또는 전부명령을 받거나 제3자가 전세금반환채권에 대하여 실시한 강제집행절차에서 배당요구를 하는 등의 방법으로 물상대위권을 행사하여 전세금의 지급을 구하여야 한다. 전세권저당권자가 물상대위권을 행사하여 전세금반환채권에 대하여 압류 및 추심명령 또는 전부명령을 받고 이에 기하여 추심금 또는 전부금을 청구하는 경우 제3채무자인 전세권설정자는 일반적 채권집행의 법리에 따라 압류 및 추심명령 또는 전부명령이 송달된 때를 기준으로 하여 그 이전에 채무자와 사이에 발생한 모든 항변사유로 압류채권자에게 대항할 수 있다. 다만 임대차계약에 따른 임대차보증금반환채권을 담보할 목적으로 유효한 전세권설정등기가 마쳐진 경우에는 전세권저당권자가 저당권 설정 당시 그 전세권설정등기가 임대차보증금반환채권을 담보할 목적으로 마쳐진 것임을 알고 있었다면, 제3채무자인 전세권설정자는 전세권저당권자에게 그 전세권설정계약이 임대차계약과 양립할 수 없는 범위에서 무효임을 주장할 수 있으므로, 그 임대차계약에 따른 연체차임 등의 공제 주장으로 대항할 수 있다"(대판 2021. 12. 30. 2018다268538).   정답 ○

유 제

정답 ○

[사실관계] 임대차보증금반환채권 담보 목적의 이 사건 전세권에 근저당권이 설정된 사안에서, 전세권설정자인 원고가 전세권근저당권자인 피고에 대하여 이 사건 전세권설정등기 말소에 대한 승낙의 의사표시를 구하는 사건이다. 원심은 이 사건 전세권설정계약은 통정허위표시로서 무효이고, 피고는 이 사건 근저당권 설정 당시 그 사실을 알았으므로, 피고는 전세권설정등기 말소에 대하여 승낙을 할 의무가 있다는 이유로 원고의 청구를 인용하였다. 대법원은 위와 같은 판시를 바탕으로, 이 사건 전세권설정계약은 임대차계약과 양립할 수 없는 범위에서 통정허위표시에 해당하여 무효이나, 이 사건 전세권설정등기는 이 사건 임대차계약에 따른 A의 임대차보증금반환채권을 담보할 목적으로 마쳐진 것으로서 유효하고, 피고가 이 사건 전세권설정등기가 임대차보증금반환채권 담보 목적임을 알고 있었으므로 원고는 피고에 대하여 이 사건 임대차계약에 따른 연체차임 등의 공제 주장으로 대항할 수 있을 뿐이며, 따라서 이 사건 전세권설정등기는 이 사건 임대차보증금 중 연체차임 등을 공제한 나머지를 담보하는 범위에서 여전히 유효하므로, 피고는 원고로부터 그 나머지 임대차보증금 상당액을 지급받을 때까지 이 사건 전세권설정등기의 말소를 저지할 이익이 있다는 이유로, 원심을 파기함

3   ★★ 전세권설정계약의 당사자가 전세권의 핵심인 사용·수익 권능을 배제하고 채권담보만을 위해 전세권을 설정하였다면, 법률이 정하지 않은 새로운 내용의 전세권을 창설하는 것으로서 물권법정주의에 반하여 허용되지 않고 이러한 전세권설정등기는 무효라고 보아야 한다.

23년 2차모의 사례형, 23년 법무사 (   )

판결요지

> ※ 전세권자의 사용·수익을 배제하고 채권담보만을 목적으로 설정한 전세권의 효력(무효)
>
> "민법 제185조는 "물권은 법률 또는 관습법에 의하는 외에는 임의로 창설하지 못한다."라고 정하여 물권법정주의를 선언하고 있다. 물권법의 강행법규성에 따라 법률과 관습법이 인정하지 않는 새로운 종류나 내용의 물권을 창설하는 것은 허용되지 않는다. 전세권자는 전세금을 지급하고 타인의 부동산을 점유하여 그 부동산의 용도에 좇아 사용·수익하며, 그 부동산 전부에 대하여 후순위권리자 기타 채권자보다 전세금의 우선변제를 받을 권리가 있다(민법 제303조 제1항).
>
> 전세권설정계약의 당사자가 주로 채권담보 목적으로 전세권을 설정하고 설정과 동시에 목적물을 인도하지 않는다고 하더라도 장차 전세권자가 목적물을 사용·수익하는 것을 배제하지 않는다면, 전세권의 효력을 부인할 수는 없다. 그러나 전세권 설정의 동기와 경위, 전세권 설정으로 달성하려는 목적, 채권의 발생 원인과 목적물의 관계, 전세권자의 사용·수익 여부와 그 가능성, 당사자의 진정한 의사 등에 비추어 <u>전세권설정계약의 당사자가 전세권의 핵심인 사용·수익 권능을 배제하고 채권담보만을 위해 전세권을 설정하였다면, 법률이 정하지 않은 새로운 내용의 전세권을 창설하는 것으로서 물권법정주의에 반하여 허용되지 않고 이러한 전세권설정등기는 무효라고 보아야 한다</u>"(대판 2021.12.30. 2018다40235,40242, 대판2021.12.30. 2018다267238, 267245).   정답 ○

쟁점정리

> ※ 전세권자가 사용·수익하지 않고, 통정허위표시에도 해당하지 않는 경우
>
> ① "전세권이 용익물권적 성격과 담보물권적 성격을 겸비하고 있다는 점 및 목적물의 인도는 전세권의 성립요건이 아닌 점 등에 비추어 볼 때 당사자가 주로 채권담보의 목적으로 전세권을 설정하였고, 그 설정과 동시에 목적물은 인도하지 아니한 경우라고 하더라도, 장차 전세권자가 목적물을 사용·수익하는 것을 완전히 배제하는 것이 아니라면, 그 전세권의 효력을 부인할 수는 없다"(대판 1995.2.10. 94다18508 : 4회 선택형). ② 따라서 "전세권설정계약의 당사자가 전세권의 핵심인 사용·수익 권능을 배제하고 채권담보만을 위해 전세권을 설정하였다면, 법률이 정하지 않은 새로운 내용의 전세권을 창설하는 것으로서 '물권법정주의'에 반하여 허용되지 않고 이러한 전세권설정등기는 무효이다"(대판 2021.12.30. 2018다40235,40242).

> ※ 전세권자가 사용·수익하나, 통정허위표시에 해당하는 경우
>
> 判例는 임대차보증금반환채권 담보 목적의 전세권에 근저당권이 설정된 사안에서, "전세권설정계약은 임대차계약과 양립할 수 없는 범위에서 통정허위표시에 해당하여 무효이나, 전세권설정등기는 임대차계약에 따른 임대차보증금반환채권을 담보할 목적으로 마쳐진 것으로서 유효하고, 전세권근저당권자(제371조)가 이 사건 전세권설정등기가 임대차보증금반환채권 담보 목적임을 알고 있었으므로(제108조 2항) 전세권설정자는 전세권근저당권자에 대하여 이 사건 임대차계약에 따른 연체차임 등의 공제 주장으로 대항할 수 있을 뿐이며, 따라서 전세권설정등기는 임대차보증금 중 연체차임 등을 공제한 나머지를 담보하는 범위에서 여전히 유효하므로, 전세권근저당권자는 전세권설정자로부터 그 나머지 임대차보증금 상당액을 지급받을 때까지 전세권설정등기의 말소를 저지할 이익이 있다"(대판 2021.12.30. 2018다268538)고 한다.

제5장	담보물권

유치권

1 ★ 유치권 목적물과의 견련관계가 인정되지 않는 채권을 임차인과 임대인 사이의 약정을 근거로 유치권의 피담보채권으로 인정할 수 없다. ( )

1-1 인접한 구분건물 사이에 설치된 경계벽이 제거되어 각 구분건물이 구조상 및 이용상 독립성을 상실하였으나, 각 구분건물의 위치와 면적 등을 특정할 수 있고 사회통념상 그것이 복원을 전제로 한 일시적인 것으로서 복원이 용이한 경우, 그 구분건물에 관한 등기는 유효하다. ( )

판결요지

"1. 유치권은 점유하는 물건으로써 유치권자의 피담보채권에 대한 우선적 만족을 확보하여 주는 법정담보물권이다. 민법 제320조 제1항은 "타인의 물건 또는 유가증권을 점유한 자는 그 물건이나 유가증권에 관하여 생긴 채권이 변제기에 있는 경우에는 변제를 받을 때까지 그 물건 또는 유가증권을 유치할 권리가 있다."고 규정하고 있으므로, 유치권의 피담보채권은 '그 물건에 관하여 생긴 채권'이어야 한다. 민법 제185조는 "물권은 법률 또는 관습법에 의하는 외에는 임의로 창설하지 못한다."라고 정하여 물권법정주의를 선언하고 있다. 물권법의 강행법규성에 따라 법률과 관습법이 인정하지 않는 새로운 종류나 내용의 물권을 창설하는 것은 허용되지 않는다.

2. 인접한 구분건물 사이에 설치된 경계벽이 제거됨으로써 각 구분건물이 구분건물로서의 구조상 및 이용상 독립성을 상실하게 되었다고 하더라도, 각 구분건물의 위치와 면적 등을 특정할 수 있고 사회통념상 그것이 구분건물로서의 복원을 전제로 한 일시적인 것일 뿐만 아니라 복원이 용이한 것이라면, 각 구분건물이 구분건물로서의 실체를 상실한다고 쉽게 단정할 수는 없고, 아직도 그 등기는 구분건물을 표상하는 등기로서 유효하다고 해석해야 한다"(대판 2023.4.27. 2022다273018). **정답 ○**

유제 **정답 ○**

---

2 ★★ 하나의 채권을 피담보채권으로 하여 여러 필지의 토지에 대하여 유치권을 취득한 유치권자가 그중 일부 필지의 토지에 대하여 선량한 관리자의 주의의무를 위반하였다면 특별한 사정이 없는 한 위반행위가 있었던 필지의 토지에 대하여만 유치권 소멸청구가 가능하다.

23년 2차·3차모의, 24년 변호 ( )

2-1 유치권의 불가분성은 그 목적물이 분할 가능하거나 수개의 물건인 경우에도 적용되며 상법 제58조의 상사유치권에도 적용된다. ( )

판결요지

※ 유치권 소멸청구와 그 범위

"민법 제321조는 '유치권자는 채권 전부의 변제를 받을 때까지 유치물 전부에 대하여 그 권리를 행사할 수 있다.'고 정하므로, 유치물은 그 각 부분으로써 피담보채권의 전부를 담보하고, 이와 같은 유치권의 불가분성은 그 목적물이 분할 가능하거나 수개의 물건인 경우에도 적용되며(대판 2007.9.7. 2005다16942 판결 참조), 상법 제58조의 상사유치권에도 적용된다(대판 2016.12.27. 2016다244835 판결 참조). 유제 **정답 ○**

민법 제324조는 '유치권자에게 유치물에 대한 선량한 관리자의 주의의무를 부여하고, 유치권자가 이를 위반하여 채무자의 승낙 없이 유치물을 사용, 대여, 담보 제공한 경우에 채무자는 유치권의 소멸을 청구할 수 있다.'고 정한다. 하나의 채권을 피담보채권으로 하여 여러 필지의 토지에 대하여 유치권을 취득한 유치권자가 그중 일부 필지의 토지에 대하여 선량한 관리자의 주의의무를 위반하였다면 특별한 사정이 없는 한 위반행위가 있었던 필지의 토지에 대하여만 유치권 소멸청구가 가능하다고 해석하는 것이 타당하다"(대판 2022.6.16. 2018다301350). **정답** ○

3 ★ 유치권 소멸청구는 민법 제327조에 규정된 채무자뿐만 아니라 유치물의 소유자도 할 수 있는바, 유치물 가액이 피담보채권액보다 많을 경우에는 피담보채권액에 해당하는 담보를 제공하면 되고, 유치물 가액이 피담보채권액보다 적을 경우에는 유치물 가액에 해당하는 담보를 제공하면 된다.

23년 법행 ( )

판결요지

"채무자는 상당한 담보를 제공하고 유치권의 소멸을 청구할 수 있다(민법 제327조). 유치권 소멸청구는 민법 제327조에 규정된 채무자뿐만 아니라 유치물의 소유자도 할 수 있다. 민법 제327조에 따라 채무자나 소유자가 제공하는 담보가 상당한지는 담보 가치가 채권 담보로서 상당한지, 유치물에 의한 담보력을 저하시키지 않는지를 종합하여 판단해야 한다. 따라서 유치물 가액이 피담보채권액보다 많을 경우에는 피담보채권액에 해당하는 담보를 제공하면 되고, 유치물 가액이 피담보채권액보다 적을 경우에는 유치물 가액에 해당하는 담보를 제공하면 된다"(대판 2021.7.29. 2019다216077). **정답** ○

4 집행절차의 법적 안정성을 보장할 목적으로 부동산에 관하여 경매개시결정등기가 된 뒤에 비로소 부동산의 점유를 이전받거나 피담보채권이 발생하여 유치권을 취득한 경우에는 경매절차의 매수인에 대하여 유치권을 행사할 수 없다. ( )

4-1 경매개시결정이 있기 전부터 유치권을 이유로 부동산을 점유하면서 채무자와 일정 기간 동안 변제기를 유예하기로 합의한 甲이 그 후 개시된 경매절차에서 유치권 신고를 하였다가, 이후 甲을 상대로 유치권부존재확인의 소가 제기되어 그 소송에서 甲에 유치권이 존재한다는 판결이 선고되어 확정되자, 속행된 경매절차에서 다시 유치권 신고를 하였는데, 경매절차에서 부동산의 소유권을 취득한 乙이 甲을 상대로 부동산 인도와 부당이득반환을 청구한 경우, 경매개시결정 이후 변제기가 재차 도래함으로써 甲 회사가 다시 유치권을 취득하였다고 볼 여지가 있으므로, 법원은 이에 관하여 더 심리하지 아니한 채 변제기 유예로 경매개시결정 당시 甲 회사의 공사대금채권이 변제기에 있지 않았다는 이유만으로 甲 회사가 유치권을 주장할 수 없다고 볼수는 없다. ( )

판결요지

※ 부동산에 관하여 경매개시결정등기가 된 뒤에 부동산의 점유를 이전받거나 피담보채권이 발생하여 유치권을 취득한 사람이 경매절차의 매수인에 대하여 유치권을 행사할 수 있는지 여부(소극)

"민사집행법 제91조 제3항이 "지상권·지역권·전세권 및 등기된 임차권은 저당권·압류채권·가압류채권에 대항할 수 없는 경우에는 매각으로 소멸된다."라고 규정하고 있는 것과는 달리, 같은 조 제5항은 "매수인은 유치권자에게 그 유치권으로 담보하는 채권을 변제할 책임이 있다."라고 규정하고 있으므로, 유치권은 특별한 사정이 없는 한 그 성립시기에 관계없이 경매절차에서 매각으로 인하여 소멸하지 않는다. 다만 부동산에 관하여 이미 경매절차가 개시되어 진행되고 있는 상태에서 비로소 그 부동산에 유치권을 취득한 경우에도 아무런 제한 없이 경매절차의 매수인에 대한 유치권의 행사를 허용하면 경매절차에 대한 신뢰와 절차적 안정성이 크게 위협받게 됨으로써 경매 목적 부동산을 신속하고 적정하게 환가하기가 매우 어렵게 되고 경매절차의 이해관계인에게 예상하지 못한 손해를 줄 수도 있으므로, 그러한 경우에까지 압류채권자를 비롯한 다른 이해관계인들의 희생 아래 유치권자만을 우선 보호하는 것은 집행절차의 법적 안정성이라는 측면에서 받아들일 수 없다. 그리하여 대법원은 집행절차의 법적 안정성을 보장할 목적으로 부동산에 관하여 경매개시결정등기가 된 뒤에 비로소 부동산의 점유를 이전받거나 피담보채권이 발생하여 유치권을 취득한 경우에는 경매절차의 매수인에 대하여 유치권을 행사할 수 없다고 본 것이다"(대판 2022.12.29. 2021다253710). **정답** ○

유제 **정답** ○

5 ★ 민법 제324조는 유치권자에게 유치물의 점유에 관하여 선량한 관리자의 주의의무를 부여하고, 유치권자가 이를 위반하여 유치물의 보존에 필요한 사용의 범위를 넘어 채무자의 승낙 없이 유치물을 사용, 대여 또는 담보 제공한 경우 채무자에게 유치권의 소멸을 청구할 수 있는 권리를 부여하고 있다. 여기에서 말하는 대여는 임대차뿐만 아니라 사용대차도 포함된다. ( )

판결요지

> ※ 유치권자가 유치물을 다른 사람에게 사용하게 한 경우 유치물의 보존에 필요한 사용을 넘어서는 것으로서 유치권 소멸 청구의 사유가 되는 사용 또는 대여에 해당하는지 판단하는 기준 및 방법
> "민법 제324조는 유치권자에게 유치물의 점유에 관하여 선량한 관리자의 주의의무를 부여하고, 유치권자가 이를 위반하여 유치물의 보존에 필요한 사용의 범위를 넘어 채무자의 승낙 없이 유치물을 사용, 대여 또는 담보 제공한 경우 채무자에게 유치권의 소멸을 청구할 수 있는 권리를 부여하고 있다. 여기에서 말하는 대여는 임대차뿐만 아니라 사용대차도 포함되는데, 유치권자가 유치물을 다른 사람으로 하여금 사용하게 한 경우에 그것이 유치물의 보존에 필요한 사용을 넘어서는 것으로서 유치권 소멸 청구의 사유가 되는 사용 또는 대여에 해당하는지 여부는 유치물의 특성과 유치권자의 점유 태양, 유치권자와 사용자 사이의 관계, 사용자의 구체적인 사용방법 및 사용의 경위, 사용행위가 유치물의 가치나 효용에 미치는 영향, 사용자가 유치권자에게 대가를 지급하였는지 여부 등을 종합적으로 고려하여 판단하여야 한다(대판 2011.9.29. 2011다38707 판결 참조)"(대판 2023.7.13. 2021다274243). **정답** ○

6 ★★ 민법 제367조에 의한 우선상환은 제3취득자가 경매절차에서 배당받는 방법으로 민법 제203조 제1, 2항에서 규정한 비용에 관하여 경매절차의 매각대금에서 우선변제받을 수 있다는 것이지 이를 근거로 제3취득자가 직접 저당권설정자, 저당권자 또는 경매절차 매수인 등에 대하여 비용상환을 청구할 수 있는 권리가 인정될 수 없다. ( )

6-1 ★★ 제3취득자는 민법 제367조에 의한 비용상환청구권을 피담보채권으로 주장하면서 유치권을 행사할 수 없다. ( )

판결요지

> ※ 근저당권이 설정된 토지를 취득하였다가 근저당권이 실행되어 경매로 소유권을 상실한 피고가 민법 제367조 비용상환청구권을 피담보채권으로 경매절차 매수인에게 유치권을 행사할 수 있는지 여부(소극)

"민법 제367조는 저당물의 제3취득자가 그 부동산의 보존, 개량을 위하여 필요비 또는 유익비를 지출한 때에는 제203조 제1항, 제2항의 규정에 의하여 저당물의 경매대가에서 우선상환을 받을 수 있다고 규정하고 있다. 이는 저당권이 설정되어 있는 부동산의 제3취득자가 저당부동산에 관하여 지출한 필요비, 유익비는 부동산 가치의 유지·증가를 위하여 지출된 일종의 공익비용이므로 저당부동산의 환가대금에서 부담하여야 할 성질의 비용이고 더욱이 제3취득자는 경매의 결과 그 권리를 상실하게 되므로 특별히 경매로 인한 매각대금에서 우선적으로 상환을 받도록 한 것이다. 저당부동산의 소유권을 취득한 자도 민법 제367조의 제3취득자에 해당한다. 제3취득자가 민법 제367조에 의하여 우선상환을 받으려면 저당부동산의 경매절차에서 배당요구의 종기까지 배당요구를 하여야 한다 (민사집행법 제268조, 제88조).

위와 같이 민법 제367조에 의한 우선상환은 제3취득자가 경매절차에서 배당받는 방법으로 민법 제203조 제1항, 제2항에서 규정한 비용에 관하여 경매절차의 매각대금에서 우선변제받을 수 있다는 것이지 이를 근거로 제3취득자가 직접 저당권설정자, 저당권자 또는 경매절차 매수인 등에 대하여 비용상환을 청구할 수 있는 권리가 인정될 수 없다. 따라서 <u>제3취득자는 민법 제367조에 의한 비용상환청구권을 피담보채권으로 주장하면서 유치권을 행사할 수 없다</u>"(대판 2023.7.13. 2022다265093).

정답 ○

유제

정답 ○

7 민법 제324조에서 정한 유치권소멸청구는 유치권자의 선량한 관리자의 주의의무 위반에 대한 제재로서 채무자 또는 유치물의 소유자를 보호하기 위한 규정이므로, 특별한 사정이 없는 한 민법 제324조 제2항을 위반한 임대행위가 있은 뒤에 유치물의 소유권을 취득한 제3자도 유치권소멸청구를 할 수 있다. ( )

판결요지

"유치권은 점유하는 물건으로써 유치권자의 피담보채권에 대한 우선적 만족을 확보하여 주는 법정담보물권이다 (민법 제320조 제1항, 상법 제58조). 한편 유치권자가 민법 제324조 제2항을 위반하여 유치물 소유자의 승낙 없이 유치물을 임대한 경우 유치물의 소유자는 이를 이유로 민법 제324조 제3항에 의하여 유치권의 소멸을 청구할 수 있다. 민법 제324조에서 정한 유치권소멸청구는 유치권자의 선량한 관리자의 주의의무 위반에 대한 제재로서 채무자 또는 유치물의 소유자를 보호하기 위한 규정이므로, 특별한 사정이 없는 한 <u>민법 제324조 제2항을 위반한 임대행위가 있은 뒤에 유치물의 소유권을 취득한 제3자도 유치권소멸청구를 할 수 있다</u>"(대판 2023.8.31. 2019다295278).

정답 ○

질 권

1 ★★ '저당권은 그 담보한 채권과 분리하여 다른 채권의 담보로 하지 못한다'는 제361조 규정에 따라 저당권으로 담보된 채권에 질권을 설정한 경우, 질권자와 질권설정자가 피담보채권만을 질권의 목적으로 하고 저당권은 질권의 목적으로 하지 않는 것은 저당권의 부종성과 수반성에 반한다.

23년 변호사시험 사례형, 21·24년 변호, 21년 3차모의 사례형, 22년 1차 모의, 20년 법행 ( )

1-1 ★ '저당권으로 담보한 채권을 질권의 목적으로 한 때에는 그 저당권설정등기에 질권의 부기등기를 하여야 그 효력이 저당권에 미친다'는 제348조 규정과 달리 담보가 없는 채권에 질권을 설정한 다음 그 채권을 담보하기 위해 저당권이 설정된 경우에는 저당권설정등기에 질권의 부기등기를 하지 않더라도 질권의 효력이 저당권에 미친다.   24년 변호, 20년 법행 (   )

판결요지

※ 저당권으로 담보된 채권에 질권을 설정한 경우, 질권자와 질권설정자가 피담보채권만을 질권의 목적으로 하고 저당권은 질권의 목적으로 하지 않는 것도 가능한지 여부(적극) 및 이는 담보가 없는 채권에 질권을 설정한 다음 그 채권을 담보하기 위하여 저당권이 설정된 경우에도 마찬가지인지 여부(적극).
담보가 없는 채권에 질권을 설정한 다음 그 채권을 담보하기 위해 저당권이 설정된 경우, 질권의 효력이 저당권에 미치도록 하려면 저당권설정등기에 질권의 부기등기를 하여야 하는지 여부(적극)

"[1] 민법 제361조는 "저당권은 그 담보한 채권과 분리하여 타인에게 양도하거나 다른 채권의 담보로 하지 못한다."라고 정하고 있을 뿐 피담보채권을 저당권과 분리해서 양도하거나 다른 채권의 담보로 하지 못한다고 정하고 있지 않다. 채권담보라고 하는 저당권 제도의 목적에 비추어 특별한 사정이 없는 한 피담보채권의 처분에는 저당권의 처분도 당연히 포함된다고 볼 것이지만, 피담보채권의 처분이 있으면 언제나 저당권도 함께 처분된다고는 할 수 없다. 따라서 저당권으로 담보된 채권에 질권을 설정한 경우 원칙적으로는 저당권이 피담보채권과 함께 질권의 목적이 된다고 보는 것이 합리적이지만, 질권자와 질권설정자가 피담보채권만을 질권의 목적으로 하고 저당권은 질권의 목적으로 하지 않는 것도 가능하고 이는 저당권의 부종성에 반하지 않는다. 이는 저당권과 분리해서 피담보채권만을 양도한 경우 양도인이 채권을 상실하여 양도인 앞으로 된 저당권이 소멸하게 되는 것과 구별된다.

정답 ✕

이와 마찬가지로 담보가 없는 채권에 질권을 설정한 다음 그 채권을 담보하기 위하여 저당권이 설정된 경우 원칙적으로는 저당권도 질권의 목적이 되지만, 질권자와 질권설정자가 피담보채권만을 질권의 목적으로 하였고 그 후 질권설정자가 질권자에게 제공하려는 의사 없이 저당권을 설정받는 등 특별한 사정이 있는 경우에는 저당권은 질권의 목적이 되지 않는다. 이때 저당권은 저당권자인 질권설정자를 위해 존재하며, 질권자의 채권이 변제되거나 질권설정계약이 해지되는 등의 사유로 질권이 소멸한 경우 저당권자는 자신의 채권을 변제받기 위해서 저당권을 실행할 수 있다.
[2] 민법 제348조는 저당권으로 담보한 채권을 질권의 목적으로 한 때에는 그 저당권설정등기에 질권의 부기등기를 하여야 그 효력이 저당권에 미친다고 정한다. 저당권에 의하여 담보된 채권에 질권을 설정하였을 때 저당권의 부종성으로 인하여 등기 없이 성립하는 권리질권이 당연히 저당권에도 효력이 미친다고 한다면, 공시의 원칙에 어긋나고 그 저당권에 의하여 담보된 채권을 양수하거나 압류한 사람, 저당부동산을 취득한 제3자 등에게 예측할 수 없는 질권의 부담을 줄 수 있어 거래의 안전을 해할 수 있다. 이에 따라 민법 제348조는 저당권설정등기에 질권의 부기등기를 한 때에만 질권의 효력이 저당권에 미치도록 한 것이다. 이는 민법 제186조에서 정하는 물권변동에 해당한다. 이러한 민법 제348조의 입법 취지에 비추어 보면, '담보가 없는 채권에 질권을 설정한 다음 그 채권을 담보하기 위해서 저당권을 설정한 경우'에도 '저당권으로 담보한 채권에 질권을 설정한 경우'와 달리 볼 이유가 없다.
또한 담보가 없는 채권에 질권을 설정한 다음 그 채권을 담보하기 위해 저당권을 설정한 경우에, 당사자 간 약정 등 특별한 사정이 있는 때에는 저당권이 질권의 목적이 되지 않을 수 있으므로, 질권의 효력이 저당권에 미치기 위해서는 질권의 부기등기를 하도록 함으로써 이를 공시할 필요가 있다.
따라서 담보가 없는 채권에 질권을 설정한 다음 그 채권을 담보하기 위해 저당권이 설정되었더라도, 민법 제348조가 유추적용되어 저당권설정등기에 질권의 부기등기를 하지 않으면 질권의 효력이 저당권에 미친다고 볼 수 없

다"(대판 2020.4.29. 2016다235411). 유 제 정답 ✕

[사실관계] 甲 주식회사가 모회사인 乙 주식회사가 丙에 대해 부담하는 채무를 담보하기 위하여 丁에 대한 임대차보증금 반환채권에 관하여 丙과 근질권설정계약을 체결한 다음 위 임대차보증금 반환채권을 담보하기 위하여 丁으로부터 임대차목적물 등에 관하여 근저당권을 설정받았는데, 근저당권설정등기가 해지를 원인으로 말소되자 丙이 자신의 근질권이 침해되었다며 위 말소등기의 회복을 구한 사안에서, 제반 사정에 비추어 질권자인 丙과 질권설정자인 甲 회사가 임대차보증금 반환채권만을 질권의 목적으로 하고 질권설정자가 질권자에게 제공하려는 의사 없이 근저당권을 설정받는 등 저당권이 질권의 목적이 되지 않는 특별한 사정이 있는 경우에 해당한다고 볼 여지가 있고, 또한 丙은 근저당권설정등기에 관하여 질권의 부기등기를 마치지 않았으므로 이 점에서도 丙의 질권의 효력이 근저당권에 미친다고 할 수 없다고 한 사례.

2 ★ 질권설정자가 민법 제349조 제1항에 따라 제3채무자에게 질권이 설정된 사실을 통지하거나 제3채무자가 이를 승낙한 때에는 제3채무자가 질권자의 동의 없이 질권의 목적인 채무를 변제하더라도 질권자에게 대항할 수 없고, 질권자는 여전히 제3채무자에게 직접 채무의 변제를 청구할 수 있다.

( )

2-1 ★ 질권의 목적인 채권에 대하여 질권설정자의 일반채권자의 신청으로 압류·전부명령이 내려진 경우에도 그 명령이 송달된 날보다 먼저 질권자가 확정일자 있는 문서에 의해 민법 제349조 제1항에서 정한 대항요건을 갖추었다면, 전부채권자는 질권이 설정된 채권을 이전받을 뿐이고 제3채무자는 전부채권자에게 변제했음을 들어 질권자에게 대항할 수 없다.

23년 변호사시험 사례형, 23년 2차모의 사례형, 24년 변호 ( )

판결요지

※ 질권설정자가 제3채무자에게 질권이 설정된 사실을 통지하거나 제3채무자가 이를 승낙한 경우, 제3채무자가 질권자의 동의 없이 질권의 목적인 채무를 변제하였음을 이유로 질권자에게 대항할 수 있는지 여부(소극) 및 이는 질권의 목적인 채권에 대하여 질권설정자의 일반채권자의 신청으로 압류·전부명령이 내려졌고, 위 명령이 송달된 날보다 먼저 질권자가 확정일자 있는 문서에 의해 대항요건을 갖춘 경우에도 마찬가지인지 여부(적극)

"질권설정자가 민법 제349조 제1항에 따라 제3채무자에게 질권이 설정된 사실을 통지하거나 제3채무자가 이를 승낙한 때에는 제3채무자가 질권자의 동의 없이 질권의 목적인 채무를 변제하더라도 질권자에게 대항할 수 없고, 질권자는 여전히 제3채무자에게 직접 채무의 변제를 청구할 수 있다. <u>질권의 목적인 채권에 대하여 질권설정자의 일반채권자의 신청으로 압류·전부명령이 내려진 경우에도 그 명령이 송달된 날보다 먼저 질권자가 확정일자 있는 문서에 의해 민법 제349조 제1항에서 정한 대항요건을 갖추었다면, 전부채권자는 질권이 설정된 채권을 이전받을 뿐이고 제3채무자는 전부채권자에게 변제했음을 들어 질권자에게 대항할 수 없다</u>"(대판 2022.3.31. 2018다21326).

정답 ◯   유 제   정답 ◯

3 ★ 금융기관인 채권자가 권리질권에 기하여 임대인을 대위하여 임차인을 상대로 임대주택의 인도를 구하는 경우, 임차인과의 질권설정계약에서 임대차계약의 갱신을 제한하도록 별도로 약정하였다는 사정을 들어 임대차계약이 묵시적으로 갱신되었다는 임차인의 주장을 배척할 수 없고, 이러한 묵시적 갱신이 질권설정자의 권리처분을 제한한 민법 제352조에 저촉되지도 않는다.

( )

판결요지

※ 임대인에게 임대차계약의 갱신을 거절할 수 있는 권한이 발생한 뒤에라도 임차인은 임대인이 실제로 그러한 의사표시를 하기 전에 갱신거절 사유를 해소시킴으로써 임대인의 갱신거절 권한을 소멸시킬 수 있는지(적극), 금융기관인 채권자가 권리질권에 기하여 임대인을 대위하여 임차인을 상대로 임대주택의 인도를 구하는 경우, 임차인과의 질권설정계약에서 임대차계약의 갱신을 제한하도록 별도로 약정하였다는 사정을 들어 임대차계약이 묵시적으로 갱신되었다는 임차인의 주장을 배척할 수 있는지(소극), 이러한 묵시적 갱신이 민법 제352조에 저촉되는지(소극)

"1. 구 민간임대주택에 관한 특별법(2018. 8. 14. 법률 제15730호로 개정되기 전의 것, 이하 '민간임대주택법'이라고 한다) 제3조는 민간임대주택의 건설·공급 및 관리에 관하여 민간임대주택법에서 정하지 아니한 사항에 대하여는 주택임대차보호법을 적용한다고 규정하고 있다. 주택임대차보호법 제4조 제1항 본문은 기간을 정하지 아니하거나 2년 미만으로 정한 임대차는 그 기간을 2년으로 보도록 규정하고 있으며, 같은 법 제6조 제1, 2항은 임대인이 임대차기간이 끝나기 6개월 전부터 1개월 전까지의 기간에 임차인에게 갱신거절의 통지 또는 조건을 변경하지 아니하면 갱신하지 아니한다는 뜻의 통지를 하지 아니한 경우 그 기간이 끝난 때에 전 임대차와 동일한 조건으로 다시 임대차한 것으로 보고 이때 임대차의 존속기간은 2년으로 보도록 규정하고 있다.

…(중략)…앞서 본 규정들은 임차인의 주거생활 안정을 보장하기 위하여 임대사업자가 민간임대주택에 관한 임대차계약을 해제 또는 해지하거나 그 갱신을 거절하는 것을 제한하기 위한 것으로서 그 제정 목적과 입법 취지 등에 비추어 이에 위반되는 약정의 사법적 효력을 배제하는 강행규정으로 보아야 한다. 따라서 민간임대주택법의 적용을 받는 민간임대주택에 관하여 주택임대차보호법 제6조 제1, 2항에 따라 임대차계약이 묵시적으로 갱신되는 경우 당사자가 별도로 임대차기간을 2년 이상으로 정하기로 약정하는 등 특별한 사정이 없는 한 그 임대차기간은 2년이 된다고 보아야 한다. 그리고 임대인은 민간임대주택법 시행령 제35조 내지 임대차계약의 갱신거절 등에 관한 표준임대차계약서 해당 조문의 각 호 중 어느 하나에 해당하는 사유가 존재하는 경우라야 그 임대차계약을 해제 또는 해지하거나 임대차계약의 갱신을 거절할 수 있으며, 그렇지 아니한 경우에는 임차인이 임대차계약의 갱신을 원하는 이상 특별한 사정이 없는 한 임대인이 임대차계약의 갱신을 거절할 수 없다고 보아야 한다(대판 2020.5.28. 2020다202371 등 참조).

2. 임대인에게 임대차계약의 갱신을 적법하게 거절할 수 있는 사유가 존재하더라도, 임대인이 반드시 임대차계약의 갱신을 거절하여야 하는 것은 아니다. 임대인에게 임대차계약의 갱신을 거절할 수 있는 권한이 발생한 뒤에라도 임차인은 임대인이 실제로 그러한 의사표시를 하기 이전에 갱신거절의 사유를 해소시킴으로써 임대인의 갱신거절 권한을 소멸시킬 수 있다.

3. 채권자대위권은 채무자의 제3채무자에 대한 권리를 행사하는 것이므로, 제3채무자는 채무자에 대하여 가지는 모든 항변사유로써 채권자에게 대항할 수 있으나, 채권자는 채무자 자신이 주장할 수 있는 사유의 범위 내에서 주장할 수 있을 뿐, 자기와 제3채무자 사이의 독자적인 사정에 기한 사유를 주장할 수는 없다(대판 2009.5.28. 2009다4787 참조). 이 사건 임대차계약에 관하여 갱신거절이 이루어진 것으로 볼 수 없음은 앞서 본 바와 같고, 이는 이 사건 임대차계약이 기간만료로 종료된 것임을 전제로 한국토지주택공사를 대위하여 이 사건 아파트의 인도를 구하는 원고에 대해서도 마찬가지이다. 원고와 피고 사이의 독자적인 사정에 해당하는 이 사건 근질권설정계약 제3조 제10항, 즉 "설정자는 채권자의 동의 없이 임대인과 임대차계약의 연장, 갱신이 불가하며 임대차계약의 연장, 갱신의 경우에는 반드시 채권자의 사전동의를 얻어야 효력이 발생합니다."라는 규정을 들어 이와 달리 볼 수 없다.

4. 임대인이 별도로 갱신거절을 하지 아니함에 따라 임대차계약이 묵시적으로 갱신되는 결과가 발생하는 것은, 질권의 목적인 임대차보증금반환채권 자체가 아니라 이를 발생시키는 기본적 계약관계에 관한 사유에 속할 뿐만 아니라, 질권설정자인 임차인이 위 채권 자체의 소멸을 목적으로 하거나 질권자의 이익을 해하는 변경을 한 것으로도 볼 수 없다. 그러므로 이 경우에는 민법 제352조의 제한을 받지 아니한다"(대판 2020.7.9. 2020다223781).

정답 ○

[사실관계] 금융기관인 원고가 임차인인 피고에게 대출을 하면서, 피고가 구 민간임대주택에 관한 특별법(2018. 8. 14. 법률 제15730호로 개정되기 전의 것, 이하 '민간임대주택법'이라고 함)에 따라 임대주택을 임차하면서 보유하게 된 임대차보증금반환채권에 관하여 권리질권을 설정받은 후, 이러한 권리질권에 기하여 민법 제353조 제1항에 따라 행사할 수 있는 임대인(한국토지주택공사)에 대한 임대차보증금반환채권을 다시 채권자대위권의 피보전권리로 삼아 위 임대인을 대위하여 임차인인 피고를 상대로 임대차목적물인 임대주택의 인도 등을 청구한 사건

4 ★ 채권의 지연손해금을 별도로 등기부에 기재하지 않았더라도 근저당권부 질권의 피담보채권의 범위가 등기부에 기재된 약정이자에 한정된다고 볼 수 없다. ( )

4-1 제3자가 채무자를 위하여 채무를 변제함으로써 채무자에 대하여 구상권을 취득하는 경우, 그 구상권의 범위 내에서 종래 채권자가 가지고 있던 채권과 그 담보에 관한 권리는 동일성을 유지한 채 법률상 당연히 변제자에게 이전한다. ( )

4-2 ★ 근저당권자인 甲이 乙과 제1 대출 약정을 체결하면서 乙에 근저당권부 질권을 설정해 주었고, 그 후 丙이 甲과 제2 대출 약정을 체결하면서, 甲을 대신하여 乙에 제1 대출 약정 채무 잔액을 대위변제하고 乙로부터 근저당권부 질권을 이전받았는데, 근저당권의 목적 부동산이 임의경매절차에서 매각되어 丙이 근저당권부 질권자로서 배당받게 되자, 후순위 근저당권부 질권자인 丁이 丙을 상대로 배당이의의 소를 제기한 경우, 丙이 이전받은 근저당권부 질권의 피담보채권은 대위변제자의 변제에 의하여 소멸하는 제1 대출 약정 채권이고, 丙의 구상금 채권을 초과하여 근저당권부 질권은 甲의 丙에 대한 채무인 제2 대출 약정 채권을 담보한다고 볼 근거가 없다. ( )

판결요지

[1] 채권의 지연손해금을 별도로 등기부에 기재하지 않았을 경우, 근저당권부 질권의 피담보채권의 범위가 등기부에 기재된 약정이자에 한정되는지 여부(소극)

"[1] 민법 제355조의 규정에 의하여 권리질권에 준용되는 민법 제334조 전문은 '질권은 원본, 이자, 위약금, 질권실행의 비용, 질물보존의 비용 및 채무불이행 또는 질물의 하자로 인한 손해배상의 채권을 담보한다.'고 정하고 있다. 부동산등기법 제76조 제1항은 등기관이 민법 제348조에 따라 저당권부 채권에 대한 질권의 등기를 할 때에는 부동산등기법 제48조에서 규정한 사항 외에 '채권액 또는 채권최고액, 채무자의 성명 또는 명칭과 주소 또는 사무소 소재지, 변제기와 이자의 약정이 있는 경우에는 그 내용'을 기록하여야 한다고 정하고 있어 채권의 지연손해금을 등기사항으로 정하고 있지 않다. 이러한 사정에 비추어 보면, 채권의 지연손해금을 별도로 등기부에 기재하지 않았더라도 근저당권부 질권의 피담보채권의 범위가 등기부에 기재된 약정이자에 한정된다고 볼 수 없다.

[2] 제3자가 채무자를 위하여 채무를 변제함으로써 채무자에 대하여 구상권을 취득하는 경우, 그 구상권의 범위 내에서 종래 채권자가 가지고 있던 채권과 그 담보에 관한 권리가 변제자에게 이전하는지 여부(적극)

[2] 채무자를 위하여 변제한 자는 변제와 동시에 채권자의 승낙을 얻어 채권자를 대위할 수 있다(민법 제480조 제1항). 제3자가 채무자를 위하여 채무를 변제함으로써 채무자에 대하여 구상권을 취득하는 경우, 그 구상권의 범위 내에서 종래 채권자가 가지고 있던 채권과 그 담보에 관한 권리는 동일성을 유지한 채 법률상 당연히 변제자에게 이전한다"(대판 2023. 1. 12. 2020다296840)

정답 ○

유제 모두

정답 ○

5 ★ 금전채권의 질권자가 자기채권의 범위 내에서 직접청구권을 행사하는 경우 질권자는 질권설정자의 대리인과 같은 지위에서 입질채권을 추심하여 자기채권의 변제에 충당하고 그 한도에서 질권설정자에 의한 변제가 있었던 것으로 보므로, 위 범위 내에서는 제3채무자의 질권자에 대한 금전지급으로써 제3채무자의 질권설정자에 대한 급부가 이루어질 뿐만 아니라 질권설정자의 질권자에 대한 급부도 이루어진다고 보아야 한다. 이러한 법리는 근저당권부채권의 질권자가 부동산 임의경매절차에서 집행법원으로부터 배당금을 직접 수령하는 경우에도 적용된다.   (   )

5-1 경매목적물의 매각대금이 잘못 배당되어 권리 없는 다른 채권자가 그 몫을 배당받은 경우에는, 배당금을 수령한 다른 채권자는 배당받을 수 있었던 채권자의 권리를 침해하여 이득을 얻은 것이 된다. 위와 같이 배당금을 수령한 다른 채권자는 그 이득을 보유할 정당한 권원이 없는 이상 이를 부당이득으로 반환할 의무가 있다.   (   )

5-2 ★ 질권설정자의 채무자에 대한 근저당권부채권 범위를 초과하여 질권자의 질권설정자에 대한 피담보채권 범위 내에서 질권자에게 배당금이 직접 지급됨으로써 질권자가 피담보채권의 만족을 얻은 경우, 실체법적으로 볼 때 배당을 통하여 법률상 원인 없이 이득을 얻은 사람은 질권설정자이다.   (   )

판결요지

"[1] 금전채권의 질권자가 민법 제353조 제1항, 제2항에 의하여 자기채권의 범위 내에서 직접청구권을 행사하는 경우 질권자는 질권설정자의 대리인과 같은 지위에서 입질채권을 추심하여 자기채권의 변제에 충당하고 그 한도에서 질권설정자에 의한 변제가 있었던 것으로 보므로, 위 범위 내에서는 제3채무자의 질권자에 대한 금전지급으로써 제3채무자의 질권설정자에 대한 급부가 이루어질 뿐만 아니라 질권설정자의 질권자에 대한 급부도 이루어진다고 보아야 한다. 이러한 법리는 근저당권부채권의 질권자가 부동산 임의경매절차에서 집행법원으로부터 배당금을 직접 수령하는 경우에도 적용된다.

[2] 경매목적물의 매각대금이 잘못 배당되어 배당받을 권리 있는 채권자가 배당받을 몫을 받지 못하고 그로 인해 권리 없는 다른 채권자가 그 몫을 배당받은 경우에는, 배당금을 수령한 다른 채권자는 배당받을 수 있었던 채권자의 권리를 침해하여 이득을 얻은 것이 된다. 위와 같이 배당금을 수령한 다른 채권자는 그 이득을 보유할 정당한 권원이 없는 이상 이를 부당이득으로 반환할 의무가 있다. 이때 부당이득반환의무를 부담하는 '배당금을 수령한 다른 채권자'는 실체법적으로 볼 때 배당을 통하여 법률상 원인 없이 이득을 얻은 사람을 의미하고, 그가 부동산 임의경매절차에서 현실적으로 배당금을 수령한 사람과 언제나 일치하여야 하는 것은 아니다.

[3] 질권설정자의 채무자에 대한 근저당권부채권 범위를 초과하여 질권자의 질권설정자에 대한 피담보채권 범위 내에서 질권자에게 배당금이 직접 지급됨으로써 질권자가 피담보채권의 만족을 얻은 경우, 실체법적으로 볼 때 배당을 통하여 법률상 원인 없이 이득을 얻은 사람은 피담보채권이라는 법률상 원인에 기하여 배당금을 수령한 질권자가 아니라 근저당권부채권이라는 법률상 원인의 범위를 초과하여 질권자에게 배당금이 지급되게 함으로써 자신의 질권자에 대한 피담보채무가 소멸하는 이익을 얻은 질권설정자이다"(대판 2024. 4. 12. 2023다315155).

정답 ○   유제 모두   정답 ○

근저당권

1 ★ 근저당권설정등기상 근저당권자가 다른 사람과 함께 채무자로부터 유효하게 채권을 변제받을 수 있고 채무자도 그들 중 누구에게든 채무를 유효하게 변제할 수 있는 관계, 가령 채권자와 제3자가 불가분적 채권자의 관계에 있다고 볼 수 있는 경우에는 그러한 근저당권설정등기도 유효하다.   (   )

판결요지

※ 채권자와 근저당권자가 외견상 동일인이 아닌 경우라도 담보물권의 부수성에 반하지 않아 유효하다고 볼 수 있는 경우(=불가분적 채권관계에 있는 경우)

"채권자와 근저당권자 사이에 형성된 법률관계의 실체를 밝히는 것은 단순한 사실인정의 문제가 아니라 의사표시 해석의 영역에 속하는 것일 수밖에 없고, 따라서 그 행위가 가지는 법률적 의미는 채권자와 근저당권자의 관계, 근저당권설정의 동기 및 경위, 당사자들의 진정한 의사와 목적 등을 종합적으로 고찰하여 논리와 경험칙에 따라 합리적으로 해석하여야 한다(대판 2014.11.27. 2014다32007 등 참조). 그리고 근저당권설정등기상 근저당권자가 다른 사람과 함께 채무자로부터 유효하게 채권을 변제받을 수 있고 채무자도 그들 중 누구에게든 채무를 유효하게 변제할 수 있는 관계, 가령 채권자와 채무자('제3자'의 오탈자로 판단됨 : 저자주)가 불가분적 채권자의 관계에 있다고 볼 수 있는 경우에는 그러한 근저당권설정등기도 유효하다고 볼 것이다(대판 2001.3.15. 전합99다48948 등 참조)"(대판 2020.7.9. 2019 다212594).

정답 ○

[사실관계] 어머니가 채무자에 대한 채권을 담보하기 위하여 아들인 피고의 이름으로 채무자의 처 소유 부동산에 근저당권설정등기를 마쳐두었는데, 채무자의 처에 대한 또 다른 채권자인 원고가 피고 명의 등기가 채권자와 등기 명의자가 불일치하여 담보물권의 부수성에 반한다는 이유로 무효임을 주장하면서 그 말소를 구하는 사안에서, 채권자와 근저당권자가 동일하지 않더라도 불가분적 채권관계에 있다면 담보물권의 부수성에 반하지 않아 유효한 등기라고 볼 수 있다고 할 것인데, 이 사건의 경우 그와 같이 불가분적 채권관계에 있다고 볼 수 있는 사정이 상당함에도 원심에서 이에 대한 충분한 심리가 이루어지지 않았다는 이유로 파기환송한 사례

| 쟁점정리 |

※ 제3자를 저당권자로 등기한 경우(성립상 부종성의 완화)

저당권의 성립에 있어서 부종성을 관철하면 원칙적으로 '등기부에 저당권자로 기재된 자'가 '등기부에 채무자로 기재된 자'에 대하여 채권을 가지고 있어야 할 것이다. 그러나 최근 判例는 이러한 의미의 부종성을 제한적으로 완화하고 있는바 "근저당권은 채권담보를 위한 것이므로 원칙적으로 채권자와 근저당권자는 동일인이 되어야 하지만, 제3자를 근저당권 명의인으로 하는 근저당권을 설정하는 경우 ⅰ) 그 점에 대하여 채권자와 채무자 및 제3자 사이에 합의가 있고, ⅱ) 채권양도, 제3자를 위한 계약, 불가분적 채권관계의 형성 등 방법으로 채권이 그 제3자에게 '실질적으로 귀속'되었다고 볼 수 있는 특별한 사정이 있는 경우에는 제3자 명의의 근저당권설정등기도 유효하다"고 판시하고 있다(대판 2001.3.15. 전합99다48948 : 1회 선택형).

2 저당권자가 물상대위권을 행사하여 채권압류 및 추심명령 또는 전부명령을 신청하면서 청구채권 중 이자·지연손해금 등 부대채권의 범위를 신청일 무렵까지의 확정금액으로 기재한 경우, 배당기일까지의 부대채권을 포함하여 원래 우선변제권을 행사할 수 있는 범위에서 우선배당을 받을 수 있다.

( )

판결요지

※ 저당권자가 물상대위권을 행사하여 채권압류 및 추심명령 또는 전부명령을 신청하면서 청구채권 중 이자·지연손해금 등 부대채권의 범위를 신청일 무렵까지의 확정금액으로 기재한 경우, 배당기일까지의 부대채권을 포함하여 원래 우선변제권을 행사할 수 있는 범위에서 우선배당을 받을 수 있는지 여부(원칙적 적극)

"[1] 민법 제370조, 제342조에 따라 저당권자가 물상대위권을 행사하기 위해서는 민사집행법 제273조에 의하여 담보권의 존재를 증명하는 서류를 집행법원에 제출하여 채권압류 및 추심명령 또는 전부명령을 신청하거나, 민사집행법 제247조에 의하여 배당요구를 하는 방법으로 하여야 하고, 이는 늦어도 민사집행법 제247조 제1항 각호 소정의 배당요구의 종기까지 하여야 한다. 이와 같이 물상대위권자의 권리행사 방법과 시한을 제한하는 취지는 물상대위의 목적인 채권의 특정성을 유지하여 그 효력을 보전함과 동시에 제3자에게 불측의 손해를 입히지 않으려는 것이다.

[2] 저당권자가 물상대위권을 행사하여 채권압류 및 추심명령 또는 전부명령(이하 '채권압류명령 등'이라 한다)을 신청하면서 그 청구채권 중 이자·지연손해금 등 부대채권(이하 '부대채권'이라 한다)의 범위를 신청일 무렵까지의 확정금액으로 기재한 경우, 그 신청 취지와 원인 및 집행 실무 등에 비추어 저당권자가 부대채권에 관하여는 신청일까지의 액수만 배당받겠다는 의사를 명확하게 표시하였다고 볼 수 있는 등의 특별한 사정이 없는 한, 그 배당절차에서는 채권계산서를 제출하였는지 여부에 관계없이 배당기일까지의 부대채권을 포함하여 원래 우선변제권을 행사할 수 있는 범위에서 우선배당을 받을 수 있다고 봄이 타당하다. 그 이유는 아래와 같다.

① 금전채권에 대하여 채권압류명령 등이 신청된 경우 제3채무자는 순전히 타의에 의하여 다른 사람들 사이의 법률분쟁에 편입된 것이므로, 제3채무자가 압류된 채권이나 범위를 파악할 때 과도한 부담을 가지지 않도록 보호할 필요가 있다. 이에 현행 민사집행 실무에서는 금전채권에 대한 압류명령신청서에 기재하여야 하는 청구채권 중 부대채권의 범위를 신청일까지의 확정금액으로 기재하도록 요구하고 있다. 이러한 실무는 법령상 근거가 있는 것은 아니나, 제3채무자가 압류 범위를 파악하는 데 과도한 부담을 가지지 않도록 압류채권자에게 협조를 구하는 한도에서 합리적인 측면이 있다.

② 그러나 본래 저당권자는 물상대위권을 행사할 때 청구채권인 저당권의 피담보채권 중 부대채권의 범위를 원금의 지급일까지로 하는 채권압류명령 등을 신청할 수 있다. 따라서 물상대위권을 행사하는 저당권자가 민사집행 실무에서 요구하는 바에 따라 부대채권의 범위를 신청일 무렵까지의 확정금액으로 기재한 것은 다른 특별한 사정이 없는 한, 위와 같이 제3채무자를 배려하기 위한 것일 뿐 나머지 부대채권에 관한 우선변제권을 확정적으로 포기하려는 의사에 기한 것이라고 추단할 수 없다.

③ 게다가 제3채무자의 공탁(민사집행법 제248조) 등의 이유로 배당절차가 개시된 경우에는 제3채무자의 보호가 처음부터 문제 되지 않으므로, 물상대위권을 행사하는 저당권자는 원래 배당절차에서 우선변제권을 행사할 수 있는 범위에서 우선배당을 받고자 하는 것이 통상적인 의사라고 볼 수 있다"(대판 2022.8.11. 2017다256668).

정답 ○

3 ★ 저당권을 설정한 후에 근저당설정자와 근저당권자의 합의로 채무의 범위 또는 채무자를 추가하거나 교체하는 등으로 피담보채무를 변경할 수 있고 이 경우 이해관계인의 승낙은 필요 없다.

23년 3차모의 ( )

판결요지

※ 근저당권을 설정한 후에 근저당설정자와 근저당권자의 합의로 채무의 범위 또는 채무자를 추가하거나 교체하는 등으로 피담보채무를 변경할 수 있는지 여부(적극) 및 이 경우 이해관계인의 승낙이 필요한지 여부(소극)

"근저당권은 피담보채무의 최고액만을 정하고 채무의 확정을 장래에 보류하여 설정하는 저당권이다(민법 제357조 제1항 본문 참조). 근저당권을 설정한 후에 근저당설정자와 근저당권자의 합의로 채무의 범위 또는 채무자를 추가하거나 교체하는 등으로 피담보채무를 변경할 수 있다. 이러한 경우 위와 같이 변경된 채무가 근저당권에 의하여 담보된다. 후순위저당권자 등 이해관계인은 근저당권의 채권최고액에 해당하는 담보가치가 근저당권에 의하여 이미 파악되어 있는 것을 알고 이해관계를 맺었기 때문에 이러한 변경으로 예측하지 못한 손해를 입었다고 볼 수 없으므로, 피담보채무의 범위 또는 채무자를 변경할 때 이해관계인의 승낙을 받을 필요가 없다. 또한 등기사항의 변경이 있다면 변경등기를 해야 하지만, 등기사항에 속하지 않는 사항은 당사자의 합의만으로 변경의 효력이 발생한다"(대판 2021.12.16. 2021다255648) **정답** ○

4 근저당권이 설정된 뒤 채무자 또는 근저당권설정자에 대하여 회생절차개시결정이 내려진 경우 근저당권의 피담보채무는 특별한 사정이 없는 한 회생절차개시결정을 기준으로 확정된다.

23년 변호 ( )

판결요지

"근저당권이 설정된 뒤 채무자 또는 근저당권설정자에 대하여 회생절차개시결정이 내려진 경우 근저당권의 피담보채무는 특별한 사정이 없는 한 회생절차개시결정을 기준으로 확정되므로, 확정 이후에 발생한 새로운 거래관계에서 발생한 원본채권이 근저당권에 의하여 담보될 여지는 없다"(대판 2021.1.28. 2018다286994) **정답** ○

5 ★ 피담보채권이 소멸되어 무효인 근저당권에 기초하여 임의경매절차가 개시되고 매수인이 해당 부동산의 매각대금을 지급하였더라도, 그 경매절차는 무효이므로 매수인은 부동산의 소유권을 취득할 수 없다. ( )

5-1 압류 당시에 피압류채권이 존재하지 않는 경우에는 압류로서의 효력이 없고, 그에 기한 추심명령도 무효이므로, 해당 압류채권자는 압류 등에 따른 집행절차에 참여할 수 없다. ( )

5-2 압류된 금전채권에 대한 전부명령이 절차상 적법하게 발부되어 확정되었더라도, 전부명령이 제3채무자에게 송달될 때에 피압류채권이 존재하지 않으면 전부명령도 무효이므로, 피압류채권이 전부채권자에게 이전되거나 집행채권이 변제되어 소멸하는 효과는 발생할 수 없다. ( )

판결요지

※ 1. 피담보채무가 소멸한 근저당권에 기초하여 개시된 임의경매절차의 효력(무효), 2. 압류 당시 피압류채권이 존재하지 않는 경우 압류·추심·전부명령의 효력(무효)

"[1] 임의경매의 정당성은 실체적으로 유효한 담보권의 존재에 근거하므로, 담보권에 실체적 하자가 있다면 그에 기초한 경매는 원칙적으로 무효이다. 특히 채권자가 경매를 신청할 당시 실행하고자 하는 담보권이 이미 소멸하였다면, 그 경매개시결정은 아무런 처분권한이 없는 자가 국가에 처분권을 부여한 데에 따라 이루어진 것으로서 위법하다. 그러므로 피담보채권이 소멸되어 무효인 근저당권에 기초하여 임의경매절차가 개시되고 매수인이 해당 부동산의 매각대금을 지급하였더라도, 그 경매절차는 무효이므로 매수인은 부동산의 소유권을 취득할 수 없다(대판 2017.6.19. 2013도564 판결, 대판 2022.8.25. 전합2018다205209 판결 등 참조). 이와 같이 경매가 무효인 경우 매수인은 경매채권자 등 배당금을 수령한 자를 상대로 그가 배당받은 금액에 대하여 부당이득반환을 청구할 수 있다(대판 1991.10.11. 91다21640 판결 등 참조).

[2] 압류 당시에 피압류채권이 존재하지 않는 경우에는 압류로서의 효력이 없고, 그에 기한 추심명령도 무효이므로, 해당 압류채권자는 압류 등에 따른 집행절차에 참여할 수 없다(대판 2022.12.1. 2022다247521 판결 참조). 또한 압류된 금전채권에 대한 전부명령이 절차상 적법하게 발부되어 확정되었더라도, 전부명령이 제3채무자에게 송달될 때에 피압류채권이 존재하지 않으면 전부명령도 무효이므로, 피압류채권이 전부채권자에게 이전되거나 집행채권이 변제되어 소멸하는 효과는 발생할 수 없다(대판 1981.9.22. 80누484 판결, 대판 2007.4.12. 2005다1407 판결, 대판 2022.12.1. 2022다247521 판결 등 참조)"(대판 2023.7.27. 2023다228107).

정답 ○

정답 ○

유제 모두

---

6 담보권 실행을 위한 임의경매절차에서 피담보채권이 확정된 이후에 비로소 발생하는 원금채권은 더 이상 근저당권에 의하여 담보될 수 없으므로, 근저당권자가 경매를 신청하면서 경매신청서의 청구금액 등에 장래 발생될 것으로 예상되는 원금채권을 기재하였거나 그 구체적인 금액을 밝혔다는 사정만으로 경매 신청 당시에 발생하지 않은 장래의 원금채권까지 피담보채권액에 추가될 수 없을 뿐만 아니라 경매절차상 청구금액이 그와 같이 확장될 수 있는 것도 아니다. ( )

판결요지

"근저당권은 계속되는 거래관계로부터 발생하고 소멸하는 불특정 다수의 장래 채권을 결산기에 계산하여 잔존하는 채무를 일정한 한도액의 범위 내에서 담보하는 저당권이어서 그 거래가 종료하기까지 채권은 계속적으로 증감 변동하나, 근저당권자가 피담보채무의 불이행을 이유로 스스로 담보권의 실행을 위한 경매를 신청한 때에는 그때까지 발생되어 있는 채권으로 피담보채권액이 확정된다. 한편 담보권 실행을 위한 임의경매절차에서 근저당권자가 경매신청서에 청구채권으로 원금 외에 이자, 지연손해금 등의 부대채권을 개괄적으로나마 표시하였다가 나중에 채권계산서에 의하여 그 부대채권의 구체적인 금액을 특정하는 것은 경매신청서에 개괄적으로 기재하였던 청구금액의 산출 근거와 범위를 밝히는 것이므로 허용되나, 피담보채권이 확정된 이후에 비로소 발생하는 원금채권은 더 이상 근저당권에 의하여 담보될 수 없으므로, 근저당권자가 경매를 신청하면서 경매신청서의 청구금액 등에 장래 발생될 것으로 예상되는 원금채권을 기재하였거나 그 구체적인 금액을 밝혔다는 사정만으로 경매 신청 당시에 발생하지 않은 장래의 원금채권까지 피담보채권액에 추가될 수 없을 뿐만 아니라 경매절차상 청구금액이 그와 같이 확장될 수 있는 것도 아니다"(대판 2023.6.29. 2022다300248).

정답 ○

공동저당권

1 ★ 공동저당이 설정된 복수의 부동산이 같은 물상보증인의 소유에 속하고 그중 하나의 부동산에 후순위저당권이 설정되어 있는데 그 부동산의 대가만 배당되는 경우, 후순위저당권자가 공동저당이 설정된 다른 부동산에 대한 선순위 공동저당권자의 저당권을 대위 행사할 수 있고, 이는 공동저당이 설정된 부동산이 제3자에게 양도되어 소유자가 다르게 되더라도 마찬가지이다. ( )

1-1 채무자 소유의 부동산과 물상보증인 소유의 부동산에 공동저당이 설정되고 그중 채무자 소유의 부동산에 후순위저당권이 설정되어 있는데 선순위 공동저당권자가 물상보증인으로부터 먼저 채권을 변제받은 경우, 물상보증인은 채무자에 대한 구상권을 취득함과 동시에 변제자대위에 의하여 채무자 소유 부동산에 대한 선순위 공동저당권을 취득한다. ( )

1-2 ★ 물상보증인이 소유하는 복수의 부동산에 공동저당이 설정되고 그 중 한 부동산에 후순위저당권이 설정된 다음에 그 부동산이 채무자에게 양도됨으로써 채무자 소유의 부동산과 물상보증인 소유의 부동산에 대해 공동저당이 설정된 상태가 된 경우, 물상보증인의 변제자대위는 후순위저당권자의 지위에 영향을 주지 않는 범위에서만 성립하고, 이는 물상보증인으로부터 부동산을 양수한 제3취득자가 변제자대위를 하는 경우에도 마찬가지이다. ( )

1-3 ★ 물상보증인 A가 소유하는 X부동산과 Y부동산에 공동근저당이 설정되고 X부동산에 후순위 전세권이 D에게 설정된 다음에 그 부동산은 채무자 B에게 양도되고, Y부동산은 제3취득자 C에게 이전되었는데, 제3취득자 C가 공동근저당 채무를 전부 변제하고 변제자대위로써 X부동산에 대한 선순위 근저당권을 취득하였다며 후순위 전세권자 D에 대한 우선배당을 주장한 경우, 제3취득자 C의 변제자대위는 후순위 전세권자 D의 지위에 영향을 주지 않는 범위에서 성립한다. ( )

> **판결요지**

> **[1]** 공동저당이 설정된 복수의 부동산이 같은 물상보증인의 소유에 속하고 그중 하나의 부동산에 후순위저당권이 설정되어 있는데 그 부동산의 대가만 배당되는 경우, 후순위저당권자가 공동저당이 설정된 다른 부동산에 대한 선순위 공동저당권자의 저당권을 대위 행사할 수 있는지 여부(적극) 및 이는 공동저당이 설정된 부동산이 제3자에게 양도되어 소유자가 다르게 되더라도 마찬가지인지 여부(적극)
> "[1] 공동저당이 설정된 복수의 부동산이 같은 물상보증인의 소유에 속하고 그중 하나의 부동산에 후순위저당권이 설정되어 있는 경우에, 그 부동산의 대가만이 배당되는 때에는 후순위저당권자는 민법 제368조 제2항에 따라 선순위 공동저당권자가 같은 조 제1항에 따라 공동저당이 설정된 다른 부동산으로부터 변제를 받을 수 있었던 금액에 이르기까지 선순위 공동저당권자를 대위하여 그 부동산에 대한 저당권을 행사할 수 있다.
> 이 경우 공동저당이 설정된 부동산이 제3자에게 양도되어 그 소유자가 다르게 되더라도 민법 제482조 제2항 제3호, 제4호에 따라 각 부동산의 소유자는 그 부동산의 가액에 비례해서만 변제자대위를 할 수 있으므로 후순위저당권자의 지위는 영향을 받지 않는다.

> **[2]** 채무자 소유의 부동산과 물상보증인 소유의 부동산에 공동저당이 설정되고 그중 채무자 소유의 부동산에 후순위저당권이 설정되어 있는데 선순위 공동저당권자가 물상보증인으로부터 먼저 채권을 변제받은 경우, 물상보증인은 채무자에 대한 구상권을 취득함과 동시에 변제자대위에 의하여 채무자 소유 부동산에 대한 선순위 공동저당권을 취득하는지 여부(적극)

[2] 채무자 소유의 부동산과 물상보증인 소유의 부동산에 공동저당이 설정되고 그중 채무자 소유의 부동산에 후순위저당권이 설정된 경우에, 선순위 공동저당권자가 물상보증인이 소유한 부동산의 대가만을 배당받는 등 물상보증인으로부터 먼저 채권을 변제받은 때에는 물상보증인은 채무자에 대하여 구상권을 취득함과 동시에 민법 제481조, 제482조에 따른 변제자대위에 의하여 채무자 소유의 부동산에 대한 선순위 공동저당권을 취득한다.

[3] 물상보증인이 소유하는 복수의 부동산에 공동저당이 설정되고 그중 한 부동산에 후순위저당권이 설정된 다음에 그 부동산이 채무자에게 양도됨으로써 채무자 소유의 부동산과 물상보증인 소유의 부동산에 대해 공동저당이 설정된 상태가 된 경우, 물상보증인의 변제자대위는 후순위저당권자의 지위에 영향을 주지 않는 범위에서만 성립하는지 여부(적극) 및 이는 물상보증인으로부터 부동산을 양수한 제3취득자가 변제자대위를 하는 경우에도 마찬가지인지 여부(적극)

[3] 같은 물상보증인이 소유하는 복수의 부동산에 공동저당이 설정되고 그중 한 부동산에 후순위저당권이 설정된 다음에 그 부동산이 채무자에게 양도됨으로써 채무자 소유의 부동산과 물상보증인 소유의 부동산에 대해 공동저당이 설정된 상태에 있게 된 경우에는 물상보증인의 변제자대위는 후순위저당권자의 지위에 영향을 주지 않는 범위에서 성립한다고 보아야 하고, 이는 물상보증인으로부터 부동산을 양수한 제3취득자가 변제자대위를 하는 경우에도 마찬가지이다. 이 경우 물상보증인이 자신이 변제한 채권 전부에 대해 변제자대위를 할 수 있다고 본다면, 후순위저당권자는 저당부동산이 채무자에게 이전되었다는 우연한 사정으로 대위를 할 수 있는 지위를 박탈당하는 반면, 물상보증인 또는 그로부터 부동산을 양수한 제3취득자는 뜻하지 않은 이득을 얻게 되어 부당하다. 같은 물상보증인이 소유하는 복수의 부동산에 공동저당이 설정된 경우 그 부동산 중 일부에 대한 후순위저당권자는 선순위 공동저당권자가 공동저당이 설정된 부동산의 가액에 비례하여 배당받는 것을 전제로 부동산의 담보가치가 남아있다고 기대하여 저당권을 설정받는 것이 일반적이고, 이러한 기대를 보호하는 것이 민법 제368조의 취지에 부합한다"(대판 2021.12.16. 2021다247258). 정답 ○

<u>유제 전부</u> 정답 ○

[사실관계] 같은 물상보증인이 소유하는 제1, 2부동산에 공동근저당이 설정되고 제1부동산에 후순위 전세권이 설정된 다음에 그 부동산은 채무자에게 양도되고, 제2부동산은 제3취득자에게 이전되었는데, 제3취득자가 공동근저당 채무를 전부 변제하고 변제자대위로서 제1부동산에 대한 선순위 근저당권을 취득하였다고 주장하며 후순위 전세권자에 대한 우선배당을 주장한 사안에서, 이러한 경우 제3취득자의 변제자대위는 후순위 전세권자의 지위에 영향을 주지 않는 범위에서 성립한다고 본 사례

2 당사자 사이에 하나의 기본계약에서 발생하는 동일한 채권을 담보하기 위하여 여러 개의 부동산에 근저당권을 설정하면서 각각의 근저당권 채권최고액을 합한 금액을 우선변제받기 위하여 공동근저당권의 형식이 아닌 개별 근저당권의 형식을 취한 경우, 이러한 근저당권은 민법 제368조가 적용되는 공동근저당권이 아니라 피담보채권을 누적적(累積的)으로 담보하는 근저당권에 해당한다. ( )

2-1 누적적 근저당권은 공동근저당권과 달리 담보의 범위가 중첩되지 않으므로, 누적적 근저당권을 설정받은 채권자는 여러 개의 근저당권을 동시에 실행할 수도 있고, 여러 개의 근저당권 중 어느 것이라도 먼저 실행하여 그 채권최고액의 범위에서 피담보채권의 전부나 일부를 우선변제받은 다음 피담보채권이 소멸할 때까지 나머지 근저당권을 실행하여 그 근저당권의 채권최고액 범위에서 반복하여 우선변제를 받을 수 있다. 24년 변호, 22년 법행, 21년 법무사 ( )

2-2 ★★ 채권자가 하나의 기본계약에서 발생하는 동일한 채권을 담보하기 위하여 채무자 소유의 부동산과 물상보증인 소유의 부동산에 누적적 근저당권을 설정받았는데 물상보증인 소유의 부동산이 먼저 경매되어 매각대금에서 채권자가 변제를 받은 경우, 물상보증인이 종래 채권자가 보유하던 채무자 소유 부동산에 관한 근저당권에 대하여 변제자대위를 할 수 있다.

21년 3차모의 사례형, 22년 법행, 24년 변호 (   )

2-3 누적적 근저당권은 각 근저당권의 담보 범위가 중첩되지 않고 서로 다르므로 피담보채권이 각 근저당권별로 자동으로 분할된다. 22년 법행 (   )

2-4 당사자가 근저당권 설정 시 피담보채권을 여러 개로 분할하여 분할된 채권별로 근저당권을 설정한 경우도 누적적 근저당권에 해당한다. 22년 법행 (   )

판결요지

"[1] 당사자 사이에 하나의 기본계약에서 발생하는 동일한 채권을 담보하기 위하여 여러 개의 부동산에 근저당권을 설정하면서 각각의 근저당권 채권최고액을 합한 금액을 우선변제받기 위하여 공동근저당권의 형식이 아닌 개별 근저당권의 형식을 취한 경우, 이러한 근저당권은 민법 제368조가 적용되는 공동근저당권이 아니라 피담보채권을 누적적(累積的)으로 담보하는 근저당권에 해당한다. 이와 같은 누적적 근저당권은 공동근저당권과 달리 담보의 범위가 중첩되지 않으므로, 누적적 근저당권을 설정받은 채권자는 여러 개의 근저당권을 동시에 실행할 수도 있고, 여러 개의 근저당권 중 어느 것이라도 먼저 실행하여 그 채권최고액의 범위에서 피담보채권의 전부나 일부를 우선변제받은 다음 피담보채권이 소멸할 때까지 나머지 근저당권을 실행하여 그 근저당권의 채권최고액 범위에서 반복하여 우선변제를 받을 수 있다. **정답 ○**

유제 - 1 **정답 ○**

[2] 채권자가 하나의 기본계약에서 발생하는 동일한 채권을 담보하기 위하여 채무자 소유의 부동산과 물상보증인 소유의 부동산에 누적적 근저당권을 설정받았는데 물상보증인 소유의 부동산이 먼저 경매되어 매각대금에서 채권자가 변제를 받은 경우, 물상보증인은 채무자에 대하여 구상권을 취득함과 동시에 민법 제481조, 제482조에 따라 종래 채권자가 가지고 있던 채권 및 담보에 관한 권리를 행사할 수 있다. 이때 물상보증인은 변제자대위에 의하여 종래 채권자가 보유하던 채무자 소유 부동산에 관한 근저당권을 대위취득하여 행사할 수 있다고 보아야 한다. 그 상세한 이유는 다음과 같다. **유제 - 2** **정답 ○**

1) 누적적 근저당권은 모두 하나의 기본계약에서 발생한 동일한 피담보채권을 담보하기 위한 것이다. 이와 달리 당사자가 근저당권 설정 시 피담보채권을 여러 개로 분할하여 분할된 채권별로 근저당권을 설정하였다면 이는 그 자체로 각각 별개의 채권을 담보하기 위한 개별 근저당권일 뿐 누적적 근저당권이라고 할 수 없다. 누적적 근저당권은 각 근저당권의 담보 범위가 중첩되지 않고 서로 다르지만 이러한 점을 들어 피담보채권이 각 근저당권별로 자동으로 분할된다고 볼 수도 없다. 이는 동일한 피담보채권이 모두 소멸할 때까지 자유롭게 근저당권 전부 또는 일부를 실행하여 각각의 채권최고액까지 우선변제를 받고자 누적적 근저당권을 설정한 당사자의 의사에 반하기 때문이다.

채무자 소유의 부동산과 물상보증인 소유의 부동산에 설정된 누적적 근저당권도 마찬가지이다. 따라서 채무자 소유 부동산에 설정된 근저당권은 물상보증인이 변제로 채권자를 대위할 경우 민법 제482조 제1항에 따라 행사할 수 있는 채권의 담보에 관한 권리에 해당한다. **유제 - 3** **정답 ✕**

유제 - 4 **정답 ✕**

2) 민법 제481조, 제482조가 대위변제자로 하여금 채권자의 채권과 그 채권에 대한 담보권을 행사할 수 있도록 하는 이유는 대위변제자의 채무자에 대한 구상권의 만족을 실효성 있게 보장하기 위함이다. 물상보증인은 채무자

의 자력이나 함께 담보로 제공된 채무자 소유 부동산의 담보력을 기대하고 자신의 부동산을 담보로 제공한다. 누적적 근저당권의 피담보채권액이 각각의 채권최고액을 합한 금액에 미달하는 경우 물상보증인은 변제자대위 등을 통해 채무자 소유의 부동산이 가장 우선적으로 책임을 부담할 것을 기대하고 담보를 제공한다(누적적 근저당권의 피담보채권액이 각각의 채권최고액을 합한 금액보다 큰 경우에는 채권자만이 모든 근저당권으로부터 만족을 받게 되므로 물상보증인의 변제자대위가 인정될 여지가 없다). 그 후에 채무자 소유 부동산에 후순위저당권이 설정되었다는 사정 때문에 물상보증인의 기대이익을 박탈할 수 없다.

3) 반면 누적적 근저당권은 공동근저당권이 아니라 개별 근저당권의 형식으로 등기되므로 채무자 소유 부동산의 후순위저당권자는 해당 부동산의 교환가치에서 선순위근저당권의 채권최고액을 뺀 나머지 부분을 담보가치로 파악하고 저당권을 취득한다. 따라서 선순위근저당권의 채권최고액 범위에서 물상보증인에게 변제자대위를 허용하더라도 후순위저당권자의 보호가치 있는 신뢰를 침해한다고 볼 수 없다"(대판 2020.4.9. 2014다51756,51763).

| 비교쟁점 |

> ※ **공동근저당의 경우 누적적 배당이 허용되는지 여부(소극)**
>
> ① " ⅰ) 공동근저당권이 설정된 목적 부동산에 대하여 동시배당이 이루어지는 경우에 공동근저당권자는 채권최고액 범위 내에서 피담보채권을 제368조 제1항에 따라 부동산별로 나누어 각 환가대금에 비례한 액수로 배당받으며, 공동근저당권의 각 목적 부동산에 대하여 채권최고액만큼 반복하여, 이른바 누적적으로 배당받지 아니한다. 그렇다면 공동근저당권이 설정된 목적 부동산에 대하여 이시배당이 이루어지는 경우에도 동시배당의 경우와 마찬가지로 공동근저당권자가 공동근저당권 목적 부동산의 각 환가대금으로부터 채권최고액만큼 반복하여 배당받을 수는 없다고 해석하는 것이 제368조 제1항 및 제2항의 취지에 부합한다. ⅱ) 그러므로 공동근저당권자가 스스로 근저당권을 실행하거나 타인에 의하여 개시된 경매 등의 환가절차를 통하여 공동담보의 목적 부동산 중 일부에 대한 환가대금 등으로부터 다른 권리자에 우선하여 피담보채권의 일부에 대하여 배당받은 경우에, 그와 같이 우선변제받은 금액에 관하여는 공동담보의 나머지 목적 부동산에 대한 경매 등의 환가절차에서 다시 공동근저당권자로서 우선변제권을 행사할 수 없다고 보아야 하며, 공동담보의 나머지 목적 부동산에 대하여 공동근저당권자로서 행사할 수 있는 우선변제권의 범위는 피담보채권의 확정 여부와 상관없이 최초의 채권최고액에서 위와 같이 우선변제받은 금액을 공제한 나머지 채권최고액으로 제한된다고 해석함이 타당하다"(대판 2017.12.21. 전합2013다16992 : 10회 선택형).
>
> ② "그리고 위와 같은 법리는 채권최고액을 넘는 피담보채권이 원금이 아니라 이자·지연손해금인 경우에도 마찬가지로 적용된다"(대판 2017.12.21. 전합2013다16992). 따라서 예컨대, 공동근저당의 목적 부동산 일부에 대한 경매가 실행되어 그 경매대가로 피담보채권 일부가 변제된 후 잔존 원본에 대한 '지연이자'가 다시 발생하였더라도, 공동근저당권자가 공동근저당권 목적 부동산의 각 환가대금으로부터 배당받는 원본 및 지연이자의 합산액이 결과적으로 최초의 채권최고액을 초과한다면, 그 지연이자에 대하여도 나머지 목적 부동산에 관한 경매절차에서 다시 우선변제권을 행사할 수 없다(10회 선택형).

3 민법 제368조 제1항의 '각 부동산의 경매대가'란 일반적으로 매각대금에서 당해 부동산이 부담할 경매비용과 선순위채권을 공제한 잔액을 말하지만, 공동저당권 설정등기 전에 가압류등기가 마쳐진 경우처럼 공동저당권과 동순위로 배당받는 채권이 있는 경우에는 매각대금에서 당해 부동산이 부담할 경매비용과 선순위채권뿐만 아니라 동순위채권에 안분되어야 할 금액까지 공제한 잔액을 말한다고 봄이 타당하다.　　　　　　　　　　　　　　　　　　　　　　　　　　　(　　)

3-1 공동저당권과 동순위로 배당받는 채권이 있는 경우 동시배당을 하는 때 민법 제368조 제1항에 따른 채권의 분담은, 먼저 공동저당권과 동순위로 배당받을 채권자가 존재하는 부동산의 매각대금에서 경매비용과 선순위채권을 공제한 잔여금액을 공동저당권의 피담보채권액과 동순위채권액에 비례하여 안분한 다음, 공동저당권의 피담보채권에 안분된 금액을 경매대가로 삼아 다른 부동산들과 사이에서 각 경매대가에 안분하여 채권의 분담을 정하는 방법으로 이루어진다. 이는 공동근저당의 경우에도 마찬가지이다   (   )

[판결요지]

※ 1. 공동저당권 설정등기 전에 가압류등기가 마쳐진 경우처럼 공동저당권과 동순위로 배당받는 채권이 있는 경우 민법 제368조 제1항 '각 부동산 경매대가'의 의미(= 매각대금에서 당해 부동산이 부담할 경매비용과 선순위채권뿐만 아니라 동순위채권에 안분되어야 할 금액까지 공제한 잔액) 2. 공동근저당의 경우에도 마찬가지 법리가 적용되는지 여부(적극)

"1) 민법 제368조 제1항은 "동일한 채권의 담보로 수개의 부동산에 저당권을 설정한 경우에 그 부동산의 경매대가를 동시에 배당하는 때에는 각 부동산의 경매대가에 비례하여 그 채권의 분담을 정한다."라고 규정하고 있다. 이는 공동저당권 목적 부동산의 전체 환가대금을 동시에 배당하는 이른바 동시배당의 경우에 공동저당권자의 실행선택권과 우선변제권을 침해하지 아니하는 범위 내에서 각 부동산의 책임을 안분함으로써 각 부동산의 소유자와 후순위 저당권자 그 밖의 채권자의 이해관계를 조절하는 데에 그 취지가 있다(대판 2017. 12. 21. 전합2013다16992).

2) 여기에서 '각 부동산의 경매대가'란 일반적으로 매각대금에서 당해 부동산이 부담할 경매비용과 선순위채권을 공제한 잔액을 말하지만(대판 2003. 9. 5. 2001다66291), 공동저당권 설정등기 전에 가압류등기가 마쳐진 경우처럼 공동저당권과 동순위로 배당받는 채권이 있는 경우에는 매각대금에서 당해 부동산이 부담할 경매비용과 선순위채권뿐만 아니라 동순위채권에 안분되어야 할 금액까지 공제한 잔액을 말한다고 봄이 타당하다. 당해 부동산에서 동순위채권에 안분되는 금액은 공동저당권의 우선변제권이 미치지 아니하여 담보가치에서 제외되고 이는 선순위채권의 경우와 다를 바 없기 때문이다. 따라서 공동저당권과 동순위로 배당받는 채권이 있는 경우 동시배당을 하는 때 민법 제368조 제1항에 따른 채권의 분담은, 먼저 공동저당권과 동순위로 배당받을 채권자가 존재하는 부동산의 매각대금에서 경매비용과 선순위채권을 공제한 잔여금액을 공동저당권의 피담보채권액과 동순위채권액에 비례하여 안분한 다음, 공동저당권의 피담보채권에 안분된 금액을 경매대가로 삼아 다른 부동산들과 사이에서 각 경매대가에 안분하여 채권의 분담을 정하는 방법으로 이루어진다. 이는 공동근저당의 경우에도 마찬가지이다"(대판 2024. 6. 13. 2020다258893).

정답 ○

정답 ○

[유제]

[사실관계] 이 사건 3개 부동산에 관하여 반소피고가 청구채권이 동일한 가압류등기를 각각 먼저 마친 후 반소원고가 공동근저당설정등기를 마쳤고 이후 이 사건 3개 부동산에 관한 경매절차에서 동시배당이 이루어졌는데, 반소원고가 배당표에 잘못이 있다고 주장하면서 반소피고를 상대로 부당이득반환을 청구하였다.

원심은, 민법 제368조 제1항의 '경매대가' 산정 시 동순위채권에 안분하여야 할 금액은 공제되지 않는다는 전제에서 배당 금액을 산정하면서도, 이러한 방식에 따르면 채권자평등의 원칙에 반하게 되므로 동순위 가압류권자인 반소피고의 청구채권 역시 각 부동산의 경매대가에 비례하여 그 채권의 분담을 정함이 타당하다고 보았다.

이에 대해대법원은 위와 같은 법리를 설시하면서, 원심판단에는 민법 제368조 제1항 경매대가의 의미에 관한 법리를 오해한 잘못이 있지만, 이 사건은 경매대가 산정 과정에서 반소원고에게 안분된 금액이 그대로 반소원고에게 배당할 금액이 되고 반소피고에게 안분된 금액도 그대로 반소피고에게 배당할 금액이 되는 사안이므로, 원심의 결론은 결과적으로 정당하고 판결에 영향을 미친 잘못이 없다고 보아 상고를 기각함

비전형담보

1 가등기담보 등에 관한 법률에 위반하여 적법한 청산절차를 거치지 않고 이루어진 담보가등기에 기한 본등기는 무효이나, 선의의 제3자가 소유권을 취득한 경우에는 채무자 등이 무효인 본등기의 말소를 청구할 수 없는바, 여기서 제3자가 악의라는 사실에 관한 주장·증명책임은 무효를 주장하는 사람에게 있다. ( )

1-1 ★★ 가등기담보법 제3조, 제4조의 청산절차를 위반하여 이루어진 담보가등기에 기한 본등기가 무효라고 하더라도 선의의 제3자가 그 본등기에 터 잡아 소유권이전등기를 마치는 등으로 담보목적 부동산의 소유권을 취득하면, 채무자 등은 더 이상 가등기담보법 제11조 본문에 따라 채권자를 상대로 그 본등기의 말소를 청구할 수 없게 된다. 이 경우 그 반사적 효과로서 무효인 채권자 명의의 본등기는 그 등기를 마친 시점으로 소급하여 확정적으로 유효하게 되고, 이에 따라 담보목적부동산에 관한 채권자의 가등기담보권은 소멸하며, 청산절차를 거치지 않아 무효였던 채권자의 위 본등기에 터 잡아 이루어진 등기 역시 소급하여 유효하게 된다고 보아야 한다. 다만 이 경우에도 채무자 등과 채권자 사이의 청산금 지급을 둘러싼 채권·채무 관계까지 모두 소멸하는 것은 아니고, 채무자 등은 채권자에게 청산금의 지급을 청구할 수 있다. 　22년 법행, 24년 변호( )

> **판결요지**

※ 1. 「가등기담보 등에 관한 법률」 제11조 단서 후문에 따라 채무자 등의 말소청구권이 소멸하는 경우 청산절차를 거치지 않아 무효였던 채권자 명의의 본등기가 그 등기를 마친 시점으로 소급하여 확정적으로 유효해지는지 여부(적극), 2. 이 경우 담보목적부동산에 관한 채권자의 가등기담보권은 소멸하고, 위 채권자 명의의 본등기에 기초하여 마쳐진 다른 등기 역시 소급하여 유효해지는지 여부(적극)

"[1] 가등기담보 등에 관한 법률(이하 '가등기담보법'이라고 한다) 제3조, 제4조를 위반하여 적법한 청산절차를 거치지 아니한 채 담보가등기에 기한 본등기가 이루어진 경우 그 본등기는 무효이다. 이때 가등기담보법 제2조 제2호에서 정한 채무자 등은 청산금채권을 변제받을 때까지는 여전히 가등기담보계약의 존속을 주장하여 그때까지의 이자와 손해금을 포함한 피담보채무액 전부를 변제하고 무효인 위 본등기의 말소를 청구할 수 있다(제11조 본문). 그러나 선의의 제3자가 소유권을 취득한 경우에는 그러하지 아니하다(제11조 단서 후문). 여기서 '선의의 제3자'라 함은 채권자가 적법한 청산절차를 거치지 않고 담보목적부동산에 관하여 본등기를 마쳤다는 사실을 모르고 그 본등기에 터 잡아 소유권이전등기를 마친 자를 뜻한다. 제3자가 악의라는 사실에 관한 주장·증명책임은 무효를 주장하는 사람에게 있다.

[2] 가등기담보 등에 관한 법률(이하 '가등기담보법'이라고 한다) 제3조, 제4조의 청산절차를 위반하여 이루어진 담보가등기에 기한 본등기가 무효라고 하더라도 선의의 제3자가 그 본등기에 터 잡아 소유권이전등기를 마치는 등으로 담보목적부동산의 소유권을 취득하면, 가등기담보법 제2조 제2호에서 정한 채무자 등(이하 '채무자 등'이라고 한다)은 더 이상 가등기담보법 제11조 본문에 따라 채권자를 상대로 그 본등기의 말소를 청구할 수 없게 된다. 이 경우 그 반사적 효과로서 무효인 채권자 명의의 본등기는 그 등기를 마친 시점으로 소급하여 확정적으로 유효하게 되고, 이에 따라 담보목적부동산에 관한 채권자의 가등기담보권은 소멸하며, 청산절차를 거치지 않아 무효였던 채권자의 위 본등기에 터 잡아 이루어진 등기 역시 소급하여 유효하게 된다고 보아야 한다. 다만 이 경우에도 채무자 등과 채권자 사이의 청산금 지급을 둘러싼 채권·채무 관계까지 모두 소멸하는 것은 아니고, 채무자 등은 채권자에게 청산금의 지급을 청구할 수 있다. 이러한 법리는 경매의 법적 성질이 사법상 매매인 점에 비추어 보면 무효인 본등기가 마쳐진 담보목적부동산에 관하여 진행된 경매절차에서 경락인이 본등기가 무효인 사실을 알지

못한 채 담보목적부동산을 매수한 경우에도 마찬가지로 적용된다"(대판 2021.10.28. 2016다248325). 정답 ○

유제 정답 ○

2 ★ 담보가등기권리자가 담보목적부동산의 경매를 청구하는 방법을 선택하여 그 경매절차가 진행 중인 때에는 특별한 사정이 없는 한 가등기담보법 제3조에 따른 담보권을 실행할 수 없으므로 그 가등기에 따른 본등기를 청구할 수 없다. ( )

판결요지

"가등기담보 등에 관한 법률(이하 '가등기담보법'이라 한다) 제12조 제1항 전문은 "담보가등기권리자는 그 선택에 따라 제3조에 따른 담보권을 실행하거나 담보목적부동산의 경매를 청구할 수 있다."라고 규정하고, 제13조 전문은 "담보가등기를 마친 부동산에 대하여 강제경매 등이 개시된 경우에 담보가등기권리자는 다른 채권자보다 자기채권을 우선변제 받을 권리가 있다."라고 규정하며, 제14조는 "담보가등기를 마친 부동산에 대하여 강제경매 등의 개시 결정이 있는 경우에 그 경매의 신청이 청산금을 지급하기 전에 행하여진 경우(청산금이 없는 경우에는 청산기간이 지나기 전)에는 담보가등기권리자는 그 가등기에 따른 본등기를 청구할 수 없다."라고 규정하고 있다. 이러한 가등기담보법 규정의 문언 형식과 내용 및 체계에 더하여 담보목적부동산에 대한 경매절차가 개시된 경우 그 경매절차에 참가할 수 있을 것이라는 후순위권리자 등의 기대를 보호할 필요가 있는 점 등을 고려하면, 담보가등기권리자가 담보목적부동산의 경매를 청구하는 방법을 선택하여 그 경매절차가 진행 중인 때에는 특별한 사정이 없는 한 가등기담보법 제3조에 따른 담보권을 실행할 수 없으므로 그 가등기에 따른 본등기를 청구할 수 없다고 봄이 타당하다"(대판 2022.11.30. 2017다232167,232174) 정답 ○

3 ★★ 가등기담보법이 적용되는 경우에는 채권자가 담보목적 부동산에 관하여 소유자로 등기되어 있다고 하더라도 청산절차 등 법에 정한 요건을 충족해야만 비로소 담보목적 부동산의 소유권을 취득할 수 있다. 채무를 담보하기 위하여 채무자가 자기의 비용과 노력으로 신축하는 건물의 신축허가 명의를 채권자 명의로 한 경우 이는 완성될 건물을 양도담보로 제공하기로 하는 담보권 설정의 합의가 있다고 볼 수 있다. 이때 완성된 건물의 소유권은 이를 건축한 채무자가 원시적으로 취득하고, 채권자가 그 명의로 소유권보존등기를 함으로써 건물에 대한 양도담보가 설정된 것으로 보아야 한다. ( )

3-1 ★★ 양도담보가 가등기담보법의 적용대상이 되는 경우에는 양도담보권자가 청산절차 등을 거쳐 담보목적 부동산의 소유권을 취득하기 전까지 특별한 사정이 없는 한 '양도담보 설정자가 건물의 소유자'로서 이를 현실적으로 점유하면서 사용·수익하고 있다고 볼 수 있으므로 채권자가 건물에 대한 양도담보권을 취득했다고 해서 그 대지 소유자에게 부당이득반환의무를 부담하는 것은 아니다. ( )

3-2 ★ 토지 소유자는 토지 임대차계약이 해제된 이후 그 지상 건물에 관한 양도담보권자를 상대로 담보 목적의 소유권보존등기를 마친 시점부터 차임 상당의 부당이득반환을 청구할 수 없다. 가등기담보법이 적용되는 건물에 대한 양도담보는 담보물권이고, 담보물권자의 토지 사용·수익을 인정할 수 없기 때문이다. ( )

판결요지

> ※ 1. 「가등기담보 등에 관한 법률」이 적용되는 건물에 대한 양도담보의 법적 성격(담보물권), 2. 「가등기담보 등에 관한 법률」이 적용되는 경우 토지 소유자가 건물의 양도담보권자를 상대로 차임 상당의 부당이득을 청구할 수 있는지(소극)
>
> "「가등기담보 등에 관한 법률」(이하 '가등기담보법'이라 한다) 제1조는 '이 법은 차용물의 반환에 관하여 차주가 차용물을 갈음하여 다른 재산권을 이전할 것을 예약할 때 그 재산의 예약 당시 가액이 차용액과 이에 붙인 이자를 합산한 액수를 초과하는 경우에 이에 따른 담보계약과 그 담보의 목적으로 마친 가등기 또는 소유권이전등기의 효력을 정함을 목적으로 한다.'고 정하고 있고, 제3조 제2항은 '채권자가 담보계약에 따른 담보권을 실행하여 그 담보목적 부동산의 소유권을 취득하기 위하여는 그 채권의 변제기 후에 제4조의 청산금의 평가액을 채무자등에게 통지하고, 그 통지가 채무자등에게 도달한 날부터 2개월이 지나야 한다. 이 경우 청산금이 없다고 인정되는 경우에는 그 뜻을 통지하여야 한다.'고 정하고 있으며, 제4조 제2항은 '채권자는 담보부동산에 관하여 이미 소유권이전등기가 료된 경우에는 청산기간 경과 후 청산금을 채무자등에게 지급한 때에 목적부동산의 소유권을 취득한다.'고 정하고 있다.
>
> 이러한 규정에 따르면 가등기담보법이 적용되는 경우에는 채권자가 담보목적 부동산에 관하여 소유자로 등기되어 있다고 하더라도 청산절차 등 법에 정한 요건을 충족해야만 비로소 담보목적 부동산의 소유권을 취득할 수 있다. 채무를 담보하기 위하여 채무자가 자기의 비용과 노력으로 신축하는 건물의 신축허가 명의를 채권자 명의로 한 경우 이는 완성될 건물을 양도담보로 제공하기로 하는 담보권 설정의 합의가 있다고 볼 수 있다(대판 2002.1.11. 2001다48347 판결 등 참조). 이때 완성된 건물의 소유권은 이를 건축한 채무자가 원시적으로 취득하고, 채권자가 그 명의로 소유권보존등기를 함으로써 건물에 대한 양도담보가 설정된 것으로 보아야 한다. 이러한 양도담보가 가등기담보법의 적용대상이 되는 경우에는 양도담보권자가 청산절차 등을 거쳐 담보목적 부동산의 소유권을 취득하기 전까지 특별한 사정이 없는 한 양도담보 설정자가 건물의 소유자로서 이를 현실적으로 점유하면서 사용·수익하고 있다고 볼 수 있으므로 채권자가 건물에 대한 양도담보권을 취득했다고 해서 그 대지 소유자에게 부당이득반환의무를 부담하는 것은 아니다"(대판 2022.4.14. 2021다263519).
>
> **정답** ○
>
> **유제 모두** **정답** ○
>
> **[사실관계]** 토지 소유자가 토지 임대차계약이 해제된 이후 그 지상 건물에 관한 양도담보권자를 상대로 담보 목적의 소유권보존등기를 마친 시점부터 차임 상당의 부당이득반환을 청구한 사안에서, 원심은 이를 신탁적 소유권이전으로 보아 청구를 일부 인용하였다. 그러나 대법원은 가등기담보법이 적용되는 건물에 대한 양도담보는 담보물권이고, 담보물권자의 토지 사용·수익을 인정할 수 없으므로 그를 상대로 차임 상당의 부당이득을 청구할 수도 없는데, 원심이 양도담보가 가등기담보법 적용대상인지 여부에 관하여 심리도 없이 부당이득반환 청구를 일부 인정한 것은 잘못이라고 보아 이를 파기하였다.

4 채권자가 가등기담보권을 귀속정산 방식으로 실행하면서 납부한 취득세와 등록세 상당액을 청산금과 상계할 수는 없다. ( )

판결요지

> "귀속정산에 의한 가등기담보권 실행도 민사집행법에 따라 담보물을 매각하지 않을 뿐 담보로 파악한 교환가치만큼을 채권자에게 이전한다는 점에서 경매에 의한 실행과 본질이 같으므로 청산금에서 공제할 수 있는 가등기담보권 실행비용은 경매절차의 집행비용에 상응하는 것이어야 한다. 그러므로 가등기담보권자는 귀속정산 과정에서

담보목적물의 교환가치를 파악하기 위하여 쓴 감정평가비용 등을 실행비용으로서 청산금에서 공제할 수 있을 뿐 청산의 결과로서 본등기를 마치기 위해 지출한 절차비용과 취득세 등은 스스로 부담해야 한다"(대판 2022.4.14. 2017다266177). **정답** ○

[사실관계] 피고는 원고에게 빌려준 돈이 변제기에 다다르자 가등기담보권을 귀속정산으로 실행해 소유권을 넘겨받았음 원고는 청산금을 청구하고 피고는 상계항변으로 다투었는데, 대법원은 피고가 소유권이전등기를 넘겨받으면서 납부한 취득세와 등록세는 스스로 부담해야 할 것이어서 원고에 대한 구상금 채권이 생기지 않는다고 보아 위 세액 상당 상계항변을 받아들인 원심을 파기한 사안

---

5 ★ 양도담보를 설정하려면 양도담보설정자에게 목적물에 대한 소유권이나 처분권 등 양도담보를 설정할 권한이 있어야 한다. 양도담보설정자에게 이러한 권한이 없는데도 양도담보설정계약을 체결한 경우에는 특별한 사정이 없는 한 양도담보가 유효하게 성립할 수 없다. ( )

5-1 甲이 乙에 대한 대출금 채권을 담보하기 위해 乙과 丙이 매수하여 丁이 보관하고 있던 담보물에 대하여 양도담보계약을 체결한 뒤, 위 담보물을 양수하거나 이에 관한 양도담보설정계약을 체결한 戊를 상대로 위 담보물의 매각대금이 예치된 예금채권이 甲에 있다는 확인을 구한 경우, 甲은 무권리자로부터 양도담보를 설정받은 것으로 위 담보물들에 관하여 양도담보권을 취득하였다고 볼 수 없고, 통정허위표시의 제3자가 될 수도 없으므로, 甲의 청구는 기각되어야 한다. ( )

판결요지

> ※ 양도담보설정자에게 목적물에 대한 소유권이나 처분권 등 양도담보를 설정할 권한이 없는 경우, 양도담보가 유효하게 성립할 수 있는지 여부(원칙적 소극)
>
> "양도담보를 설정하려면 양도담보설정자에게 목적물에 대한 소유권이나 처분권 등 양도담보를 설정할 권한이 있어야 한다. 양도담보설정자에게 이러한 권한이 없는데도 양도담보설정계약을 체결한 경우에는 특별한 사정이 없는 한 양도담보가 유효하게 성립할 수 없다"(대판 2022.1.27. 2019다295568). **정답** ○
>
> **유제** **정답** ○

---

6 동산담보권이 설정된 유체동산에 대하여 다른 채권자의 신청에 의한 강제집행절차가 진행되는 경우 집행관의 압류 전에 등기된 동산담보권을 가진 채권자가 배당요구를 하지 않아도 당연히 배당에 참가할 수 있다. ( )

판결요지

> ※ 동산담보권이 설정된 유체동산에 대하여 다른 채권자의 신청에 의한 강제집행절차가 진행되는 경우 집행관의 압류 전에 등기된 동산담보권을 가진 채권자가 배당요구를 하지 않아도 당연히 배당에 참가할 수 있는지(적극)
>
> "동산·채권 등의 담보에 관한 법률(이하 '동산채권담보법'이라 한다)에 따라 동산을 담보로 제공하기로 하는 담보약정을 하고 담보등기를 마치면 동산담보권이 성립한다(제7조). 동산담보권자는 담보목적물에 대하여 다른 채권자보다 자기채권을 우선변제받을 권리가 있다(제8조). 등기를 통해 공시되는 동산담보권을 창설한 동산채권담보법의 입법 취지, 부동산 집행절차에서 등기된 담보권자를 당연히 배당받을 채권자로 정하는 민사집행법 제148조 제4호

의 취지, 동산담보권자와 경매채권자 사이의 이익형량 등을 고려하면, 동산담보권이 설정된 유체동산에 대하여 다른 채권자의 신청에 의한 강제집행절차가 진행되는 경우 민사집행법 제148조 제4호를 유추적용하여 집행관의 압류 전에 등기된 동산담보권을 가진 채권자는 배당요구를 하지 않아도 당연히 배당에 참가할 수 있다고 보아야 한다"(대판 2022.3.31. 2017다263901). **정답 ○**

민사집행법 제148조(배당받을 채권자의 범위) 제147조 제1항에 규정한 금액을 배당받을 채권자는 다음 각호에 규정된 사람으로 한다.

1. 배당요구의 종기까지 경매신청을 한 압류채권자
2. 배당요구의 종기까지 배당요구를 한 채권자
3. 첫 경매개시결정등기전에 등기된 가압류채권자
4. 저당권·전세권, 그 밖의 우선변제청구권으로서 첫 경매개시결정등기전에 등기되었고 매각으로 소멸하는 것을 가진 채권자

---

7 가등기담보 등에 관한 법률(이하 '가등기담보법'이라 한다)의 적용을 받는 담보가등기권리자는 가등기담보법 제3조, 제4조에서 정한 귀속정산절차에 따라 가등기설정자에 대하여 담보가등기에 기한 본등기를 청구할 수 있다. 이러한 경우 담보가등기권리자의 본등기청구는 가등기담보법 제2조 제1호가 정하고 있는 담보계약에 따른 담보권을 실행하는 것에 해당한다. ( )

판결요지

※ 가등기담보법상 귀속정산절차에 따른 담보가등기에 기한 본등기청구의 법적 성격(= 담보계약에 따른 담보권 실행)

"가등기담보 등에 관한 법률(이하 '가등기담보법'이라 한다)의 적용을 받는 담보가등기권리자는 가등기담보법 제3조, 제4조에서 정한 귀속정산절차에 따라 가등기설정자에 대하여 담보가등기에 기한 본등기를 청구할 수 있다. 이러한 경우 담보가등기권리자의 본등기청구는 가등기담보법 제2조 제1호가 정하고 있는 담보계약에 따른 담보권을 실행하는 것에 해당한다(대판 2013.9.27. 2011다106778 판결 취지 참조)"(대판 2024.1.11. 2021다210799). **정답 ○**

[사실관계] 원심은 "원고의 청구는 이 사건 가등기가 담보가등기임을 전제로 가등기담보법에서 정한 청산기간이 경과하였음을 원인으로 하여 본등기절차의 이행을 구하는 것이다. 이 사건 가등기의 등기원인이 매매예약으로 기재되어 있기는 하나 그것은 통상의 매매예약이 아니라 상래의 담보권실행을 위한 수단으로서의 등기형식에 불과하므로 제척기간의 적용 대상이 아니다. 원고는 이 사건 가등기가 마쳐진 2007. 1. 23.부터 10년이 지나기 전에 이 사건 가등기가 담보가등기임을 전제로 본등기절차의 이행을 구하는 이 사건 소를 제기하였으므로, 본등기청구권의 소멸시효도 완성되지 않았다."는 이유로 이 사건 가등기에 기한 본등기절차의 이행을 구하는 이 사건 소가 제척기간을 도과하여 소멸한 매매예약완결권의 행사에 따른 것이어서 부적법하고, 그에 따라 이 사건 가등기에 기한 본등기청구권도 10년의 소멸시효가 완성되었다.'는 피고 1의 주장을 배척하였는바, 이에 대해 대법원은 피고 1의 주장을 배척한 원심의 결론은 정당하고, 거기에 상고이유 주장과 같이 매매예약완결권 행사의 제척기간, 가등기에 기한 본등기청구권의 소멸시효 등에 관한 법리를 오해하여 판결 결과에 영향을 미친 잘못이 없다고 한 사례

8 근저당권이 설정된 부동산에 소유권이전등기청구권보전의 가등기가 이루어지고 그 후에 강제경매가 실시되어 매각허가결정이 확정된 경우에는 민사집행법 제91조 제2항에 의하여 선순위의 근저당권은 매각으로 인하여 소멸되고 그보다 후순위인 가등기상의 권리도 소멸되는 것이므로, 이 가등기 또한 같은 법 제144조 제1항 제2호에 따라 말소촉탁의 대상이 된다. 따라서 이 사건 가등기가 순위보전 가등기라고 하더라도 위와 같은 이유로 근저당권 및 지상권설정등기를 말소할 실익이 있다. ( )

판결요지

※ 후순위 순위보전의 가등기권자가 선순위 근저당권 및 지상권 설정등기를 말소할 실익이 있는지 여부 (적극)

"[1] 가등기가 담보가등기인지 여부는 거래의 실질과 당사자의 의사해석에 따라 결정될 문제이다(대판 1992.2.11. 91다 36932 판결, 대판 2012.12.13. 2011다70640 판결 등 참조). 그리고 처분문서에 나타난 당사자의 의사해석이 문제 되는 경우에는 문언의 내용, 그와 같은 약정이 이루어진 동기와 경위, 약정에 의하여 달성하려는 목적, 당사자의 진정한 의사 등을 종합적으로 고찰하여 논리와 경험의 법칙에 따라 합리적으로 해석하여야 한다.

[2] 근저당권이 설정된 부동산에 소유권이전등기청구권보전의 가등기가 이루어지고 그 후에 강제경매가 실시되어 매각허가결정이 확정된 경우에는 민사집행법 제91조 제2항에 의하여 선순위의 근저당권은 매각으로 인하여 소멸되고 그보다 후순위인 가등기상의 권리도 소멸되는 것이므로, 이 가등기 또한 같은 법 제144조 제1항 제2호에 따라 말소촉탁의 대상이 된다(대판 1992.4.14. 91다41996 판결 등 참조). 따라서 이 사건 가등기가 순위보전 가등기라고 하더라도 위와 같은 이유로 근저당권 및 지상권설정등기를 말소할 실익이 있다"(대판 2023.11.30. 2023다263346)

정답 ○

채권총론

<table>
<tr><td>제1장</td><td>채권법 서론</td></tr>
</table>

<table>
<tr><td>제2장</td><td>채권의 목적</td></tr>
</table>

금전채권

1 ★ 금전채무에 관하여 채무자가 채권자를 상대로 채무부존재확인소송을 제기하였을 뿐 이에 대한 채권자의 이행소송이 없는 경우에는, 사실심의 심리 결과 채무의 존재가 일부 인정되어 이에 대한 확인판결을 선고하더라도 이는 금전채무의 전부 또는 일부의 이행을 명하는 판결을 선고한 것은 아니므로, 이 경우 지연손해금 산정에 대하여 소송촉진법 제3조의 법정이율을 적용할 수 없다. ( )

1-1 A가 B에게 손해배상채무의 부존재확인을 구한 것에 대해 <u>B가 반소를 제기하는 등</u> 그 손해배상채무에 대한 이행소송을 제기한 바 없다면, A의 손해배상채무가 일부 인정되어 이에 대한 확인판결을 하더라도 그 지연손해금에 관하여 소송촉진법 제3조의 법정이율을 적용할 수는 없다. ( )

[판결요지]

"소송촉진법 제3조는 금전채권자의 소 제기 후에도 상당한 이유 없이 채무를 이행하지 아니하는 채무자에게 지연이자에 관하여 불이익을 가함으로써 채무불이행상태의 유지 및 소송의 불필요한 지연을 막고자 하는 것을 그 중요한 취지로 한다(대법원 2010. 9. 30. 선고 2010다50922 판결 참조). 또한 소송촉진법 제3조의 문언상으로도 "금전채무의 전부 또는 일부의 이행을 명하는 판결을 선고할 경우"에 금전채무 불이행으로 인한 손해배상액 산정의 기준이 되는 법정이율에 관하여 정하고 있다(또한 같은 조 제2항도 "채무자에게 그 이행의무가 있음을 선언하는 사실심 판결이 선고"되는 것을 전제로 하여 규정한다). 따라서 금전채무에 관하여 채무자가 채권자를 상대로 채무부존재확인소송을 제기하였을 뿐 이에 대한 채권자의 이행소송이 없는 경우에는, 사실심의 심리 결과 채무의 존재가 일부 인정되어 이에 대한 확인판결을 선고하더라도 이는 금전채무의 전부 또는 일부의 이행을 명하는 판결을 선고한 것은 아니므로, 이 경우 지연손해금 산정에 대하여 소송촉진법 제3조의 법정이율을 적용할 수 없다"(대판 2021.6.3. 2018다276768). **정답** ○ **유제** **정답** ○

[사실관계] 원고가 피고에게 손해배상채무의 부존재확인을 구한 것에 대해 피고가 반소를 제기하는 등 그 손해배상채무에 대한 이행소송을 제기한 바 없다면, 원고의 손해배상채무가 일부 인정되어 이에 대한 확인판결을 하더라도 그 지연손해금에 관하여 소송촉진법 제3조의 법정이율을 적용할 수는 없다는 사례

2 ★ 지연손해금은 금전채무의 이행지체에 따른 손해배상으로서 기한이 없는 채무에 해당하므로, 확정된 지연손해금에 대하여 채권자가 이행청구를 하면 채무자는 그에 대한 지체책임을 부담하게 된다. 이행판결이 확정된 지연손해금의 경우에도 채권자의 이행청구에 의해 지체책임이 생긴다.그러나 지연손해금 발생의 원인이 된 원본에 관하여 이행판결을 선고하지 않는 경우에는 소송촉진법 제3조에 따른 법정이율을 적용할 수 없다.
23년 법행 (   )

2-1 ★ 'A는 B에게 금전과 그에 대한 지연손해금을 지급하라'는 판결이 확정되자, C는 위 판결로 이행의무가 확정된 '지연손해금 채권' 일부를 B로부터 양수한 다음, A를 상대로 양수금에 대한 지급명령을 신청하였다. A가 지급명령에 이의를 신청해 소송으로 이행되자, C는 양수금 원본은 소를 취하하고 양수한 지연손해금에 대하여만 지연손해금을 청구하는 경우 지급명령이 송달된 다음 날부터 연 12%가 아닌 연 5%의 지연손해금을 지급할 의무가 생길 뿐이다.   (   )

판결요지

※ 1. 판결로 이행의무가 확정된 지연손해금에 대하여는 이행청구를 하더라도 지체책임이 생기지 않는지 (소극), 2. 금전채무 원본은 당해 사건의 소송물이 아니어서 지연손해금에 대하여만 이행판결을 선고하는 경우에도 「소송촉진 등에 관한 특례법」에 따라 가중된 법정이율(연 12%)을 적용할 수 있는지(소극)

"1. 지연손해금은 금전채무의 이행지체에 따른 손해배상으로서 기한이 없는 채무에 해당하므로, 확정된 지연손해금에 대하여 채권자가 이행청구를 하면 채무자는 그에 대한 지체책임을 부담하게 된다(대판 2021.5.7. 2018다259213 판결 등 참조). 판결에 의해 권리의 실체적인 내용이 바뀌는 것은 아니므로(대판 2020.5.14. 2019다261381 판결 참조), 이행판결이 확정된 지연손해금의 경우에도 채권자의 이행청구에 의해 지체책임이 생긴다.

2. 「소송촉진 등에 관한 특례법」(이하 '소송촉진법'이라고 한다) 제3조의 입법 취지는, 금전채무의 이행을 구하는 소가 제기되었는데도 정당한 이유 없이 이행하지 않는 채무자에게 가중된 법정이율에 따른 지연손해금을 물림으로써 채무불이행 상태가 계속되거나 소송이 불필요하게 지연되는 것을 막고자 하는 데 있다. 소송촉진법 제3조의 문언을 보아도, '금전채무의 이행을 명하는 판결을 선고할 경우'에 '그 금전채무의 이행을 구하는 소장이 송달된 다음 날'부터 지체책임에 관하여 가중된 법정이율을 적용하되, '그 이행의무가 있음을 선언하는 사실심 판결이 선고되기 전까지 채무자가 그 이행의무에 관하여 항쟁하는 것이 타당한 범위'에서 위 법정이율을 적용하지 않을 수 있다고 되어 있으므로, 금전채무 원본의 이행청구가 소송물일 때 그 이행을 명하면서 동시에 그에 덧붙는 지연손해금에 관하여 적용되는 규정임을 알 수 있다. 그러므로 당해 사건에서 지연손해금 발생의 원인이 된 원본에 관하여 이행판결을 선고하지 않는 경우에는 소송촉진법 제3조에 따른 법정이율을 적용할 수 없다(대판 2010.9.30. 2010다50922 판결, 대판 2021.6.3. 2018다276768 판결 참조)"(대판 2022.3.11. 2021다232331).

정답 ○

유제   **정답** ○

[사실관계] 종전 사건에서 피고가 소외 회사에게 금전과 그에 대한 지연손해금을 지급하라는 판결이 확정되자, 원고는 위 판결로 이행의무가 확정된 지연손해금 채권 일부를 소외 회사로부터 양수한 다음, 피고를 상대로 양수금에 대한 지급명령을 신청하였다. 피고가 지급명령에 이의를 신청해 소송으로 이행되자, 원고는 양수금 원본은 소를 취하하고 그 돈에 대하여 지급명령 송달일부터 연 12%의 비율로 계산한 지연손해금만을 청구하였다. 대법원은, 원고가 양수한 지연손해금 채권은 기한이 없는 금전채권이므로 그에 대하여 이행을 청구하는 지급명령이 송달된 다음 날부터 지연손해금을 지급할 의무가 생기지만, 양수금 원본이 이 사건의 소송물이 아니므로 소송촉진법에 따라 가중된 법정이율은 적용되지 않는다고 보아, 원고의 청구를 전부 배척한 원심판결을 파기하고 민사법정이율에 따른 지연손해금 청구만 인용하는 것으로 자판하였다.

3 ★ 확정판결에서 지급을 명한 상행위로 인한 원본채권에 대한 지연손해금도 상행위로 인한 채권이
므로 확정된 지연손해금에 대해 채무자가 지체책임을 지는 경우 그 지연손해금에 대하여는 상법에
정한 연 6%의 비율을 적용해야 한다.   (   )

[판결요지]

※ 상행위로 인한 원본채권 및 그에 대한 지연손해금 지급을 명하는 이행판결이 확정된 경우, 확정판결에
서 지급을 명한 지연손해금도 상행위로 인한 채권이어서 이에 대해 채무자가 지체책임을 질 때 그 지연손
해금에 대하여 상법에 정한 연 6%의 이율을 적용하여야 하는지(적극)

"원본채권이 상행위로 인한 채권일 경우 그 지연손해금도 상행위로 인한 채권이고 판결에 의해 권리의 실체적인
내용이 바뀌는 것은 아니며 이행판결이 확정된 지연손해금에 대해서도 채권자의 이행청구에 의해 지체책임이 생
긴다(대판 2022.3.11. 2021다232331 판결 등 참조). 따라서 상행위로 인한 원본채권 및 그에 대한 지연손해금 지급을 명하
는 이행판결이 확정된 경우 확정판결에서 지급을 명한 지연손해금도 상행위로 인한 채권이므로, 지연손해금에 대
한 채권자의 이행청구에 의해 채무자가 지체책임을 지는 경우 그 지연손해금에 대하여는 상법 제54조에 정한 상
사법정이율인 연 6%의 비율을 적용하여야 할 것이다"(대판 2022.12.1. 2022다258248).   정답 ○

4 ★ 제1심이 인용한 청구액을 항소심이 그대로 유지한 경우, 특별한 사정이 없는 한 피고가 항소심
절차에서 위 인용금액에 대하여 이행의무의 존재 여부와 범위를 다툰 것은 타당하다고 볼 수 없으
므로 그 부분에 대해서는 소송촉진 등에 관한 특례법 제3조 제1항의 법정이율이 적용된다.   (   )

[판결요지]

※ 소송촉진 등에 관한 특례법 제3조 제2항의 '채무자가 그 이행의무의 존재 여부나 범위에 관하여 항쟁
하는 것이 타당하다고 인정되는 경우'의 의미 및 제1심이 인용한 위자료를 항소심이 그대로 유지한 경우
피고가 항소심 절차에서 위자료 부분에 대하여 이행의무의 존재 여부나 범위에 관하여 항쟁하는 것이 타
당한지 여부(소극)

"소송촉진 등에 관한 특례법 제3조 제2항이 정하는 '채무자가 그 이행의무의 존재 여부나 범위에 관하여 항쟁하는
것이 타당하다고 인정되는 경우'라고 함은 이행의무의 존재 여부나 범위에 관하여 항쟁하는 채무자의 주장에 상당
한 근거가 있는 경우라고 풀이되므로, 위와 같이 항쟁함이 타당한가 아니한가의 문제는 당해 사건에 관한 법원의
사실인정과 그 평가에 관한 것이다. 다만, 제1심이 인용한 청구액을 항소심이 그대로 유지한 경우, 특별한 사정이
없는 한 피고가 항소심 절차에서 위 인용금액에 대하여 이행의무의 존재 여부와 범위를 다툰 것은 타당하다고 볼
수 없다(대판 1995.2.17. 94다56234, 대판 2008.11.13. 2006다61567 등 참조).
그리고 생명 또는 신체에 대한 불법행위로 인하여 입게 된 적극적 손해와 소극적 손해 및 정신적 손해는 서로 소
송물을 달리하므로 그 손해배상의무의 존부나 범위에 관하여 항쟁함이 타당한지 여부는 각 손해마다 따로 판단하
여야 한다(대판 2002.9.10. 2002다34581 등 참조)"(대판 2022.4.28. 2022다200768).   정답 ○

[사실관계] 위와 같은 법리에 비추어 원심이 위자료에 대하여 제1심판결과 같은 금액에 관하여 원고의 청구가 이
유 있다고 판단한 이상 다른 특별한 사정이 없는 한 제1심판결 선고일 다음 날부터는 피고가 이 부분에 대하여
항쟁함이 타당하다고 볼 수 없다고 보아, 이와 달리 판단한 원심을 일부 파기하고 자판한 사례

[관련조문] 소송촉진 등에 관한 특례법 제3조 제1항 "금전채무의 전부 또는 일부의 이행을 명하는 판결(심판을 포
함한다. 이하 같다)을 선고할 경우, 금전채무 불이행으로 인한 손해배상액 산정의 기준이 되는 법정이율은 그 금전

채무의 이행을 구하는 소장(訴狀) 또는 이에 준하는 서면(書面)이 채무자에게 송달된 날의 다음 날부터는 연 100분의 40 이내의 범위에서 「은행법」 에 따른 은행이 적용하는 연체금리 등 경제 여건을 고려하여 대통령령으로 정하는 이율에 따른다. 다만, 「민사소송법」 제251조에 규정된 소(訴)에 해당하는 경우에는 그러하지 아니하다"

소송촉진 등에 관한 특례법 제3조 제2항 "채무자에게 그 이행의무가 있음을 선언하는 사실심(事實審) 판결이 선고되기 전까지 채무자가 그 이행의무의 존재 여부나 범위에 관하여 항쟁(抗爭)하는 것이 타당하다고 인정되는 경우에는 그 타당한 범위에서 제1항을 적용하지 아니한다"

소송촉진 등에 관한 특례법 제3조제1항 본문의 법정이율에 관한 규정 "소송촉진 등에 관한 특례법" 제3조제1항 본문에서 "대통령령으로 정하는 이율"이란 연 100분의 12를 말한다(시행일 2019.6.1.)」

| 제3장 | 채권의 효력 |

채무불이행, 채권자지체

1 건강보조식품 판매자가 고객에게 제품을 판매할 때에는 건강보조식품의 치료 효과나 부작용 등 의학적 사항에 관하여 잘못된 정보를 제공하여 고객이 이를 바탕으로 긴급한 진료를 중단하는 것과 같이 비합리적인 판단에 이르지 않도록 고객을 보호할 주의의무가 있다.   (   )

판결요지

※ 건강보조식품 판매업자에게 고객에 대한 보호의무가 인정되는지(적극)

"건강보조식품 판매자가 고객에게 제품을 판매할 때에는 건강보조식품의 치료 효과나 부작용 등 의학적 사항에 관하여 잘못된 정보를 제공하여 고객이 이를 바탕으로 긴급한 진료를 중단하는 것과 같이 비합리적인 판단에 이르지 않도록 고객을 보호할 주의의무가 있다. 특히 난치병이나 만성 지병을 앓고 있는 고객에게 건강보조식품의 치료 효과를 맹신하여 진료를 중단하는 행위의 위험성에 관한 올바른 인식형성을 적극적으로 방해하거나 고객의 상황에 비추어 위험한 결과를 초래하는 의학적 조언을 지속함으로써 고객에 대한 보호의무를 위반한 경우, 건강보조식품 판매자는 채무불이행 또는 불법행위로 인한 손해배상책임을 진다"(대판 2022.5.26. 2022다211089) **정답** ○

[사실관계] 건강보조식품 섭취 후 발생한 이상증상에 대하여 건강보조식품 판매업자가 그 증상이 호전반응에 해당하여 치료가 필요 없다고 지속적으로 의학적 조언을 하였고 그에 따라 치료를 받지 않던 망인이 증상 악화로 사망하자, 유족들이 판매업자를 상대로 불법행에 따른 손해배상을 청구한 사안에서, 대법원은 위와 같은 법리에 따라 유족들의 손해배상청구를 일부 인용한 원심판결을 확정하였다.

2 ★★ 채권자지체가 성립하는 경우 그 효과로서 원칙적으로 채권자에게 민법 규정에 따른 일정한 책임이 인정되는 것 외에, 채무자가 채권자에 대하여 일반적인 채무불이행책임과 마찬가지로 손해배상이나 계약 해제를 주장할 수는 없다. 그러나 채권자에게 계약상 의무로서 수령의무나 협력의무가 인정되는 경우, 그 수령의무나 협력의무가 이행되지 않으면 계약 목적을 달성할 수 없거나 채무자에게 계약의 유지를 더 이상 기대할 수 없다고 볼 수 있는 때에는 채무자는 수령의무나 협력의무 위반을 이유로 계약을 해제할 수 있다.   (   )

판결요지

> ※ 채무자가 채권자의 수령거절에 따른 채권자지체를 이유로 계약을 해제할 수 있는지 여부
>
> "민법 규정 내용과 체계에 비추어 보면, 채권자지체가 성립하는 경우 그 효과로서 원칙적으로 채권자에게 민법 규정에 따른 일정한 책임이 인정되는 것 외에, 채무자가 채권자에 대하여 일반적인 채무불이행책임과 마찬가지로 손해배상이나 계약 해제를 주장할 수는 없다.
>
> 그러나 계약 당사자가 명시적·묵시적으로 채권자에게 급부를 수령할 의무 또는 채무자의 급부 이행에 협력할 의무가 있다고 약정한 경우, 또는 구체적 사안에서 신의칙상 채권자에게 위와 같은 수령의무나 협력의무가 있다고 볼 특별한 사정이 있다고 인정되는 경우에는 그러한 의무 위반에 대한 책임이 발생할 수 있다.
>
> 이와 같이 채권자에게 계약상 의무로서 수령의무나 협력의무가 인정되는 경우, 그 수령의무나 협력의무가 이행되지 않으면 계약 목적을 달성할 수 없거나 채무자에게 계약의 유지를 더 이상 기대할 수 없다고 볼 수 있는 때에는 채무자는 수령의무나 협력의무 위반을 이유로 계약을 해제할 수 있다"(대판 2021.10.28. 2019다293036). **정답 ○**
>
> [사실관계] 원고 A가 피고 B소유의 X토지를 매수하는 매매계약을 체결하고 매매대금을 모두 지급하자 피고 B가 소유권이전등기에 필요한 서류를 법무사에게 보관한 다음 원고 A에게 이를 통지했는데, 원고 A는 피고 B가 농지보전부담금을 부담해야 한다는 이유로 그 수령을 거절하였다. 이에 피고 B가 원고 A의 채권자지체를 이유로 매매계약 해제 통보를 하자 원고 A가 소유권이전등기절차의 이행을 구하는 소를 제기한 사건에서, 채권자지체를 이유로 한 피고 B의 계약 해제가 정당하다고 판단한 원심에 대하여 단순히 채권자지체만을 이유로 매매계약을 해제할 수 없고, 원심으로서는 이 사건 매매계약의 해석상 원고의 수령의무나 협력의무에 관한 명시적·묵시적 약정이 있었는지, 또는 신의칙상 원고에게 계약상 의무로서 수령의무 등이 인정되는지 심리하여 위와 같은 수령의무 등이 인정되어야 매매계약을 해제할 수 있다는 이유로 원심을 파기한 사례

쟁점정리

> ※ 채권자지체의 본질
>
> 채권자지체의 법적 성질에 따라 **채권자지체의 요건과 효과가 달라지므로 법적 성질이 문제된다.** 학설은 크게 ① 채권·채무관계를 양당사자가 공동목적의 달성을 위해 협력하여야 하는 공동체관계로 파악하여, 그 일환으로 협력의무를 '채무'로 평가하는 **채무불이행책임설**(종래 다수설 ; 따라서 요건으로 채권자의 귀책사유가 필요하고, 그 효과로는 제401조 내지 제403조, 제538조 이외에 손해배상청구권과 계약해제권을 인정한다), ② 채권자는 '권리'를 가질 뿐이라는 전제하에 민법에 규정된 채권자지체책임은 채무자가 변제의 제공을 한 경우에 이익형평의 원칙에 따라 협력지연에 따른 불이익을 채권자가 부담하도록 법률이 정한 것으로 보는 **법정책임설**(최근 다수설 ; 따라서 요건으로 채권자의 귀책사유가 필요치 않고, 그 효과로는 제401조 내지 제403조와 제538조의 효과만이 인정된다)로 나누어진다. **[8회 기록형]** 다만 법정책임설에 의하더라도 당사자 사이에 특약 또는 신의칙에 의하여 채권자에게 수취의무가 인정되는 경우가 있을 수 있으나(예컨대 등기인수청구권), 이는 채권자지체의 본질론과는 무관하다.
>
> 채무불이행책임설에서는 채권자지체의 효과로서 계약해제권 및 손해배상청구권을 긍정하나, 법정책임설에서는 이를 부정한다.

손해배상

1 ★ 甲이 乙 주식회사로부터 신축건물의 점포를 분양받으면서 분양계약에 '乙 회사는 건물 4층의 2개 이상 점포를 병원 용도로 임대·분양하고 이를 이행하지 않으면 甲의 요청에 따라 계약을 해지하고 준공 후 1년 내에 납입금액 전부를 반환한다.'는 내용의 특약을 포함시킨 경우, 乙 회사가 건물 4층에 2개 이상 병원 입점을 시킨다는 의무를 이행하더라도 그러한 상태를 계속적으로 보장할 의무까지 진다고 보기는 어려우므로, 병원이 입점하였을 경우 점포 시가와 현재 상태의 점포 시가 차액 상당을 을 회사의 병원입점의무 불이행에 따른 통상손해라고 볼 수는 없다. ( )

판결요지

※ **민법 제393조 제1항의 통상손해 및 제2항의 특별한 사정으로 인한 손해의 의미**
"민법 제393조 제1항은 "채무불이행으로 인한 손해배상은 통상의 손해를 그 한도로 한다."라고 규정하고, 제2항은 "특별한 사정으로 인한 손해는 채무자가 이를 알았거나 알 수 있었을 때에 한하여 배상의 책임이 있다."라고 규정하고 있다. 제1항의 통상손해는 특별한 사정이 없는 한 그 종류의 채무불이행이 있으면 사회일반의 거래관념 또는 사회일반의 경험칙에 비추어 통상 발생하는 것으로 생각되는 범위의 손해를 말하고, 제2항의 특별한 사정으로 인한 손해는 당사자들의 개별적, 구체적 사정에 따른 손해를 말한다(대판 2009.7.9. 2009다24842 판결, 대판 2014.2.27. 2013다66904 판결 등 참조)"(대판 2023.8.18. 2019다278341).

정답 ○

[**사실관계**] 원고는 이 사건 건물 1층에 있는 이 사건 점포(약국 용도)의 수분양자이고, 피고는 분양자이다. 원고와 피고 사이의 이 사건 분양계약에는, 피고가 이 사건 건물 4층의 2개 이상 점포를 병원 용도로 임대·분양하기로 하고 이를 이행하지 않으면 원고의 요청에 따라 계약을 해지하고 준공 후 1년 내에 납입금액 전부를 반환하기로 하는 특약('이 사건 특약')이 있었다.. 원고는 피고를 상대로, 이 사건 특약에서 정한 병원입점의무의 불이행을 원인으로 병원이 입점하였을 경우와 입점하지 않았을 경우의 이 사건 점포 시가의 차액 및 이 사건 점포를 약국으로 사용·수익하지 못한 데 따른 일실 임대수익 상당의 손해배상을 구하는 이 사건 소를 제기하였다.
원심은, 피고의 병원입점의무 불이행으로 인한 원고의 손해는 이 사건 건물 4층에 병원이 입점하였을 경우와 입점하지 않았을 경우의 이 사건 점포 시가의 차액 상당이라고 보아 이 사건 점포 시가 차액 상당 손해배상청구를 받아들였다.
이에 대해 대법원은 위 법리에 따라, ① 이 사건 특약에서 피고의 병원입점의무를 보장하는 존속기간을 정하지 않았고 원고가 피고의 병원입점의무 이행에 대한 대가로 병원 입점이 되었을 때 가치 상승분을 반영하여 분양대금을 지급하였다고 보이지 않으므로 이 사건 건물 4층에 2개 이상의 병원이 입점하였을 경우 이 사건 점포 시가와 병원이 입점하지 않은 현재 상태의 이 사건 점포 시가 차액 상당은 피고의 병원입점의무 불이행에 따른 통상손해라고 보기 어렵다. 이 사건 건물 4층에 2개 이상의 병원이 입점하였을 경우의 이 사건 점포 시가는 병원이 입점한 상태가 지속될 것을 전제로 이러한 상태에서 이 사건 점포의 장래 영업이익이 반영된 이 사건 점포의 교환가치라고 할 것인데, 피고가 이 사건 건물 4층에 2개 이상의 병원 입점상태 유지의 계속적 보장을 약정하였다고는 보기 어려운 이상 피고가 병원입점의무를 이행하였더라도 이러한 이 사건 점포의 가치가 이 사건 특약으로 원고가 얻을 수 있는 것이라고 보기는 어렵기 때문이다. ② 오히려 이는 원고가 이 사건 건물 4층에 2개 이상의 병원 입점을 시킨 다음 이 사건 점포를 전매함으로써 교환가치를 취득하려고 하였다는 등의 의사를 가지고 있을 경우 발생할 수 있는 손해로서 원고의 개별적, 구체적 사정에 따른 손해에 가깝다고 할 수 있는데, 피고에게 이러한 손해 발생에 대한 예견가능성이 있었다고 보기도 어렵다는 이유로, 원심판결 중 피고 패소 부분을 파기·환송하였다.

2 계약의 일방 당사자가 상대방의 이행을 믿고 지출한 비용도 그러한 지출사실을 상대방이 알았거나 알 수 있었고 또 그것이 통상적인 지출비용의 범위 내에 속한다면 그에 대하여도 이행이익의 한도 내에서는 배상을 청구할 수 있으며 다만 이러한 비용 상당의 손해를 일실이익 상당의 손해와 같이 청구하는 경우에는 중복배상을 방지하기 위하여 일실이익은 제반 비용을 공제한 순이익에 한정된다고 보아야 한다.   (   )

판결요지

대판 2023. 7. 27. 2023다223171판시내용   정답 ○

|쟁점정리|

※ 해제와 신뢰이익의 배상 : 예외

대법원은 제551조에 따른 손해배상은 원칙적으로 채무불이행으로 인한 '이행이익' 손해배상이나, '선택적'으로 계약의 이행을 믿고 지출한 비용인 '신뢰이익'의 배상을 청구할 수 있고, 다만 과잉금지의 원칙상 이는 이행이익의 범위를 초과할 수는 없다고 한다. 또한 신뢰이익의 배상도 '통상손해'와 '특별손해'로 구분하여, 후자의 경우에는 상대방이 그러한 지출을 알았거나 알 수 있었어야만 그 배상을 청구할 수 있다고 한다(대판 2016.4.15. 2015다59115)

손해배상액의 예정

1 ★ 위약금이 손해배상액의 예정과 위약벌의 성질을 함께 가지는 경우 특별한 사정이 없는 한 민법 제398조 제2항에 따라 위약금 '전체 금액'을 기준으로 감액을 할 수는 없다.   23년 3차 모의 (   )

판결요지

※ 손해배상액의 예정과 위약벌의 성질을 함께 가지는 경우

"위약금 약정이 손해배상액의 예정과 위약벌의 성격을 함께 가지는 경우 특별한 사정이 없는 한 법원은 당사자의 주장이 없더라도 직권으로 민법 제398조 제2항에 따라 위약금 전체 금액을 기준으로 감액할 수 있다(대판 2018.10.12. 2016다257978 판결 참조). 이때 그 금액이 부당하게 과다한지는 채권자와 채무자의 각 지위, 계약의 목적과 내용, 위약금 약정을 한 동기와 경위, 계약 위반 과정, 채무액에 대한 위약금의 비율, 예상 손해액의 크기, 의무의 강제를 통해 얻는 채권자의 이익, 그 당시의 거래관행 등 모든 사정을 참작하여 일반 사회관념에 비추어 위약금의 지급이 채무자에게 부당한 압박을 가하여 공정성을 잃는 결과를 초래한다고 볼 수 있는지를 고려해서 판단해야 한다"(대판 2020.11.12. 2017다275270).   정답 ✕

2 ★ 계약당사자가 채무불이행으로 인한 전보배상에 관하여 손해배상액을 예정한 경우에 채권자가 채무불이행을 이유로 계약을 해제하거나 해지하더라도 원칙적으로 손해배상액의 예정은 실효되지 않고 전보배상에 관하여 특별한 사정이 없는 한 손해배상액의 예정에 따라 그 배상액을 정해야 한다.   (   )

판결요지

※ 채무불이행을 이유로 계약을 해제하는 경우 계약내용에 포함된 손해배상액의 예정도 실효되는지 여부
"민법 제398조 제1항은 '당사자는 채무불이행에 관한 손해배상액을 예정할 수 있다'라고 정하고 제3항은 '손해배상액의 예정은 이행의 청구나 계약의 해제에 영향을 미치지 아니한다'라고 정한다 제551조는 '계약의 해지 또는 해제는 손해배상의 청구에 영향을 미치지 아니한다'라고 정한다. 이러한 규정의 문언 내용과 계약당사자의 일반적인 의사 등을 고려하면 계약당사자가 채무불이행으로 인한 전보배상에 관하여 손해배상액을 예정한 경우에 채권자가 채무불이행을 이유로 계약을 해제하거나 해지하더라도 원칙적으로 손해배상액의 예정은 실효되지 않고 전보배상에 관하여 특별한 사정이 없는 한 손해배상액의 예정에 따라 그 배상액을 정해야 한다. 다만 위와 같은 손해배상액의 예정이 계약의 유지를 전제로 정해진 약정이라는 등의 사정이 있는 경우에 채무불이행을 이유로 계약을 해제하거나 해지하면 손해배상액의 예정도 실효될 수 있다 이때 손해배상액의 예정이 실효된다고 볼 특별한 사정이 있는지는 약정 내용 약정이 이루어지게 된 동기와 경위 당사자가 이로써 달성하려는 목적 거래의 관행 등을 종합적으로 고려하여 당사자의 의사를 합리적으로 해석하여 판단해야 한다"(대판 2022. 4. 14. 2019다292736). **정답** ○

[사실관계] 甲 주식회사와 乙 주식회사가, 甲 회사가 乙 회사에 자신이 주최하는 공연의 티켓을 판매하고 乙 회사가 소비자에게 위 티켓을 다시 판매하는 계약을 체결하면서, '공연이 취소된 경우, 甲 회사는 乙 회사에 판매대금 전액을 지급해야 하며, 乙 회사의 귀책으로 계약이 이행되지 않을 경우 구매대금은 반환하지 않는다.'는 조항을 두었는데, 乙 회사가 甲 회사에 계약상 의무 불이행을 이유로 계약의 해제를 통보하고, 이를 전제로 원상회복과 손해배상을 구한 사안에서, 원심은 계약이 해제된 이상 그 소급효로 말미암아 손해배상액의 예정도 함께 실효되었다고 판단하였으나, 대법원은 위 조항이 계약의 유지를 전제로 한 것이라고 단정할 수 없는데도, 계약이 해제된 이상 그 소급효로 말미암아 위 조항도 함께 실효된다고 본 원심판단에 법리오해가 있다고 보아 원심판결을 파기한 사례

3 ★ 위약벌의 약정은 채무의 이행을 확보하기 위하여 정하는 것으로서 손해배상액의 예정과 그 내용이 다르므로 손해배상액의 예정에 관한 민법 제398조 제2항을 유추적용하여 그 액을 감액할 수 없다. ( )

판결요지

"위약벌의 약정은 채무의 이행을 확보하기 위하여 정하는 것으로서 손해배상액의 예정과 그 내용이 다르므로 손해배상액의 예정에 관한 민법 제398조 제2항을 유추적용하여 그 액을 감액할 수 없다. 위와 같은 현재의 판례는 타당하고 그 법리에 따라 거래계의 현실이 정착되었다고 할 수 있으므로 그대로 유지되어야 한다. 구체적인 이유는 다음과 같다. …(중략)… 민법은 위약금의 약정 중 손해배상액의 예정에 대해서만 법관의 재량에 의한 감액을 인정하고 있다고 보아야 한다. …(중략)… 위약벌은 손해배상과는 무관하므로 위약벌 약정에 해당한다면 위약벌과 별도로 채무불이행으로 인하여 실제 발생한 손해에 대하여 배상을 청구할 수 있다고 해석된다. 위약벌 약정은 손해배상과 관계없이 의무 위반에 대한 제재벌로서 위반자가 그 상대방에게 지급하기로 자율적으로 약정한 것이므로 사적 자치의 원칙에 따라 계약당사자의 의사가 최대한 존중되어야 하고, 이에 대한 법원의 개입을 쉽게 허용할 것은 아니다. …(중략)… 위약벌 약정이 손해배상액의 예정과 일부 유사한 점이 있다고 하여 위약벌에 민법 제398조 제2항을 유추적용하지 않으면 과다한 위약벌에 대한 현실적인 법적 분쟁을 해결할 수 없다거나 사회적 정의관념에 현저히 반하게 되는 결과가 초래된다고 볼 수 없어, 유추적용이 정당하다고 평가하기 어렵다"(대판 2022. 7. 21. 전합2018다248855, 248862). **정답** ○

4 민법 제398조 제2항은 손해배상의 예정액이 부당히 과다한 경우에는 법원이 적당히 감액할 수 있다고 정하고 있다. 여기에서 '부당히 과다한 경우'는 계약자의 경제적 지위, 계약의 목적, 손해배상액 예정의 경위 및 거래관행 기타 제반사정을 고려하여 그와 같은 예정액의 지급이 경제적 약자의 지위에 있는 채무자에게 부당한 압박을 가하여 공정성을 잃는 결과를 초래한다고 인정되는 경우를 뜻한다. (   )

4-1 ★ 기록상 실제의 손해액 또는 예상 손해액을 알 수 있는 경우에는 이를 그 예정액과 대비하여 볼 필요가 있고, 단지 예정액 자체가 크다든가 계약 체결 시부터 계약 해제 시까지의 시간적 간격이 짧다든가 하는 사유만으로는 손해배상 예정액을 부당히 과다하다고 하여 감액하기에 부족하다. (   )

4-2 ★ 손해배상액 예정이 없더라도 채무자가 당연히 지급의무를 부담하여 채권자가 받을 수 있던 금액보다 적은 금액으로 감액하는 것은 손해배상액 예정에 관한 약정 자체를 전면 부인하는 것과 같은 결과가 되기 때문에 감액의 한계를 벗어나는 것이다. (   )

4-3 법원은 손해배상 예정액이 부당히 과다한지를 판단할 때 사실심의 변론종결 당시를 기준으로 그 사이에 발생한 사정을 종합적으로 고려하여야 한다. 감액사유에 대한 사실인정이나 그 비율을 정하는 것은 원칙적으로 사실심의 전권에 속하는 사항이지만, 그것이 형평의 원칙에 비추어 현저히 불합리하다고 인정되는 경우에는 위법한 것으로서 허용되지 않는다. (   )

판결요지

"[1] 민법 제398조 제2항은 손해배상의 예정액이 부당히 과다한 경우에는 법원이 적당히 감액할 수 있다고 정하고 있다. 손해배상액의 예정은 채무불이행의 경우에 채무자가 지급하여야 할 손해배상액을 미리 정해두는 것으로서, 손해의 발생사실과 손해액에 대한 증명곤란을 배제하고 분쟁을 사전에 방지하여 법률관계를 간이하게 해결함과 함께 채무자에게 심리적으로 경고를 함으로써 채무이행을 확보하려는 데에 그 기능이나 목적이 있다.

[2] 가. 민법 제398조 제2항에 의한 손해배상 예정액의 감액은 국가가 당사자 사이의 실질적 불평등을 제거하고 공정성을 보장하기 위하여 계약의 체결 또는 그 내용에 간섭하는 사적 자치의 원칙에 대한 제한의 한 가지 형태이다. 여기에서 '부당히 과다한 경우'는 손해가 없다거나 손해액이 예정액보다 적다는 것만으로는 부족하고, 계약자의 경제적 지위, 계약의 목적, 손해배상액 예정의 경위 및 거래관행 기타 제반 사정을 고려하여 그와 같은 예정액의 지급이 경제적 약자의 지위에 있는 채무자에게 부당한 압박을 가하여 공정성을 잃는 결과를 초래한다고 인정되는 경우를 뜻한다.

나. 기록상 실제의 손해액 또는 예상 손해액을 알 수 있는 경우에는 이를 그 예정액과 대비하여 볼 필요가 있고, 단지 예정액 자체가 크다든가 계약 체결 시부터 계약 해제 시까지의 시간적 간격이 짧다든가 하는 사유만으로는 손해배상 예정액을 부당히 과다하다고 하여 감액하기에 부족하다.

다. <u>손해배상액 예정이 없더라도 채무자가 당연히 지급의무를 부담하여 채권자가 받을 수 있던 금액보다 적은 금액으로 감액하는 것은 손해배상액 예정에 관한 약정 자체를 전면 부인하는 것과 같은 결과가 되기 때문에 감액의 한계를 벗어나는 것이다.</u>

[3] 가. 법원은 손해배상 예정액이 부당히 과다한지를 판단할 때 사실심의 변론종결 당시를 기준으로 그 사이에 발생한 사정을 종합적으로 고려하여야 한다.

나. 감액사유에 대한 사실인정이나 그 비율을 정하는 것은 원칙적으로 사실심의 전권에 속하는 사항이지만, 그것이 형평의 원칙에 비추어 현저히 불합리하다고 인정되는 경우에는 위법한 것으로서 허용되지 않는다."(대판 2023.8.18. 2022다227619).

유제 모두

정답 ○
정답 ○

5 甲과 乙이 丙 주식회사의 주주 겸 각자 대표이사로서 회사를 공동으로 경영하던 중 乙이 자신의 주식을 丁 투자조합에 채무의 담보로 제공하여 질권을 설정해 주면서 콜옵션을 부여하였고, 이에 甲이 위 질권을 해지시키기 위하여 乙에게 자금을 대여하면서 질권이 해지되지 아니하는 경우 乙이 甲에게 위약벌 30억 원을 지급하기로 하는 내용의 금전소비대차계약을 체결하였는데, 乙은 자신의 丁 투자조합에 대한 채무불이행을 전제로 한 '정산에 관한 합의서'를 작성하였고 위 주식이 丁 투자조합에 귀속되자 甲이 乙을 상대로 위약벌의 지급을 구한 경우, 위 금전소비대차계약이 丁 투자조합의 콜옵션 행사가 없을 것을 전제로 乙에게 채무 변제 및 질권 해지 의무를 부과하였다고 보기 어렵고, 丁 투자조합의 콜옵션 행사가 적법·유효하였는지는 위약벌 발생 여부와 직접적인 관련이 있다고 보기는 어렵다.   (   )

> **판결요지**

※ [1] 위약벌 약정에 대한 법원 개입의 한계 [2] 계약당사자 사이에 계약 내용을 처분문서로 작성하였으나, 문언의 객관적 의미와 달리 해석함으로써 당사자 사이의 법률관계에 중대한 영향을 초래하게 되는 경우, 문언의 내용을 더욱 엄격하게 해석하여야 하는지 여부(적극) [3] 채무불이행책임에서 채무자의 귀책사유는 추정되는지 여부(적극) 및 채무자는 자기에게 귀책사유 없음을 주장·증명함으로써 면책될 수 있는지 여부(적극)

"[1] 위약벌 약정은 손해배상과 관계없이 의무 위반에 대한 제재벌로서 위반자가 그 상대방에게 지급하기로 자율적으로 약정한 것이므로 사적 자치의 원칙에 따라 계약당사자의 의사가 최대한 존중되어야 하고, 이에 대한 법원의 개입을 쉽게 허용할 것은 아니다. 위약벌에 대한 법원의 개입을 넓게 인정할수록 위약벌의 이행확보적 기능이 약화될 수밖에 없기 때문이다

[2] 계약당사자 사이에 어떠한 계약 내용을 처분문서인 서면으로 작성한 경우에 문언의 객관적인 의미가 명확하다면 특별한 사정이 없는 한 문언대로의 의사표시의 존재와 내용을 인정하여야 하며, 문언의 객관적 의미와 달리 해석함으로써 당사자 사이의 법률관계에 중대한 영향을 초래하게 되는 경우에는 문언의 내용을 더욱 엄격하게 해석하여야 한다.

[3] 채무불이행책임에서 채무자의 귀책사유는 추정되는 것이지만, 채무자로서는 자기에게 귀책사유 없음을 주장·증명함으로써 면책될 수 있다. 피고가 이 사건 질권을 해지하지 못한 이상 위약벌 약정에서 정한 채무불이행이 발생하였고, 채권자인 원고가 별도로 그 채무불이행에 대한 피고의 귀책사유 존재를 증명할 것을 필요로 하지 않음이 원칙이며, 피고는 자신에게 귀책사유 없음을 증명하여 책임에서 벗어날 수 있다"(대판 2023.8.31. 2022다290297).

정답 ○

[사실관계] 甲과 乙이 丙 주식회사의 주주 겸 각자 대표이사로서 회사를 공동으로 경영하던 중 乙이 자신의 주식을 丁 투자조합에 채무의 담보로 제공하여 질권을 설정해 주면서 콜옵션을 부여하였고, 이에 甲이 위 질권을 해지시키기 위하여 乙에게 자금을 대여하면서 질권이 해지되지 아니하는 경우 乙이 甲에게 위약벌 30억 원을 지급하기로 하는 내용의 금전소비대차계약을 체결하였는데, 乙은 자신의 丁 투자조합에 대한 채무불이행을 전제로 한 '정산에 관한 합의서'를 작성하였고 위 주식이 丁 투자조합에 귀속되자 甲이 乙을 상대로 위약벌의 지급을 구한 사안에서, 위 금전소비대차계약이 丁 투자조합의 콜옵션 행사가 없을 것을 전제로 乙에게 채무 변제 및 질권 해지 의무를 부과하였다고 보기 어렵고, 丁 투자조합의 콜옵션 행사가 적법·유효하였는지는 위약벌 발생 여부와 직접적인 관련이 있다고 보기 어려우며, 乙이 질권을 해지하지 못한 이상 위약벌 약정에서 정한 채무불이행이 발생하였고 乙에게 질권을 해지하지 못한 데에 귀책사유가 없다고 볼 수도 없는데도, 이와 달리 본 원심판단에 법리오해의 잘못이 있다고 한 사례

제4장 채권의 대외적 효력

채권자대위권

1 ★★ 채무자가 제3채무자에게 채권의 양도를 구할 수 있는 권리를 가지고 있고, 채권자가 채무자의 위 권리를 대위행사하는 경우, 채권자는 제3채무자에 대하여 채무자에게 채권양도절차를 이행하도록 청구하여야 하고, 직접 자신에게 채권양도절차를 이행하도록 청구할 수 없다. ( )

판결요지

※ 채권자대위권을 행사하는 방법 / 금전의 지급이나 물건의 인도 등과 같이 급부의 수령이 필요한 경우나 말소등기절차의 이행을 구하는 경우, 예외적으로 채권자가 제3채무자에 대하여 직접 자신에게 급부행위를 하도록 청구할 수 있는지 여부(적극) / 채무자가 제3채무자에게 채권의 양도를 구할 수 있는 권리를 가지고 있고 채권자가 채무자의 위 권리를 대위행사하는 경우, 채권자가 직접 자신에게 채권양도절차를 이행하도록 청구할 수 있는지 여부(소극)

"채권자대위권은 채권자의 고유권리이기는 하지만 채무자가 제3채무자에 대하여 가지고 있는 권리를 대위행사하는 것이므로, 채권자가 대위권을 행사한 경우에 제3채무자에 대하여 채무자에게 일정한 급부행위를 하라고 청구하는 것이 원칙이다. 다만 금전의 지급이나 물건의 인도 등과 같이 급부의 수령이 필요한 경우나 말소등기절차의 이행을 구하는 경우 등에는 채권자에게도 급부의 수령권한이 있을 뿐만 아니라, 채권자에게 행한 급부행위의 효과가 채무자에게 귀속되므로 예외적으로 채권자가 제3채무자에 대하여 직접 자신에게 급부행위를 하도록 청구할 수 있는 것이다.

그러나 채무자가 제3채무자에게 채권의 양도를 구할 수 있는 권리를 가지고 있고, 채권자가 채무자의 위 권리를 대위행사하는 경우에는 채권자의 직접 청구를 인정할 예외적인 사유가 없으므로, 원칙으로 돌아가 채권자는 제3채무자에 대하여 채무자에게 채권양도절차를 이행하도록 청구하여야 하고, 직접 자신에게 채권양도절차를 이행하도록 청구할 수 없다. 제3채무자에 대하여 채무자에게 채권을 양도하는 절차를 이행하도록 하면 그 채권이 바로 채무자에게 귀속하게 되어 별도로 급부의 수령이 필요하지 않을 뿐만 아니라, 만약 제3채무자가 직접 채권자에게 채권을 양도하는 절차를 이행하도록 하면 그 채권은 채권자에게 이전된다고 볼 수밖에 없어 대위행사의 효과가 채무자가 아닌 채권자에게 귀속하게 되기 때문이다"(대판 2024.3.12. 2023다301682). **정답** ○

[사실관계] 소외인과 소외 회사 사이의 통정허위표시인 이 사건 매매계약에 기하여 소외 회사가 이 사건 부동산에 관하여 마친 소유권이전등기는 무효이고, 피고의 소외 회사에 대한 이 사건 각 공정증서상 채권은 존재하지 않으므로, 이 사건 부동산에 관한 임의경매절차에서 이 사건 부동산이 소외 회사의 소유이고 피고가 소외 회사에 대한 채권이 있음을 전제로 하여 피고에게 배당된 돈(이하 '이 사건 배당금'이라고 한다)은 소유자인 소외인에 대한 관계에서 법률상 원인 없이 이루어진 것이고, 따라서 이 사건 배당금 중 동순위의 다른 채권자에게 배당될 돈을 제외한 잉여금은 소외인에게 귀속되어야 하는데, 이 사건 배당금이 소외인의 채권자인 원고의 채권가압류를 이유로 공탁되어 있으므로 소외인은 피고를 상대로 이 사건 배당금 중 위 잉여금에 대한 공탁금출급청구권(이하 '이 사건 공탁금출급청구권'이라고 한다)의 양도를 구하는 방법으로 부당이득반환청구권을 행사할 수 있다"고 판단한 원심판결에 대하여 대법원은 위와 같은 법리를 설시하면서, 제3채무자인 피고로 하여금 대위채권자인 원고에게 직접 이 사건 공탁금출급청구권을 양도하는 절차를 이행하도록 명한 원심판결을 파기환송한 사례

[청구취지] 1. 가. 피고는 소외인에게(원고에게) 인천지방법원 부천지원 2020타경32478 부동산임의경매 사건의 배당절차에서 작성된 배당표에 따라 2021년 (공탁번호 생략)으로 공탁된 264,970,984원 중 240,789,711원에 대한 공탁금출급청구채권을 양도하고, 나. 소외 대한민국(소관:인천지방법원 부천지원 세입세출외 현금출납공무원)에게위 채권을 양도하였다는 취지의 통지를 하라.

2   ★ 채무자의 공유지분이 다른 공유자들의 공유지분과 함께 근저당권을 공동으로 담보하고 있고, 근저당권의 피담보채권이 채무자의 공유지분 가치를 초과하여 채무자의 공유지분만을 경매하면 남을 가망이 없어 민사집행법 제102조에 따라 경매절차가 취소될 수밖에 없는 반면, 공유물분할의 방법으로 공유부동산 전부를 경매하면 민법 제368조 제1항에 따라 각 공유지분의 경매대가에 비례해서 공동근저당권의 피담보채권을 분담하게 되어 채무자의 공유지분 경매대가에서 근저당권의 피담보채권 분담액을 변제하고 남을 가망이 있는 경우에도 금전채권자는 채무자를 대위하여 아파트에 관한 공유물분할을 청구할 수 없다.   22년 변호 ( )

2-1   ★ 공유물분할청구권도 채권자대위권의 목적이 될 수 있다.   21년 3차모의, 22년 법행 ( )

2-2   ★★ 채권자가 자신의 '금전채권'을 보전하기 위하여 채무자를 대위하여 '부동산에 관한' 공유물분할청구권을 행사하는 것은, 책임재산의 보전의 필요성을 인정하기 어려우므로 이를 대위행사할 수 없다.   21년 2차모의 ( )

판결요지

※ 공유물분할청구권이 채권자대위권의 목적이 될 수 있는지 여부(적극)/ 채무자의 책임재산이 부동산의 공유지분인 경우 금전채권자가 채무자를 대위해서 공유물분할청구권을 행사할 수 있는지 여부(원칙적 소극 : 보전의 필요성 부정)

"1. 채권자는 자기의 채권을 보전하기 위하여, 일신에 전속한 권리가 아닌 한 채무자의 권리를 행사할 수 있다(민법 제404조 제1항). 공유물분할청구권은 공유관계에서 수반되는 형성권으로서 공유자의 일반재산을 구성하는 재산권의 일종이다. 공유물분할청구권이 오로지 공유자의 의사에 행사의 자유가 맡겨져 있어 공유자 본인만 행사할 수 있는 권리라고 볼 수는 없다. 따라서 공유물분할청구권도 채권자대위권의 목적이 될 수 있다.

2. 권리의 행사 여부는 그 권리자가 자유로운 의사에 따라 결정하는 것이 원칙이다. 채무자가 스스로 권리를 행사하지 않는데도 채권자가 채무자를 대위하여 채무자의 권리를 행사할 수 있으려면 그러한 채무자의 권리 행사를 통해 채권자의 권리를 보전해야 할 필요성이 있어야 한다. 여기에서 보전의 필요성은 채권자가 보전하려는 권리의 내용, 채권자가 보전하려는 권리가 금전채권인 경우 채무자의 자력 유무, 채권자가 보전하려는 권리와 대위하여 행사하려는 권리의 관련성 등을 종합적으로 고려하여 채권자가 채무자의 권리를 대위하여 행사하지 않으면 자기 채권의 완전한 만족을 얻을 수 없게 될 위험이 있어 채무자의 권리를 대위하여 행사하는 것이 자기 채권의 현실적 이행을 유효·적절하게 확보하기 위하여 필요한지 여부를 기준으로 판단하여야 하고, 채권자대위권의 행사가 채무자의 자유로운 재산관리행위에 대한 부당한 간섭이 되는 등 특별한 사정이 있는 경우에는 보전의 필요성을 인정할 수 없다(대판 1993.10.8. 93다28867, 대판 2013.5.23. 2010다50014, 대판 2017.7.11. 2014다89355 등 참조).

3. 채권자가 자신의 '금전채권'을 보전하기 위하여 채무자를 대위하여 '부동산에 관한' 공유물분할청구권을 행사하는 것은, 책임재산의 보전과 직접적인 관련이 없어 채권의 현실적 이행을 유효·적절하게 확보하기 위하여 필요하다고 보기 어렵고 채무자의 자유로운 재산관리행위에 대한 부당한 간섭이 되므로 보전의 필요성을 인정할 수 없다. 또한 특정 분할방법을 전제하고 있지 않는 공유물분할청구권의 성격 등에 비추어 볼 때 그 대위행사를 허용하면 여러 법적 문제들이 발생한다. 따라서 극히 예외적인 경우가 아니라면 금전채권자는 부동산에 관한 공유물분할

청구권을 대위행사할 수 없다고 보아야 한다.

이는 채무자의 공유지분이 다른 공유자들의 공유지분과 함께 근저당권을 공동으로 담보하고 있고, 근저당권의 피담보채권이 채무자의 공유지분 가치를 초과하여 채무자의 공유지분만을 경매하면 남을 가망이 없어 민사집행법 제102조에 따라 경매절차가 취소될 수밖에 없는 반면, 공유물분할의 방법으로 공유부동산 전부를 경매하면 민법 제368조 제1항에 따라 각 공유지분의 경매대가에 비례해서 공동근저당권의 피담보채권을 분담하게 되어 채무자의 공유지분 경매대가에서 근저당권의 피담보채권 분담액을 변제하고 남을 가망이 있는 경우에도 마찬가지이다.

4. 이와 달리 공유물에 근저당권 등 선순위 권리가 있어 남을 가망이 없다는 이유로 민사집행법 제102조에 따라 공유지분에 대한 경매절차가 취소된 경우에는 공유자의 금전채권자는 자신의 채권을 보전하기 위하여 공유자의 공유물분할청구권을 대위행사할 수 있다는 취지로 판단한 대판 2015.12.10. 2013다56297은 이 판결의 견해에 배치되는 범위에서 이를 변경하기로 한다"(대판 2020.5.21. 전합2018다879).

[사실관계] 채무초과인 채무자의 책임재산으로 아파트의 공유지분이 있으나, 공유지분에 대한 강제집행이 근저당권 등 선순위 권리로 인하여 곤란하게 되자, 금전채권자인 원고가 채무자를 대위하여 아파트에 관한 공유물분할을 청구한 사안에서, 대법원은 금전채권 보전을 위한 부동산에 관한 공유물분할청구권 대위행사는 보전의 필요성을 인정할 수 없고, 그 대위행사를 허용하면 여러 법적 문제가 발생한다는 이유로, 극히 예외적인 경우가 아니면 금전채권자가 부동산에 관한 공유물분할청구권을 대위행사할 수 없고, 이는 책임재산인 공유지분에 대한 강제집행이 근저당권 등 선순위 권리로 인하여 곤란한 사정이 있더라도 마찬가지라고 하여, 공유물분할청구권 대위행사를 인정한 원심판결을 파기환송하였다. 아울러 근저당권 등 선순위 권리가 있어 남을 가망이 없다는 이유로 공유지분에 대한 경매절차가 취소된 경우에는 공유자의 금전채권자가 공유물분할청구권을 대위행사할 수 있다고 판단한 대판 2015.12.10. 2013다56297도 변경하였다.

정답 ○

정답 ○

유제 전부

---

3 ★ 채권자 대위권의 행사요건으로 보전의 필요성이 인정되기 위하여는 우선 적극적 요건으로서 채권자가 채권자대위권을 행사하지 않으면 피보전채권의 완전한 만족을 얻을 수 없게 될 위험의 존재가 인정되어야 하고, 나아가 채권자대위권을 행사하는 것이 그러한 위험을 제거하여 피보전채권의 현실적 이행을 유효·적절하게 확보하여 주어야 하며, 다음으로 소극적 요건으로서 채권자대위권의 행사가 채무자의 자유로운 재산관리행위에 대한 부당한 간섭이 된다는 사정이 없어야 한다. (   )

3-1 채권자인 보험자가 금전채권인 부당이득반환채권을 보전하기 위하여 채무자인 피보험자를 대위하여 제3채무자인 요양기관을 상대로 진료비 상당의 부당이득반환채권을 행사하는 형태의 채권자대위소송에서 채무자가 자력이 있는 때에는 보전의 필요성이 인정된다고 볼 수 없다. (   )

판결요지

"[1] 채권자는 자기의 채권을 보전하기 위하여 일신에 전속한 권리가 아닌 한 채무자의 권리를 행사할 수 있다(민법 제404조 제1항). 권리의 행사 여부는 권리자가 자유로운 의사에 따라 결정하는 것이 원칙이다. 채무자가 스스로 권리를 행사하지 않는데도 채권자가 채무자를 대위하여 채무자의 권리를 행사할 수 있으려면 그러한 채무자의 권리를 행사함으로써 채권자의 권리를 보전해야 할 필요성이 있어야 한다. 여기에서 보전의 필요성은 채권자가 보전하려는 권리의 내용, 채권자가 보전하려는 권리가 금전채권인 경우 채무자의 자력 유무, 채권자가 보전하려는 채권과 대위하여 행사하려는 권리의 관련성 등을 종합적으로 고려하여 채권자가 채무자의 권리를 대위하여 행사하지 않으면 자기 채권의 완전한 만족을 얻을 수 없게 될 위험이 있어 채무자의 권리를 대위하여 행사하는 것이 자기 채권의 현실적 이행을 유효·적절하게 확보하기 위하여 필요한지를 기준으로 판단하여야 하고, 채권자대위권의 행사가 채무자의 자유로운 재산관리행위에 대한 부당한 간섭이 되는 등 특별한 사정이 있는 경우에는 보전의 필요성을 인정할 수 없다.

위 법리에 따르면, 보전의 필요성이 인정되기 위하여는 우선 적극적 요건으로서 채권자가 채권자대위권을 행사하지 않으면 피보전채권의 완전한 만족을 얻을 수 없게 될 위험의 존재가 인정되어야 하고, 나아가 채권자대위권을 행사하는 것이 그러한 위험을 제거하여 피보전채권의 현실적 이행을 유효·적절하게 확보하여 주어야 하며, 다음으로 소극적 요건으로서 채권자대위권의 행사가 채무자의 자유로운 재산관리행위에 대한 부당한 간섭이 된다는 사정이 없어야 한다. 이러한 적극적 요건과 소극적 요건은 채권자가 보전하려는 권리의 내용, 보전하려는 권리가 금전채권인 경우 채무자의 자력 유무, 피보전채권과 채권자가 대위행사하는 채무자의 권리와의 관련성 등을 종합적으로 고려하여 인정 여부를 판단하여야 한다.

[2] [다수의견] 피보험자가 임의 비급여 진료행위에 따라 요양기관에 진료비를 지급한 다음 실손의료보험계약상의 보험자에게 청구하여 진료비와 관련한 보험금을 지급받았는데, 진료행위가 위법한 임의 비급여 진료행위로서 무효인 동시에 보험자와 피보험자가 체결한 실손의료보험계약상 진료행위가 보험금 지급사유에 해당하지 아니하여 보험자가 피보험자에 대하여 보험금 상당의 부당이득반환채권을 갖게 된 경우, 채권자인 보험자가 금전채권인 부당이득반환채권을 보전하기 위하여 채무자인 피보험자를 대위하여 제3채무자인 요양기관을 상대로 진료비 상당의 부당이득반환채권을 행사하는 형태의 채권자대위소송에서 채무자가 자력이 있는 때에는 보전의 필요성이 인정된다고 볼 수 없다. 구체적인 이유는 다음과 같다.

(가) 채무자인 피보험자가 자력이 있는 경우라면, 특별한 사정이 없는 한 채권자인 보험자가 채무자의 요양기관에 대한 부당이득반환채권을 대위하여 행사하지 않으면 자신의 채무자에 대한 부당이득반환채권의 완전한 만족을 얻을 수 없게 될 위험이 있다고 할 수 없다. 나아가 피보전채권인 보험자의 피보험자에 대한 부당이득반환채권과 대위채권인 피보험자의 요양기관에 대한 부당이득반환채권 사이에는 피보전채권의 실현 또는 만족을 위하여 대위권리의 행사가 긴밀하게 필요하다는 등의 밀접한 관련성을 인정할 수도 없다. 만약 채무자인 피보험자의 자력이 있는데도 보전의 필요성을 인정한다면, 이는 채권자인 보험자에게 사실상의 담보를 취득하게 하는 특권을 부여하고, 법적 근거 없이 직접청구권을 인정하는 위험을 야기하며, 다른 채권자보다 우선하여 보험자의 채권만족이 실현되어 채권자평등주의에 기반한 민사집행법 체계와 조화를 이루지 못할 우려가 있다.

(나) 보험자가 요양기관의 위법한 임의 비급여 진료행위가 무효라는 이유로 자력이 있는 피보험자의 요양기관에 대한 권리를 대위하여 행사하는 것은 피보험자의 자유로운 재산관리행위에 대한 부당한 간섭이 될 수 있다(대판 2022.8.25. 전합2019다229202).

정답 ○

유제

정답 ○

---

4 ★ 재산분할청구권은 협의 또는 심판에 의하여 구체적 내용이 형성되기까지는 그 범위 및 내용이 불명확·불확정하기 때문에 구체적으로 권리가 발생하였다고 할 수 없어 채무자의 책임재산에 해당한다고 보기 어렵고, 채권자의 입장에서는 채무자의 재산분할청구권 불행사가 그의 기대를 저버리는 측면이 있다고 하더라도 채무자의 재산을 현재의 상태보다 악화시키지 아니한다. (   )

4-1 ★★ 이혼으로 인한 재산분할청구권은 그 행사 여부가 청구인의 인격적 이익을 위하여 그의 자유로운 의사결정에 전적으로 맡겨진 권리로서 행사상의 일신전속성을 가지므로, 채권자대위권의 목적이 될 수 없고 파산재단에도 속하지 않는다고 보아야 한다. 23년 3차모의 (   )

판결요지

※ 이혼으로 인한 재산분할청구권 : 채권자대위권의 피대위채권

"이혼으로 인한 재산분할청구권은 이혼을 한 당사자의 일방이 다른 일방에 대하여 재산분할을 청구할 수 있는 권리로서 청구인의 재산에 영향을 미치지만, 순전한 재산법적 행위와 같이 볼 수는 없다. 오히려 이혼을 한 경우 당사자는 배우자, 자녀 등과의 관계 등을 종합적으로 고려하여 재산분할청구권 행사 여부를 결정하게 되고, 법원은 청산적 요소뿐만 아니라 이혼 후의 부양적 요소, 정신적 손해(위자료)를 배상하기 위한 급부로서의 성질 등도 고려하여 재산을 분할하게 된다. 또한 재산분할청구권은 협의 또는 심판에 의하여 구체적 내용이 형성되기까지는 그 범위 및 내용이 불명확·불확정하기 때문에 구체적으로 권리가 발생하였다고 할 수 없어 채무자의 책임재산에 해당한다고 보기 어렵고, 채권자의 입장에서는 채무자의 재산분할청구권 불행사가 그의 기대를 저버리는 측면이 있다고 하더라도 채무자의 재산을 현재의 상태보다 악화시키지 아니한다. 이러한 사정을 종합하면, 이혼으로 인한 재산분할청구권은 그 행사 여부가 청구인의 인격적 이익을 위하여 그의 자유로운 의사결정에 전적으로 맡겨진 권리로서 행사상의 일신전속성을 가지므로, 채권자대위권의 목적이 될 수 없고 파산재단에도 속하지 않는다고 보아야 한다"(대결 2022.7.28. 2022스613). **정답** ○

유제 **정답** ○

| 비교판례 |

> ※ **이혼으로 인한 재산분할청구권 : 채권자대위권의 피보전채권**
> "이혼으로 인한 재산분할청구권은 협의 또는 심판에 의하여 그 구체적 내용이 형성되기까지는 그 범위 및 내용이 불명확·불확정하기 때문에 구체적으로 권리가 발생하였다고 할 수 없으므로 이를 보전하기 위하여 채권자대위권을 행사할 수 없다"(대판 1999.4.9. 98다58016 : 5회,7회 선택형). 그러나 채권자취소권은 입법적으로 가능하게 되었다(제839조의3 참조).

| 비교판례 |

> ※ **구체화되지 않은 재산분할청구권의 포기가 사해행위가 될 수 있는지 여부(소극)**
> "이혼으로 인한 재산분할청구권은 이혼을 한 당사자의 일방이 다른 일방에 대하여 재산분할을 청구할 수 있는 권리로서 이혼이 성립한 때에 그 법적 효과로서 비로소 발생하는 것일 뿐만 아니라, 협의 또는 심판에 의하여 구체적 내용이 형성되기까지는 그 범위 및 내용이 불명확·불확정하기 때문에 구체적으로 권리가 발생하였다고 할 수 없으므로 협의 또는 심판에 의하여 구체화되지 않은 재산분할청구권은 채무자의 책임재산에 해당하지 아니하고, 이를 포기하는 행위 또한 채권자취소권의 대상이 될 수 없다"(대판 2013.10.11. 2013다7936 : 4회,11회 선택형).

> ※ **이혼으로 인한 재산분할청구권이 사해행위가 될 수 있는지 여부(원칙적 소극)**
> "이혼에 따른 재산분할은 혼인 중 쌍방의 협력으로 형성된 공동재산의 청산이라는 성격에 상대방에 대한 부양적 성격이 가미된 제도임에 비추어 재산분할이 제839조의2 제2항의 규정 취지에 따른 상당한 정도를 벗어나는 과대한 것이라고 인정할 만한 특별한 사정이 없는 한, 사해행위로서 취소되어야 할 것은 아니고, 다만 상당한 정도를 벗어나는 초과부분에 대하여는 적법한 재산분할이라고 할 수 없기 때문에 이는 사해행위에 해당하여 취소의 대상으로 될 수 있을 것이나, 이 경우에도 취소되는 범위는 그 상당한 정도를 초과하는 부분에 한정하여야 한다"(대판 2000.9.29. 2000다25569 : 4회 선택형).

채권자취소권 : 피보전채권

1 ★ 사해행위 당시 채무자에 대하여 근로기준법 등에 따라 최우선변제권을 갖는 임금채권자가 존재하는 경우 물적 담보권자인 취소채권자가 그 담보물로부터 우선변제 받을 금액은 사해행위 당시를 기준으로 담보물의 가액에서 우선변제권 있는 임금채권액을 먼저 공제한 다음 산정하여야 하고, 취소채권자는 그 채권액에서 위와 같이 산정된 '담보물로부터 우선변제받을 금액'을 공제한 나머지 채권액에 대하여만 채권자취소권이 인정된다.   (   )

판결요지

1. 물적 담보권자인 취소채권자가 채권자취소권을 행사할 수 있는 피보전채권의 범위

"[1] 주채무자 또는 제3자 소유의 부동산에 관하여 채권자 앞으로 근저당권이 설정되어 있고, 부동산의 가액 및 채권최고액이 당해 채무액을 초과하여 채무 전액에 대하여 채권자에게 우선변제권이 확보되어 있다면 그 범위 내에서는 채무자의 재산처분 행위가 채권자를 해하지 아니하므로, 채무자가 비록 재산을 처분하는 법률행위를 하더라도 채권자에 대하여 사해행위가 성립하지 않고, 채무액이 부동산의 가액 및 채권최고액을 초과하는 경우에는 '그 담보물로부터 우선변제받을 금액'을 공제한 나머지 채권액에 대하여만 채권자취소권이 인정된다. 이때 취소채권자가 '담보물로부터 우선변제받을 금액'은 사해행위 당시를 기준으로 담보물의 가액에서 취소채권자에 앞서는 선순위 담보물권자가 변제받을 금액을 먼저 공제한 다음 산정하여야 한다."

2. 사해행위 당시 채무자에 대하여 근로기준법 등에 따라 최우선변제권을 갖는 임금채권자가 존재하는 경우 물적 담보권자인 취소채권자가 그 담보물로부터 우선변제 받을 금액의 범위

[2] 채권자취소권에 의하여 보호될 수 있는 채권은 원칙적으로 사해행위라고 볼 수 있는 행위가 행하여지기 전에 발생된 것임을 요하지만, 사해행위 당시에 이미 채권 성립의 기초가 되는 법률관계가 발생되어 있고, 가까운 장래에 그 법률관계에 기하여 채권이 성립되리라는 점에 대한 고도의 개연성이 있으며, 실제로 가까운 장래에 그 개연성이 현실화되어 채권이 성립된 경우에는, 그 채권도 채권자취소권의 피보전채권이 될 수 있다.
이러한 법리는 물적 담보권자가 채권자취소권을 행사할 수 있는 피보전채권의 범위를 정하는 경우에도 마찬가지로 적용된다. 이에 따라 취소채권자가 채무자 소유의 부동산에 관하여 근저당권을 설정하였는데 사해행위 당시 채무자에 대하여 근로기준법 제38조 제2항 제1호, 제1항, 근로자퇴직급여 보장법 제12조 제2항, 제1항에 따라 최우선변제권을 갖는 임금채권이 이미 성립되어 있고, 임금채권자가 우선변제권 있는 임금채권에 기하여 취소채권자의 담보물에 관하여 압류나 가압류 등기를 마치는 등 가까운 장래에 우선변제권을 행사하리라는 점에 대한 고도의 개연성이 있으며, 실제로 가까운 장래에 임금채권자가 그 담보물에 관하여 우선변제권을 행사하여 그 개연성이 현실화된 경우에는, 사해행위 당시 담보물로부터 우선변제를 받을 수 없는 일반채권이 발생할 고도의 개연성이 가까운 장래에 현실화된 것이므로 그 일반채권도 채권자취소권을 행사할 수 있는 피보전채권이 될 수 있다. 이러한 경우 취소채권자가 '담보물로부터 우선변제받을 금액'은 사해행위 당시를 기준으로 담보물의 가액에서 우선변제권 있는 임금채권액을 먼저 공제한 다음 산정하여야 하고, 취소채권자는 그 채권액에서 위와 같이 산정된 '담보물로부터 우선변제받을 금액'을 공제한 나머지 채권액에 대하여만 채권자취소권이 인정된다"(대판 2021. 11. 25. 2016다 263355).

정답 ○

2 ★ 사해행위 당시 이미 채무 성립의 기초가 되는 법률관계가 성립되어 있고 가까운 장래에 그 법률관계에 기초하여 채무가 성립되리라는 고도의 개연성이 있으며 실제로 가까운 장래에 그 개연성이 현실화되어 채무가 성립된 경우, 그 채무도 채무자의 소극재산에 포함되는데, 여기에서 '채무 성립의 기초가 되는 법률관계'에는 채무 성립의 개연성이 있는 준법률관계나 사실관계 등도 포함된다. 따라서 당사자 사이에 채권 발생을 목적으로 하는 계약의 교섭이 상당히 진행되어 계약체결의 개연성이 고도로 높아진 단계도 여기에 포함될 수 있다.　　　　　　　　　　　　　　(　)

2-1 사해행위로 주장되는 토지나 건물의 양도 자체에 대한 양도소득세와 지방소득세 채무를 사해행위로 주장되는 행위 당시의 채무초과상태를 판단할 때 소극재산으로 고려할 수 없다.　　(　)

판결요지

"[1] 민법 제406조의 채권자취소권의 대상인 '사해행위'란 채무자가 적극재산을 감소시키거나 소극재산을 증가시킴으로써 채무초과상태에 이르거나 이미 채무초과상태에 있는 것을 심화시킴으로써 채권자를 해치는 행위를 말한다. 채무초과상태를 판단할 때 소극재산은 원칙적으로 사해행위가 있기 전에 발생되어야 하지만, 사해행위 당시 이미 채무 성립의 기초가 되는 법률관계가 성립되어 있고 가까운 장래에 그 법률관계에 기초하여 채무가 성립되리라는 고도의 개연성이 있으며 실제로 가까운 장래에 그 개연성이 현실화되어 채무가 성립되었다면, 그 채무도 채무자의 소극재산에 포함된다. 여기에서 채무 성립의 기초가 되는 법률관계에는 당사자 사이의 약정에 의한 법률관계에 한정되지 않고 채무 성립의 개연성이 있는 준법률관계나 사실관계 등도 포함된다. 따라서 당사자 사이에 채권 발생을 목적으로 하는 계약의 교섭이 상당히 진행되어 계약체결의 개연성이 고도로 높아진 단계도 여기에 포함될 수 있다.

[2] 토지나 건물의 양도에 따른 양도소득세와 지방소득세는 과세표준이 되는 금액이 발생한 달, 즉 양도로 양도차익이 발생한 토지나 건물의 양도일이 속하는 달의 말일에 소득세를 납부할 의무가 성립한다. 여기에서 양도는 대가적 수입을 수반하는 유상양도를 가리키고 소득세법 제98조, 같은 법 시행령 제162조에 따르면 양도시기는 대금을 청산하기 전에 소유권이전등기를 하는 경우 등 예외적인 경우를 제외하고는 대금이 모두 지급된 날을 가리킨다.

사해행위로 주장되는 토지나 건물의 양도 자체에 대한 양도소득세와 지방소득세 채무는 통상적으로 토지나 건물의 양도에 대한 대금이 모두 지급된 이후에 비로소 성립하므로 사해행위로 주장하는 행위 당시에는 아직 발생하지 않는다. 양도소득세와 지방소득세 채무 성립의 기초가 되는 법률관계가 사해행위로 주장되는 행위 당시 이미 성립되었다거나 이에 기초하여 이러한 채무가 성립할 고도의 개연성이 있다고 볼 수도 없다. 토지나 건물에 관하여 소득세법에 따른 양도가 이루어지지 않았을 때에는 양도소득세와 지방소득세 채무 성립의 기초가 되는 법률관계가 존재한다고 보기 어렵고, 토지나 건물의 양도에 관한 계약 등의 교섭이 진행되는 경우라 하더라도 이는 양도소득세와 지방소득세 채무를 성립시키기 위한 교섭이라고 볼 수 없어서 채무 성립의 개연성 있는 준법률관계나 사실관계 등에 해당한다고 볼 수 없다. 따라서 사해행위로 주장되는 토지나 건물의 양도 자체에 대한 양도소득세와 지방소득세 채무는 사해행위로 주장되는 행위 당시의 채무초과상태를 판단할 때 소극재산으로 고려할 수는 없다"

(대판 2022.7.14. 2019다281156).

정답 ○

유제

정답 ○

3 사해행위 당시 계속적인 물품거래관계가 존재하였다는 사정만으로 채권 성립의 기초가 되는 법률관계가 발생하여 있었다고 할 수 없다. ( )

판결요지

"[1] 채권자취소권에 의하여 보호될 수 있는 채권은 원칙적으로 사해행위라고 볼 수 있는 행위가 행하여지기 전에 발생된 것임을 요하지만, 사해행위 당시에 이미 채권 성립의 기초가 되는 법률관계가 발생되어 있고, 가까운 장래에 그 법률관계에 터 잡아 채권이 성립되리라는 점에 대한 고도의 개연성이 있으며, 실제로 가까운 장래에 개연성이 현실화되어 채권이 성립된 경우에는, 그 채권도 채권자취소권의 피보전채권이 될 수 있다.

[2] 계속적인 물품공급계약에서 대상이 되는 물품의 구체적인 수량, 거래단가, 거래시기 등에 관하여까지 구체적으로 미리 정하고 있다거나, 일정한 한도에서 공급자가 외상으로 물품을 공급할 의무를 규정하고 있지 않은 이상, 계속적 물품공급계약 그 자체에 기하여 거래당사자의 채권이 바로 성립하지는 아니하며, 주문자가 상대방에게 구체적으로 물품의 공급을 의뢰하고 그에 따라 상대방이 물품을 공급하는 별개의 법률관계가 성립하여야만 채권이 성립한다. 따라서 특별한 사정이 없는 한 사해행위 당시 계속적인 물품거래관계가 존재하였다는 사정만으로 채권 성립의 기초가 되는 법률관계가 발생하여 있었다고 할 수 없다"(대판 2023.3.16. 2022다272046) **정답** ○

채권자취소권 : 사해행위

1 ★ 채무자가 자금난으로 사업을 계속 추진하기 어려운 상황에서 자금을 융통하여 사업을 계속 추진하는 것이 채무 변제력을 갖게 되는 최선의 방법이라고 생각하고 자금을 융통하기 위하여 부득이 그 재산을 특정 채권자에게 담보로 제공하고 그로부터 신규자금을 추가로 융통받았다면 그러한 채무자의 담보제공행위는 궁극적으로 일반채권자를 해하는 행위로 볼 수 없다. ( )

판결요지

※ 담보제공행위가 사업계속 추진을 위한 신규자금 융통을 위한 행위로서 사해성이 부정되는지 판단기준

"채무초과상태에 있는 채무자가 그 소유의 재산을 채권자 중의 어느 한 사람에게 채권담보로 제공하는 행위는 특별한 사정이 없는 한 다른 채권자들에 대한 관계에서 사해행위에 해당한다. 다만 채무자가 자금난으로 사업을 계속 추진하기 어려운 상황에서 자금을 융통하여 사업을 계속 추진하는 것이 채무 변제력을 갖게 되는 최선의 방법이라고 생각하고 자금을 융통하기 위하여 부득이 그 재산을 특정 채권자에게 담보로 제공하고 그로부터 신규자금을 추가로 융통받았다면 그러한 채무자의 담보제공행위는 궁극적으로 일반채권자를 해하는 행위로 볼 수 없다. 이때 담보제공행위가 사업계속 추진을 위한 신규자금 융통을 위한 행위로서 사해성이 부정되는지 여부는, 행위목적물이 채무자의 전체 책임재산 가운데에서 차지하는 비율, 무자력의 정도, 그 행위가 사업을 계속 추진하여 채무를 변제하거나 변제자력을 얻기 위한 불가피하고 유효적절한 수단이었는지, 담보제공이 합리적인 범위에서 이루어진 것인지, 실제 자금이 채권자에 대한 변제나 사업의 계속을 위해 사용되어 채무자가 변제자력을 갖게 되었는지, 채무자가 일부 채권자와 통모하여 다른 채권자를 해칠 의사를 가지고 행한 것은 아닌지 등 여러 사정을 종합적으로 고려하여 판단하여야 한다"(대판 2022.1.13. 2017다264072, 264089). **정답** ○

2 ★ 채무자의 재산이 채무의 전부를 변제하기에 부족한 경우에 채무자가 그의 재산을 어느 특정 채권자에게 대물변제나 담보조로 제공하였다면 특별한 사정이 없는 한 이는 곧 다른 채권자의 이익을 해하는 것으로서 다른 채권자들에 대한 관계에서 사해행위가 되는 것이고, 위와 같이 <u>대물변제나 담보조로 제공된 재산이 채무자의 유일한 재산이 아니라거나 그 가치가 채권액에 미달한다고 하여도 마찬가지이다.</u> ( )

2-1 ★ 채무자에게 사업의 갱생이나 계속 추진의 의도가 있더라도 신규자금의 융통 없이 단지 기존채무의 이행을 유예받기 위하여 자신의 채권자 중 한 사람에게 담보를 제공하는 행위는 다른 특별한 사정이 없는 한 다른 채권자들에 대한 관계에서는 사해행위에 해당한다. ( )

2-2 의료병원 운영자 甲이 채무초과 상태에서 乙 저축은행으로부터 대출을 받으면서 담보로 국민건강보험공단에 대한 현재 또는 장래의 요양급여채권을 양도하고, 위 대출금의 상당 부분을 丙 저축은행에 대한 기존 대출금 채무 변제에 사용한 경우, 위 채권양도는 甲의 채무초과 상태를 더욱 심화시키고 乙 은행에 대해서만 다른 채권자에 우선하여 자신의 채권을 회수할 기회를 부여하는 것으로 볼 수 있으므로 사해행위에 해당한다. ( )

판결요지

※ 채무초과 상태의 채무자가 그의 재산을 특정 채권자에게 대물변제나 담보조로 제공한 경우, 사해행위에 해당하는지 여부(원칙적 적극) 및 이는 대물변제나 담보조로 제공된 재산이 채무자의 유일한 재산이 아니거나 그 가치가 채권액에 미달하는 경우라도 마찬가지인지 여부(적극)

"[1] 채무자의 재산이 채무의 전부를 변제하기에 부족한 경우에 채무자가 그의 재산을 어느 특정 채권자에게 대물변제나 담보조로 제공하였다면 특별한 사정이 없는 한 이는 곧 다른 채권자의 이익을 해하는 것으로서 다른 채권자들에 대한 관계에서 사해행위가 되는 것이고, 위와 같이 대물변제나 담보조로 제공된 재산이 채무자의 유일한 재산이 아니라거나 그 가치가 채권액에 미달한다고 하여도 마찬가지이다.

[2] 자금난으로 사업을 계속 추진하기 어려운 상황에 처한 채무자가 자금을 융통하여 사업을 계속 추진하는 것이 채무 변제력을 갖게 되는 최선의 방법이라고 생각하고 자금을 융통하기 위하여 부득이 특정 채권자에게 담보를 제공하고 그로부터 신규자금을 추가로 융통받았다면 채무자의 담보권 설정행위는 사해행위에 해당하지 않을 수 있다. 그러나 이러한 경우에도 채무자에게 사업의 갱생이나 계속 추진의 의도가 있더라도 신규자금의 융통 없이 단지 기존채무의 이행을 유예받기 위하여 자신의 채권자 중 한 사람에게 담보를 제공하는 행위는 다른 특별한 사정이 없는 한 다른 채권자들에 대한 관계에서는 사해행위에 해당한다"(대판 2022.1.14. 2018다295103). **정답** ○

유제 모두 **정답** ○

[사실관계] 의료병원 운영자 甲이 채무초과 상태에서 乙 저축은행으로부터 대출을 받으면서 담보로 국민건강보험공단에 대한 현재 또는 장래의 요양급여채권을 양도하고, 위 대출금의 상당 부분을 丙 저축은행에 대한 기존 대출금 채무 변제에 사용한 사안에서, 위 채권양도는 甲의 채무초과 상태를 더욱 심화시키고 乙 은행에 대해서만 다른 채권자에 우선하여 자신의 채권을 회수할 기회를 부여하는 것으로 볼 수 있으므로 사해행위에 해당한다고 한 사례

3 ★ 유일한 재산인 영업재산과 영업권이라도 이를 상당한 가격으로 매각하고 그 매각대금 중 상당 부분이 채무 변제에 사용된 경우라면 그 매각은 사해행위에 해당하지 않는다. ( )

판결요지

"채무자가 자기의 유일한 재산인 부동산을 매각하여 소비하기 쉬운 금전으로 바꾸는 경우, 매각 목적이 채무를 변제하거나 변제자력을 얻기 위한 것이고 대금이 부당한 염가가 아니며 실제 이를 채권자에 대한 변제에 사용하거나 변제자력을 유지하고 있는 때에는 채무자가 일부 채권자와 통모하여 다른 채권자를 해칠 의사를 가지고 변제를 하는 등의 특별한 사정이 없는 한, 사해행위에 해당한다고 볼 수 없다. 이러한 법리는 유일한 재산으로서 영업재산과 영업권이 유기적으로 결합된 일체로서 영업을 양도하는 경우에도 마찬가지로 적용된다"(대판 2021.10.28. 2018다223023). 정답 ○

4 채무자의 영업양도가 사해행위에 해당하는 경우에도, 영업양수인이 제3자의 명의를 차용하여 영업재산의 일부인 상가 임차인 명의, 영업수입계좌 명의 등 채권적 권리의 명의를 그 제3자의 명의로 하였다면, 그 제3자는 영업양수인에게 영업과 관련하여 명의만 빌려준 것일 뿐, 사해행위인 영업 양도양수계약을 통해 채무자로부터 일탈된 책임재산을 취득한 수익자라고 볼 수 없으므로, 위 제3자가 수익자임을 전제로 하는 사해행위취소청구의 소는 기각되어야 한다. ( )

4-1 甲이 乙에게 사업체에 관한 영업권을 양도하면서 乙의 요청에 따라 영업재산의 일부인 상가 임차인 명의, 영업수입계좌 명의 등을 丙명의로 하자, 甲의 채권자 丁이 丙을 상대로 丁과 丙사이의 영업권양도계약에 대한 사해행위취소 및 원상회복을 청구한 경우 법원은 丁의 청구를 기각하는 판결을 선고하여야 한다. ( )

판결요지

※ 채무자의 영업양도가 사해행위에 해당하고, 이때 영업양수인이 제3자의 명의를 차용하여 영업재산의 일부인 상가 임차인 명의, 영업수입계좌 명의 등 채권적 권리의 명의를 그 제3자의 명의로 한 경우, 채권자가 명의대여자인 위 제3자에 대하여 사해행위취소소송을 제기할 수 있는지 여부(소극)

"원심은 이 사건 영업의 양수인은 소외 1이고, 피고는 소외 1에게 이 사건 영업과 관련하여 명의만 빌려준 것일 뿐, 사해행위인 이 사건 영업 양도양수계약을 통해 채무자인 소외 2로부터 일탈된 책임재산을 취득한 수익자라고 보기 어렵다는 취지에서 피고가 수익자임을 전제로 하는 원고의 사해행위취소청구를 기각하였다.

관련 법리와 기록에 비추어 살펴보면, 이러한 원심의 판단은 정당하고, 거기에 상고이유 주장과 같이 사해행위의 수익자에 관한 법리오해, 심리미진, 석명의무 위반 등의 잘못이 없다"(대판 2022.10.27. 2017다278330). 정답 ○

유제 정답 ○

[사실관계] 甲(양도인)이 乙(양수인)에게 이 사건 사업체에 관한 영업권을 양도하면서 乙의 요청에 따라 영업재산의 일부인 상가 임차인 명의, 영업수입계좌 명의 등을 피고 丙명의로 하자, 원고(甲의 채권자 丁)가 피고(명의대여자 丙)를 상대로 원고 丁과 피고 丙사이의 영업권양도계약에 대한 사해행위취소 및 원상회복을 청구한 사안에서, 양도인(甲)과 피고 丙사이에 사해행위취소 대상인 영업양도계약이 체결된 바 없고 피고 丙은 단순 명의대여자에 불과하다는 이유로 원고 丁의 피고 丙에 대한 사해행위취소 및 원상회복청구를 기각한 원심판단을 수긍한 사례

5 ★ 채무자가 수익자에게 양도한 부동산에 관하여 일반채권에 대하여 우선변제권이 있는 조세채권 등에 기초한 압류등기가 마쳐져 있는 경우에는 그 부동산 중에서 일반채권자의 공동담보에 제공되는 책임재산을 산정할 때 위 조세채권액 등을 공제하여야 한다 ( )

판결요지

대판 2023.9.21. 2023다249739판시내용

정답 ○

[사실관계] 채권자인 원고는 채무자로부터 채무자 소유의 부동산 공유지분 1/2(이하 '이 사건 지분'이라고 함)을 매수한 피고를 상대로 매매계약을 사해행위로 취소하고 가액배상을 구하는 소송을 제기하였는데, 위 매매계약 당시 위 부동산 전체에 근저당권이 설정되어 있었고, 이 사건 지분에 국세 등 조세채권에 기한 압류등기가 마쳐져 있었다. 원심은, 원고의 청구를 인용하였는데 이 사건 지분 중 일반채권자들의 공동담보에 제공되는 책임재산을 산정하면서 위 근저당권의 피담보채무액 중 1/2에 해당하는 금액만을 공제하였고, 위 조세채권액은 공제하지는 않았다. 이에 대해 대법원은, 이 사건 지분 중 책임재산을 산정할 때 위 근저당권의 피담보채무액 전부를 공제하여야 하고, 위 조세채권액도 공제하여야 하는데, 원심은 이와 달리 판단하였으므로 잘못이 있으나, 위와 같이 공제를 하더라도 이 사건 지분이 갖는 공동담보가액이 원고가 사해행위취소 및 가액배상을 구하고 있는 원고의 채권액을 넘는 금액이므로 원심의 위와 같은 잘못이 판결에 영향을 미치지 않았다는 이유로 피고의 상고를 기각함

6 ★★ 채무자가 재산처분행위를 할 당시 적극재산을 산정함에 있어서는 다른 특별한 사정이 없는 한 실질적으로 재산적 가치가 없어 채권의 공동담보로서의 역할을 할 수 없는 재산은 이를 제외하여야 하고, 재산이 채권인 경우에는 그것이 용이하게 변제를 받을 수 있는 확실성이 있는 것인지 여부를 합리적으로 판정하여 그것이 긍정되는 경우에 한하여 적극재산에 포함시켜야 한다. ( )

6-1 ★ 그 채권이 용이하게 실질적으로 재산적 가치가 없어 채권의 공동담보로서의 역할을 할 수 없는 재산에 해당한다는 점에 대한 주장·증명책임은 피고가 된 수익자 또는 전득자가 부담한다. ( )

6-2 ★ 채무자가 일반채권자 일부에 대한 특정 채무의 이행과 관련하여 그보다 적은 가액의 다른 채권 기타 적극재산을 양도함에 따라 채무초과상태가 유발되었는지 여부를 판단하기 위한 채무자의 책임재산을 산정함에 있어 양도된 재산을 적극재산에서 제외하였다고 하더라도, 특별한 사정이 없는 한 위 특정 채무 중 양도된 재산과 같은 금액에 해당하는 부분도 소극재산에서 제외하여야 할 것은 아니다. ( )

판결요지

"[1] 채무자의 재산처분행위가 사해행위가 되기 위해서는 그 행위로 말미암아 채무자의 총재산의 감소가 초래되어 채권의 공동담보에 부족이 생기게 되어야 하는 것, 즉 채무자의 소극재산이 적극재산보다 많아져야 하는 것인바, 채무자가 재산처분행위를 할 당시 적극재산을 산정함에 있어서는 다른 특별한 사정이 없는 한 실질적으로 재산적 가치가 없어 채권의 공동담보로서의 역할을 할 수 없는 재산은 이를 제외하여야 하고, 재산이 채권인 경우에는 그것이 용이하게 변제를 받을 수 있는 확실성이 있는 것인지 여부를 합리적으로 판정하여 그것이 긍정되는 경우에 한하여 적극재산에 포함시켜야 한다. 나아가, 채무자의 재산처분행위가 사해행위에 해당함을 주장하면서 그 취소를 구하는 채권자는 채무자의 재산처분행위로 인하여 무자력 또는 채무초과상태가 초래되었다는 사실에 관한 주장·증명책임을 부담하므로, 어떠한 채권의 존부 및 범위에 관한 증명이 있는 경우에는, 그 채권이 용이하게 변제를 받을 수 있는 확실성이 없는 등 실질적으로 재산적 가치가 없어 채권의 공동담보로서의 역할을 할 수 없는 재산에 해당한다는 점에 대한 주장·증명책임 역시 취소채권자가 부담한다.

[2] 채무자가 여러 채권자 중 일부에게만 채무의 이행과 관련하여 그 채무의 본래 목적이 아닌 다른 채권 기타 적극재산을 양도함으로써 채무초과상태를 유발 또는 심화시킨 경우, 채무자의 총재산에는 변동이 없지만 일반채권자를 위한 공동담보가 되는 책임재산을 감소시키는 결과가 초래되므로, 그와 같은 적극재산의 양도 행위는 채무자

가 특정 채권자에게 채무 본지에 따른 변제를 하는 경우와 달리 <u>원칙적으로 다른 채권자들에 대한 관계에서는 사해행위가 될 수 있고,</u> 예외적으로 사해성의 일반적인 판단 기준에 비추어 그 행위가 궁극적으로 일반채권자를 해하는 행위로 볼 수 없는 경우에는 사해행위의 성립이 부정될 수 있다. 이때 채무자가 일반채권자 일부에 대한 특정 채무의 이행과 관련하여 그보다 적은 가액의 다른 채권 기타 적극재산을 양도함에 따라 채무초과상태가 유발되었는지 여부를 판단하기 위한 채무자의 책임재산을 산정함에 있어 양도된 재산을 적극재산에서 제외하였다면, 특별한 사정이 없는 한 <u>위 특정 채무 중 양도된 재산과 같은 금액에 해당하는 부분도 소극재산에서 제외하여야 할 것이다</u>"(대판 2023.10.8. 2023다237804).

정답 ○

유제 모두

정답 ×

[사실관계] 원심은, 채무자(피고보조참가인)가 채권(19억 원)에 관한 담보로 설정 받은 근저당권(채권최고액 15억 원)을 특정 채권자(피고)에 대한 기존 채무의 변제 명목으로 양도한 것이 사해행위라고 보아 원고의 청구를 인용하였는데, ① 19억 원 채권 중 근저당권으로 담보되지 않은 '4억 원 부분'이 공동담보로서의 역할을 할 수 없는 재산이라고 보아 적극재산에서 제외하였고, ② 소극재산 산정 시에는 채무자의 피고에 대한 기존 채무액을 그대로 인정하였으나 이에 대해 대법원은, ① '4억 원 부분'은 공정증서까지 작성되어 있어 이를 집행함에 별다른 장애가 있었던 것으로 보이지 않고, 그 채무자는 해당 부동산의 등기부에 기재된 신탁원부상 상당한 범위의 수익권을 가지고 있을 가능성이 많음에도 그 내용조차 확인하지 않았으며, 마치 피고 및 피고보조참가인에게 '4억 원 부분'이 공동담보로서의 역할을 할 수 있다는 점에 대한 주장·증명책임이 있음 전제로 하여 적극재산에서 제외시킨 점, ② 채무자의 책임재산을 산정할 때 양도한 근저당권의 채권최고액에 해당하는 금액을 적극재산에서 제외하였다면, 기존 채무의 변제 명목으로 양도받은 이상 적어도 채무자의 소극재산 중 같은 금액에 해당하는 부분도 소극재산에서 제외하였어야 한다는 점을 이유로, 이와 달리 판단한 원심판결을 파기·환송한 사례

채권자취소권 : 사해의사

1 사해행위취소소송에서 수익자의 선의 여부는 채무자와 수익자의 관계, 채무자와 수익자 사이의 처분행위의 내용과 그에 이르게 된 경위 또는 동기, 처분행위의 거래조건이 정상적이고 이를 의심할 만한 특별한 사정이 없으며 정상적인 거래관계임을 뒷받침할 만한 객관적인 자료가 있는지 여부, 처분행위 이후의 정황 등 여러 사정을 종합적으로 고려하여 논리칙·경험칙에 비추어 합리적으로 판단하여야 한다.   ( )

1-1 사해행위취소소송에서는 수익자의 선의 여부만이 문제 되고 수익자의 선의에 과실이 있는지 여부는 묻지 않는다. 이와 같은 법리는 사해행위취소소송과 실질을 같이하는 채무자 회생 및 파산에 관한 법률 제391조 제1호에서 정한 고의부인의 행사에 관하여도 마찬가지로 적용될 수 있다. ( )

1-2 채무자 회생 및 파산에 관한 법률 제391조 제1호에 따르면 파산관재인은 파산재단을 위하여 채무자가 파산채권자를 해하는 것을 알고 한 행위를 부인할 수 있다. 다만 부인의 대상이 되는 행위라고 하더라도 이로 인하여 이익을 받은 자가 행위 당시 파산채권자를 해하게 되는 사실을 알지 못한 경우에는 그 행위를 부인할 수 없으나, 그와 같은 수익자의 악의는 추정되므로, 수익자 자신이 선의에 대한 증명책임을 부담한다.   ( )

판결요지

"[1] 채무자 회생 및 파산에 관한 법률 제391조 제1호에 따르면 파산관재인은 파산재단을 위하여 채무자가 파산채권자를 해하는 것을 알고 한 행위를 부인할 수 있다. 다만 부인의 대상이 되는 행위라고 하더라도 이로 인하여 이익을 받은 자가 행위 당시 파산채권자를 해하게 되는 사실을 알지 못한 경우에는 그 행위를 부인할 수 없으나, 그와 같은 수익자의 악의는 추정되므로, 수익자 자신이 선의에 대한 증명책임을 부담한다.

[2] 사해행위취소소송에서 수익자의 선의 여부는 채무자와 수익자의 관계, 채무자와 수익자 사이의 처분행위의 내용과 그에 이르게 된 경위 또는 동기, 처분행위의 거래조건이 정상적이고 이를 의심할 만한 특별한 사정이 없으며 정상적인 거래관계임을 뒷받침할 만한 객관적인 자료가 있는지 여부, 처분행위 이후의 정황 등 여러 사정을 종합적으로 고려하여 논리칙·경험칙에 비추어 합리적으로 판단하여야 한다. 또한 사해행위취소소송에서는 수익자의 선의 여부만이 문제 되고 수익자의 선의에 과실이 있는지 여부는 묻지 않는다. 이와 같은 법리는 사해행위취소소송과 실질을 같이하는 채무자 회생 및 파산에 관한 법률 제391조 제1호에서 정한 고의부인의 행사에 관하여도 마찬가지로 적용될 수 있다."(대판 2023.9.21. 2023다234553). 정답 ○   유제 모두 정답 ○

채권자취소권 : 제척기간

1 ★★ 가등기와 본등기의 원인인 법률행위가 '다르다면' 사해행위 요건의 구비 여부는 본등기의 원인인
법률행위를 기준으로 판단해야 하고 제척기간의 기산일도 본등기의 원인인 법률행위가 사해행위임을 안 때라고 보아야 한다.　　　　　　　　　　　　　　　　　　　　　23년 2차·3차모의 (　)

1-1 ★ 채무자가 유일한 재산인 부동산에 관하여 가등기의 효력이 소멸한 상태에서 새로 매매계약을 체결하고 말소되어야 할 가등기를 기초로 하여 본등기를 한 경우 사해행위 요건의 구비 여부는 새로운 매매계약을 기준으로 판단해야한다.　　　　　　　　　　　　　　　　　　　　(　)

1-2 ★ 乙의 채무자인 甲이 자신의 유일한 재산인 X부동산에 관해 丙과 2004. 8. 30. 매매예약을 체결하고 소유권이전등기청구권 보전을 위한 가등기를 했으나 2014 .9. 30 丁과 새로운 매매계약을 체결하면서 종전 가등기를 유용하기로 합의하고 가등기에 기해 본등기를 했다면, 사해행위 요건과 제척기간은 甲과 丙의 종전 매매예약이 아니라 甲과 丁의 새로운 매매계약을 기준으로 판단하여야 한다.　　　　　　　　　　　　　　　　　　　　　　　　　　　　(　)

판결요지

※ 가등기에 기하여 본등기가 마쳐진 경우, 사해행위 요건의 구비 여부를 판단하는 기준 시기
"[1] 가등기에 기하여 본등기가 마쳐진 경우 가등기의 원인인 법률행위와 본등기의 원인인 법률행위가 다르지 않다면 사해행위 요건의 구비 여부는 가등기의 원인인 법률행위를 기준으로 하여 판단해야 한다. 그러나 가등기와 본등기의 원인인 법률행위가 다르다면 사해행위 요건의 구비 여부는 본등기의 원인인 법률행위를 기준으로 판단해야 하고 제척기간의 기산일도 본등기의 원인인 법률행위가 사해행위임을 안 때라고 보아야 한다.
[2] 채무자가 유일한 재산인 부동산에 관하여 가등기의 효력이 소멸한 상태에서 새로 매매계약을 체결하고 말소되어야 할 가등기를 기초로 하여 본등기를 한 행위는 가등기의 원인인 법률행위와 별개로 일반채권자의 공동담보를 감소시키는 것으로 특별한 사정이 없는 한 채권자취소권의 대상인 사해행위이고, 이때 본등기의 원인인 새로운 매매계약을 기준으로 사해행위 여부나 제척기간의 준수 여부를 판단해야 한다"(대판 2021.9.30. 2019다266409).

정답 ○   **유제 모두**   **정답** ○

[사실관계] 원고의 채무자인 甲이 자신 소유인 부동산에 관해 제3자와 매매예약을 체결하고 소유권이전등기청구권 보전을 위한 가등기를 했으나 매매예약 완결권의 소멸시효가 지난 후 피고들과 새로운 매매계약을 체결하면서 종전 가등기를 유용하기로 합의하고 가등기에 기해 본등기를 한 사안에서, 대법원은 원심이 본등기의 원인인 매매계약과 가등기의 원인인 매매예약이 다르다는 이유로 새로운 매매계약을 기준으로 사해행위 요건과 제척기간을 판단해야 한다고 판단한 것은 위 법리에 비추어 정당하다고 보아 상고를 기각하였다.

2 ★ 민법 제406조 제2항에서 정한 채권자가 '취소원인을 안 날'이란 채권자취소권의 피보전채권이 성립하는 시점과 관계없이 '채권자가 취소원인을 안 날'이라고 보아야 하고, 이는 채권자취소권의 피보전채권이 피고인에 대하여 추징을 명한 형사판결이 확정됨으로써 비로소 현실적으로 성립하게 되는 경우에도 마찬가지이다.   ( )

판결요지

※ 추징금채권이 성립되기 전에는 단기 제척기간이 기산되지 않는지 여부(소극)

"추징금 재판은 민사집행법에서 정한 집행절차 또는 국세징수법에 따른 국세체납처분의 예에 따라 집행할 수 있고 (형사소송법 제477조 제3항, 제4항), 추징금 납부의무자가 납부를 피하기 위하여 한 재산의 처분 기타 재산권을 목적으로 한 법률행위에 대하여는 사해행위취소 및 원상회복청구를 할 수 있는데(국세징수법 제25조). 이와 같은 국세징수법 제25조에 의한 사해행위취소의 소도 민법 제406조 제2항에서 정한 제소기간 내에 제기되어야 한다. 민법 제406조 제2항에서 정한 채권자가 '취소원인을 안 날'이란 단순히 채무자의 법률행위가 있었다는 사실을 아는 것만으로는 부족하고, 그 법률행위가 채권자를 불리하게 하는 행위라는 것, 즉 그 행위에 의하여 채권의 공동담보에 부족이 생기거나 이미 부족상태에 있는 공동담보가 한층 더 부족하게 되어 채권을 완전하게 만족시킬 수 없게 된다는 것까지 알아야 한다. 채무자가 유일한 재산인 부동산을 처분하였다는 사실을 채권자가 알았다면 특별한 사정이 없는 한 채무자의 사해의사도 채권자가 알았다고 봄이 타당하다. 채무자의 법률행위가 통정허위표시인 경우에도 채권자취소권의 대상이 됨은 마찬가지이다(대판 1998.2.27. 97다50985 판결 등 참조).

위와 같은 법리는, 사해행위 당시에 이미 채권 성립의 기초가 되는 법률관계가 발생되어 있고, 가까운 장래에 그 법률관계에 터 잡아 채권이 성립되리라는 점에 대한 고도의 개연성이 있으며, 실제로 가까운 장래에 그 개연성이 현실화되어 채권이 성립되는 등 예외적으로 그 채권을 채권자취소권의 피보전채권으로 인정하는 경우에도 동일하게 적용된다. 따라서 그 단기 제척기간의 기산일 역시 채권자취소권의 피보전채권이 성립하는 시점과 관계없이 '채권자가 취소원인을 안 날'이라고 보아야 하고, 이는 채권자취소권의 피보전채권이 피고인에 대하여 추징을 명한 형사판결이 확정됨으로써 비로소 현실적으로 성립하게 되는 경우에도 마찬가지이다"(대판 2022.5.26. 2021다288020).

정답 ○

[사실관계] 추징을 포함한 유죄 취지의 1심 판결이 선고되자, 국가가 피고인의 부동산 구입자금·소유관계를 구체적으로 확인한 다음 피고인이 피고에게 증여한 부동산에 관하여 추징보전청구를 하였고, 그로부터 1년이 경과하였으나 유죄판결 확정시로부터는 9개월 후에 추징금채권을 피보전채권으로 하여 사해행위취소소송을 제기한 사안에서, 원심이 '추징보전명령의 결정일'을 단기 제척기간의 기산일이라고 보았으나, 추징금채권을 피보전채권으로 하는 경우에도 '기초적 법률관계론'이 적용됨을 전제로 '추징보전명령을 청구한 시점'이 단기 제척기간의 기산일이라고 판단하여, 원심의 판시에 일부 부적절한 부분이 있지만 결론이 정당할 뿐만 아니라 법리오해로 판결에 영향을 미친 잘못이 없다고 보아 상고를 기각한 사례

채권자취소권 : 원물반환과 가액반환

1 ★★ 저당권이 설정된 부동산이 사해행위로 증여되었다가 그 저당권의 실행 등으로 말미암아 수증자인 수익자에게 돌아갈 배당금청구권이 있음에도 배당금지급금지가처분 등으로 인하여 현실적으로 지급되지 못한 경우, 채권자취소권의 행사에 따른 원상회복의 방법은 수익자가 취득한 배당금청구권을 채무자에게 반환하는 방법으로 이루어져야 하고, 이는 배당금채권의 양도와 그 채권양도의 통지를 배당금채권의 채무자에게 할 것을 명하는 형태가 된다. ( )

1-1 ★ 사해행위 이후 그 부동산에 관하여 제3자가 저당권을 취득한 경우에는, 그 피담보채권액은 사해행위 당시 일반 채권자들의 공동담보였던 부분에 속하므로 채권자취소권의 행사에 따른 원상회복의 범위에서 이를 공제할 수 없고, 이를 포함한 전부가 가액배상 등 원상회복의 범위에 포함된다 할 것인데, 이는 채무자의 부동산에 관하여 증여 등 사해행위로 수익자에게 그 소유권이 이전된 후 경매의 실행으로 배당절차가 진행된 경우에도 마찬가지로, 그 부동산 가액 중 수익자의 채권자가 배당절차에 참여하여 취득한 배당액 상당은 사해행위 당시 채무자의 일반 채권자들의 공동담보였으므로 가액배상 등 원상회복의 범위에서 공제하여 산정할 것은 아니고, 수익자의 채권자가 채무자의 일반채권자에 해당하는 지위를 겸하고 있다고 하여 달리 볼 것도 아니다. ( )

1-2 ★ 채무자 A 및 그 배우자인 피고 B가 X 아파트 중 각 1/2 지분을 소유한 상태에서 근저당권이 설정되었고, 채무자 A가 피고 B에게 자기 소유 지분을 증여한 후 근저당권 등의 실행에 따라 B에게 배당이 이루어지자, 채무자 A의 채권자인 원고 C가 증여계약이 사해행위에 해당함을 이유로 사해행위취소 및 원상회복을 구한 경우, B의 채권자 D에 대한 배당액이 X 아파트 중 피고 B소유 지분과 관련된 것일 뿐 아니라 증여계약 체결 당시 채무자 A의 일반 채권자 C에 대한 공동담보에 포함되므로 원상회복의 범위에서 제외되지 않는다고 보아야 한다. ( )

> **판결요지**

1. 저당권이 설정된 부동산의 소유권이 사해행위로 양도된 후 저당권의 실행으로 말미암아 양수인인 수익자에게 배당이 이루어진 경우, 사해행위취소에 따른 원상회복의 방법

"저당권이 설정된 부동산이 사해행위로 증여되었다가 그 저당권의 실행 등으로 말미암아 수증자인 수익자에게 돌아갈 배당금청구권이 있음에도 배당금지급금지가처분 등으로 인하여 현실적으로 지급되지 못한 경우, 채권자취소권의 행사에 따른 원상회복의 방법은 수익자가 취득한 배당금청구권을 채무자에게 반환하는 방법으로 이루어져야 하고, 이는 배당금채권의 양도와 그 채권양도의 통지를 배당금채권의 채무자에게 할 것을 명하는 형태가 된다. 채권자취소권의 행사에 따른 가액배상은 사해행위 당시 채무자의 일반 채권자들의 공동담보로 되어 있어 사해행위가 성립하는 범위 내의 부동산 가액 전부의 배상을 명하는 것으로, 저당권이 설정된 부동산에 관하여 사해행위가 이루어진 경우 부동산의 가액에서 그 저당권의 피담보채권액을 공제한 잔액의 범위 내에서만 사해행위가 성립하므로, 사실심 변론종결 시 기준의 부동산 가액에서 저당권의 피담보채권액을 공제한 잔액의 한도에서 사해행위를 취소하고 가액의 배상을 구할 수 있다"

2. 원상회복의 범위에 수익자의 채권자가 배당절차에 참여하여 취득한 배당액 상당이 포함되는지 여부(적극) 및 수익자의 채권자가 채무자의 일반채권자의 지위를 겸하는 경우에 달리 볼 수 있는지 여부(소극)

따라서 사해행위 이후 그 부동산에 관하여 제3자가 저당권을 취득한 경우에는, 그 피담보채권액은 사해행위 당시 일반 채권자들의 공동담보였던 부분에 속하므로 채권자취소권의 행사에 따른 원상회복의 범위에서 이를 공제할 수 없고, 이를 포함한 전부가 가액배상 등 원상회복의 범위에 포함된다 할 것인데, 이는 채무자의 부동산에 관하여 증여 등 사해행위로 수익자에게 그 소유권이 이전된 후 경매의 실행으로 배당절차가 진행된 경우에도 마찬가지로,

그 부동산 가액 중 수익자의 채권자가 배당절차에 참여하여 취득한 배당액 상당은 사해행위 당시 채무자의 일반 채권자들의 공동담보였으므로 가액배상 등 원상회복의 범위에서 공제하여 산정할 것은 아니고, 수익자의 채권자가 채무자의 일반채권자에 해당하는 지위를 겸하고 있다고 하여 달리 볼 것도 아니다"(대판 2023.6.29. 2022다244928).

`정답` ○   `유제 모두` `정답` ○

[사실관계] 채무자 및 그 배우자인 피고가 이 사건 아파트 중 각 1/2 지분을 소유한 상태에서 근저당권이 설정되었고, 채무자가 피고에게 자기 소유 지분을 증여한 후 근저당권 등의 실행에 따라 수익자 및 피고 등에게 배당이 이루어지자, 채무자의 채권자인 원고가 증여계약이 사해행위에 해당함을 이유로 사해행위취소 및 원상회복을 구하였다. 원심은, 이 사건 아파트의 가액의 1/2에서 당해세(1순위) 및 근저당권자(2순위)에 대한 배당액의 각 1/2을 공제한 후 피고(수익자)의 채권자 D에 대한 배당액(3순위)까지 전부 공제한 나머지 액수의 범위에서만 원상회복 청구를 인용하였으나, 대법원은 D에 대한 배당액이 이 사건 아파트 중 피고 소유 지분과 관련된 것일 뿐 아니라 이 사건 증여계약 체결 당시 채무자의 일반 채권자들에 대한 공동담보에 포함되므로 원상회복의 범위에서 제외되지 않는다고 보아, 원심의 판단에 사해행위취소에 따른 원상회복의 범위에 대한 법리를 오해함으로써 판결에 영향을 미친 잘못이 있다는 이유로 원심판결을 파기·환송하였다.

[청구취지] 1. 가. 제1심 공동피고 2와 피고 사이에 2019. 12. 31. 체결된 별지 기재 부동산에 관한 증여계약을 (사실심 변론종결 시 기준의 부동산 가액에서 저당권의 피담보채권액을 공제한 잔액의 한도에서) 취소한다. 나. 피고는 제1심 공동피고 2에게 별지 기재 채권 중 7,477,695원의 배당금출급채권을 (원고의 피보전채권액과 앞서 본 원상회복의 한도인 140,610,097원을 비교한 후 적은 액수의 범위 내에서) 양도하고, 대한민국(의정부지방법원 세입세출 외 현금출납공무원)에 대하여 위 채권이 양도되었다는 취지의 통지를 하라(서울중앙지방법원 2022. 5. 17. 2021나12321 참조).

1-3 ★ 근저당권설정계약을 사해행위로 취소하는 경우 경매절차가 진행되어 타인이 소유권을 취득하고 근저당권설정등기가 말소되었다면 원물반환이 불가능하므로 가액배상의 방법으로 원상회복을 명한다.   (   )

1-4 이때 배당표가 확정되었으나 배당금지급금지가처분 등으로 인하여 수익자가 배당금을 현실적으로 지급받지 못한 경우에는, 수익자의 배당금청구권을 사해행위를 한 채무자에게 반환하는 방법으로 원상회복이 이루어져야 하고, 이는 배당금채권을 사해행위를 한 채무자에게 양도하고 채권양도의 통지를 배당금채권의 채무자에게 할 것을 명하는 형태가 된다.   (   )

`판결요지`

※ 1. 근저당권설정계약이 사해행위로 취소되었는데 이미 경매절차가 진행되어 타인이 소유권을 취득하고 근저당권설정등기가 말소되었고, 수익자는 아직 배당금을 현실적으로 지급받지 못한 경우 원상회복의 방법(= 배당금채권의 양도), 2. 그 배당금채권 양도의 상대방(= 채무자)

근저당권설정계약을 사해행위로 취소하는 경우 경매절차가 진행되어 타인이 소유권을 취득하고 근저당권설정등기가 말소되었다면 원물반환이 불가능하므로 가액배상의 방법으로 원상회복을 명한다. 이때 배당표가 확정되었으나 배당금지급금지가처분 등으로 인하여 수익자가 배당금을 현실적으로 지급받지 못한 경우에는, 수익자의 배당금청구권을 사해행위를 한 채무자에게 반환하는 방법으로 원상회복이 이루어져야 하고, 이는 배당금채권을 사해행위를 한 채무자에게 양도하고 채권양도의 통지를 배당금채권의 채무자에게 할 것을 명하는 형태가 된다(대판 1997.10.10. 97다8687 판결, 대판 2018.4.10. 2016다272311 판결 등 참조)"(대판 2023.11.16. 2023다254519).

`유제`   `정답` ○

                                                                 `정답` ○

채권자취소권 : 취소권 행사의 효과

1 ★ 압류 및 추심명령 당시 피압류채권이 이미 대항요건을 갖추어 양도되어 그 명령이 효력이 없는 것이 되었다면, 그 후의 사해행위취소소송에서 채권양도계약이 취소되어 채권이 원채권자에게 복귀하였다고 하더라도 이미 무효로 된 압류 및 추심명령이 다시 유효로 되는 것은 아니다. ( )

판결요지

"압류 및 추심명령 당시 피압류채권이 이미 대항요건을 갖추어 양도되어 그 명령이 효력이 없는 것이 되었다면, 그 후의 사해행위취소소송에서 채권양도계약이 취소되어 채권이 원채권자에게 복귀하였다고 하더라도 이미 무효로 된 압류 및 추심명령이 다시 유효로 되는 것은 아니다"(대판 2020.10.15. 2019다235702). 정답 ○

2 여러 채권자가 사해행위취소 및 원상회복청구의 소를 제기하여 여러 개의 소송이 계속 중인 경우, 각 소송에서 채권자의 청구에 따라 사해행위의 취소 및 원상회복을 명하는 판결을 선고하여야 한다. ( )

2-1 위의 경우 수익자가 가액배상을 하여야 할 경우, 수익자가 반환하여야 할 가액 범위 내에서 각 채권자의 피보전채권액 전액의 반환을 명하여야 한다. ( )

2-2 ★ 여러 개의 사해행위취소소송에서 각 가액배상을 명하는 판결이 선고·확정되어 수익자가 어느 채권자에게 자신이 배상할 가액의 일부 또는 전부를 반환한 경우, 다른 채권자에 대하여 각 사해행위취소 판결에서 가장 다액으로 산정된 공동담보가액에서 자신이 반환한 가액을 공제한 금액을 초과하는 범위에서 청구이의의 방법으로 집행권원의 집행력의 배제를 구할 수 있을 뿐이다. ( )

2-3 ★ 채권자 甲, 乙이 수익자 丁을 상대로 2022. 3. 1. 체결된 채무자 丙과 丁 사이의 X토지(시가 2억 원이고, 피담보채무 1억 원의 저당권이 기존에 설정되어 있었으나 丁이 같은 달 2. 소유권이전등기 후 변제하여 당일 저당권말소 시킴) 매매계약에 대하여 사해행위취소 및 가액반환을 구하는 소를 각각 제기하였는데, 모두 승소하여 위 매매계약은 취소되었고 甲은 1억 원, 乙은 8천 만원의 가액반환판결을 받아 확정되었다. 丁은 판결확정 후 甲에게 9천만 원을 지급하고서 甲으로부터는 남은 금액에 대해 집행하지 않겠다는 각서를 받았다. 이 경우 甲의 집행포기의 효력은 乙에게 미치지 않으므로 乙은 丁에게 1천 만원의 지급을 청구할 수 있을 뿐이다. 만약 乙이 8천 만원의 확정판결로 丁의 재산에 대해 집행할 경우 丁은 1천만 원을 초과하는 범위에서 '제3자이의의 소'가 아닌 '청구이의의 소'의 방법으로 집행력을 배제할 수 있다. 23년 3차모의 ( )

판결요지

[1] 여러 채권자가 사해행위취소 및 원상회복청구의 소를 제기하여 여러 개의 소송이 계속 중인 경우, 각 소송에서 채권자의 청구에 따라 사해행위의 취소 및 원상회복을 명하는 판결을 선고하여야 하는지 여부(적극) 및 수익자가 가액배상을 하여야 할 경우, 수익자가 반환하여야 할 가액 범위 내에서 각 채권자의 피보전채권액 전액의 반환을 명하여야 하는지 여부(적극)

"[1] 채권자취소권의 요건을 갖춘 각 채권자는 고유의 권리로서 채무자의 재산처분 행위를 취소하고 원상회복을 구할 수 있다. 그러므로 여러 채권자가 동시에 또는 시기를 달리하여 사해행위취소 및 원상회복청구의 소를 제기한 경우, 어느 한 채권자가 동일한 사해행위에 관하여 사해행위취소 및 원상회복청구를 하여 승소판결을 받아 그 판결이 확정되었다는 것만으로는 그 후에 제기된 다른 채권자의 동일한 청구가 권리보호의 이익이 없게 되는 것은 아니고, 그에 기하여 재산이나 가액의 회복을 마친 경우에 비로소 다른 채권자의 사해행위취소 및 원상회복청구가 그와 중첩되는 범위 내에서 권리보호의 이익이 없게 된다. 따라서 여러 채권자가 사해행위취소 및 원상회복청구의 소를 제기하여 여러 개의 소송이 계속 중인 경우에는 각 소송에서 채권자의 청구에 따라 사해행위의 취소 및 원상회복을 명하는 판결을 선고하여야 하고, 수익자가 가액배상을 하여야 할 경우에도 수익자가 반환하여야 할 가액 범위 내에서 각 채권자의 피보전채권액 전액의 반환을 명하여야 한다"

[2] 여러 개의 사해행위취소소송에서 각 가액배상을 명하는 판결이 선고·확정되어 수익자가 어느 채권자에게 자신이 배상할 가액의 일부 또는 전부를 반환한 경우, 수익자가 다른 채권자에 대하여 청구이의의 방법으로 집행권원의 집행력의 배제를 구할 수 있는 범위

"[2] 여러 개의 사해행위취소소송에서 각 가액배상을 명하는 판결이 선고되어 확정된 경우, 각 채권자의 피보전채권액을 합한 금액이 사해행위 목적물의 가액에서 일반채권자들의 공동담보로 되어 있지 않은 부분을 공제한 잔액(이하 '공동담보가액'이라 한다)을 초과한다면 수익자가 채권자들에게 반환하여야 할 가액은 공동담보가액이 될 것인데, 그럼에도 수익자는 공동담보가액을 초과하여 반환하게 되는 범위 내에서 이중으로 가액을 반환하게 될 위험에 처할 수 있다. 이때 각 사해행위취소 판결에서 산정한 공동담보가액의 액수가 서로 달라 수익자에게 이중지급의 위험이 발생하는지를 판단하는 기준이 되는 공동담보가액은, <u>그중 다액(다액)의 공동담보가액이 이를 산정한 사해행위취소소송의 사실심 변론종결 당시의 객관적인 사실관계와 명백히 다르고 해당 소송에서의 공동담보가액의 산정 경위 등에 비추어 그 가액을 그대로 인정하는 것이 심히 부당하다고 보이는 등의 특별한 사정이 없는 한 그 다액에 해당하는 금액이라고 보는 것이 채권자취소권의 취지 및 채권자취소소송에서 변론주의 원칙 등에 부합한다. 따라서 수익자가 어느 채권자에게 자신이 배상할 가액의 일부 또는 전부를 반환한 때에는 다른 채권자에 대하여 각 사해행위취소 판결에서 가장 다액으로 산정된 공동담보가액에서 자신이 반환한 가액을 공제한 금액을 초과하는 범위에서 청구이의의 방법으로 집행권원의 집행력의 배제를 구할 수 있을 뿐이다… 나아가 사해행위취소소송에서의 취소채권자는 수익자로부터 책임재산 가액을 수령할 권능만을 가질 뿐 다른 채권자를 대신하여 공동담보에 대한 권리를 포기할 수는 없으므로, 신용보증기금이 선행판결에 기하여 더 이상 강제집행을 하지 않겠다고 합의하였다는 사정은 공동담보가액의 산정 및 그에 기한 이중지급의 위험 범위에 영향을 미치지 못한다"</u>(대판 2022.8.11. 2018다202774).

☞ 유제 3의 경우 수익자 丁이 채권자 甲에게 자신이 배상할 가액 1억 원의 일부인 9천만 원을 반환한 때에는 다른 채권자 乙에 대하여 각 사해행위취소 판결에서 가장 다액으로 산정된 공동담보가액인 1억 원에서 자신이 반환한 가액인 9천만 원을 공제한 금액인 1천만 원을 초과하는 범위에서 청구이의의 방법으로 집행권원의 집행력의 배제를 구할 뿐이다. **정답 ○**   **유제 모두**   **정답 ○**

[사실관계] 채권자들이 채무자와 수익자(이 사건 원고) 사이의 이 사건 부동산에 대한 매매계약에 관하여 각 사해행위취소 및 가액배상판결을 받았는데, 각 판결에서 산정한 이 사건 부동산의 공동담보가액 액수가 다름(1판결: 1,500만 원, 2판결 : 9,500만 원, 3판결 : 5,500만 원)

☞ 원고는 9,500만 원의 가액배상 판결(2판결)을 받은 채권자 B와 사이에, 원고가 B에게 6,000만 원을 변제하고 나머지 3,500만 원에 대해서는 더 이상 강제집행을 하지 않겠다는 합의를 하였음

☞ 원고는 5,500만 원의 가액배상 판결(3판결)을 받은 다른 취소채권자인 피고를 상대로 하여, 원고의 B에 대한 변제로 인하여 3판결에서 명한 원고의 피고에 대한 가액배상금 5,500만 원 채무도 소멸하였다고 주장하면서 그 집행력 배제를 구하는 청구이의의 소를 제기하였음

대법원은, 원고는 각 판결에서 산정한 공동담보가액 중 다액인 9,500만 원 중 6,000만 원을 지급하였을 뿐이므로 달리 특별한 사정이 없는 한 나머지 공동담보가액에 해당하는 3,500만 원을 초과한 범위에서만 이중지급의 위험이 있다고 보아야 하고, 채권자 B가 더 이상은 강제집행을 하지 않겠다고 합의하였다는 사정은 위 공동담보가액의 산정 및 그에 기한 이중지급의 위험 범위에 영향을 미치지 못하기 때문에, 원고는 3판결에 기한 가액배상금 5,500만 원 중 나머지 공동담보가액 3,500만 원을 초과한 2,000만 원의 범위 내에서만 이중지급의 위험이 있음을 이유

로 그 집행력의 배제를 구할 수 있다고 보아, 이와 달리 3판결에 기한 가액배상금채권 5,500만 원이 변제로 모두 소멸하여 그 집행력이 전부 배제되어야 한다고 판단한 원심을 파기환송한 사안

※ 청구이의의 소와 제3자이의의 소 비교·정리

	청구이의의 소	제3자이의의 소
목적	집행권원의 집행력 배제	특정 목적물에 대한 집행의 배제
대상적격	집행권원	특정 목적물에 대한 집행
원고적격	집행채무자	제3자
이의사유 (이의원인)	집행권원상 청구권을 소멸시키거나 그 효력을 잃게 하는 사유. 단, 확정판결과 같이 기판력 있는 집행권원의 경우, 이의사유 발생 시점에 따른 제한이 있음	집행 목적물의 양도나 인도를 막을 수 있는 권리로서 채권자에게 대항할 수 있는 권리
임의경매	임의경매 절차에서는 제기할 수 없음	임의경매 절차에서도 제기할 수 있음
공통 사항	- 채권자대위권에 기한 소 제기 가능 - 소 제기만으로는 강제집행이 정지되지 않아, 별도로 강제집행의 정지를 위한 잠정처분을 신청해야 함. 집행이 종료된 경우에는 소의 이익이 없음	

3 ★ 수익자가 사해행위취소 소송의 확정판결에 따른 원상회복으로 대체물 인도의무를 이행하지 않았다는 이유만으로 취소채권자가 수익자를 상대로 민법 제395조에 따라 이행지체로 인한 전보배상을 구할 수는 없다. 다만 수익자의 대체물 인도의무에 대한 강제집행이 불가능하거나 현저히 곤란하다고 평가할 수 있는 경우에는 전보배상을 구할 수 있다.　　　　　　　　　　　　　　　　(　)

[판결요지]

※ 수익자가 사해행위취소 소송의 확정판결에 따른 원상회복으로 대체물 인도의무를 이행하지 않은 경우, 취소채권자가 수익자를 상대로 민법 제395조에 따라 이행지체로 인한 전보배상을 구할 수 있는지 여부(원칙적 소극) 및 이때 수익자의 대체물 인도의무에 대한 강제집행이 불가능하거나 현저히 곤란하다고 평가할 수 있는 경우에는 전보배상을 구할 수 있는지 여부(적극)

"가. 민법 제395조에 따르면, 채무자가 채무의 이행을 지체한 경우에 채권자가 상당한 기간을 정하여 이행을 최고하여도 그 기간 내에 이행하지 않은 경우 채권자는 이행에 갈음한 손해배상청구를 할 수 있다. 이는 대체물 인도의무를 이행하지 않는 경우에도 마찬가지이다. 그러나 수익자가 사해행위취소 소송의 확정판결에 따른 원상회복으로 대체물 인도의무를 이행하지 않았다는 이유만으로 취소채권자가 수익자를 상대로 민법 제395조에 따라 이행지체로 인한 전보배상을 구할 수는 없다. 다만 수익자의 대체물 인도의무에 대한 강제집행이 불가능하거나 현저히 곤란하다고 평가할 수 있는 경우에는 전보배상을 구할 수 있다. 이유는 다음과 같다.

나. ① 사해행위취소에 따른 원상회복은 원칙적으로 취소채권자가 아닌 채무자에게 이루어지고, 이러한 취소와 원상회복은 모든 채권자의 이익을 위하여 그 효력이 있다(민법 제407조). 그러므로 수익자의 원상회복의무 불이행이 취소채권자에게 가지는 의미는 일반적인 채무불이행이 채권자에게 가지는 의미와 같지 않다. 또한 본래의 채무이행은 민법 제395조에 따라 이행에 갈음하여 이루어지는 전보배상과 규범적으로 동등하게 평가될 수 있으나, 사해행위취소에 따른 채무자에 대한 원물반환의무의 이행과 민법 제395조에 따른 취소채권자에 대한 전보배상이 언

제나 규범적으로 동등하게 평가될 수 있는 것은 아니다. 이러한 특수성은 사해행위취소에 따른 원상회복과 관련하여 민법 제395조가 적용될 수 있는지를 판단하는 국면에 반영될 필요가 있다.

② 민법 제406조 제1항에 따라 채권자의 사해행위취소 및 원상회복청구가 인정되면, 수익자는 원상회복으로서 사해행위의 목적물을 채무자에게 반환할 의무를 지게 되고, 사해행위 목적물의 가액배상은 원물반환이 불가능하거나 현저히 곤란한 경우에 한하여만 허용된다. 한편 사해행위취소에 따른 원상회복의무 불이행을 이유로 한 민법 제395조에 따른 전보배상청구는 민법 제406조 제1항에 따른 원상회복청구의 일환으로 이루어지는 가액배상청구와 소송물을 달리하기는 하나, 본래 채무자에게 이루어져야 할 원물반환에 갈음하여 취소채권자에게 금전을 지급하라는 내용의 청구라는 점, 이러한 청구를 쉽게 허용할 경우 원물반환 원칙이나 채권자평등 원칙이 약화될 우려가 있다는 점에서는 가액배상청구와 공통된다. 그러므로 이러한 전보배상청구는 가액배상과 마찬가지로 일정한 요건 아래에서만 제한적으로 허용될 필요가 있다.

③ 채무자가 일정한 수량의 대체물을 인도할 의무를 부담하는 경우 채권자는 그 의무에 대한 강제집행이 불능일 때 그에 갈음하여 금전의 지급을 구할 수 있고, 이러한 대체물 인도의무의 집행불능을 이유로 그에 갈음한 금전의 지급을 구하는 청구의 성질은 이행지체로 인한 전보배상을 구하는 것이다. 이러한 법리는 사해행위취소 소송에서 확정된 대체물 인도의무의 강제집행이 불가능하거나 현저히 곤란하다고 평가할 수 있는 경우에도 적용될 수 있다.

④ 취소채권자가 원물반환에 갈음하여 금전을 지급받을 경우 사실상 우선변제를 받게 되는 결과가 초래될 수는 있으나, 이는 이미 가액배상과 관련하여 현행 채권자취소 관련 규정의 해석상 불가피하게 발생하는 결과이고, 전보배상의 제한적 허용으로 인하여 새롭게 창출되는 결과는 아니다. 또한 사해행위가 취소된 경우 사해행위로 인하여 이익을 얻은 수익자는 그 이익을 채무자의 책임재산으로 환원하여야 한다는 요청은, 원상회복은 원칙적으로 원물반환의 형태로 이루어져야 한다는 요청보다 상위에 있다. 그러므로 대체물을 보유하고 있지는 않으나 이를 조달하여 인도하는 것은 가능하다는 이유로 가액배상이 아닌 원물반환을 명하는 확정판결을 받은 수익자가 대체물 인도의무를 이행하지 않고, 강제집행을 하는 것도 불가능하거나 현저히 곤란하다는 특별한 사정이 있다면, 수익자에게 사해행위로 인한 이익을 그대로 보유하게 하기보다는 전보배상의 형태로 그 이익을 반환하게 하는 것이 더 바람직하다"(대판 2024.2.15. 2019다238640). **정답** ○

제5장 수인의 채권자 및 채무자

분할채권

1 ★ 공유물 무단 점유자에 대한 차임 상당 부당이득반환청구권은 특별한 사정이 없는 한 각 공유자에게 지분 비율만큼 귀속된다. 24년 변호 ( )

판결요지

※ 공유물 무단 점유자에 대한 차임 상당 부당이득반환청구권은 각 공유자에게 지분 비율만큼 귀속되는지 여부(원칙적 적극) 및 부부 중 한 사람이 배우자의 소송대리인이나 선정당사자의 지위를 갖추지 않은 채 배우자의 권리에 관하여 소송을 제기할 수 있는지 여부(소극)

" 불가분채권이 되려면 그 성질이나 당사자의 의사표시에 의해 급부를 나눌 수 없어야 한다(민법 제409조). 공유물 무단 점유자에 대한 차임 상당 부당이득반환청구권은 특별한 사정이 없는 한 각 공유자에게 지분 비율만큼 귀속된다(대판 1979.1.30. 78다2088 판결 참조). 재산의 권리주체가 관련 소송을 제3자에게 위임하여서 하게 하는 것은 임의적 소송신탁에 해당하여 원칙적으로 허용되지 않으므로(대판 2012.5.10. 2010다87474 판결 등 참조), 부부 중 한 사람은 배우자의 권리에 관하여 변호사대리 원칙(민사소송법 제87조)의 예외가 인정되는 범위 내에서 소송대리인이 되거나 선정당사자(민사소송법 제53조)로서 소송수행을 할 수 있을 뿐, 그러한 지위를 갖추지 않고 소송을 제기할 수는 없다"(대판 2021.12.16. 2021다257255).   **정답** ○

분할채무

1 자신의 부담 부분을 넘어 공동 면책을 시킨 공동불법행위자에 대하여 구상의무를 부담하는 다른 공동불법행위자가 수인인 경우에는 특별한 사정이 없는 이상 구상권자에 대한 다른 공동불법행위자들의 채무는 각자의 부담 부분에 따른 분할채무로 봄이 타당하다. ( )

1-1 ★ 분할채무 관계에 있는 공동불법행위자들 중 1인이 부담 부분을 초과하여 구상에 응하고 그로 인하여 다른 공동불법행위자가 채무를 면하게 되는 경우, 구상에 응한 공동불법행위자는 그 다른 공동불법행위자에 대하여 구상권을 취득한다.

1-2 ★ 공동불법행위자 중 1인이 공동 면책을 시킨 다른 공동불법행위자로부터 구상금 청구 소송을 당하여 지출한 변호사보수나 소송비용상환액에 관하여 나머지 공동불법행위자들에 대하여 구상권을 취득하지는 못한다. ( )

1-3 A차량, B차량, C차량 운전자들의 과실로 발생한 교통사고로 피해자들이 피해를 입은 것과 관련하여, C차량 보험자 D가 피해자들에게 보험금을 지급하고, A를 상대로 구상금 청구 소송('선행 소송')을 제기하였다. A는 선행 소송의 확정판결에 따라 C차량 보험자 D에게 판결금을 지급한 다음, A차량 운전자의 부담 부분을 초과하여 구상에 응하였다면서 B차량 보험자 E를 상대로 위 판결금과 선행소송에서 지출한 소송비용 등에 관한 구상금 청구의 소를 제기하였다. A가 부담 부분을 초과하여 구상의무를 이행한 것은 확정된 선행판결에 따른 것이어서 그 기판력으로 말미암아 초과

부분에 대하여 E에게 부당이득반환을 구하는 것이 불가능하여, E의 B차량 운전자에 대한 구상권이 소멸하고 B차량 운전자는 E에 대한 구상의무를 면하였다고 보아, A는 E에 대하여 초과 부분에 대한 구상권을 행사할 수 있으나, A는 선행소송에서 공동불법행위자 중 1인인 C차량 운전자의 보험자 E로부터 구상금 청구를 받았고 이 구상금 채무는 또 다른 공동불법행위자인 B차량 운전자와의 관계에서 분할채무이므로, A가 지출한 소송비용 등은 B차량 운전자와의 공동 면책이 아니라 자신의 권리를 방어하기 위하여 지출한 것이어서 E에 대하여 구상을 할 수 없다.   ( )

판결요지

※ 1. 분할채무 관계에 있는 공동불법행위자들 중 1인이 부담 부분을 초과하여 구상에 응하고 그로 인하여 다른 공동불법행위자가 채무를 면하게 되는 경우, 구상에 응한 공동불법행위자가 그 다른 공동불법행위자에 대하여 구상권을 취득하는지 여부(적극)

"1. 자신의 부담 부분을 넘어 공동 면책을 시킨 공동불법행위자에 대하여 구상의무를 부담하는 다른 공동불법행위자가 수인인 경우에는 특별한 사정이 없는 이상 구상권자에 대한 다른 공동불법행위자들의 채무는 각자의 부담 부분에 따른 분할채무로 봄이 타당하다. 이때 분할채무 관계에 있는 공동불법행위자들 중 1인이 자신의 부담 부분을 초과하여 구상에 응하였고 그로 인하여 다른 공동불법행위자가 자신의 출연 없이 채무를 면하게 되는 경우, 구상에 응한 공동불법행위자는 그 다른 공동불법행위자의 부담 부분 내에서 자신의 부담 부분을 초과하여 변제한 금액에 관하여 구상권을 취득한다.

2. 공동불법행위자 중 1인이 공동 면책을 시킨 다른 공동불법행위자로부터 구상금 청구 소송을 당하여 지출한 변호사보수나 소송비용상환액에 관하여 나머지 공동불법행위자들에 대하여 구상권을 취득하는지 여부(소극)

2. 공동불법행위자가 다른 공동불법행위자와의 공동 면책이 아니라 자신의 권리를 방해하기 위하여 지출한 소송비용은 다른 공동불법행위자에 대하여 구상하는 것이 허용되지 않는다. 공동불법행위자 중 1인이 공동 면책을 시킨 다른 공동불법행위자로부터 구상금 청구 소송을 당한 경우 그 구상금 채무는 특별한 사정이 없는 한 자신의 부담 부분에 따른 분할채무이다. 따라서 그 소송과 관련하여 지출한 변호사보수나 소송비용상환액은 나머지 공동불법행위자들과의 공동 면책이 아니라 자신의 권리를 방어하기 위한 것으로 이들에 대하여 구상을 할 수 없다"(대판 2023.6.29. 2022다309474). **정답** ○   **유제 모두** **정답** ○

[사실관계] 원고 차량, 피고 차량, 제3 차량 운전자들의 과실로 발생한 교통사고로 피해자들이 피해를 입은 것과 관련하여, 제3 차량 보험자가 피해자들에게 보험금을 지급하고, 원고 차량 공제사업자인 원고를 상대로 구상금 청구 소송('선행 소송')을 제기하였다. 원고는 선행 소송의 확정판결에 따라 제3 차량 보험자에게 판결금을 지급한 다음, 원고 차량 운전자의 부담 부분을 초과하여 구상에 응하였다면서 피고 차량 보험자를 상대로 위 판결금과 선행소송에서 지출한 소송비용 등에 관한 구상금 청구의 소를 제기하였다.

원심은 원고 차량 운전자의 부담 부분을 초과하여 구상의무를 이행하였다면서 판결금과 소송비용 모두에 관하여 구상권 행사를 긍정하였으나, 대법원은 원고가 부담 부분을 초과하여 구상의무를 이행한 것은 확정된 선행판결에 따른 것이어서 그 기판력으로 말미암아 초과 부분에 대하여 제3 차량 보험자에게 부당이득반환을 구하는 것이 불가능하여, 제3 차량 보험자의 피고 차량 운전자에 대한 구상권이 소멸하고 피고 차량 운전자는 제3 차량 보험자에 대한 구상의무를 면하였다고 보아, 원고는 피고 차량 보험자인 피고에 대하여 초과 부분에 대한 구상권을 행사할 수 있다고 판단하였다. 다만, 원고는 선행소송에서 공동불법행위자 중 1인인 제3 차량 운전자의 보험자로부터 구상금 청구를 받았고 이 구상금 채무는 또 다른 공동불법행위자인 피고 차량 운전자와의 관계에서 분할채무이므로, 원고가 지출한 소송비용 등은 피고 차량 운전자와의 공동 면책이 아니라 자신의 권리를 방어하기 위하여 지출한 것이어서 피고 차량 보험자인 피고에 대하여 구상을 할 수 없다고 판단하여 원심판결을 일부 파기·환송하였다.

|관련판례|

※ **부진정연대채무자 수인의 구상의무자간 상호관계**

① **[원칙적 분할채무]** 공동불법행위자 중 1인에 대하여 구상의무를 부담하는 다른 공동불법행위자가 수인인 경우에는 특별한 사정이 없는 이상 그들의 구상권자에 대한 채무는 각자의 부담 부분에 따른 '분할채무'로 본다 (대판 2002.9.27. 2002다15917 : 5회,9회,11회,12회 선택형). 따라서 각자의 내부적 부담부분의 범위 내에서만 구상의무를 부담한다.

② **[예외적 부진정연대채무]** 그러나 구상권자인 공동불법행위자측에 과실이 없는 경우(운전자에게 과실이 없는 경우에도 자배법상 운행자책임이 성립할 수 있다), 즉 내부적인 부담 부분이 전혀 없는 경우에는 이와 달리 그에 대한 수인의 구상의무 사이의 관계를 '부진정연대관계'로 봄이 상당하다고 한다(대판 2005.10.13. 2003다24147 : 2회,6회,7회,8회,11회 선택형).

불가분채권·채무

1 ★★ 대항력을 갖춘 임대차가 종료한 후 임대인이 사망한 경우, 임대인의 지위를 포괄승계한 공동상속인들의 보증금반환채무는 법정상속분에 따라 당연분할되는 가분채무에 해당한다.

22년 2차모의 기록형, 21년 1차모의 기록형, 21년 1차모의 유사 (　　)

판결요지

" 「상가건물 임대차보호법」 제3조는 '대항력 등'이라는 표제로 제1항에서 대항력의 요건을 정하고, 제2항에서 "임차건물의 양수인(그 밖에 임대할 권리를 승계한 자를 포함한다)은 임대인의 지위를 승계한 것으로 본다."라고 정하고 있다. 이 조항은 임차인이 취득하는 대항력의 내용을 정한 것으로, 상가건물의 임차인이 제3자에 대한 대항력을 취득한 다음 임차건물의 양도 등으로 소유자가 변동된 경우에는 양수인 등 새로운 소유자(이하 '양수인'이라 한다)가 임대인의 지위를 당연히 승계한다는 의미이다. 소유권 변동의 원인이 매매 등 법률행위든 상속·경매 등 법률의 규정이든 상관없이 이 규정이 적용되므로, 상속에 따라 임차건물의 소유권을 취득한 자도 위 조항에서 말하는 임차건물의 양수인에 해당한다(대판 1993.11.23. 93다4083 판결, 대판 2017.3.22. 2016다218874 판결 참조). 임대인 지위를 공동으로 승계한 공동임대인들의 임차보증금 반환채무는 성질상 불가분채무에 해당한다(대판 1967.4.25. 67다328 판결, 대판 2017.5.30. 2017다205073 판결 등 참조)"(대판 2021.1.28. 2015다59801). **정답** ✕

[사실관계] 상가임대차계약 기간 종료 후 임대인이 사망하자 임차인인 원고가 임대인의 공동상속인들(피고1, 피고2, 甲, 乙)에 대하여 임차보증금의 반환을 구한 사안에서 대법원은, 피고들은 甲, 乙과 함께 상속으로 이 사건 건물의 소유권을 취득한 자로서 구 상가임대차법 제3조 제2항에 따라 이 사건 <u>임대차계약상 임대인의 지위를 공동으로 승계하고, 공동임대인들의 임차보증금 반환채무는 성질상 불가분채무에 해당하므로, 이 사건 건물의 공동임대인인 피고들은 특별한 사정이 없는 한 甲, 乙과 공동하여 원고에게 임차보증금을 반환할 의무가 있다</u>고 보아, 원심이 이 사건 임차보증금 반환채무가 법정상속분에 따라 당연분할되는 가분채무에 해당한다는 전제에서 판단한 부분을 파기환송하였다. 한편, 임대차가 종료한 경우에도 임차인이 보증금을 돌려받을 때까지는 임대차 관계는 존속하는 것으로 보므로(구 상가임대차법 제9조 제2항), 이 사건 임대차계약의 기간 종료 여부는 피고들 및 甲, 乙의 공동임대인 지위에 영향을 미치지 않는다는 점도 명시적으로 인정하였다.

|비교판례|

> ### ※ 상속채무가 가분채무인 경우
> 상속채무가 가분채무인 경우(예컨대 금전채권) 判例는 "금전채무와 같이 급부의 내용이 가분인 채무가 공동상속된 경우, 이는 상속 개시와 동시에 당연히 법정상속분에 따라 공동상속인에게 분할되어 귀속되는 것이므로, 상속재산 분할의 대상이 될 여지가 없다"(대판 1997.6.24. 97다8809 : 3회,5회,8회,9회 선택형)고 하여 '가분채무'로 본다.

2 ★★ 불가분채무자 사이에 부담부분에 관한 특약이 있거나 특약이 없더라도 채무자의 수익비율이 다르다면 그 특약 또는 비율에 따라 부담부분이 결정된다. 따라서 불가분채무자가 변제 등으로 공동면책을 얻은 때 다른 채무자의 부담부분에 대하여 구상할 수 있다.

23년 2차모의 사례형, 22년 법행 유사 (   )

판결요지

> ### ※ 변제 기타 자기의 출재로 공동면책을 얻은 불가분채무자가 다른 불가분채무자에게 구상할 수 있는 부담부분을 결정하는 기준
> "연대채무자가 변제 기타 자기의 출재(出財)로 공동면책을 얻은 때 다른 연대채무자의 부담부분에 대하여 구상권을 행사할 수 있고 이때 부담부분은 균등한 것으로 추정된다(민법 제425조 제1항, 제424조). 그러나 연대채무자 사이에 부담부분에 관한 특약이 있거나 특약이 없더라도 채무의 부담과 관련하여 각 채무자의 수익비율이 다르다면 그 특약 또는 비율에 따라 부담부분이 결정된다.
> 이러한 법리는 민법 제411조에 따라 연대채무자의 부담부분과 구상권에 관한 규정이 준용되는 불가분채무자가 변제 기타 자기의 출재로 공동면책을 얻은 때 다른 불가분채무자를 상대로 구상권을 행사하는 경우에도 마찬가지로 적용된다. 불가분채무자 사이에 부담부분에 관한 특약이 있거나 특약이 없더라도 채무자의 수익비율이 다르다면 그 특약 또는 비율에 따라 부담부분이 결정된다. 따라서 불가분채무자가 변제 등으로 공동면책을 얻은 때 다른 채무자의 부담부분에 대하여 구상할 수 있다"(대판 2020.7.9. 2020다208195). **정답** ○
> [사실관계] 원고와 피고가 자신들이 공유하고 있는 부동산을 매도한 후 매매계약이 해제되자 원고가 이미 지급받은 계약금을 매수인에게 반환하고 피고를 상대로 반환한 계약금 중 피고의 부담부분에 대하여 구상을 구한 사건에서, 불가분채무자 사이에 부담부분에 관한 특약이 있거나 특약이 없더라도 채무자의 수익비율이 다르다면 그 특약 또는 비율에 따라 부담부분이 결정된다고 전제한 다음 피고가 실제 지급받은 계약금을 기준으로 피고의 부담부분을 정한 원심을 수긍하여 상고를 기각한 사례

3 ★★ 공동임차인 중 1인에 대한 채권자가 임대차보증금반환채권 일부에 대하여 압류 및 전부명령을 받은 경우 그 압류 및 전부명령의 효력은 나머지 공동임차인들에게 미치지 않는다. (   )

3-1 ★★ 수인의 채권자에게 금전채권이 불가분적으로 귀속되는 경우, 불가분채권자들 중 1인을 집행채무자로 한 압류 및 전부명령의 효력이 집행채무자가 아닌 다른 불가분채권자에게 미치지 않고, 이는 불가분채권인 금전채권의 일부에 대해서만 압류 및 전부명령이 이루어진 경우에도 마찬가지다. (   )

3-2 ★ A, B, C는 D와 건물을 공동으로 임차하였는데, 임대차계약이 합의해지로 종료되자 원고 A, B는 피고 D를 상대로 임대차보증금의 반환을 구하는 소를 제기하였다. 한편 C의 채권자인 E는 C의 피고 D에 대한 임대차보증금반환채권 중 일부에 대하여 압류 및 전부명령을 받아 그대로 확정

되었다. 그런데 원고 A, B에게는 위 압류 및 전부명령의 효력이 미치지 않으므로 원고들은 위 압류 및 전부명령에 관계없이 임대차보증금반환채권의 이행을 구할 수 있다. ( )

판결요지

"수인의 채권자에게 금전채권이 불가분적으로 귀속되는 경우에, 불가분채권자들 중 1인을 집행채무자로 한 압류 및 전부명령이 이루어지면 그 불가분채권자의 채권은 전부채권자에게 이전되지만, 그 압류 및 전부명령은 집행채무자가 아닌 다른 불가분채권자에게 효력이 없으므로, 다른 불가분채권자의 채권의 귀속에 변경이 생기는 것은 아니다. 따라서 다른 불가분채권자는 모든 채권자를 위하여 채무자에게 불가분채권 전부의 이행을 청구할 수 있고, 채무자는 모든 채권자를 위하여 다른 불가분채권자에게 전부를 이행할 수 있다. 이러한 법리는 불가분채권의 목적이 금전채권인 경우 그 일부에 대하여만 압류 및 전부명령이 이루어진 경우에도 마찬가지이다"(대판 2023.3.30. 2021다264253). 정답 ○   유제 모두   정답 ○

[관련조문] 제409조(불가분채권) 채권의 목적이 그 성질 또는 당사자의 의사표시에 의하여 불가분인 경우에 채권자가 수인인 때에는 각 채권자는 모든 채권자를 위하여 이행을 청구할 수 있고 채무자는 모든 채권자를 위하여 각 채권자에게 이행할 수 있다.

제410조(1인의 채권자에 생긴 사항의 효력) ①항 전조의 규정에 의하여 모든 채권자에게 효력이 있는 사항을 제외하고는 불가분채권자중 1인의 행위나 1인에 관한 사항은 다른 채권자에게 효력이 없다.

[사실관계] 원고들과 甲은 피고로부터 건물을 공동으로 임차하였는데, 임대차계약이 합의해지로 종료되자 원고들은 피고를 상대로 임대차보증금의 반환을 구하는 이 사건 소를 제기하였고, 한편 甲의 채권자인 乙은 甲의 피고에 대한 임대차보증금반환채권 중 일부에 대하여 압류 및 전부명령을 받아 그대로 확정되었다.

원심은 위 압류 및 전부명령의 효력이 원고들에게 미친다는 전제에서, 불가분채권인 위 임대차보증금반환채권 중 일부가 乙에게 전부되었으므로 원고들이 반환받을 임대차보증금의 액수가 그 전부된 금액만큼 줄어든다는 취지로 판단하였으나, 대법원은 위와 같은 법리에 따라 원고들에게는 위 압류 및 전부명령의 효력이 미치지 않으므로 원고들은 위 압류 및 전부명령에 관계없이 임대차보증금반환채권의 이행을 구할 수 있다는 등의 이유를 들어, 원심판결 중 원고들 패소 부분을 파기·환송한 사례

| 관련판례 |

"수인의 임차인의 의무가 연대채무인 점(민법 제654조, 제616조), 임차목적물을 사용, 수익할 수 있는 권리 등 임대차계약에 있어서 임차인의 지위는 성질상 불가분인 점, 공동임대인의 보증금 반환의무는 성질상 불가분채무인데(대판 1998.12.8. 98다43137 판결), 공동임차인의 보증금 반환채권의 성질을 그와 달리 볼 이유가 없는 점, 이와 같이 해석하는 것이 공동임차인 중 일부가 대항요건을 상실하였다 하더라도 다른 임차인이 대항요건을 갖추고 있는 한 경매절차에서 그 보증금전액을 반환받을 수있어 임차인을 두텁게 보호할 수 있는 측면이 있는 점 등을 고려하면, 공동임차인의 임차보증금 반환채권은 불가분채권으로 봄이 상당하다"(서울남부지방법원 2017.6.8. 2016가단260633)

부진정연대채무

1 ★ 불법행위로 인한 손해배상채무에 관하여 채무자와 함께 공동불법행위책임을 부담하는 자가 있고, 채무자의 위와 같은 변제가 공동불법행위자들 내부관계에서 인정되는 <u>자기의 부담 부분을 초과</u>한 것이라면, 채무자는 다른 공동불법행위자에게 공동 면책을 이유로 그 부담 부분의 비율에 따라 구상권을 행사할 수 있다. ( )

[판결요지]

> ※ **불법행위책임과 부당이득의 경합(공동불법행위자 간의 구상관계)**
>
> "계약 당사자 사이에서 일방 당사자의 잘못으로 인해 상대방 당사자가 계약을 취소하거나 불법행위로 인한 손해배상을 청구할 수 있는 경우 계약 취소로 인한 부당이득반환청구권과 불법행위로 인한 손해배상청구권은 동일한 경제적 급부를 목적으로 경합하여 병존하게 되고, 특별한 사정이 없는 한 어느 하나의 청구권이 만족을 얻어 소멸하면 그 범위 내에서 다른 나머지 청구권도 소멸하는 관계에 있다(대판 1993.4.27. 92다56087 판결 등 참조). 따라서 채무자가 부당이득반환채무를 변제하였다면 그와 경합관계에 있는 손해배상채무도 소멸한다. 이때 불법행위로 인한 손해배상채무에 관하여 채무자와 함께 공동불법행위책임을 부담하는 자가 있고, 채무자의 위와 같은 변제가 공동불법행위자들 내부관계에서 인정되는 자기의 부담 부분을 초과한 것이라면, 채무자는 다른 공동불법행위자에게 공동 면책을 이유로 그 부담 부분의 비율에 따라 구상권을 행사할 수 있다(대판 2006.1.27. 2005다19378, 대판 2017.11.29. 2016다229980 판결 등 참조)"(대판 2021.6.10. 2019다226005).
>
> **정답** ○
>
> [사실관계] 펀드 판매회사였던 원고가 관련 판결에 따라 개인투자자들에게 수익증권 매매계약의 취소에 따른 부당이득반환채무를 단독으로 이행한 다음 펀드 설정 및 판매에 관여한 피고들을 상대로 공동불법행위자로서의 구상금 지급책임 또는 불법행위나 채무불이행 책임을 주장한 사례

1-1 공동불법행위자 중 1인이 피해자로부터 손해배상청구소송을 당하여 그 판결에서 인용된 손해배상금을 지급함으로써 공동 면책된 때에는, 그것이 부당응소라는 등의 특별한 사정이 없는 한 공동 면책된 금액 중 다른 공동불법행위자의 과실비율에 상당하는 금액은 물론이고 그에 대한 공동 면책일 이후의 법정이자 및 피할 수 없는 비용 기타의 손해배상을 구상할 수 있다. ( )

1-2 이러한 피할 수 없는 비용 기타의 손해배상에는 소송을 제기당한 공동불법행위자가 피해자에게 지급한 소송비용상환액뿐만 아니라 소송을 수행하는 과정에서 지출한 소송비용도 포함되고, 그가 지출한 변호사보수 중에서 상당하다고 인정되는 범위 내의 금원은 피할 수 없는 비용 기타의 손해로서 구상할 수 있다. ( )

1-3 ★ 공동불법행위자 중 1인이 공동 면책을 시킨 다른 공동불법행위자로부터 구상금 청구 소송을 당한 경우 그 구상금 채무는 특별한 사정이 없는 한 자신의 부담 부분에 따른 분할채무이다. 따라서 그 소송과 관련하여 지출한 변호사보수나 소송비용상환액은 나머지 공동불법행위자들과의 공동 면책이 아니라 자신의 권리를 방어하기 위한 것으로 이들에 대하여 구상을 할 수 없다. ( )

판결요지

"[1] 자신의 부담 부분을 넘어 공동 면책을 시킨 공동불법행위자에 대하여 구상의무를 부담하는 다른 공동불법행위자가 수인인 경우에는 특별한 사정이 없는 이상 구상권자에 대한 다른 공동불법행위자들의 채무는 각자의 부담 부분에 따른 분할채무로 봄이 타당하다. 이때 분할채무 관계에 있는 공동불법행위자들 중 1인이 자신의 부담 부분을 초과하여 구상에 응하였고 그로 인하여 다른 공동불법행위자가 자신의 출연 없이 채무를 면하게 되는 경우, <u>구상에 응한 공동불법행위자는 다른 공동불법행위자의 부담 부분 내에서 자신의 부담 부분을 초과하여 변제한 금액에 관하여 구상권을 취득한다.</u>

[2] 공동불법행위자 중 1인이 피해자로부터 손해배상청구소송을 당하여 그 판결에서 인용된 손해배상금을 지급함으로써 공동 면책된 때에는, 그것이 부당응소라는 등의 특별한 사정이 없는 한 공동 면책된 금액 중 다른 공동불법행위자의 과실비율에 상당하는 금액은 물론이고 그에 대한 공동 면책일 이후의 법정이자 및 피할 수 없는 비용 기타의 손해배상을 구상할 수 있다. 이러한 피할 수 없는 비용 기타의 손해배상에는 소송을 제기당한 공동불법행위자가 피해자에게 지급한 소송비용상환액뿐만 아니라 소송을 수행하는 과정에서 지출한 소송비용도 포함되고, 그가 지출한 변호사보수 중에서 변호사보수의 소송비용 산입에 관한 규칙에 의한 보수기준, 소속 변호사회의 규약, 소송물가액, 사건의 난이도, 소송 진행 과정, 판결 결과 등 여러 가지 사정을 참작하여 합리적으로 판단하여 상당하다고 인정되는 범위 내의 금원은 피할 수 없는 비용 기타의 손해로서 구상할 수 있다. 반면 <u>공동불법행위자가 다른 공동불법행위자와의 공동 면책이 아니라 자신의 권리를 방어하기 위하여 지출한 소송비용은 다른 공동불법행위자에 대하여 구상하는 것이 허용되지 않는다.</u> 공동불법행위자 중 1인이 공동 면책을 시킨 다른 공동불법행위자로부터 구상금 청구 소송을 당한 경우 그 구상금 채무는 특별한 사정이 없는 한 자신의 부담 부분에 따른 분할채무이다. 따라서 그 소송과 관련하여 지출한 변호사보수나 소송비용상환액은 나머지 공동불법행위자들과의 공동 면책이 아니라 자신의 권리를 방어하기 위한 것으로 이들에 대하여 구상을 할 수 없다"(대판 2023.6.29. 2022다309474).

정답 ○

정답 ○

유제 전부

---

2 ★★ 공동불법행위를 원인으로 하지 않은 부진정연대채무가 성립하는 경우 공동불법행위책임의 경우와 다르게 채무자별로 과실상계 여부 및 그 범위를 달리 정할 수 있다. ( )

2-1 부두용 크레인 붕괴 사고에 관하여 크레인 소유자 丙이 제작자 甲과 관리·운용자 乙을 상대로 손해배상을 청구한 경우, "피고 甲은 제작물공급계약상의 채무불이행책임 또는 민법 제580조에 따른 하자담보책임을, 피고 乙은 불법행위책임 또는 임대차계약상의 채무불이행책임을 부담하고 두 채무는 부진정연대의 관계에 있다"고 판단하면서, 피고 甲의 손해배상책임은 별도로 제한하지 않고 피고 乙의 손해배상책임만 과실상계를 통하여 70%로 제한한 법원의 판단은 정당하다. ( )

판결요지

※ 공동불법행위를 원인으로 하지 않은 부진정연대채무가 성립하는 경우 공동불법행위책임의 경우와 다르게 채무자별로 과실상계 여부 및 그 범위를 달리 정할 수 있는지(적극)

"공동불법행위책임은 가해자 각 개인의 행위에 대하여 개별적으로 그로 인한 손해를 구하는 것이 아니라 그 가해자들이 공동으로 가한 불법행위에 대하여 그 책임을 추궁하는 것으로, 법원이 피해자의 과실을 들어 과실상계를 함에 있어서는 피해자의 공동불법행위자 각인에 대한 과실비율이 서로 다르더라도 피해자의 과실을 공동불법행위자 각인에 대한 과실로 개별적으로 평가하지 않고 그들 전원에 대한 과실로 전체적으로 평가하는 것이 원칙이다.

그런데 공동불법행위자의 관계는 아니지만 서로 별개의 원인으로 발생한 독립된 채무가 동일한 경제적 목적을 가지고 있고 서로 중첩되는 부분에 관하여 한쪽의 채무가 변제 등으로 소멸하면 다른 쪽의 채무도 소멸하는 관계에 있기 때문에 부진정연대채무 관계가 인정되는 경우가 있다. 이러한 경우까지 과실상계를 할 때 반드시 채권자의 과실을 채무자 전원에 대하여 전체적으로 평가하여야 하는 것은 아니다. 그리고 손해배상사건에서 과실상계나 손해부담의 공평을 기하기 위한 책임제한에 관한 사실인정이나 그 비율을 정하는 것은 그것이 형평의 원칙에 비추어 현저하게 불합리하다고 인정되지 않는 한 사실심의 전권사항에 속한다"(대판 2022.7.28. 2017다16747,2017다16754).

정답 ○   **유제** **정답** ○

[사실관계] 부두용 크레인 붕괴 사고에 관하여 크레인 소유자(원고)가 제작자(피고 甲)와 관리·운용자(피고 乙)를 상대로 손해배상을 청구한 사건에서, 원심은 "피고 甲은 제작물공급계약상의 채무불이행책임 또는 민법 제580조에 따른 하자담보책임을, 피고 乙은 불법행위책임 또는 임대차계약상의 채무불이행책임을 부담하고 두 채무는 부진정연대의 관계에 있다"고 판단하면서, 피고 甲의 손해배상책임은 별도로 제한하지 않고 피고 乙의 손해배상책임만 과실상계를 통하여 70%로 제한하였다. 이에 대하여 피고들이 과실상계 여부 또는 비율에 관한 판단이 부당하다고 주장하면서 상고하였으나, 대법원은 공동불법행위를 원인으로 하지 않은 부진정연대채무의 경우까지 공동불법행위를 원인으로 한 경우처럼 채권자의 과실을 채무자 전원에 대하여 전체적으로 평가하여야 하는 것은 아니라는 법리를 판시하면서 원심의 판단을 수긍하고 피고들의 상고를 기각한 사례

| 관련판례 |

※ **과실상계 : 전체적 평가설**

① [**공동불법행위자들 모두를 피고로 삼은 경우**(전체적 평가)] 통상 공동불법행위의 경우 과실상계를 함에 있어서는 피해자에 대한 공동불법행위자 전원의 과실과 피해자의 공동불법행위자 전원에 대한 과실을 '전체적'으로 평가하여야 하고 공동불법행위자 간의 과실의 경중이나 구상권 행사의 가능 여부 등은 고려할 여지가 없다(대판 1991.5.10. 90다14423 : 5회,6회,8회 선택형). 왜냐하면, 공동불법행위책임은 가해자 각 개인의 행위에 대하여 개별적으로 그로 인한 손해를 구하는 것이 아니라 그 가해자들이 공동으로 가한 불법행위에 대하여 그 책임을 추궁하는 것이기 때문이다(대판 2000.9.8. 99다48245).

그런데, "이는 과실상계를 위한 피해자의 과실을 평가함에 있어서 공동불법행위자 전원에 대한 과실을 전체적으로 평가하여야 한다는 것이지, 공동불법행위자 중에 고의로 불법행위를 행한 자가 있는 경우에는 피해자에게 과실이 없는 것으로 보아야 한다거나 모든 불법행위자가 과실상계의 주장을 할 수 없게 된다는 의미는 아니다"(대판 2020.2.27. 2019다223747 : 23년 법무, 23년 변리).

② [**공동불법행위자 각자를 상대로 별도로 소를 제기한 경우**(개별적 평가)] "각 소송에서 제출된 증거가 서로 다르고 이에 따라 교통사고의 경위와 피해자의 손해액산정의 기초가 되는 사실이 달리 인정됨으로 인하여 과실상계비율과 손해액도 서로 달리 인정될 수 있는 것이므로, 피해자가 공동불법행위자들 중 일부를 상대로 한 전소에서 승소한 금액을 전부 지급받았다고 하더라도 그 금액이 나머지 공동불법행위자에 대한 후소에서 산정된 손해액에 미치지 못한다면 후소의 피고는 그 차액을 피해자에게 지급할 의무가 있다"(대판 2001.2.9, 2000다60227 : 1회,3회,6회,8회 선택형).

3 ★ 부진정연대채무자 중 소액의 채무자가 자신의 채무 중 일부를 변제한 경우, 변제된 금액은 소액 채무자가 다액 채무자와 공동으로 부담하는 부분에 관하여 <u>민법의 변제충당의 일반원칙에 따라 지연손해금, 원본의 순서로 변제에 충당되고 이로써 공동 부담 부분의 채무 중 지연손해금과 일부 원금채무가 변제로 소멸하게 된다.</u>　　　　　　　　　　　　　　　　　　　（　　）

3-1 부진정연대채무자 상호 간에 있어서 채권의 목적을 달성시키는 변제와 같은 사유는 채무자 전원에 대하여 절대적 효력을 발생하므로, 이로써 다액 채무자의 채무도 지연손해금과 원금이 같은 범위에서 소멸하게 된다.　　　　　　　　　　　　　　　　　　　　　　（　　）

[판결요지]

※ 부진정연대채무자 중 소액 채무자가 자신의 채무 중 일부를 변제한 경우, 변제충당의 순서 및 위 변제로 공동 부담 부분의 채무 중 지연손해금과 일부 원금채무가 소멸하면 다액 채무자의 채무도 같은 범위에서 소멸하는지 여부(적극)

"부진정연대채무자 중 소액의 채무자가 자신의 채무 중 일부를 변제한 경우, 변제된 금액은 소액 채무자가 다액 채무자와 공동으로 부담하는 부분에 관하여 민법의 변제충당의 일반원칙에 따라 지연손해금, 원본의 순서로 변제에 충당되고 이로써 공동 부담 부분의 채무 중 지연손해금과 일부 원금채무가 변제로 소멸하게 된다. 그리고 부진정연대채무자 상호 간에 있어서 채권의 목적을 달성시키는 변제와 같은 사유는 채무자 전원에 대하여 절대적 효력을 발생하므로, 이로써 다액 채무자의 채무도 지연손해금과 원금이 같은 범위에서 소멸하게 된다"(대판 2024.3.12. 2019다29013, 29020, 29037, 29044)　　　　　　　　　　　　　　　　　정답 ○

[유제]　　　　　　　　　　　　　　　　　　　　　　　　　　　　　정답 ○

[사실관계] 甲 주식회사와 용역도급계약을 체결한 사내협력업체 소속 근로자로서 甲 회사의 공장에서 업무를 수행한 乙 등이 甲 회사를 상대로 근로자지위확인과 미지급 임금의 지급을 구한 사안에서, 甲 회사와 乙 등은 근로자파견관계에 해당하고, 한편 乙 등은 사내협력업체를 상대로 상여금 등이 통상임금 산정에 누락되었다고 주장하며 재산정한 통상임금을 기초로 산정한 법정수당과 기지급액의 차액을 구하는 소를 제기하여 일부 승소 판결이 선고·확정되었는데, 위 판결에서 인용된 법정수당 자체는 소액 채무자인 사내협력업체의 원금채무에 해당하므로, 위 판결금이 실제 지급되었다면 다액 채무자인 甲 회사의 원금채무도 같은 범위에서 소멸되었다고 보아야 하므로, 통상임금 판결의 원금은 乙 등이 甲 회사에 직접고용되었다면 받았을 임금에서 乙 등이 사내협력업체로부터 급여지급일에 받은 임금을 연도별로 공제한 '연도별 임금 차액의 합계액'에서 공제되어야 하는데도, 이를 연도별 임금 차액에 대한 지연손해금에서 우선적으로 공제하고 남은 금액이 있으면 연도별 임금 차액의 합계액에서 공제하는 방법으로 乙 등에 대한 인용액을 산정한 원심판결에 법리오해 등의 잘못이 있다고 한 사례.

보증채무

1 ★ 보증인보호법 제7조 제1항에서 정한 '보증기간'은 특별한 사정이 없는 한 보증인이 보증책임을 부담하는 주채무의 발생기간이라고 해석함이 타당하고, 보증채무의 존속기간을 의미한다고 볼 수 없다. ( )

판결요지

기간의 약정이 없는 보증의 보증기간을 3년으로 제한하고, 보증기간의 갱신에서도 같도록 하는 등 보증인의 변제 책임이 무한정 확대되는 것을 방지하고자 한다(보증인보호법 제7조). 그리고 보증계약 체결 후 채권자가 보증인의 승낙 없이 채무자에 대하여 변제기를 연장하여 준 경우에 채권자나 채무자는 보증인에게 그 사실을 알려야 하고, 이 경우 보증인은 즉시 보증채무를 이행할 수 있다(동조 4항).
다만 判例는 "보증인보호법 제7조 제1항의 취지는 보증채무의 범위를 특정하여 보증인을 보호하는 것이다. 따라서 이 규정에서 정한 '보증기간'은 특별한 사정이 없는 한 보증인이 보증책임을 부담하는 주채무의 발생기간이라고 해석함이 타당하고, 보증채무의 존속기간을 의미한다고 볼 수 없다"(대판 2020.7.23. 2018다42231)고 판시하여, 제7조 1 항에서 정한 3년의 보증기간이 지났다고 해서 보증인의 보증책임이 소멸한다고 볼 수 없다고 하였다. **정답** ○

2 ★ 계속적 채권관계에서 발생하는 주계약상 불확정 채무에 대하여 보증계약이 체결된 후 주계약상 거래기간이 연장되었으나 보증기간이 연장되지 아니함으로써 보증계약이 종료된 경우, 보증인은 보증계약 종료 시의 주계약상의 채무에 대하여만 보증책임을 진다. ( )

판결요지

"계속적 채권관계에서 발생하는 주계약상의 불확정 채무에 대하여 보증한 경우 그 보증채무는 통상적으로 주계약 상의 채무가 확정된 때에 이와 함께 확정된다. 그러나 채권자와 주채무자 사이에서 주계약상의 거래기간이 연장되 었으나 보증인과 사이에서 보증기간이 연장되지 아니하는 등의 사정으로 보증계약 관계가 먼저 종료된 때에는 그 종료로 보증채무가 확정되므로, 보증인은 그 당시의 주계약상의 채무에 대하여 보증책임을 지고, 그 후의 채무에 대하여는 보증책임을 지지 아니한다"(대판 2021.1.28. 2019다207141). **정답** ○

3 피고가 그 배우자의 물품대금채무 담보로서 자신 소유 부동산에 피고를 채무자로 한 근저당권설정 등기를 마쳐준 경우, 그 근저당권설정계약서를 보증인보호법상 '보증의사가 표시된 서면'이라고 단정할 수는 없다. ( )

판결요지

"2015. 2. 3. 법률 제13125호로 개정된 민법은 구 보증인보호법 제3조의 규정을 반영하여 제428조의2를 신설함으 로써 구 보증인보호법의 적용 대상인 보증뿐 아니라 민법상 모든 보증에 있어서 서면 방식을 도입하였다. 위 개정 민법 시행 전에 체결되거나 기간이 갱신된 구 보증인보호법의 적용대상인 보증계약에 대해서는 구 보증인보호법 제3조가 적용된다(부칙 제6조). 앞서 본 법리에 위 규정들의 입법 목적과 입법 경과, 보증인의 기명날인 또는 서명이 있는 서면으로 보증의 의사가 표시되지 않으면 그 효력이 발생할 수 없도록 하고, 이를 강행규정으로 둔 규정 내용, 근저당권설정계약서는 근저당권설정등기의 등기원인을 증명하는 서면으로서 부동산등기법 제24조, 부동산 등기규칙 제46조 제1항에 의하여 등기신청서에 첨부하기 위하여 작성되는 것으로, 근저당권설정계약 당사자인 근저당권자와 근저당권설정자 사이에 근저당권설정을 목적으로 하는 합의가 있음을 증명하는 내용인 점, 물상보증으로서 근저당권설정계약과 인적보증으로서 연대보증계약은 별개의 계약이라는 점 등을 종합적으로 고려하면, 근저당권설정계약서가 구 보증인보호법상 '보증의사가 표시된 서면'인지 여부는 엄격하게 판단하여야 한다"(대판 2022.3.17. 2021다296120).   정답 ○

[사실관계] 피고가 그 배우자의 물품대금채무 담보로서 자신 소유 부동산에 피고를 채무자로 한 근저당권설정등기를 마쳐준 사안에서, 대법원은 근저당권설정계약서가 구 보증인보호법상 '보증의사가 표시된 서면'인지 여부는 엄격하게 판단하여야 한다고 하면서, 피고가 그 배우자의 물품대금채무를 인수하거나 보증하였다는 원고의 주장을 배척한 원심을 수긍한 사례

4 ★ 보증인의 사전구상권 행사에 대해서 주채무자는 민법 제443조 전단의 담보제공청구권을 근거로 사전구상의무 이행을 거절할 수 있다. ( )

4-1 수탁보증인이 주채무자의 담보제공청구를 거절하거나 구상금액에 상당한 담보를 제공하려는 의사를 표시하지 않는다면 법원은 수탁보증인의 사전구상금 청구를 기각하는 판결을 하여야 한다. ( )

판결요지

※ 보증인의 사전구상권 행사에 대해서 주채무자가 민법 제443조 전단의 담보제공청구권을 근거로 사전구상의무 이행을 거절할 수 있는지 여부(적극)

"민법 제443조 전단은 '전조의 규정에 의하여 주채무자가 보증인에게 배상하는 경우에 주채무자는 자기에게 담보를 제공할 것을 보증인에게 청구할 수 있다'고 정한다. 따라서 주채무자는 수탁보증인이 민법 제442조에 정한 바에 따라 주채무자에게 사전구상의무 이행을 구하면 민법 제433조 전단을 근거로 수탁보증인에게 담보의 제공을 구할 수 있고, 그러한 담보제공이 있을 때까지 사전구상의무 이행을 거절할 수 있다. 만약 수탁보증인이 주채무자의 담보제공청구에 응하여 구상금액에 상당한 담보를 특정하여 제공할 의사를 표시한다면 법원은 주채무자가 수탁보증인으로부터 그 특정한 담보를 제공받음과 동시에 사전구상의무를 이행하여야 한다고 판결하여야 하지만, 수탁보증인이 주채무자의 담보제공청구를 거절하거나 구상금액에 상당한 담보를 제공하려는 의사를 표시하지 않는다면 법원은 수탁보증인의 사전구상금 청구를 기각하는 판결을 하여야 한다"(대판 2023.2.2. 2020다283578).

정답 ○   유제   정답 ○

5 보증인에 대한 회생계획인가 후 주채무자의 변제 등으로 주채무가 일부 소멸하는 경우 보증인은 회생계획에 따른 변제금액 중 주채무자의 변제 등으로 소멸하고 남은 주채무를 한도로 한 금액을 변제할 의무가 있다. ( )

판결요지

※ 보증인에 대한 회생계획인가 후 주채무자의 변제 등으로 주채무가 일부 소멸하는 경우, 보증인이 부담하는 보증책임의 범위(=회생계획에 따른 변제금액 중 주채무자의 변제 등으로 소멸하고 남은 주채무를

한도로 한 금액)

"보증인에 대한 회생계획인가로 보증채무가 감면되면 보증인이 주채무자의 채무를 일정한 한도에서 보증하기로 하는 이른바 일부보증과 유사한 법률관계가 성립한다. <u>일부보증의 경우 주채무자가 일부 변제를 하면 보증인은 남은 주채무자의 채무 중 보증한 범위 내의 것에 대하여 보증책임을 부담한다.</u> 따라서 보증인에 대한 회생계획인 가 후 주채무자의 변제 등으로 주채무가 일부 소멸하는 경우 보증인은 회생계획에 따른 변제금액 중 주채무자의 변제 등으로 소멸하고 남은 주채무를 한도로 한 금액을 변제할 의무가 있다"(대판 2023.5.18 2019다227190).

정답 ○

제6장   채권양도와 채무인수

채권양도

1 ★★ 지명채권 양수인이 '양도되는 채권의 채무자'여서 양도된 채권이 민법 제507조 본문에 따라 혼동에 의하여 소멸한 경우에는 후에 채권에 관한 압류 또는 가압류결정이 제3채무자에게 송달되더 라도 채권압류 또는 가압류결정은 존재하지 아니하는 채권에 대한 것으로서 무효이고, 압류 또는 가압류채권자는 민법 제450조 제2항에서 정한 제3자에 해당하지 아니한다.   24년 변호 ( )

1-1 ★ X부동산에 관한 소유권이전등기청구권의 양수인인 甲이 그 소유권이전등기의무를 부담하는 채 무자여서 채권과 채무가 모두 동일한 주체인 甲에게 귀속됨으로써 그 소유권이전등기청구권이 혼 동으로 이미 소멸한 후 그 소유권이전등기청구권 등에 대한 가압류결정이 있었다면, 그 가압류결 정 중 위 소유권이전등기청구권을 가압류한 부분은 무효이므로 가압류결정이 유효함을 전제로 한 원고의 손해배상청구는 기각되어야 한다.   ( )

판결요지

※ 채권을 채무자에게 귀속시키기로 한 지명채권양도계약 체결 후 해당 채권을 제3자인 원고가 가압류하 였을 때 지명채권양도의 제3자 대항요건과 가압류결정의 효력

"[1] 채권양도는 양도인과 양수인 사이에 채권을 동일성을 유지하면서 전자로부터 후자에게로 이전시킬 것을 목적 으로 하는 계약을 말한다. 채권양도에 의하여 채권은 동일성을 잃지 않고 양도인으로부터 양수인에게 이전되는데, 이는 채권양도의 대항요건을 갖추지 못하였다고 하더라도 마찬가지이다. 이와 같은 채권의 귀속주체 변경의 효과 는 원칙적으로 채권양도에 따른 처분행위 시 발생하는바, 지명채권 양수인이 '양도되는 채권의 채무자'인 경우에는 채권양도에 따른 처분행위 시 채권과 채무가 동일한 주체에 귀속한 때에 해당하므로 민법 제507조 본문에 따라 채권이 혼동에 의하여 소멸한다.

[2] 민법 제450조 제2항에서 정한 지명채권양도의 제3자에 대한 대항요건은 양도된 채권이 존속하는 동안에 그 채권에 관하여 양수인의 지위와 양립할 수 없는 법률상의 지위를 취득한 제3자가 있는 경우에 적용된다. 따라서 지명채권 양수인이 '양도되는 채권의 채무자'여서 양도된 채권이 민법 제507조 본문에 따라 혼동에 의하여 소멸한 경우에는 후에 채권에 관한 압류 또는 가압류결정이 제3채무자에게 송달되더라도 채권압류 또는 가압류결정은 존

재하지 아니하는 채권에 대한 것으로서 무효이고, 압류 또는 가압류채권자는 민법 제450조 제2항에서 정한 제3자에 해당하지 아니한다"(대판 2022.1.13. 2019다272855). 정답 ○

정답 ○

유제

[사실관계] 특정 부동산에 관한 소유권이전등기청구권의 양수인인 甲 주식회사가 그 소유권이전등기의무를 부담하는 채무자여서 채권과 채무가 모두 동일한 주체인 甲 주식회사에 귀속됨으로써 그 소유권이전등기청구권이 혼동으로 이미 소멸한 후 그 소유권이전등기청구권 등에 대한 가압류결정이 있었던 사안에서, 대법원은 그 가압류결정 중 위 소유권이전등기청구권(분양권)을 가압류한 부분은 무효라고 판단하여 가압류결정이 유효함을 전제로 한 원고의 손해배상청구 부분을 받아들이지 않은 원심을 수긍하였다.

2 채권가압류취소결정의 집행으로서 집행법원이 제3채무자에게 가압류집행취소통지서를 송달한 경우, 채권가압류결정이 제3채무자에게 송달된 상태에서 그 채권을 양수하여 확정일자 있는 통지 등에 의한 대항요건을 갖춘 채권양수인은 채권 취득의 효력을 가압류채권자에게 대항할 수 있고, 이는 이후 항고심에서 가압류취소결정을 취소하여 가압류결정을 인가하였더라도 마찬가지이다. ( )

2-1 ★ 채무자가 압류 또는 가압류의 대상인 채권을 양도하고 확정일자 있는 통지 등에 의한 채권양도의 대항요건을 갖춘 경우, 그 후 채무자의 다른 채권자가 양도된 채권에 대하여 한 압류 또는 가압류는 무효이다. ( )

판결요지

[1] 채권가압류취소결정의 집행으로서 집행법원이 제3채무자에게 가압류집행취소통지서를 송달한 경우, 채권가압류결정이 제3채무자에게 송달된 상태에서 그 채권을 양수하여 확정일자 있는 통지 등에 의한 대항요건을 갖춘 채권양수인이 채권 취득의 효력을 가압류채권자에게 대항할 수 있는지 여부(적극) 및 이는 이후 항고심에서 가압류취소결정을 취소하여 가압류결정을 인가하였더라도 마찬가지인지 여부(적극)

"[1] 채권가압류취소결정의 집행으로서 집행법원이 제3채무자에게 가압류집행취소통지서를 송달한 경우 그 효력은 확정적이므로, 채권가압류결정이 제3채무자에게 송달된 상태에서 그 채권을 양수하여 확정일자 있는 통지 등에 의한 대항요건을 갖춘 채권양수인은 위와 같이 가압류집행취소통지서가 제3채무자에게 송달된 이후에는 더 이상 처분금지효의 제한을 받지 않고 아무런 부담이 없는 채권 취득의 효력을 가압류채권자에게 대항할 수 있게 된다. 위와 같이 가압류취소결정의 집행이 완료된 이상 이후 항고심에서 가압류취소결정을 취소하여 가압류결정을 인가하였다고 하더라도, 이미 취소된 가압류집행이 소급하여 부활하는 것은 아니므로, 채권양수인이 아무런 부담이 없는 채권 취득의 효력을 가압류채권자에게 대항할 수 있음은 마찬가지이다.

[2] 채무자가 압류 또는 가압류의 대상인 채권을 양도하고 확정일자 있는 통지 등에 의한 채권양도의 대항요건을 갖춘 경우, 그 후 채무자의 다른 채권자가 양도된 채권에 대하여 한 압류 또는 가압류의 효력(무효)

[2] 채권압류의 효력발생 전에 채무자가 채권을 처분한 경우에는 그보다 먼저 압류한 채권자가 있어 그 채권자에게는 대항할 수 없는 사정이 있더라도 처분 후에 집행에 참가하는 채권자에 대하여는 처분의 효력을 대항할 수 있는 것이므로, 채무자가 압류 또는 가압류의 대상인 채권을 양도하고 확정일자 있는 통지 등에 의한 채권양도의 대항요건을 갖추었다면, 그 후 채무자의 다른 채권자가 양도된 채권에 대하여 압류 또는 가압류를 하더라도 압류 또는 가압류 당시에 피압류채권은 이미 존재하지 않는 것과 같아 압류 또는 가압류로서의 효력이 없다"(대판 2022.1.27. 2017다256378). **정답 ○**   **유제** **정답 ○**

3 ★ 채무자가 압류 또는 가압류의 대상인 채권을 양도하고 확정일자 있는 통지 등에 의한 채권양도 의 대항요건을 갖춘 경우, 그 후 이루어진 압류 또는 가압류와 이에 기한 추심명령 또는 전부명령 은 무효이다. ( )

3-1 ★★ 채권압류명령 등 당시 피압류채권이 이미 제3자에 대한 대항요건을 갖추고 양도되어 그 명 령이 효력이 없는 것이 된 이후에 사해행위취소소송에서 위 채권양도계약이 취소되어 채권이 원채 권자에게 복귀한 경우에도, 무효인 위 채권압류명령 등이 다시 유효로 되지는 않는다. ( )

판결요지

※ **[1] 채무자가 압류 또는 가압류의 대상인 채권을 양도하고 확정일자 있는 통지 등에 의한 채권양도의 대 항요건을 갖춘 경우, 그 후 이루어진 압류 또는 가압류와 이에 기한 추심명령 또는 전부명령의 효력(무효)**

"[1] 채무자가 압류 또는 가압류의 대상인 채권을 양도하고 확정일자 있는 통지 등에 의한 채권양도의 대항요건을 갖추었다면, 그 후 채무자의 다른 채권자가 그 양도된 채권에 대하여 압류 또는 가압류를 하더라도 그 압류 또는 가압류 당시에 피압류채권은 이미 존재하지 않는 것과 같아 압류 또는 가압류로서의 효력이 없고, 그에 기한 추심 명령 또한 무효이므로, 그 다른 채권자는 압류 등에 따른 집행절차에 참여할 수 없다. 또한 압류된 금전채권에 대한 전부명령이 절차상 적법하게 발부되어 확정되었다고 하더라도 전부명령이 제3채무자에게 송달될 때에 피압 류채권이 존재하지 않으면 전부명령도 무효이므로, 피압류채권이 전부채권자에게 이전되거나 집행채권이 변제되 어 소멸하는 효과는 발생할 수 없다.

[2] 채권압류명령 등 당시 피압류채권이 이미 제3자에 대한 대항요건을 갖추고 양도되어 그 명령이 효력 이 없는 것이 된 이후에 사해행위취소소송에서 위 채권양도계약이 취소되어 채권이 원채권자에게 복귀한 경우, 무효인 위 채권압류명령 등이 다시 유효로 되는지 여부(소극)

[2] 채권자가 사해행위의 취소와 함께 수익자 또는 전득자로부터 책임재산의 회복을 명하는 사해행위취소의 판결 을 받은 경우 그 취소의 효과는 채권자와 수익자 또는 전득자 사이에만 미치므로, 수익자 또는 전득자가 채권자에 대하여 사해행위의 취소로 인한 원상회복 의무를 부담하게 될 뿐, 채무자와 사이에서 그 취소로 인한 법률관계가 형성되거나 취소의 효력이 소급하여 채무자의 책임재산으로 회복되는 것은 아니다. 따라서 채권압류명령 등 당시 피압류채권이 이미 제3자에 대한 대항요건을 갖추어 양도되어 그 명령이 효력이 없는 것이 되었다면, 그 후의 사 해행위취소소송에서 위 채권양도계약이 취소되어 채권이 원채권자에게 복귀하였다고 하더라도 이미 무효로 된 채 권압류명령 등이 다시 유효로 되는 것은 아니다"(대판 2022.12.1. 2022다247521) 정답 ○

유 제 정답 ○

[사실관계] 이 사건 채권이 피고들의 채권압류명령 등 송달 당시에 제3자에게 양도되어 대항요건까지 갖추었다면 위 채권압류명령 등은 집행채무자의 책임재산으로 존재하지 않는 채권에 대한 것으로 모두 무효이고, 그 후의 사 해행위취소소송에서 이 사건 채권양도계약이 취소되고 그 채권의 복귀를 명하는 판결이 확정되었다고 하더라도 위 채권이 소급하여 집행채무자의 책임재산으로 복귀하거나 이미 무효로 된 채권압류명령 등이 다시 유효하게 되 는 것은 아니며, 피고들이 채권압류명령 등을 받을 당시 채무자의 책임재산이 아닌 상태로서 이미 존재하고 있는 이 사건 채권을 압류명령 등이 가능한 장래 발생할 채권이라고 볼 수도 없음을 이유로, 이와 달리 본 원심을 파기 한 사례

4　★★ 지명채권의 양수인은 대항요건을 갖추기 위하여 채권자에게 채권양도통지절차의 이행을 청구할 수 있다.　　　　　　　　　　　　　　　　　　　　　　　　　　　　　　　　　　　　(　)

판결요지

"지명채권의 양도는 특별한 사정이 없는 한 채권자와 양수인 사이의 계약에 의하여 이루어지는데, 채무자에 대한 통지 또는 채무자의 승낙이 없으면 채무자 기타 제3자에게 대항할 수 없다(민법 제450조 제1항). 한편 위 통지나 승낙이 확정일자 있는 증서에 의한 것이 아니면 채무자 이외의 제3자에게 대항하지 못하므로(민법 제450조 제2항), 양수인은 대항요건을 구비하기 위해 채권자에게 채권양도통지절차의 이행을 청구할 수 있다"(대판 2022.10.27. 2017다243143).　　　　　　　　　　　　　　　　　　　　　　　　　　　　　　　　　　**정답**　○

[청구취지] "피고는 소외 윤동환[주소 : 서울 서초구 명달로 4길30 102동 1203회]에게, 별지 목록 기재 채권을 2023. 7. 25. 원고에게 양도하였다는 취지의 통지를 하라"

☞ 만약 양도인이 채권양도의 의사표시조차 하지 아니하는 때에는 "피고는 별지 목록 기재 채권에 관하여, 원고에게 채권양도의 의사표시를 하고, 소외 윤동환에게 그 취지의 통지를 하라"는 청구를 하여야 한다.

5　영업양도에 수반된 근로계약인수의 효과가 인정될 경우, 근로계약에 기초하여 기 발생한 영업양도인의 근로자에 대한 손해배상채권에 관한 영업양수인의 승계취득에 개별 채권양도의 대항요건을 별도로 갖추어야 하는 것은 아니다.　　　　　　　　　　　　　　　　　　　　　　　　　　(　)

5-1　★ 근로자의 불법행위로 인해 사용자의 근로자에 대한 손해배상채권이 발생한 상태에서 영업양도에 수반하는 근로계약의 인수가 이루어지고 위 근로자도 이에 대해 동의하더라도 불법행위로 인한 손해배상채권을 인수 대상에 포함하기로 하는 특약이 없는 한 이 채권은 영업양수인에게 이전되지 않는다.　　　　　　　　　　　　　　　　　　　　　　　　　　　　　　　　　23년 변호 (　)

판결요지

"계약당사자로서 지위 승계를 목적으로 하는 계약인수는 계약으로부터 발생하는 채권·채무의 이전 외에 계약관계로부터 생기는 해제권 등 포괄적 권리의무의 양도를 포함하는 것으로서, 계약인수가 적법하게 이루어지면 양도인은 계약관계에서 탈퇴하게 되고, 계약인수 후에는 양도인의 면책을 유보하였다는 등 특별한 사정이 없는 한 잔류당사자와 양도인 사이에는 계약관계가 존재하지 않게 되며 그에 따른 채권채무관계도 소멸하지만, 이러한 계약인수는 양도인과 양수인 및 잔류당사자의 합의에 의한 삼면계약으로 이루어지는 것이 통상적이며 관계당사자 3인 중 2인의 합의가 선행된 경우에는 나머지 당사자가 이를 동의 내지 승낙하여야 그 효력이 생긴다(대판 2012.5.24. 2009다88303 판결 등 참조).

이러한 계약인수가 이루어지면 그 계약관계에서 이미 발생한 채권·채무도 이를 인수 대상에서 배제하기로 하는 특약이 있는 등 특별한 사정이 없는 한 인수인에게 이전된다. 계약인수는 개별 채권·채무의 이전을 목적으로 하는 것이 아니라 다수의 채권·채무를 포함한 계약 당사자로서의 지위의 포괄적 이전을 목적으로 하는 것으로서 계약 당사자 3인의 관여에 의해 비로소 효력을 발생하는 반면, 개별 채권의 양도는 채권 양도인과 양수인 2인만의 관여로 성립하고 효력을 발생하는 등 양자가 그 법적인 성질과 요건을 달리하므로, 채무자 보호를 위해 개별 채권 양도에서 요구되는 대항요건은 계약인수에서는 별도로 요구되지 않는다. 그리고 이러한 법리는 상법상 영업양도에 수반된 계약인수에 대해서도 마찬가지로 적용된다"(대판 2020.12.10. 2020다245958).　　　**정답**　○

[사실관계] 피고에 대한 근로계약인수가 영업양도 대상에 포함되었고, 근로계약인수의 효과로서 영업양수인인 원

고가 영업양도인의 피고에 대한 근로계약상 채무불이행 또는 근로계약을 위반한 불법행위에 기한 손해배상채권을 승계취득하였다고 볼 여지가 있음에도 불구하고, 이에 대하여는 판단하지 아니한 채 영업양도에 수반된 개별 채권의 양도만이 원고가 이 사건 손해배상채권을 취득할 수 있는 권원이 될 수 있다는 전제에서 이 사건 손해배상채권이 이 사건 영업양도계약상 개별 채권 양도의 대상에 포함되었는지, 양도 배제 특약이 있는지 여부만을 심리하여 판단한 원심을 파기한 사례. **유제**   **정답** ✕

|쟁점정리|

> ※ **계약인수에서 이미 발생한 채권·채무의 승계**
>
> ① 이미 발생한 채무의 승계에 관하여 **判例**는 "계약당사자 중 일방이 상대방 및 제3자와 3면 계약을 체결하거나 상대방의 승낙을 얻어 계약상 당사자로서의 지위를 포괄적으로 제3자에게 이전하는 경우 이를 양수한 제3자는 양도인의 계약상 지위를 승계함으로써 종래 계약에서 이미 발생한 채권·채무도 모두 이전받게 된다"(대판 2011.6.23. 전합2007다63089)고 한다.
>
> **[비교판례]** "대항력을 갖춘 임차인이 있는 건물의 양수인이 임대인의 지위를 승계하면(계약인수), 양수인은 임차인에게 임대보증금반환의무를 부담하고 임차인은 양수인에게 차임지급의무를 부담한다. 그러나 임차건물의 소유권이 이전되기 전에 '이미 발생한 연체 차임이나 관리비' 등은 별도의 채권양도절차가 없는 한 원칙적으로 양수인에게 이전되지 않고 구임대인만이 임차인에게 청구할 수 있다"(대판 2017.3.22. 2016다218874). **[7회 사례형]**
>
> ② 다만, 계약상 지위를 전제로 한 권리관계만 이전될 뿐이므로 불법행위에 기한 손해배상청구권은 별도의 채권양도절차 없이 제3자에게 당연히 이전되는 것은 아니다(대판 2015.7.23. 2012다15336).
>
> **[비교판례]** "영업양도에 수반된 근로계약인수의 효과가 인정될 경우, 근로계약에 기초하여 기 발생한 영업양도인의 근로자에 대한 손해배상채권에 관한 영업양수인의 승계취득에 개별 채권양도의 대항요건을 별도로 갖추어야 하는 것은 아니다"(대판 2020.12.10. 2020다245958 : 12회 선택형).

| 제7장 | 채권의 소멸 |

변 제

1 ★ 제3채무자가 착오로 압류채무자에게 지급한 돈을 압류채무자가 다시 압류채권자에게 지급한 경우, 제3채무자는 제472조에 따라 피압류채권의 소멸을 주장할 수 없다.   (   )

1-1 압류채권자인 甲이 채무자 乙에 대한 여러 채권 중 ②, ③ 어음 채권을 집행채권으로 해서 제3채무자인 丙에 대한 물품대금채권을 압류하였는데, 丙이 착오로 乙에게 물품대금을 지급하고, 乙이 받은 돈을 다시 甲에게 지급하자, 甲이 이를 ① 어음, 대여금 채권에 충당한 다음 피압류채권에 대한 추심명령을 받아 추심금 청구를 한 경우, 丙은 乙에게 물품대급을 지급하였다는 이유로 甲에게 피압류채권의 소멸을 주장할 수 없고, 乙이 충당 지정을 하지 않은 이상 甲이 집행채권이 아닌 채권에 지정 변제충당 할 수 있으며, 甲의 변제 수령에 대하여 민법 제472조가 적용되지 않는다.

(   )

판결요지

※ 제3채무자가 착오로 압류채무자에게 지급한 돈을 압류채무자가 다시 압류채권자에게 지급한 경우, 제3채무자가 피압류채권의 소멸을 주장할 수 있는지 여부(소극)

"1. 제3채무자인 피고가 압류채무자인 甲에 이 사건 물품대금채권에 대한 변제로서 돈을 지급하였지만 이 사건 압류명령의 효력에 따라 압류채권자인 원고에게 그 변제로써 대항할 수 없다. 원고가 압류명령을 위반한 甲에 대한 변제를 용인했다고 볼 만한 사정을 찾기도 어렵다. 따라서 제3채무자인 피고는 이후 이 사건 추심명령을 받은 추심채권자인 원고에게 피압류채권을 변제해야 한다.

2. 채무자가 동일한 채권자에 대하여 같은 종류를 목적으로 한 수개의 채무를 부담한 경우에 변제의 제공이 그 채무 전부를 소멸하게 하지 못하는 때에는 변제자는 그 당시 어느 채무를 지정하여 그 변제에 충당할 수 있다(민법 제476조 제1항). 변제자가 지정을 하지 않을 때에는 변제받은 자는 그 당시 어느 채무를 지정하여 변제에 충당할 수 있다.그러나 변제자가 그 충당에 대하여 즉시 이의를 한 때에는 그러하지 아니하다(같은 조 제2항). 변제충당은 상대방에 대한 의사표시로써 한다(같은 조 제3항).

3. 민법 제472조는 불필요한 연쇄적 부당이득반환의 법률관계가 형성되는 것을 피하기 위하여 변제받을 권한 없는 자에 대한 변제의 경우에도 그로 인하여 채권자가 이익을 받은 한도에서 효력이 있다고 정하고 있다. 여기에서 '채권자가 이익을 받은' 경우란 변제수령자가 채권자에게 변제로 받은 급부를 전달한 경우는 물론이고, 변제수령자가 변제로 받은 급부를 가지고 채권자의 자신에 대한 채무의 변제에 충당하거나 채권자의 제3자에 대한 채무를 대신 변제함으로써 채권자의 기존 채무를 소멸시키는 등 채권자에게 실질적인 이익이 생긴 경우를 포함한다. 그러나 변제수령자가 변제로 받은 급부를 가지고 자신이나 제3자의 채권자에 대한 채무를 변제함으로써 채권자의 기존 채권을 소멸시킨 경우에는 채권자에게 실질적인 이익이 생겼다고 할 수 없으므로 민법 제472조에 의한 변제의 효력을 인정할 수 없다(대판 2014.10.15. 2013다17117 판결 등 참조)"(대판 2021.3.11. 2017다278729).　　　정답 ○

유제　　　정답 ○

[사실관계] 압류채권자인 원고(甲)가 채무자(乙)에 대한 여러 채권 중 ②, ③ 어음 채권을 집행채권으로 해서 제3채무자인 피고(丙)에 대한 물품대금채권을 압류하였는데, 피고(丙)가 착오로 채무자(乙)에게 물품대금을 지급하고, 채무자(乙)가 받은 돈을 다시 원고(甲)에게 지급하자, 원고(甲)가 이를 ① 어음, 대여금 채권에 충당한 다음 피압류채권에 대한 추심명령을 받아 추심금 청구를 한 사안에서, 判例는 "피고(丙)가 채무자(乙)에게 물품대금을 지급하였다는 이유로 원고(甲)에게 피압류채권의 소멸을 주장할 수 없고, 채무자(乙)가 충당 지정을 하지 않은 이상 원고(甲)가 집행채권이 아닌 채권에 지정 변제충당 할 수 있으며, 원고(甲)의 변제 수령에 대하여 민법 제472조가 적용되지 않는다"고 보았다(대판 2021.3.11. 2017다278729). 즉, 제3채무자(丙)가 착오로 압류채무자(乙)에게 지급한 돈을 압류채무자(乙)가 다시 압류채권자(甲)에게 지급한 경우, 제3채무자(丙)는 피압류채권의 소멸을 주장할 수 없다.

쟁점정리

※ 기타 권한 없는 자에 대한 변제(제472조)

"민법 제472조는 불필요한 연쇄적 부당이득반환의 법률관계가 형성되는 것을 피하기 위하여 변제받을 권한 없는 자에 대한 변제의 경우에도 그로 인하여 채권자가 이익을 받은 한도에서 효력이 있다고 규정하고 있다. 여기에서 '채권자가 이익을 받은' 경우란 ㉠ 변제수령자가 채권자에게 변제로 받은 급부를 전달한 경우는 물론이고, 그렇지 않더라도 무권한자의 변제수령을 채권자가 사후에 추인한 때와 같이 무권한자의 변제수령을 채권자의 이익으로 돌릴 만한 실질적 관련성이 인정되는 경우도 포함되며(대판 2012.10.25. 2010다32214 : 5회 선택형), ㉡ 변제수령자가 변제로 받은 급부를 가지고 채권자의 자신에 대한 채무의 변제에 충당하거나 채권자의 제3자에 대한 채무를 대신 변제함으로써 채권자의 기존 채무를 소멸시키는 등 채권자에게 실질적인 이익이 생긴 경우를 포함하나, ⓒ 변제수령자가 변제로 받은 급부를 가지고 자신이나 제3자의 채권자에 대한 채무를 변제함으로써 채권자의 기존 채권을 소멸시킨 경우에는 채권자에게 실질적인 이익이 생겼다고 할 수 없으므로 민법 제472조에 의한 변제의 효력을 인정할 수 없다"(대판 2021.3.11. 2017다278729 ; 대판 2014.10.15. 2013다17117).

1-2 ★ 민법 제472조의 '채권자가 이익을 받은' 경우에 무권한자의 변제수령을 채권자가 사후에 추인한 때와 같이 무권한자의 변제수령을 채권자의 이익으로 돌릴 만한 실질적 관련성이 인정되는 경우도 포함된다. ( )

1-3 무권한자의 변제수령을 채권자가 추인한 경우에 채권자는 무권한자에게 부당이득으로서 그 변제받은 것의 반환을 청구할 수 있다. ( )

[판결요지]

※ 1. 민법 제472조의 '채권자가 이익을 받은' 경우에 무권한자의 변제수령행위를 채권자가 사후에 추인하는 경우도 포함되는지 여부(적극), 2. 이러한 경우 채권자가 무권한자에게 부당이득으로서 그 변제받은 것의 반환을 청구할 수 있는지 여부(적극)

"민법 제472조는 불필요한 연쇄적 부당이득반환의 법률관계가 형성되는 것을 피하기 위하여 변제받을 권한 없는 자에 대한 변제의 경우에도 채권자가 이익을 받은 한도에서 효력이 있다고 규정하고 있는데, 여기에서 말하는 '채권자가 이익을 받은' 경우에는 변제의 수령자가 진정한 채권자에게 채무자의 변제로 받은 급부를 전달한 경우는 물론이고, 그렇지 않더라도 무권한자의 변제수령을 채권자가 사후에 추인한 때와 같이 무권한자의 변제수령을 채권자의 이익으로 돌릴 만한 실질적 관련성이 인정되는 경우도 포함된다(대판 2012.10.25. 2010다32214 판결 참조). 이 경우 추인은 명시적 뿐만 아니라 묵시적인 방법으로도 가능하며 그 의사표시는 무권대리인이나 그 상대방 어느 쪽에 하여도 무방하고(대판 2001.11.9. 2001다44291 판결), 이와 같이 무권한자의 변제수령을 채권자가 추인한 경우에 채권자는 무권한자에게 부당이득으로서 그 변제받은 것의 반환을 청구할 수 있다(대판 1992.9.8. 92다15550 판결, 대판 2016.7.14. 2015다71856, 71863 판결 등 참조)"(대판 2023.12.14. 2023다272234)

정답 ○

[유 제]

정답 ○

[사실관계] 원고는 공동상속인 중 1인인 피고를 상대로, 피고가 채무자로부터 상속재산인 투자 수익금 채권 중 4억 원을 단독으로 수령하였다고 주장하며 보관금 또는 부당이득을 원인으로 원고의 상속분에 해당하는 8,000만 원(= 4억 원 × 1/5)의 반환을 구하였다. 원심은, 피고의 법정상속분(1/5)을 초과하는 부분에 관하여는 피고의 변제수령 행위가 무효라고 보아 원고의 채무자에 대한 8,000만 원의 채권이 소멸되었다고 보기 어렵다고 판단하였다. 이에 대해 대법원은, 원고가 피고를 상대로 이 사건 소를 제기한 것은 무권한자인 피고의 변제수령행위를 묵시적으로 추인한 것으로 볼 수 있으므로, 피고에 대한 변제는 원고에 대하여도 유효하게 되었다고 볼 여지가 있다고 보아, 이와 달리 원고의 부당이득반환청구를 기각한 원심판결을 파기·환송한 사례

2 ★ 채무자가 자신의 채무에 관하여 스스로 또는 이행보조자를 사용하여 법률상 원인 없는 변제를 한 경우에는 채무자, 제3자가 타인의 채무에 관하여 법률상 원인 없는 변제를 한 경우에는 제3자가 각각 변제의 주체로서 그 변제로서 이루어진 급부의 반환을 청구할 수 있다. ( )

2-1 이러한 변제 주체에 대한 증명책임은 자신이 변제 주체임을 전제로 변제에 법률상 원인이 없다고 주장하며 부당이득 반환청구를 하는 사람에게 있다. ( )

판결요지

"변제를 목적으로 하는 급부가 이루어졌으나 그 급부에 법률상 원인이 없는 경우 그 급부는 비채변제에 해당하여 부당이득으로 반환되어야 한다. 이러한 급부부당이득의 반환은 법률상 원인 없는 변제를 한 주체가 청구할 수 있다. 변제는 채무자 외에 제3자도 할 수 있는데(민법 제469조 참조), 이행보조자의 변제는 채무자의 변제로 취급된다(민법 제391조 참조). 채무자가 자신의 채무에 관하여 스스로 또는 이행보조자를 사용하여 법률상 원인 없는 변제를 한 경우에는 채무자, 제3자가 타인의 채무에 관하여 법률상 원인 없는 변제를 한 경우에는 제3자가 각각 변제의 주체로서 그 변제로서 이루어진 급부의 반환을 청구할 수 있다. 이러한 변제 주체에 대한 증명책임은 자신이 변제 주체임을 전제로 변제에 법률상 원인이 없다고 주장하며 부당이득 반환청구를 하는 사람에게 있다"(대판 2024.2.15. 2023다272883)

정답 ○

유제

정답 ○

구상권 및 변제자 대위

1 ★ 제3자가 유효하게 채무자가 부담하는 채무를 변제한 경우에 채무자와 계약관계가 있으면 그에 따라 구상권을 취득하고, 그러한 계약관계가 없으면 특별한 사정이 없는 한 민법 제734조 제1항에서 정한 사무관리가 성립하여 민법 제739조에 정한 사무관리비용의 상환청구권에 따라 구상권을 취득한다. ( )

판결요지

제3자의 변제에 따라 발생하는 구상권의 법적 성격(= 민법 제739조에 정한 사무관리비용의 상환청구권)
"채무의 변제는 제3자도 할 수 있다. 그러나 채무의 성질 또는 당사자의 의사표시로 제3자의 변제를 허용하지 아니하는 때에는 그러하지 아니하다(민법 제469조 제1항). 이해관계 없는 제3자는 채무자의 의사에 반하여 변제하지 못한다(같은 조 제2항).
제3자가 유효하게 채무자가 부담하는 채무를 변제한 경우에 채무자와 계약관계가 있으면 그에 따라 구상권을 취득하고, 그러한 계약관계가 없으면 특별한 사정이 없는 한 민법 제734조 제1항에서 정한 사무관리가 성립하여 민법 제739조에 정한 사무관리비용의 상환청구권에 따라 구상권을 취득한다(대판 1994.12.9. 94다38106 판결, 대판 2012.4.26. 2011다68203 판결 참조)."(대판 2022.3.17. 2021다276539).

정답 ○

[사실관계] 甲의 전처인 乙이 甲 사망 후 그 상속인인 丙 등을 상대로 자신이 甲의 채무를 대위변제하였다며 상속분에 따른 구상금을 구한 사안에서, 위 대위변제에 관하여 사무관리가 성립하고, 乙이 甲에게 그에 따른 구상금을 취득하였다고 볼 여지가 있는데도, 대위변제가 甲의 의사에 따라 이루어졌다고 볼 수 없다거나 대위변제로 인한 이익을 자녀들에게 주고자 한 것이지 甲에게 주려는 의도가 아니었다는 이유로 乙의 청구를 배척한 원심판결에는 법리오해 등 잘못이 있다고 한 사례.

|쟁점정리|

> ※ **구상권의 발생근거**
>
> 구상권의 발생근거에는 제한이 없으므로, ① 불가분채무자(제411조)·연대채무자(제425조 이하)·보증인(제441조 내지 제448조)·물상보증인(제370조, 제341조, 제441조 내지 제448조)·담보물의 제3취득자(아래 심화 참고) 등 개별적 규정이 있는 경우와 ② 제3자가 채무자의 부탁으로 채무자를 위하여 변제하는 경우의 위임 사무처리비용의 상환청구권(제688조), ③ 부탁 없이 변제한 자는 i) 제3자가 사무관리에 의하여 채무자를 위하여 변제하는 경우의 사무관리비용의 상환청구권(제739조), ii) 사무관리의 요건이 충족되지 않으면 부당이득법에 따른 반환청구권(제748조, 보증채무에 관한 제444조도 같은 취지의 것이다) 등을 모두 포함한다.

2 금융기관 등이 부동문자로 인쇄하여 사용하는 근저당권설정계약서에 기재된 피담보채무 범위에 관한 약관의 경우 근저당권설정계약 체결의 경위와 목적, 피담보채무액, 근저당권설정자·채무자·채권자의 상호관계 등 여러 사정에 비추어 당사자의 의사가 계약서 문언과는 달리 특정한 채무만을 피담보채무로 하려는 취지였다고 인정할 수 있는 경우에는 당사자의 의사에 따라 그 담보책임의 범위를 제한하여야 한다. ( )

2-1 ★★ 보증인이 채무를 변제한 후 저당권 등의 등기에 관하여 대위의 부기등기를 하지 않고 있는 동안 제3취득자가 목적부동산에 대하여 권리를 취득한 경우 보증인은 제3취득자에 대하여 채권자를 대위할 수 없다(민법 제482조 2항 1호). 그러나 <u>제3취득자가 목적부동산에 대하여 권리를 취득한 후 채무를 변제한 보증인은 대위의 부기등기를 하지 않고도 대위할 수 있다.</u>

22년 1차 모의, 22년 법행 ( )

> ⎡판결요지⎤
>
> **1. 금융기관 등이 부동문자로 인쇄하여 사용하는 근저당권설정계약서에 기재된 피담보채무 범위에 관한 약관의 해석 방법,**
>
> "1. 금융기관과 근저당권설정자가 근저당권설정계약을 체결할 때 작성한 근저당권설정계약서에 금융기관의 여신거래로부터 생기는 모든 채무를 담보하기로 하는 이른바 포괄근저당권을 설정한다는 문언이 기재된 경우 근저당권설정계약서는 처분문서이므로 특별한 사정이 없는 한 그 계약서의 문언에 따라 의사표시의 내용을 해석하여야 함이 원칙이다. 그러나 근저당권설정계약서가 일반거래약관의 형태로 일률적으로 부동문자로 인쇄해 두고 사용하는 것이고 근저당권설정계약 체결의 경위와 목적, 피담보채무액, 근저당권설정자·채무자·채권자의 상호관계 등 여러 사정에 비추어 당사자의 의사가 계약서 문언과는 달리 특정한 채무만을 피담보채무로 하려는 취지였다고 인정할 수 있는 경우에는 당사자의 의사에 따라 그 담보책임의 범위를 제한하여야 한다(대판 1984.6.12. 83다카2159 판결, 대판 2003.4.11. 2001다12430 판결 참조).
>
> **2. 보증인의 제3취득자에 대한 변제자대위에서 항상 부기등기가 필요한지 여부**
>
> 2. 민법 제480조, 제481조에 따라 채권자를 대위한 자는 자기의 권리에 의하여 구상할 수 있는 범위에서 채권과 그 담보에 관한 권리를 행사할 수 있다(민법 제482조 제1항). 보증인과 제3취득자 사이의 변제자대위에 관하여 민법 제482조 제2항 제1호는 "보증인은 미리 전세권이나 저당권의 등기에 그 대위를 부기하지 아니하면 전세물이나 저당물에 권리를 취득한 제3자에 대하여 채권자를 대위하지 못한다."라고 정하고 있다.
>
> 이 규정은 보증인의 변제로 저당권 등이 소멸한 것으로 믿고 목적부동산에 대하여 권리를 취득한 제3취득자를 예측하지 못한 손해로부터 보호하기 위한 것이다(대판 2015.3.20. 2012다99341 판결 참조). 따라서 <u>보증인이 채무를 변제한 후 저당권 등의 등기에 관하여 대위의 부기등기를 하지 않고 있는 동안 제3취득자가 목적부동산에 대하여 권리를</u>

취득한 경우 보증인은 제3취득자에 대하여 채권자를 대위할 수 없다.
그러나 제3취득자가 목적부동산에 대하여 권리를 취득한 후 채무를 변제한 보증인은 대위의 부기등기를 하지 않고도 대위할 수 있다고 보아야 한다. 보증인이 변제하기 전 목적부동산에 대하여 권리를 취득한 제3자는 등기부상 저당권 등의 존재를 알고 권리를 취득하였으므로 나중에 보증인이 대위하더라도 예측하지 못한 손해를 입을 염려가 없다"(대판 2020.10.15. 2019다222041). **정답** ○

유제 **정답** ○

3 ★ 대위할 범위에 관하여 종래 채권자가 배당요구 없이도 당연히 배당받을 수 있었던 경우에는 대위변제자는 따로 배당요구를 하지 않아도 배당을 받을 수 있다 (　)

판결요지

"채무자를 위하여 변제한 자는 변제와 동시에 채권자의 승낙을 얻어 채권자를 대위할 수 있다(민법 제480조 제1항). 제3자가 채무자를 위하여 채무를 변제함으로써 채무자에 대하여 구상권을 취득하는 경우, 그 구상권의 범위 내에서 종래 채권자가 가지고 있던 채권과 그 담보에 관한 권리는 동일성을 유지한 채 법률상 당연히 변제자에게 이전한다. 이때 대위할 범위에 관하여 종래 채권자가 배당요구 없이도 당연히 배당받을 수 있었던 경우에는 대위변제자는 따로 배당요구를 하지 않아도 배당을 받을 수 있다"(대판 2021.2.25. 2016다232597) **정답** ○

[사실관계] 갑 주식회사가 대여금채무를 담보하기 위하여 채권자 을 앞으로 마쳐준 갑 회사 소유의 임야에 관한 소유권이전청구권가등기에 기해 을이 가등기담보 등에 관한 법률에서 정한 청산절차를 거치지 않은 채 본등기를 마쳤고, 그 후 병 주식회사가 갑 회사와 체결한 대위변제약정에 따라 을의 승낙을 얻어 위 담보가등기의 피담보채무를 대위변제하였는데, 갑 회사와 을 및 정 주식회사가 체결한 약정에 따라 정 회사 앞으로 위 임야에 관한 소유권이전등기가 마쳐진 후 설정된 무 주식회사 명의의 근저당권에 기해 임의경매절차가 개시되자, 병 회사가 경매법원에 '담보가등기권리자 권리신고서'를 제출한 사안에서, 병 회사는 부동산 매각으로 소멸하는 담보가등기를 가진 채권자로서 경매절차의 배당요구 종기 전에 배당요구를 하였는지와 관계없이 위 임야의 매각대금에서 배당받을 수 있다고 판단한 원심판결에 법리오해 등의 잘못이 없다고 한 사례

4 ★ 법정대위를 할 자는 채권자가 고의나 과실로 담보를 상실하게 하거나 감소하게 한 때에는 원칙적으로 민법 제485조에 따라 면책을 주장할 수 있을 뿐이지만, 채권자가 제3자에 대하여 자신의 담보권을 성실하게 보존·행사하여야 할 의무를 부담하는 특별한 사정이 인정되는 경우에는 채권자의 담보권의 포기 행위가 불법행위에 해당할 수 있다. 23년 3차모의 (　)

4-1 ★ 甲과 乙이 각 1/2 지분을 소유하고 있는 토지에 관하여 乙이 丙으로부터 대출받으면서 丙을 근저당권자로, 채무자를 乙로 하는 근저당권을 설정하였는데, 위 토지 중 甲 지분에만 경매절차가 개시되어 제3자가 매각대금을 완납하자, 丙은 乙 지분에 관한 근저당권설정등기를 말소해주었고, 이후 개시된 배당절차에서 丙이 채권액 전부를 배당받은 경우, 채권자인 丙이 甲에 대하여 자신의 담보권을 성실하게 보존·행사하여야 할 의무를 부담함에도 곧 변제자대위의 대상이 될 채무자에 대한 근저당권설정등기를 말소하여 줌으로써 저당권을 포기한 행위는 민법 제750조에 정한 불법행위에 해당한다. (　)

판결요지

※ 채권자의 담보권 포기행위가 물상보증인 등 대위변제할 이익 있는 제3자에 대한 담보보존의무 위반으로서 불법행위에 해당하는지(원칙적 소극), 담보권 포기행위가 불법행위로 인정되는 특별한 사정

"민법 제485조는 "제481조의 규정에 의하여 대위할 자가 있는 경우에 채권자의 고의나 과실로 담보가 상실되거나 감소된 때에는 대위할 자는 그 상실 또는 감소로 인하여 상환을 받을 수 없는 한도에서 그 책임을 면한다."라고 정한다. 이는 보증인 등 법정대위를 할 자가 있는 경우에 채권자에게 담보보존의무를 부담시킴으로써 대위할 자의 구상권과 대위에 대한 기대권을 보호하려는 것이다. 법정대위를 할 자는 채권자가 고의나 과실로 담보를 상실하게 하거나 감소하게 한 때에는 원칙적으로 민법 제485조에 따라 면책을 주장할 수 있을 뿐이지만, 채권자가 제3자에 대하여 자신의 담보권을 성실하게 보존·행사하여야 할 의무를 부담하는 특별한 사정이 인정되는 경우에는 채권자의 담보권의 포기 행위가 불법행위에 해당할 수 있다"(대판 2022.12.29. 2017다261882)   정답 ○

유제   정답 ○

[사실관계] 甲과 乙이 각 1/2 지분을 소유하고 있는 토지에 관하여 乙이 丙으로부터 대출받으면서 丙을 근저당권자로, 채무자를 乙로 하는 근저당권을 설정하였는데, 위 토지 중 甲 지분에만 경매절차가 개시되어 제3자가 매각대금을 완납하자, 丙은 乙 지분에 관한 근저당권설정등기를 말소해주었고, 이후 개시된 배당절차에서 丙이 채권액 전부를 배당받은 사안에서, 채권자인 丙이 甲에 대하여 자신의 담보권을 성실하게 보존·행사하여야 할 의무를 부담함에도 곧 변제자대위의 대상이 될 채무자에 대한 근저당권설정등기를 말소하여 줌으로써 저당권을 포기한 행위는 민법 제750조에 정한 불법행위에 해당한다고 한 사례

5   채무자가 아닌 위탁자가 타인의 채무를 담보하기 위하여 금전채권자를 우선수익자로 하는 부동산담보신탁을 설정한 경우, 설령 경제적인 실질에 있어 위탁자가 부동산담보신탁을 통하여 신탁부동산의 처분대금을 타인의 채무의 담보로 제공한 것과 같이 볼 수 있다고 하더라도, 위탁자가 자기의 재산 그 자체를 타인의 채무의 담보로 제공한 물상보증인에 해당한다고 볼 수는 없다.   ( )

5-1 채무자가 아닌 제3자인 위탁자가 채권자를 우선수익자로 정하여 부동산담보신탁을 한 경우에 채권자가 가지는 우선수익권이 민법 제481조, 제482조 제1항에 의하여 보증채무를 이행한 보증인이 법정대위할 수 있는 '담보에 관한 권리'에 해당한다고 하더라도, 별도의 약정 등 특별한 사정이 없는 이상, 채권자의 우선수익권에 대한 보증인의 변제자대위도 인원수에 비례하여 채권자를 대위할 수 있다.   ( )

판결요지

※ 1. 채무자가 아닌 위탁자가 타인의 채무를 담보하기 위하여 금전채권자를 우선수익자로 하는 부동산담보신탁을 설정한 경우 위탁자를 자기의 재산 그 자체를 타인의 채무의 담보로 제공한 물상보증인에 해당한다고 볼 수 있는지 여부(소극), 2. 민법 제482조 제2항 제5호의 입법 배경, 취지나 목적 등에 비추어 별도의 약정 등 특별한 사정이 없는 한 채권자의 우선수익권에 대한 보증인의 변제자대위도 인원수에 비례하여 채권자를 대위하는 제한을 받는 것으로 해석하여야 하는지 여부(적극)

"위탁자가 금전채권을 담보하기 위하여 금전채권자를 우선수익자, 위탁자를 수익자로 하여 위탁자 소유의 부동산을 신탁법에 따라 수탁자에게 이전하면서 채무불이행 시에는 신탁부동산을 처분하여 우선수익자의 채권 변제 등에 충당하고 나머지를 위탁자에게 반환하기로 하는 내용의 담보신탁을 한 경우, 특별한 사정이 없는 한 우선수익권은 경제적으로 금전채권에 대한 담보로 기능하지만, 그 성질상 금전채권과는 독립한 신탁계약상의 별개의 권리

이다(대판 2017.6.22. 전합2014다225809). 우선수익권은 수익급부의 순위가 다른 수익자에 앞선다는 점을 제외하면 일반적인 수익권과 법적 성질이 다르지 않고, 채권자가 담보신탁을 통하여 담보물권을 얻는 것도 아니다(대판 2018.4.12. 2016다223357 판결 참조). 그러므로 채무자가 아닌 위탁자가 타인의 채무를 담보하기 위하여 금전채권자를 우선수익자로 하는 부동산담보신탁을 설정한 경우에, 설령 경제적인 실질에 있어 위탁자가 부동산담보신탁을 통하여 신탁부동산의 처분대금을 타인의 채무의 담보로 제공한 것과 같이 볼 수 있다고 하더라도, 위탁자가 자기의 재산 그 자체를 타인의 채무의 담보로 제공한 물상보증인에 해당한다고 볼 수는 없다.

그러나 다른 한편, 민법 제482조 제2항 제4호, 제5호가 물상보증인 상호간에는 재산의 가액에 비례하여 부담 부분을 정하도록 하면서, 보증인과 물상보증인 상호간에는 보증인의 총 재산의 가액이나 자력 여부, 물상보증인이 담보로 제공한 재산의 가액 등을 고려하지 않고 형식적으로 인원수에 비례하여 평등하게 대위비율을 결정하도록 규정한 것은, 인적 무한책임을 부담하는 보증인과 물적 유한책임을 부담하는 물상보증인 사이에는 보증인 상호간이나 물상보증인 상호간과 같이 상호 이해 조정을 위한 합리적인 기준을 정하는 것이 곤란하고, 당사자 간의 특약이 있다는 등의 특별한 사정이 없는 한 오히려 인원수에 따라 대위비율을 정하는 것이 공평하고 법률관계를 간명하게 처리할 수 있어 합리적이며 그것이 대위자의 통상의 의사 내지 기대에 부합하기 때문이다(대판 2010.6.10. 2007다61113, 61120 판결 참조).

그리고 이와 같이 법정대위자 상호간의 관계에 관하여 민법 제482조 제2항 제5호가 보증인과 물상보증인 사이에 우열을 인정하지 않고 양자를 동등하게 취급하여 그에 따라 변제자대위를 제한하거나 같은 항 제4호가 물상보증인 상호간에 그 재산의 가액에 따라 변제자대위의 범위를 제한하거나 민법의 해석상 공동보증인 상호간의 변제자대위가 구상권의 범위에 따라 제한된다고 보는 것은 변제자대위의 순환을 방지하여 혼란을 피하고 채무자의 무자력 위험을 보증인과 물상보증인 등 법정대위자 어느 일방이 종국적으로 부담하지 않도록 함으로써 당사자 사이의 공평을 도모하고자 하는 데 그 취지가 있다고 할 것이다.

이러한 취지에 비추어 볼 때, 채무자가 아닌 제3자인 위탁자가 채권자를 우선수익자로 정하여 부동산담보신탁을 한 경우에 채권자가 가지는 우선수익권이 민법 제481조, 제482조 제1항에 의하여 보증채무를 이행한 보증인이 법정대위할 수 있는 '담보에 관한 권리'에 해당한다고 하더라도, 먼저 보증채무를 이행한 보증인이 채권자의 우선수익권에 대하여 아무런 제한 없이 보증채무를 이행한 전액에 대하여 변제자대위를 할 수 있다고 볼 수는 없으며, 다른 기준이나 별도의 약정 등 특별한 사정이 없는 이상, 채권자의 우선수익권에 대한 보증인의 변제자대위도 인원수에 비례하여 채권자를 대위할 수 있다고 보는 것이 대위자 상호간의 합리적이고 통상적인 기대에도 부합한다고 할 것이므로, 채권자의 우선수익권에 대한 보증인의 변제자대위도 보증인과 물상보증인 상호간의 관계와 마찬가지로 그 인원수에 비례하여 채권자를 대위하는 제한을 받는다고 해석함이 타당하다"(대판 2022.5.12. 2017다278187).

정답 ○
정답 ○

[유제 전부]

[사실관계] 채무자가 아닌 위탁자가 채무자의 대출금채무를 담보하기 위하여 자신의 부동산에 관하여 채권자를 우선수익자로 하여 담보신탁을 설정하였는데 대출금채무의 연대보증인인 원고가 이자 중 일부를 대위변제한 다음 담보신탁 부동산의 처분 및 정산 이후 배당절차가 개시되자 배당을 받은 피고를 상대로 채권자의 우선수익권을 변제자대위할 수 있다는 이유로 대위변제한 금액에 대하여 우선하여 배당받을 권리를 주장한 사안에서, 위탁자가 물상보증인의 지위에 있다는 이유로 곧바로 민법 제482조 제2항 제5호를 적용하여 원고가 자기의 부담 부분을 초과하여 대위변제하였다는 주장·증명이 없다는 이유로 원고의 청구를 받아들이지 않은 원심의 판단에 부적절한 점이 있으나 결론에 있어서는 정당하다는 이유로 상고를 기각한 사안

변제충당

1 ★ 변제자가 주채무자인 경우 보증기간 중의 채무와 보증기간 종료 후의 채무는 변제이익의 점에서 차이가 없다.
22년 변호 (   )

판결요지

"변제자가 주채무자인 경우, 보증인이 있는 채무와 보증인이 없는 채무 사이에는 변제이익의 점에서 차이가 없다고 보아야 하므로, 보증기간 중의 채무와 보증기간 종료 후의 채무 사이에서도 변제이익의 점에서 차이가 없다. 따라서 주채무자가 변제한 금원은 이행기가 먼저 도래한 채무부터(제477조 3호) 법이 정하는 바에 따라 변제충당을 하여야 한다"(대판 2021.1.28. 2019다207141). **정답** ○

2 ★ 동일 당사자 사이에 수 개의 채권관계가 성립되어 있는 경우 채무자가 특정채무를 지정하여 변제를 한 때에는 그 변제액수가 지정한 특정채무의 액수를 초과하더라도, 특별한 사정이 없는 한 초과액수가 다른 채권의 변제에 당연 충당된다거나 공제의 대상이 된다고 볼 수는 없다.
23년 법행 (   )

판결요지

※ 동일 당사자 사이에 수 개의 채권관계가 성립되어 있어 채무자가 특정채무를 지정하여 변제한 경우, 특정채무에 대한 변제의 효과가 인정되는지 여부(적극) 및 위 변제액수가 지정한 특정채무의 액수를 초과하는 경우, 초과액수가 다른 채권의 변제에 당연 충당되거나 공제의 대상이 되는지 여부(원칙적 소극)
"동일 당사자 사이에 수 개의 채권관계가 성립되어 있는 경우 채무자가 특정채무를 지정하여 변제를 한 때에는 그 특정채무에 대한 변제의 효과가 인정된다. 이때 그 변제액수가 지정한 특정채무의 액수를 초과하더라도, 초과액수 상당의 채권이 부당이득관계에 따라 다른 채권에 대한 상계의 자동채권이 될 수 있음은 별론으로 하고, 당사자 사이에 다른 채권의 변제에 충당하거나 공제의 대상으로 삼기로 하는 합의가 있는 등 특별한 사정이 없는 한 초과액수가 다른 채권의 변제에 당연 충당된다거나 공제의 대상이 된다고 볼 수는 없다"(대판 2021.1.14. 2020다261776) **정답** ○

3 ★ 선이자가 공제된 경우에 구 대부업법에서 정한 제한이자율을 초과하는지 여부는 선이자 공제액을 제외하고 채무자가 실제로 받은 금액을 기초로 하여 대부일부터 변제기까지의 기간에 대한 제한이자율에 따른 이자를 기준으로, 선이자 공제액(채무자가 변제기까지 실제 지급한 이자가 있다면 이를 포함한다)이 그것을 초과하는지에 따라 판단하여야 하고, 그와 같은 판단의 결과 초과하는 부분이 있다면 그 초과 부분은 구 대부업법 제8조 제4항에 따라 당사자 사이에서 약정된 선이자 공제 전의 대부원금에 충당되어 그 충당 후 나머지가 채무자가 변제기에 갚아야 할 대부원금이 된다.
(   )

3-1 명목 여하를 불문하고 대부업자와 채무자 사이의 금전대차와 관련된 것으로서 금전대차의 대가로 볼 수 있는 것이라면 이자로 간주되고, 따라서 대부업자가 이를 대부금에서 미리 공제하는 것은 선이자의 공제에 해당한다.
(   )

3-2 피담보채무 전액을 변제하였다고 주장하면서 근저당권설정등기에 대한 말소등기절차의 이행을 청구하였으나, 원리금의 계산 등에 관한 다툼 등으로 인하여 변제액이 채무 전액을 소멸시키는 데 미치지 못하고 잔존채무가 있는 것으로 밝혀진 경우에는 특별한 사정이 없는 한 원고의 청구에 확정된 잔존채무를 변제하고 그 다음에 위 등기의 말소를 구한다는 취지도 포함되어 있는 것으로 해석함이 상당하고 이는 장래 이행의 소로서 미리 청구할 이익도 인정된다. (   )

판결요지

※ 1. 대부업법이 적용되는 경우에 선이자를 고려한 적법한 변제충당 방법, 2. 피담보채무 전액 소멸을 이유로 한 근저당권말소등기청구에 잔존채무가 있는 것으로 밝혀진 경우의 주문(= 선이행 판결)

"[1] 구 대부업 등의 등록 및 금융이용자 보호에 관한 법률(2014. 1. 1. 법률 제12156호로 개정되기 전의 것, 이하 '구 대부업법'이라 한다) 제8조 제2항의 취지는 대부업자가 사례금・할인금・수수료・공제금・연체이자・선이자 등의 명목으로 채무자로부터 금전을 징수하여 위 법을 잠탈하기 위한 수단으로 사용되는 탈법행위를 방지하는 데 있으므로, 명목 여하를 불문하고 대부업자와 채무자 사이의 금전대차와 관련된 것으로서 금전대차의 대가로 볼 수 있는 것이라면 이자로 간주되고, 따라서 대부업자가 이를 대부금에서 미리 공제하는 것은 선이자의 공제에 해당한다. 한편 선이자가 공제된 경우에 구 대부업법에서 정한 제한이자율을 초과하는지 여부는 선이자 공제액을 제외하고 채무자가 실제로 받은 금액을 기초로 하여 대부일부터 변제기까지의 기간에 대한 제한이자율에 따른 이자를 기준으로, 선이자 공제액(채무자가 변제기까지 실제 지급한 이자가 있다면 이를 포함한다)이 그것을 초과하는지에 따라 판단하여야 하고, 그와 같은 판단의 결과 초과하는 부분이 있다면 그 초과 부분은 구 대부업법 제8조 제4항에 따라 당사자 사이에서 약정된 선이자 공제 전의 대부원금에 충당되어 그 충당 후 나머지가 채무자가 변제기에 갚아야 할 대부원금이 된다.

[2] 피담보채무 전액을 변제하였다고 주장하면서 근저당권설정등기에 대한 말소등기절차의 이행을 청구하였으나, 원리금의 계산 등에 관한 다툼 등으로 인하여 변제액이 채무 전액을 소멸시키는 데 미치지 못하고 잔존채무가 있는 것으로 밝혀진 경우에는 특별한 사정이 없는 한 원고의 청구에 확정된 잔존채무를 변제하고 그 다음에 위 등기의 말소를 구한다는 취지도 포함되어 있는 것으로 해석함이 상당하고 이는 장래 이행의 소로서 미리 청구할 이익도 인정되므로, 피담보채무가 전액 변제되지 않았다는 이유만으로 원고의 청구를 기각할 것이 아니라 근저당권설정등기의 피담보채무 중 잔존원금 및 지연손해금의 액수를 심리・확정한 후 그 변제를 조건으로 근저당권설정등기의 말소를 명하여야 한다"(대판 2023.11.16. 2023다266390) 정답 ○ 유제 전부 정답 ○

대물변제

1 ★ 대물변제에서 본래 채무의 이행에 갈음한 다른 급여가 부동산의 소유권이전인 경우, 기존채무는 소유권이전등기 완료 시에 소멸하고, 이때 목적물에 하자가 있다면 매도인의 담보책임에 관한 민법 조항이 준용된다. (   )

1-1 甲이 다세대주택 신축공사의 전기공사를 乙에 하도급 주면서 공사대금을 다세대주택 구분건물로 대물변제하기로 약정하고, 이후 乙이 구분건물에 관하여 소유권이전등기를 넘겨받은 경우, 乙이 당초의 약정대로 소유권이전등기를 마친 이상 甲은 본래 채무에 갈음하여 이행하기로 한 다른 급여를 현실적으로 한 것이고, 구분건물이 아직 사용승인을 받지 않았으며 대지지분에 제한물권이 설정되어 있다는 사정은 대물변제 목적물의 하자로서 담보책임을 물을 수 있는 사유가 될 뿐이다. (   )

판결요지

※ **대물변제에서 본래 채무의 이행에 갈음한 다른 급여가 부동산의 소유권이전인 경우, 기존채무가 소멸하는 시기(=소유권이전등기 완료 시) 및 이때 목적물에 하자가 있을 경우, 매도인의 담보책임에 관한 민법 조항이 준용되는지 여부(적극)**

"대물변제는 본래 채무의 이행에 갈음하여 다른 급여를 현실적으로 하는 때에 성립하는 계약이므로, 다른 급여가 부동산의 소유권이전인 경우 등기를 완료하면 대물변제가 성립되어 기존채무가 소멸한다. 한편 대물변제도 유상계약이므로 목적물에 하자가 있을 경우 매도인의 담보책임에 관한 민법 조항이 준용된다"(대판 2023.2.2. 2022다276789). 정답 ○   유제   정답 ○

[사실관계] 甲 주식회사가 다세대주택 신축공사의 전기공사를 乙 합자회사에 하도급 주면서 공사대금을 다세대주택 구분건물로 대물변제하기로 약정하고, 이후 乙 회사가 구분건물에 관하여 소유권이전등기를 넘겨받은 사안에서, 乙 회사가 당초의 약정대로 하도급 공사대금에 대한 대물변제를 원인으로 구분건물에 관하여 소유권이전등기를 마친 이상 甲 회사는 본래 채무에 갈음하여 이행하기로 한 다른 급여를 현실적으로 한 것으로 보아야 하고, 구분건물이 아직 사용승인을 받지 않았으며 대지지분에 제한물권이 설정되어 있다는 사정은 대물변제 목적물의 하자로서 담보책임을 물을 수 있는 사유가 될 뿐이므로 乙 회사가 약정한 목적물에 관하여 대물변제를 원인으로 소유권이전등기를 넘겨받았는데도, 대물변제가 이행되었다는 甲 회사의 항변을 배척한 원심판단에 법리오해의 잘못이 있다고 한 사례

공 탁

1 변제공탁의 피공탁자를 포함한 제3자가 공탁자에 대하여 가지는 별도 채권의 집행권원으로써 공탁자의 공탁물 회수청구권에 대하여 압류 및 추심명령을 받아 그 집행으로 공탁물을 회수한 경우, 공탁에 따른 채권소멸의 효력이 소급하여 없어진다. ( )

1-1 부적법한 변제공탁으로 변제의 효력이 발생하지 않았더라도 피공탁자가 공탁자에 대한 다른 채권에 기하여 공탁자의 공탁물 회수청구권에 대하여 압류 및 추심명령을 받아 그 집행으로 공탁물을 회수할 수 있다. ( )

1-2 ★ 공탁물 출급청구권과 공탁물 회수청구권은 서로 독립한 별개의 청구권이므로 설령 공탁물 출급청구권에 대한 압류 등이 있었다고 하더라도 이는 공탁물 회수청구권에 대하여 아무런 영향을 미치지 않는다.
23년 변호, 22 · 23년 법무사 ( )

판결요지

"변제공탁이 적법한 경우에는 채권자가 공탁물 출급청구를 하였는지 여부와는 관계없이 공탁을 한 때에 변제의 효력이 발생하나, 피공탁자를 포함한 제3자가 공탁자에 대하여 가지는 별도 채권의 집행권원으로써 공탁자의 공탁물 회수청구권에 대하여 압류 및 추심명령을 받아 그 집행으로 공탁물을 회수한 경우 채권소멸의 효력은 소급하여 없어진다. 나아가 부적법한 변제공탁으로 변제의 효력이 발생하지 않았다고 하더라도, 피공탁자는 이를 수락하여 공탁물 출급청구를 하는 대신 공탁자에 대한 다른 채권에 기하여 공탁자의 공탁물 회수청구권에 대하여 압류 및 추심명령을 받아 그 집행으로 공탁물을 회수할 수 있다. 한편 공탁물 출급청구권과 공탁물 회수청구권은 서로 독립한 별개의 청구권이므로 설령 공탁물 출급청구권에 대한 압류 등이 있었다고 하더라도 이는 공탁물 회수청구권에 대하여 아무런 영향을 미치지 않는다"(대결 2020.5.22. 2018마5697). 정답 ○   유제 전부   정답 ○

상 계

1 ★★ 양수채권을 자동채권으로 하여 채무자와 상계하는 경우 상계적상일은 채권양도의 대항요건을 갖출 때이다. (　)

1-1 채권양수인이 양수채권을 자동채권으로 하여 채무자가 양수인에 대해 가지고 있던 기존 채권과 상계한 경우 채권양도 전에 이미 양 채권의 변제기가 도래하였다고 하더라도 상계의 효력은 변제기가 아니라 채권양도의 대항요건이 갖추어진 시점으로 소급한다. 24년 변호 (　)

[판결요지]

> ※ 양수채권을 자동채권으로 하여 상계하는 경우 상계적상일(= 채권양도의 대항요건을 갖출 때)
>
> "민법 제493조 제2항은 '상계의 의사표시는 각 채무가 상계할 수 있는 때에 대등액에 관하여 소멸한 것으로 본다.' 라고 정하고 있으므로 상계의 효력은 상계적상 시로 소급하여 발생한다. 상계적상은 자동채권과 수동채권이 상호 대립하는 때에 비로소 생긴다.
>
> 채권양수인이 양수채권을 자동채권으로 하여 그 채무자가 채권양수인에 대해 가지고 있던 기존 채권과 상계한 경우, 채권양수인은 채권양도의 대항요건이 갖추어진 때 비로소 자동채권을 행사할 수 있으므로 채권양도 전에 이미 양 채권의 변제기가 도래하였다고 하더라도 상계의 효력은 변제기로 소급하는 것이 아니라 채권양도의 대항요건이 갖추어진 시점으로 소급한다"(대판 2022.6.30. 2022다200089) 정답 ○
>
> 유제 정답 ○

쟁점정리

> ※ 채권이 양도(또는 전부)된 경우와 상계적상일
>
> 채권이 양도(또는 전부)된 경우와 관련해서는 ㉠ '채권이 양도된 후 양수인이 양수금채권을 자동채권으로 하여 상계하거나 채무자가 양수인에 대한 채권을 자동채권으로 하여 상계하는 경우'에는 상계의 요건 중 '채권의 대립성' 때문에 최소한 채권양도의 대항요건이 갖추어진 이후에야 비로소 상계가 가능하다(따라서 그 이전에 자동채권과 수동채권의 변제기가 모두 도래한 경우에도 상계적상일은 양 채권의 변제기가 도래한 날이 아니라 채권양도의 대항요건이 갖추어진 날이 된다). 이와 관련하여 判例도 채권양수인이 양수채권을 자동채권으로 하여 그 채무자가 채권양수인에 대해 가지고 있던 기존 채권과 상계한 경우, 채권양수인은 채권양도의 대항요건이 갖추어진 때 비로소 자동채권을 행사할 수 있으므로 채권양도 전에 이미 양 채권의 변제기가 도래하였다고 하더라도 상계의 효력은 변제기로 소급하는 것이 아니라 채권양도의 대항요건이 갖추어진 시점으로 소급한다고 한다(대판 2022.6.30. 2022다200089).
>
> ㉡ 그러나 '양수금 청구에 대하여 채무자가 양도인에 대한 채권을 자동채권으로 하여 상계하는 경우'(제451조 2항 참조)에는 그렇지 않다. 이 경우에는 채권양도로 인하여 채무자의 법적 지위가 달라져서는 안 된다는 법 원리에 따라 자동채권과 수동채권의 변제기가 모두 도래한 뒤 채권양도의 대항요건이 갖추어졌다면 양 채권의 변제기가 모두 도래한 날이 상계적상일이 된다(물론 대항요건을 갖추기 전에 채무자가 자동채권을 취득한 것을 전제로 한다). 이와 관련하여 判例는 채무자가 채권양도 통지를 받은 경우 채무자는 그때까지 양도인에 대하여 생긴 사유로써 양수인에게 대항할 수 있고(제451조 2항), 당시 이미 상계할 수 있는 원인이 있었던 경우에는 아직 상계적상에 있지 않더라도 그 후에 상계적상에 이르면 채무자는 양수인에 대하여 상계로 대항할 수 있다고 한다(대판 2019.6.27. 2017다222962).

2 ★ 제492조 1항에서 정한 '채무의 이행기가 도래한 때'는 채권자가 채무자에게 이행의 청구를 할 수 있는 시기가 도래하였음을 의미하고 채무자가 이행지체에 빠지는 시기를 말하는 것이 아니다.

( )

2-1 ★ 상계적상 시점 이전에 수동채권에 대하여 이자나 지연손해금이 발생한 경우 상계적상 시점까지 수동채권의 이자나 지연손해금을 계산한 다음 자동채권으로써 먼저 수동채권의 이자나 지연손해금을 소각하고 잔액을 가지고 원본을 소각하여야 한다.

( )

[판결요지]

"[1] 쌍방이 서로 같은 종류를 목적으로 한 채무를 부담한 경우 쌍방 '채무의 이행기가 도래한 때'에는 각 채무자는 대등액에 관하여 상계할 수 있다(민법 제492조 제1항). 이때 '채무의 이행기가 도래한 때'는 채권자가 채무자에게 이행의 청구를 할 수 있는 시기가 도래하였음을 의미하고 채무자가 이행지체에 빠지는 시기를 말하는 것이 아니다.
[2] 상계의 의사표시는 각 채무가 상계할 수 있는 때에 대등액에 관하여 소멸한 것으로 본다(민법 제493조 제2항). 상계의 의사표시가 있는 경우 채무는 상계적상 시에 소급하여 대등액에 관하여 소멸하게 되므로, 상계에 따른 양 채권의 차액 계산 또는 상계 충당은 상계적상의 시점을 기준으로 한다. 따라서 그 시점 이전에 수동채권에 대하여 이자나 지연손해금이 발생한 경우 상계적상 시점까지 수동채권의 이자나 지연손해금을 계산한 다음 자동채권으로써 먼저 수동채권의 이자나 지연손해금을 소각하고 잔액을 가지고 원본을 소각하여야 한다"(대판 2021.5.7. 2018다25946) **정답** ◯   **유제**   **정답** ◯

3 ★ 상계자가 상대방에 대하여 가지는 채권이 아닌 제3자가 상대방에 대하여 가지는 채권을 자동채권으로 하여 상계할 수는 없는 것이므로, 압류채권자가 채무자의 제3채무자에 대한 채권을 압류한 경우 이를 자동채권으로 하여 제3채무자의 압류채권자에 대한 채권과 상계할 수는 없고, 이는 피압류채권에 대하여 이중압류, 배분요구 등이 없더라도 마찬가지이다.

( )

[판결요지]

[1] 상계제도의 의미와 취지 / 상계자가 상대방에 대하여 가지는 채권이 아닌 제3자가 상대방에 대하여 가지는 채권을 자동채권으로 하여 상계할 수 있는지 여부(원칙적 소극)
"[1] 상계는 당사자 쌍방이 서로 같은 종류를 목적으로 한 채무를 부담한 경우에 서로 같은 종류의 급부를 현실로 이행하는 대신 어느 일방 당사자의 의사표시로 그 대등액에 관하여 채권과 채무를 동시에 소멸시키는 것이고, 이러한 상계제도의 취지는 서로 대립하는 두 당사자 사이의 채권·채무를 간이한 방법으로 원활하고 공평하게 처리하려는 데 있으므로, 법률의 규정 등 특별한 사정이 없는 한 자동채권으로 될 수 있는 채권은 상계자가 상대방에 대하여 가지는 채권이어야 하고 제3자가 상대방에 대하여 가지는 채권으로는 상계할 수 없다.
[2] 국세징수법에 의한 채권압류의 효력 / 압류채권자가 채무자의 제3채무자에 대한 채권을 압류한 경우 이를 자동채권으로 하여 제3채무자의 압류채권자에 대한 채권과 상계할 수 있는지 여부(소극) 및 이는 피압류채권에 대하여 이중압류, 배분요구 등이 없더라도 마찬가지인지 여부(적극)
[2] 국세징수법에 의한 채권압류의 경우 압류채권자는 체납자에 대신하여 추심권을 취득할 뿐이고, 이로 인하여 채무자가 제3채무자에 대하여 가지는 채권이 압류채권자에게 이전되거나 귀속되는 것은 아니다. 따라서 압류채권자가 채무자의 제3채무자에 대한 채권을 압류한 경우 그 채권은 압류채권자가 제3채무자에 대하여 가지는 채권이 아니므로, 압류채권자는 이를 자동채권으로 하여 제3채무자의 압류채권자에 대한 채권과 상계할 수 없고, 이는 피

압류채권에 대하여 이중압류, 배분요구 등이 없다고 하더라도 달리 볼 것은 아니다"(대판 2022.12.16. 2022다218271)

정답 ○

■ 상대방이 제3자에 대하여 가지는 채권을 수동채권으로 하여 상계할 수 있는지 여부 ★

사실관계 | 원고는 근저당권에 기한 임의경매절차에서 A소유의 아파트를 매각 받아 매각대금을 완납함으로써 그 소유권을 취득하였다. 피고는 원래 위 아파트의 '후순위' 임차인이었는데, 그 임차권이 매각으로 소멸하였음에도 임대인 A에 대한 유익비상환청구권에 기한 유치권을 주장하며 원고가 위 아파트의 소유권을 취득한 이후에도 위 아파트를 계속 점유·사용하였다. 이에 원고가 피고를 상대로 소유권에 기하여 위 아파트의 인도를 청구하자, 피고는 위 유치권 항변을 하였고, 이에 대하여 원고는 다시 피고에 대한 부당이득반환채권으로 피고의 A에 대한 유익비상환청구권과 상계한다고 주장하였다.

판례의 태도 | 判例는 "수동채권으로 될 수 있는 채권은 상대방이 상계자에 대하여 가지는 채권이어야 하고, 상대방이 제3자에 대하여 가지는 채권과는 상계할 수 없다고 보아야 한다. 그렇지 않고 만약 상대방이 제3자에 대하여 가지는 채권을 수동채권으로 하여 상계할 수 있다고 한다면, 이는 상계의 당사자가 아닌 상대방과 제3자 사이의 채권채무관계에서 상대방이 제3자에게서 채무의 본지에 따른 현실급부를 받을 이익을 침해하게 될 뿐 아니라, 상대방의 채권자들 사이에서 상계자만 독점적인 만족을 얻게 되는 불합리한 결과를 초래하게 되므로, 상계의 담보적 기능과 관련하여 법적으로 보호받을 수 있는 당사자의 합리적 기대가 이러한 경우에까지 미친다고 볼 수는 없다"(대판 2011.4.28. 2010다101394 : 1회,8회,12회 선택형)고 한다.

검토 및 사안의 해결 | 이 경우 상계를 허용한다면 채권자의 자산상태가 악화된 경우 상계를 하는 제3자만이 만족을 누리는 결과가 되어 '채권자평등원칙'에 위배된다는 점에 비추어 제3자에 의한 변제(대물변제, 공탁)와 달리 상계는 부정하는 것이 타당하다(다수설). 따라서 원고의 상계주장은 인용되지 않는다.

4 도급인의 수급인에 대한 자동채권이 수동채권인 수급인의 도급인에 대한 공사대금채권과 동시이행관계 등 밀접한 관계에 있는 경우 하수급인의 직접 청구권이 생긴 후에 자동채권이 발생하였다고 하더라도 도급인은 그 채권으로 상계하여 하수급인에게 대항할 수 있다.　　　　　(　)

판결요지

"「하도급거래 공정화에 관한 법률」 제14조 제1항에서 정한 직접 지급 요청이 있는 경우 그에 해당하는 수급인의 도급인에 대한 공사대금채권이 동일성을 유지한 채 하수급인에게 이전되므로 도급인은 직접 지급 요청이 있기 전에 수급인에게 대항할 수 있는 사유로 하수급인에게 대항할 수 있다(대판 2010.6.10. 2009다19574 판결 참조). 도급인의 수급인에 대한 자동채권이 수동채권인 수급인의 도급인에 대한 공사대금채권과 동시이행관계 등 밀접한 관계에 있는 경우에는 수급인의 직접 청구권이 생긴 후에 자동채권이 발생하였다고 하더라도 도급인은 그 채권으로 상계하여 하수급인에게 대항할 수 있다. 이 경우 자동채권이 발생한 기초가 되는 원인은 하수급인이 직접 지급을 요청하기 전에 이미 성립하여 존재하고 있었으므로, 자동채권은 도급인이 직접 지급 요청 후에 취득한 채권에 해당하지 않는다. 동시이행항변권은 당사자 쌍방이 부담하는 각 채무가 고유의 대가관계에 있는 쌍무계약상 채무가 아니더라도 구체적 계약관계에서 당사자 쌍방이 부담하는 채무 사이에 대가적인 의미가 있어 이행상 견련관계를 인정하여야 할 사정이 있는 경우에는 이를 인정하여야 한다"(대판 2021.2.25. 2018다265911)

정답 ○

채권각론

제1장 　 계약 총론

1 당사자 사이에 체결된 계약과 이에 따라 장래 체결할 본계약을 구별하고자 하는 의사가 명확하거나 일정한 형식을 갖춘 본계약 체결이 별도로 요구되는 경우 등의 특별한 사정이 없다면, 매매계약이 성립하였다고 보기에 충분한 합의가 있었음에도 법원이 매매계약 성립을 부정하고 별도의 본계약이 체결되어야 하는 매매예약에 불과하다고 단정할 것은 아니다. 　　　　　　(　)

> **판결요지**
>
> ※ 계약이 성립하기 위하여 요구되는 '의사의 합치'의 정도 / 당사자 사이에 체결된 계약과 이에 따라 장래 체결할 본계약을 구별하고자 하는 의사가 명확하거나 일정한 형식을 갖춘 본계약 체결이 별도로 요구되는 경우 등의 특별한 사정이 없는 경우, 매매계약이 성립하였다고 보기에 충분한 합의가 있었음에도 법원이 매매계약 성립을 부정하고 매매예약에 불과하다고 단정할 수 있는지 여부(소극)
>
> "[1] 당사자 사이에 계약의 해석을 둘러싸고 이견이 있어 당사자의 의사 해석이 문제 되는 경우에는 계약의 형식과 내용, 계약이 체결된 동기와 경위, 계약으로 달성하려는 목적, 당사자의 진정한 의사, 거래 관행 등을 종합적으로 고려하여 논리와 경험의 법칙, 그리고 사회일반의 상식과 거래의 통념에 따라 합리적으로 해석하여야 한다.
>
> [2] 계약이 성립하기 위하여는 당사자 사이에 의사의 합치가 있을 것이 요구되는데 이러한 의사의 합치는 당해 계약의 내용을 이루는 모든 사항에 관하여 있어야 하는 것은 아니고 그 본질적 사항이나 중요 사항에 관하여 구체적으로 의사의 합치가 있거나 적어도 장래 구체적으로 특정할 수 있는 기준과 방법 등에 관한 합의가 있으면 된다. 따라서 당사자 사이에 체결된 계약과 이에 따라 장래 체결할 본계약을 구별하고자 하는 의사가 명확하거나 일정한 형식을 갖춘 본계약 체결이 별도로 요구되는 경우 등의 특별한 사정이 없다면, 매매계약이 성립하였다고 보기에 충분한 합의가 있었음에도 법원이 매매계약 성립을 부정하고 별도의 본계약이 체결되어야 하는 매매예약에 불과하다고 단정할 것은 아니다"(대판 2022.7.14. 2022다225767,225774). 　 **정답** ○

2 ★ <u>계약 체결을 위한 교섭</u> 과정에서 어느 일방이 보호가치 있는 기대나 신뢰를 가지게 된 경우에, 그러한 기대나 신뢰를 보호하고 배려해야 할 의무를 부담하게 된 상대방이 오히려 상당한 이유 없이 이를 침해하여 손해를 입혔다면, 신의성실의 원칙에 비추어 볼 때 계약 체결의 준비 단계에서 협력관계에 있었던 당사자 사이의 신뢰관계를 해치는 위법한 행위로서 불법행위를 구성할 수 있다. 　　　　　　(　)

2-1 ★ 계약교섭의 중도파기가 불법행위를 구성하는 경우, 이행의 착수가 상대방의 적극적인 요구에 따른 것이고 그 이행에 들인 비용의 지급에 관하여 이미 계약 교섭이 진행되고 있었다는 등의 특별한 사정이 있는 경우에는 이행을 위하여 지출한 비용도 상당인과관계가 있는 손해가 될 수 있다. 　　　　　　23년 2차모의 (　)

판결요지

※ [1] 계약 체결을 위한 교섭 과정에서 어느 일방이 보호가치 있는 기대나 신뢰를 가지게 된 경우, 상대방이 상당한 이유 없이 이를 침해하여 손해를 입혔다면 불법행위를 구성할 수 있는지 여부(적극)

"[1] 계약 체결을 위한 교섭 과정에서 어느 일방이 보호가치 있는 기대나 신뢰를 가지게 된 경우에, 그러한 기대나 신뢰를 보호하고 배려해야 할 의무를 부담하게 된 상대방이 오히려 상당한 이유 없이 이를 침해하여 손해를 입혔다면, 신의성실의 원칙에 비추어 볼 때 계약 체결의 준비 단계에서 협력관계에 있었던 당사자 사이의 신뢰관계를 해치는 위법한 행위로서 불법행위를 구성할 수 있다.

[2] 당사자 중 일방이 계약의 성립을 기대하고 이행을 위하여 지출하였거나 지출할 것이 확실한 비용이 계약 교섭의 부당파기로 인한 손해배상의 범위에 해당할 수 있는 경우

[2] 계약 교섭 단계에서는 아직 계약이 성립된 것이 아니므로 당사자 중 일방이 계약의 이행행위를 준비하거나 이를 착수하는 것은 이례적인 일로서, 설령 이행에 착수하였다고 하더라도 이는 자기의 위험 판단과 책임에 따른 것이라고 평가할 수 있다. 그러나 만일 이행의 착수가 상대방의 적극적인 요구에 따른 것이고 바로 위와 같은 이행에 들인 비용의 지급에 관하여 이미 계약 교섭이 진행되고 있었다는 등의 특별한 사정이 있다면, 당사자 중 일방이 계약의 성립을 기대하고 이행을 위하여 지출하였거나 지출할 것이 확실한 비용은 계약체결을 신뢰하여 발생한 손해로서 계약 교섭의 부당파기로 인한 손해배상의 범위에 해당할 수 있다"(대판 2022.7.14. 2021다216773).

정답 ○   유제 정답 ○

[사실관계] 甲 증권회사의 직원이 乙 증권회사의 직원에게 丙 증권회사가 甲 회사로부터 매수하여 보관하고 있던 丁 주식회사 발행의 기업어음을 乙 회사가 매수하여 보관해 달라고 요청하자, 乙 회사의 직원이 乙 회사는 위 어음을 매수하여 5영업일간 보관할 수 있다고 답변하였고, 그 직후 乙 회사가 위 어음을 매수하였는데, 그로부터 약 6개월 후 위 어음이 부도처리되자, 乙 회사가 甲 회사를 상대로 주위적으로는 매매대금 등의 지급을 구하고, 예비적으로는 불법행위를 이유로 손해배상을 구한 사안에서, 甲 회사가 乙 회사로부터 위 어음을 매수하는 내용의 매매계약 등이 체결되었다고 볼 수는 없으나, 甲 회사가 위 어음에 관한 매매계약 체결을 거부한 것은 계약 교섭의 부당파기에 해당하므로, 乙 회사가 위 어음을 매수하는 데 지출한 매매비용 등을 배상할 의무가 있다고 본 원심판단에 법리오해 등의 잘못이 없다고 한 사례

3 계약에서 요구되는 일정한 요건을 갖춘 경우 어느 당사자에게 여러 가지 권리행사 방법 중 하나를 선택할 수 있는 권한이 부여되어 있다면, 계약의 해석상 그 선택의 순서가 정해져 있다는 등 특별한 사정이 없는 한 그 권한을 부여받은 자가 그 중 어느 권리를 행사할지를 선택할 수 있고 다른 당사자로서는 그와 같이 선택된 권리행사를 존중하고 이에 협력하여야 한다.   (   )

3-1 매수인 甲 주식회사와 매도인 乙 사이에 체결된 주식매매계약에서 매수인이 매도인을 상대로 주식매수를 청구하였는데도 매도인이 이에 불응한 경우 위약벌의 제재를 가할 수 있고, 계약 자체를 해제할 수도 있으며, 위약벌의 제재를 가하는 경우 더는 추가 청구를 할 수 없다고 규정했다면, 매수인이 그 중 하나의 방법을 선택하여 분쟁을 종결할 수 있도록 하는 것이 계약의 합리적인 해석 방법이다.   (   )

판결요지

※ 1. 당사자 사이에 계약의 해석을 둘러싸고 이견이 있어 당사자의 의사 해석이 문제 되는 경우, 계약의 해석 방법, 2. 계약에서 어느 당사자에게 여러 가지 권리행사 방법 중 하나를 선택할 수 있는 권한을 부여

한 경우, 권한을 부여받은 자가 그중 어느 권리를 행사할지를 선택할 수 있는지 여부(원칙적 적극)

"[1] 당사자 사이에 계약의 해석을 둘러싸고 이견이 있어 당사자의 의사 해석이 문제 되는 경우에는 계약의 내용, 계약이 체결된 동기와 경위, 계약으로 달성하려는 목적, 당사자의 진정한 의사 등을 종합적으로 고찰하여 논리와 경험칙에 따라 합리적으로 해석하여야 한다.

[2] 계약에서 요구되는 일정한 요건을 갖춘 경우 어느 당사자에게 여러 가지 권리행사 방법 중 하나를 선택할 수 있는 권한이 부여되어 있다면, 계약의 해석상 그 선택의 순서가 정해져 있다는 등 특별한 사정이 없는 한 그 권한을 부여받은 자가 그중 어느 권리를 행사할지를 선택할 수 있고 다른 당사자로서는 그와 같이 선택된 권리행사를 존중하고 이에 협력하여야 한다"(대판 2022.3.17. 2021다23158). `정답` ○

`유 제` `정답` ○

[사실관계] 매수인 甲 주식회사와 매도인 乙 사이에 체결된 주식매매계약에서 매수인이 매도인을 상대로 주식매수를 청구하였는데도 매도인이 이에 불응한 경우 위약벌의 제재를 가할 수 있고, 계약 자체를 해제할 수도 있으며, 위약벌의 제재를 가하는 경우 더는 추가 청구를 할 수 없다고 규정한 사안에서, 위약벌 제재를 가한 이후 추가 청구를 할 수 없도록 한 것이 매수인이 계약을 해제할 수 있는 권리까지 배제하는 근거로 볼 수는 없다고 판단한 다음, 주식매매계약상으로는 위약벌 제재를 가하는 방식의 권리행사나 계약해제 방식의 권리행사 방법 중 어느 한쪽에 우위를 두고 있다고 보기 어려우므로 매수인이 그중 하나의 방법을 선택하여 분쟁을 종결할 수 있도록 하는 것이 계약의 합리적인 해석 방법인데도, 乙이 매수청구에 불응하는 경우 甲은 우선적으로 위약벌 제재를 가하는 방식의 권리행사를 하여야 한다고 본 원심판단에는 법리오해의 잘못이 있다고 한 사례

4 약관은 신의성실의 원칙에 따라 해당 약관의 목적과 취지를 고려하여 공정하고 합리적으로 해석하되, 개개 계약 당사자가 기도한 목적이나 의사를 참작하지 않고 평균적 고객의 이해가능성을 기준으로 전체의 이해관계를 고려하여 객관적·획일적으로 해석하여야 한다. 위와 같은 해석을 거친 후에도 약관조항이 객관적으로 다의적으로 해석되고 그 각각의 해석이 합리성이 있는 등 해당 약관의 뜻이 명백하지 아니한 경우에는 고객에게 유리하게 해석하여야 한다 ( )

`판결요지`

> ※ **약관의 해석 원칙**
> "약관은 신의성실의 원칙에 따라 해당 약관의 목적과 취지를 고려하여 공정하고 합리적으로 해석하되, 개개 계약 당사자가 기도한 목적이나 의사를 참작하지 않고 평균적 고객의 이해가능성을 기준으로 전체의 이해관계를 고려하여 객관적·획일적으로 해석하여야 한다. 위와 같은 해석을 거친 후에도 약관조항이 객관적으로 다의적으로 해석되고 그 각각의 해석이 합리성이 있는 등 해당 약관의 뜻이 명백하지 아니한 경우에는 고객에게 유리하게 해석하여야 한다"(대판 2023.7.13. 2021다283742). `정답` ○

| 비교판례 |

> ※ **약관의 해석에서 작성자 불이익의 원칙 및 약관의 목적과 취지를 고려하여 공정하고 합리적으로, 그리고 평균적 고객의 이해가능성을 기준으로 객관적이고 획일적으로 해석한 결과 약관 조항이 일의적으로 해석되는 경우, 작성자 불이익의 원칙이 적용되는지 여부(소극)**
> "약관은 신의성실의 원칙에 따라 해당 약관의 목적과 취지를 고려하여 공정하고 합리적으로 해석하되, 개별

계약 당사자가 의도한 목적이나 의사를 참작하지 않고 평균적 고객의 이해가능성을 기준으로 객관적·획일적으로 해석하여야 한다. 그리고 특정 약관 조항을 그 목적과 취지를 고려하여 공정하고 합리적으로 해석하기 위해서는 특별한 사정이 없는 한 그 약관 조항의 문언이 갖는 의미뿐만 아니라 그 약관 조항이 전체적인 논리적 맥락 속에서 갖는 의미도 고려해야 한다. 위와 같은 해석을 거친 후에도 약관 조항이 객관적으로 다의적으로 해석되고 각각의 해석이 합리성이 있는 등 해당 약관의 뜻이 명확하지 않은 경우에는 고객에게 유리하게 해석하여야 한다. 반면 약관의 목적과 취지를 고려하여 공정하고 합리적으로, 그리고 평균적 고객의 이해가능성을 기준으로 객관적이고 획일적으로 해석한 결과 약관 조항이 일의적으로 해석된다면 약관 조항을 고객에게 유리하게 해석할 여지가 없다"(대판 2024.1.25. 2023다283913).

제2장 — 계약의 효력

동시이행의 항변권

1 ★ 동시이행판결의 반대의무 이행 또는 이행제공은 '집행문 부여의 요건'이 아닌 '집행개시의 요건'으로서 채권자가 이를 증명하는 방법에는 제한이 없으나, 동시이행판결을 하는 법원으로서는 반대의무의 내용을 명확하게 특정하여야 하고 자칫 이를 가볍게 여겨 강제집행에 지장이 생김으로써 무익한 절차의 반복을 하게 하는 것은 아닌지 여부 등을 확인할 필요가 있다. 23년 3차모의 ( )

판결요지

"동시이행판결의 반대의무 이행 또는 이행제공은 집행개시의 요건[1]으로서 채권자가 이를 증명하는 방법에는 제한이 없으나, 반대의무의 내용이 특정되지 아니하여 반대의무의 이행 또는 이행제공을 증명할 수 없는 경우에는 강제집행을 할 수 없게 되어 결국 채권자는 강제집행을 위해 동일한 청구의 소를 다시 제기하여야 하므로, 동시이행판결을 하는 법원으로서는 반대의무의 내용을 명확하게 특정하여야 하고 자칫 이를 가볍게 여겨 강제집행에 지장이 생김으로써 무익한 절차의 반복을 하게 하는 것은 아닌지 여부 등을 확인할 필요가 있다"(대판 2021.7.8. 2020다290804) 정답 ○

2 상대방의 채무가 아직 이행기에 이르지 않았지만 이행기에 이행될 것인지 여부가 현저히 불확실하게 된 경우에는 선이행채무를 지고 있는 당사자에게 상대방의 이행이 확실하게 될 때까지 선이행의무의 이행을 거절할 수 있다. ( )

---

[1] 민사집행법 제41조(집행개시의 요건) ①항 반대의무의 이행과 동시에 집행할 수 있다는 것을 내용으로 하는 집행권원의 집행은 채권자가 반대의무의 이행 또는 이행의 제공을 하였다는 것을 증명하여야만 개시할 수 있다.
②항 다른 의무의 집행이 불가능한 때에 그에 갈음하여 집행할 수 있다는 것을 내용으로 하는 집행권원의 집행은 채권자가 그 집행이 불가능하다는 것을 증명하여야만 개시할 수 있다.

판결요지

"[1] 동시이행의 항변권은 당사자 쌍방이 부담하는 각 채무가 고유의 대가관계에 있는 쌍무계약상 채무가 아니더라도 구체적 계약관계에서 당사자 쌍방이 부담하는 채무 사이에 대가적인 의미가 있어 이행상 견련관계를 인정하여야 할 사정이 있는 경우에는 이를 인정해야 한다. 이러한 법리는 민법 제536조 제1항뿐만 아니라 같은 조 제2항에서 정한 이른바 '불안의 항변권'의 경우에도 마찬가지로 적용된다"

"[2] 민법 제536조 제2항에서 정한 '선이행의무를 지고 있는 당사자가 상대방의 이행이 곤란할 현저한 사유가 있는 때에 자기의 채무이행을 거절할 수 있는 경우'란 선이행채무를 지고 있는 당사자가 계약 성립 후 상대방의 신용불안이나 재산상태 악화 등과 같은 사정으로 상대방의 이행을 받을 수 없는 사정변경이 생기고 이로 말미암아 당초의 계약 내용에 따른 선이행의무를 이행하게 하는 것이 공평과 신의칙에 반하게 되는 경우를 가리킨다. 상대방의 채무가 아직 이행기에 이르지 않았지만 이행기에 이행될 것인지 여부가 현저히 불확실하게 된 경우에는 선이행채무를 지고 있는 당사자에게 상대방의 이행이 확실하게 될 때까지 선이행의무의 이행을 거절할 수 있다"(대판 2022.5.13. 2019다215791)

정답 ○

2-1 민법 제536조 제2항에서 정한 '자기의 채무이행을 거절할 수 있는 경우'란 선이행채무를 지고 있는 당사자가 계약 성립 후 상대방의 신용불안이나 재산상태 악화 등과 같은 사정으로 상대방의 이행을 받을 수 없는 사정변경이 생기고 이로 말미암아 당초의 계약 내용에 따른 선이행의무를 이행하게 하는 것이 공평과 신의칙에 반하게 되는 경우를 가리킨다. 상대방의 채무가 아직 이행기에 이르지 않았지만 이행기에 이행될 것인지 여부가 현저히 불확실하게 된 경우에는 선이행채무를 지고 있는 당사자라도 상대방의 이행이 확실하게 될 때까지 선이행의무의 이행을 거절할 수 있다. ( )

판결요지

[2] 민법 제536조 제2항에서 정한 '선이행의무를 지고 있는 당사자가 상대방의 이행이 곤란할 현저한 사유가 있는 때에 자기의 채무이행을 거절할 수 있는 경우'란 선이행채무를 지고 있는 당사자가 계약 성립 후 상대방의 신용불안이나 재산상태 악화 등과 같은 사정으로 상대방의 이행을 받을 수 없는 사정변경이 생기고 이로 말미암아 당초의 계약 내용에 따른 선이행의무를 이행하게 하는 것이 공평과 신의칙에 반하게 되는 경우를 가리킨다. 상대방의 채무가 아직 이행기에 이르지 않았지만 이행기에 이행될 것인지 여부가 현저히 불확실하게 된 경우에는 선이행채무를 지고 있는 당사자라도 상대방의 이행이 확실하게 될 때까지 선이행의무의 이행을 거절할 수 있다(대판 2023.12.7. 2023다269139).

정답 ○

[사실관계] 甲이 乙로부터 아파트를 매수하기로 하는 계약을 체결하였고, 위 계약 체결 무렵 위 아파트에 거주 중인 임차인 丙이 임대차계약기간 만료 후 계약갱신요구권을 행사하지 않고 아파트를 인도할 것이라고 하였는데, 잔금 지급일 직전 丙이 계약갱신요구권을 행사해 위 아파트에 2년 더 거주하겠다고 통보하자, 실거주할 목적으로 계약을 체결한 甲이 乙에게 잔금 지급을 하지 않았고, 乙이 이를 이유로 계약 해제를 주장한 사안에서, 매매계약 체결 당시 갱신요구권을 행사하지 않겠다고 한 丙이 잔금 지급일 직전 갱신요구권을 행사하였고, 이에 따라 乙의 현실인도의무 이행이 곤란할 현저한 사정변경이 생겼다고 볼 수 있어, 당초 계약 내용에 따라 甲이 선이행의무를 이행하게 하는 것이 공평과 신의칙에 반하게 되었다고 볼 여지가 있다고 한 사례

제3자를 위한 계약

1 ★★ 제3자를 위한 계약에서도 낙약자와 요약자 사이의 법률관계(기본관계)에 기초하여 수익자가 요약자와 원인관계(대가관계)를 맺음으로써 해제 전에 새로운 이해관계를 갖고 그에 따라 등기, 인도 등을 마쳐 권리를 취득하였다면, 수익자는 민법 제548조 제1항 단서에서 말하는 계약해제의 소급효가 제한되는 제3자에 해당한다. 　　　　　　　　　　　　　　　23년 1차모의 (　)

판결요지

※ 민법 제548조 제1항 단서에서 정한 계약해제의 소급효가 제한되는 제3자의 의미 / 제3자를 위한 계약에서 낙약자와 요약자 사이의 법률관계(기본관계)에 기초하여 수익자가 요약자와 원인관계(대가관계)를 맺음으로써 해제 전에 새로운 이해관계를 갖고 그에 따라 등기, 인도 등을 마쳐 권리를 취득한 경우, 수익자가 민법 제548조 제1항 단서에서 정한 제3자에 해당하는지 여부(적극)

"계약이 적법하게 해제되면 그 효력이 소급적으로 소멸하므로 그 계약상 의무에 기하여 실행된 급부는 원상회복을 위하여 부당이득으로 반환되어야 하고, 그 계약의 이행으로 변동이 되었던 물권은 당연히 그 계약이 없었던 상태로 복귀한다(민법 제548조 제1항 본문). 다만 이와 같은 계약해제의 소급효는 제3자의 권리를 해할 수 없으므로, 계약해제 이전에 계약으로 인하여 생긴 법률효과를 기초로 하여 새로운 권리를 취득한 제3자가 있을 때에는 그 계약해제의 소급효는 제한을 받아 그 제3자의 권리를 해하지 아니하는 한도에서만 생긴다(민법 제548조 제1항 단서). 이때 계약해제의 소급효가 제한되는 제3자는 일반적으로 그 해제된 계약으로부터 생긴 법률효과를 기초로 하여 해제 전에 새로운 이해관계를 가졌을 뿐만 아니라 등기, 인도 등으로 권리를 취득한 사람을 말한다.

나아가 제3자를 위한 계약에서도 낙약자와 요약자 사이의 법률관계(기본관계)에 기초하여 수익자가 요약자와 원인관계(대가관계)를 맺음으로써 해제 전에 새로운 이해관계를 갖고 그에 따라 등기, 인도 등을 마쳐 권리를 취득하였다면, 수익자는 민법 제548조 제1항 단서에서 말하는 계약해제의 소급효가 제한되는 제3자에 해당한다고 봄이 타당하다"(대판 2021.8.19. 2018다244976). **정답** ○

[사실관계] 원고(낙약자)가 제3자를 위한 계약인 이 사건 함포납품계약에 따라 피고 승계인수인(수익자; 담당관서 방위사업청)에 함포를 인도한 다음 위 계약이 요약자의 대금미지급을 이유로 해제되었다고 주장하면서 방위사업청을 상대로 인도한 함포의 반환을 구한 사건에서, 방위사업청이 민법 제548조 제1항 단서에 따라 계약해제의 소급효가 제한되는 제3자에 해당하므로 원고가 소유권에 기한 물권적 청구권을 행사하여 인도한 함포의 반환을 구할 수 없다고 판단하여 상고기각한 사례

쟁점정리

낙약자는 '기본관계에 기한 항변'(동시이행의 항변권, 위험부담, 제3자를 위한 계약의 무효, 취소, 해제 등)으로 수익자에게 대항할 수 있다(제542조). 이 때 수익자가 민법상의 **제3자 보호규정**(제107조 2항 내지 제110조 3항, 제548조 1항 단서 등)에서 말하는 제3자에 해당하느냐와 관련하여 ㉠ 기존에 判例는 "제3자를 위한 계약에서의 제3자가 계약해제시 보호되는 민법 제548조 제1항 단서의 제3자에 해당하지 않음은 물론"(대판 2005.7.22. 2005다7566)이라는 입장이었고, 통설도 수익의 의사표시를 한 것만으로는 실질적으로 새로운 이해관계를 맺은 것으로 볼 수 없다는 입장이었다. ㉡ 그러나 최근 判例는 "제3자를 위한 계약에서도 낙약자와 요약자 사이의 법률관계(기본관계)에 기초하여 수익자가 요약자와 원인관계(대가관계)를 맺음으로써 해제 전에 새로운 이해관계를 갖고 그에 따라 등기, 인도 등을 마쳐 권리를 취득하였다면, 수익자는 제548조 1항 단서에서 말하는 계약해제의 소급효가 제한되는 **제3자에 해당한다**"(대판 2021.8.19. 2018다244976)고 판시하고 있어 논란이 되고 있다.[2]

2 ★ 제3자를 위한 계약에서, 제3자가 수익의 의사표시를 함으로써 제3자에게 권리가 확정적으로 귀속된 경우에는, 요약자와 낙약자의 합의에 의하여 제3자의 권리를 변경·소멸시킬 수 있음을 미리 유보하였거나 제3자의 동의가 있는 경우가 아니면 계약의 당사자인 요약자와 낙약자는 제3자의 권리를 변경·소멸시키지 못하고(민법 제541조), 만일 계약의 당사자가 제3자의 권리를 임의로 변경·소멸시키는 행위를 한 경우 이는 제3자에 대하여 효력이 없다.   23년 법행 ( )

[판결요지]

※ 제3자를 위한 계약의 당사자가 제3자의 권리를 임의로 변경·소멸시키는 행위를 한 경우, 제3자에 대하여 효력이 있는지 여부(소극)

"[1] 계약은 일반적으로 그 효력을 당사자 사이에서만 발생시킬 의사로 체결되지만, 제3자를 위한 계약은 당사자가 자기들 명의로 체결한 계약으로 제3자로 하여금 직접 계약당사자의 일방에 대하여 권리를 취득하게 하는 것을 목적으로 하는 계약이다. 어떤 계약이 제3자를 위한 계약에 해당하는지는 당사자의 의사가 그 계약으로 제3자에게 직접 권리를 취득하게 하려는 것인지에 관한 의사해석의 문제로서, 계약 체결의 목적, 당사자가 한 행위의 성질, 계약으로 당사자 사이 또는 당사자와 제3자 사이에 생기는 이해득실, 거래 관행, 제3자를 위한 계약제도가 갖는 사회적 기능 등을 종합하여 계약당사자의 의사를 합리적으로 해석하여 판단해야 한다.

[2] 제3자를 위한 계약에서, 제3자가 민법 제539조 제2항에 따라 수익의 의사표시를 함으로써 제3자에게 권리가 확정적으로 귀속된 경우에는, 요약자와 낙약자의 합의에 의하여 제3자의 권리를 변경·소멸시킬 수 있음을 미리 유보하였거나 제3자의 동의가 있는 경우가 아니면 계약의 당사자인 요약자와 낙약자는 제3자의 권리를 변경·소멸시키지 못하고(민법 제541조), 만일 계약의 당사자가 제3자의 권리를 임의로 변경·소멸시키는 행위를 한 경우 이는 제3자에 대하여 효력이 없다"(대판 2022.1.14. 2021다271183).   정답 ○

[사실관계] 甲이 乙 사회복지법인과 노인복지시설 입소계약을 체결하면서 입소자의 사망으로 입소계약이 종료하는 경우의 '반환금 수취인'으로 자신의 장남인 丙을 지정하였고, 丙이 위 계약서의 '반환금 수취인'란에 기명날인하였는데, 그 후 甲이 사망하여 乙 법인이 丙에게 반환금을 지급하자, 甲의 다른 자녀들인 丁 등이 丙을 상대로 부당이득반환을 구한 사안에서, 위 계약은 甲과 乙 법인이 丙에게 甲의 사망 후 반환금을 반환하기로 정한 제3자를 위한 계약이고, 丙이 위 계약서에 기명날인을 하여 수익의 의사표시를 하였으므로, 丙은 위 계약에 따른 수익자의 지위에서 반환금의 지급을 구할 수 있는 권리를 취득하고, 이는 상속재산이 아니라 丙의 고유재산이라고 한 사례

3 ★ 제3자를 위한 계약에서 제3자는 채무자(낙약자)에 대하여 계약의 이익을 받을 의사를 표시한 때에 채무자에게 직접 이행을 청구할 수 있는 권리를 취득하고(민법 제539조), 요약자는 제3자를 위한 계약의 당사자로서 원칙적으로 제3자의 권리와는 별도로 낙약자에 대하여 제3자에게 급부를 이행할 것을 요구할 수 있는 권리를 가진다. 이때 낙약자가 요약자의 이행청구에 응하지 아니하면 특별한 사정이 없는 한 요약자는 낙약자에 대하여 제3자에게 급부를 이행할 것을 소로써 구할 이익이 있다.   ( )

---

2) [판례평석] 결론적으로 대상판결은 일응의 인상과 달리 종래 판결과 모순되지 않는다. 원칙적으로 수익자는 계약당사자가 아니므로 해제 시에도 원상회복과 부당이득반환청구의 직접적 상대방이 되지 않는다. 따라서 특별한 이유가 없는 한 제3자에 해당하는지조차 판단할 이유가 없다(종래 판결의 태도). 수익자라는 이유만으로 곧바로 제3자가 되는 것도 아니지만, 제3자에 해당하지 않는다고 하더라도 원상회복으로서 부당이득반환의 직접 의무가 없기 때문이다. 다만 채무자가 원상회복의 일환으로 물권적 청구권을 행사하면 수익자가 그 상대방이 될 가능성은 있다. 이때 수익자가 제3자에 해당하는지 판단할 필요가 있고, 만일 제3자가 아니라면 물권적 청구권에 의한 반환 가능성도 열려 있다고 할 것이다(황승종 변호사, 법조신문 21년 10월 25일자).

판결요지

※ 제3자를 위한 계약에서 요약자가 제3자의 권리와는 별도로 낙약자에 대하여 제3자에게 급부를 이행할 것을 요구할 수 있는 권리를 가지는지 여부(적극) 및 이때 낙약자가 요약자의 이행청구에 응하지 않은 경우, 요약자는 낙약자에 대하여 제3자에게 급부를 이행할 것을 소로써 구할 이익이 있는지 여부(원칙적 적극)

"이행의 소는 원칙적으로 원고가 이행청구권의 존재를 주장하는 것으로서 권리보호의 이익이 인정되고, 이행판결을 받아도 집행이 사실상 불가능하거나 현저히 곤란하다는 사정만으로 그 이익이 부정되는 것은 아니다. 제3자를 위한 계약에서 제3자는 채무자(낙약자)에 대하여 계약의 이익을 받을 의사를 표시한 때에 채무자에게 직접 이행을 청구할 수 있는 권리를 취득하고(민법 제539조), 요약자는 제3자를 위한 계약의 당사자로서 원칙적으로 제3자의 권리와는 별도로 낙약자에 대하여 제3자에게 급부를 이행할 것을 요구할 수 있는 권리를 가진다. 이때 낙약자가 요약자의 이행청구에 응하지 아니하면 특별한 사정이 없는 한 요약자는 낙약자에 대하여 제3자에게 급부를 이행할 것을 소로써 구할 이익이 있다"(대판 2022.1.27. 2018다259565). 정답 ○

[사실관계] 호텔 구분소유자들로 구성된 甲 관리단과 위 호텔의 공중위생관리법상 영업자인 乙 주식회사가 '甲 관리단이 새로운 위탁운영사를 선정하면 乙 회사는 호텔 영업을 완전히 종료하고, 그 영업신고 명의를 새 위탁운영사로 변경하여 주기로 하는 내용'의 합의를 하고, 이에 따라 甲 관리단이 선정한 새로운 위탁운영사 丙 주식회사가 乙 회사를 상대로 영업권 양수의 의사를 표시한 사안에서, 위 합의는 제3자를 위한 계약에 해당하므로, 丙 회사는 제3자로서 乙 회사에 대하여 영업자 지위승계신고절차 이행의 소를 제기할 수 있고, 요약자인 甲 관리단 역시 乙 회사에 대하여 丙 회사 앞으로 영업자 지위승계신고절차를 이행할 것을 구할 소의 이익이 있다고 한 사례

해 제

1 ★ 임차인이 임대차계약에 관한 교섭단계에서 임대인에게 가계약금 300만 원을 지급하였다가 개인사정으로 임대차계약 체결을 중단한 후 가계약금의 반환을 구하자, 임대인이 위 가계약금이 해약금에 해당하므로 몰취되어야 한다고 주장하더라도, 당사자 사이에 가계약금을 해약금으로 하는 약정이 있었음이 명백히 인정되지 아니하는 한 임차인이 스스로 계약 체결을 포기하더라도 가계약금이 임대인에게 몰취되는 것으로 볼 수는 없다.   (   )

판결요지

※ 가계약금에 관하여 해약금 약정이 있었다고 인정하기 위한 요건

"가계약금에 관하여 해약금 약정이 있었다고 인정하기 위해서는 약정의 내용, 계약이 이루어지게 된 동기 및 경위, 당사자가 계약에 의하여 달성하려고 하는 목적과 진정한 의사, 거래의 관행 등에 비추어 정식으로 계약을 체결하기 전까지 교부자는 이를 포기하고, 수령자는 그 배액을 상환하여 계약을 체결하지 않기로 약정하였음이 명백하게 인정되어야 한다"(대판 2022.9.29. 2022다247187) 정답 ○

[사실관계] 원고(임차인)가 이 사건 아파트의 임대차계약에 관한 교섭단계에서 피고(임대인)에게 가계약금 300만 원을 지급하였다가 개인사정으로 임대차계약 체결을 중단한 후 가계약금의 반환을 구하자, 피고가 위 가계약금이 해약금에 해당하므로 몰취되어야 한다고 다툰 사안에서, 원심은 원고가 피고에게 지급한 금원을 가계약금이라고 보면서도 가계약금은 교부자인 원고가 스스로 계약 체결을 포기한 경우 당사자 사이에 달리 정함이 있지 않는 한

수령자인 피고에게 몰취된다는 이유를 들어 원고의 피고에 대한 가계약금에 관한 부당이득 반환청구를 배척하였으나, 대법원은 위와 같은 법리를 판시하면서 당사자 사이에 가계약금을 해약금으로 하는 약정이 있었음이 명백히 인정되지 아니하는 한 원고가 스스로 계약 체결을 포기하더라도 가계약금이 피고에게 몰취되는 것으로 볼 수는 없다는 이유를 들어 이와 달리 판단한 원심판결을 파기·환송함

정답 ○

1-1 ★ 매수인이 계약의 이행에 착수하기 전에는 매도인은 계약금의 배액을 상환하고 계약을 해제할 수 있다(민법 제565조 제1항). 그러나 매도인이 받은 계약금의 배액을 매수인에게 상환하거나 적어도 그 이행제공을 하지 않으면 이 조항에 따라 해제할 수 없다

22년 법무사 ( )

판결요지

※ 매도인이 민법 제565조 제1항에 따라 계약을 해제하기 위해서는 자신이 받은 계약금의 배액을 적어도 이행제공 상태에 두어야 하는지 여부(적극)

"매수인이 계약의 이행에 착수하기 전에는 매도인은 계약금의 배액을 상환하고 계약을 해제할 수 있다(민법 제565조 제1항). 그러나 매도인이 받은 계약금의 배액을 매수인에게 상환하거나 적어도 그 이행제공을 하지 않으면 이 조항에 따라 해제할 수 없다(대판 1973.1.30. 72다2243 판결, 대판 1992.7.28. 91다33612 판결 참조)"(대판 2021.9.16. 2020다213364)

정답 ○

2 ★ 계속적 계약에 해당하는 계약의 효력을 소멸시킬 때에는 다른 특별한 사정이 없는 한 소멸에 따른 효과를 장래에 향하여 발생시키는 민법 제550조의 '해지'만 가능할 뿐 민법 제548조에서 정한 '해제'를 할 수는 없다. ( )

판결요지

※ 계약으로부터 생기는 채권·채무의 내용을 이루는 급부가 일정 기간 계속하여 행하여지게 되는 이른바 '계속적 계약'인지 판단하는 기준

"임대차계약, 고용계약, 위임계약 등에서와 같이 계약으로부터 생기는 채권·채무의 내용을 이루는 급부가 일정 기간 계속하여 행하여지게 되는 경우 이는 이른바 계속적 계약에 해당한다. 개별 사안에서 계약당사자 사이의 약정이 계속적 계약인지 여부는 계약 체결에 이르게 된 경위와 사정, 당사자의 의사, 계약의 목적과 내용, 급부의 성질, 이행의 형태와 방법 등을 종합적으로 고려하여 구체적으로 판단해야 한다"(대판 2022.3.11. 2020다297430)

[사실관계] 甲 등이 해외이주 알선업체인 乙 주식회사와 미국 비숙련 취업이민을 위한 알선업무계약을 체결하였는데, 乙 회사의 업무 수행에 따라 甲 등이 미국 노동부의 노동허가, 이민국의 이민허가를 받았으나 이후 추가 행정 검토 결정 등이 내려지면서 미국 비숙련 취업이민 절차가 진척되지 않았고, 이에 甲 등이 乙 회사를 상대로 사정변경으로 인한 계약의 해제 등을 주장하며 국외알선 수수료의 반환을 구한 사안에서, 위 계약은 계속적 계약에 해당하므로 계약의 효력을 소멸시킬 때에는 다른 특별한 사정이 없는 한 소멸에 따른 효과를 장래에 향하여 발생시키는 민법 제550조의 '해지'만 가능할 뿐 민법 제548조에서 정한 '해제'를 할 수는 없다고 한 사례

정답 ○

3 부수적 채무를 불이행한 데에 지나지 아니한 경우에는 계약을 해제할 수 없는바, 계약상의 의무 가운데 주된 채무와 부수적 채무를 구별함에 있어서는 급부의 독립된 가치와는 관계없이 계약을 체결할 때 표명되었거나 그 당시 상황으로 보아 분명하게 객관적으로 나타난 당사자의 합리적 의사에 의하여 결정하되, 계약의 내용·목적·불이행의 결과 등의 여러 사정을 고려하여야 한다.　　　　(　)

판결요지

※ 1. 부수적 채무의 불이행을 이유로 계약을 해제할 수 있는지 여부(소극), 2. 주된 채무와 부수적 채무의 구별 기준

"민법 제544조에 의하여 채무불이행을 이유로 계약을 해제하려면, 당해 채무가 계약의 목적 달성에 있어 필요불가결하고 이를 이행하지 아니하면 계약의 목적이 달성되지 아니하여 채권자가 그 계약을 체결하지 아니하였을 것이라고 여겨질 정도의 주된 채무이어야 하고 그렇지 아니한 부수적 채무를 불이행한 데에 지나지 아니한 경우에는 계약을 해제할 수 없다. 또한, 계약상의 의무 가운데 주된 채무와 부수적 채무를 구별함에 있어서는 급부의 독립된 가치와는 관계없이 계약을 체결할 때 표명되었거나 그 당시 상황으로 보아 분명하게 객관적으로 나타난 당사자의 합리적 의사에 의하여 결정하되, 계약의 내용·목적·불이행의 결과 등의 여러 사정을 고려하여야 한다"(대판 2022.6.16. 2022다203804)

정답 ○

[사실관계] 휴양 콘도미니엄 수분양자가 분양계약상 고압선 지중화 의무가 불이행되었다는 이유로 계약을 해제하고 분양대반환 등을 구하고 있는 사안에서 대법원은, ① 고압선 지중화 매립약정이 수기로 계약서에 명시되어 있는 점, ② 이 사건 계약의 목적물이 구체적인 동호수로 특정되어 있고, 일반적인 콘도미니엄 분양계약과 달리 한 호실의 공유지분이 아닌 전부를 분양받아 원고 단독 명의로 등기가 마쳐진 점, ③ 원고가 이 사건 부동산 이외의 다른 권리를 갖게 되는지 확인되지 아니한 점 등에 비추어 피고의 위 지중화 채무를 주된 채무라고 볼 여지가 있다고 보았다.

4 ★ A와 B는 동업으로 X건물에서 웨딩홀영업을 하다가 C에게 X건물을 매도하고 인도하였는데, A만이 잔금의 이행기 전에 잔금미지급을 이유로 계약해제를 주장하면서 그 원상회복으로서 C가 그동안 웨딩홀 영업을 통해 얻은 이익의 반환 등을 구하였다면, 이러한 이행의 최고는 잔금이행기 전에 조합원 중 한 명이 한 것이어서 적법한 이행최고라고 볼 수 없고, 만약 이후에 적법하게 계약이 해제되더라도 원상회복으로서 반환하여야 할 사용이익은 영업이익이 아니라 웨딩홀 건물을 임차할 경우의 임료 상당액으로 봄이 상당하다.　　　　(　)

판결요지

※ 1. 이행기가 도래하기 전의 최고의 효력 및 민법상 조합의 최고 방법, 2. 계약해제 시 매수인이 반환하여야 할 사용이익의 범위

"1. 계약해제권의 발생사유인 이행지체라 함은 채무의 이행이 가능한 데도 채무자가 그 이행기를 도과한 것을 말하는 것이어서 그 이행기가 도래하기 전에는 이행지체란 있을 수 없고(대판 1982.12.14. 82다카861 판결 등 참조), 조합채권의 추심은 원칙적으로 조합원 전원이 공동으로 행하여야 한다(대판 2009.4.23. 2007다87214 판결 등 참조).

2. 매매계약이 해제된 경우에 매수인이 그 목적물을 인도받아 사용하였다면 원상회복으로서 그 목적물을 반환하는 외에 그 사용이익을 반환할 의무를 부담하고, 여기에서 사용이익의 반환의무는 부당이득반환의무에 해당하므로, 특별한 사정이 없는 한 매수인이 점유·사용한 기간 동안 그 재산으로부터 통상 수익할 수 있을 것으로 예상되는 이익, 즉 임료 상당액을 매수인이 반환하여야 할 사용이익으로 보아야 한다(대판 2014.11.13. 2013다29196 판결 등 참조)"

(대판 2021.7.8. 2020다290804)   정답 ○

[사실관계] 원고들은 동업으로 이 사건 건물에서 웨딩홀영업을 하다가 피고들에게 매도하였는데, 이 사건 소를 통해 잔금미지급을 이유로 계약해제를 주장하면서 그 원상회복으로서 피고들이 그동안 웨딩홀 영업을 통해 얻은 이익의 반환 등을 구하였고, 피고들은 적법한 최고가 없었고 계약해제 인정하더라도 영업이익은 원상회복의 범위인 사용이익에 포함되지 않는다고 주장하였다. 이에 대법원은 원고들이 주장하는 이행의 최고는 잔금이행기 전에 원고 중 한 명이 한 것이어서 적법한 이행최고라고 볼 수 없고(다만 이후에 적법한 이행최고가 있었다는 사정을 들어 계약해제 판단에는 잘못이 없다고 봄), 원상회복으로서 반환하여야 할 사용이익은 영업이익이 아니라 웨딩홀 건물을 임차할 경우의 임료 상당액으로 봄이 상당하다고 판단하여 파기환송하였다.

5 ★ 채무자는 변제의 제공으로 채무불이행의 책임을 면하고 변제의 제공은 채무내용에 좋은 현실제공으로 하여야 하는데(민법 제460조, 제461조), 금전채무의 현실제공은 특별한 사정이 없는 한 채권자가 급부를 <u>즉시 수령할 수 있는</u> 상태에 있어야만 인정될 수 있다.   ( )

5-1 ★★ 채권자가 채무자의 급부불이행 사정을 들어 계약을 해제하겠다는 통지를 한 때에는 특별히 그 급부의 수령을 거부하는 취지가 포함되어 있지 아니하는 한 그로써 이행의 최고를 하였다고 볼 수 있으며, 그로부터 상당한 기간이 경과하도록 이행되지 아니하였다면 채권자는 계약을 해제할 수 있다. 다만 동시이행관계에 있는 반대급부의무를 지고 있는 채권자는 채무자의 변제의 제공이 없음을 이유로 계약해제를 하기 위하여는 스스로의 채무의 변제제공을 하여야 한다.   ( )

판결요지

※ 금전채무의 현실제공은 채권자가 급부를 즉시 수령할 수 있는 상태에 있어야만 인정될 수 있는지 여부(원칙적 적극) / 채권자가 채무자의 급부불이행 사정을 들어 계약을 해제하겠다는 통지를 한 경우, 그로써 이행의 최고를 하였다고 볼 수 있는지 여부(원칙적 적극) / 동시이행관계에 있는 반대급부의무를 지고 있는 채권자가 채무자의 변제의 제공이 없음을 이유로 계약해제를 하기 위하여는 스스로의 채무의 변제제공을 하여야 하는지 여부(적극)

"당사자 일방이 그 채무를 이행하지 아니하는 때에는 상대방은 상당한 기간을 정하여 그 이행을 최고하고 그 기간 내에 이행하지 아니한 때에는 계약을 해제할 수 있다(민법 제544조 본문). 채무자는 변제의 제공으로 채무불이행의 책임을 면하고 변제의 제공은 채무내용에 좋은 현실제공으로 하여야 하는데(민법 제460조, 제461조), 금전채무의 현실제공은 특별한 사정이 없는 한 채권자가 급부를 즉시 수령할 수 있는 상태에 있어야만 인정될 수 있다. 채권자가 채무자의 급부불이행 사정을 들어 계약을 해제하겠다는 통지를 한 때에는 특별히 그 급부의 수령을 거부하는 취지가 포함되어 있지 아니하는 한 그로써 이행의 최고를 하였다고 볼 수 있으며, 그로부터 상당한 기간이 경과하도록 이행되지 아니하였다면 채권자는 계약을 해제할 수 있다. 다만 동시이행관계에 있는 반대급부의무를 지고 있는 채권자는 채무자의 변제의 제공이 없음을 이유로 계약해제를 하기 위하여는 스스로의 채무의 변제제공을 하여야 한다"(대판 2022.10.27. 2022다238053)   정답 ○

유제   정답 ○

[사실관계] 甲 유한회사가 乙 등으로부터 부동산을 매수하는 매매계약을 체결하면서, 甲 회사의 잔금 지급과 동시에 乙 등이 부동산에 관한 소유권이전등기절차를 이행하기로 하였으며, 매매계약에 따른 의무를 이행하지 아니할 경우 서면으로 이행을 최고하고 계약을 해제할 수 있다고 정하였는데, 甲 회사가 최종 잔금 지급기일까지 잔금을 지급하지 않자, 乙 등이 다음 날 甲 회사에 잔금 미지급을 이유로 위 매매계약을 해제한다는 내용의 문자메시지를

보냈고, 甲 회사는 같은 날 대출을 받기 위하여 부동산담보신탁계약을 체결하였는데, 乙 등이 제1심 소송 중 위 매매계약이 甲 회사의 잔금 미지급으로 해제되었다는 취지의 답변서 및 준비서면을 제출한 사안에서, 위 매매계약은 乙 등의 준비서면이 甲 회사에 송달된 날 적법하게 해제되었을 여지가 있는데도, 乙 등이 위 매매계약 해제 전에 이행을 최고하지 않았을 뿐만 아니라 甲 회사가 乙 등에 대하여 이행제공을 하였다고 본 원심판단에 법리오해의 잘못이 있다고 한 사례

6 분양자가 아파트 분양계약에 따라 수분양자의 중도금 대출이자를 대납하였는데 분양계약이 해제되었을 경우, 수분양자는 그 원상회복으로서 대납 대출이자 상당액의 돈을 분양자에게 지급하여야 한다.　　　　　　　　　　　　　　　　　　　　　　　　　　　　　　　(　)

> **판결요지**
>
> ※ **분양자가 아파트 분양계약에 따라 수분양자의 중도금 대출이자를 대납하였는데 분양계약이 해제되었을 경우 대납이자 관련 원상회복의 범위**
>
> "아파트 분양계약에서 수분양자의 중도금 대출이자를 분양자가 부담하기로 하는 약정은 분양계약의 존속을 전제로 하는 것이어서 분양계약이 해제되면 위 약정도 소급적으로 효력을 잃는다고 보아야 하므로, 수분양자는 그 원상회복으로서 대납 대출이자 상당액의 돈을 분양자에게 지급하여야 한다(대판 2009. 1. 30. 2008다31690 판결 등 참조). 한편 당사자 일방이 계약을 해제한 때에는 각 당사자는 상대방에 대하여 원상회복의무가 있고, 이 경우 반환할 돈에는 받은 날로부터 이자를 가산하여 지급하여야 한다. 여기서 가산되는 이자는 원상회복의 범위에 속하는 것으로서 일종의 부당이득반환의 성질을 가지고 반환의무의 이행지체로 인한 지연손해금이 아니다(대판 2013. 4. 26. 2011다50509 판결 등 참조)"(대판 2022. 4. 28. 2018다290801,290818)　　　**정답 ○**
>
> [사실관계] 분양자가 아파트 분양계약에 따라 수분양자의 중도금 대출이자를 대납하였는데 분양계약이 해제된 사안에서, 위와 같은 법리에 따라 '수분양자의 대납이자 반환채무의 변제기를 분양계약 해제일로 보고 수분양자가 분양계약 해제일 다음날부터 대납이자에 대한 지연손해금을 부담한다'고 본 원심판결을 파기함

7 청약저축의 가입자가 사망하였고 여러 명의 상속인이 있는 경우, 청약저축 예금계약을 해지하려면 상속인들 전원이 해지의 의사표시를 하여야 한다.　　　　　　　　　　　　　　　　　　　　　　(　)

> **판결요지**
>
> ※ **청약저축의 가입자가 사망하였고 여러 명의 상속인이 있는 경우, 청약저축 예금계약을 해지하려면 상속인들 전원이 해지의 의사표시를 하여야 하는지 여부(원칙적 적극)**
>
> "청약저축 가입자는 주택공급을 신청할 권리를 가지게 되고, 가입자가 사망하여 공동상속인들이 그 권리를 공동으로 상속하는 경우에는 공동상속인들이 상속지분비율에 따라 피상속인의 권리를 준공유하게 된다. 민법 제547조 제1항은 "당사자의 일방 또는 쌍방이 수인인 경우에는 계약의 해지나 해제는 그 전원으로부터 또는 전원에 대하여 하여야 한다."라고 규정하고 있다. 따라서 주택공급을 신청할 권리와 분리될 수 없는 청약저축의 가입자가 사망하였고 그에게 여러 명의 상속인이 있는 경우에 그 상속인들이 청약저축 예금계약을 해지하려면, 금융기관과 사이에 다른 내용의 특약이 있다는 등의 특별한 사정이 없는 한 상속인들 전원이 해지의 의사표시를 하여야 한다"(대판 2022. 7. 14. 2021다294674).　　　**정답 ○**

8 계약이 합의에 따라 해제되거나 해지된 경우에는 특별한 사정이 없는 한 채무불이행으로 인한 손해
배상을 청구할 수 없으나, 상대방에게 손해배상을 하기로 특약하거나 손해배상 청구를 유보하는 의
사표시가 있으면 그러한 특약이나 의사에 따라 손해배상을 하여야 한다. 그와 같은 손해배상의 특
약이 있었다거나 손해배상 청구를 유보하였다는 점은 이를 주장하는 당사자가 증명할 책임이 있다.

23년 변호, 22 법무사 (　)

8-1 계약을 합의하여 해제하거나 해지하면서 상대방에게 손해배상을 하기로 하는 특약이나 손해배상청
구를 유보하는 의사표시를 하였는지를 판단하는 기준 시기는 합의해제·해지 당시이다.　　　　(　)

8-2 ★ 원래의 계약에 있는 위약금이나 손해배상에 관한 약정은 그것이 계약 내용이나 당사자의 의사
표시 등에 비추어 합의해제·해지의 경우에도 적용된다고 볼 만한 특별한 사정이 없는 한 합의해
제·해지의 경우에까지 적용되지는 않는다.　　　　　　　　　　　　　　　　　　　　　(　)

[판결요지]

1. 합의해제의 경우에도 채무불이행에 따른 손해배상의무를 부담하는지 여부(원칙적 소극),

"[1] 계약이 합의에 따라 해제되거나 해지된 경우에는 상대방에게 손해배상을 하기로 특약하거나 손해배상청구를
유보하는 의사표시를 하는 등 다른 사정이 없는 한 채무불이행으로 인한 손해배상을 청구할 수 없다. 그와 같은
손해배상의 특약이 있었다거나 손해배상청구를 유보하였다는 점은 이를 주장하는 당사자가 증명할 책임이 있다.

2. 기존 계약에서 정한 위약금 약정이 합의해제의 경우에도 적용되는 손해배상 특약에 해당되는지 판단
하는 시점(=합의해제 당시) 및 원칙적 인정 여부(원칙적 소극)

[2] 법률행위의 해석은 당사자가 그 표시행위에 부여한 의미를 명백하게 확정하는 것으로서, 당사자가 표시한 문언
에서 그 의미가 명확하게 드러나지 않는 경우에는 문언의 내용, 법률행위가 이루어진 동기와 경위, 당사자가 법률
행위로 달성하려는 목적과 진정한 의사, 거래의 관행 등을 종합적으로 고려하여 논리와 경험의 법칙, 그리고 사회
일반의 상식과 거래의 통념에 따라 합리적으로 해석하여야 한다. 계약을 합의하여 해제하거나 해지하면서 상대방
에게 손해배상을 하기로 하는 특약이나 손해배상청구를 유보하는 의사표시를 하였는지를 판단할 때에도 위와 같
은 법률행위 해석에 관한 법리가 적용된다. 위와 같은 특약이나 의사표시가 있었는지는 합의해제·해지 당시를
기준으로 판단하여야 하는데, 원래의 계약에 있는 위약금이나 손해배상에 관한 약정은 그것이 계약 내용이나 당사
자의 의사표시 등에 비추어 합의해제·해지의 경우에도 적용된다고 볼 만한 특별한 사정이 없는 한 합의해제·해
지의 경우에까지 적용되지는 않는다"(대판 2021.5.7. 2017다220416). 〔정답 ○〕 　　〔유제 전부〕 〔정답 ○〕

[사실관계] 원심이 합의해제를 인정하면서도 별다른 근거 없이 피고의 채무불이행에 따른 손해배상채권을 자동채
권으로 한 상계항변을 받아들인 사안에서, 원심판결에 합의해제에 따른 손해배상책임의 성립요건에 관한 법리를
오해한 잘못이 인정되고, 합의해제 당시를 기준으로 판단할 때 기존의 위약금 약정을 합의해제시에도 적용되는
손해배상 특약으로 볼 수 없다고 한 사례

│ 비교판례 │

※ **손해배상특약이 합의해지에 적용된다고 본 예**

원고(乙)가 아파트 내 휘트니스 센터를 위탁받아 운영하다가 계약을 합의해지하고 입주자대표회의인 피고
(甲)를 상대로 위탁계약에 따라 투자금의 반환과 손해배상을 청구한 사안에서, 대법원은 '甲은 乙이 계약사항
을 위반하지 않았으나 乙의 계약이 해지될 경우 甲은 乙이 센터에 투자한 투자금 및 손해배상금을 변상하여야
한다.'고 정한 조항이 합의해지의 경우에도 적용된다고 하였다(대판 2021.3.25. 2020다285048). 　23년 법행

9 부동산 매매계약에서 매수인이 <u>잔대금 지급기일까지</u> 그 대금을 지급하지 못하면 계약이 자동적으로 해제된다는 취지의 약정이 있더라도 매도인이 이행의 제공을 하여 매수인을 이행지체에 빠뜨리지 않는 한 지급기일의 도과사실만으로는 매매계약이 자동해제된 것으로 볼 수 없다. ( )

9-1 ★ 丙이 乙과 토지에 대한 매매계약을 체결하면서 '丙이 잔금 지급기일까지 잔금을 지급하지 않은 경우 계약금 전액이 乙에게 귀속되고 추후 협상'하기로 하는 내용의 특약을 체결하였더라도, 이러한 특약이 丙이 잔금 지급기일까지 잔금을 지급하지 못할 경우 乙의 소유권이전등기에 필요한 서류 교부 등 반대의무의 이행 또는 이행제공 없이 위 매매계약을 실효시키기 위한 것이라거나, 丙이 위 매매계약의 자동해제를 감수하겠다는 약정을 하였다고 보기는 어렵다. ( )

[판결요지]

※ 부동산 매매계약에서 매수인이 잔대금 지급기일까지 대금을 지급하지 못하면 계약이 자동적으로 해제된다는 취지의 약정을 한 경우, 지급기일의 도과사실만으로 매매계약이 자동해제된 것으로 볼 수 있는지 여부(원칙적 소극) 및 이때 지급기일의 도과사실만으로 매매계약이 자동해제된 것으로 볼 수 있는 경우

"부동산 매매계약에서 매수인이 잔대금 지급기일까지 그 대금을 지급하지 못하면 계약이 자동적으로 해제된다는 취지의 약정이 있더라도 매도인이 이행의 제공을 하여 매수인을 이행지체에 빠뜨리지 않는 한 지급기일의 도과사실만으로는 매매계약이 자동해제된 것으로 볼 수 없다. 다만 매도인이 소유권이전등기에 필요한 서류를 갖추었는지 여부를 묻지 않고 매수인의 지급기일 도과사실 자체만으로 계약을 실효시키기로 특약을 하였다거나, 매수인이 수회에 걸친 채무불이행에 대하여 책임을 느끼고 잔금 지급기일의 연기를 요청하면서 새로운 약정기일까지는 반드시 계약을 이행할 것을 확약하고 불이행 시에는 매매계약이 자동적으로 해제되는 것을 감수하겠다는 내용의 약정을 하였다고 볼 특별한 사정이 있다면, 매수인이 잔금 지급기일까지 잔금을 지급하지 않음으로써 그 매매계약은 자동적으로 실효된다"(대판 2022.11.30. 2022다255614). **정답** ○

[유제] **정답** ○

[사실관계] 甲 주식회사가 乙과 공동주택 신축사업을 영위하기 위해 필요한 乙 소유의 토지를 매수하는 매매계약을 체결한 다음, 丙 지역주택조합과 위 공동주택 신축사업에 관한 권리, 의무를 포괄적으로 丙 조합에 양도하는 내용의 포괄양수도계약을 체결하였는데, 이후 丙 조합이 乙과 위 토지에 대한 매매계약을 체결하면서 '丙 조합이 잔금 지급기일까지 잔금을 지급하지 않은 경우 계약금 전액이 乙에게 귀속되고 추후 협상'하기로 하는 특약을 하였으나, 丙 조합이 乙에게 잔금 지급기일까지 잔금을 지급하지 않았다가 나중에 乙에게 잔금 일부를 지급하고 나머지 금액은 변제공탁한 사안에서, 丙 조합이 잔금 지급기일까지 잔금을 지급하지 못할 경우 乙의 소유권이전등기에 필요한 서류 교부 등 반대의무의 이행 또는 이행제공 없이 위 매매계약을 실효시키기 위하여 乙과 丙 조합이 위 특약을 두었다거나, 丙 조합이 위 매매계약의 자동해제를 감수하겠다는 약정을 하였다고 보기 어렵다고 한 사례

제3장	각종의 계약

증 여

1 ★ 부담부 증여계약에서 증여자의 증여 이행이 완료되지 않았더라도 수증자가 부담의 이행을 완료한 경우에는, 그러한 부담이 의례적·명목적인 것에 그치거나 그 이행에 특별한 노력과 비용이 필요하지 않는 등 실질적으로는 부담 없는 증여가 이루어지는 것과 마찬가지라고 볼 만한 특별한 사정이 없는 한, 각 당사자가 서면에 의하지 않은 증여임을 이유로 증여계약의 전부 또는 일부를 해제할 수는 없다. ( )

1-1 ★ 민법 제558조는 제555조에 따라 증여계약을 해제하더라도 이미 이행한 부분에 대해서는 영향을 미치지 못한다고 정하고, 부담부증여에서는 이미 이행한 부담 역시 제558조에서의 '이미 이행한 부분'에 포함된다. ( )

판결요지

※ 증여의 의사가 서면으로 표시되지 않은 경우, 민법 제555조에 따라 부담부증여계약을 해제할 수 있는지 여부(원칙적 적극) / 부담부증여계약에서 증여자의 증여 이행이 완료되지 않았더라도 수증자가 부담의 이행을 완료한 경우, 서면에 의하지 않은 증여임을 이유로 증여계약의 전부 또는 일부를 해제할 수 있는지 여부(원칙적 소극)

"민법 제555조는 "증여의 의사가 서면으로 표시되지 아니한 경우에는 각 당사자는 이를 해제할 수 있다."라고 정하고, 민법 제561조는 "상대부담있는 증여에 대하여는 본절의 규정 외에 쌍무계약에 관한 규정을 적용한다."라고 정한다. 이처럼 부담부증여에도 민법 제3편 제2장 제2절(제554조부터 제562조까지)의 증여에 관한 일반 조항들이 그대로 적용되므로, 증여의 의사가 서면으로 표시되지 않은 경우 각 당사자는 원칙적으로 민법 제555조에 따라 부담부증여계약을 해제할 수 있다.

그러나 부담부증여계약에서 증여자의 증여 이행이 완료되지 않았더라도 수증자가 부담의 이행을 완료한 경우에는, 그러한 부담이 의례적·명목적인 것에 그치거나 그 이행에 특별한 노력과 비용이 필요하지 않는 등 실질적으로는 부담 없는 증여가 이루어지는 것과 마찬가지라고 볼 만한 특별한 사정이 없는 한, 각 당사자가 서면에 의하지 않은 증여임을 이유로 증여계약의 전부 또는 일부를 해제할 수는 없다고 봄이 타당하다. 그 이유는 다음과 같다.

① 부담부증여계약이 체결된 경우 민법 제561조에 따라 쌍무계약에 관한 규정이 준용되고, 민법 제559조 제2항에 따라 증여자는 그 부담의 한도에서 매도인과 같은 담보책임을 진다. 이처럼 민법에서는 부담부증여에 부담 없는 증여와 구별되는 성격이 있음을 고려하여 계약의 이행과 소멸 과정에서 증여자와 수증자의 공평을 특별히 도모하고 있다.

② 민법 제558조는 제555조에 따라 증여계약을 해제하더라도 이미 이행한 부분에 대해서는 영향을 미치지 못한다고 정하고, 부담부증여에서는 이미 이행한 부담 역시 제558조에서의 '이미 이행한 부분'에 포함된다. 따라서 수증자가 부담의 이행을 완료하였음에도 증여자가 증여를 이행하지 않은 상태에서 민법 제555조에 따라 부담부증여계약을 자유롭게 해제할 수 있다고 본다면, 증여자가 아무런 노력 없이 수증자의 부담 이행에 따른 이익을 그대로 보유하는 부당한 결과가 발생할 수 있다.

③ 민법 제555조에서 말하는 해제는 일종의 특수한 철회로서 민법 제543조 이하에서 규정한 본래 의미의 해제와는 다르고, 그 사유가 증여계약 체결 당시 이미 존재했다는 측면에서 수증자의 망은행위 등을 이유로 한 민법 제

556조에 따른 해제, 증여자의 재산상태변경을 이유로 한 민법 제557조에 따른 해제와도 다르다. 따라서 부담부증여에서 수증자의 채무불이행이나 각 당사자의 사정변경이 없고 오히려 수증자가 증여자의 증여 의사를 신뢰하여 계약 본지에 따른 부담 이행을 완료한 상태임에도 증여자가 민법 제555조에 따른 특수한 철회를 통해 손쉽게 계약의 구속력에서 벗어나게 할 경우 법적 안정성을 해치게 된다.

④ 민법 제555조에서 서면에 의하지 아니한 증여를 해제할 수 있도록 정한 것은 증여자가 경솔하게 증여하는 것을 방지함과 동시에 증여자의 의사를 명확하게 하여 후일에 분쟁이 생기는 것을 피하려는 데 있다. 그러나 부담부증여의 경우 부담 없는 증여와 달리 증여자의 재산의 수여뿐만 아니라 수증자의 부담 이행까지 의사표시의 내용이 되므로 증여자가 경솔하게 증여하거나 증여 의사가 불분명할 가능성이 많지 않다. 수증자가 부담의 이행을 완료한 상황이라면 더욱 그러하다"(대판 2022.9.29. 2021다299976,299983). **정답** ○

유 제 **정답** ○

---

2 ★ 민법 제556조 제1항 제1호는 "수증자가 증여자에 대하여 증여자 또는 그 배우자나 직계혈족에 대한 범죄행위가 있는 때에는 증여자는 그 증여를 해제할 수 있다."고 규정하고 있는데, 여기에서 '범죄행위'는 수증자가 증여자에게 감사의 마음을 가져야 함에도 불구하고 증여자가 배은망덕하다고 느낄 정도로 둘 사이의 신뢰관계를 중대하게 침해하여 수증자에게 증여의 효과를 그대로 유지시키는 것이 사회통념상 허용되지 아니할 정도의 범죄를 저지르는 것을 말하며, <u>반드시 수증자가 그 범죄행위로 형사처벌을 받을 필요는 없다.</u> ( )

판결요지

> ※ 망은행위에 의한 증여의 해제를 규정하고 있는 민법 제556조 제1항 제1호의 '범죄행위'의 의미
>
> "민법 제556조 제1항 제1호는 "수증자가 증여자에 대하여 증여자 또는 그 배우자나 직계혈족에 대한 범죄행위가 있는 때에는 증여자는 그 증여를 해제할 수 있다."고 정한다. 이는 중대한 배은행위를 한 수증자에 대해서까지 증여자로 하여금 증여계약상의 의무를 이행하게 할 필요가 없다는 윤리적 요청을 법률적으로 고려한 것이다(헌법재판소 2009. 10.29. 선고 2007헌바135 결정 참조). 여기에서 '범죄행위'는, <u>수증자가 증여자에게 감사의 마음을 가져야 함에도 불구하고 증여자가 배은망덕하다고 느낄 정도로 둘 사이의 신뢰관계를 중대하게 침해하여 수증자에게 증여의 효과를 그대로 유지시키는 것이 사회통념상 허용되지 아니할 정도의 범죄를 저지르는 것을 말한다.</u> 이때 이러한 범죄행위에 해당하는지 여부는 수증자가 범죄행위에 이르게 된 동기 및 경위, 수증자의 범죄행위로 증여자가 받은 피해의 정도, 침해되는 법익의 유형, 증여자와 수증자의 관계 및 친밀도, 증여행위의 동기와 목적 등을 종합적으로 고려하여 판단하여야 하고, <u>반드시 수증자가 그 범죄행위로 형사처벌을 받을 필요는 없다</u>"(대판 2022.3.11. 2017다207475,2017다207482). **정답** ○
>
> [사실관계] 피고로부터 부동산을 증여받은 원고들이 피고를 상대로 증여를 원인으로 하여 위 부동산에 대한 소유권이전등기청구를 하자 피고가 원고 중 1인이 피고 명의의 사문서를 위조하고 이를 행사하였다는 이유로 민법 제556조 제1항 제1호에 따라 증여의 해제를 주장한 사안에서, 위 원고의 행위가 피고와의 신뢰관계를 중대하게 침해하여 이 사건 증여의 효과를 그대로 유지시키는 것이 사회통념상 허용되지 아니할 정도에 이르렀다고 단정할 수 없음에도, 민법 제556조 제1항 제1호에 의하여 위 증여가 해제되었다고 보아 원고의 소유권이전등기청구를 기각한 원심판결을 파기한 사례

매 매

1 매매계약 체결 당시에 반드시 매매목적물과 대금을 구체적으로 특정할 필요는 없지만, 적어도 매매계약의 당사자인 매도인과 매수인이 누구인지는 구체적으로 특정되어 있어야만 매매계약이 성립할 수 있다. ( )

판결요지

"계약이 성립하기 위해서는 당사자 사이에 의사의 합치가 있어야 한다. 이러한 의사의 합치는 계약의 내용을 이루는 모든 사항에 관하여 있어야 하는 것은 아니지만, 그 본질적 사항이나 중요 사항에 관해서는 구체적으로 의사의 합치가 있거나 적어도 장래 구체적으로 특정할 수 있는 기준과 방법 등에 관한 합의는 있어야 한다. 한편 당사자가 의사의 합치가 이루어져야 한다고 표시한 사항에 대하여 합의가 이루어지지 않은 경우에는 특별한 사정이 없는한 계약은 성립하지 않는다. 매매계약은 매도인이 재산권을 이전하는 것과 매수인이 대금을 지급하는 것에 관하여 쌍방 당사자가 합의함으로써 성립하므로 매매계약 체결 당시에 반드시 매매목적물과 대금을 구체적으로 특정할 필요는 없지만, 적어도 매매계약의 당사자인 매도인과 매수인이 누구인지는 구체적으로 특정되어 있어야만 매매계약이 성립할 수 있다(대판 2020.4.9. 2017다20371 참조)"(대판 2021.1.14. 2018다223054) **정답** ○

1-1 매매계약의 경우 매매목적물과 대금은 반드시 계약체결 당시에 구체적으로 특정할 필요는 없고 이를 사후에라도 구체적으로 특정할 수 있는 방법과 기준이 정하여져 있으면 충분하다. ( )

1-2 특별한 사정이 없는 한 이행시기, 이행장소, 담보책임 등에 관한 합의가 없었더라도 매매계약이 성립하는 데에 지장이 없다. ( )

판결요지

※ 매매계약의 성립을 위한 매매목적물과 대금의 특정 정도 / 매매대금 액수를 일정기간 후 시가에 의하여 정하기로 하였다는 사유만으로 매매계약이 아닌 매매예약이라고 단정할 수 있는지 여부(소극) / 이행시기, 이행장소, 담보책임 등에 관한 합의가 없더라도 매매계약이 성립하는지 여부(원칙적 적극)

"매매는 당사자 일방이 재산권을 상대방에게 이전할 것을 약정하고 상대방이 대금을 지급할 것을 약정함으로써 효력이 발생하는 것이므로, 매매계약은 매도인이 재산권을 이전하는 것과 매수인이 대가로서 대금을 지급하는 것에 관하여 쌍방 당사자의 합의가 이루어짐으로써 성립하는 것이며, 그 경우 매매목적물과 대금은 반드시 계약체결 당시에 구체적으로 특정할 필요는 없고 이를 사후에라도 구체적으로 특정할 수 있는 방법과 기준이 정하여져 있으면 충분하다. 이 경우 그 약정된 기준에 따른 대금액 산정에 관하여 당사자 간에 다툼이 있다면 법원이 이를 정할수밖에 없다. 매매대금 액수를 일정기간 후 시가에 의하여 정하기로 하였다는 사유만을 들어 매매계약이 아닌 매매예약이라고 단정할 것은 아니다. 그 밖에 특별한 사정이 없는 한 이행시기, 이행장소, 담보책임 등에 관한 합의가 없었더라도 매매계약이 성립하는 데에 지장이 없다"(대판 2023.9.14. 2023다227500). **정답** ○

유제 **정답** ○

2 ★ 협의취득의 경우에도 매도인의 채무불이행에 대하여 민법에 따른 손해배상 또는 하자담보책임을 물을 수 있고, 이 경우 매도인의 하자담보책임에 따른 손해배상청구권에 적용되는 소멸시효기간은 10년이고 그 기산점은 매수인이 매매의 목적물을 인도받은 때이다. ( )

판결요지

"[1] 어느 행위가 상법 제46조의 기본적 상행위에 해당하기 위하여는 영업으로 같은 조 각호의 행위를 하는 경우이어야 하고, 여기서 '영업으로 한다'는 것은 영리를 목적으로 동종의 행위를 계속 반복적으로 하는 것을 의미한다. 구 한국토지공사법(2009. 5. 22. 법률 제9706호 한국토지주택공사법 부칙 제2조로 폐지)에 따라 설립된 한국토지공사는 토지를 취득·관리·개발 및 공급하게 함으로써 토지자원의 효율적인 이용을 촉진하고 국토의 종합적인 이용·개발을 도모하여 건전한 국민경제의 발전에 이바지하게 하기 위하여 설립된 법인이다. 따라서 한국토지공사가 택지개발사업을 시행하기 위하여 공익사업을 위한 토지 등의 취득 및 보상에 관한 법률에 따라 토지소유자로부터 사업 시행을 위한 토지를 매수하는 행위를 하더라도 한국토지공사를 상인이라 할 수 없고, 한국토지공사가 택지개발사업 지구 내에 있는 토지에 관하여 토지소유자와 매매계약을 체결한 행위를 상행위로 볼 수 없다.
[2] 공익사업을 위한 토지 등의 취득 및 보상에 관한 법률에 따라 공공사업의 시행자가 토지를 협의취득하는 행위는 사법상의 법률행위로 일방 당사자의 채무불이행에 대하여 민법에 따른 손해배상 또는 하자담보책임을 물을 수 있다. 이 경우 매도인에 대한 하자담보에 기한 손해배상청구권에 대하여는 민법 제162조 제1항의 채권 소멸시효의 규정이 적용되고, 매수인이 매매의 목적물을 인도받은 때부터 소멸시효가 진행한다"(대판 2020.5.28. 2017다265389).

정답 ○

|관련판례|

※ 소멸시효와 제척기간의 중첩적용 가부
判例에 따르면 하자담보책임에 기한 매수인의 손해배상청구권은 매수인이 그 사실을 안 때부터 6월의 제척기간(제582조)에 걸리는 동시에 매수인이 매매의 '목적물을 인도받은 때부터' 10년의 소멸시효(제162조 제1항)에도 걸린다고 한다(대판 2011.10.13. 2011다10266).

3 ★ 매매의 목적물인 토지에 폐기물이 매립되어 있고 매수인이 폐기물을 처리하기 위해 비용이 발생한 경우, 매도인의 하자담보책임과 채무불이행책임이 경합적으로 인정된다. 이 경우 특별한 사정이 없는 한 하자를 보수하기 위한 비용은 매도인의 하자담보책임과 채무불이행책임에서 말하는 손해에 해당한다. 22년 법행 ( )

3-1 ★ 매도인의 하자담보책임과 채무불이행책임은 경합적으로 인정되므로, 매매목적물인 토지에 폐기물이 매립되어 있어서 매수인에게 폐기물을 처리하기 위한 비용 상당의 손해가 발생한다면, 매수인은 그 비용에 관하여 매도인에게 채무불이행으로 인한 손해배상을 청구할 수 있다. 22년 변호 ( )

판결요지

※ 매매의 목적물이 거래통념상 기대되는 객관적 성질이나 성능을 갖추지 못한 경우 또는 당사자가 예정하거나 보증한 성질을 갖추지 못한 경우, 매도인이 민법 제580조에 따라 하자담보책임을 부담하는지 여부(적극) / 매매의 목적물인 토지에 폐기물이 매립되어 있고 매수인이 폐기물을 처리하기 위해 비용이 발생한 경우, 매도인의 하자담보책임과 채무불이행책임이 경합적으로 인정되는지 여부(적극)

"매매의 목적물이 거래통념상 기대되는 객관적 성질이나 성능을 갖추지 못한 경우 또는 당사자가 예정하거나 보증한 성질을 갖추지 못한 경우에 매도인은 민법 제580조에 따라 매수인에게 그 하자로 인한 담보책임을 부담한다. 매매의 목적물에 하자가 있는 경우 매도인의 하자담보책임과 채무불이행책임은 별개의 권원에 의하여 경합적으로 인정된다. 이 경우 특별한 사정이 없는 한 하자를 보수하기 위한 비용은 매도인의 하자담보책임과 채무불이행책임에서 말하는 손해에 해당한다. 따라서 매매 목적물인 토지에 폐기물이 매립되어 있고 매수인이 폐기물을 처리하기 위해 비용이 발생한다면 매수인은 그 비용을 민법 제390조에 따라 채무불이행으로 인한 손해배상으로 청구할 수도 있고, 민법 제580조 제1항에 따라 하자담보책임으로 인한 손해배상으로 청구할 수도 있다"(대판 2021.4.8. 2017다202050).

`정답` ○

`유 제`

`정답` ○

[사실관계] 甲이 국가로부터 토지를 매수하여 건물을 신축하기 위해 건축허가를 받고 지목을 '전(전)'에서 '대지'로 변경하였는데, 위 토지에서 굴착공사를 하다가 약 1~2m 깊이에서 폐합성수지와 폐콘크리트 등 약 331t의 폐기물이 매립되어 있는 것을 발견하였고, 이를 처리하기 위한 비용을 지출한 사안에서, 토지에 위와 같은 폐기물이 매립되어 있는 것은 매매 목적물이 통상 갖출 것으로 기대되는 품질이나 상태를 갖추지 못한 하자에 해당하므로, 국가는 甲에게 하자담보책임으로 인한 손해배상으로 폐기물 처리비용을 지급할 의무가 있다고 본 사례

| 참고판례 |

判例는 "매도인이 성토작업을 기화로 다량의 폐기물을 은밀히 매립하고 그 위에 토사를 덮은 다음 도시계획사업을 시행하는 공공사업시행자와 사이에서 정상적인 토지임을 전제로 협의취득절차를 진행하여 이를 매도함으로써 매수자로 하여금 그 토지의 폐기물처리비용 상당의 손해를 입게 하였다면 매도인은 이른바 불완전이행으로서 채무불이행으로 인한 손해배상책임을 부담하고, 이는 하자 있는 토지의 매매로 인한 민법 제580조 소정의 하자담보책임과 경합적으로 인정된다고 할 것이다"(대판 2004.7.22. 2002다51586)라고 하여 매매의 목적인 특정물에 원시적인 하자가 있는 경우에도 불완전급부로 인한 채무불이행책임이 성립할 수 있음을 명확히 하였다. 또한 判例는 "토지의 소유자라 하더라도 토양오염물질을 토양에 누출·유출하거나 투기·방치함으로써 토양오염을 유발하였음에도 오염토양을 정화하지 않은 상태에서 오염토양이 포함된 토지를 거래에 제공함으로써 유통되게 하거나, 토지에 폐기물을 불법으로 매립하였음에도 처리하지 않은 상태에서 토지를 거래에 제공하는 등으로 유통되게 하였다면, 다른 특별한 사정이 없는 한 이는 거래의 상대방 및 토지를 전전 취득한 현재의 토지 소유자에 대한 위법행위로서 불법행위가 성립할 수 있다. 그리고 토지를 매수한 현재의 토지 소유자가 오염토양 또는 폐기물이 매립되어 있는 지하까지 토지를 개발·사용하게 된 경우 등과 같이 자신의 토지소유권을 완전하게 행사하기 위하여 오염토양 정화비용이나 폐기물 처리비용을 지출하였거나 지출해야만 하는 상황에 이르렀다거나 구 토양환경보전법에 의하여 관할 행정관청으로부터 조치명령 등을 받음에 따라 마찬가지의 상황에 이르렀다면 위법행위로 인하여 오염토양 정화비용 또는 폐기물 처리비용의 지출이라는 손해의 결과가 현실적으로 발생하였으므로, 토양오염을 유발하거나 폐기물을 매립한 종전 토지 소유자는 오염토양 정화비용 또는 폐기물 처리비용 상당의 손해에 대하여 불법행위자로서 손해배상책임을 진다. 이와 달리, 자신의 소유 토지에 폐기물 등을 불법으로 매립하였다고 하더라도 그 후 그 토지를 매수하여 소유권을 취득한 자에 대하여 불법행위가 성립하지 않는다는 취지의 대판 2002.1.11. 99다16460 판결은 이 판결의 견해에 배치되는 범위 내에서 이를 변경하기로 한다"(대판 2016.5.19. 전합2009다66549)고 하여, 토지 소유자가 토지에 폐기물을 불법으로 매립한 후 거래 상대방 및 토지를 전전 취득한 현재의 토지 소유자에 대한 위법행위로서 '폐기물처리비용' 상당의 불법행위에 기한 손해배상책임을 진다고 판시하였다.

4 ★ 매매의 목적물에 하자가 있는 때 매수인은 그 하자로 인하여 계약의 목적을 달성할 수 없는 경우에 한하여 계약을 해제할 수 있는바, 여기서 목적물의 하자로 인하여 계약의 목적을 달성할 수 없다는 것은, 그 하자가 중대하고 보수가 불가능하거나 가능하더라도 장기간을 요하는 등 계약해제권을 행사하는 것이 정당하다고 인정되는 경우를 의미한다. ( )

4-1 A는 B로부터 중고 화물차를 매수하였는데, 자동차 종합검사 과정에서 차체의 길이, 너비와 적재함의 내부(하대)길이가 안전기준을 초과하여 원상복구 등 조치가 필요하다는 이유로 부적합 판정을 받았으며, 이후 자동차 정기검사 지연을 이유로 과태료를 부과받았다. 이 경우 위 중고 화물차가 A의 생계를 위해 필요한 수단이고 자동차 정기검사를 받지 않으면 형사처벌을 받을 가능성이 있으며 수리비용이 매매대금의 약 40% 정도에 이르는 점 등을 고려하면 객관적으로 보아 A에게 매매계약을 계속 유지하게 하는 것은 지나치게 가혹하므로, A가 계약해제권을 행사하는 것은 정당하다. ( )

[판결요지]

※ 민법 제581조 제1항, 제580조 제1항, 제575조 제1항에서 말하는 '목적물의 하자로 인하여 계약의 목적을 달성할 수 없는 경우'의 의미 및 그 판단 기준
"민법 제581조 제1항, 제580조 제1항, 제575조 제1항은 매매의 목적물에 하자가 있는 때 매수인은 그 하자로 인하여 계약의 목적을 달성할 수 없는 경우에 한하여 계약을 해제할 수 있고, 기타의 경우에는 손해배상만을 청구할 수 있다고 규정하고 있다. 여기서 목적물의 하자로 인하여 계약의 목적을 달성할 수 없다는 것은, 그 하자가 중대하고 보수가 불가능하거나 가능하더라도 장기간을 요하는 등 계약해제권을 행사하는 것이 정당하다고 인정되는 경우를 의미한다. 또한, 매매목적물의 하자로 인하여 계약의 목적을 달성할 수 없게 되었는지 여부는 계약에 이르게 된 동기 및 목적, 계약 당시 당사자가 처한 상황, 목적물의 종류와 성상, 하자의 내용 및 정도, 보수에 소요되는 기간이나 비용 등 계약 체결 전후의 여러 사정들을 종합적으로 고려하여 매수인의 입장에서 객관적으로 판단하여야 한다"(대판 2023.4.13. 2022다296776). 정답 ○

[유제] 정답 ○

[사실관계] 원고는 피고로부터 중고 화물차를 매수하였는데, 자동차 종합검사 과정에서 차체의 길이, 너비와 적재함의 내부(하대)길이가 안전기준을 초과하여 원상복구 등 조치가 필요하다는 이유로 부적합 판정을 받았으며, 이후 자동차 정기검사 지연을 이유로 과태료를 부과받았다. 원고는 위와 같은 하자로 인하여 매매계약의 목적을 달성할 수 없으므로 민법 제581조 제1항, 제580조 제1항, 제575조 세1항에 의하여 매매계약을 해제한다고 주장하며 매매대금의 반환을 청구하였다. 원심은, 위와 같은 하자는 수리가 가능하고 특수한 수리 방법을 요하지 않으며 예상 수리기간도 15일 정도에 불과하므로 매매계약의 목적을 달성할 수 없는 경우에 해당하지 않는다고 판단하여 원고의 청구를 기각하였으나, 대법원은 위 중고 화물차가 원고의 생계를 위해 필요한 수단이고 자동차 정기검사를 받지 않으면 형사처벌을 받을 가능성이 있으며 수리비용이 매매대금의 약 40% 정도에 이르는 점 등을 고려하면 객관적으로 보아 원고에게 매매계약을 계속 유지하게 하는 것은 지나치게 가혹하므로, 원고가 계약해제권을 행사하는 것이 정당하다고 인정되는 경우에 해당한다고 판단하여, 원심판결을 파기·환송하였다.

5 매매의 목적이 된 권리가 매도인이 아닌 타인에게 속한 경우에도 매도인은 매매계약을 체결할 수 있고, 이때 매도인은 그 권리를 취득하여 매수인에게 이전하여야 할 의무를 부담한다. 이와 같은 법리는 매매의 목적이 된 권리가 매도인과 타인의 공유라고 해도 마찬가지이다. ( )

5-1 특별한 사정이 없는 한 매매계약이 있은 후에도 인도하지 아니한 목적물로부터 생긴 과실은 매도인에게 속하지만(민법 제587조), 매매목적물의 인도 전이라도 매수인이 매매대금을 완납한 때에는 그 이후의 과실수취권은 매수인에게 귀속된다고 보아야 할 것이다   21 변호 (   )

판결요지

"[2] 매매의 목적이 된 권리가 매도인이 아닌 타인에게 속한 경우에도 매도인은 매매계약을 체결할 수 있고, 이때 매도인은 그 권리를 취득하여 매수인에게 이전하여야 할 의무를 부담한다(민법 제569조). 이와 같은 법리는 매매의 목적이 된 권리가 매도인과 타인의 공유라고 해도 마찬가지이다.

상가집합건물의 구분점포에 대한 매매는 원칙적으로 실제 이용현황과 관계없이 집합건축물대장 등 공부에 따라 구조, 위치, 면적이 확정된 구분점포를 매매의 대상으로 삼았다고 보아야 할 것이다. 그러나 1동의 상가집합건물의 점포들이 구분소유 등기가 되어 있기는 하나 실제로는 위 상가건물의 각 점포들에 관한 집합건축물대장 등 공부상 호수와 구조, 위치 및 면적이 실제 이용현황과 일치하지 아니할 뿐만 아니라 그 복원조차 용이하지 아니하여 단지 공부가 위 상가건물에서 각 점포들이 차지하는 면적비율에 관하여 공유지분을 표시하는 정도의 역할만을 하고 있고, 위 점포들이 전전매도되면서 매매당사자들이 실제 이용현황대로의 점포를 매매할 의사를 가지고 거래한 경우 등과 같이 특별한 사정이 있는 경우에는 그 점포의 구조, 위치, 면적은 실제 이용현황에 의할 수밖에 없을 것이다.

[4] 특별한 사정이 없는 한 매매계약이 있은 후에도 인도하지 아니한 목적물로부터 생긴 과실은 매도인에게 속하지만(민법 제587조), 매매목적물의 인도 전이라도 매수인이 매매대금을 완납한 때에는 그 이후의 과실수취권은 매수인에게 귀속된다고 보아야 할 것이다(대판 1993.11.9. 93다28928 판결 참조)"(대판 2021.6.24. 2021다220666)   정답 ○

유제   정답 ○

임대차

1 ★ 임대인의 임차목적물의 사용·수익상태 유지의무는 임대인 자신에게 귀책사유가 있어 하자가 발생한 경우는 물론, 자신에게 귀책사유가 없이 하자가 발생한 경우에도 면해지지 아니한다. 이는 임대인이 그와 같은 하자 발생 사실을 몰랐다거나 반대로 임차인이 이를 알거나 알 수 있었다고 하더라도 마찬가지이다.   23년 법행 (   )

판결요지

"임대인은 임차인이 목적물을 사용·수익할 수 있도록 목적물을 임차인에게 인도하여야 한다(민법 제623조 전단). 임차인이 계약에 의하여 정하여진 목적에 따라 사용·수익하는 데 하자가 있는 목적물인 경우 임대인은 하자를 제거한 다음 임차인에게 하자 없는 목적물을 인도할 의무가 있다. 임대인이 임차인에게 그와 같은 하자를 제거하지 아니하고 목적물을 인도하였다면 사후에라도 위 하자를 제거하여 임차인이 목적물을 사용·수익하는 데 아무런 장해가 없도록 해야만 한다. 임대인의 임차목적물의 사용·수익상태 유지의무는 임대인 자신에게 귀책사유가 있어 하자가 발생한 경우는 물론, 자신에게 귀책사유가 없이 하자가 발생한 경우에도 면해지지 아니한다. 또한 임대인이 그와 같은 하자 발생 사실을 몰랐다거나 반대로 임차인이 이를 알거나 알 수 있었다고 하더라도 마찬가지이다"(대판 2021.4.29. 2021다202309).   정답 ○

2   ★★ 객실을 비롯한 숙박시설은 특별한 사정이 없는 한 숙박기간 중에도 고객이 아닌 숙박업자의 지배 아래 놓여 있다고 보아야 한다. 그렇다면 임차인이 임대차기간 중 목적물을 직접 지배함을 전제로 한 임대차 목적물 반환의무 이행불능에 관한 법리는 이와 전제를 달리하는 숙박계약에 그대로 적용될 수 없다. 고객이 숙박계약에 따라 객실을 사용·수익하던 중 발생 원인이 밝혀지지 않은 화재로 인하여 객실에 발생한 손해는 특별한 사정이 없는 한 숙박업자의 부담으로 귀속된다고 보아야 한다.   ( )

판결요지

"[1] 임대차 목적물이 화재 등으로 인하여 소멸됨으로써 임차인의 목적물 반환의무가 이행불능이 된 경우에, 임차인은 이행불능이 자기가 책임질 수 없는 사유로 인한 것이라는 증명을 다하지 못하면 목적물 반환의무의 이행불능으로 인한 손해를 배상할 책임을 지고, 그 화재 등의 구체적인 발생 원인이 밝혀지지 아니한 때에도 마찬가지이다. 이러한 법리는 임대차 종료 당시 임대차 목적물 반환의무가 이행불능 상태는 아니지만 반환된 임차 건물이 화재로 인하여 훼손되었음을 이유로 손해배상을 구하는 경우에도 동일하게 적용된다.

[2] 숙박업자가 고객과 체결하는 숙박계약은 숙박업자가 고객에게 객실을 제공하여 이를 일시적으로 사용할 수 있도록 하고, 고객은 숙박업자에게 사용에 따른 대가를 지급하는 것을 내용으로 한다는 점에서 임대차계약과 유사하다. 대법원이 숙박계약을 '일종의 일시 사용을 위한 임대차계약'이라고 한 것은 이러한 유사성에 착안한 것이다. 그러나 숙박계약은 통상의 임대차계약과는 다른 여러 가지 요소들도 포함하고 있으므로, 숙박계약에 대한 임대차 관련 법리의 적용 여부와 범위는 이러한 숙박계약의 특수성을 고려하여 개별적으로 판단하여야 한다.

임대인은 임대차계약에 따라 임차인에게 목적물을 인도하여야 한다(민법 제623조). 임차인은 목적물의 점유를 취득하여 이를 사용·수익하면서 선량한 관리자의 주의를 다하여 목적물을 보존하고, 임대차가 종료되면 목적물을 원상에 회복하여 반환하여야 한다(민법 제374조, 제654조, 제615조). 임차인은 목적물을 인도받아 이를 사용·수익하는 동안 목적물을 직접 지배한다고 추단된다. 그러므로 목적물에 화재가 발생한 경우 화재가 임대인의 귀책사유로 인한 것이거나 임대인의 지배영역에서 발생하였다는 등의 사정이 없는 한 화재로 인한 목적물 반환의무의 이행불능으로 인한 손해는 임차인의 부담으로 귀속된다.

숙박업자와 고객의 관계는 통상적인 임대인과 임차인의 관계와는 다르다. 숙박업자는 고객에게 객실을 사용·수익하게 하는 것을 넘어서서 고객이 안전하고 편리하게 숙박할 수 있도록 시설 및 서비스를 제공하고 고객의 안전을 배려할 보호의무를 부담한다. 숙박업자에게는 숙박시설이나 설비를 위생적이고 안전하게 관리할 공법적 의무도 부과된다(공중위생관리법 제4조 제1항 참조). 숙박업자는 고객에게 객실을 제공한 이후에도 필요한 경우 객실에 출입하며 고객의 안전 배려 또는 객실 관리를 위한 조치를 취하기도 한다. 숙박업자가 고객에게 객실을 제공하여 일시적으로 이를 사용·수익하게 하더라도 객실을 비롯한 숙박시설에 대한 점유는 그대로 유지하는 것이 일반적이다.

그러므로 객실을 비롯한 숙박시설은 특별한 사정이 없는 한 숙박기간 중에도 고객이 아닌 숙박업자의 지배 아래 놓여 있다고 보아야 한다. 그렇다면 임차인이 임대차기간 중 목적물을 직접 지배함을 전제로 한 임대차 목적물 반환의무 이행불능에 관한 법리는 이와 전제를 달리하는 숙박계약에 그대로 적용될 수 없다. 고객이 숙박계약에 따라 객실을 사용·수익하던 중 발생 원인이 밝혀지지 않은 화재로 인하여 객실에 발생한 손해는 특별한 사정이 없는 한 숙박업자의 부담으로 귀속된다고 보아야 한다"(대판 2023.11.2. 2023다244895).

정답 ○

3 ★★ 민법 제619조에서 처분능력, 권한 없는 자의 단기임대차의 경우에만 임대차기간의 최장기를 제한하고 있을 뿐, 민법상 임대차기간이 영구인 임대차계약의 체결을 불허하는 규정은 없다. ( )

3-1 ★ 소유자가 소유권의 핵심적 권능에 속하는 사용·수익의 권능을 대세적으로 포기하는 것은 특별한 사정이 없는 한 허용되지 않으나, 특정인에 대한 관계에서 채권적으로 사용·수익권을 포기하는 것까지 금지되는 것은 아니다. ( )

3-2 ★★ 당사자들이 자유로운 의사에 따라 임대차기간을 영구로 정한 약정은 이를 무효로 볼 만한 특별한 사정이 없는 한 계약자유의 원칙에 의하여 허용된다고 보아야 한다. 다만, 영구임대의 경우 임대차기간의 보장은 임대인에게는 의무가 되나 임차인에게는 권리의 성격을 갖는 것이므로 임차인으로서는 언제라도 그 권리를 포기할 수 있고, 그렇게 되면 임대차계약은 임차인에게 기간의 정함이 없는 임대차가 된다. 23년 법무사 ( )

[판결요지]

※ 임대차기간을 '영구'로 정한 임대차계약의 효력(= 원칙적 유효)

"구 민법(2016. 1. 6. 법률 제13710호로 삭제되기 전의 것) 제651조에서는 '석조, 석회조, 연와조 또는 이와 유사한 견고한 건물 기타 공작물의 소유를 목적으로 하는 토지임대차 및 식목, 채염을 목적으로 하는 토지임대차'를 제외한 임대차의 존속기간을 20년으로 제한하고 있었으나, 헌법재판소는 2013. 12. 26. 위 조항의 입법취지가 불명확하고, 과잉금지원칙을 위반하여 계약의 자유를 침해한다는 이유로 헌법에 위반된다는 결정을 선고하였다(헌법재판소 2013. 12. 26. 선고 2011헌바234 전원재판부 결정). 결국 민법 제619조에서 처분능력, 권한 없는 자의 단기임대차의 경우에만 임대차기간의 최장기를 제한하고 있을 뿐, 민법상 임대차기간이 영구인 임대차계약의 체결을 불허하는 규정은 없다.

소유자가 소유권의 핵심적 권능에 속하는 사용·수익의 권능을 대세적으로 포기하는 것은 특별한 사정이 없는 한 허용되지 않으나, 특정인에 대한 관계에서 채권적으로 사용·수익권을 포기하는 것까지 금지되는 것은 아니다. 따라서 임대차기간이 영구인 임대차계약을 인정할 실제의 필요성도 있고, 이러한 임대차계약을 인정한다고 하더라도 사정변경에 의한 차임증감청구권이나 계약 해지 등으로 당사자들의 이해관계를 조정할 수 있는 방법이 있을 뿐만 아니라, 임차인에 대한 관계에서만 사용·수익권이 제한되는 외에 임대인의 소유권을 전면적으로 제한하는 것도 아닌 점 등에 비추어 보면, 당사자들이 자유로운 의사에 따라 임대차기간을 영구로 정한 약정은 이를 무효로 볼 만한 특별한 사정이 없는 한 계약자유의 원칙에 의하여 허용된다고 보아야 한다. 특히 영구임대라는 취지는, 임대인이 차임지급 지체 등 임차인의 귀책사유로 인한 채무불이행이 없는 한 임차인이 임대차관계의 유지를 원하는 동안 임대차계약이 존속되도록 이를 보장하여 주는 의미로, 위와 같은 임대차기간의 보장은 임대인에게는 의무가 되나 임차인에게는 권리의 성격을 갖는 것이므로 임차인으로서는 언제라도 그 권리를 포기할 수 있고, 그렇게 되면 임대차계약은 임차인에게 기간의 정함이 없는 임대차가 된다"(대판 2023.6.1. 2023다209045). 정답 ○

[유제모두] 정답 ○

|관련쟁점|

※ 임대차의 존속기간 : 최장기간의 제한

종래 대법원은 "임차인에게 너무 오랜 기간에 걸쳐 이용을 맡기면 임차물 관리가 소홀해지고 개량이 잘 이루어지지 않으므로 사회경제적인 손실을 방지하는데 해당조항의 입법취지가 있다"고 하여 임대차의 최장기간의 제한은 강행규정이라고 하였다(대판 2003.8.22. 2003다19961). 그러나 최근 헌법재판소는 "임대차계약을 통해 합리적이고 효과적인 임차물 관리 및 개량방식의 설정이 가능하다"면서 임대차 존속기간을 20년으로 제한한 제651조

1항이 임대인의 재산권과 계약의 자유를 침해하여 위헌이라고 판시하였다(헌재 2013.12.26. 2011헌바234).

이러한 헌법재판소 결정을 반영하여 제651조 1항을 폐지하는 한편, 제651조 2항은 임대차 존속기간의 갱신 및 갱신기간의 상한을 규정한 것으로서 임대차 존속기간의 제한을 폐지하는 경우에는 별도로 존치할 필요가 없으므로, **2016.1.6.**부로 제651조 전부를 삭제하였다.

4 ★★ 매도인이 악의인 계약명의신탁에서 명의수탁자로부터 명의신탁의 목적물인 주택을 임차하여 주택 인도와 주민등록을 마침으로써 주택임대차보호법 제3조 제1항에 의한 대항요건을 갖춘 임차인은 부동산실명법 제4조 제3항의 규정에 따라 명의신탁약정 및 그에 따른 물권변동의 무효를 대항할 수 없는 제3자에 해당하므로, 명의수탁자의 소유권이전등기가 말소됨으로써 등기명의를 회복하게 된 매도인 및 매도인으로부터 다시 소유권이전등기를 마친 명의신탁자에 대해 자신의 임차권을 대항할 수 있고, 위의 방법으로 소유권이전등기를 마친 명의신탁자는 주택임대차보호법 제3조 제4항에 따라 임대인의 지위를 승계한다. 23년 1차·3차모의 (   )

4-1 ★ 임차인이 임대인을 상대로 보증금반환의 승소확정판결을 받았으나 이후 주택 양수인을 상대로 이를 반환받고자 할 경우 승계가 명확하지 않거나 임대인 지위의 승계를 증명할 수 없는 때에는 임차인이 양수인을 상대로 승계집행문 부여의 소를 제기하여 승계집행문을 부여받음이 원칙이나, 이미 임차인이 양수인을 상대로 임대차보증금의 반환을 구하는 소를 제기하여 양수인과 사이에 임대인 지위의 승계 여부에 대해 상당한 정도의 공격방어 및 법원의 심리가 진행됨으로써 사실상 승계집행문 부여의 소가 제기되었을 때와 큰 차이가 없다면, 소의 이익이 없다고 섣불리 단정하여서는 안 된다. (   )

> **판결요지**
>
> ※ **1. 계약명의신탁이 무효임을 이유로 명의수탁자로부터 그 소유권이전등기를 회복하게 된 매도인으로부터 다시 소유권이전등기를 마친 명의신탁자가 주택임대차보호법상 임대인의 지위를 승계하는지 여부,**
> "[1] 매도인이 악의인 계약명의신탁에서 명의수탁자로부터 명의신탁의 목적물인 주택을 임차하여 주택 인도와 주민등록을 마침으로써 주택임대차보호법 제3조 제1항에 의한 대항요건을 갖춘 임차인은 「부동산 실권리자명의 등기에 관한 법률」 (이하 '부동산실명법'이라 한다) 제4조 제3항의 규정에 따라 명의신탁약정 및 그에 따른 물권변동의 무효를 대항할 수 없는 제3자에 해당하므로 명의수탁자의 소유권이전등기가 말소됨으로써 등기명의를 회복하게 된 매도인 및 매도인으로부터 다시 소유권이전등기를 마친 명의신탁자에 대해 자신의 임차권을 대항할 수 있고, 이 경우 임차인 보호를 위한 주택임대차보호법의 입법 목적 및 임차인이 보증금반환청구권을 행사하는 때의 임차주택 소유자로 하여금 임차보증금반환채무를 부담하게 함으로써 임차인을 두텁게 보호하고자 하는 주택임대차보호법 제3조 제4항의 개정 취지 등을 종합하면 위의 방법으로 소유권이전등기를 마친 명의신탁자는 주택임대차보호법 제3조 제4항에 따라 임대인의 지위를 승계한다.
> **2. 피고(명의신탁자)가 변론종결 후의 승계인에 해당하여 기존 임대인에 대한 확정판결의 기판력이 미친다는 이유로 권리보호의 이익이 없다고 본 원심의 가정적 판단의 당부(부당)**
> [2] 주택임대차보호법 제3조 제4항에 따라 임차주택의 양수인은 임대인의 지위를 승계한 것으로 보므로 임대차보증금 반환채무도 부동산의 소유권과 결합하여 일체로서 임대인의 지위를 승계한 양수인에게 이전되고 양도인의 보증금반환채무는 소멸하는 것으로 해석되므로, 변론종결 후 임대부동산을 양수한 자는 민사소송법 제218조 제1항의 변론종결 후의 승계인에 해당한다. 승계집행문은 그 승계가 법원에 명백한 사실이거나 증명서로 승계를 증명한 때에 한하여 내어 줄 수 있고(민사집행법 제31조 제1항), 승계를 증명할 수 없는 때에는 채권자가 승계집행문

부여의 소를 제기할 수 있다(제33조). 따라서 <u>임차인이 임대인을 상대로 보증금반환의 승소확정판결을 받았으나 이후 주택 양수인을 상대로 이를 반환받고자 할 경우 승계가 명확하지 않거나 임대인 지위의 승계를 증명할 수 없는 때에는 임차인이 양수인을 상대로 승계집행문 부여의 소를 제기하여 승계집행문을 부여받음이 원칙이나, 이미 임차인이 양수인을 상대로 임대차보증금의 반환을 구하는 소를 제기하여 양수인과 사이에 임대인 지위의 승계 여부에 대해 상당한 정도의 공격방어 및 법원의 심리가 진행됨으로써 사실상 승계집행문 부여의 소가 제기되었을 때와 큰 차이가 없다면, 그럼에도 법원이 소의 이익이 없다는 이유로 후소를 각하하고 임차인으로 하여금 다시 승계집행문 부여의 소를 제기하도록 하는 것은 당사자들로 하여금 그동안의 노력과 시간을 무위로 돌리고 사실상 동일한 소송행위를 반복하도록 하는 것이어서 당사자들에게 가혹할 뿐만 아니라 신속한 분쟁해결이나 소송경제의 측면에서 타당하다고 보기 어려우므로 이와 같은 경우 소의 이익이 없다고 섣불리 단정하여서는 안 된다</u>"(대판 2022.3.17. 2021다210720)

정답 ○

유제

정답 ○

[사실관계] 명의수탁자로부터 주택을 임차하고 주택임대차보호법 제3조 제1항에 의한 대항요건을 갖춘 원고가, 명의신탁이 무효임을 이유로 명의수탁자로부터 매도인을 거쳐 그 소유권이전등기를 회복한 명의신탁자인 피고를 상대로 임대차보증금반환을 청구한 사안에서, 대법원은 이러한 방법으로 소유권이전등기를 마친 명의신탁자가 주택임대차보호법 제3조 제4항에 따라 임대인의 지위를 승계하고, 원고가 피고를 상대로 임대인 지위의 승계를 주장하면서 임대차보증금의 반환을 구할 권리보호의 이익이 없다고 단정하기 어렵다고 보아 원심판결을 파기환송하였다.

5 ★ 주택의 공동임차인 중 1인이라도 주택임대차보호법 제3조 제1항에서 정한 대항력 요건을 갖추게 되면 그 대항력은 임대차 전체에 미치므로, 임차 건물이 양도되는 경우 특별한 사정이 없는 한 공동임차인에 대한 보증금반환채무 전부가 임대인 지위를 승계한 양수인에게 이전되고 양도인의 채무는 소멸하는 바, 이러한 법리는 계약당사자 사이에 공동임차인의 임대차보증금 지분을 별도로 정한 경우에도 마찬가지이다.
22년 법행 유사 (   )

5-1 ★ 공동임차인으로서 임대차계약을 체결한 것은 기본적으로 임대차계약에 따른 권리·의무를 함께 하겠다는 것이지만, 임대차보증금에 관한 지분을 정하여 그 지분에 따라 임대차보증금을 지급하거나 반환받기로 약정하였다면 임대차계약 자체를 지분에 따라 분리하겠다는 것으로 볼 수 있다.
23년 3차모의 (   )

판결요지

※ 1. 공동임차인중 1인만이 대항력 요건을 갖추더라도 그 대항력이 임대차 전체에 미치는지(적극), 2. 공동임차인들이 임대차계약을 하면서 임대차보증금 지분을 별도로 정한 경우에도 마찬가지인지(적극)

"주택의 공동임차인 중 1인이라도 주택임대차보호법 제3조 제1항에서 정한 대항력 요건을 갖추게 되면 그 대항력은 임대차 전체에 미치므로, 임차 건물이 양도되는 경우 특별한 사정이 없는 한 공동임차인에 대한 보증금반환채무 전부가 임대인 지위를 승계한 양수인에게 이전되고 양도인의 채무는 소멸한다.

이러한 법리는 계약당사자 사이에 공동임차인의 임대차보증금 지분을 별도로 정한 경우에도 마찬가지이다. 공동임차인으로서 임대차계약을 체결한 것은 기본적으로 임대차계약에 따른 권리·의무를 함께하겠다는 것이고, 임대차보증금에 관한 지분을 정하여 그 지분에 따라 임대차보증금을 지급하거나 반환받기로 약정하였다고 하더라도 임대차계약 자체를 지분에 따라 분리하겠다는 것이라고 볼 수는 없다. 공동임차인 중 1인이 취득한 대항력이 임대차 전체에 미친다고 보더라도 주택임대차보호법에 따른 공시의 목적, 거래관행 등에 비추어 임대차계약을 전제로 법률행위를 하고자 하는 제3자의 권리가 침해된다고 볼 수도 없다"(대판 2021.10.28. 2021다238650).

정답 ○

유제

정답 ✕

[사실관계] 공동임차인 중 1人은 법인, 1人은 그 직원이고 임대인과 사이에 보증금을 각 지분별로 지급·반환받기로 임대차계약을 한 사안에서, 직원만이 취득한 주택임대차보호법상 대항력이 임대차 전체에 효력이 미친다고 본 원심 판단을 수긍한 사례(별개의 사유로 파기환송 됨)

5-2 주택임대차보호법 제3조 제4항에 따라 임차주택의 양수인이 임대인의 지위를 승계하는 것은 어디까지나 임차인이 대항력을 갖추고 있는 것을 요건으로 하므로 대항력을 갖추지 못한 임차인의 경우 임차주택이 다른 사람에게 이전되었더라도 임대인이 임차보증금 반환의무를 부담하는 것이 원칙이다. ( )

판결요지

※ 1. 대항력을 갖추지 못한 임차인의 경우, 임차주택이 다른 사람에게 이전되었더라도 임대인이 임차보증금 반환의무를 부담하는지 여부(원칙적 적극) 2. 임차주택의 양수인에게 대항할 수 있는 임차권자라도 스스로 임대차관계의 승계를 원하지 않는 경우, 승계되는 임대차관계의 구속을 면할 수 있는지 여부(적극)

"가. 주택임대차보호법 제3조 제4항에 따라 임차주택의 양수인이 임대인의 지위를 승계하는 것은 어디까지나 임차인이 대항력을 갖추고 있는 것을 요건으로 하므로 대항력을 갖추지 못한 임차인의 경우 임차주택이 다른 사람에게 이전되었더라도 임대인이 임차보증금 반환의무를 부담하는 것이 원칙이다. 따라서 이 사건 경매절차에서 소외인이 이 사건 주택의 소유권을 취득하기 전에 원고가 전출함으로써 대항력을 상실한 이상 임대인의 지위는 소외인에게 승계되지 아니하므로 피고가 잔여 임차보증금 반환의무를 부담한다.

나. 임차주택의 양수인에게 대항할 수 있는 임차권자라도 스스로 임대차관계의 승계를 원하지 않을 때에는 승계되는 임대차관계의 구속을 면할 수 있다고 보는 것이 공평의 원칙 또는 신의성실의 원칙에 부합한다. 따라서 임차인인 원고가 이 사건 경매절차에서 현황조사를 마친 후 전출함으로써 대항력을 상실하고 피고에게 남은 임차보증금의 반환을 청구하였다고 하여 이를 두고 신의성실의 원칙에 반하는 행위라고 볼 수는 없다"(대판 1996.7.12. 94다37646 등 참조)"(대판 2023.6.29. 2020다276914)

정답 ○

6 ★ 주택임대차보호법 제3조의2 제7항에서 정한 금융기관이 임차인으로부터 보증금반환채권을 계약으로 양수하여 그에 대한 우선변제권을 승계한 다음 경매절차에서 배당요구를 하여 보증금 중 일부를 배당받은 경우, 임차인은 보증금반환채권을 양수한 금융기관이 보증금 잔액을 반환받을 때까지 임차주택의 양수인을 상대로 임대차관계의 존속을 주장할 수 있다. ( )

6-1 ★ 주택임대차보호법에 정한 대항력과 우선변제권 두 가지 권리를 겸유하고 있는 임차인이 먼저 우선변제권을 선택하여 임차주택에 대하여 진행되고 있는 경매절차에서 배당요구를 하였으나 보증금 전액을 배당받지 못한 경우, 임차인이 대항력을 구비한 후 임차주택을 양수한 자는 그와 같이 존속되는 임대차의 임대인 지위를 당연히 승계한다. 23년 3차모의 ( )

판결요지

※ 주택임대차보호법 제3조의2 제7항에서 정한 금융기관이 임차인으로부터 보증금반환채권을 계약으로 양수하여 그에 대한 우선변제권을 승계한 다음 경매절차에서 배당요구를 하여 보증금 중 일부를 배당받

은 경우, 임차인은 보증금반환채권을 양수한 금융기관이 보증금 잔액을 반환받을 때까지 임차주택의 양수인을 상대로 임대차관계의 존속을 주장할 수 있는지 여부(원칙적 적극)

"주택임차인은 주택임대차보호법 제3조 제1항에서 정한 주택의 인도와 주민등록을 구비하면 대항력을 취득하고 위 대항요건이 존속되는 한 그 대항력은 계속 유지된다. 한편 주택임대차보호법에 정한 대항력과 우선변제권 두 가지 권리를 겸유하고 있는 임차인이 먼저 우선변제권을 선택하여 임차주택에 대하여 진행되고 있는 경매절차에서 배당요구를 하였으나 보증금 전액을 배당받지 못한 경우 임차인은 여전히 위 대항요건을 유지함으로써 임대차관계의 존속을 주장할 수 있으므로, 임차인이 대항력을 구비한 후 임차주택을 양수한 자는 그와 같이 존속되는 임대차의 임대인 지위를 당연히 승계한다. 유제 **정답** ○

이는 주택임대차보호법 제3조의2 제7항에서 정한 금융기관이 임차인으로부터 보증금반환채권을 계약으로 양수함으로써 양수한 금액의 범위에서 우선변제권을 승계한 다음 경매절차에서 배당요구를 하여 보증금 중 일부를 배당받은 경우에도 마찬가지이다. 따라서 주택임대차의 대항요건이 존속되는 한 임차인은 보증금반환채권을 양수한 금융기관이 보증금 잔액을 반환받을 때까지 임차주택의 양수인을 상대로 임대차관계의 존속을 주장할 수 있다"(대판 2023.2.2. 2022다255126). **정답** ○

[사실관계] 주택임차인 甲은 원고(주택도시보증공사)와 전세보증금반환 등 보증계약을 체결하면서 원고에게 담보목적으로 전세보증금반환채권을 양도하였고, 이후 임차주택에 대한 임의경매절차가 개시되자 원고는 전세보증금반환채권 양수인의 지위(1순위)에서 배당요구를 하여 전세보증금 중 일부를 배당받았다. 전세계약 종료 후 임대인의 지위를 승계한 피고들(경매절차의 매수인)이 甲에게 잔여 전세보증금을 반환하지 않자 甲은 원고에게 전세보증금 상당의 보증채무 이행을 요구하였고, 원고는 甲에게 '피고들이 지급해야 할 전세보증금'을 반환(보증채무를 이행)하였음. 이후 원고는 피고들을 상대로 전세보증금 중 배당받지 못한 금액에 관하여 전세보증금반환(양수금) 또는 구상금(변제자대위) 지급을 구하는 이 사건 소를 제기하자, 대법원은 위와 같은 법리에 따라, 甲이 대항력을 취득한 이후 전세보증금반환채권을 양수한 원고가 경매절차에서 우선변제권에 따른 배당요구를 하여 보증금 중 일부를 배당받았다 하더라도 현재까지 甲의 대항력이 여전히 유지되고 있다고 판단하고 대위변제한 보증금의 지급을 구하는 원고의 청구를 인용한 원심을 수긍하였다.

7 ★ 임대인이 임대차계약을 해지하지 않는 한 임차인에 대해 차임채권을 가지므로, 임대차계약이 존속하는 한도에서는 양수인의 불법점유를 이유로 한 차임상당 손해배상청구나 부당이득반환청구를 할 수 없으나, 임대차계약이 종료된 이후에는 임차물을 소유하고 있는 임대인은 제3자를 상대로 위와 같은 손해배상청구나 부당이득반환청구를 할 수 있다.   (   )

판결요지

※ 임대인과 임차인 사이의 임대차계약이 종료된 이후 임차물을 소유하고 있는 임대인이 제3자를 상대로 차임상당 부당이득반환청구를 할 수 있는지 여부(적극)

"임차인이 임대인의 동의를 받지 않고 제3자에게 임차권을 양도하거나 전대하는 등의 방법으로 임차물을 사용·수익하게 하더라도, 임대인이 이를 이유로 임대차계약을 해지하거나 그 밖의 다른 사유로 임대차계약이 적법하게 종료되지 않는 한 임대인은 임차인에 대하여 여전히 차임청구권을 가지므로, 임대차계약이 존속하는 한도 내에서는 제3자에게 불법점유를 이유로 한 차임상당 손해배상청구나 부당이득반환청구를 할 수 없다(대판 2008.2.28. 2006다10323 판결 등 참조). 그러나 임대차계약이 종료된 이후에는 임차물을 소유하고 있는 임대인은 제3자를 상대로 위와 같은 손해배상청구나 부당이득반환청구를 할 수 있다"(대판 2023.3.30. 2022다296165). **정답** ○

8 ★★ 임대차계약 종료 후 임차인이 목적물을 계속 점유하더라도 임차인의 목적물반환의무와 임대인의 보증금반환의무는 동시이행관계에 있으므로 그 점유를 불법점유라고 할 수는 없으나, 임차인이 동시이행항변권을 상실하였는데도 목적물의 반환을 계속 거부하면서 점유하고 있다면, 적어도 과실에 의한 점유로서 불법행위를 구성한다. 　　　　　　　　　　　　　　21년 변호사시험 사례형 (　　)

판결요지

※ 임대차계약 종료 후 임차인의 점유가 불법점유인지 판단하는 기준
"임대차계약이 종료되면 임차인은 그 목적물을 반환하고 임대인은 연체차임을 공제한 나머지 보증금을 반환해야 한다. 이러한 임차인의 목적물반환의무와 임대인의 보증금반환의무는 동시이행관계에 있으므로, 임대인이 임대차보증금의 반환의무를 이행하거나 적법하게 이행제공을 하는 등으로 임차인의 동시이행항변권을 상실시키지 않은 이상, 임대차계약 종료 후 임차인이 목적물을 계속 점유하더라도 그 점유를 불법점유라고 할 수 없고 임차인은 이에 대한 손해배상의무를 지지 않는다. 그러나 임차인이 그러한 동시이행항변권을 상실하였는데도 목적물의 반환을 계속 거부하면서 점유하고 있다면, 달리 점유에 관한 적법한 권원이 인정될 수 있는 특별한 사정이 없는 한 이러한 점유는 적어도 과실에 의한 점유로서 불법행위를 구성한다"(대판 2020.5.14. 2019다252042). **정답 ○**

9 ★ 주택 임차인의 계약갱신 요구 이후에 임차주택을 양수하여 임대인의 지위를 승계한 자도 목적 주택에 실제 거주하려고 한다는 사유를 들어 임차인의 계약갱신 요구를 거절할 수 있다. (　　)

판결요지

"주택임대차보호법 제6조, 제6조의3 등 관련 규정의 내용과 체계, 입법 취지 등을 종합하여 보면, 임차인이 같은 법 제6조의3 제1항 본문에 따라 계약갱신을 요구하였더라도, 임대인으로서는 특별한 사정이 없는 한 같은 법 제6조 제1항 전단에서 정한 기간 내라면 제6조의3 제1항 단서 제8호에 따라 임대인이 목적 주택에 실제 거주하려고 한다는 사유를 들어 임차인의 계약갱신 요구를 거절할 수 있고, 같은 법 제3조 제4항에 의하여 임대인의 지위를 승계한 임차주택의 양수인도 그 주택에 실제 거주하려는 경우 위 갱신거절 기간 내에 위 제8호에 따른 갱신거절 사유를 주장할 수 있다고 보아야 한다"(대판 2022.12.1. 2021다266631). **정답 ○**

9-1 임차인의 계약갱신 요구를 거절할 수 있는 사유인 임대인이 목적 주택에 실제 거주하려는 경우에 해당한다는 점에 대한 증명책임은 임대인에게 있다. '실제 거주하려는 의사'의 존재는 임대인의 의사가 가공된 것이 아니라 진정하다는 것을 통상적으로 수긍할 수 있을 정도의 사정이 인정된다면 그러한 의사의 존재를 추인할 수 있을 것이다. (　　)

판결요지

"[1] 2020. 7. 31. 법률 제17470호 개정으로 신설된 주택임대차보호법 제6조의3 제1항은 "제6조에도 불구하고 임대인은 임차인이 제6조 제1항 전단의 기간 이내에 계약갱신을 요구할 경우 정당한 사유 없이 거절하지 못한다. 다만 다음 각호의 어느 하나에 해당하는 경우에는 그러하지 아니하다."라고 규정하면서 제8호에서 "임대인(임대인의 직계존속·직계비속을 포함한다)이 목적 주택에 실제 거주하려는 경우"를 임차인의 계약갱신 요구를 거절할 수 있는 사유 중 하나로 들고 있다. 이러한 주택임대차보호법 규정의 취지는 임차인의 주거생활 안정을 위하여 임차인에게 계약갱신요구권을 보장하는 동시에 임대인의 재산권을 보호하고 재산권에 대한 과도한 제한을 방지하기 위하여 임대인에게 정당한 사유가 있는 경우 계약갱신을 거절할 수 있도록 함으로써 임차인과 임대인의 이익 사이에 적절한 조화를 도모하고자 함에 있다.

[2] 임대인(임대인의 직계존속·직계비속을 포함한다. 이하 같다)이 목적 주택에 실제 거주하려는 경우에 해당한다는 점에 대한 증명책임은 임대인에게 있다. '실제 거주하려는 의사'의 존재는 임대인이 단순히 그러한 의사를 표명하였다는 사정이 있다고 하여 곧바로 인정될 수는 없지만, 임대인의 내심에 있는 장래에 대한 계획이라는 위 거절사유의 특성을 고려할 때 임대인의 의사가 가공된 것이 아니라 진정하다는 것을 통상적으로 수긍할 수 있을 정도의 사정이 인정된다면 그러한 의사의 존재를 추인할 수 있을 것이다. 이는 임대인의 주거 상황, 임대인이나 그의 가족의 직장이나 학교 등 사회적 환경, 임대인이 실제 거주하려는 의사를 가지게 된 경위, 임대차계약 갱신요구 거절 전후 임대인의 사정, 임대인의 실제 거주 의사와 배치·모순되는 언동의 유무, 이러한 언동으로 계약갱신에 대하여 형성된 임차인의 정당한 신뢰가 훼손될 여지가 있는지 여부, 임대인이 기존 주거지에서 목적 주택으로 이사하기 위한 준비의 유무 및 내용 등 여러 사정을 종합하여 판단할 수 있다"(대판 2023.12.7. 2022다279795)

정답 ○

9-2 주택임대차보호법 제3조 제3항에 따라 법인인 임차인이 주택임대차보호법이 정한 임차인에 해당된다고 보려면, 임차인인 법인의 직원인 사람이 법인이 임차한 주택을 인도받고 주민등록을 마쳐야 한다. 여기에서 말하는 '직원'은, 해당 법인이 주식회사라면 그 법인에서 근무하는 사람 중 법인등기사항증명서에 대표이사 또는 사내이사로 등기된 사람을 제외한 사람을 의미한다고 보아야 한다.

( )

판결요지

※ 주식회사의 대표이사 또는 사내이사로 등기된 사람은 주택임대차보호법 제3조 제3항에서 말하는 '직원'에서 제외되는지 여부(적극) 및 위와 같은 범위의 임원을 제외한 직원이 법인이 임차한 주택을 인도받아 주민등록을 마치고 그곳에서 거주하고 있다면 이로써 위 조항에서 정한 대항력을 갖추었다고 보아야 하는지 여부(적극)

"주택임대차보호법 제3조 제3항은 중소기업기본법 제2조에 따른 중소기업에 해당하는 법인이 소속 직원의 주거용으로 주택을 임차한 후 그 법인이 선정한 직원이 해당 주택을 인도받고 주민등록을 마쳤을 때에는 그다음 날부터 제3자에 대하여 효력이 생기고, 임대차가 끝나기 전에 그 직원이 변경된 경우에는 그 법인이 선정한 새로운 직원이 주택을 인도받고 주민등록을 마친 다음 날부터 제3자에 대하여 효력이 생긴다고 정하고 있다. 그리고 주택임대차보호법 제3조의2 제1항은 임차인의 범위에 '제3조 제3항의 법인을 포함한다. 이하 같다.'라고 정하고 있으며, 주택임대차보호법 제6조의3은 계약갱신 요구 등에 관하여 정하고 있다.

주택임대차보호법 제3조 제3항에 따라 법인인 임차인이 주택임대차보호법이 정한 임차인에 해당된다고 보려면, 임차인인 법인의 직원인 사람이 법인이 임차한 주택을 인도받고 주민등록을 마쳐야 한다. 여기에서 말하는 '직원'은, 해당 법인이 주식회사라면 그 법인에서 근무하는 사람 중 법인등기사항증명서에 대표이사 또는 사내이사로 등기된 사람을 제외한 사람을 의미한다고 보아야 한다. 다만 위와 같은 범위의 임원을 제외한 직원이 법인이 임차한 해당 주택을 인도받아 주민등록을 마치고 그곳에서 거주하고 있다면 이로써 위 조항에서 정한 대항력을 갖추었다고 보아야 하고, 그 밖에 업무관련성, 임대료의 액수, 지리적 근접성 등 다른 사정을 고려하여 그 요건을 갖추었는지를 판단할 것은 아니다"(대판 2023.12.14. 2023다226866)

정답 ○

9-3 임차인이 주택임대차보호법 제6조의3 제1항에 따라 임대차계약의 갱신을 요구하면 임대인에게 갱신거절 사유가 존재하지 않는 한 임대인에게 갱신요구가 도달한 때 갱신의 효력이 발생한다. ( )

9-4 ★ 갱신요구에 따라 임대차계약에 갱신의 효력이 발생한 경우 임차인은 제6조의2 제1항에 따라 언제든지 계약의 해지통지를 할 수 있고, 해지통지 후 3개월이 지나면 그 효력이 발생하며, 이는 계약해지의 통지가 갱신된 임대차계약 기간이 개시되기 전에 임대인에게 도달하였더라도 마찬가지이다. ( )

[판결요지]

※ 임차인이 주택임대차보호법 제6조의3 제1항에 따라 임대차계약의 갱신을 요구한 경우, 갱신의 효력이 발생하는 시점(=임대인에게 갱신요구가 도달한 때) / 임차인이 위 법 제6조의2 제1항에 따라 한 계약해지의 통지가 갱신된 임대차계약 기간이 개시되기 전에 임대인에게 도달한 경우, 그 효력이 발생하는 시점(=해지통지 후 3개월이 지난 때)

"주택임대차보호법 제6조의3 제1항은 "임대인은 임차인이 제6조 제1항 전단의 기간 이내에 계약갱신을 요구할 경우 정당한 사유 없이 거절하지 못한다."라고 하여 임차인의 계약갱신요구권을 규정하고, 같은 조 제4항은 "제1항에 따라 갱신되는 임대차의 해지에 관하여는 제6조의2를 준용한다."라고 규정한다. 한편 주택임대차보호법 제6조의2 제1항은 "제6조 제1항에 따라 계약이 갱신된 경우 같은 조 제2항에도 불구하고 임차인은 언제든지 임대인에게 계약해지를 통지할 수 있다."라고 규정하고, 제2항은 "제1항에 따른 해지는 임대인이 그 통지를 받은 날부터 3개월이 지나면 그 효력이 발생한다."라고 규정한다.

이러한 주택임대차보호법 규정을 종합하여 보면, 임차인이 주택임대차보호법 제6조의3 제1항에 따라 임대차계약의 갱신을 요구하면 임대인에게 갱신거절 사유가 존재하지 않는 한 임대인에게 갱신요구가 도달한 때 갱신의 효력이 발생한다. 갱신요구에 따라 임대차계약에 갱신의 효력이 발생한 경우 임차인은 제6조의2 제1항에 따라 언제든지 계약의 해지통지를 할 수 있고, 해지통지 후 3개월이 지나면 그 효력이 발생하며, 이는 계약해지의 통지가 갱신된 임대차계약 기간이 개시되기 전에 임대인에게 도달하였더라도 마찬가지이다"(대판 2024.1.11. 2023다258672)

정답 ○

정답 ○

[유제]

[사실관계] 원고(임차인)가 피고(임대인)에게 임대차기간이 2021. 3. 9. 만료되는 임대차계약에 대해 갱신 요구 통지를 하여 그 통지가 2021. 1. 5. 피고에게 도달하였고 피고가 임대차계약기간 종료 2개월 전인 2021. 1. 9.까지 갱신거절 통지를 하지 않아 임대차계약이 묵시적으로 갱신된 후, 원고가 2021. 1. 28. 다시 갱신된 임대차계약의 해지를 통지('이 사건 통지')를 하여 2021. 1. 29. 위 통지가 도달하였다.

원심은, 이 사건 통지는 갱신된 임대차계약 기간이 개시되기 전인 2021. 1. 29. 피고에게 도달하였으나, 이 사건 통지에 따른 해지의 효력은 갱신된 임대차계약 기간이 개시되는 2021. 3. 10.부터 3개월이 지난 2021. 6. 9.에 발생한다고 판단하였다.

대법원은 위와 같은 법리를 설시하면서, 이 사건 통지가 갱신된 임대차계약 기간이 개시되기 전에 피고에게 도달하였더라도 갱신된 임대차계약 기간이 개시된 때부터 3개월이 지나야 해지의 효력이 발생하는 것은 아니라고 보아, 이와 달리 갱신된 임대차계약 기간이 개시된 날을 기준으로 차임을 공제하면 피고가 원고에게 반환할 임대차보증금 및 장기수선충당금이 없다고 판단한 원심판결을 파기·환송한 사례

10 상가건물 임대차보호법 제2조 제1항 단서에 따라 대통령령으로 정한 보증금액을 초과하는 임대차에서 기간을 정하지 않은 경우에는, 임차인이 같은 법 제10조 제1항에서 정한 계약갱신요구권을 행사할 수 없다. 23년 변호 ( )

판결요지

"상가건물 임대차보호법(이하 '상가임대차법'이라고 한다)에서 기간을 정하지 않은 임대차는 그 기간을 1년으로 간주하지만(제9조 제1항), 대통령령으로 정한 보증금액을 초과하는 임대차는 위 규정이 적용되지 않으므로(제2조 제1항 단서), 원래의 상태 그대로 기간을 정하지 않은 것이 되어 민법의 적용을 받는다. 민법 제635조 제1항, 제2항 제1호에 따라 이러한 임대차는 임대인이 언제든지 해지를 통고할 수 있고 임차인이 통고를 받은 날로부터 6개월이 지남으로써 효력이 생기므로, 임대차기간이 정해져 있음을 전제로 기간 만료 6개월 전부터 1개월 전까지 사이에 행사하도록 규정된 임차인의 계약갱신요구권(상가임대차법 제10조 제1항)은 발생할 여지가 없다"(대판 2021.12.30. 2021다233730). **정답 ○**

[사실관계] 상가건물을 매수하고 임대인 지위를 승계한 원고가 임차인인 피고들에게 계약해지를 통고하고 인도를 구한 사안에서, 피고들은 종전 임대인과 임대차를 갱신하면서 기간을 정하지 않기로 합의했고, 환산보증금이 상가건물 임대차보호법의 적용 범위를 넘어 임대차기간을 1년으로 간주하는 규정(제9조 제1항)의 적용을 받지 않으므로, 임대인이 언제든지 임대차를 해지할 수 있고(민법 제635조) 피고들은 갱신요구권을 갖지 못한다고 보아 상고기각한 사례

11 ★ 상가임대차기간 중 어느 때라도 차임이 3기분에 달하도록 <u>연체된 사실</u>이 있다면 임차인과의 계약관계 연장을 받아들여야 할 만큼의 신뢰가 깨어졌으므로 임대인은 <u>계약갱신 요구를 거절할 수 있고</u>, 반드시 임차인이 계약갱신요구권을 행사할 당시에 3기분에 이르는 차임이 연체되어 있어야 하는 것은 아니다. 22년 법행 ( )

11-1 차임에 대한 부가가치세 상당액을 임차인이 부담하기로 하는 약정이 있었다면, 특별한 사정이 없는 한 임대차계약 종료 후의 계속점유를 원인으로 지급되는 차임 상당 부당이득에 대한 부가가치세 상당액도 임차인이 부담하여야 한다. ( )

판결요지

"[1] 상가건물 임대차보호법(이하 '상가임대차법'이라고 한다) 제10조의8은 임대인이 차임연체를 이유로 계약을 해지할 수 있는 요건을 '차임연체액이 3기의 차임액에 달하는 때'라고 규정하였다. 반면 임대인이 임대차기간 만료를 앞두고 임차인의 계약갱신요구를 거부할 수 있는 사유에 관해서는 '3기의 차임액에 해당하는 금액에 이르도록 차임을 연체한 사실이 있는 경우'라고 문언을 달리하여 규정하고 있다(상가임대차법 제10조 제1항 제1호). 그 취지는, 임대차계약 관계는 당사자 사이의 신뢰를 기초로 하므로, 종전 임대차기간에 차임을 3기분에 달하도록 연체한 사실이 있는 경우에까지 임차인의 일방적 의사에 의하여 계약관계가 연장되는 것을 허용하지 아니한다는 것이다. 위 규정들의 문언과 취지에 비추어 보면, <u>임대차기간 중 어느 때라도 차임이 3기분에 달하도록 연체된 사실이 있다면 임차인과의 계약관계 연장을 받아들여야 할 만큼의 신뢰가 깨어졌으므로 임대인은 계약갱신 요구를 거절할 수 있고, 반드시 임차인이 계약갱신요구권을 행사할 당시에 3기분에 이르는 차임이 연체되어 있어야 하는 것은 아니다.</u>

[2] 임차인이 계약종료 후에도 건물을 계속 사용하고 있고 임대인도 보증금을 반환하지 않은 채 거기에서 향후 임

료 상당액을 공제하는 관계라면 부가가치세의 과세대상인 용역의 공급에 해당하므로, 차임에 대한 부가가치세 상당액을 임차인이 부담하기로 하는 약정이 있었다면, 특별한 사정이 없는 한 임대차계약 종료 후의 계속점유를 원인으로 지급되는 차임 상당 부당이득에 대한 부가가치세 상당액도 임차인이 부담하여야 한다"(대판 2021.5.13. 2020다255429). 정답 ○   유 제   정답 ○

12 제소전 화해가 있다고 하더라도 화해의 대상이 되지 않은 종전의 다른 법률관계까지 소멸하는 것은 아니다. ( )

12-1 甲과 乙이 점포에 관하여 임대차계약을 체결한 후 "甲(임차인)은 임대차기간 만료일에 乙(임대인)로부터 임대차보증금을 반환받음과 동시에 점포를 乙에게 인도한다."라는 내용의 제소전 화해를 한 경우, 甲의 계약갱신요구권은 화해 당시 분쟁의 대상으로 삼지 않은 사항으로서 화해의 창설적 효력이 미치지 않으므로, 甲은 화해조서 작성 이후에도 계약갱신요구권을 행사할 수 있다. ( )

판결요지

※ 제소전 화해의 창설적 효력이 미치는 범위 / 당사자가 표시한 문언에 의하여 객관적 의미가 명확하게 드러나지 않는 경우, 법률행위의 해석 방법 및 이러한 법리는 당사자 사이에 제소전 화해가 성립한 후 화해조항의 해석에 관하여 다툼이 있는 경우에도 마찬가지로 적용되는지 여부(적극)

"제소전 화해는 확정판결과 동일한 효력이 있고 당사자 사이의 사법상 화해계약이 그 내용을 이루는 것이면 화해는 창설적 효력을 가져 화해가 이루어지면 종전의 법률관계를 바탕으로 한 권리의무관계는 소멸한다. 그러나 제소전 화해의 창설적 효력은 당사자 간에 다투어졌던 권리관계에만 미치는 것이지 당사자가 다툰 사실이 없었던 사항은 물론 화해의 전제로서 서로 양해하고 있는 사항에 관하여는 미치지 않는다. 따라서 제소전 화해가 있다고 하더라도 화해의 대상이 되지 않은 종전의 다른 법률관계까지 소멸하는 것은 아니다.

법률행위의 해석은 당사자가 표시행위에 부여한 객관적 의미를 명백하게 확정하는 것으로서, 서면에 사용된 문구에 구애받는 것은 아니지만 어디까지나 당사자의 내심적 의사의 여하에 관계없이 서면의 기재 내용에 의하여 당사자가 표시행위에 부여한 객관적 의미를 합리적으로 해석하여야 하는 것이고, 당사자가 표시한 문언에 의하여 객관적인 의미가 명확하게 드러나지 않는 경우에는 문언의 내용과 법률행위가 이루어진 동기 및 경위, 당사자가 법률행위에 의하여 달성하려는 목적과 진정한 의사, 거래의 관행 등을 종합적으로 고려하여 사회정의와 형평의 이념에 맞도록 논리와 경험의 법칙, 그리고 사회 일반의 상식과 거래의 통념에 따라 합리적으로 해석하여야 할 것인데, 이러한 법리는 당사자 사이에 제소전 화해가 성립한 후 화해조항의 해석에 관하여 다툼이 있는 경우에도 마찬가지로 적용되어야 한다"(대판 2022.1.27. 2019다299058). 정답 ○

[사실관계] 甲과 乙 등이 점포에 관하여 임대차계약을 체결한 후 "甲(임차인)은 임대차기간 만료일에 乙 등(임대인)으로부터 임대차보증금을 반환받음과 동시에 점포를 乙 등에게 인도한다."라는 내용의 제소전 화해를 하였는데, 甲이 임대차기간 만료 전 임대차계약의 갱신을 요구한 사안에서, 甲의 계약갱신요구권은 화해 당시 분쟁의 대상으로 삼지 않은 사항으로서 화해의 창설적 효력이 미치지 않고, 甲은 화해조서 작성 이후에도 계약갱신요구권을 행사할 수 있다고 한 사례 유 제   정답 ○

13 ★ 임대인이 그 임대차의 종료에 즈음하여 그 재산적 가치를 도로 양수한다든지 권리금 수수 후 일정 기간 이상으로 그 임대차를 존속시켜 그 가치를 이용케 하기로 약정하였음에도 임대인의 사정으로 중도 해지됨으로써 약정기간 동안의 그 재산적 가치를 이용케 해주지 못하였다는 등의 특별한 사정이 있을 때에만 임대인은 그가 받은 권리금 전부 또는 일부의 반환의무를 진다.　　　　　　( )

13-1 ★ 상가건물 임차인은 자신이 주선한 신규임차인 예정자로부터 권리금을 회수할 수 있고 임대인이 정당한 사유 없이 이를 방해하는 경우 손해배상책임을 물을 수 있다.　　　　　　( )

[판결요지]

※ 임대인 귀책사유 없이 임대차계약이 해제되었을 경우 임대인에게 권리금 반환 의무가 있는지 여부(원칙적 소극)

"영업용 건물의 임대차에 수반되어 행하여지는 권리금의 지급은 임대차계약의 내용을 이루는 것은 아니고, 권리금은 거기의 영업시설·비품 등 유형물이나 거래처, 신용, 영업상의 노하우(know-how) 또는 점포 위치에 따른 영업상의 이점 등 무형의 재산적 가치의 양도 또는 일정 기간 동안의 이용대가라고 볼 것이어서, 그 유형·무형의 재산적 가치의 양수 또는 약정기간 동안의 이용이 유효하게 이루어진 이상 임대인은 그 권리금의 반환의무를 부담하지 아니한다. 임차인으로서는 당초의 임대차에서 반대되는 약정이 없는 한 임차권의 양도 또는 전대차의 기회에 부수하여 자신도 그 재산적 가치를 다른 사람에게 양도 또는 이용케 함으로써 권리금 상당액을 회수할 수 있다. 따라서 임대인이 그 임대차의 종료에 즈음하여 그 재산적 가치를 도로 양수한다든지 권리금 수수 후 일정 기간 이상으로 그 임대차를 존속시켜 그 가치를 이용케 하기로 약정하였음에도 임대인의 사정으로 중도 해지됨으로써 약정기간 동안의 그 재산적 가치를 이용케 해주지 못하였다는 등의 특별한 사정이 있을 때에만 임대인은 그가 받은 권리금 전부 또는 일부의 반환의무를 진다.

한편 상가건물 임대차보호법이 2015. 5. 13. 법률 제13284호 개정으로 신설한 제10조의3 내지 제10조의7이 적용되는 상가건물 임차인은 위 조항에 따라 자신이 주선한 신규임차인 예정자로부터 권리금을 회수할 수 있고 임대인이 정당한 사유 없이 이를 방해하는 경우 손해배상책임을 진다"(대판 2022.8.11. 2019다219953).　　　　　　정답 ○

유 제　　　　　　정답 ○

14 ★ 임차인이 구체적인 인적사항을 제시하면서 신규 임차인이 되려는 자를 임대인에게 주선하였음에도 임대인이 상가임대차법 제10조의4 제1항에서 정한 기간에 이러한 신규 임차인이 되려는 자에게 권리금을 요구하는 등 위 제1항 각호의 어느 하나에 해당하는 행위를 함으로써 임차인이 신규 임차인으로부터 권리금을 회수하는 것을 방해한 때에는 임대인은 임차인이 입은 손해를 배상할 책임이 있다.　　　　　　( )

14-1 임대인이 정당한 사유 없이 임차인이 신규 임차인이 되려는 자를 주선하더라도 그와 임대차계약을 체결하지 않겠다는 의사를 확정적으로 표시한 경우에는 임차인이 실제로 신규 임차인을 주선하지 않았더라도 권리금 회수를 방해한 것에 대한 손해배상책임을 진다.　　　　　　( )

14-2 건물 내구연한 등에 따른 철거·재건축의 필요성이 객관적으로 인정되지 않거나 그 계획·단계가 구체화되지 않았음에도 임대인이 신규 임차인이 되려는 사람에게 짧은 임대 가능기간만 확정적으로 제시·고수하는 경우 또는 임대인이 신규 임차인이 되려는 사람에게 고지한 내용과 모순되는 정황이 드러나는 등의 특별한 사정이 없는 한, 임대인이 신규 임차인이 되려는 사람과 임대차계약 체결을 위한 협의 과정에서 철거·재건축 계획 및 그 시점을 고지하였다는 사정만으로는 상가건물 임대차보호법 제10조의4 제1항 제4호에서 정한 '권리금 회수 방해행위'에 해당한다고 볼 수 없다.

( )

14-3 임대인이 신규 임차인이 되려는 사람과 임대차계약 체결을 위한 협의 과정에서 철거·재건축 계획 및 그 시점을 고지하였다는 사정만으로는 상가건물 임대차보호법 제10조의4 제1항 제4호에서 정한 '권리금 회수 방해행위'에 해당한다고 볼 수 없고, 이는 임대인의 고지 내용에 같은 법 제10조 제1항 제7호 각 목의 요건이 충족되지 않더라도 마찬가지이다. ( )

> [판결요지]

※ [1] 상가건물 임대차보호법 제10조의4에서 정한 권리금 회수 방해로 인한 손해배상책임이 성립하기 위해서는 임차인이 구체적인 인적사항을 제시하면서 신규 임차인이 되려는 자를 임대인에게 주선하였어야 하는지 여부(원칙적 적극) / 임대인이 정당한 사유 없이 임차인이 주선할 신규 임차인이 되려는 자와 임대차계약을 체결할 의사가 없음을 확정적으로 표시한 경우, 임차인이 실제로 신규 임차인을 주선하지 않았더라도 임대인에게 권리금 회수 방해로 인한 손해배상을 청구할 수 있는지 여부(적극)

"[1] 상가건물 임대차보호법(이하 '상가임대차법'이라 한다) 제10조의3, 제10조의4의 문언과 내용, 입법 취지 등을 종합하면, 임차인이 구체적인 인적사항을 제시하면서 신규 임차인이 되려는 자를 임대인에게 주선하였음에도 임대인이 상가임대차법 제10조의4 제1항에서 정한 기간에 이러한 신규 임차인이 되려는 자에게 권리금을 요구하는 등 위 제1항 각호의 어느 하나에 해당하는 행위를 함으로써 임차인이 신규 임차인으로부터 권리금을 회수하는 것을 방해한 때에는 임대인은 임차인이 입은 손해를 배상할 책임이 있다. 특히, 임대차계약이 종료될 무렵 신규 임차인의 주선과 관련해서 임대인과 임차인이 보인 언행과 태도, 이를 둘러싼 구체적 사정 등을 종합적으로 살펴볼 때, 임대인이 정당한 사유 없이 임차인이 신규 임차인이 되려는 자를 주선하더라도 그와 임대차계약을 체결하지 않겠다는 의사를 확정적으로 표시한 경우에는 임차인이 실제로 신규 임차인을 주선하지 않았더라도 위와 같은 손해배상책임을 진다.

[2] 임대인이 신규 임차인이 되려는 사람과 임대차계약 체결을 위한 협의 과정에서 철거·재건축 계획 및 그 시점을 고지하였다는 사정만으로 상가건물 임대차보호법 제10조의4 제1항 제4호에서 정한 '권리금 회수 방해행위'에 해당한다고 볼 수 있는지 여부(원칙적 소극) / 이는 임대인의 고지 내용에 같은 법 제10조 제1항 제7호 각 목의 요건이 충족되지 않더라도 마찬가지인지 여부(적극)

[2] 건물 내구연한 등에 따른 철거·재건축의 필요성이 객관적으로 인정되지 않거나 그 계획·단계가 구체화되지 않았음에도 임대인이 신규 임차인이 되려는 사람에게 짧은 임대 가능기간만 확정적으로 제시·고수하는 경우 또는 임대인이 신규 임차인이 되려는 사람에게 고지한 내용과 모순되는 정황이 드러나는 등의 특별한 사정이 없는 한, 임대인이 신규 임차인이 되려는 사람과 임대차계약 체결을 위한 협의 과정에서 철거·재건축 계획 및 그 시점을 고지하였다는 사정만으로는 상가건물 임대차보호법(이하 '상가임대차법'이라 한다) 제10조의4 제1항 제4호에서 정한 '권리금 회수 방해행위'에 해당한다고 볼 수 없다. 임대차계약의 갱신에 관한 상가임대차법 제10조 제1항과 권리금의 회수에 관한 상가임대차법 제10조의3, 제10조의4의 각 규정의 내용·취지가 같지 아니한 이상, 후자의 규정이 적용되는 임대인의 고지 내용에 상가임대차법 제10조 제1항 제7호 각 목의 요건이 충족되지 않더라도 마찬가지이다"(대판 2022.8.11. 2022다202498). [정답] ○

> [유제 모두] [정답] ○

[동지판례] "상가건물 임대차보호법(이하 '상가임대차법'이라 한다) 제10조의4 제1항 본문은 "임대인은 임대차기간이 끝나기 6개월 전부터 임대차 종료 시까지 다음 각호의 어느 하나에 해당하는 행위를 함으로써 권리금 계약에 따라 임차인이 주선한 신규임차인이 되려는 자로부터 권리금을 지급받는 것을 방해하여서는 아니 된다. 다만, 제10조 제1항 각호의 어느 하나에 해당하는 사유가 있는 경우에는 그러하지 아니하다."라고 정하면서, 제4호에 "그 밖에 정당한 사유 없이 임대인이 임차인이 주선한 신규임차인이 되려는 자와 임대차계약의 체결을 거절하는 행위"

254 2025 해커스변호사 민법 최근 3개년 판례의 脈

를 들고 있다.

건물 내구연한 등에 따른 철거·재건축의 필요성이 객관적으로 인정되지 않거나 그 계획·단계가 구체화되지 않았는데도 임대인이 신규 임차인이 되려는 사람에게 짧은 임대 가능기간만 확정적으로 제시·고수하는 경우 또는 임대인이 신규 임차인이 되려는 사람에게 고지한 내용과 모순되는 정황이 드러나는 등의 특별한 사정이 없는 한, 임대인이 신규 임차인이 되려는 사람과 임대차계약 체결을 위한 협의 과정에서 철거·재건축 계획과 그 시점을 고지하였다는 사정만으로는 상가임대차법 제10조의4 제1항 제4호에서 정한 '권리금 회수 방해행위'에 해당한다고 볼 수 없다. 임대차계약의 갱신에 관한 상가임대차법 제10조 제1항과 권리금의 회수에 관한 상가임대차법 제10조의3, 제10조의4의 각 규정의 내용·취지가 같지 않은 이상, 후자의 규정이 적용되는 임대인의 고지 내용에 상가임대차법 제10조 제1항 제7호 각 목의 요건이 충족되지 않더라도 마찬가지이다"(대판 2022.8.31. 2022다233607).

15 ★ 권리금 회수기회 방해로 인한 손해배상책임의 법적 성질은 상가임대차법이 특별히 규정한 법정책임이고 그 손해배상채무의 지연손해금 기산일은 임대차 종료일의 다음날이다. ( )

판결요지

※ 권리금 회수기회 방해로 인한 손해배상책임의 법적 성질(=상가임대차법이 특별히 규정한 법정책임) 및 그 손해배상채무의 지연손해금 기산일(=임대차 종료일 다음날)

"상가임대차법이 보호하고자 하는 권리금의 회수기회란 임대차 종료 당시를 기준으로 하여 임차인이 임대차 목적물인 상가건물에서 영업을 통해 창출한 유·무형의 재산적 가치를 신규임차인으로부터 회수할 수 있는 기회를 의미한다. 이러한 권리금 회수기회를 방해한 임대인이 부담하게 되는 손해배상액은 임대차 종료 당시의 권리금을 넘지 않도록 규정되어 있는 점, 임대인에게 손해배상을 청구할 권리의 소멸시효 기산일 또한 임대차가 종료한 날인 점 등 상가임대차법 규정의 입법취지, 보호법익, 내용이나 체계를 종합하면, 임대인의 권리금 회수기회 방해로 인한 손해배상책임은 상가임대차법이 그 요건, 배상범위 및 소멸시효를 특별히 규정한 법정책임이고, 그 손해배상채무는 임대차가 종료한 날에 이행기가 도래하여 그 다음날부터 지체책임이 발생하는 것으로 보아야 한다"(대판 2023.2.2. 2022다260586). 정답 ○

16 임차인의 변제제공이 연체 차임액 전부에 미치지 못할 경우에는 임차인이 지정변제충당(민법 제476조 제1항)을 할 수 있으나, 임대인의 지정변제충당(민법 제476조 제2항)이 상가임대차법 제10조의9에 반하는 경우에는 이를 적용할 수 없고, 임차인의 변제제공 당시를 기준으로 민법 제477조의 법정변제충당의 순서에 따라 변제충당의 효력이 발생할 뿐이다. ( )

16-1 변제제공 시점에 이미 이행기가 도래한 연체 차임의 변제에 먼저 충당되고(민법 제477조 제1호), 그 중 상가임대차법 제10조의9에 따른 '특례기간의 연체 차임'은 임대인의 계약갱신 거절권·계약해지권 등의 권리 행사가 제한되어 상대적으로 변제이익이 적은 경우에 해당되므로, 이행기가 도래한 다른 연체 차임보다 후순위로 충당된다(민법 제477조 제2호). ( )

16-2 임차인 A와 임대인 B 사이에 차임 등 연체액이 3개월분에 달하면 임대차계약이 자동해지되는 내용으로 조정조서가 작성된 후, B가 그에 따라 임대차계약이 자동해지되었음을 이유로 강제집행을 시도할 경우, 상가임대차법 제10조의9에 따라 연체 차임·관리비를 변제충당하면 미지급액이 3개월분의 차임·관리비에 미치지 못하여 자동해지 사유가 없다면 A는 강제집행의 불허를 구할 수 있다. ( )

판결요지

※ 상가임대차법 제10조의9의 의미와 입법취지, 2. 상가임대차법 제10조의9와 민법상 변제충당 규정의 관계

"가. 「상가건물 임대차보호법」 (2020. 9. 29. 법률 제17490호로 일부 개정된 것, 이하 '상가임대차법'이라 한다) 제10조의9는 2020. 9. 29.부터 6개월 동안(이하 '특례기간'이라 한다)의 연체 차임액을 '계약갱신의 거절사유(제10조 제1항 제1호)', '권리금 회수기회의 제외사유(제10조의4 제1항 단서)' 및 '계약 해지사유(제10조의8)'에서 정한 연체 차임액에서 제외하되, 임대인의 연체 차임액에 대한 그 밖의 권리에는 영향을 미치지 아니한다고 규정하였다. 이는 '코로나 19' 여파로 국내 소비지출이 위축되고 상가임차인의 매출과 소득이 급감하는 가운데 임대료가 상가임차인의 영업활동에 큰 부담이 되는 실정임을 고려하여, 특례기간의 차임 연체를 이유로 한 임대인의 계약 해지 등 일부 권리의 행사를 제한함으로써 경제적 위기 상황에서 영업기반 상실의 위험으로부터 임차인을 구제하기 위하여 신설된 임시 특례규정이다.

나. 변제충당에 관한 민법 제476조 내지 제479조는 임의규정이지만, 상가임대차법의 규정에 위반된 약정으로서 임차인에게 불리한 것은 효력이 없으므로(상가임대차법 제15조), 임대인과 임차인이 연체 차임과 관련하여 민법상 변제충당과 다른 약정을 체결하였더라도 그것이 임차인에게 불리한 경우에는 효력을 인정할 수 없고, 이 경우에는 상가임대차법 제10조의9의 규정에 반하지 않는 범위 내에서만 민법상 변제충당 규정이 적용된다. 따라서 임차인의 변제제공이 연체 차임액 전부에 미치지 못할 경우에는 임차인이 지정변제충당(민법 제476조 제1항)을 할 수 있으나, 임대인의 지정변제충당(민법 제476조 제2항)이 상가임대차법 제10조의9에 반하는 경우에는 이를 적용할 수 없고, 임차인의 변제제공 당시를 기준으로 민법 제477조의 법정변제충당의 순서에 따라 변제충당의 효력이 발생할 뿐이다.

다. 결국 임차인의 변제제공이 특례기간을 포함하여 그 전후의 연체 차임액 전부에 미치지 못하는 경우에는, 합의 충당이나 임차인의 지정변제충당(민법 제476조 제1항) 등의 특별한 사정이 없는 이상 변제기가 도래하지 않은 차임에 먼저 충당된다고 볼 수 없으므로, 민법 제477조의 법정변제충당이 적용된다. 따라서 변제제공 시점에 이미 이행기가 도래한 연체 차임의 변제에 먼저 충당되고(민법 제477조 제1호), 그 중 상가임대차법 제10조의9에 따른 '특례기간의 연체 차임'은 임대인의 계약갱신 거절권·계약 해지권 등의 권리 행사가 제한되어 상대적으로 변제이익이 적은 경우에 해당되므로, 이행기가 도래한 다른 연체 차임보다 후순위로 충당된다(민법 제477조 제2호)"(대판 2023.4.13. 2022다309337).

정답 ○

[사실관계] 원고(임차인)와 피고(임대인) 사이에 차임 등 연체액이 3개월분에 달하면 임대차계약이 자동해지되는 내용으로 이 사건 조정조서가 작성된 후 피고가 그에 따라 임대차계약이 자동해지되었음을 이유로 강제집행을 시도하자, 원고가 상가임대차법 제10조의9에 따라 연체 차임·관리비를 변제충당하면 미지급액이 3개월분의 차임·관리비에 미치지 못하여 자동해지 사유가 없다고 주장하면서 강제집행의 불허를 구함

☞ 대법원은, 원고가 피고에게 지급한 총 차임을 상가임대차법 제10조의9 및 민법 제477조에 따라 변제충당한 후 남은 연체액이 3개월분의 차임 등에 미치지 못하여 이 사건 조정에서 정한 자동해지 사유를 인정할 수 없다고 본 원심에 판단에 상가임대차법 제10조의9 및 법정변제충당의 적용 여부에 관한 법리오해, 상가임대차법 제10조의9의 적용에 대한 판단누락 등의 잘못이 없다고 보아 피고의 상고를 기각된다고 한 사례

유제 모두

정답 ○

17 ★ 임차인이 임대차계약 토지상에 건립한 건물을 불법으로 증축한 결과 매수청구권을 행사한 <u>건물의 절반 이상</u>이 임대차계약의 목적 토지가 아닌 토지를 무단으로 침범하여 건립된 것이라면, 임차인의 건물매수청구권 행사는 인용될 수 없다.　　　　　　　　　　　　　　　　　　　　　　　(　)

판결요지

"1. 원심은, 임차인인 피고 소유의 원심판결 별지 1 목록 제3, 4항 기재 건물(이하 '이 사건 건물'이라 한다)이 임대 토지의 경계를 벗어나 걸쳐 있는 토지 부분이 모두 임대인인 원고의 소유에 속하므로, 이 사건 건물에 관해 매수 청구가 허용되더라도 원고로서는 그에 관한 철거나 손해배상의 의무를 부담할 염려가 없고 이 사건 건물과 부지를 자유롭게 사용·처분할 수 있어 원고의 재산권 행사에 지나친 제약이 되기 어렵다고 보아 피고의 건물매수청구가 허용된다고 판단하여, 이 사건 건물의 철거 및 토지의 인도를 구하는 원고승계참가인의 주위적 청구를 배척하고, 이 사건 건물에 관한 소유권이전등기 및 인도를 구하는 원고승계참가인의 예비적 청구를 받아들이면서 매매대금 의 지급과 동시이행을 명하였다.

2. 그러나 이 사건 건물에 관한 피고의 매수청구가 허용된다고 본 원심의 판단은 다음과 같은 이유로 수긍하기 어렵다.

가. 민법은 임대차계약 종료 시에 계약 목적 대지 위에 존재하는 지상물의 잔존가치를 보존하자는 국민경제적 요 청과 아울러 토지 소유자의 배타적 소유권 행사로 인해 희생당하기 쉬운 임차인을 보호하기 위해서 임대차계약을 위반하지 않고, 계약을 성실하게 지켜온 임차인에게는 임대차계약 종료 시에 계약갱신 요구권을 부여하고, 임대인 이 굳이 위 요구를 벗어나 자신의 뜻대로 토지를 사용하고자 할 때에는 계약 목적 토지 위에 임차인이 설치한 건 물 등 지상물을 매수하도록 강제함으로써 비로소 위와 같은 제한으로부터 벗어날 수 있게 하는 지상물매수청구권 을 두었다. 그렇다면 임대인에게는 지상물을 매수한 후 이와 같은 제한으로부터 완전히 벗어나 그가 매수한 지상 건물과 대지를 그의 뜻대로 자유롭게 사용 처분할 수 있는 권리가 보장되어야 한다. 또 임대인의 재산권 행사를 제한하는 위와 같은 예외적 강행규정은 그 해석을 엄격하게 하여야 한다.

…(중략)… 위와 같은 사정을 종합하면, 결국 임대인인 원고는 이 사건 건물과 부지를 자유롭게 사용·처분할 수 없고, 이는 원고의 재산권 행사에 지나친 제약이 된다고 보기에 충분하다. 따라서 이 사건 건물에 대한 매수청구는 허용된다고 보기 어렵다.

그럼에도 원심은 그 판시와 같은 이유만으로 이 사건 건물에 대한 매수청구가 허용된다고 보았으니, 그와 같은 원심판단에는 임차인의 건물매수청구권에 대한 법리를 오해하여 판결에 영향을 미친 잘못이 있다.

한편, 원심판결의 이 사건 건물 및 그 토지에 관한 주위적 청구 중 원고승계참가인 패소 부분을 파기하는 이상, 이와 불가분적으로 결합된 이 사건 건물 및 그 토지에 관한 예비적 청구 부분도 함께 파기한다"(대판 2021.12.10. 2021 다260671).

정답 ○

관련판례

임차인 소유의 건물이 임차 토지 외에 임차인 또는 제3자 소유의 토지 위에 걸쳐 있는 경우, 종전의 判例는 건물 전체에 대한 임차인의 매수청구를 긍정하였는데(대판 1991.3.27. 90다카20357), 견해를 변경하여 "임차 토지를 경계로 그 위에 걸쳐 있는 건물의 부분이 구분소유권의 객체로 될 수 있는 경우에 한해 그 부분만에 대한 매수 청구를 할 수 있다"(대판 1996.3.21. 전합93다42634 : 7회 선택형)고 한다. 이에 따르면 만일 임차 토지 위에 있는 건물 부분에 구분소유의 객체가 될 수 있는 부분이 없다면 임차인은 임대인에게 지상물의 매수를 청구할 수 없게 되고, 결국 임차 토지 위에 있는 건물 부분을 철거하여야 한다.[3]

---

3) [판례검토] 이는 건물 철거로 인하여 발생하게 되는 사회경제적 손실을 방지하여야 한다는 공익보다 토지 소유자의 재산권 보호를 중시하는 입장으로 사적자치의 원칙에 부합한다.

18 ★ 건물의 소유를 목적으로 하는 토지 임차인의 지상물매수청구권 행사의 상대방은 원칙적으로 임차권 소멸 당시의 토지 소유자인 임대인이다. 따라서 토지 소유자가 아닌 제3자가 토지를 임대한 경우에 임대인은 특별한 사정이 없는 한 지상물매수청구권의 상대방이 될 수 없다.　　　　　(　　)

⬚ 판결요지

"건물의 소유를 목적으로 하는 토지 임차인의 지상물매수청구권 행사의 상대방은 원칙적으로 임차권 소멸 당시의 토지 소유자인 임대인이다(대판 1994.7.29. 93다59717). 토지 소유자가 아닌 제3자가 토지를 임대한 경우에 임대인은 특별한 사정이 없는 한 지상물매수청구권의 상대방이 될 수 없다"(대판 2022.4.14. 2020다254228,254235).　정답 ○

|비교판례|

임차권 소멸 후 임차목적물이 양도된 경우에는 제3자에 대하여 대항할 수 있는 임차권(제622조 1항)을 가지고 있던 토지 임차인은 그 새로운 소유자에 대하여도 위 매수청구권을 행사할 수 있다(대판 1996.6.14. 96다14517).

18-1 ★ 민법 제643조에서 정한 지상물매수청구의 대상이 된 건물의 매수가격에 관하여 당사자 사이에 의사합치가 이루어지지 않았다면, 법원은 위와 같은 여러 사정을 종합적으로 고려하여 인정된 매수청구권 행사 당시의 건물 시가를 매매대금으로 하는 매매계약이 성립하였음을 인정할 수 있을 뿐, 그와 같이 인정된 <u>시가를 임의로 증감하여 직권으로 매매대금을 정할 수는 없다</u>.　　　(　　)

⬚ 판결요지

※ 건물 소유를 목적으로 한 토지임대차계약의 기간이 만료함에 따라 지상건물 소유자가 임대인에 대하여 민법 제643조에 따른 지상물매수청구권을 행사한 경우, 그 건물의 매수가격(=매수청구권의 행사 당시 건물이 현재하는 대로의 상태에서 평가된 시가) / 민법 제643조에서 정한 지상물매수청구권의 법적 성질 및 효과 / 지상물매수청구의 대상이 된 건물의 매수가격에 관하여 당사자 사이에 의사합치가 이루어지지 않은 경우, 법원이 위와 같이 인정된 시가를 임의로 증감하여 직권으로 매매대금을 정할 수 있는지 여부 (소극)

"건물 소유를 목적으로 한 토지임대차계약의 기간이 만료함에 따라 지상건물 소유자가 임대인에 대하여 민법 제643조에 따른 지상물매수청구권을 행사한 경우에 그 건물의 매수가격은 건물 자체의 가격 외에 건물의 위치, 주변 토지의 여러 사정 등을 종합적으로 고려하여 매수청구권의 행사 당시 건물이 현재하는 대로의 상태에서 평가된 시가를 말한다. 그런데 민법 제643조에서 정한 지상물매수청구권은 이른바 형성권이므로, 그 행사로써 곧바로 임대인과 임차인 사이에 임차 토지 지상의 건물에 관하여 매수청구권 행사 당시의 건물 시가를 대금으로 하는 매매계약이 체결된 것과 같은 효과가 발생한다. 따라서 지상물매수청구의 대상이 된 건물의 매수가격에 관하여 당사자 사이에 의사합치가 이루어지지 않았다면, 법원은 위와 같은 여러 사정을 종합적으로 고려하여 인정된 <u>매수청구권 행사 당시의 건물 시가를 매매대금으로 하는 매매계약이 성립하였음을 인정할 수 있을 뿐, 그와 같이 인정된 시가를 임의로 증감하여 직권으로 매매대금을 정할 수는 없다</u>"(대판 2024.4.12. 2023다309020, 309037)　정답 ○

19 ★ 토지 임대 당시 이미 임차목적물인 토지에 종전 임차인 등이 설치한 가건물 기타 공작물이 있는 경우에는 특별한 사정이 없는 한 임차인은 그가 임차하였을 때의 상태로 임차목적물을 반환하면 되고 종전 임차인 등이 설치한 부분까지 원상회복할 의무는 없다.   (   )

판결요지

> ※ 임대 당시 이미 임차목적물인 토지에 종전 임차인 등이 설치한 가건물 기타 공작물이 있는 경우, 임차인이 임차목적물을 반환할 때 종전 임차인 등이 설치한 부분까지 원상회복할 의무가 있는지 여부(원칙적 소극) 및 임차인이 위 부분에 대한 원상회복의무까지 부담한다고 볼 특별한 사정이 있는지 판단하는 방법
> "임차인이 임대인에게 임차목적물을 반환하는 때에는 원상회복의무가 있다(민법 제654조, 제615조). 임차인이 임차목적물의 현상을 변경한 때에는 원칙적으로 변경 부분을 철거하는 등으로 임차목적물을 임대 당시의 상태로 사용할 수 있도록 해야 하나, 토지 임대 당시 이미 임차목적물인 토지에 종전 임차인 등이 설치한 가건물 기타 공작물이 있는 경우에는 특별한 사정이 없는 한 임차인은 그가 임차하였을 때의 상태로 임차목적물을 반환하면 되고 종전 임차인 등이 설치한 부분까지 원상회복할 의무는 없다. 위 특별한 사정의 인정은 임대차계약의 체결 경위와 내용, 임대 당시 목적물의 상태, 임차인에 의한 현상 변경 유무 등을 심리하여 구체적·개별적으로 이루어져야 한다"(대판 2023.11.2. 2023다249661).   정답 ○

20 ★ 임대인의 임대차보증금 반환 또는 임대차에 따른 임차인의 채무 공제 등으로 임차인이 그러한 동시이행항변권을 상실하였는데도 목적물의 반환을 계속 거부하면서 점유하고 있다면, 달리 점유에 관한 적법한 권원이 인정될 수 있는 특별한 사정이 없는 한 임차인이 동시이행항변권의 상실을 알 수 있는 때부터의 점유는 적어도 과실에 의한 점유로서 불법행위를 구성한다.   (   )

판결요지

> ※ 임대차보증금이 연체차임 등으로 모두 충당된 후 임차인의 점유가 불법점유가 되는지 여부(적극) 및 불법점유가 되는 시기(= 임차인이 동시이행항변권의 상실을 알 수 있는 때)
> "임대차계약이 종료되면 임차인은 목적물을 반환하고 임대인은 연체차임을 공제한 나머지 보증금을 반환해야 한다. 임차인의 목적물반환의무와 임대인의 보증금반환의무는 동시이행관계에 있으므로, 임대인이 임대차보증금의 반환의무를 이행하거나 적법하게 이행제공을 하는 등으로 임차인의 동시이행항변권을 상실시키지 않은 이상, 임대차계약 종료 후 임차인이 목적물을 계속 점유하더라도 그 점유를 불법점유라고 할 수 없고 임차인은 이에 대한 손해배상의무를 지지 않는다. 그러나 그 후 임대인의 임대차보증금 반환 또는 임대차에 따른 임차인의 채무 공제 등으로 임차인이 그러한 동시이행항변권을 상실하였는데도 목적물의 반환을 계속 거부하면서 점유하고 있다면, 달리 점유에 관한 적법한 권원이 인정될 수 있는 특별한 사정이 없는 한 임차인이 동시이행항변권의 상실을 알 수 있는 때부터의 점유는 적어도 과실에 의한 점유로서 불법행위를 구성한다(대판 1996.6.14. 95다54693, 대판 2020.5.14. 2019다252042)"(대판 2024.6.13. 2022다228667).   정답 ○

[사실관계] 임대인인 원고는 임차인인 피고를 상대로 임대차계약 해지를 이유로 건물인도와 불법점유로 인한 차임 상당 손해배상 등을 청구하자 원심은, 임대차계약이 종료된 무렵 임대차보증금 잔액의 반환의무를 이행하거나 이행제공하지 않은 이상, 그 이후 피고의 점유를 곧바로 불법점유라고 볼 수는 없다는 이유로 원고의 손해배상청구를 배척하였고, 대법원은 위와 같은 법리를 설시하면서, 이 사건 임대차계약이 종료된 때에는 임대차보증금에서 연체차임 등을 공제하더라도 그 잔액이 남아있어 피고의 동시이행항변권이 존재하므로 피고의 점유를 불법점유로

볼 수 없다고 하더라도, 그 이후 피고가 계속하여 이 사건 상가를 점유함에 따라 발생한 차임 등으로 임대차보증금이 모두 공제된 때에는 피고가 동시이행항변권을 상실하므로, 피고의 점유는 적어도 과실에 의한 점유로서 불법행위를 구성한다고 보아, 이와 달리 판단한 원심을 파기·환송한 사례

21 임대인이 법인을 임차인으로 하는 주택을 양도한 경우에는 임대인의 임대차보증금 반환채무를 양수인이 면책적으로 인수하였다는 등의 특별한 사정이 없는 한 임대인의 법인에 대한 임대차보증금 반환채무는 위 주택 양도에도 불구하고 소멸하지 아니한다.   ( )

21-1 ★★ 부동산 매수인이 매매목적물에 관한 임대차보증금 반환채무 등을 인수하는 한편 그 채무액을 매매대금에서 공제하기로 약정한 경우, 그 인수는 특별한 사정이 없는 이상 매도인을 면책시키는 면책적 채무인수라고 볼 수 없다.   ( )

판결요지

※ 임대차목적물 매매 시 대항력 없는 임차인이 임대인의 임대차보증금 반환채무의 면책적 채무인수를 묵시적으로 승낙하였는지 여부에 관한 판단기준

"[1] 법인은 주택임대차보호법 제3조 제1항이 정하는 대항요건의 하나인 주민등록을 마칠 수 없는 점에 비추어 보면, 주택을 임차한 법인에게는 주택임대차보호법 제3조 제2항, 제3항이 정하는 경우를 제외하고는 주택임대차보호법 제3조가 적용되지 않는다. 그러므로 임차주택의 양수인이 임대인의 지위를 당연히 승계한다는 내용의 주택임대차보호법 제3조 제4항도 주택 임차인이 법인인 경우에는 원칙적으로 적용되지 않는다. 따라서 임대인이 법인을 임차인으로 하는 주택을 양도한 경우에는 임대인의 임대차보증금 반환채무를 양수인이 면책적으로 인수하였다는 등의 특별한 사정이 없는 한 임대인의 법인에 대한 임대차보증금 반환채무는 위 주택 양도에도 불구하고 소멸하지 아니한다(대판 2003.7.25. 2003다2918 참조).
[2] 면책적 채무인수는 병존적 채무인수 또는 이행인수와는 달리 제3자가 채무를 인수함으로써 기존 채무자가 면책되므로, 어떠한 인수의 법적 성격이 문제되는 경우 이를 병존적 채무인수 또는 이행인수가 아니라 면책적 채무인수로 보는 데에는 엄격함과 신중함이 요구된다. 그러므로 부동산 매수인이 매매목적물에 관한 임대차보증금 반환채무 등을 인수하는 한편 그 채무액을 매매대금에서 공제하기로 약정한 경우, 그 인수는 특별한 사정이 없는 이상 매도인을 면책시키는 면책적 채무인수라고 볼 수 없다. 또한 부동산 매도인과 매수인 사이에 임대차보증금 반환채무를 면책적으로 인수하는 약정이 있었더라도 그에 기한 면책적 채무인수의 효력이 발생하려면 채권자인 임차인의 승낙이 있어야 한다(민법 제454조 참조). 이때 임차인의 승낙은 반드시 명시적 의사표시로 하여야 하는 것은 아니고 묵시적 의사표시로도 가능하다. 그러나 임차인이 채무자인 임대인을 면책시키는 것은 그의 채권을 처분하는 행위이므로, 임대보증금 반환채권의 회수가능성 등이 의문시되는 상황이라면 임차인의 어떠한 행위를 임대차보증금 반환채무의 면책적 인수에 대한 묵시적 승낙의 의사표시에 해당한다고 쉽게 단정하여서는 아니 된다(대판 2015.5.29. 2012다84370)"(대판 2024.6.13. 2024다215542).   **정답** ○

유제   **정답** ○

[사실관계] 원고는 피고보조참가인으로부터 그 소유의 건물을 임차한 대항력 없는 임차인으로서, 피고와 사이에 피고보조참가인의 채무불이행으로 원고가 임대차보증금을 반환받지 못해 입는 손해를 피고가 보상하는 내용의 보증보험계약을 체결하였다. 이후 피고보조참가인은 건물을 소외인에게 매도하였는데, 당시 소외인이 매매대금 중 임대차보증금을 제외한 나머지만 지급하기로 하였고 매매계약서에는 '임차인-원고와 현 임대차 계약을 승계하여 임대인의 지위와 의무를 인수인계하기로 한다'고 기재되어 있었다. 원고는 임대차 종료 후 임대차보증금을 반환받

지 못하였다고 주장하면서 피고에게 임대차보증금 상당 보험금 지급을 청구하고, 이에 대하여 피고는 매매계약 당시 임대차보증금 반환채무를 소외인이 면책적으로 인수하는 것을 원고가 묵시적으로 승낙하였다.

원심은 매매계약 당시 피고보조참가인의 임대차보증금 반환채무를 소외인이 면책적으로 인수하는 것을 원고가 묵시적으로 승낙하였으므로 피고보조참가인은 임대차보증금 반환채무가 없다는 이유로 원고의 청구를 배척하였다. 이에 대해 대법원은 위와 같은 법리를 설시하면서, 이 사건에서 인정할 수 있는 각 사정들에 비추어 원고가 피고보조참가인의 임대차보증금 반환의무를 소외인이 면책적으로 인수하는 것을 묵시적으로 승낙하였다고 단정할 수 없다고 보아, 원심을 파기·환송한 사례

│관련판례│

判例에 따르면 "주택의 임차인이 제3자에 대한 대항력을 갖추기 전에 임차주택의 소유권이 양도된 경우 양수인은 임대차보증금 반환채무를 면책적으로 채무인수하였다고 볼 수 없고 이행인수한 것이라고 보아야 하며, 면책적 채무인수로 보기 위해서는 이에 대한 채권자, 즉 임차인의 승낙이 있어야 한다. 이 때 승낙은 묵시적으로도 가능하나, '임차인이 경매절차에서 임차보증금을 회수할 가능성이 없는 이상, 임차인의 배당요구만으로 묵시적 승낙의 의사표시를 한 것으로 볼 수는 없다"고 한다(대판 2008.9.11. 2008다39663 ; 대판 2015.5.29. 2012다84370 : 6회,10회,12회 선택형).

도 급

1 ★ 도급인은 '하자보수비용'을 민법 제667조 제2항에 따라 하자담보책임으로 인한 손해배상으로 청구할 수도 있고, 수급인에게 귀책성이 있다면 민법 제390조에 따라 채무불이행으로 인한 손해배상으로 청구할 수도 있다. 따라서 도급계약에서 완성된 목적물에 하자가 있는 경우 하자보수보증기간이 지난 경우에도 채무불이행에 의한 손해배상책임은 인정된다.　　　　　　　　　　21년 2차, 23년 3차모의 (　　)

판결요지

※ 도급계약에서 완성된 목적물에 하자가 있는 경우 도급인이 하자보수비용을 민법 제667조 제2항에 따른 하자담보책임으로 인한 손해배상책임 외에 민법 제390조에 따라 채무불이행으로 인한 손해배상으로 청구할 수 있는지 여부(적극)

"도급계약에 따라 완성된 목적물에 하자가 있는 경우, 수급인의 하자담보책임과 채무불이행책임은 별개의 권원에 의하여 경합적으로 인정된다. 목적물의 하자를 보수하기 위한 비용은 수급인의 하자담보책임과 채무불이행책임에서 말하는 손해에 해당한다. 따라서 도급인은 하자보수비용을 민법 제667조 제2항에 따라 하자담보책임으로 인한 손해배상으로 청구할 수도 있고, 민법 제390조에 따라 채무불이행으로 인한 손해배상으로 청구할 수도 있다. 하자보수를 갈음하는 손해배상에 관해서는 민법 제667조 제2항에 따른 하자담보책임만이 성립하고 민법 제390조에 따른 채무불이행책임이 성립하지 않는다고 볼 이유가 없다"(대판 2020.6.11. 2020다201156).　　**정답** ○

[사실관계] 원고가 잠수함 건조계약에 따라 피고로부터 인도받은 잠수함의 추진전동기에서 이상소음이 발생하자 하자보수비용을 손해배상으로 구한 사건에서, 도급계약에서 완성된 목적물에 하자가 있는 경우 도급인이 하자보수비용을 민법 제667조 제2항에 따른 하자담보책임으로 인한 손해배상책임 외에 민법 제390조에 따라 채무불이행으로 인한 손해배상으로 청구할 수 있다는 이유로, 하자보수보증기간이 지났다는 피고의 주장을 배척하고 손해배상책임을 인정한 원심을 수긍하여 상고 기각한 사례

[관련조문] 제670조(담보책임의 존속기간) ①항 전3조의 규정에 의한 하자의 보수, 손해배상의 청구 및 계약의 해제는 목적물의 인도를 받은 날로부터 1년 내에 하여야 한다. ②항 목적물의 인도를 요하지 아니하는 경우에는 전항의 기간은 일의 종료한 날로부터 기산한다.

2 ★ 민법 제669조 본문은 완성된 목적물의 하자가 도급인이 제공한 재료의 성질 또는 도급인의 지시에 기인한 때에는 수급인의 하자담보책임에 관한 규정이 적용되지 않는다고 정하고 있다. 그러나 이 규정은 수급인의 하자담보책임이 아니라 민법 제390조에 따른 채무불이행책임에는 적용되지 않는다.

21년 3차모의, 24년 변호사시험 사례형 (   )

판결요지

"도급계약에 따라 완성된 목적물에 하자가 있는 경우, 수급인의 하자담보책임과 채무불이행책임은 별개의 권원에 의하여 경합적으로 인정된다(대판 2004.8.20. 2001다70337 등 참조). 민법 제669조 본문은 완성된 목적물의 하자가 도급인이 제공한 재료의 성질 또는 도급인의 지시에 기인한 때에는 수급인의 하자담보책임에 관한 규정이 적용되지 않는다고 정하고 있다. 그러나 이 규정은 수급인의 하자담보책임이 아니라 민법 제390조에 따른 채무불이행책임에는 적용되지 않는다"(대판 2020.1.30. 2019다268252).

정답 ○

3 아파트 공급계약상 발코니 확장 시공 내용이 없음에도 발코니 확장 시공이 이루어지자, 조합원이 재건축조합 등을 상대로 발코니 확장 자체가 하자임을 이유로 그 하자보수에 갈음한 손해배상으로 발코니 미확장 형태로 다시 변경하는 공사비 상당액을 손해배상으로 구한 경우, 법원으로서는 당사자가 하자보수에 갈음한 손해배상을 구하는 경우 아파트의 발코니 확장이 중요한 하자인지 여부 및 그 보수에 과도한 비용이 필요한 경우인지 여부 등을 살펴 하자보수에 갈음한 손해배상을 청구할 수 있는지 아니면 하자로 인한 손해만을 청구할 수 있는지 여부를 구체적으로 심리하여 판단하여야 한다.

(   )

판결요지

※ 하자가 중요하지 않으면서 보수에 과도한 비용을 요하는 경우 하자보수에 갈음한 손해배상을 청구할 수 있는지 여부(소극) 및 하자로 인하여 입은 손해의 산정방식
"도급계약에서 완성된 목적물에 하자가 발생한 경우라도 그 하자가 중요하지 아니하면서 동시에 보수에 과다한 비용을 요할 때에는 하자의 보수나 그에 갈음하는 손해배상을 청구할 수는 없고 하자로 인하여 입은 손해의 배상만을 청구할 수 있으므로, 도급인이 하자보수를 주장하는 경우 법원으로서는 보수하여야 할 하자의 종류와 정도를 특정함과 아울러 그 하자를 보수하는 적당한 방법과 그 보수에 요할 비용 등에 관하여 심리하여 봄으로써, 그 하자가 중요한 것인지 또는 그 하자가 중요한 것은 아니더라도 그 보수에 과다한 비용을 요하지 않는 것인지를 가려 보아 수급인의 하자보수책임을 인정할 수 있는지 여부를 판단하여야 한다.
한편 도급인이 하자로 인하여 입은 통상의 손해는 특별한 사정이 없는 한 하자 없이 시공되었을 목적물의 교환가치와 하자가 있는 현재 목적물의 교환가치 차액이 되고, 그 교환가치 차액을 산출하기가 현실적으로 불가능한 경우 통상의 손해는 각 시공비용의 차액이 될 수 있으며, 도급인이 하자 있는 목적물을 사용함에 따라 발생하는 정신적 고통으로 인한 손해는 수급인이 그러한 사정을 알았거나 알 수 있었을 경우 특별손해로서 배상받을 수 있다"
(대판 2022.7.14. 2022다222881).

정답 ○

4 ★ 도급계약에서 정한 일의 완성 이전에 계약이 해제된 경우 수급인으로서는 도급인에게 보수를 청구할 수 없음이 원칙이나, 당해 도급계약에 따라 수급인이 일부 미완성한 부분이 있더라도 계약해제를 이유로 이를 전부 원상회복하는 것이 신의성실의 원칙 등에 비추어 공평·타당하지 않다고 평가되는 특별한 경우라면 예외적으로 이미 완성된 부분에 대한 수급인의 보수청구권이 인정될 수 있다.   ( )

[판결요지]

1. 일반적 도급계약에서 일의 완성 이전에 계약이 해제된 경우 수급인이 도급인에게 보수를 청구할 수 있는지 여부(원칙적 소극)

"[1] 도급계약에서 수급인의 보수는 완성된 목적물의 인도와 동시에 지급하여야 하고, 인도를 요하지 않는 경우 일을 완성한 후 지체 없이 지급하여야 하며, 도급인은 완성된 목적물의 인도의 제공이나 일의 완성이 있을 때까지 보수 지급을 거절할 수 있으므로, 도급계약에서 정한 일의 완성 이전에 계약이 해제된 경우 수급인으로서는 도급인에게 보수를 청구할 수 없음이 원칙이다.

다만 당해 도급계약에 따라 수급인이 일부 미완성한 부분이 있더라도 계약해제를 이유로 이를 전부 원상회복하는 것이 신의성실의 원칙 등에 비추어 공평·타당하지 않다고 평가되는 특별한 경우라면 예외적으로 이미 완성된 부분에 대한 수급인의 보수청구권이 인정될 수 있고, 그와 같은 경우에 해당하는지는 도급인과 수급인의 관계, 당해 도급계약의 목적·유형·내용 및 성질, 수급인이 도급계약을 이행함에 있어 도급인의 관여 여부, 수급인이 도급계약에 따라 이행한 결과의 정도 및 그로 인해 도급인이 얻을 수 있는 실질적인 이익의 존부, 계약해제에 따른 원상회복 시 사회적·경제적 손실의 발생 여부 등을 종합적으로 고려하여 판단하여야 한다.

2. 일의 완성 이전이라도 수급인이 도급인에게 기성 부분에 대한 보수를 청구할 수 있는 예외적인 경우 및 그 판단기준

[2] 민법 제665조 제1항은 도급계약에서 보수는 완성된 목적물의 인도와 동시에 지급해야 한다고 정하고 있는데, 이때 목적물의 인도는 단순한 점유의 이전만을 의미하는 것이 아니라 도급인이 목적물을 검사한 후 목적물이 계약 내용대로 완성되었음을 명시적 또는 묵시적으로 시인하는 것까지 포함하는 의미이다"(대판 2023.3.30. 2022다289174).

정답 ○

5 집합건물의 시공자의 분양자에 대한 하자보수를 갈음하는 손해배상채무의 소멸시효가 완성된 경우, 시공자의 구분소유자에 대한 하자보수를 갈음하는 손해배상채무도 소멸한다.   ( )

[판결요지]

※ 집합건물의 시공자의 분양자에 대한 하자보수를 갈음하는 손해배상채무의 소멸시효가 완성된 경우, 시공자의 구분소유자에 대한 하자보수를 갈음하는 손해배상채무도 소멸하는지 여부(소극)

"집합건물법 제9조 제1항은 "제1조 또는 제1조의2의 건물을 건축하여 분양한 자(이하 '분양자'라 한다)와 분양자와의 계약에 따라 건물을 건축한 자로서 대통령령으로 정하는 자(이하 '시공자'라 한다)는 구분소유자에 대하여 담보책임을 진다. 이 경우 그 담보책임에 관하여는 민법 제667조 및 제668조를 준용한다."라고 규정하고 있다. 이에 따라 시공자는 구분소유자에게 하자보수에 갈음하는 손해배상채무(이하 '제1 채무'라 한다)를 부담한다.

집합건물법 제9조 제2항은 "제1항에도 불구하고 시공자가 분양자에게 부담하는 담보책임에 관하여 다른 법률에 특별한 규정이 있으면 시공자는 그 법률에서 정하는 담보책임의 범위에서 구분소유자에게 제1항의 담보책임을 진다."라고 규정하고 있다. 이에 따라 다른 법률에 시공자의 분양자에 대한 담보책임 범위를 제한하거나 면제하는 등의 규정이 있다면 시공자는 구분소유자에게 그 범위에서만 하자보수에 갈음하는 손해배상채무를 부담한다. 집합건물법 제9조 제3항은 "제1항 및 제2항에 따른 시공자의 담보책임 중 민법 제667조 제2항에 따른 손해배상책임은 분양자에게 회생절차개시 신청, 파산 신청, 해산, 무자력 또는 그 밖에 이에 준하는 사유가 있는 경우에만 지며, 시공자가 이미 분양자에게 손해배상을 한 경우에는 그 범위에서 구분소유자에 대한 책임을 면한다."라고 규정하고 있다. 이에 따라 시공자의 구분소유자에 대한 담보책임은 분양자의 무자력 등 일정한 사유가 있는 경우에만 발생하고, 시공자가 분양자에게 하자보수에 갈음하는 손해배상채무(이하 '제2 채무'라 한다) 등 분양자에 대한 손해배상채무를 이행하면 그 범위에서 시공자의 구분소유자에 대한 담보책임도 소멸한다.

그러나 시공자의 구분소유자에 대한 제1 채무와 시공자의 분양자에 대한 제2 채무는 엄연히 별도의 채무이므로 제2 채무의 소멸시효가 완성되었다고 하여 제1 채무가 이를 이유로 당연히 소멸한다고 할 수 없다. 집합건물법 제9조 제2항은 시공자의 구분소유자에 대한 담보책임 범위, 제3항은 시공자의 구분소유자에 대한 담보책임 발생 요건 및 소멸사유에 관하여 각각 규정함으로써 양 채무가 서로 일정하게 관련되어 있음을 나타내고 있으나, 그렇다고 이러한 규정들로부터 제2 채무의 시효 소멸로 인하여 제1 채무가 소멸된다는 점을 도출할 수는 없다"(대판 2023.12.7. 2023다246600)

정답 ✕

[사실관계] 대법원은, 시공자의 구분소유자에 대한 채무와 시공자의 분양자에 대한 채무는 별개의 채무이므로 시공자의 분양자에 대한 채무의 시효 소멸로 인하여 시공자의 구분소유자에 대한 채무가 소멸한다고 볼 수 없다고 보아, 원고가 피고에게 가지는 하자보수에 갈음하는 손해배상청구권이 존재한다고 판단한 원심의 결론을 수긍하여 상고를 기각한 사례

6 공사도급계약에서 수수되는 이른바 선급금 반환에 관한 보증계약을 체결한 보증인의 책임 범위도 도급계약 당사자 사이의 선급금의 충당 대상이 되는 기성공사대금의 내역에 관한 약정에 따라 결정되나, 선급금 보증계약이 체결된 후 선급금 보증인의 책임이 가중된다면 그 범위 내에서는 보증의 효력이 미치지 않는다. (   )

6-1 선급금이 지급된 후 계약의 해제 또는 해지 등의 사유로 수급인이 도중에 선급금을 반환하게 되었다면 특별한 사정이 없는 한 별도의 상계 의사표시 없이 선급금이 그때까지 기성고에 해당하는 공사대금 중 미지급액에 충당된다. 22년 변호, 23년 법무사 (   )

판결요지

"공사도급계약에서 수수되는 이른바 선급금은 자금 사정이 좋지 않은 수급인이 자재 확보·노임 지급 등의 어려움 없이 공사를 원활하게 진행할 수 있도록 도급인이 수급인에게 장차 지급할 공사대금을 미리 지급하는 것으로서 구체적인 기성고에 대한 공사대금이 아니라 전체 공사에 대한 공사대금이다. 따라서 선급금이 지급된 후 계약의 해제 또는 해지 등의 사유로 수급인이 도중에 선급금을 반환하게 되었다면 특별한 사정이 없는 한 별도의 상계 의사표시 없이 선급금이 그때까지 기성고에 해당하는 공사대금 중 미지급액에 충당된다. 도급인은 나머지 공사대금이 있는 경우 그 금액에 한하여 지급할 의무를 부담한다. 이때 선급금의 충당 대상이 되는 기성공사대금의 내역을 어떻게 정할 것인지는 도급계약 당사자 사이의 약정에 따른다. 도급계약 당사자가 도급인이 하수급인에게 하도급대금을 직접 지급하는 사유가 발생할 경우 이에 해당하는 금원을 선급금 충당의 대상이 되는 기성공사대금의 내역에서 제외하기로 하는 예외적 정산약정을 하였다면, 도급인은 미정산 선급금이 기성공사대금에 충당되었음을 이유로 하수급인에게 부담하는 하도급대금 지급의무를 면할 수 없다. 만약 선급금의 충당 대상이 되는 기성공사대금의 내역에 관한 도급계약의 해석을 둘러싸고 이견이 발생한다면 그 해석은 문언의 내용, 그와 같은 약정이 이루

어진 동기와 경위, 약정에 의하여 달성하려는 목적, 당사자의 진정한 의사 등을 종합적으로 고찰하여 논리와 경험칙에 따라 합리적으로 해석해야 한다. 다만 도급계약의 해지 또는 해제에 따른 정산관계에 있어서는 각 미정산 선급금반환채권과 기성공사대금채권에 대하여 대립하는 이해관계인들이 다수 존재하는 것이 보통이므로 그들의 이해관계에 큰 영향을 미칠 수 있는 예외적 정산약정의 존재를 인정함에 있어서는 신중을 기하여야 한다.

선급금 반환에 관한 보증계약을 체결한 보증인의 책임 범위도 도급계약 당사자 사이의 선급금의 충당 대상이 되는 기성공사대금의 내역에 관한 약정에 따라 결정된다. 보증 및 보험의 일반 법리에 비추어 선급금 보증인의 책임 유무 및 범위는 선급금 보증계약 체결 당시의 도급계약상의 약정을 기준으로 판단하여야 하므로 선급금 보증계약이 체결된 후 도급인이 수급인의 하수급업자에 대한 하도급대금 등을 직접 지급하기로 합의하고 하도급대금을 선급금 충당의 대상이 되는 기성공사대금의 내역에서 제외하기로 약정함으로써 선급금 보증인의 책임이 가중된다면 그 범위 내에서는 보증의 효력이 미치지 않는다"(대판 2021.7.8. 2016다267067). **정답** ○ **유제** **정답** ○

7 도급계약 목적물에 대한 설계·감리·제작의 의무이행자가 다른 경우 각 채무불이행으로 인한 손해배상채무는 서로 별개의 원인으로 발생한 독립된 채무이고, 다만 동일한 경제적 목적을 가진 채무로서 서로 중첩되는 부분에 한하여 부진정연대의 관계에 있다. ( )

판결요지

"설계 또는 감리 용역계약상의 채무불이행으로 인한 손해배상채무와 제작·설치계약상의 채무불이행으로 인한 손해배상채무는 서로 별개의 원인으로 발생한 독립된 채무이고, 다만 동일한 경제적 목적을 가진 채무로서 서로 중첩되는 부분에 한하여 부진정연대의 관계에 있다"(대판 2022.1.13. 2019다279542). **정답** ○

8 ★ 도급인이 수급인의 채무불이행을 이유로 도급계약 해제의 의사표시를 하였으나 실제로는 채무불이행의 요건을 갖추지 못한 것으로 밝혀진 경우, 도급계약의 당사자 사이에 분쟁이 있었다고 하여 그러한 사정만으로 위 의사표시에 민법 제673조에 따른 임의해제의 의사가 포함되어 있다고 볼 수는 없다. 23년 1차모의 ( )

판결요지

"도급인이 수급인의 채무불이행을 이유로 도급계약 해제의 의사표시를 하였으나 실제로는 채무불이행의 요건을 갖추지 못한 것으로 밝혀진 경우, 도급계약의 당사자 사이에 분쟁이 있었다고 하여 그러한 사정만으로 위 의사표시에 민법 제673조에 따른 임의해제의 의사가 포함되어 있다고 볼 수는 없다. 그 이유는 다음과 같다.

① 도급인이 수급인의 채무불이행을 이유로 도급계약을 해제하면 수급인에게 손해배상을 청구할 수 있다. 이에 반하여 민법 제673조에 기하여 도급인이 도급계약을 해제하면 오히려 수급인에게 손해배상을 해주어야 하는 처지가 된다. 도급인으로서는 자신이 손해배상을 받을 수 있다고 생각하였으나 이제는 자신이 손해배상을 하여야 하는 결과가 된다면 이는 도급인의 의사에 반할 뿐 아니라 의사표시의 일반적인 해석의 원칙에도 반한다.

② 수급인의 입장에서 보더라도 채무불이행 사실이 없으므로 도급인의 도급계약 해제의 의사표시가 효력이 없다고 믿고 일을 계속하였는데, 민법 제673조에 따른 해제가 인정되면 그 사이에 진행한 일은 도급계약과 무관한 일을 한 것이 되고 그 사이에 다른 일을 할 수 있는 기회를 놓치는 경우도 있을 수 있어 불측의 손해를 입을 수 있다"(대판 2022.10.14. 2022다246757). **정답** ○

9 수급인이 공사를 완공하지 못한 채 공사도급계약이 해제되어 기성고에 따른 공사비를 정산하여야 할 경우, 기성 부분과 미시공 부분에 실제로 소요되거나 소요될 공사비를 기초로 산출한 기성고 비율을 약정 공사비에 적용하여 그 공사비를 산정하여야 하고, 기성고 비율은 이미 완성된 부분에 소요된 공사비에다가 미시공 부분을 완성하는 데 소요될 공사비를 합친 전체 공사비 가운데 이미 완성된 부분에 소요된 공사비가 차지하는 비율이라고 할 것이다.　　　　　　　　　　　　　　( )

9-1 만약 공사도급계약에서 설계 및 사양의 변경이 있는 때에는 그 설계 및 사양의 변경에 따라 공사 대금이 변경되는 것으로 특약하고, 변경된 설계 및 사양에 따라 공사가 진행되다가 중단되었다면 설계 및 사양의 변경에 따라 변경된 공사대금에 기성고 비율을 적용하는 방법으로 기성고에 따른 공사비를 산정하여야 한다.　　　　　　　　　　　　　　( )

판결요지

※ 수급인이 공사를 완공하지 못한 채 공사도급계약이 해제되어 기성고에 따른 공사비를 정산하여야 할 경우, 공사비를 산정하는 방법 및 이때 기성고 비율의 의미 / 공사도급계약에서 설계 및 사양의 변경에 따라 공사대금이 변경되는 것으로 특약한 경우, 기성고에 따른 공사비를 산정하는 방법

"수급인이 공사를 완공하지 못한 채 공사도급계약이 해제되어 기성고에 따른 공사비를 정산하여야 할 경우, 기성 부분과 미시공 부분에 실제로 소요되거나 소요될 공사비를 기초로 산출한 기성고 비율을 약정 공사비에 적용하여 그 공사비를 산정하여야 하고, 기성고 비율은 이미 완성된 부분에 소요된 공사비에다가 미시공 부분을 완성하는 데 소요될 공사비를 합친 전체 공사비 가운데 이미 완성된 부분에 소요된 공사비가 차지하는 비율이라고 할 것이고, 만약 공사도급계약에서 설계 및 사양의 변경이 있는 때에는 그 설계 및 사양의 변경에 따라 공사대금이 변경되는 것으로 특약하고, 변경된 설계 및 사양에 따라 공사가 진행되다가 중단되었다면 설계 및 사양의 변경에 따라 변경된 공사대금에 기성고 비율을 적용하는 방법으로 기성고에 따른 공사비를 산정하여야 한다"(대판 2023.10.12. 2020다210860, 210877) **정답** ○　　　　**유제** **정답** ○

위 임

1 공인중개사는 자기가 조사·확인하여 설명할 의무가 없는 사항이라도 중개의뢰인이 계약을 맺을지를 결정하는 데 중요한 것이라면 그에 관해 그릇된 정보를 제공해서는 안 되고, 그 정보가 진실인 것처럼 그대로 전달하여 중개의뢰인이 이를 믿고 계약을 체결하도록 했다면 선량한 관리자의 주의로 신의를 지켜 성실하게 중개해야 할 의무를 위반한 것이 된다.　　　　　　　　　　　　　　( )

판결요지

"공인중개사는 자기가 조사·확인하여 설명할 의무가 없는 사항이라도 중개의뢰인이 계약을 맺을지를 결정하는 데 중요한 것이라면 그에 관해 그릇된 정보를 제공해서는 안 되고, 그 정보가 진실인 것처럼 그대로 전달하여 중개의뢰인이 이를 믿고 계약을 체결하도록 했다면 선량한 관리자의 주의로 신의를 지켜 성실하게 중개해야 할 의무를 위반한 것이 된다"(대판 2022.6.30. 2022다212594). **정답** ○

2 ★ 위임사무로 수임인 명의로 취득한 권리에 관한 위임인의 이전청구권의 소멸시효는 위임계약이 종료된 때부터 진행하게 된다. ( )

판결요지

※ 수임인이 위임인을 위하여 자기 명의로 취득한 권리를 위임인에게 이전하여야 하는 시기 및 위 권리에 관한 위임인의 이전청구권의 소멸시효 기산점(=위임계약이 종료된 때)

"민법 제684조 제2항은 "수임인이 위임인을 위하여 자기의 명의로 취득한 권리는 위임인에게 이전하여야 한다."라고 규정하고 있는데, 이때 그 이전 시기는 당사자 간에 특약이 있거나 위임의 본뜻에 반하는 경우 등과 같은 특별한 사정이 없는 한 위임계약이 종료된 때이다. 따라서 위임사무로 수임인 명의로 취득한 권리에 관한 위임인의 이전청구권의 소멸시효는 위임계약이 종료된 때부터 진행하게 된다"(대판 2022.9.7. 2022다217117). 정답 ○

3 변호사의 소송위임 사무처리 보수에 관하여 변호사와 의뢰인 사이에 약정이 있는 경우 위임사무를 완료한 변호사는 원칙적으로 약정 보수액 전부를 청구할 수 있다. 다만 약정 보수액이 부당하게 과다하여 신의성실의 원칙이나 형평의 관념에 반한다고 볼 만한 특별한 사정이 있는 경우에는 예외적으로 적당하다고 인정되는 범위 내의 보수액만을 청구할 수 있다. ( )

3-1 위와 같은 특별한 사정의 존재에 대한 증명책임은 약정된 보수액이 부당하게 과다하다고 주장하는 측에 있다. ( )

판결요지

"변호사의 소송위임 사무처리 보수에 관하여 변호사와 의뢰인 사이에 약정이 있는 경우 위임사무를 완료한 변호사는 원칙적으로 약정 보수액 전부를 청구할 수 있다. 다만 의뢰인과의 평소 관계, 사건 수임 경위, 사건처리 경과와 난이도, 노력의 정도, 소송물 가액, 의뢰인이 승소로 인하여 얻게 된 구체적 이익, 그 밖에 변론에 나타난 여러 사정을 고려하여, 약정 보수액이 부당하게 과다하여 신의성실의 원칙이나 형평의 관념에 반한다고 볼 만한 특별한 사정이 있는 경우에는 예외적으로 적당하다고 인정되는 범위 내의 보수액만을 청구할 수 있다. 그런데 이러한 보수 청구의 제한은 어디까지나 계약자유의 원칙에 대한 예외를 인정하는 것이므로, 법원은 그에 관한 합리적인 근거를 명확히 밝혀야 한다. 위와 같은 특별한 사정의 존재에 대한 증명책임은 약정된 보수액이 부당하게 과다하다고 주장하는 측에 있다"(대판 2023.8.31. 2022다293937). 정답 ○   유제 정답 ○

4 변호사에게 계쟁사건 처리를 위임하면서 보수지급 및 수액에 관하여 명시적인 약정을 아니하였더라도, 무보수로 한다는 등 특별한 사정이 없는 한 보수지급의 묵시적 약정이 있는 것으로 보아야 한다. 다만 당사자가 본안소송과 보전소송을 동일한 소송대리인에게 위임한 경우 본안소송과 보전소송을 구별하여 별도로 변호사보수 지급 약정을 하였는지는 소송위임계약의 체결 경위와 내용, 본안소송과 보전소송의 진행 경과 등 여러 사정을 고려하여 구체적·개별적으로 판단하여야 한다. ( )

판결요지

"변호사에게 계쟁사건 처리를 위임하면서 보수지급 및 수액에 관하여 명시적인 약정을 아니하였더라도, 무보수로 한다는 등 특별한 사정이 없는 한 보수지급의 묵시적 약정이 있는 것으로 보아야 한다. 소송비용에 산입되는 변호사의 보수에는 보수계약에 의하여 현실적으로 지급한 것뿐만 아니라 사후에 지급하기로 약정한 것까지 포함되므로, 소송비용액확정 절차에 편입될 변호사보수를 판단할 때에는 특정금액의 지급의무가 발생하였는지가 문제 될 뿐 그 지급방법이나 실제 지급 여부는 영향을 미치지 아니한다. 다만 당사자가 본안소송과 보전소송을 동일한 소송대리인에게 위임한 경우 본안소송과 보전소송을 구별하여 별도로 변호사보수 지급 약정을 하였는지는 소송위임계약의 체결 경위와 내용, 본안소송과 보전소송의 진행 경과 등 여러 사정을 고려하여 구체적·개별적으로 판단하여야 한다"(대결 2023.11.9. 2023마6427). 【정답 ○】

5 수임인이 상환을 청구할 수 있는 필요비는 선량한 관리자의 주의를 가지고 수임인이 필요하다고 판단하여 지출한 비용으로서 위임인에게 실익이 생기는지 여부 또는 위임인이 소기의 목적을 달성하였는지 여부는 불문한다. ( )

5-1 ★ 수임인이 위임사무를 처리하는 과정에서 선관주의의무를 위반한 사실이 있다면, 그 이후 수임인이 위임사무 처리를 위해 비용을 지출하였고, 해당 비용의 지출 과정에서 수임인이 선량한 관리자로서의 주의를 다하였더라도, 수임인은 선행 선관주의의무 위반과 상당인과관계 있는 비용 증가에 대하여 위임인에 대하여 필요비의 상환을 청구할 수 없다. ( )

판결요지

"수임인이 위임사무의 처리에 관하여 필요비를 지출한 때에는 위임인에 대하여 지출한 날 이후의 이자를 청구할 수 있는바(민법 제688조 제1항), 위 규정에 따라 수임인이 상환을 청구할 수 있는 필요비는 선량한 관리자의 주의를 가지고 수임인이 필요하다고 판단하여 지출한 비용으로서 위임인에게 실익이 생기는지 여부 또는 위임인이 소기의 목적을 달성하였는지 여부는 불문한다. 한편 수임인이 위임사무를 처리하는 과정에서 선관주의의무를 위반한 사실이 있다 하더라도, 그 이후 수임인이 위임사무 처리를 위해 비용을 지출하였고, 해당 비용의 지출 과정에서 수임인이 선량한 관리자로서의 주의를 다하였다면, 수임인은 선행 선관주의의무 위반과 상당인과관계 있는 비용 증가에 대하여 손해배상의무를 부담하는 것은 별론으로 하고 위임인에 대하여 필요비의 상환을 청구할 수 있다"(대판 2024.2.29. 2023다294470, 294487). 【정답 ○】 【유 제】 【정답 ×】

임 치

1 ★ 임치계약 해지에 따른 임치물 반환청구권의 소멸시효 기산점은 임치계약이 성립하여 임치물이 수치인에게 인도된 때이다. ( )

판결요지

※ 임치계약 해지에 따른 임치물 반환청구권의 소멸시효 기산점(=임치계약이 성립하여 임치물이 수치인에게 인도된 때)

"임치계약 해지에 따른 임치물 반환청구는 임치계약 성립 시부터 당연히 예정된 것이고, 임치계약에서 임치인은 언제든지 계약을 해지하고 임치물의 반환을 구할 수 있는 것이므로, 특별한 사정이 없는 한 임치물 반환청구권의 소멸시효는 임치계약이 성립하여 임치물이 수치인에게 인도된 때부터 진행하는 것이지, 임치인이 임치계약을 해지한 때부터 진행한다고 볼 수 없다"(대판 2022.8.19. 2020다220140). 【정답 ○】

2 ★ 만기가 정해진 예금계약에 따른 금융기관의 예금 반환채무는 그 만기가 도래하더라도 임치인이 미리 만기 후 예금 수령방법을 지정한 경우와 같은 특별한 사정이 없는 한 임치인의 적법한 지급 청구가 있어야 비로소 이행할 수 있으므로, 예금계약의 만기가 도래한 것만으로 금융기관인 수치인이 임치인에 대하여 예금 반환 지연으로 인한 지체책임을 부담한다고 볼 수는 없고, 정당한 권한이 있는 임치인의 지급 청구에도 불구하고 수치인이 예금 반환을 지체한 경우에 그 지체책임을 물을 수 있다. ( )

판결요지

※ **예금계약의 성격 및 예금수치인의 지체책임 발생시기**

"예금계약은 은행 등 법률이 정하는 금융기관을 수치인으로 하는 금전의 소비임치 계약으로서 수치인은 임치물인 금전 등을 보관하고 그 기간 중 이를 소비할 수 있고 임치인의 청구에 따라 동종 동액의 금전을 반환할 것을 약정함으로써 성립하는 것이므로 소비대차에 관한 민법의 규정이 준용되나 사실상 그 계약의 내용은 약관에 따라 정해진다고 보아야 한다.

또한 만기가 정해진 예금계약에 따른 금융기관의 예금 반환채무는 그 만기가 도래하더라도 임치인이 미리 만기 후 예금 수령방법을 지정한 경우와 같은 특별한 사정이 없는 한 임치인의 적법한 지급 청구가 있어야 비로소 이행할 수 있으므로, 예금계약의 만기가 도래한 것만으로 금융기관인 수치인이 임치인에 대하여 예금 반환 지연으로 인한 지체책임을 부담한다고 볼 수는 없고, 정당한 권한이 있는 임치인의 지급 청구에도 불구하고 수치인이 예금 반환을 지체한 경우에 그 지체책임을 물을 수 있다고 보아야 한다"(대판 2023.6.29. 2023다218353).   **정답** ○

---

3 ★ 착오송금의 경우 수취인의 계좌에 착오로 입금된 금원 상당의 예금채권이 이미 제3자에 의하여 압류되었다는 특별한 사정이 있어 수취은행이 수취인에 대한 대출채권 등을 자동채권으로 하여 수취인의 그 예금채권과 상계하는 것이 허용되더라도 이는 피압류채권액의 범위 내에서만 가능하고, 그 범위를 벗어나는 상계는 신의칙에 반하거나 권리를 남용하는 것으로서 허용되지 않는다. ( )

3-1 甲은 2017. 3. 27. 乙의 丙은행에 대한 현재 또는 장래 예금채권 중 청구금액 1,000만 원에 이를 때까지의 금액에 대하여 가압류결정을 받았고, 이 결정은 그 무렵 丙은행에 송달되었다. 丁은 2017. 6. 16. 직원의 착오로 戊에 지급해야 할 물품대금 41,800,000원을 丙은행에 개설된 乙명의의 보통예금계좌(이하 '이 사건 계좌'라 한다)로 송금하였다. 丁은 송금 직후 丙은행에 착오로 송금한 돈의 반환을 요청하였고, 乙은 2017. 7. 7. '丁이 실수로 송금한 것이며 乙과는 관계가 없는 돈임을 확인한다'는 내용의 확인서를 작성해 주었다. 丁은 乙에 대한 착오송금액에 해당하는 부당이득 반환채권을 집행채권으로 하여 乙의 丙은행에 대한 예금채권에 대하여 2018. 3. 7. 자 채권압류 및 추심명령을 받았고 그 후 추심명령이 丙은행에 송달되었다. 그러나 丙은행은 이미 乙에 대한 대출금채권(변제기 2017. 5. 15., 5억 원)을 자동채권으로 하여 이 사건 계좌에 착오송금된 금액 상당의 예금채권과 상계하였다면서 지급을 거절하였다. 그러나 丙은행이 乙의 예금채권 중 상계할 수 있는 금액은 피압류채권액인 1,000만 원에 한정되고 이를 초과하는 부분에 대해서까지 상계하는 행위는 신의칙에 반하거나 상계에 관한 권리를 남용하는 것이므로 丙은행의 지급거절은 타당하지 않다. ( )

판결요지

※ 송금의뢰인이 착오송금임을 이유로 수취은행에 송금액의 반환을 요청하고 수취인도 착오송금을 인정하여 수취은행에 반환을 승낙하고 있는 경우, 수취은행이 수취인에 대한 대출채권 등을 자동채권으로 하여 수취인 계좌에 착오송금된 금원 상당의 예금채권과 상계하는 것이 송금의뢰인에 대한 관계에서 신의칙에 반하거나 상계권 남용인지 여부(원칙적 적극) / 이때 수취인의 계좌에 착오로 입금된 금원 상당의 예금채권이 이미 제3자에 의하여 압류되었다는 특별한 사정이 있는 경우, 수취은행이 수취인에 대한 대출채권 등을 자동채권으로 하여 수취인의 예금채권과 상계할 수 있는 범위(=피압류채권액의 범위 내)

"송금의뢰인이 착오송금임을 이유로 거래은행을 통하여 혹은 수취은행에 직접 송금액의 반환을 요청하고, 수취인도 송금의뢰인의 착오송금에 의하여 수취인의 계좌에 금원이 입금된 사실을 인정하여 수취은행에 그 반환을 승낙하고 있는 경우, 수취은행이 수취인에 대한 대출채권 등을 자동채권으로 하여 수취인의 계좌에 착오로 입금된 금원 상당의 예금채권과 상계하는 것은 수취은행이 선의인 상태에서 수취인의 예금채권을 담보로 대출을 하여 그 자동채권을 취득한 것이라거나 그 예금채권이 이미 제3자에 의하여 압류되었다는 등의 특별한 사정이 없는 한, 공공성을 지닌 자금이체시스템의 운영자가 그 이용자인 송금의뢰인의 실수를 기화로 그의 희생하에 당초 기대하지 않았던 채권회수의 이익을 취하는 행위로서 상계제도의 목적이나 기능을 일탈하고 법적으로 보호받을 만한 가치가 없으므로, 송금의뢰인에 대한 관계에서 신의칙에 반하거나 상계에 관한 권리를 남용하는 것이다. <u>수취인의 계좌에 착오로 입금된 금원 상당의 예금채권이 이미 제3자에 의하여 압류되었다는 특별한 사정이 있어 수취은행이 수취인에 대한 대출채권 등을 자동채권으로 하여 수취인의 그 예금채권과 상계하는 것이 허용되더라도 이는 피압류채권액의 범위 내에서만 가능하고, 그 범위를 벗어나는 상계는 신의칙에 반하거나 권리를 남용하는 것으로서 허용되지 않는다</u>"(대판 2022.7.14. 2020다212958).

정답 ○

정답 ○

유 제

[사실관계] 착오송금을 한 원고가 수취인에 대한 부당이득반환청구권을 피보전권리로 하여 수취인을 대위하여 수취은행인 피고에 대하여 예금반환을 구하는 사안에서, 피고의 수취인에 대한 대출금채권을 자동채권으로 한 상계의 효력 범위가 문제된 사례

[동지판례] 대판 2022.7.14. 2020다230130

1. 착오송금과 상계에 관한 법리(상동)

2. 사실관계

가. <u>소외인은 2017. 3. 27.</u> 주식회사 레드아이(이하 '레드아이'라 한다)의 피고 은행에 대한 현재 또는 장래 예금채권 중 청구금액 <u>1,000만 원</u>에 이를 때까지의 금액에 대하여 가압류결정을 받았고, 이 결정은 그 무렵 피고 은행에 송달되었다.

나. 원고는 2017. 6. 16. 직원의 착오로 주식회사 패션인터내셔널에 지급해야 할 물품대금 41,800,000원을 피고 은행에 개설된 레드아이 명의의 보통예금계좌(이하 '이 사건 계좌'라 한다)로 송금하였다.

다. 원고는 송금 직후 피고 은행에 착오로 송금한 돈의 반환을 요청하였고, 레드아이는 2017. 7. 7. '원고가 실수로 송금한 것이며 레드아이와는 관계가 없는 돈임을 확인한다'는 내용의 확인서를 작성해 주었다.

라. <u>원고는 레드아이에 대한 착오송금액에 해당하는 부당이득반환채권을 집행채권으로 하여 레드아이의 피고 은행에 대한 예금채권에 대하여 2018. 3. 7. 자 채권압류 및 추심명령을 받았고 그 후 추심명령이 피고 은행에 송달되었다.</u> 그러나 피고 은행은 이미 레드아이에 대한 대출금채권(변제기 2017. 5. 15., 5억 원)을 자동채권으로 하여 이 사건 계좌에 착오송금된 금액 상당의 예금채권과 상계하였다면서 지급을 거절하였다.

3. 원심판단의 당부

원심은 위 인정사실을 토대로 <u>피고 은행이 레드아이의 예금채권 중 상계할 수 있는 금액은 피압류채권액인 1,000만 원에 한정되고 이를 초과하는 부분에 대해서까지 상계하는 행위는 신의칙에 반하거나 상계에 관한 권리를 남용

하는 것이라고 판단하였다. 원심판결은 위에서 본 법리에 따른 것으로 정당하고, 상고이유 주장과 같이 착오송금이 있는 경우에 수취은행의 상계가 허용되는 범위에 관한 법리를 오해하여 판결에 영향을 미친 잘못이 없다.

4. 결론

피고의 상고는 이유 없어 이를 기각하고 상고비용은 패소자가 부담하도록 하여, 대법관의 일치된 의견으로 주문과 같이 판결한다.

---

4   착오송금인이 수취은행에 송금액의 반환을 구하고 수취인도 그 반환을 승낙하고 있는 상황에서 수취은행의 상계권 행사가 권리남용에 해당하는지 여부를 판단하는 기준시점은 상계적상 도래시다.
( )

[판결요지]

※ 착오송금인이 수취은행에 송금액의 반환을 구하고 수취인도 그 반환을 승낙하고 있는 상황에서 수취은행의 상계권 행사가 권리남용에 해당하는지 여부를 판단하는 기준시점(상계적상 도래시)

"송금의뢰인이 착오송금임을 이유로 거래은행을 통하여 혹은 수취은행에 직접 송금액의 반환을 요청하고 수취인도 송금의뢰인의 착오송금에 의하여 수취인의 계좌에 금원이 입금된 사실을 인정하고 수취은행에 그 반환을 승낙하고 있는 경우, 수취은행이 수취인에 대한 대출채권 등을 자동채권으로 하여 수취인의 계좌에 착오로 입금된 금원 상당의 예금채권과 상계하는 것은, 수취은행이 선의인 상태에서 수취인의 예금채권을 담보로 대출을 하여 그 자동채권을 취득한 것이라거나 그 예금채권이 이미 제3자에 의하여 압류되었다는 등의 특별한 사정이 없는 한, 공공성을 지닌 자금이체시스템의 운영자가 그 이용자인 송금의뢰인의 실수를 이용하여 그의 희생 아래 당초 기대하지 않았던 채권회수의 이익을 취하는 행위로서 상계제도의 목적이나 기능을 일탈하고 법적으로 보호받을 만한 가치가 없으므로, 송금의뢰인에 대한 관계에서 신의칙에 반하거나 상계에 관한 권리를 남용하는 것이다.

한편 채권가압류에 있어서 채권자가 가압류신청을 취하하면 가압류결정은 그로써 효력이 소멸되지만, 채권가압류결정정본이 제3채무자에게 이미 송달되어 가압류결정이 집행되었다면 그 취하통지서가 제3채무자에게 송달되었을 때 비로소 가압류집행의 효력이 장래를 향하여 소멸된다"(대판 2022.7.28. 2022다203033). **정답** ○

[사실관계] 원고는 A회사에 송금하는 과정에서 과거 거래관계에 있었던 B회사의 피고(은행) 계좌(이하 '이 사건 계좌'로) 착오송금을 하였음. 원고는 착오로 송금한 이 사건 계좌의 예금채권에 채권가압류 신청을 하여 가압류결정을 받은 후 B회사에 대한 부당이득반환채권에 기하여 채권압류 및 추심명령을 받았으나, 이미 이 사건 계좌의 예금채권에는 제3자의 채권가압류와 국민건강보험공단의 압류가 있었음. 피고는 B회사에 대한 대출금채권을 자동채권으로 하여 이 사건 계좌의 예금채권과 상계한다는 의사표시를 하였는데, 이후 제3자의 채권가압류와 국민건강보험공단의 압류가 해제되었음.

원심은, 착오송금한 계좌가 이미 제3자에 의하여 가압류되어 있었으나 그 가압류가 해제된 이상 피고의 상계권 행사는 신의칙에 반하거나 상계권을 남용하는 것이라고 판단하여, 원고 청구를 거의 대부분 인용하였다.

그러나 대법원은, 위 채권가압류와 압류가 해제되지 않은 상태에서 피고가 상계적상에 있는 자신의 대출금채권을 자동채권으로 하여 이 사건 계좌의 예금채권과 상계함으로써 이 사건 계좌의 예금채권은 그 상계적상 시에 소급하여 소멸하였고, 그 후 가압류가 해제되었다고 하여 피고의 상계권 행사가 신의칙에 반한다거나 권리남용이라고 볼 수 없다고 판단하여, 원심판결 중 피고 패소 부분을 파기환송하였다.

5 일반적으로 수취인의 계좌에 입금된 금원이 착오송금에 의한 것인지 조사·확인하여야 할 수취은행의 의무는 없으므로, 송금의뢰인이 착오송금을 주장하더라도 수취인이 착오송금 사실을 인정하거나 수취은행에 그 반환을 승낙하였다고 볼 수 없는 경우에는, 수취은행의 상계는 이에 해당하지 않아 원칙적으로 허용된다. ( )

판결요지

※ 착오송금의 수취인이 착오송금 사실을 인정하거나 수취은행에 반환을 승낙하였다고 볼 수 없는 경우, 수취은행이 수취인에 대한 대출채권 등을 자동채권으로 하여 수취인 계좌에 착오송금된 금원 상당의 예금채권과 상계하는 것이 송금의뢰인과의 관계에서 신의칙 위반 내지 상계권 남용에 해당하는지 여부(소극)

"송금의뢰인이 착오송금임을 이유로 거래은행을 통하여 혹은 수취은행에 직접 송금액의 반환을 요청하는 경우, 수취인도 송금의뢰인의 착오송금에 의하여 수취인의 계좌에 금원이 입금된 사실을 인정하여 수취은행에 그 반환을 승낙하고 있다면, 특별한 사정이 없는 한 수취은행이 수취인에 대한 대출채권 등을 자동채권으로 하여 수취인의 계좌에 착오로 입금된 금원 상당의 예금채권과 상계하는 것은 송금의뢰인에 대한 관계에서 신의칙 위반 또는 상계권 남용으로서 허용되지 않는다. 그러나 일반적으로 수취인의 계좌에 입금된 금원이 착오송금에 의한 것인지 조사·확인하여야 할 수취은행의 의무는 없으므로, 송금의뢰인이 착오송금을 주장하더라도 수취인이 착오송금 사실을 인정하거나 수취은행에 그 반환을 승낙하였다고 볼 수 없는 경우에는, 수취은행의 상계는 이에 해당하지 않아 원칙적으로 허용된다"(대판 2022.8.31. 2021다256481). **정답** ○

조 합

1 ★ 2인으로 구성된 조합에서 한 사람이 탈퇴하면 조합관계는 종료되나 특별한 사정이 없는 한 조합은 해산이나 청산이 되지 않고, 다만 조합원의 합유에 속한 조합재산은 남은 조합원의 단독소유에 속하여 탈퇴 조합원과 남은 조합원 사이에는 탈퇴로 인한 계산을 해야 한다.
24년 변호, 22년 법무사 ( )

1-1 탈퇴한 조합원은 탈퇴 당시의 조합재산을 계산한 결과 조합의 재산상태가 적자가 아닌 경우에 지분을 환급받을 수 있다. 따라서 탈퇴 조합원의 지분을 계산할 때 지분을 계산하는 방법에 관해서 별도 약정이 있다는 등 특별한 사정이 없는 한 지분의 환급을 주장하는 사람에게 조합재산의 상태를 증명할 책임이 있다. ( )

판결요지

"탈퇴한 조합원과 다른 조합원 간의 계산은 탈퇴 당시의 조합재산 상태에 의하여 한다(민법 제719조 제1항). 2인으로 구성된 조합에서 한 사람이 탈퇴하면 조합관계는 종료되나 특별한 사정이 없는 한 조합은 해산이나 청산이 되지 않고, 다만 조합원의 합유에 속한 조합재산은 남은 조합원의 단독소유에 속하여 탈퇴 조합원과 남은 조합원 사이에는 탈퇴로 인한 계산을 해야 한다. 탈퇴한 조합원은 탈퇴 당시의 조합재산을 계산한 결과 조합의 재산상태가 적자가 아닌 경우에 지분을 환급받을 수 있다. 따라서 탈퇴 조합원의 지분을 계산할 때 지분을 계산하는 방법에 관해서 별도 약정이 있다는 등 특별한 사정이 없는 한 지분의 환급을 주장하는 사람에게 조합재산의 상태를 증명할 책임이 있다"(대판 2021.7.29. 2019다207851). **정답** ○

유제 **정답** ○

1-2 ★ 조합에서 조합원이 탈퇴하는 경우, 탈퇴자와 잔존자 사이의 탈퇴로 인한 계산은 특별한 사정이 없는 한 '탈퇴 당시의 조합재산상태'를 기준으로 평가한 조합재산 중 탈퇴자의 지분에 해당하는 금액을 금전으로 반환하여야 하고, 조합원의 지분비율은 조합청산의 경우에 실제 출자한 자산가액의 비율에 의하는 것과는 달리 조합 내부의 손익분배 비율을 기준으로 계산하여야 하는 것이 원칙이다. (   )

> **판결요지**
>
> ※ 조합에서 조합원이 탈퇴하는 경우, 탈퇴자와 잔존자 사이의 탈퇴로 인한 계산 방법 및 이 경우 조합원의 지분비율은 조합 내부의 손익분배 비율을 기준으로 계산하는 것이 원칙인지 여부(적극)
>
> "조합에서 조합원이 탈퇴하는 경우, 탈퇴자와 잔존자 사이의 탈퇴로 인한 계산은 특별한 사정이 없는 한 민법 제719조 제1항, 제2항에 따라 '탈퇴 당시의 조합재산상태'를 기준으로 평가한 조합재산 중 탈퇴자의 지분에 해당하는 금액을 금전으로 반환하여야 하고, 조합원의 지분비율은 조합청산의 경우에 실제 출자한 자산가액의 비율에 의하는 것과는 달리 조합 내부의 손익분배 비율을 기준으로 계산하여야 하는 것이 원칙이다"(대판 2023.10.12. 2022다285523, 285530).
>
> **정답** ○

2 ★ 조합의 일부 조합원이 당초 약정한 출자의무를 이행하고 있지 않은 상태에서 조합이 해산되어 잔여업무가 남아 있지 않고 잔여재산의 분배 절차만이 남은 경우, 이행되지 아니한 출자금 채권을 추심하거나 청산절차를 거치지 않고도 각 조합원은 자신이 실제로 출자한 가액 비율의 범위 내에서 출자가액 비율을 초과하여 잔여재산을 보유하고 있는 조합원에 대하여 잔여재산의 분배 절차를 진행할 수 있으나, 이러한 기준에 따라 잔여재산분배 절차를 진행하는 경우, 다른 조합원들이 출자의무를 이행하지 아니한 조합원에게 출자의무의 이행을 청구할 수는 없다. (   )

2-1 ★ A와 B로 구성된 이 사건 조합은 B가 약정한 출자의무 중 일부를 이행하지 않은 상태에서 해산되었다. 이후 A와 B가 서로 상대방을 상대로 수익금 반환 및 잔여재산분배를 구하는 경우, B의 미이행 출자 부분 상당액을 A의 B에 대한 손해배상채권으로 인정하여 이 사건 조합의 '잔여재산'에 포함시킬 수는 없다. (   )

> **판결요지**
>
> ※ 조합의 일부 조합원이 약정한 출자의무를 이행하고 있지 않은 상태에서 조합이 해산되어 그 잔여업무가 남아 있지 않고 잔여재산의 분배 절차만이 남아 있는 경우 미이행 출자 부분 상당액을 손해배상채권으로 인정하여 잔여재산분배의 '잔여재산'으로 포함시킬 수 있는지 여부(소극)
>
> "조합의 일부 조합원이 당초 약정한 출자의무를 이행하고 있지 않은 상태에서 조합의 해산사유가 발생하여 해산이 이루어진 경우 그 잔여업무가 남아 있지 않고 다만 잔여재산의 분배 절차만이 남아 있을 때에는 조합원 사이에 별도의 약정이 없는 이상, 그 이행되지 아니한 출자금 채권을 추심하거나 청산절차를 거치지 않고도 각 조합원은 자신이 실제로 출자한 가액 비율의 범위 내에서 그 출자가액 비율을 초과하여 잔여재산을 보유하고 있는 조합원에 대하여 잔여재산의 분배 절차를 진행할 수 있다(대판 2018.8.30. 2016다46338,46345, 대판 2019.7.25. 2019다205206,205213). 이때 잔여재산은 특별한 사정이 없는 한 각 조합원이 실제로 출자한 가액에 비례하여 이를 분배하여야 할 것인데(대판 1980.8.12. 79다1315, 대판 1992.4.24. 92다2509 등 참조), 일부 이행되지 아니한 출자금이 있더라도 이를 고려하지 않고 잔여재산의 범위를 확정한 다음 각 조합원이 실제로 출자한 가액에 비례하여 이를 분배함이 타당하다. 그리고 이러한

기준에 따라 잔여재산분배 절차를 진행하는 이상 다른 조합원들은 출자의무를 이행하지 아니한 조합원에게 더 이상 출자의무의 이행을 청구할 없다고 보아야 한다"(대판 2022.2.17. 2016다278579,278586). 정답 ○

정답 ○

유제

[사실관계] 원고와 피고 甲으로 구성된 이 사건 조합은 피고 甲이 약정한 출자의무 중 일부를 이행하지 않은 상태에서 해산되었음. 이후 원고와 피고 甲이 서로 상대방을 상대로 수익금 반환 및 잔여재산분배를 구하는 사안에서, 원심은 이 사건 조합이 해산되어 청산절차가 종료되었고, 그 잔여업무가 남아 있지 않아 잔여재산분배를 할 수 있다고 판단한 후, 피고 甲의 미이행 출자 부분 상당액을 원고의 피고 甲에 대한 손해배상채권으로 인정하여 이 사건 조합의 '잔여재산'에 포함시켰으나, 위 손해배상채권은 피고 甲의 출자로 인정하지 아니하고 그동안의 원고와 피고 甲의 출자비율에 따라 잔여재산을 분배함. 대법원은, 조합의 일부 조합원이 당초 약정한 출자의무를 이행하고 있지 않은 상태에서 조합의 해산이 이루어진 경우 그 잔여업무가 남아 있지 않고 다만 잔여재산의 분배 절차만이 남아 있을 때에는 조합원 사이에 별도의 약정이 없는 이상, 일부 이행되지 아니한 출자금이 있더라도 이를 고려하지 않고 잔여재산의 범위를 확정한 다음 각 조합원이 실제로 출자한 가액에 비례하여 이를 분배하여야 함에도 원심이 미이행 출자 부분 상당액을 손해배상채권으로 인정하여 잔여재산에 포함시킨 잘못이 있다는 이유로 원심을 파기환송함

3 ★★ 조합채무는 모든 조합원에게 합유적으로 귀속되므로, 조합원 중 1인이 조합채무를 면책시킨 경우 그 조합원은 다른 조합원에 대하여 민법 제425조 제1항에 따라 구상권을 행사할 수 있다. 이러한 구상권은 조합의 해산이나 청산 시에 손실을 부담하는 것과 별개의 문제이므로 반드시 잔여재산분배 절차에서 행사해야 하는 것은 아니다. ( )

3-1 ★ 조합원 A가 조합채무 전액을 변제한 후 다른 조합원 B를 상대로 구상금을 청구한 경우, B는 사업이 종료하기 전에는 구상청구를 할 수 없다고 주장할 수 없다. ( )

판결요지

※ 조합원 중 1인이 조합채무를 면책시킨 경우, 해산이나 청산에 따른 잔여재산분배 절차에서만 다른 조합원에 대해 구상권을 행사할 수 있는지(소극)

"민법 제425조 제1항은 "어느 연대채무자가 변제 기타 자기의 출재로 공동면책이 된 때에는 다른 연대채무자의 부담부분에 대하여 구상권을 행사할 수 있다."라고 정하고 있다. 조합채무는 모든 조합원에게 합유적으로 귀속되므로, 조합원 중 1인이 조합채무를 면책시킨 경우 그 조합원은 다른 조합원에 대하여 민법 제425조 제1항에 따라 구상권을 행사할 수 있다. 이러한 구상권은 조합의 해산이나 청산 시에 손실을 부담하는 것과 별개의 문제이므로 반드시 잔여재산분배 절차에서 행사해야 하는 것은 아니다"(대판 2022.5.26. 2022다211416). 정답 ○

정답 ○

유제

[사실관계] 원고가 조합채무 전액을 변제한 후 다른 조합원인 피고를 상대로 구상금을 청구하자, 피고가 사업이 종료하기 전에는 구상청구를 할 수 없다고 주장한 사안으로, 대법원은 피고의 주장을 배척하고 원고의 구상금 청구를 인정하였다.

4 ★ 민법상 조합에서 조합원의 제명은 정당한 사유가 있는 때에 한하여 다른 조합원의 일치로써 결정하는데(민법 제718조 1항), 여기에서 '정당한 사유가 있는 때'란 특정 조합원이 동업계약에서 정한 의무를 이행하지 않거나 조합업무를 집행하면서 부정행위를 한 경우와 같이 특정 조합원에게 명백한 귀책사유가 있는 경우에 한정된다. 22년 법행(   )

4-1 甲, 乙, 丙이 기간을 정하여 병원을 공동으로 운영하기 위한 동업계약을 하면서 출자지분은 甲 1/7, 乙 5/7, 丙 1/7로 하며, 乙이 병원장으로 경영권을 가지기로 하였고, 약정기간이 지난 다음에도 계속 병원을 운영하다가 乙이 동업계약 변경안을 제시하였으나 甲이 이를 반대하여 재계약을 하지 못하였고 그 과정에서 심각한 불화가 발생한 경우, 乙과 丙이 甲에 대한 제명을 결의한 것은 정당하다. (   )

[판결요지]

※ 민법 제718조 제1항에서 조합원의 제명 요건으로 정한 '정당한 사유가 있는 때'의 의미 및 신뢰관계 파탄을 이유로 조합원을 제명한 것에 정당한 사유가 있는지 판단할 때 고려하여야 할 사항

"민법상 조합에서 조합원의 제명은 정당한 사유가 있는 때에 한하여 다른 조합원의 일치로써 결정한다(제718조 제1항). 여기에서 '정당한 사유가 있는 때'란 특정 조합원이 동업계약에서 정한 의무를 이행하지 않거나 조합업무를 집행하면서 부정행위를 한 경우와 같이 특정 조합원에게 명백한 귀책사유가 있는 경우는 물론이고, 이에 이르지 않더라도 특정 조합원으로 말미암아 조합원들 사이에 반목·불화로 대립이 발생하고 신뢰관계가 근본적으로 훼손되어 특정 조합원이 계속 조합원의 지위를 유지하도록 한다면 조합의 원만한 공동운영을 기대할 수 없는 경우도 포함한다. 신뢰관계 파탄을 이유로 조합원을 제명한 것에 정당한 사유가 있는지를 판단할 때에는 특정 조합원으로 말미암아 조합의 목적 달성에 방해가 계속되었는지 여부와 그 정도, 제명 이외에 다른 방해제거 수단이 있었는지 여부, 조합계약의 내용, 그 존속기간과 만료 여부, 제명에 이르게 된 경위 등을 종합적으로 고려해야 한다"(대판 2021.10.28. 2017다200702).

정답 ✕

[유제]

정답 ○

[사실관계] 甲, 乙, 丙이 기간을 정하여 병원을 공동으로 운영하기 위한 동업계약을 하면서 출자지분은 甲 1/7, 乙 5/7, 丙 1/7로 하며, 乙이 병원장으로 경영권을 가지기로 하였고, 약정기간이 지난 다음에도 계속 병원을 운영하다가 乙이 동업계약 변경안을 제시하였으나 甲이 이를 반대하여 재계약을 하지 못하였고 그 과정에서 심각한 불화가 발생하였는데, 그 후 乙과 丙이 甲에 대한 제명을 결의한 사안에서, 대법원은 甲의 귀책사유로 재계약이 체결되지 못했다고 볼 수 없다는 이유로 제명결의에 정당한 사유가 인정되지 않는다고 본 원심판결에 법리오해 등의 잘못이 있다고 한 사례

제4장	사무관리
제5장	부당이득

1 ★ 부당이득으로 취득한 것이 금전상의 이득인 때에는 그 금전은 이를 취득한 자가 소비하였는지를 불문하고 현존하는 것으로 추정되므로, 채무자가 부인행위 상대방으로부터 취득한 반대급부가 금전상의 이득인 때에는, 특별한 사정이 없는 한 반대급부에 의하여 생긴 이익이 현존하는 것으로 추정된다. ( )

> **판결요지**
>
> ※ 채무자가 부인행위 상대방으로부터 취득한 반대급부가 금전상의 이득인 경우, 반대급부에 의하여 생긴 이익이 현존하는 것으로 추정되는지 여부(원칙적 적극)
>
> "채무자 회생 및 파산에 관한 법률 제108조 제3항에 의하면, 채무자의 행위가 부인된 경우 상대방은 채무자가 받은 반대급부에 의하여 생긴 이익의 전부가 채무자의 재산 중에 현존하는 때에는 공익채권자로서 현존이익의 반환을 청구할 수 있고(제2호), 채무자가 받은 반대급부에 의하여 생긴 이익의 일부가 채무자의 재산 중에 현존하는 때에는 공익채권자로서 그 현존이익의 반환을 청구할 수 있으며, 회생채권자로서 반대급부와 현존이익과의 차액의 상환을 청구할 수 있다(제4호). 한편 부당이득으로 취득한 것이 금전상의 이득인 때에는 그 금전은 이를 취득한 자가 소비하였는지를 불문하고 현존하는 것으로 추정되므로, 채무자가 부인행위 상대방으로부터 취득한 반대급부가 금전상의 이득인 때에는, 특별한 사정이 없는 한 반대급부에 의하여 생긴 이익이 현존하는 것으로 추정된다"(대판 2022.8.25. 2022다211928). **정답** ○

2 ★ 원래 계약당사자 사이에서 그 계약의 이행으로 급부된 것은 그 급부의 원인관계가 적법하게 실효되지 아니하는 한 부당이득이 될 수 없고, 계약에 따른 어떤 급부가 그 계약의 상대방 아닌 제3자의 이익으로 된 경우에도 급부를 한 계약당사자는 계약상대방에 대하여 계약상의 반대급부를 청구할 수 있는 것이지 그 제3자에 대하여 직접 부당이득을 주장하여 반환을 청구할 수 없다. ( )

2-1 행정재산인 상가의 관리회사 A가 지방자치단체 B의 승인 하에 개보수공사를 시행하던 중 설계변경 및 공사비 증액에 관한 거부 통보를 받았음에도 그대로 공사를 완료한 후 개보수 시설물 전부를 기부채납하자, 공사비용을 실제 부담한 상인단체(독립당사자참가인) C가 설계변경으로 추가된 동산들에 관하여 지방자치단체 B를 상대로 부합으로 인한 부당이득반환 또는 선택적으로 사무관리자로서의 필요비·유익비상환을 구하더라도, 위 동산들은 보수공사를 실시하고 기부채납한 관리회사 A의 소유였을 뿐 C의 소유였다고 볼 수 없고, C가 직접 지방자치단체 B를 상대로 부당이득반환을 구할 수도 없으므로 위 청구는 인용될 수 없다. ( )

> **판결요지**
>
> ※ 부합 목적물의 소유자나 부합 발생의 원인이 된 법률관계의 당사자가 아닌 독립당사자 참가인이 부합으로 인해 이익을 얻게 되는 자를 상대로 직접 부합으로 인한 부당이득반환을 청구할 수 있는지 여부(소극)
>
> "민법 제261조에서 첨부로 법률규정에 의한 소유권 취득(민법 제256조 내지 제260조)이 인정된 경우에 "손해를

받은 자는 부당이득에 관한 규정에 의하여 보상을 청구할 수 있다."라고 규정하고 있는데, 이러한 보상청구가 인정되기 위해서는 민법 제261조 자체의 요건뿐만 아니라, 부당이득 법리에 따른 판단에 의하여 부당이득의 요건이 모두 충족되었다고 인정되어야 한다.

한편 원래 계약당사자 사이에서 그 계약의 이행으로 급부된 것은 그 급부의 원인관계가 적법하게 실효되지 아니하는 한 부당이득이 될 수 없고, 계약에 따른 어떤 급부가 그 계약의 상대방 아닌 제3자의 이익으로 된 경우에도 급부를 한 계약당사자는 계약상대방에 대하여 계약상의 반대급부를 청구할 수 있는 것이지 그 제3자에 대하여 직접 부당이득을 주장하여 반환을 청구할 수 없다"(대판 2023.4.27. 2022다304189)   `정답 ○`

`유 제`   `정답 ○`

[사실관계] 행정재산인 상가의 관리회사가 지방자치단체의 승인 하에 개보수공사를 시행하던 중 설계변경 및 공사비 증액에 관한 거부 통보를 받았음에도 그대로 공사를 완료한 후 개보수 시설물 전부를 기부채납하자, 공사비용을 실제 부담한 상인단체인 독립당사자참가인이 설계변경으로 추가된 이 사건 동산들에 관하여 지방자치단체를 상대로 부합으로 인한 부당이득반환 또는 선택적으로 사무관리자로서의 필요비·유익비상환을 구한 사안에서, 대법원은 위 법리에 따라, 이 사건 동산들은 보수공사를 실시하고 기부채납한 관리회사의 소유였을 뿐 독립당사자참가인의 소유였다고 볼 수 없고, 독립당사자참가인이 직접 피고 지방자치단체를 상대로 부당이득반환을 구할 수도 없음을 이유로 이와 다른 전제의 원심판단 해당 부분을 파기·환송하였다.

3 ★ 잔고가 마이너스 상태인 종합통장자동대출의 약정계좌로 착오 송금된 금원에 대하여 계좌소유자가 아닌 수취은행을 상대로 부당이득반환을 구할 수는 없다.   (   )

`판결요지`

※ 잔고가 마이너스 상태인 종합통장자동대출의 약정계좌로 착오 송금된 금원에 대하여 계좌소유자가 아닌 수취은행을 상대로 부당이득반환을 구할 수 있는지 여부(소극)

"자금이체는, 은행 간 및 은행점포 간의 송금절차를 통하여 저렴한 비용으로 안전하고 신속하게 자금을 이동시키는 수단이고, 다수인 사이에 다액의 자금이동을 원활하게 처리하기 위하여 그 중개역할을 하는 은행이 각 자금이동의 원인인 법률관계의 존부, 내용 등에 관여하지 않고 이를 수행하는 체제로 되어 있다. 예금거래기본약관에 따라 송금의뢰인이 수취인의 예금계좌에 자금이체를 하여 예금원장에 입금의 기록이 된 때에는 특별한 사정이 없는 한 송금의뢰인과 수취인 사이에 자금이체의 원인인 법률관계가 존재하는지 여부에 관계없이 수취인과 수취은행 사이에는 이체금액 상당의 예금계약이 성립하고, 수취인이 수취은행에 대하여 위 입금액 상당의 예금채권을 취득한다.

종합통장자동대출에서는 은행이 대출약정에서 정하여진 한도로 채무자의 약정계좌로 신용을 공여한 후 채무자가 잔고를 초과하여 약정계좌에서 금원을 인출하는 경우 잔고를 초과한 금원 부분에 한하여 자동적으로 대출이 실행되고 그 약정계좌에 다시 금원을 입금하는 경우 그만큼 대출채무가 감소하게 된다. 종합통장자동대출의 약정계좌가 예금거래기본약관의 적용을 받는 예금계좌인 경우에 그 예금계좌로 송금의뢰인이 자금이체를 한 때에는 특별한 사정이 없는 한 송금의뢰인과 수취인 사이에 자금이체의 원인인 법률관계가 존재하는지 여부에 관계없이 수취인이 수취은행에 대하여 위 이체금액 상당의 예금채권을 취득한다.

다만 약정계좌의 잔고가 마이너스로 유지되는 상태, 즉 대출채무가 있는 상태에서 약정계좌로 자금이 이체되면, 그 금원에 대해 수취인의 예금채권이 성립됨과 동시에 수취인과 수취은행 사이의 대출약정에 따라 수취은행의 대출채권과 상계가 이루어지게 된다. 그 결과 수취인은 대출채무가 감소하는 이익을 얻게 되므로, 설령 송금의뢰인과 수취인 사이에 자금이체의 원인인 법률관계가 없더라도, 송금의뢰인은 수취인에 대하여 이체금액 상당의 부당이득반환청구권을 가지게 될 뿐이고, 수취인과의 적법한 대출거래약정에 따라 대출채권의 만족을 얻은 수취은행에 대하여는 부당이득반환청구권을 취득한다고 할 수 없다"(대판 2022.6.30. 2016다237974)   정답 ○

4 농지에 관한 임대차계약이 강행법규인 농지법 제23조에 위반되어 무효가 되는 경우 임차인이 반환해야 할 부당이득액은 무효인 임대차계약이 정한 약정 차임이 아니라, 농지로 이용되는 것을 전제로 한 임대차보증금 없는 상태에서의 객관적 임료 상당액을 기준으로 산정해야 한다.   (   )

판결요지

※ 농지에 관한 임대차계약이 강행법규인 농지법 제23조에 위반되어 무효가 되는 경우 임차인이 반환해야 할 부당이득액의 산정방법

"농지에 관한 임대차계약이 강행법규인 농지법 제23조에 위반되어 무효가 되는 경우, 임차인이 법률상 권원 없이 농지를 점유·사용함에 따라 얻게 된 이득은 특별한 사정이 없는 한 그 농지의 임료 상당액이고, 이때의 '임료 상당액'은 해당 농지가 다른 용도로 불법으로 전용되어 이용되는 상태임을 전제로 산정하여서는 안 됨은 물론, 임대차보증금이 없는 경우를 전제로 객관적으로 산정된 금액을 의미하는 것이 원칙이다. 그러므로 강행법규인 농지법 제23조의 위반을 이유로 임대차계약이 무효가 되는 경우에도 특별한 사정이 있는 경우가 아니라면 임대인이 임차인에 대하여 그 점유·사용에 관한 부당이득의 반환을 구할 수 있지만, 그 약정 차임이 해당 농지가 불법으로 전용되는 상태가 아닌 경우로서, 임대차보증금이 없는 경우임을 전제로 객관적으로 산정된 '임료 상당액과 사실상 동일하다는 등의 특별한 사정이 없음에도, 곧바로 이를 그 점유·사용에 따른 부당이득 금액으로 추인하는 것은 결과적으로 무효인 농지임대차계약의 내용을 적극적으로 실현하는 것이 되어 강행법규인 농지법 제23조의 규범 목적과 취지를 사실상 잠탈하게 되므로 허용될 수 없다"(대판 2022.5.26. 2021다216421,216438)   정답 ○

5 ★ 근저당권부 채권양도에서 이전등기만 마치고 대항요건을 갖추지 못한 양수인이 배당받은 경우 채무자가 부당이득반환청구를 할 수는 없다.   (   )

5-1 후순위 근저당권과 함께 그 피담보채권을 양수하였지만 채권양도의 대항요건을 갖추지 못한 A가 경매절차에서 후순위 근저당권자로 배당받게 되더라도, 채무자인 B는 A를 상대로 부당이득반환청구를 할 수는 없다. 후순위 근저당권이 경매개시결정등기 전에 등기되었고 매각으로 소멸하는 이상, B가 A를 상대로 채권양도의 대항요건이 갖추어지지 않았다는 이유를 들어 배당이의절차에서 다툼으로써 A가 배당을 받지 못하게 되더라도, 위 배당금이 B에게 배당될 수는 없는 것이므로, B에게는 배당으로 인하여 손해가 발생하였다고 보기 어렵기 때문이다.   (   )

판결요지

※ 근저당권부 채권양도에서 이전등기만 마치고 대항요건을 갖추지 못한 양수인이 배당받은 경우 채무자가 부당이득반환청구를 할 수 있는지 여부(채무자에게 위 배당으로 인한 손해가 발생하였는지 여부)

"배당절차에서 권리 없는 자가 배당을 받아감으로써 법률상 원인 없이 부당이득을 하였다 하더라도, 그로 인하여 손해를 입은 사람은 배당이 잘못되지 않았다면 배당을 받을 수 있었던 사람이지 다음 순위의 배당을 받을 수 있는 채권자가 있음에도 곧바로 손해가 채무자에게 귀속된다고 할 수는 없다.

후순위 근저당권과 함께 그 피담보채권을 양수하였지만 채권양도의 대항요건을 갖추지 못한 양수인이 선순위 근

저당권자가 신청한 경매절차에서 배당을 받은 경우에, 채무자가 양수인을 상대로 채권양도의 대항요건 미비를 이유로 배당이의절차에서 다툼으로써 양수인이 배당을 받지 못하게 되더라도, 그 후순위 근저당권이 경매개시결정등기 전에 등기되어 매각으로 소멸하는 이상 채무자에 대한 관계에서 양도인이 민사집행법 제148조 제4호에 따라 배당요구 없이 당연히 배당을 받는 근저당권자에 해당한다고 볼 수 있으므로, 채무자에게는 위 배당으로 인하여 손해가 발생하였다고 할 수 없다"(대판 2021.12.16. 2021다215701). 정답 ○

유제 정답 ○

[사실관계] 후순위 근저당권과 함께 그 피담보채권을 양수하였지만 채권양도의 대항요건을 갖추지 못한 피고가 경매절차에서 후순위 근저당권자로 배당받게 되자, 채무자인 원고가 양수인인 피고를 상대로 부당이득환환으로 배당금지급채권의 양도 및 그 양도통지를 구한 사안에서, 대법원은 후순위 근저당권이 경매개시결정등기 전에 등기되었고 매각으로 소멸하는 이상, 원고가 피고를 상대로 채권양도의 대항요건이 갖추어지지 않았다는 이유를 들어 배당이의절차에서 다툼으로써 양수인이 배당을 받지 못하게 되더라도, 위 배당금이 원고에게 배당될 수는 없으므로 원고에게는 이 사건 배당으로 인하여 손해가 발생하였다고 보기 어렵다는 이유로, 위 배당금이 원고에게 귀속되는지에 관하여 별다른 판단을 하지 않은 채 채권양도의 대항요건이 갖추어지지 않았다는 사정만으로 부당이득반환청구를 할 수 있다고 판단한 원심을 파기환송한 사안임

6 ★ 법률상 원인 없이 타인의 재산 또는 노무로 인하여 이익을 얻고 이로 인하여 타인에게 손해를 가한 경우 선의의 수익자는 받은 이익이 현존하는 한도에서 반환책임이 있고, 부당이득 반환의무자가 악의의 수익자라는 점에 대하여는 이를 주장하는 측에서 증명책임을 진다. 수익자가 취득한 것이 금전상의 이득인 때에는 그 금전은 이를 취득한 자가 소비하였는지 여부를 불문하고 현존하는 것으로 추정되나, 수익자가 급부자의 지시나 급부자와의 합의에 따라 그 금전을 사용하거나 지출하는 등의 사정이 있다면 위 추정은 번복될 수 있다. ( )

판결요지

"법률상 원인 없이 타인의 재산 또는 노무로 인하여 이익을 얻고 이로 인하여 타인에게 손해를 가한 경우 선의의 수익자는 받은 이익이 현존하는 한도에서 반환책임이 있고(민법 제748조 제1항), 부당이득 반환의무자가 악의의 수익자라는 점에 대하여는 이를 주장하는 측에서 증명책임을 진다. 수익자가 취득한 것이 금전상의 이득인 때에는 그 금전은 이를 취득한 자가 소비하였는지 여부를 불문하고 현존하는 것으로 추정되나, 수익자가 급부자의 지시나 급부자와의 합의에 따라 그 금전을 사용하거나 지출하는 등의 사정이 있다면 위 추정은 번복될 수 있다"(대판 2022.10.14. 2018다244488). 정답 ○

7 ★★ 미등기건물을 양수하여 점유하는 등 건물에 관한 사실상의 처분권을 보유하는 자가 있는 경우, 건물에 관한 사실상 처분권을 보유하는 자도 토지소유자에 대하여 부당이득반환의무를 부담하고, 사실상 건물의 처분권을 보유하는 자와 법률상 건물소유자(원시취득자)의 부당이득반환의무는 '부진정연대채무관계'에 있다. ( )

판결요지

※ 미등기건물을 양수하여 점유하는 등 건물에 관한 사실상의 처분권을 보유하는 자가 있는 경우, 건물에 관한 사실상 처분권을 보유하는 자도 토지소유자에 대하여 부당이득반환의무를 부담하는지(적극), 사실상 건물의 처분권을 보유하는 자와 법률상 건물소유자의 부당이득반환의무의 관계(부진정연대채무)

"사회통념상 건물은 그 부지를 떠나서는 존재할 수 없으므로 건물의 부지가 된 토지는 그 건물의 소유자가 점유하는 것으로 볼 것이고, 이 경우 건물의 소유자가 현실적으로 건물이나 그 부지를 점거하고 있지 아니하고 있더라도 건물의 소유를 위하여 그 부지를 점유한다고 보아야 한다.

타인 소유의 토지 위에 권원 없이 건물을 소유하는 자는 그 자체로써 건물 부지가 된 토지를 점유하고 있는 것이므로 특별한 사정이 없는 한 법률상 원인 없이 타인의 재산으로 인하여 토지의 차임에 상당하는 이익을 얻고 이로 인하여 타인에게 동액 상당의 손해를 주고 있다고 할 것이고, 이는 건물 소유자가 미등기건물의 원시취득자이고 그 건물에 관하여 사실상의 처분권을 보유하게 된 양수인이 따로 존재하는 경우에도 다르지 아니하므로, 미등기건물의 원시취득자는 토지 소유자에 대하여 부당이득반환의무를 진다.

한편 미등기건물을 양수하여 건물에 관한 사실상의 처분권을 보유하게 됨으로써 그 양수인이 건물 부지 역시 아울러 점유하고 있다고 볼 수 있는 경우에는 미등기건물에 관한 사실상의 처분권자도 건물 부지의 점유·사용에 따른 부당이득반환의무를 부담한다. 이러한 경우 미등기건물의 원시취득자와 사실상의 처분권자가 토지 소유자에 대하여 부담하는 부당이득반환의무는 동일한 경제적 목적을 가진 채무로서 부진정연대채무 관계에 있다고 볼 것이다"

(대판 2022.9.29. 2018다243133,243140)　　　　　정답　○

[사실관계] 원고가 자기 소유의 토지 위에 건축된 미등기건물을 전전매수하여 점유하고 있는 피고를 상대로 부당이득반환 등을 청구한 사안에서, 미등기건물을 양수하여 건물에 관한 사실상의 처분권을 보유하게 됨으로써 그 양수인이 건물 부지 역시 아울러 점유하고 있다고 볼 수 있는 경우에는 미등기건물에 관한 사실상의 처분권자도 건물 부지의 점유·사용에 따른 부당이득반환의무를 부담한다고 보아야 함에도, 피고가 단지 법률상의 소유자가 아니라는 이유로 원고에 대하여 이 사건 토지 일부의 점유·사용에 따른 부당이득반환의무가 없다고 판단한 원심판결을 파기환송한 사례

8　저작권자의 허락 없이 저작물을 이용한 사람은 특별한 사정이 없는 한 법률상 원인 없이 그 이용료 상당액의 이익을 얻고 이로 인하여 저작권자에게 그 금액 상당의 손해를 가하였다고 보아야 하므로, 저작권자에게 그 저작물에 관하여 이용허락을 받았더라면 이용대가로서 지급하였을 객관적으로 상당한 금액을 부당이득으로 반환할 책임이 있고, 위와 같은 이익은 현존하는 것으로 볼 수 있으므로 선의의 수익자라고 하더라도 이를 반환하여야 한다.　　　　　(　　)

판결요지

"저작권자의 허락 없이 저작물을 이용한 사람은 특별한 사정이 없는 한 법률상 원인 없이 그 이용료 상당액의 이익을 얻고 이로 인하여 저작권자에게 그 금액 상당의 손해를 가하였다고 보아야 하므로, 저작권자에게 그 저작물에 관하여 이용허락을 받았더라면 이용대가로서 지급하였을 객관적으로 상당한 금액을 부당이득으로 반환할 책임이 있고, 위와 같은 이익은 현존하는 것으로 볼 수 있으므로 선의의 수익자라고 하더라도 이를 반환하여야 한다"

(대판 2023.1.12. 2022다270002).　　　　　정답　○

9　★ 확정판결은 재심의 소 등으로 취소되지 않는 한 확정판결에 따른 이행으로 받은 급부의 대가로서 기존 급부와 동일성을 유지하면서 형태가 변경된 것에 불과한 처분대금을 법률상 원인이 없는 이익으로 볼 수는 없다.　　　　　(　　)

9-1　선행판결에 따른 급부의 이행으로 원고(리스이용자) A로부터 리스물건을 반환받은 피고(리스회사) B가 위 리스물건을 매각한 경우, 피고 B는 원고 A로부터 확정판결에 따른 급부의 이행으로 인쇄기를 반환받은 후 이를 매각하였으므로 그 매각대금을 법률상 원인 없는 이익이라고 할 수 없다.　　　　　(　　)

판결요지

※ 확정판결에 따른 이행으로 받은 급부의 대가로서 기존 급부와 동일성을 유지하면서 형태가 변경된 것에 불과한 처분대금이 법률상 원인이 없는 이익인지 여부(소극)

"확정판결은 재심의 소 등으로 취소되지 않는 한 그 소송당사자를 기속하므로 확정판결에 기한 이행으로 받은 급부는 법률상 원인 없는 이익이라고 할 수 없다. 그리고 이는 해당 급부뿐만 아니라 그 급부의 대가로서 기존 급부와 동일성을 유지하면서 형태가 변경된 것에 불과한 처분대금 등에 대해서도 마찬가지이다"(대판 2023.6.29. 2021다243812) **정답** ○   **유제**   **정답** ○

[사실관계] 선행판결에 따른 급부의 이행으로 원고(리스이용자)로부터 리스물건을 반환받은 피고(리스회사)가 위 리스물건을 매각하자, 원고가 그 매각대금의 일부가 부당이득이라고 주장하면서 그 반환을 구하는 사안에서, 대법원은 ① 피고는 원고로부터 이 사건 확정판결에 따른 급부의 이행으로 이 사건 인쇄기를 반환받은 후 이를 매각하였으므로 그 매각대금을 법률상 원인 없는 이익이라고 할 수 없고, ② 피고가 이 사건 인쇄기를 반환 받지 못할 것에 대비하여 실권을 막기 위해 원고에 대한 회생절차에서 이 사건 리스계약에 따른 채권을 회생담보권으로 신고한 적이 있더라도 위와 같이 인쇄기가 반환됨에 따라 피고가 신고한 회생담보권이나 회생채권은 존재하지 않는 것으로 확정되었으므로 피고가 인쇄기를 반환받는 것에 더하여 회생계획을 통해 이중으로 이익을 얻는 부분이 발생하지 않았으며, ③ 이 사건 선행소송의 변론종결 이후의 사정을 고려하더라도 피고가 부당하게 이익을 얻었다거나 다른 회생채권자 등과의 평등을 해하는 결과가 발생하였다는 등의 특별한 사정이 있다고 볼 수도 없다고 보아, 피고가 부당한 이익을 취득한 것으로 볼 수 없다고 판단한 원심판결에 금융리스계약의 법적 성질 등에 관한 법리를 오해하여 판결에 영향을 미친 잘못이 없다고 보고 상고를 기각하였다.

9-2 ★ 확정판결과 달리 지급명령에는 기판력이 인정되지 않으므로 실체적 권리관계와 다른 내용으로 지급명령이 확정되고 그 지급명령에 기한 이행으로 금전 등이 교부되었다면 그에 관하여 부당이득이 성립할 수 있다.   ( )

판결요지

※ 실체적 권리관계와 다른 내용으로 지급명령이 확정되고 그 지급명령에 기한 이행으로 금전 등이 교부된 경우 그에 관하여 부당이득이 성립할 수 있는지 여부(적극)

"확정판결에는 기판력이 인정되므로 그 내용이 실체적 권리관계와 다르다고 하더라도 판결이 재심의 소 등으로 취소되지 않는 한 그 판결에 기한 이행으로 교부받은 금전 등을 법률상 원인 없는 이득이라 할 수 없지만(대판 2001.11.13. 99다32905 등 참조), 지급명령에는 기판력이 인정되지 않으므로 실체적 권리관계와 다른 내용으로 지급명령이 확정되고 그 지급명령에 기한 이행으로 금전 등이 교부되었다면 그에 관하여 부당이득이 성립할 수 있다"(대판 2024.4.12. 2023다307741)   **정답** ○

10 고압전선의 소유자가 토지 상공에 일정한 사용권원을 취득한 경우에도 그 양적 범위가 토지소유자의 사용·수익이 제한되는 상공의 범위에 미치지 못한다면, 그 미달 범위에 상응하는 한도에서 여전히 부당이득반환의무를 부담한다.   ( )

판결요지

> ※ **고압전선의 소유자가 토지 상공에 일정한 사용권원을 취득한 경우 그 양적 범위가 토지소유자의 사용·수익이 제한되는 상공의 범위에 미치지 못하는 경우, 그 미달 범위에 상응하는 한도에서 여전히 부당이득 반환의무를 부담하는지(적극)**
>
> "토지의 상공에 고압전선이 통과하게 됨으로써 토지소유자가 토지 상공의 사용·수익을 제한받게 되는 경우, 특별한 사정이 없는 한 고압전선의 소유자는 토지소유자의 사용·수익이 제한되는 상공 부분에 대한 차임 상당의 부당이득을 얻고 있으므로, 토지소유자는 이에 대한 반환을 구할 수 있다. 이때 토지소유자의 사용·수익이 제한되는 상공의 범위에는 고압전선이 통과하는 부분뿐만 아니라 관계 법령에서 고압전선과 건조물 사이에 일정한 거리를 유지하도록 규정하고 있는 경우 그 거리 내의 부분도 포함된다. 한편 고압전선의 소유자가 해당 토지 상공에 관하여 일정한 사용권원을 취득한 경우, 그 양적 범위가 토지소유자의 사용·수익이 제한되는 상공의 범위에 미치지 못한다면, 사용·수익이 제한되는 상공 중 사용권원을 취득하지 못한 부분에 대해서 고압전선의 소유자는 특별한 사정이 없는 한 차임 상당의 부당이득을 토지소유자에게 반환할 의무를 부담한다"(대판 2022.11.30. 2017다257043)
>
> **정답** ○

11 ★ 부당이득이 성립하기 위한 요건인 '이익'을 얻은 방법에는 제한이 없다. 채무를 면하는 경우와 같이 어떠한 사실의 발생으로 당연히 발생하였을 손실을 보지 않는 것과 같은 재산의 소극적 증가도 이익에 해당한다.　　　　　　　　　　　　　　　　　　　　　( )

판결요지

> ※ **채무를 면하는 경우와 같이 어떠한 사실의 발생으로 당연히 발생하였을 손실을 보지 않는 것이 부당이득이 성립하기 위한 요건인 '이익'에 해당하는지 여부(적극)**
>
> "법률상 원인 없이 타인의 재산 또는 노무로 인하여 이익을 얻고 이로 인하여 타인에게 손해를 입힌 자는 그 이익을 반환하여야 한다(민법 제741조). 이러한 부당이득이 성립하기 위한 요건인 '이익'을 얻은 방법에는 제한이 없다. 채무를 면하는 경우와 같이 어떠한 사실의 발생으로 당연히 발생하였을 손실을 보지 않는 것과 같은 재산의 소극적 증가도 이익에 해당한다"(대판 2024.3.28. 2023다308911)
>
> **정답** ○
>
> [사실관계] 甲의 자녀를 사칭한 성명불상자가 甲에게 전화하여 甲의 휴대전화에 원격조종 프로그램을 설치한 다음, 甲의 은행계좌에서 乙에게 부여된 丙 주식회사의 가상계좌로 100만 원을 이체하였는데, 위 돈은 乙의 丙 회사에 대한 신용카드대금으로 결제되었고, 이에 甲이 성명불상자로부터 송금을 받은 乙을 상대로 부당이득반환을 구한 사안에서, 乙이 자신의 신용카드대금 채무이행과 관련하여 丙 회사 명의의 가상계좌로 송금된 甲의 돈으로 법률상 원인 없이 위 채무를 면하는 이익을 얻었으므로 甲에게 그 이익을 부당이득으로 반환할 의무를 부담하고, 이때 乙이 얻은 이익은 위 돈 자체가 아니라 위 돈이 丙 회사 명의의 가상계좌로 송금되어 자신의 채무를 면하게 된 것이므로, 乙이 위 돈을 사실상 지배하였는지는 乙의 부당이득 반환의무 발생에 영향을 미치는 사정이 아닌데도, 乙이 위 돈을 사실상 지배할 수 있는 상태에 이르지 못하여 실질적인 이득을 얻지 못하였다는 이유로 乙의 부당이득 반환의무를 부정한 원심판결에 소액사건심판법 제3조 제1호에서 정한 '대법원의 판례에 상반되는 판단'을 한 잘못이 있다고 한 사례

제6장	불법행위책임

일반불법행위책임

1 ★ 불법행위의 성립요건으로서 위법성은 법률을 위반한 경우에 한정되지 않고 전체 법질서의 관점에서 사회통념상 위법하다고 판단되는 경우도 포함할 수 있는 탄력적인 개념이며, 관련 행위 전체를 일체로 보아 판단하여 결정해야만 하는 것은 아니고, 문제가 되는 행위마다 개별적·상대적으로 판단하여야 한다.   23년 3차모의 (   )

판결요지

"민법 제750조는 '고의 또는 과실로 인한 위법행위로 타인에게 손해를 가한 자는 그 손해를 배상할 책임이 있다.' 라고 정하고 있다. 위법행위는 불법행위의 핵심적인 성립요건으로서, 법률을 위반한 경우에 한정되지 않고 전체 법질서의 관점에서 사회통념상 위법하다고 판단되는 경우도 포함할 수 있는 탄력적인 개념이다.
불법행위의 성립요건으로서 위법성은 관련 행위 전체를 일체로 보아 판단하여 결정해야만 하는 것은 아니고, 문제가 되는 행위마다 개별적·상대적으로 판단하여야 한다. 소유권을 비롯한 절대권을 침해한 경우뿐만 아니라 법률상 보호할 가치가 있는 이익을 침해하는 경우에도 침해행위의 양태, 피침해이익의 성질과 그 정도에 비추어 그 위법성이 인정되면 불법행위가 성립할 수 있다"(대판 2021.6.30. 2019다268061).   **정답** ○

2 변호사가 의뢰인이나 그의 대리인으로부터 위임사무 수행과 밀접하게 관련된 법률적 문제에 관하여 구체적인 질의를 받은 경우, 이에 대한 답변과 관련하여 부담하는 의무를 위반한 경우, 불법행위가 성립할 수 있다.   (   )

2-1 甲으로부터 포괄적으로 대리권을 수여받아 乙 법무법인에 甲 소유 부동산의 매매계약 관련 선행소송의 대리사무를 위임한 丙이 乙 법인의 대표변호사이자 선행소송의 담당변호사인 丁에게 선행소송 계속 중 위 부동산을 제3자에게 처분하는 것이 적법한지 문의하여 丁으로부터 아무런 문제가 없다는 답변을 듣고 위 부동산을 제3자에게 처분하였는데, 그 후 이로 인해 甲과 丙이 배임죄로 형사처벌을 받게 되었다면, 丁의 답변행위는 변호사 직무의 공공성과 윤리성, 사회적 책임성 등에 현저히 반하는 것이어서 위법하므로 불법행위에 해당한다.   (   )

판결요지

※ 변호사가 의뢰인이나 그의 대리인으로부터 위임사무 수행과 밀접하게 관련된 법률적 문제에 관하여 구체적인 질의를 받은 경우, 이에 대한 답변과 관련하여 부담하는 의무의 내용 / 변호사가 위 의무를 위반한 경우, 불법행위가 성립하는지 여부(한정 적극)
"변호사의 신분적 지위와 직무수행의 방법과 한계, 의뢰인에 대한 의무의 목적과 성격 등을 종합하면, 변호사는 의뢰인이나 그의 대리인으로부터 위임된 소송의 소송물 또는 공격방어방법, 후속 분쟁 발생 가능성 등의 측면에서 위임사무 수행과 밀접하게 관련된 법률적 문제에 관하여 구체적인 질의를 받은 경우에는, 그것이 직접적인 수임사무는 아니더라도 해당 질의 사항이 가지고 있는 법률적인 문제점, 그들의 선택에 따라 향후 발생할 수 있는 상황

과 현재 수행하는 소송에 미칠 영향, 만일 형사처벌이 문제 될 여지가 있다면 그 위험성 등을 당시 인식할 수 있었던 상황과 법률전문가로서 통상적으로 갖추고 있는 법률지식의 범위에서 성실히 답변하여야 한다. 그리고 만약 그러한 질의 사항이 자신의 법률지식과 경험 범위를 벗어난 것이어서 답변하기 어렵다고 판단되거나 그에 관하여 일반적이거나 확립된 견해와 다른 입장을 갖고 있다면, 의뢰인이나 그의 대리인에게 다른 법률전문가에게도 상담을 받도록 조언하거나 적어도 이를 알림으로써 숙고하여 선택할 수 있는 기회를 부여해야 한다.

변호사가 의뢰인이나 그의 대리인에 대하여 부담하는 위와 같은 의무를 위반한 경우, 개별 사안에서 질의와 답변의 경위나 내용, 동기나 의도, 침해된 이익의 성격과 정도 등 여러 사정을 종합하여 볼 때 변호사의 행위가 전문적·합목적적 재량에 유보된 영역의 것이 아니고 변호사 직무의 공공성과 윤리성, 사회적 책임성 등에 비추어 위법하다고 평가할 수 있는 때에는 불법행위가 성립할 수 있다"(대판 2022.11.17. 2018다300364) [정답 ○]

[정답 ○]

유제

[사실관계] 甲으로부터 포괄적으로 대리권을 수여받아 乙 법무법인에 甲 소유 부동산의 매매계약 관련 선행소송의 대리사무를 위임한 丙이 乙 법인의 대표변호사이자 선행소송의 담당변호사인 丁에게 선행소송 계속 중 위 부동산을 제3자에게 처분하는 것이 적법한지 문의하여 丁으로부터 아무런 문제가 없다는 답변을 듣고 위 부동산을 제3자에게 처분하였는데, 그 후 이로 인해 甲과 丙이 배임죄로 형사처벌을 받게 되자 丁을 상대로 불법행위에 따른 손해배상을 구한 사안에서, 위와 같은 丁의 답변행위는 변호사 직무의 공공성과 윤리성, 사회적 책임성 등에 현저히 반하는 것이어서 위법하므로 불법행위에 해당한다고 한 사례

3 소음·진동을 규제하는 행정법규에서 정한 기준에 형식적으로 부합하더라도 현실적인 피해의 정도가 현저하게 커서 사회통념상 참을 한도를 넘는 경우 위법행위로 평가될 수 있다. (   )

판결요지

"공사현장에서 발생하는 소음·진동으로 인근 제3자가 손해를 입은 경우 그 위법성을 판단하는 기준은 소음·진동으로 인한 피해가 사회통념상 일반적으로 참아내야 할 정도(이하 '참을 한도'라 한다)를 넘는 것인지 여부이다. 소음·진동으로 참을 한도를 넘는 피해가 발생하였는지 여부는 구체적으로 피해의 성질 및 정도, 피해이익의 공공성, 가해행위의 태양, 가해행위의 공공성, 가해자의 방지조치 또는 손해회피의 가능성, 공법상 규제기준의 위반 여부, 토지가 있는 지역의 용도와 이용현황, 토지이용의 선후관계 등 모든 사정을 종합적으로 고려하여 판단하여야 한다. 일반적으로 소음·진동을 규제하는 행정법규는 인근 주민의 건강이나 재산, 환경을 소음·진동으로부터 보호하는 것을 주된 목적으로 하고 있기 때문에 여기에서 정하는 소음·진동에 관한 기준을 넘는지 여부는 참을 한도를 정하는 데 중요한 고려요소가 될 수 있다. 그러나 이러한 기준은 주민의 건강 등을 보호하기 위한 최소한도의 기준이므로, 그 기준을 넘어야만 참을 한도를 넘는 위법한 침해행위가 되는 것은 아니고 그 기준에 형식적으로 부합한다고 하더라도 현실적인 피해의 정도가 현저하게 커서 사회통념상 참을 한도를 넘는 경우에는 위법행위로 평가될 수 있다"(대판 2023.4.13. 2022다210000). [정답 ○]

4 X토지의 임차인이던 A가 B에게 X토지를 전대하여 B가 X토지를 점유하고 있던 중 임차인이 A의 배우자인 C로 변경되었다. C는 B를 상대로 B의 X토지 점유는 C의 임차권을 침해하는 것이라고 주장하면서 불법행위를 원인으로 한 손해배상을 청구한 경우, B의 점유 경위 등을 고려할 때 B가 C의 임차권을 해친다는 사정을 알면서도 법규를 위반하거나 선량한 풍속 그 밖의 사회질서를 위반하는 등 위법한 행위를 함으로써 C의 이익을 침해하였다고 단정할 수는 없다. (   )

판결요지

※ 제3자의 채권침해에 따른 불법행위가 성립하는지 판단하는 기준(임차인이 임차토지를 점유하고 있는 제3자를 상대로 임차권 침해를 원인으로 한 손해배상을 청구한 사건)

"제3자가 채권을 침해하였다는 사실만으로 곧바로 불법행위가 성립하지는 않지만, 제3자가 채권자를 해친다는 사정을 알면서도 법규를 위반하거나 선량한 풍속 그 밖의 사회질서를 위반하는 등 위법한 행위를 하여 채권자의 이익을 침해하였다면 불법행위가 성립한다. 채권침해의 위법성은 침해되는 채권 내용, 침해행위의 양태, 침해자의 고의나 해의 등 주관적 사정 등을 참작하여 구체적·개별적으로 판단하되, 거래자유 보장의 필요성, 경제·사회정책적 요인을 포함한 공공의 이익, 당사자 사이의 이익 균형 등을 종합적으로 고려해야 한다(대판 2007.9.21. 2006다9446 판결, 대판 2021.6.30. 2016다10827 판결 등 참조)"(대판 2022.4.28. 2020다284915). 〔정답〕○

[사실관계] 이 사건 토지의 임차인이던 원고 남편이 피고에게 이 사건 토지를 전대하여 피고가 이 사건 토지를 점유하고 있던 중 임차인이 원고로 변경되었다. 원고는 피고를 상대로 피고의 이 사건 토지 점유는 원고의 임차권을 침해하는 것이라고 주장하면서 불법행위를 원인으로 한 손해배상을 청구하였는데, 원심은 피고의 이 사건 토지 점유가 원고에 대한 불법점유에 해당한다고 판단하여 원고의 손해배상청구를 인용하였다. 그러나 대법원은 피고의 점유경위 등을 고려할 때 피고가 원고의 임차권을 해친다는 사정을 알면서도 법규를 위반하거나 선량한 풍속 그 밖의 사회질서를 위반하는 등 위법한 행위를 함으로써 원고의 이익을 침해하였다고 단정할 수 없다고 판단하여 원심을 파기환송하였다.

5 계속적 계약의 일방 당사자가 계약을 이행하는 과정에서 상대방의 생명, 신체, 건강 등의 안전에 위해가 발생할 위험이 있는 경우, 계약 당사자에게는 그러한 위험이 있음을 상대방에게 미리 고지할 의무가 인정되는바, 계약 당사자가 고지의무를 위반하였다면 상대방의 선택권 침해를 이유로 한 정신적 손해가 인정되며, 특히 고도의 기술이 집약된 제품을 대량으로 생산하는 제조업자에게 위와 같은 고지의무를 인정할 필요가 더욱 크다. (   )

판결요지

"계약의 일방 당사자는 신의성실의 원칙상 상대방에게 계약의 효력에 영향을 미치거나 상대방의 권리 확보에 위험을 가져올 수 있는 사정 등을 미리 고지할 의무가 있다. 이러한 의무는 계약을 체결할 때뿐만 아니라 계약 체결 이후 이를 이행하는 과정에서도 유지된다. 당사자 상호 간의 신뢰관계를 기초로 하는 계속적 계약의 일방 당사자가 계약을 이행하는 과정에서 상대방의 생명, 신체, 건강 등의 안전에 위해가 발생할 위험이 있고 계약 당사자에게 그 위험의 발생 방지 등을 위하여 합리적 조치를 할 의무가 있는 경우, 계약 당사자는 그러한 위험이 있음을 상대방에게 미리 고지하여 상대방으로 하여금 그 위험을 회피할 적절한 방법을 선택할 수 있게 하거나 계약 당사자가 위험 발생 방지를 위한 합리적 조치를 함으로써 그 위험을 제거하였는지를 확인할 수 있게 할 의무가 있다. 특히 계속적 계약의 일방 당사자가 고도의 기술이 집약된 제품을 대량으로 생산하는 제조업자이고 상대방이 소비자라면 정보 불균형으로 인한 부작용을 해소하기 위해 제조업자에 대하여 위와 같은 고지의무를 인정할 필요가 더욱 크다"(대판 2022.5.26. 2020다215124) 〔정답〕○

[사실관계] 甲 등이 乙 주식회사가 제조한 얼음정수기를 임대차 또는 매매의 방법으로 제공받아 사용하고 乙 회사는 이를 정기적으로 점검, 관리하는 내용의 계약을 체결하였는데, 그 후 얼음정수기에서 중금속인 니켈이 검출된 사안에서, 乙 회사는 얼음정수기에서 니켈도금이 박리되고 니켈성분이 검출된 사실을 갑 등에게 고지할 의무가 있었는데도, 이를 고지하지 않음으로써 甲 등이 건강과 밀접한 관련이 있는 마실 물에 관하여 선택권을 행사할 기회를 상실하였으므로, 이러한 선택권의 침해로 甲 등의 정신적 손해를 인정한 원심판결을 수긍한 사례

6 가압류·가처분 등 보전처분의 집행 후 집행채권자가 본안소송에서 패소 확정되었다면 보전처분의 집행으로 인하여 채무자가 입은 손해에 대하여는 특별한 반증이 없는 한 집행채권자에게 고의 또는 과실이 있다고 추정되고, 따라서 집행채권자는 보전처분의 부당한 집행으로 인한 손해에 대하여 채무자에게 이를 배상할 책임이 있다.　　　　　　　　　　　　　　　　　　　　　　　　　　　　　　　（　　）

6-1 채권자가 가압류신청에서 진정한 채권액보다 지나치게 과다한 가액을 주장하여 그 가액대로 가압류 결정이 된 후 본안소송에서 피보전권리가 없는 것으로 확인된 부분의 범위 내에서는 채권자의 고의·과실이 추정된다. 다만 불법행위에 따른 손해배상액을 산정할 때에 손해부담의 공평을 기하기 위하여 여러 사정에 비추어 채권자에게 가압류 집행으로 인하여 채무자가 입은 손해의 전부를 배상하게 하는 것이 공평의 이념에 반하는 것으로 평가된다면 채권자의 손해배상책임을 제한할 수 있다.　　　　　　　　　　　　　　　　　　　　　　　　　　　　　　　　（　　）

> 판결요지
>
> "[1] 가압류·가처분 등 보전처분은 법원의 재판에 따라 집행되지만, 이는 실체법상 청구권이 있는지 여부를 본안소송에 맡기고 단지 소명에 따라 채권자의 책임 아래 하는 것이므로, 보전처분의 집행 후 집행채권자가 본안소송에서 패소 확정되었다면 보전처분의 집행으로 인하여 채무자가 입은 손해에 대하여는 특별한 반증이 없는 한 집행채권자에게 고의 또는 과실이 있다고 추정되고, 따라서 집행채권자는 보전처분의 부당한 집행으로 인한 손해에 대하여 채무자에게 이를 배상할 책임이 있다.
>
> 채권자가 가압류신청에서 진정한 채권액보다 지나치게 과다한 가액을 주장하여 그 가액대로 가압류 결정이 된 후 본안소송에서 피보전권리가 없는 것으로 확인된 부분의 범위 내에서는 채권자의 고의·과실이 추정된다. 다만 불법행위에 따른 손해배상액을 산정할 때에 손해부담의 공평을 기하기 위하여 가해자의 책임을 제한할 수 있으므로, 보전처분과 본안소송에서 판단이 달라진 경위와 대상, 해당 판단 요소들의 사실적·법률적 성격, 판단의 난이도, 당사자의 인식과 검토 여부 등 관여 정도를 비롯한 여러 사정에 비추어 채권자에게 가압류 집행으로 인하여 채무자가 입은 손해의 전부를 배상하게 하는 것이 공평의 이념에 반하는 것으로 평가된다면 채권자의 손해배상책임을 제한할 수 있다.
>
> [2] 불법행위로 인한 손해배상사건에서 책임제한 사유에 관한 사실인정이나 그 비율의 정함은 형평의 원칙에 비추어 현저히 불합리하다고 인정되지 않는 한 사실심의 전권사항에 속한다"(대판 2023.6.1. 2020다242935)　　정답 ○
>
> 유제　　　　　　　　　　　　　　　　　　　　　　　　　　　　　　　　　　　　　정답 ○

7 제조업체가 위법한 쟁의행위로 조업을 하지 못함으로써 입은 고정비용 상당 손해배상을 구하는 경우, 제조업체는 조업중단으로 인하여 일정량의 제품을 생산하지 못하였다는 점 및 생산 감소로 인하여 매출이 감소하였다는 점을 증명하여야 할 것이지만, 제품이 생산되었다면 그 후 판매되어 제조업체가 이로 인한 매출이익을 얻고 또 생산에 지출된 고정비용을 매출원가의 일부로 회수할 수 있다고 추정함이 상당하고, 다만 해당 제품이 이른바 적자제품이라거나 불황 또는 제품의 결함 등으로 판매가능성이 없다는 등의 특별한 사정에 대한 간접반증이 있으면 이러한 추정은 복멸된다.　　　　　　　　　　　　　　　　　　　　　　　　　　　（　　）

7-1 쟁의행위 종료 후 상당한 기간 안에 추가 생산을 통하여 쟁의행위로 인한 부족 생산량이 만회되는 등 생산 감소로 인하여 매출 감소의 결과에 이르지 아니할 것으로 볼 수 있는 사정이 증명된 경우도 마찬가지이다.　　　　　　　　　　　　　　　　　　　　　　　　　　　　　　（　　）

판결요지

"[1] 제조업체가 위법한 쟁의행위로 조업을 하지 못함으로써 입은 고정비용 상당 손해배상을 구하는 경우, 제조업체는 조업중단으로 인하여 일정량의 제품을 생산하지 못하였다는 점 및 생산 감소로 인하여 매출이 감소하였다는 점을 증명하여야 할 것이지만, 제품이 생산되었다면 그 후 판매되어 제조업체가 이로 인한 매출이익을 얻고 또 생산에 지출된 고정비용을 매출원가의 일부로 회수할 수 있다고 추정함이 상당하고, 다만 해당 제품이 이른바 적자제품이라거나 불황 또는 제품의 결함 등으로 판매가능성이 없다는 등의 <u>특별한 사정에 대한 간접반증이 있으면 이러한 추정은 복멸된다. 그리고 쟁의행위 종료 후 상당한 기간 안에 추가 생산을 통하여 쟁의행위로 인한 부족 생산량이 만회되는 등 생산 감소로 인하여 매출 감소의 결과에 이르지 아니할 것으로 볼 수 있는 사정이 증명된 경우도 마찬가지이다.</u>

[2] 불법행위로 인한 손해배상사건에서 과실상계 또는 책임제한의 사유에 관한 사실인정이나 비율을 정하는 것은 원칙적으로 사실심의 전권사항에 속하는 것이지만, 그것이 형평의 원칙에 비추어 현저히 불합리하다고 인정되는 경우에는 위법한 것으로서 허용되지 않는다.

노동조합 및 노동관계조정법은 쟁의행위의 주체가 노동조합이고(제2조, 제37조), 노동조합은 쟁의행위에 대한 지도·관리·통제책임을 지며(제38조 제3항), 쟁의행위는 조합원 과반수의 찬성으로 결정하여야 한다(제41조 제1항)고 규정하고 있다. 이처럼 노동조합이라는 단체에 의하여 결정·주도되고 조합원의 행위가 노동조합에 의하여 집단적으로 결합하여 실행되는 쟁의행위의 성격에 비추어, 단체인 노동조합이 쟁의행위에 따른 책임의 원칙적인 귀속주체가 된다.

위법한 쟁의행위를 결정·주도한 노동조합의 지시에 따라 실행에 참여한 조합원으로서는 쟁의행위가 다수결에 의해 결정되어 일단 방침이 정해진 이상 쟁의행위의 정당성에 의심이 간다고 하여도 노동조합의 지시에 불응하기를 기대하기는 사실상 어렵고, 급박한 쟁의행위 상황에서 조합원에게 쟁의행위의 정당성 여부를 일일이 판단할 것을 요구하는 것은 근로자의 단결권을 약화시킬 우려가 있다. 그렇지 않은 경우에도 노동조합의 의사결정이나 실행행위에 관여한 정도 등은 조합원에 따라 큰 차이가 있을 수 있다. 이러한 사정을 전혀 고려하지 않고 위법한 쟁의행위를 결정·주도한 주체인 노동조합과 개별 조합원 등의 손해배상책임의 범위를 동일하게 보는 것은 헌법상 근로자에게 보장된 단결권과 단체행동권을 위축시킬 우려가 있을 뿐만 아니라 손해의 공평·타당한 분담이라는 손해배상제도의 이념에도 어긋난다. 따라서 <u>개별 조합원 등에 대한 책임제한의 정도는 노동조합에서의 지위와 역할, 쟁의행위 참여 경위 및 정도, 손해 발생에 대한 기여 정도, 현실적인 임금 수준과 손해배상 청구금액 등을 종합적으로 고려하여 판단하여야 한다</u>"(대판 2023.6.15. 2017다46274) **정답** ○

유제 **정답** ○

[동지판례] [1] "제조업체가 위법한 쟁의행위로 조업을 하지 못함으로써 입는 손해로는, 조업중단으로 제품을 생산하지 못함으로써 생산할 수 있었던 제품을 판매하여 얻을 수 있는 매출이익을 얻지 못한 손해와 고정비용을 회수하지 못한 손해가 있을 수 있다. 고정비용은 생산된 제품의 판매액에서 회수할 것을 기대하고 지출하는 비용 중 조업중단 여부와 관계없이 대체로 일정하게 지출하는 차임, 제세공과금, 감가상각비, 보험료 등을 말하고, 이러한 고정비용 상당의 손해는 생산 감소에 따라 매출이 감소하여 매출액에서 매출원가의 일부로 회수할 수 있었을 비용을 회수하지 못함으로써 발생한다.

일반적으로 불법행위로 인한 손해배상청구 사건에서 손해의 발생 및 가해행위와 손해의 발생 사이의 인과관계에 대한 증명책임은 청구자인 피해자가 부담한다. 따라서 고정비용 상당 손해의 배상을 구하는 제조업체는 위법한 쟁의행위로 인하여 일정량의 제품을 생산하지 못하였다는 점뿐만 아니라 생산되었을 제품이 판매될 수 있다는 점 및 생산 감소로 인하여 매출이 감소하였다는 점까지도 증명하여야 함이 원칙이지만, 실제의 소송과정에서는 조업중단으로 인한 매출 감소를 증명하는 것이 쉽지 않으므로, 손해 발생을 추인케 할 간접사실의 증명을 통해 손해의 발생이라는 요건사실을 인정할 현실적인 필요성이 있다. 이에 대법원은 정상적으로 조업이 이루어지는 제조업체에서 제품을 생산하였다면 적어도 지출한 고정비용 이상의 매출액을 얻었을 것이라는 경험칙에 터 잡아, 제품이 이른바 적자제품이라거나 불황 또는 제품의 결함 등으로 판매가능성이 없다는 등의 특별한 사정의 간접반증이 없는 한, 생산된 제품이 판매되어 제조업체가 이로 인한 매출이익을 얻고 또 생산에 지출된 고정비용을 매출원가의 일부로 회수할 수 있다고 추정함이 상당하다고 판시하여, 손해배상청구권자의 증명부담을 다소 완화하여 왔다. 그런데 이러한 추정 법리가 매출과 무관하게 일시적인 생산 차질이 있기만 하면 고정비용 상당 손해가 발생한다는 취지는 아니므로, 위법한 쟁의행위로 조업이 중단되어 생산이 감소하였더라도 그로 인하여 매출 감소의 결과에 이르지 아니할 것으로 볼 수 있는 사정이 증명되면, 고정비용 상당 손해의 발생이라는 요건사실의 추정은 더 이상 유지될 수 없다. 따라서 <u>위법한 쟁의행위가 종료된 후 제품의 특성, 생산 및 판매방식 등에 비추어 매출 감소를 초래하지 않을 정도의 상당한 기간 안에 추가 생산을 통하여 쟁의행위로 인한 부족 생산량의 전부 또는 일부가 만회되었다면 특별한 사정이 없는 한 그 범위에서는 조업중단으로 인한 매출 감소 및 그에 따른 고정비용 상당 손해의 발생을 인정하기 어렵다</u>"(대판 2023.6.15. 2018다41986 : 대판 2023.6.15. 2017다6498)

8 자동차매매업자가 자동차를 매도 또는 매매의 알선을 하는 경우에는 자동차관리법 제58조 제1항에 따라 매매계약을 체결하기 전에 자동차 매수인에게 '해당 자동차의 구조·장치 등의 성능·상태를 점검한 내용, 압류 및 저당권의 등록 여부, 수수료 또는 요금, 매수인이 원하는 경우에 자동차가격을 조사·산정한 내용'을 서면으로 고지하여야 한다. 이와 같이 자동차매매업자가 매수인에게 서면으로 고지하여야 할 사항들의 주요 내용은, 특별한 사정이 없는 한 매수인이 자동차매매계약을 어떠한 조건으로 체결할 것인지를 정할 수 있는 중요한 사항에 해당한다. ( )

8-1 손해배상액의 산정에 있어 손익상계가 허용되기 위해서는 손해배상책임의 원인이 되는 행위로 인하여 피해자가 새로운 이득을 얻었고, 그 이득과 손해배상책임의 원인인 행위 사이에 상당인과관계가 있어야 한다. ( )

─────── **판결요지** ───────

"[1] 자동차매매업자가 자동차를 매도 또는 매매의 알선을 하는 경우에는 자동차관리법 제58조 제1항에 따라 매매계약을 체결하기 전에 자동차 매수인에게 '해당 자동차의 구조·장치 등의 성능·상태를 점검한 내용, 압류 및 저당권의 등록 여부, 수수료 또는 요금, 매수인이 원하는 경우에 자동차가격을 조사·산정한 내용'을 서면으로 고지하여야 한다. 여기서 '자동차의 구조·장치 등의 성능·상태를 점검한 내용 및 자동차가격을 조사·산정한 내용'의 서면고지는 「자동차관리법 시행규칙」 제120조 제1항 및 제6항에 따라 같은 시행규칙 [별지 제82호 서식]의 중고자동차성능·상태점검기록부(자동차가격조사·산정서)를 매수인에게 발급하는 방식으로 하여야 한다. 또한 '압류 및 저당권의 등록 여부'의 서면고지는 그 내용이 기재된 자동차등록원부를 매수인에게 발급해 주는 등의 방식으로 하여야 한다. 이와 같이 자동차매매업자가 매수인에게 서면으로 고지하여야 할 사항들의 주요 내용은, 특별한 사정이 없는 한 매수인이 자동차매매계약을 어떠한 조건으로 체결할 것인지를 정할 수 있는 중요한 사항에 해당한다.
[2] 재산적 거래관계에 있어서 계약의 일방 당사자가 상대방에게 계약의 효력에 영향을 미치거나 상대방의 권리확보에 위험을 가져올 수 있는 구체적 사정을 고지하였다면 상대방이 계약을 체결하지 아니하거나 적어도 그와 같은 내용 또는 조건으로 계약을 체결하지 아니하였을 것임이 경험칙상 명백한 경우 계약 당사자는 신의성실의 원칙상 상대방에게 미리 그와 같은 사정을 고지할 의무가 있다(대판 2014.7.24. 2013다97076 참조). 이는 계약 당사자가 조금만 주의를 기울였다면 위와 같은 구체적 사정을 알 수 있었을 경우에도 마찬가지이다.[3] 손해배상액의 산정에 있어 손익상계가 허용되기 위해서는 손해배상책임의 원인이 되는 행위로 인하여 피해자가 새로운 이득을 얻었고, 그 이득과 손해배상책임의 원인인 행위 사이에 상당인과관계가 있어야 한다"(대판 2023.8.18. 2022다291702)

정답 ○   **유제** **정답** ○

9 부작위에 의한 불법행위가 성립하기 위해서는 작위의무가 있는 자의 부작위가 인정되어야 한다. 여기서 작위의무는 법적인 의무이어야 하는데 그 근거가 법령, 법률행위, 선행행위로 인한 경우는 물론이고 신의성실의 원칙이나 사회상규 혹은 조리상 작위의무가 기대되는 경우에도 법적인 작위의무가 인정될 수는 있다. ( )

판결요지

"부작위에 의한 불법행위가 성립하기 위해서는 작위의무가 있는 자의 부작위가 인정되어야 한다. 여기서 작위의무는 법적인 의무이어야 하는데 그 근거가 법령, 법률행위, 선행행위로 인한 경우는 물론이고 신의성실의 원칙이나 사회상규 혹은 조리상 작위의무가 기대되는 경우에도 법적인 작위의무가 인정될 수는 있다. 다만 신의성실의 원칙이나 사회상규 혹은 조리상 작위의무는 혈연적인 결합관계나 계약관계 등으로 인한 특별한 신뢰관계가 존재하여 상대방의 법익을 보호하고 그에 대한 침해를 방지할 책임이 있다고 인정되거나 혹은 상대방에게 피해를 입힐 수 있는 위험요인을 지배·관리하고 있거나 타인의 행위를 관리·감독할 지위에 있어 개별적·구체적 사정하에서 위험요인이나 타인의 행위로 인한 피해가 생기지 않도록 조치할 책임이 있다고 인정되는 경우 등과 같이 상대방의 법익을 보호하거나 그의 법익에 대한 침해를 방지하여야 할 특별한 지위에 있음이 인정되는 자에 대하여만 인정할 수 있고, 그러한 지위에 있지 아니한 제3자에 대하여 함부로 작위의무를 확대하여 부과할 것은 아니다"(대판 2023.11.16. 2022다265994) **정답** ○

10 특정 주식의 가격상승 등에 관한 기망으로 이를 매수하게 한 것이 불법행위에 해당하는 경우, 해당 주식이 매수 전후에 정상적인 거래의 대상이었고 기망이 없었다면 이를 매수하지 않았을 것이라고 단정할 수 없다면, 불법행위로 인한 재산상 손해는 주식의 매수대금에서 취득 당시 객관적인 가액 상당을 공제한 차액이라고 볼 수 있다. ( )

판결요지

"불법행위로 인한 재산상 손해는 위법한 가해행위로 인하여 발생한 재산상 불이익, 즉 위법행위가 없었더라면 존재하였을 재산상태와 위법행위가 가해진 시점의 재산상태의 차이를 의미하고, 그 손해액은 원칙적으로 불법행위시를 기준으로 산정하여야 한다. 이는 특정 주식의 가격상승 등에 관한 기망으로 이를 매수하게 한 것이 불법행위에 해당하는 경우에도 마찬가지이므로, 해당 주식이 매수 전후에 정상적인 거래의 대상이었고 기망이 없었다면 이를 매수하지 않았을 것이라고 단정할 수 없다면, 불법행위로 인한 재산상 손해는 주식의 매수대금에서 취득 당시 객관적인 가액 상당을 공제한 차액이라고 볼 수 있다"(대판 2024.1.4. 2022다286335) **정답** ○

11 훼손된 건물을 원상으로 회복시키는 데 소요되는 수리비가 건물의 교환가치를 초과하는 경우에는 그 손해액은 형평의 원칙상 그 건물의 교환가치 범위 내로 제한되어야 하며, 한편 수리로 인하여 훼손 전보다 건물의 교환가치가 증가하는 경우에는 그 수리비에서 교환가치 증가분을 공제한 금액이 그 손해이다. 22·23년 변호 ( )

판결요지

※ 불법행위로 인하여 건물이 훼손된 경우, 통상의 손해를 산정하는 방법
"불법행위로 인하여 물건이 훼손·멸실된 경우 그로 인한 손해는 원칙적으로 훼손·멸실 당시의 수리비나 교환가격을 통상의 손해로 보아야 하되, 건물이 훼손되어 수리가 불가능한 경우에는 그 상태로 사용이 가능하다면 그로 인한 교환가치의 감소분이, 사용이 불가능하다면 그 건물의 교환가치가 통상의 손해일 것이고, 수리가 가능한 경우에는 그 수리에 소요되는 수리비가 통상의 손해일 것이나, 훼손된 건물을 원상으로 회복시키는 데 소요되는 수리비가 건물의 교환가치를 초과하는 경우에는 그 손해액은 형평의 원칙상 그 건물의 교환가치 범위 내로 제한되어야 하며, 한편 수리로 인하여 훼손 전보다 건물의 교환가치가 증가하는 경우에는 그 수리비에서 교환가치 증가분을 공제한 금액이 그 손해이다(대판 1999.1.26. 97다39520 판결 등 참조)"(대판 2022.1.14. 2021다264819)   정답 ○

미성년자의 감독의무자의 책임

1 ★ 비양육친은 이혼 후에도 자녀의 양육비용을 분담할 의무가 있지만, 이것만으로 비양육친이 일반적, 일상적으로 자녀를 지도하고 조언하는 등 보호·감독할 의무를 진다고 할 수 없고, 비양육친이 미성년자의 부모라는 사정만으로 미성년 자녀에 대하여 감독의무를 부담한다고 볼 수 없다.
23년 1차모의 (   )

1-1 ★ 비양육친의 감독의무를 인정할 수 있는 특별한 사정이 있는 경우에는, 비양육친도 감독의무 위반으로 인한 손해배상책임을 질 수 있다. (   )

1-2 ★ 책임능력 있는 미성년 자녀가 제3자에게 불법행위 책임을 지게 된 경우, 그 부모 중 비양육자의 면접교섭권에 관한 규정은 제3자와의 관계에서 손해배상책임의 근거가 되는 감독의무를 부과하는 규정이라고 할 수 없다. 23년 변호 (   )

판결요지

※ 비양육친이 미성년 자녀의 불법행위에 대한 감독의무자책임을 지는지 여부(원칙적 소극)
"이혼으로 인하여 부모 중 1명이 친권자 및 양육자로 지정된 경우 그렇지 않은 부모(이하 '비양육친'이라 한다)에게는 자녀에 대한 친권과 양육권이 없어 자녀의 보호·교양에 관한 민법 제913조 등 친권에 관한 규정이 적용될 수 없다. 비양육친은 자녀와 상호 면접교섭 할 수 있는 권리가 있지만(민법 제837조의2 제1항), 이러한 면접교섭 제도는 이혼 후에도 자녀가 부모와 친밀한 관계를 유지하여 정서적으로 안정되고 원만한 인격발달을 이룰 수 있도록 함으로써 자녀의 복리를 실현하는 것을 목적으로 하고(대결 2021.12.16. 2017스628 결정 참조), 제3자와의 관계에서 손해배상책임의 근거가 되는 감독의무를 부과하는 규정이라고 할 수 없다. 비양육친은 이혼 후에도 자녀의 양육비용을 분담할 의무가 있지만, 이것만으로 비양육친이 일반적, 일상적으로 자녀를 지도하고 조언하는 등 보호·감독할 의무를 진다고 할 수 없다. 이처럼 비양육친이 미성년자의 부모라는 사정만으로 미성년 자녀에 대하여 감독의무를 부담한다고 볼 수 없다.
다만 비양육친도 부모로서 자녀와 면접교섭을 하거나 양육친과의 협의를 통하여 자녀 양육에 관여할 가능성이 있는 점을 고려하면, ① 자녀의 나이와 평소 행실, 불법행위의 성질과 태양, 비양육친과 자녀 사이의 면접교섭의 정도와 빈도, 양육 환경, 비양육친의 양육에 대한 개입 정도 등에 비추어 비양육친이 자녀에 대하여 실질적으로 일반적이고 일상적인 지도, 조언을 함으로써 공동 양육자에 준하여 자녀를 보호·감독을 하고 있었거나, ② 그러한 정

도에는 이르지 않더라도 면접교섭 등을 통해 자녀의 불법행위를 구체적으로 예견할 수 있었던 상황에서 자녀가 불법행위를 하지 않도록 부모로서 직접 지도, 조언을 하거나 양육친에게 알리는 등의 조치를 취하지 않은 경우 등과 같이 비양육친의 감독의무를 인정할 수 있는 특별한 사정이 있는 경우에는, 비양육친도 감독의무 위반으로 인한 손해배상책임을 질 수 있다"(대판 2022.4.14. 2020다240021). **정답** ○

유제 모두   **정답** ○.

2 ★ 정신질환자가 심신상실 중에 타인에게 손해를 가하여 배상의 책임이 없는 경우에는 민법 제755조 제1항에 따라 그를 감독할 법정의무 있는 자가 손해를 배상할 책임이 있다. 정신질환자가 책임능력이 있는 경우에도 그 손해가 감독의무자의 감독의무 위반과 인과관계가 있으면 감독의무자는 일반불법행위자로서 민법 제750조에 따라 손해를 배상할 책임이 있다.   ( )

2-1 정신질환자인 甲이 아파트 방에서 불을 질렀다가 甲의 아버지인 乙이 불을 껐는데, 약 4시간 후 甲이 방 안에서 다시 불을 질러 인접 호수의 아파트로 불이 옮겨 붙어 丙 등에게 손해가 발생한 경우, 乙에게 손해배상책임이 인정된다.   ( )

판결요지

"구 정신보건법(2016. 5. 29. 법률 제14224호 정신건강증진 및 정신질환자 복지서비스 지원에 관한 법률로 전부 개정되기 전의 것, 이하 같다) 제3조 제1호는 '정신질환자'란 '정신병(기질적 정신병을 포함한다)·인격장애·알코올 및 약물중독 기타 비정신병적정신장애를 가진 자라고 정의하고 있고, 제21조 제1항 본문은 "정신질환자의 민법 상의 부양의무자 또는 후견인(이하 '부양의무자 등'이라 한다)은 정신질환자의 보호의무자가 된다."라고 정하고 있다. 또한 제22조 제2항은 "보호의무자는 보호하고 있는 정신질환자가 자신 또는 타인을 해치지 아니하도록 유의하여야 한다."라고 정하여 부양의무자 등에게 피보호자인 정신질환자에 대한 감독의무를 부과하고 있다.
정신질환자가 심신상실 중에 타인에게 손해를 가하여 배상의 책임이 없는 경우에는 민법 제755조 제1항에 따라 그를 감독할 법정의무 있는 자가 손해를 배상할 책임이 있다. 정신질환자가 책임능력이 있는 경우에도 그 손해가 감독의무자의 감독의무 위반과 인과관계가 있으면 감독의무자는 일반불법행위자로서 민법 제750조에 따라 손해를 배상할 책임이 있다"(대판 2021.7.29. 2018다228486).   **정답** ○

유제   **정답** ○

[사실관계] 양극성 정동장애를 앓고 있는 정신질환자인 甲이 아파트 방에서 불을 질렀다가 甲의 아버지인 乙이 불을 껐는데, 약 4시간 후 甲이 방 안에서 다시 불을 질러 인접 호수의 아파트로 불이 옮겨붙어 丙 등에게 손해가 발생한 사안에서, 乙에게는 甲이 타인을 위해할 가능성이 있다는 구체적인 위험을 인지하였는데도 대비를 하지 않아 甲의 행위에 관해서 책임을 묻는 것이 타당한 객관적 상황이 인정되므로, 乙의 손해배상책임을 인정한 원심 판단이 정당하다고 한 사례

사용자책임

1 ★ 타인을 사용하여 어느 사무에 종사하게 한 자는 피용자가 그 사무집행에 관하여 제3자에게 가한 손해를 배상할 책임이 있는바, 여기에서 '사무집행에 관하여'란 피용자의 불법행위가 객관적으로 사용자의 사업활동, 사무집행행위 또는 그와 관련된 것이라고 보일 때에는 행위자의 주관적 사정을 고려하지 않고 사무집행에 관하여 한 행위로 본다는 것이다.   ( )

판결요지

※ 피용자가 다른 사람에게 가해행위를 한 경우, 사용자책임의 성립 요건인 '사무집행에 관하여'에 해당한다고 보기 위한 요건

"민법 제756조 본문은 사용자책임의 성립 요건에 관하여 "타인을 사용하여 어느 사무에 종사하게 한 자는 피용자가 그 사무집행에 관하여 제3자에게 가한 손해를 배상할 책임이 있다."라고 정하고 있다. 여기에서 '사무집행에 관하여'란 피용자의 불법행위가 객관적으로 사용자의 사업활동, 사무집행행위 또는 그와 관련된 것이라고 보일 때에는 행위자의 주관적 사정을 고려하지 않고 사무집행에 관하여 한 행위로 본다는 것이다. 피용자가 다른 사람에게 가해행위를 한 경우 그 행위가 피용자의 사무집행 그 자체는 아니더라도 사용자의 사업과 시간적 · 장소적으로 근접하고 피용자의 사무 전부 또는 일부를 수행하는 과정에서 이루어지거나 가해행위의 동기가 업무처리와 관련된 것이라면 사용자의 사무집행행위와 관련된 것이라고 보아 사용자책임이 성립한다. 이때 사용자가 위험 발생을 방지하기 위한 조치를 취하였는지 여부도 손해의 공평한 부담을 위하여 부가적으로 고려할 수 있다"(대판 2021.9.16. 2021다219529).

정답 ○

2 타인에게 위탁하여 계속적으로 사무를 처리하여 온 경우 객관적으로 보아 그 타인의 행위가 위탁자의 지휘·감독의 범위 내에 속한다고 보이는 경우 그 타인은 민법 제756조에 규정한 피용자에 해당한다.　　　　　　　(　)

2-1 甲이 중개보조인 乙 및 그의 남편인 공인중개사 丙의 중개로 오피스텔을 구입한 다음, 乙 등으로 하여금 甲 명의로 임대차계약서를 작성하게 하고, 임대차가 종료한 때에도 직접 임대차보증금을 반환하지 않고 乙 등의 주도로 새로운 임차인이 전 임차인에게 보증금을 직접 지급하는 방법으로 반환하여 왔으며, 월 임료의 수령도 乙 등이 자신들의 계좌로 송금받아 다시 甲에게 송금하는 형태를 용인하고, 임대인의 수선의무 역시 乙 등으로 하여금 이를 이행하도록 하여 왔는데, 위 오피스텔에 관한 종전 임대차계약 종료 후 乙 등이 甲 몰래 전세계약 체결 권한이 있는 것처럼 새로운 임차인 丁을 기망하여 그와 전세계약을 체결한 다음 보증금을 乙의 계좌로 송금받아 편취하는 불법행위를 하였다면, 甲은 乙 등의 불법행위에 대해 민법 제756조의 사용자책임을 부담한다. (　)

판결요지

※ 타인에게 위탁하여 계속적으로 사무를 처리하여 왔고 객관적으로 타인의 행위가 위탁자의 지휘·감독 범위 내에 속하는 경우, 그 타인은 민법 제756조에서 정한 피용자에 해당하는지 여부(적극)

"민법 제756조의 사용자와 피용자의 관계는 반드시 유효한 고용관계가 있는 경우에 한하는 것이 아니고, 사실상 어떤 사람이 다른 사람을 위하여 그 지휘 · 감독 아래 그 의사에 따라 사무를 집행하는 관계가 있으면 인정된다. 또한 타인에게 위탁하여 계속적으로 사무를 처리하여 온 경우 객관적으로 보아 그 타인의 행위가 위탁자의 지휘 · 감독의 범위 내에 속한다고 보이는 경우 그 타인은 민법 제756조에 규정한 피용자에 해당한다.
민법 제756조의 사용관계에 있어서 실질적인 지휘 · 감독 관계는 실제로 지휘 · 감독하고 있느냐의 여부에 의하여 결정되는 것이 아니라 객관적으로 지휘 · 감독을 하여야 할 관계에 있느냐의 여부에 따라 결정된다"(대판 2022.2.11. 2021다283834).

정답 ○

유제   정답 ○

[사실관계] 甲이 중개보조인 乙 및 그의 남편인 공인중개사 丙의 중개로 오피스텔을 구입한 다음, 월 임료 등 수익을 얻을 목적으로 위 오피스텔에 관한 '월 임료 있는 임대차계약'을 체결하면서 乙 등으로 하여금 甲 명의로 임대차계약서를 작성하게 하고, 임대차가 종료한 때에도 직접 임대차보증금을 반환하지 않고 乙 등의 주도로 새로운

임차인이 전 임차인에게 보증금을 직접 지급하는 방법으로 반환하여 왔으며, 월 임료의 수령도 乙 등이 자신들의 계좌로 송금받아 다시 甲에게 송금하는 형태를 용인하고, 임대인의 수선의무 역시 乙 등으로 하여금 이를 이행하도록 하여 왔는데, 위 오피스텔에 관한 종전 임대차계약 종료 후 乙 등이 甲 몰래 전세계약 체결 권한이 있는 것처럼 새로운 임차인 丁을 기망하여 그와 전세계약을 체결한 다음 보증금을 乙의 계좌로 송금받아 편취하는 불법행위를 저지르자, 丁이 甲을 상대로 사용자책임을 구한 사안에서, 甲은 乙 등의 불법행위에 대해 민법 제756조의 사용자책임을 부담한다고 한 사례

공동불법행위책임

1 ★★ 채권자와 공동으로 이자제한법 위반 행위를 하였거나 이에 가담한 사람도 민법 제760조에 따라 연대하여 손해를 배상할 책임이 있다.   22년 2차모의 기록형, 23년 변호 ( )

1-1 ★ 금전을 대여한 채권자가 고의 도는 과실로 '이자제한법'을 위반하여 최고이자율을 초과하는 이자를 받아 채무자에게 손해를 입힌 경우, 특별한 사정이 없는 한 불법행위가 성립한다.   22년 변호 ( )

1-2 ★ 최고이자율을 초과하여 지급된 이자는 이자제한법 제2조 제4항에 따라 원본에 충당되고, 이와 같이 충당하여 원본이 소멸하고도 남아 있는 초과 지급액은 '부당이득'으로서 그 반환을 청구할 수 있을 뿐, 이를 이자제한법 위반 행위로 인한 손해라고 볼 수 없다.   23년 · 24년 변호 ( )

| 판결요지 |

"이자제한법은 이자의 적정한 최고한도를 정함으로써 국민경제생활의 안정과 경제정의를 실현하고(제1조) 영세한 자영업자와 저소득 서민들이 높은 이자율로 말미암아 쉽게 신용불량자가 되지 않도록 보호하기 위하여 제정되었다. 그 주요 내용은 다음과 같다. 금전대차에 관한 계약상의 최고이자율은 연 25퍼센트를 초과하지 아니하는 범위 안에서 대통령령으로 정한다(제2조 제1항). 계약상의 이자로서 제2조 제1항에서 정한 최고이자율을 초과하는 부분은 무효로 한다(제2조 제3항). 채무자가 최고이자율을 초과하는 이자를 임의로 지급한 경우에는 초과 지급된 이자 상당금액은 원본에 충당되고, 원본이 소멸한 때에는 그 반환을 청구할 수 있다(제2조 제4항). 한편 이자제한법 제8조 제1항은 제2조 제1항에서 정한 최고이자율을 초과하여 이자를 받은 사람을 1년 이하의 징역 또는 1천만 원 이하의 벌금에 처하도록 정함으로써 이자제한법 위반 행위에 대하여 형사처벌 조항을 두고 있다. 이자제한법의 입법목적, 이자의 최고한도에 관한 규율 내용과 그 위반 행위에 대한 형사처벌 규정 등에 비추어 보면, 금전을 대여한 채권자가 고의 또는 과실로 이자제한법을 위반하여 최고이자율을 초과하는 이자를 받아 채무자에게 손해를 입힌 경우에는 특별한 사정이 없는 한 민법 제750조에 따라 불법행위가 성립한다고 보아야 한다. <u>최고이자율을 초과하여 지급된 이자는 이자제한법 제2조 제4항에 따라 원본에 충당되므로, 이와 같이 충당하여 원본이 소멸하고도 남아 있는 초과 지급액은 이자제한법 위반 행위로 인한 손해라고 볼 수 있다.</u> 부당이득반환청구권과 불법행위로 인한 손해배상청구권은 서로 별개의 청구권으로서, 제한 초과이자에 대하여 부당이득반환청구권이 있다고 해서 그것만으로 불법행위의 성립이 방해되지 않는다. 나아가 채권자와 공동으로 위와 같은 이자제한법 위반 행위를 하였거나 이에 가담한 사람도 민법 제760조에 따라 연대하여 손해를 배상할 책임이 있다"(대판 2021.2.25. 2020다230239).

정답 ○

유제 -1   정답 ○

유제 -2   정답 ✕

2 타인의 불법행위에 대하여 과실에 의한 방조로서 공동불법행위의 책임을 지우기 위해서는 방조행위와 불법행위에 의한 피해자의 손해 발생 사이에 상당인과관계가 인정되어야 한다. ( )

2-1 공동불법행위자 1인이라고 하여 자신의 행위와 상당인과관계가 없는 손해에 대하여도 당연히 배상책임을 진다고 할 수는 없는 것이고, 타인의 불법행위가 계속되는 중 공동불법행위자의 과실에 의한 행위가 이루어졌다면, 특별한 사정이 없는 한 그 과실에 의한 행위와 그 이전에 타인의 불법행위로 발생한 손해 사이에 상당인과관계가 있다고 보기는 어렵다. ( )

판결요지

※ 1. 과실에 의한 방조행위와 불법행위에 의한 손해 발생 사이의 상당인과관계를 판단하는 기준, 2. 타인의 불법행위가 계속되는 중 공동불법행위자의 과실에 의한 행위가 이루어졌다면, 그 과실에 의한 행위와 그 이전에 타인의 불법행위로 발생한 손해 사이에 상당인과관계가 인정되는지 여부(원칙적 소극)

"타인의 불법행위에 대하여 과실에 의한 방조로서 공동불법행위의 책임을 지우기 위해서는 방조행위와 불법행위에 의한 피해자의 손해 발생 사이에 상당인과관계가 인정되어야 하며, 상당인과관계를 판단할 때에는 과실에 의한 행위로 인하여 해당 불법행위를 용이하게 한다는 사정에 관한 예견가능성과 아울러 과실에 의한 행위가 피해 발생에 끼친 영향, 피해자의 신뢰 형성에 기여한 정도, 피해자 스스로 쉽게 피해를 방지할 수 있었는지 등을 종합적으로 고려하여 그 책임이 지나치게 확대되지 않도록 신중을 기하여야 한다(대판 2016.5.12. 2015다234985 판결 등 참조). 공동불법행위자 1인이라고 하여 자신의 행위와 상당인과관계가 없는 손해에 대하여도 당연히 배상책임을 진다고 할 수는 없는 것이고, 타인의 불법행위가 계속되는 중 공동불법행위자의 과실에 의한 행위가 이루어졌다면, 특별한 사정이 없는 한 그 과실에 의한 행위와 그 이전에 타인의 불법행위로 발생한 손해 사이에 상당인과관계가 있다고 보기는 어렵다"(대판 2022.9.7. 2022다237098). 정답 ○ 유 제 정답 ○

3 ★ 금융기관 직원이 타인과 공동으로 고객의 예금을 무단인출하고 해당 예금에 대한 이자가 지급되지 않아 소멸시효가 중단되지 않는 사이에 예금자가 이러한 사정을 알지 못한 채 권리를 행사하지 않아서 예금채권의 소멸시효가 완성된 경우, 금융기관 직원의 위법행위와 예금채권의 시효소멸로 인한 손해 사이에는 상당인과관계가 인정된다. ( )

판결요지

"원고의 예금채권은 은ㅇㅇ과 피고 직원들의 위법한 예금 무단 인출행위가 있은 뒤에 예금 잔고에 따라 정기적으로 지급되는 이자가 지급되지 않음으로써 이자 지급에 따른 채무승인에 따른 시효중단 효과가 발생하지 않게 되었고, 그사이 원고 역시 권리를 행사하지 아니하여 예금채권에 대한 소멸시효가 완성되었다. 이 경우 원고가 위와 같은 예금 무단 인출사실을 알지 못하였다면, 원고의 권리행사 시점, 피고의 이자 지급약정 내용, 통상적으로 예금에 대해 이자가 발생할 개연성과 이에 대한 사회 일반의 신뢰, 은ㅇㅇ의 편취 방법과 이에 대한 피고 직원들의 방조의 정도와 내용 등을 종합하여 볼 때, 은ㅇㅇ과 피고 직원들에 의한 예금 무단 인출행위가 없었더라면 위와 같이 원고의 예금채권에 대한 소멸시효 완성이라는 결과가 발생하지 않았을 것이고, 피고 직원들로서는 은ㅇㅇ에게 통장을 재발급하고 예금을 무단인출 및 이체해 줄 당시 그로 인한 결과를 예견할 수 있었다고 보인다. 따라서 피고 직원들의 사기방조 등의 불법행위와 원고의 예금채권에 대한 소멸시효 완성으로 인한 손해 사이에 상당인과관계가 있다고 볼 여지가 충분하다. 설령 원고에게 예금채권에 대한 권리행사를 태만히 한 과실이 인정되더라도 그러한 사정은 손해배상의 범위를 정함에 있어 과실상계의 사유로 참작되어야 할 뿐이고 상당인과관계를 부정할 사유는 되지 아니한다"(대판 2022.2.28. 2020다268265). 정답 ○

공작물책임

1 민법 제758조 제1항 소정의 공작물 점유자란 공작물을 사실상 지배하면서 설치 또는 보존상의 하자로 인한 사고를 방지하기 위하여 공작물을 보수·관리할 권한 및 책임이 있는 자를 말한다. 그 러나 타인의 지시를 받아서 공작물에 대한 사실상의 지배를 하는 자가 있는 경우에 그 타인의 지시를 받는 자는 민법 제758조 제1항에 의한 공작물 점유자의 책임을 부담하는 자에 해당하지 않는다.

( )

1-1 실화책임법은 발화점과 불가분의 일체를 이루는 물건의 소실, 즉 직접 화재에는 적용되지 아니하고, 그로부터 연소한 부분에만 적용된다.

( )

판결요지

※ 1. 물건에 대한 점유의 의미 및 판단 기준 / 민법 제758조 제1항에서 정한 공작물 점유자의 의미 / 가사상, 영업상 기타 유사한 관계에 의하여 타인의 지시를 받아서 공작물에 대한 사실상의 지배를 하는 자가 민법 제758조 제1항에 의한 공작물 점유자의 책임을 부담하는 자에 해당하는지 여부(소극) 3. 실화책임에 관한 법률의 입법 취지 및 발화점과 불가분의 일체를 이루는 물건의 소실에 대하여도 위 법률이 적용되는지 여부(소극)

"[1] 물건에 대한 점유란 사회관념상 어떤 사람의 사실적 지배에 있다고 보이는 객관적 관계를 말하는 것으로서, 사실상의 지배가 있다고 하기 위하여는 반드시 물건을 물리적, 현실적으로 지배하여야만 하는 것이 아니고, 물건과 사람 사이의 시간적, 공간적 관계와 본권관계, 타인지배의 배제 가능성 등을 고려하여 사회통념에 따라 합목적적으로 판단하여야 한다.

민법 제758조 제1항 소정의 공작물 점유자란 공작물을 사실상 지배하면서 그 설치 또는 보존상의 하자로 인하여 발생할 수 있는 각종 사고를 방지하기 위하여 공작물을 보수·관리할 권한 및 책임이 있는 자를 말한다.

가사상, 영업상 기타 유사한 관계에 의하여 타인의 지시를 받아서 공작물에 대한 사실상의 지배를 하는 자가 있는 경우에 그 타인의 지시를 받는 자는 민법 제195조에 따른 점유보조자에 불과하므로 민법 제758조 제1항에 의한 공작물 점유자의 책임을 부담하는 자에 해당하지 않는다.

[3] 실화책임에 관한 법률(이하 '실화책임법'이라고 한다)은 실화로 인하여 일단 화재가 발생한 경우에는 부근 가옥 기타 물건에 연소함으로써 그 피해가 예상외로 확대되어 실화자의 책임이 과다하게 되는 점을 고려하여 그 책임을 제한함으로써 실화자를 지나치게 가혹한 부담으로부터 구제하고자 하는 데 입법 취지가 있으므로, 실화책임법은 발화점과 불가분의 일체를 이루는 물건의 소실, 즉 직접 화재에는 적용되지 아니하고, 그로부터 연소한 부분에만 적용된다"(대판 2024.2.15. 2019다208724)

정답 ○

유제

정답 ○

의료과오 책임

1 ★ 의사가 환자에게 의사를 결정함에 충분한 시간을 주지 않고 의료행위에 관한 설명을 한 다음 곧바로 의료행위로 나아간다면 이는 환자가 의료행위에 응할 것인지 선택할 기회를 침해한 것으로서 의사의 설명의무가 이행되었다고 볼 수 없다. 24년 변호 ( )

판결요지

"의사의 설명의무는 의료행위가 행해질 때까지 적절한 시간적 여유를 두고 이행되어야 한다. 환자가 의료행위에 응할 것인지를 합리적으로 결정할 수 있기 위해서는 그 의료행위의 필요성과 위험성 등을 환자 스스로 숙고하고 필요하다면 가족 등 주변 사람과 상의하고 결정할 시간적 여유가 환자에게 주어져야 하기 때문이다. 의사가 환자에게 의사를 결정함에 충분한 시간을 주지 않고 의료행위에 관한 설명을 한 다음 곧바로 의료행위로 나아간다면 이는 환자가 의료행위에 응할 것인지 선택할 기회를 침해한 것으로서 의사의 설명의무가 이행되었다고 볼 수 없다. 이때 적절한 시간적 여유를 두고 설명의무를 이행하였는지는 의료행위의 내용과 방법, 그 의료행위의 위험성과 긴급성의 정도, 의료행위 전 환자의 상태 등 여러 가지 사정을 종합하여 개별적·구체적으로 판단하여야 한다" (대판 2022.1.27. 2021다265010). **정답** ○

[사실관계] 수술 당일 환자에게 수술에 따른 위험성을 설명하고 곧바로 수술에 나아간 사안에서, 의사의 설명의무가 환자에게 수술에 관한 위험성을 충분히 숙고할 시간적 여유를 두고 이루어지지 않았을 여지가 있으므로 설명의무가 제대로 이행되었는지 심리하여야 한다고 판단한 사례

2 ★ 의사가 미성년자인 환자의 친권자나 법정대리인에게 의료행위에 관하여 설명하였다면, 그러한 설명이 친권자나 법정대리인을 통하여 미성년자인 환자에게 전달됨으로써 의사는 미성년자인 환자에 대한 설명의무를 이행하였다고 볼 수 있다. ( )

2-1 ★ 다만 친권자나 법정대리인에게 설명하더라도 미성년자에게 전달되지 않아 의료행위 결정과 시행에 미성년자의 의사가 배제될 것이 명백한 경우나 미성년자인 환자가 의료행위에 대하여 적극적으로 거부 의사를 보이는 경우처럼 의사가 미성년자인 환자에게 직접 의료행위에 관하여 설명하고 승낙을 받을 필요가 있는 특별한 사정이 있으면 의사는 친권자나 법정대리인에 대한 설명만으로 설명의무를 다하였다고 볼 수는 없고, 미성년지인 환지에게 직접 의료행위를 설명히여야 한다. 23년 3차모의( )

2-2 ★ 환자가 미성년자로 의사결정능력이 있다 하더라도 자신의 신체에 위험을 가하는 의료행위에 관한 자기결정권까지 가진다고 보기는 어려우므로 원칙적으로 의사는 미성년자인 환자에 대해서는 의료행위에 관하여 설명할 의무를 부담하지 아니한다. 24년 변호 ( )

판결요지

"설명의무의 상대방은 원칙적으로 환자이다. 다만 의사가 미성년자인 환자의 친권자나 법정대리인에게 의료행위에 관하여 설명하였다면 설명의무를 이행하였다고 볼 수 있으나, 미성년자에게 전달되지 않아 의료행위 결정과 시행에 미성년자의 의사가 배제될 것이 명백한 경우 의사는 친권자나 법정대리인에 대한 설명만으로 설명의무를 다하였다고 볼 수는 없다"(대판 2023.3.9. 2020다218925) **정답** ○

유제 -1 **정답** ○

유제 -2 **정답** ✕

3 의료진의 주의의무 위반 정도가 일반인의 처지에서 보아 수인한도를 넘어설 만큼 현저하게 불성실한 진료를 행한 것이라고 평가될 정도에 이른 경우라면 그 자체로서 불법행위를 구성하여 그로 말미암아 환자나 그 가족이 입은 정신적 고통에 대한 위자료 배상을 명할 수 있다. ( )

3-1 수인한도를 넘는 현저히 불성실한 진료로 인한 위자료는, 환자에게 발생한 신체상 손해의 발생 또는 확대와 관련된 정신적 고통을 위자하는 것이 아니라 불성실한 진료 그 자체로 인하여 발생한 정신적 고통을 위자하기 위한 것이다. 따라서 불성실한 진료로 인하여 이미 발생한 정신적 고통이 중대하여 진료 후 신체상 손해가 발생하지 않더라도 별도의 위자료를 인정하는 것이 사회통념상 마땅한 정도에 이르러야 한다. ( )

판결요지

> ※ 의료진이 일반인의 수인한도를 넘어서 현저하게 불성실한 진료를 행한 경우, 위자료 배상책임을 부담하는지 여부(적극) 및 그 증명책임의 소재(=피해자) / 이때 위자료를 인정하기 위한 판단 기준
>
> "의료진의 주의의무 위반 정도가 일반인의 처지에서 보아 수인한도를 넘어설 만큼 현저하게 불성실한 진료를 행한 것이라고 평가될 정도에 이른 경우라면 그 자체로서 불법행위를 구성하여 그로 말미암아 환자나 그 가족이 입은 정신적 고통에 대한 위자료 배상을 명할 수 있으나, 이때 수인한도를 넘어서는 정도로 현저하게 불성실한 진료를 하였다는 점은 불법행위의 성립을 주장하는 피해자가 증명하여야 한다.
>
> 의료진이 임상의학 분야에서 요구되는 수준에 부합하는 진료를 한 경우 불성실한 진료를 하였다고 평가할 수는 없으므로, 수인한도를 넘는 현저히 불성실한 진료는 의료진에게 현저한 주의의무 위반이 있음을 전제로 한다. 그리고 수인한도를 넘는 현저히 불성실한 진료로 인한 위자료는, 환자에게 발생한 신체상 손해의 발생 또는 확대와 관련된 정신적 고통을 위자하는 것이 아니라 불성실한 진료 그 자체로 인하여 발생한 정신적 고통을 위자하기 위한 것이다. 따라서 불성실한 진료로 인하여 이미 발생한 정신적 고통이 중대하여 진료 후 신체상 손해가 발생하지 않더라도 별도의 위자료를 인정하는 것이 사회통념상 마땅한 정도에 이르러야 한다"(대판 2023.8.18. 2022다306185)
>
> **정답** ○   **유 제**   **정답** ○

---

4 증명의 어려움을 고려하면, 환자 측이 의료행위 당시 임상의학 분야에서 실천되고 있는 의료수준에서 통상의 의료인에게 요구되는 주의의무의 위반 즉 진료상 과실로 평가되는 행위의 존재를 증명하고, 그 과실이 환자 측의 손해를 발생시킬 개연성이 있다는 점을 증명한 경우에는, 진료상 과실과 손해 사이의 인과관계를 추정하여 인과관계 증명책임을 완화하는 것이 타당하다. ( )

4-1 진료상 과실과 손해 사이의 인과관계가 추정되는 경우에도 의료행위를 한 측에서는 환자 측의 손해가 진료상 과실로 인하여 발생한 것이 아니라는 것을 증명하여 추정을 번복시킬 수 있다. ( )

판결요지

> ※ 진료상 과실로 인한 손해배상책임이 성립하기 위한 요건 / 환자 측이 의료행위 당시 진료상 과실로 평가되는 행위의 존재를 증명하고, 과실이 환자 측의 손해를 발생시킬 개연성이 있다는 점을 증명한 경우, 진료상 과실과 손해 사이의 인과관계가 추정되는지 여부(적극) 및 여기서 손해 발생의 개연성이 증명되었다고 볼 수 없는 경우 / 진료상 과실과 손해 사이의 인과관계가 추정되는 경우에도 의료행위를 한 측에서는 환자 측의 손해가 진료상 과실로 인하여 발생한 것이 아니라는 것을 증명하여 추정을 번복시킬 수 있는지 여부(적극)

"진료상 과실로 인한 손해배상책임이 성립하기 위해서는 다른 경우와 마찬가지로 손해가 발생하는 것 외에 주의의무 위반, 주의의무 위반과 손해 사이의 인과관계가 인정되어야 한다. 그러나 의료행위는 고도의 전문적 지식을 필요로 하는 분야로서 환자 측에서 의료진의 과실을 증명하는 것이 쉽지 않고, 현대의학지식 자체의 불완전성 등 때문에 진료상 과실과 환자 측에게 발생한 손해(기존에 없던 건강상 결함 또는 사망의 결과가 발생하거나, 통상적으로 회복가능한 질병 등에서 회복하지 못하게 된 경우 등) 사이의 인과관계는 환자 측뿐만 아니라 의료진 측에서도 알기 어려운 경우가 많다. 이러한 증명의 어려움을 고려하면, 환자 측이 의료행위 당시 임상의학 분야에서 실천되고 있는 의료수준에서 통상의 의료인에게 요구되는 주의의무의 위반 즉 진료상 과실로 평가되는 행위의 존재를 증명하고, 그 과실이 환자 측의 손해를 발생시킬 개연성이 있다는 점을 증명한 경우에는, 진료상 과실과 손해 사이의 인과관계를 추정하여 인과관계 증명책임을 완화하는 것이 타당하다. 여기서 손해 발생의 개연성은 자연과학적, 의학적 측면에서 의심이 없을 정도로 증명될 필요는 없으나, 해당 과실과 손해 사이의 인과관계를 인정하는 것이 의학적 원리 등에 부합하지 않거나 해당 과실이 손해를 발생시킬 막연한 가능성이 있는 정도에 그치는 경우에는 증명되었다고 볼 수 없다.

한편 진료상 과실과 손해 사이의 인과관계가 추정되는 경우에도 의료행위를 한 측에서는 환자 측의 손해가 진료상 과실로 인하여 발생한 것이 아니라는 것을 증명하여 추정을 번복시킬 수 있다."(대판 2023.8.31. 2022다219427)

정답 ○

유제

정답 ○

5 의료행위는 일반인으로서는 의사의 의료행위의 과정에 주의의무 위반이 있는지 여부나 주의의무 위반과 손해발생 사이에 인과관계가 있는지 여부를 밝혀내기 극히 어려운 특수성이 있으므로, 수술 도중이나 수술 후 환자에게 중한 결과의 원인이 된 증상이 발생한 경우 그 증상발생에 관하여 의료상의 과실 이외의 다른 원인이 있다고 보기 어려운 간접사실들을 증명함으로써 그와 같은 증상이 의료상의 과실에 기한 것이라고 추정하는 것도 가능하다. ( )

5-1 의사 등이 진료상 과실 또는 설명의무를 위반함으로써 환자에게 손해를 배상할 책임이 있는 경우 그 손해배상의 범위를 정함에 있어서는, 의사 측 과실의 내용 및 정도, 진료의 경위 및 난이도, 의료행위의 결과, 해당 질환의 특성, 환자의 체질 및 행태 등 제반 사정을 참작하여 손해 분담의 공평이라는 손해배상제도의 이념에 비추어 그 손해배상액을 제한할 수 있고, 책임감경사유에 관한 사실인정이나 그 비율을 정하는 것은 그것이 형평의 원칙에 비추어 현저히 불합리하다고 인정되지 않는 한 사실심의 전권사항에 속한다. ( )

판결요지

※ 1. 수술 도중이나 수술 후 환자에게 중한 결과의 원인이 된 증상이 발생한 경우, 의료상의 과실 이외의 다른 원인이 있다고 보기 어려운 간접사실들을 증명함으로써 그와 같은 증상이 의료상의 과실에 기한 것이라고 추정할 수 있는지 여부(적극) 2. 의사 등이 진료상 과실 또는 설명의무를 위반함으로써 환자에게 손해를 배상할 책임이 있는 경우, 의사 측 과실의 내용 및 정도 등을 참작하여 손해배상액을 제한할 수 있는지 여부(적극) 및 이때 책임감경사유에 관한 사실인정이나 비율을 정하는 것이 사실심의 전권사항인지 여부(원칙적 적극)

"[1] 의료행위는 고도의 전문적 지식을 필요로 하는 분야로서 전문가가 아닌 일반인으로서는 의사의 의료행위의 과정에 주의의무 위반이 있는지 여부나 주의의무 위반과 손해발생 사이에 인과관계가 있는지 여부를 밝혀내기 극히 어려운 특수성이 있으므로, 수술 도중이나 수술 후 환자에게 중한 결과의 원인이 된 증상이 발생한 경우 그 증상발생에 관하여 의료상의 과실 이외의 다른 원인이 있다고 보기 어려운 간접사실들을 증명함으로써 그와 같은 증상이 의료상의 과실에 기한 것이라고 추정하는 것도 가능하다.

[2] 의사 등이 진료상 과실 또는 설명의무를 위반함으로써 환자에게 손해를 배상할 책임이 있는 경우 그 손해배상의 범위를 정함에 있어서는, 의사 측 과실의 내용 및 정도, 진료의 경위 및 난이도, 의료행위의 결과, 해당 질환의 특성, 환자의 체질 및 행태 등 제반 사정을 참작하여 손해 분담의 공평이라는 손해배상제도의 이념에 비추어 그 손해배상액을 제한할 수 있고, 책임감경사유에 관한 사실인정이나 그 비율을 정하는 것은 그것이 형평의 원칙에 비추어 현저히 불합리하다고 인정되지 않는 한 사실심의 전권사항에 속한다."(대판 2023.8.31. 2022다303995) **정답** ○

유제 **정답** ○

명예훼손

1   ★ 법인은 법률의 규정에 좇아 정관으로 정한 목적의 범위 내에서 권리와 의무의 주체가 되므로(민법 제34조), 법인의 목적사업 수행에 영향을 미칠 정도로 법인의 사회적 명성·신용을 훼손하여 법인의 사회적 평가가 침해된 경우에는 그 법인에 대하여 불법행위를 구성한다.   (   )

1-1 甲이 회식 자리에서 여성 직원에게 부적절한 행위를 하여 감봉 처분을 받았음에도, 회사의 주주, 조합원, 직원들에게 '자신을 내쫓기 위하여 성희롱으로 뒤집어 씌워 감봉 처분하였다'는 내용의 문자메시지를 전송하는 등 법인을 상대로 그 법인 내부의 인사조치와 관련하여 명예훼손적 언동을 하여 그 법인의 기관이 법인을 대표하여 甲에 대하여 처벌을 구하는 고소를 하고 수사가 진행된 결과, 그 법인에 대한 명예훼손죄를 구성한다고 기소되어 유죄판결이 선고되어 확정된 경우와 같이 법인을 상대로 한 특정 언동으로 법인이 직접 피해자로서 명예나 신용이 훼손되었음이 인정된 경우에는, 법인의 사회적 평가가 침해되었다고 보아야 한다.   (   )

판결요지

※ 행위자의 명예훼손적 언동으로 인한 법인에 대한 불법행위 성립과 관련하여, 법인의 사회적 평가가 침해되었는지 여부를 판단하는 기준

"1. 법인은 법률의 규정에 좇아 정관으로 정한 목적의 범위 내에서 권리와 의무의 주체가 되므로(민법 제34조), 법인의 목적사업 수행에 영향을 미칠 정도로 법인의 사회적 명성·신용을 훼손하여 법인의 사회적 평가가 침해된 경우에는 그 법인에 대하여 불법행위를 구성한다고 할 것이다. 이는 결국 법인의 명예, 신용이 침해되어 그 법인의 목적인 사업 수행에 영향을 미치게 될 경우와 같이 법인의 사회적 평가가 침해되는 경우를 말한다. 주식회사 등 영리법인의 재정 건전성과 공정한 인사제도는 그 법인에 대한 사회적 평가와 신용에 직·간접적으로 영향을 미치고 보호할 필요성이 상당하기 때문이다.

2. 행위자가 법인을 상대로 그 법인 내부의 인사조치와 관련하여 명예훼손적 언동을 하여 그 법인의 기관이 법인을 대표하여 그 행위자에 대하여 처벌을 구하는 고소를 하고 수사가 진행된 결과, 그 법인에 대한 명예훼손죄를 구성한다고 기소되어 유죄판결이 선고되어 확정된 경우와 같이 법인을 상대로 한 특정 언동으로 법인이 직접 피해자로서 명예나 신용이 훼손되었음이 인정된 경우에는, 법인의 사회적 평가가 침해되었다고 보아야 한다"(대판 2022.10.14. 2021다250735). **정답** ○

유제 **정답** ○

2 의견이나 논평을 표명하는 형식의 표현행위도 그 전체적 취지에 비추어 의견의 근거가 되는 숨겨진 기초 사실에 대한 주장이 묵시적으로 포함되어 있고 그 사실이 타인의 사회적 평가를 침해할 수 있다면 명예훼손에 해당할 수 있다. ( )

2-1 적시된 사실에 대하여 그 목적이 오로지 공공의 이익을 위한 것이고 그 내용이 진실한 사실이거나 진실이라고 믿을 만한 상당한 이유가 있어 위법성을 조각시키는 사유에 대한 증명책임은 이를 피고가 부담한다. ( )

판결요지

※ 1. 민법상 불법행위가 되는 '명예훼손'의 의미 / 순수한 의견 표명 자체만으로 명예훼손이 성립하는지 여부(소극) 및 어떠한 표현이 사실의 적시인지 의견의 진술인지 판단하는 기준] 2. 명예훼손으로 인한 손해배상청구소송에서 적시된 사실의 허위성 및 위법성조각사유에 대한 증명책임의 분배

"[1] 민법상 불법행위가 되는 명예훼손이란 공연히 사실을 적시함으로써 사람의 품성, 덕행, 명성, 신용 등 인격적 가치에 대하여 사회적으로 받는 객관적인 평가를 침해하는 행위를 말한다. 타인의 사회적 평가를 침해할 가능성이 있을 정도로 구체성이 있는 사실을 명시적으로 적시한 표현행위가 명예훼손이 될 수 있음은 물론이지만, 의견이나 논평을 표명하는 형식의 표현행위도 그 전체적 취지에 비추어 의견의 근거가 되는 숨겨진 기초 사실에 대한 주장이 묵시적으로 포함되어 있고 그 사실이 타인의 사회적 평가를 침해할 수 있다면 명예훼손에 해당할 수 있다. 그러나 순수하게 의견만을 표명하는 경우 표현행위의 형식과 내용이 모욕적이고 경멸적인 인신공격에 해당하는 등 별개 유형의 불법행위를 구성할 수 있음은 별론으로 하고 그 의견 표명 자체만으로는 명예훼손이 성립하지 않는다. 여기서 어떠한 표현이 사실의 적시인지 의견의 진술인지는 어휘의 통상적인 의미나 전후 문맥 등 전체적인 흐름, 사회평균인의 지식이나 경험 등을 고려하여 그 표현의 진위를 결정하는 것이 가능한지 여부에 따라 판단되어야 한다.

[2] 사실을 적시함으로써 타인의 명예를 훼손하는 경우 원고가 청구원인으로 적시된 사실이 허위사실이라고 주장하며 손해배상을 구하는 때에는 허위성에 대한 증명책임은 원고에게 있다. 다만 피고가 적시된 사실에 대하여 그 목적이 오로지 공공의 이익을 위한 것이고 그 내용이 진실한 사실이거나 진실이라고 믿을 만한 상당한 이유가 있어 위법성이 없다고 항변할 경우 위법성을 조각시키는 사유에 대한 증명책임은 이를 피고가 부담한다"(대판 2023.11.30. 2022다280283) 정답 ○ 유제 정답 ○

3 정치적·이념적 논쟁 과정에서 통상 있을 수 있는 수사학적인 과장이나 비유적인 표현에 불과하다고 볼 수 있는 부분에 대해서까지 금기시하고 법적 책임을 지우는 것은 표현의 자유를 지나치게 제한하는 결과가 될 수 있어 쉽게 이를 인정할 것은 아니다. ( )

3-1 '종북'이라는 표현은 그 의미가 다양하게 사용되고 있는데, 대한민국과 북한이 대치하고 있는 상황하에서 시대적·정치적 상황에 따라 그 용어 자체가 갖는 개념과 포함하는 범위도 지속적으로 변하고 있어, 평균적 일반인뿐만 아니라 그 표현의 대상이 된 사람이 '종북'이라는 용어에 대하여 느끼는 감정 또는 감수성도 가변적일 수밖에 없으므로 그 의미를 객관적으로 확정하기가 어렵다. ( )

판결요지

대판 2024.1.4. 2022다284513판시내용 정답 ○ 유제 정답 ○

자동차손해배상보장법

1 ★ 자동차 사고로 승객이 부상한 경우, 자동차손해배상 보장법 제3조에 따라 운행자는 승객의 부상이 고의 또는 자살행위로 인한 것임을 주장·증명하지 못하는 한 <u>운전상의 과실 유무와 상관없이</u> 승객의 부상에 따른 손해배상책임을 진다.　　　　　　　　　　　　　　　　　　　　　　( )

1-1 甲 주식회사가 운행하는 시내버스가 승객을 승하차시키기 위해 정류장에 정차하는 과정에서 승객 乙이 일어나 가방을 메다가 정차 반동으로 넘어져 부상을 입은 경우, 위 사고가 전적으로 승객인 乙의 과실로 발생하였다는 이유만으로 甲 회사가 면책되었다고 볼 수는 없다.　　　　( )

판결요지

"자동차손해배상 보장법 제3조는 '자기를 위하여 자동차를 운행하는 자는 그 운행으로 다른 사람을 사망하게 하거나 부상하게 한 경우에는 그 손해를 배상할 책임을 진다. 다만 승객이 고의나 자살행위로 사망하거나 부상한 경우에는 그러하지 아니하다.'라고 규정하고 있다. 위 조항은 승객이 사망하거나 부상한 경우를 승객이 아닌 자와 구별하여 더욱 보호하고 있다. 이는, 승객은 자동차에 동승함으로써 자동차의 위험과 일체화되어 승객 아닌 자에 비하여 그 위험이 더 크다고 할 수 있으므로, 자동차 사고로 승객이 부상한 경우 운행자는 승객의 부상이 고의 또는 자살행위로 인한 것임을 주장·증명하지 못하는 한 운전상의 과실 유무를 가릴 것 없이 승객의 부상에 따른 손해를 배상할 책임이 있다는 취지이다"(대판 2021.11.11. 2021다257705).　　　　**정답** ○

유제　　　　**정답** ○

[사실관계] 甲 주식회사가 운행하는 시내버스가 승객을 승하차시키기 위해 정류장에 정차하는 과정에서 승객 乙이 일어나 가방을 메다가 정차 반동으로 넘어져 부상을 입자, 국민건강보험공단이 치료비 일부를 부담한 다음 甲 회사 등을 상대로 구상권을 행사한 사안에서, 위 사고가 전적으로 승객인 乙의 과실로 발생하였다는 이유만으로 甲 회사 등이 면책되었다고 본 원심판단에는 법리오해 등 잘못이 있다고 한 사례

환경오염

1 오염토양 정화비용을 지출하지 않은 상태에서도 오염토양 정화비용 상당의 손해배상을 청구할 수 있다.　　　　　　　　　　　　　　　　　　　　　　　　　　　　　　　　( )

판결요지

"불법행위로 인한 손해배상청구권은 현실적으로 손해가 발생한 때에 성립하는 것이고, 현실적으로 손해가 발생하였는지 여부는 사회통념에 비추어 객관적이고 합리적으로 판단하여야 한다(대판 2003.4.8. 2000다53038 판결 등 참조). 만일 이 사건 소송에서 피고들이 이 사건 인접토지와 이 사건 유류저장소에 대한 각 소유권을 취득한 이후 추가로 원고들 소유의 이 사건 토지에 토양오염을 유발한 사실이 인정될 수 있다면, 피고들은 토양환경보전법 제10조의3 제1항에 따른 오염토양 정화의무를 부담한다고 볼 수 있고, 피고들이 이러한 오염토양 정화의무를 이행하지 않음에 따라 원고들로서는 이 사건 토지소유권을 완전하게 행사하기 위하여 원고들의 비용으로 오염토양을 정화할 수밖에 없게 되었다고 볼 수 있다. 이런 상황이라면 사회통념상 오염토양 정화비용 상당의 손해가 원고들에게 현실적으로 발생한 것으로 볼 수 있다"(대판 2021.3.11. 2017다179,186).　　　　**정답** ○

2 환경오염 또는 환경훼손으로 피해가 발생한 때에는 그 원인자는 환경정책기본법 제44조 제1항에 따라 <u>귀책사유가 없더라도</u> 피해를 배상하여야하나, 적어도 가해자가 어떤 유해한 원인물질을 배출한 사실, 유해의 정도가 사회통념상 참을 한도를 넘는다는 사실, 그것이 피해물건에 도달한 사실, 그 후 피해자에게 손해가 발생한 사실에 관한 증명책임은 피해자가 여전히 부담한다.　　　　　　　（　　）

> **판결요지**
>
> 1. '환경오염의 피해에 대한 무과실책임'에 관하여 규정한 환경정책기본법 제44조 제1항이 민법의 불법행위 규정에 대한 특별규정으로서, 환경오염 또는 환경훼손의 원인을 발생시킨 자는 환경정책기본법 제44조 제1항에 따라 귀책사유를 묻지 않고 그로 인한 피해를 배상할 의무가 있는지 여부(적극),
> "1. 환경정책기본법 제44조 제1항은 '환경오염의 피해에 대한 무과실책임'이라는 제목으로 "환경오염 또는 환경훼손으로 피해가 발생한 경우에는 해당 환경오염 또는 환경훼손의 원인자가 그 피해를 배상하여야 한다."라고 정하고 있다. 이는 민법의 불법행위 규정에 대한 특별 규정으로서, 환경오염 또는 환경훼손의 피해자가 그 원인자에게 손해배상을 청구할 수 있는 근거규정이다. 따라서 환경오염 또는 환경훼손으로 피해가 발생한 때에는 그 원인자는 환경정책기본법 제44조 제1항에 따라 귀책사유가 없더라도 피해를 배상하여야 한다.
> 2. 공해소송에서 인과관계에 관한 증명책임의 분배
> 2. 일반적으로 불법행위로 인한 손해배상 청구사건에서 가해자의 가해행위, 피해자의 손해발생, 가해행위와 피해자의 손해발생 사이의 인과관계에 관한 증명책임은 청구자인 피해자가 부담한다. 다만 대기오염이나 수질오염 등에 의한 공해로 손해배상을 청구하는 소송에서 피해자에게 사실적인 인과관계의 존재에 관하여 과학적으로 엄밀한 증명을 요구하는 것은 공해로 인한 사법적 구제를 사실상 거부하는 결과가 될 수 있다. 반면에 기술적·경제적으로 피해자보다 가해자에 의한 원인조사가 훨씬 용이한 경우가 많을 뿐만 아니라 가해자는 손해발생의 원인을 은폐할 염려가 있기 때문에, 가해자가 어떤 유해한 원인물질을 배출하고 그것이 피해물건에 도달하여 손해가 발생하였다면 가해자 측에서 그것이 무해하다는 것을 증명하지 못하는 한 가해행위와 피해자의 손해발생 사이의 인과관계를 인정할 수 있다. 그러나 이 경우에 적어도 가해자가 어떤 유해한 원인물질을 배출한 사실, 유해의 정도가 사회통념상 참을 한도를 넘는다는 사실, 그것이 피해물건에 도달한 사실, 그 후 피해자에게 손해가 발생한 사실에 관한 증명책임은 피해자가 여전히 부담한다"(대판 2020.6.25. 2019다292026,2019다292033,2019다292040).　　**정답** ○

제조물책임

1 「제조물 책임법」은 불법행위에 관한 민법의 특별법이라 할 것이므로, 제조물의 결함으로 손해를 입은 자가 「제조물 책임법」에 의하여 손해배상을 주장하지 않고 민법상 불법행위책임을 주장하였더라도 법원은 민법에 우선하여 「제조물 책임법」을 적용하여야 하고, 「제조물 책임법」의 요건이 갖추어지지 않았지만 민법상 불법행위책임 요건을 갖추었다면 민법상 불법행위책임을 인정할 수도 있다.　　　　　　　（　　）

> **판결요지**
>
> 대판 2023.5.18. 2022다230677판시내용　　**정답** ○

불법행위에 기한 손해배상청구권

1 수술과 같이 신체 침해를 수반하는 의료행위가 위험하거나 중대하지 않아 결과가 불확실하지 아니하고 그 의료행위가 관례적이며 그로 인하여 상당한 호전을 기대할 수 있는 경우에는, 피해자가 합리적인 이유 없이 자기결정권을 행사하여 이와 같은 의료행위를 거부함으로써 손해가 확대되면 손해의 공평한 부담이라는 견지에서 그 확대된 손해 부분을 공제한 나머지 부분으로 가해자의 배상 범위를 제한하여야 하고, 그러한 수술로 피해자의 후유증이 개선될 수 있는 경우에 신체 손상으로 인한 일실이익 산정의 전제가 되는 노동능력상실률은 다른 특별한 사정이 없는 한 그 수술을 시행한 후에도 여전히 남을 후유증을 기준으로 정하여야 한다.   ( )

판결요지

"환자는 생명과 신체의 기능을 어떻게 유지할 것인지에 대하여 스스로 결정하고 의료행위를 선택할 권리를 보유하지만, 신의칙 또는 손해부담의 공평이라는 손해배상제도의 이념에 비추어 볼 때 불법행위의 피해자인 환자에게는 그로 인한 손해의 확대를 방지하거나 감경하기 위하여 노력하여야 할 일반적인 의무가 있으므로, 수술과 같이 신체 침해를 수반하는 의료행위가 위험하거나 중대하지 않아 결과가 불확실하지 아니하고 그 의료행위가 관례적이며 그로 인하여 상당한 호전을 기대할 수 있는 경우에는, 피해자가 합리적인 이유 없이 자기결정권을 행사하여 이와 같은 의료행위를 거부함으로써 손해가 확대되면 손해의 공평한 부담이라는 견지에서 그 확대된 손해 부분을 공제한 나머지 부분으로 가해자의 배상 범위를 제한하여야 하고, 그러한 수술로 피해자의 후유증이 개선될 수 있는 경우에 신체 손상으로 인한 일실이익 산정의 전제가 되는 노동능력상실률은 다른 특별한 사정이 없는 한 그 수술을 시행한 후에도 여전히 남을 후유증을 기준으로 정하여야 한다"(대판 2023.3.16. 2022다283305)   **정답** ○

2 ★ 채무불이행에 있어 특별한 사정으로 인한 손해는 당사자들의 개별적, 구체적 사정에 따른 손해를 말한다.   23년 변호 ( )

판결요지

"불법행위로 인한 손해배상책임을 지우려면 위법한 행위와 원고가 입은 손해 사이에 상당인과관계가 있어야 하고, 상당인과관계의 유무는 결과 발생의 개연성, 위법행위의 태양 및 피침해이익의 성질 등을 종합적으로 고려하여 판단하여야 한다. 한편 민법 제763조에 따라 불법행위로 인한 손해배상에 준용되는 민법 제393조 제1항은 "채무불이행으로 인한 손해배상은 통상의 손해를 그 한도로 한다."라고 규정하고, 제2항은 "특별한 사정으로 인한 손해는 채무자가 이를 알았거나 알 수 있었을 때에 한하여 배상의 책임이 있다."라고 규정하고 있다. 제1항의 통상손해는 특별한 사정이 없는 한 그 종류의 채무불이행이 있으면 사회일반의 거래관념 또는 사회일반의 경험칙에 비추어 통상 발생하는 것으로 생각되는 범위의 손해를 말하고, 제2항의 특별한 사정으로 인한 손해는 당사자들의 개별적, 구체적 사정에 따른 손해를 말한다"(대판 2022.5.26. 2021다300791)   **정답** ○

3 ★ 사고일에 일정한 손해가 발생하고 그와 시간적 간격을 두고 예상하지 못한 후발손해가 추가로 발생한 경우, 후발손해에 관하여는 후발손해 발생이 확정된 시점에 불법행위가 완성되므로 후발손해 판명 시점일을 현가산정의 기준 시기나 지연손해금의 기산일이 되는 불법행위일이라고 보아야 한다.　　　　　　　　　　　　　　　　　　　　　　　　　　　　　　　　23년 법행 (　)

3-1 피해자가 불법행위로 상해를 입고 장래의 불특정한 시점에 그로 인한 손해가 구체적으로 발현되었지만 불법행위 당시부터 이미 예정된 소극적·적극적 손해의 경우, 불법행위로 상해를 입었을 때 불법행위가 완성되어 손해배상채권이 성립하고 이행기까지 도래하는 것으로 볼 수 있으므로, 장래 구체적으로 발현되는 소극적·적극적 손해에 대하여는 불법행위시가 현가산정의 기준 시기가 되고, 이때부터 장래의 손해발현 시점까지 중간이자를 공제한 금액에 대해 다시 불법행위시부터 지연손해금을 부가하여 산정하는 것이 원칙이다.　　　　　　　　　　　　　　　　(　)

3-2 불법행위로 상해를 입었지만 후유증 등으로 인하여 불법행위 당시에는 전혀 예상할 수 없었던 후발손해가 새로이 발생한 경우와 같이, 사회통념상 후발손해가 판명된 때에 현실적으로 손해가 발생한 것으로 볼 수 있는 경우에는 후발손해 판명 시점에 불법행위로 인한 손해배상채권이 성립하고, 지연손해금 역시 그때부터 발생한다고 봄이 상당하다. 이 경우 후발손해가 판명된 때가 불법행위시이자 그로부터 장래의 구체적인 소극적·적극적 손해에 대한 중간이자를 공제하는 현가산정의 원칙적인 기준 시기가 된다고 보아야 하고, 그보다 앞선 시점이 현가산정의 기준 시기나 지연손해금의 기산일이 될 수는 없다.　　　　　　　　　　　　　　　　　　　　(　)

판결요지

※ 1. 사고일에 일정한 손해가 발생하고 그와 시간적 간격을 두고 예상하지 못한 후발손해가 추가로 발생한 경우, 후발손해에 관하여는 후발손해 발생이 확정된 시점에 불법행위가 완성되므로 후발손해 발생일을 현가산정의 기준 시기나 지연손해금의 기산일이 되는 불법행위일이라고 보아야 하는지 여부(적극)

"1. 불법행위로 인한 손해배상채무는 손해발생과 동시에 이행기에 있는 것으로, 공평의 관념상 별도의 이행최고가 없더라도 불법행위 당시부터 지연손해금이 발생하는 것이 원칙이고, 불법행위 시점과 손해발생 시점 사이에 시간적 간격이 있는 경우에는 불법행위로 인한 손해배상채권의 지연손해금은 손해발생 시점을 기산일로 하여 발생한다. 이때 현실적으로 손해가 발생하여 불법행위로 인한 손해배상채권이 성립하게 되는 시점은 사회통념에 비추어 객관적이고 합리적으로 판단하여야 한다.

2. 사고일로부터 시간적 간격을 두고 계속적·정기적 손해가 발생하는 경우 호프만식 계산법에 따라 일시금으로 현가를 산정할 때, 사고일이 아닌 후발손해 발생일을 기준으로 하더라도 중간이자의 공제기간이 414개월을 초과하는 등의 이유로 호프만계수의 최댓값이 제한된다면, 과잉배상 방지를 위해 현가산정기준일을 후발손해발생일로 보아야 하는지 여부(적극)

2. 한편, 피해자가 불법행위로 상해를 입고 장래의 불특정한 시점에 그로 인한 손해가 구체적으로 발현되었지만 불법행위 당시부터 이미 예정된 소극적·적극적 손해의 경우, 불법행위로 상해를 입었을 때 불법행위가 완성되어 손해배상채권이 성립하고 이행기까지 도래하는 것으로 볼 수 있으므로, 장래 구체적으로 발현되는 소극적·적극적 손해에 대하여는 불법행위시가 현가산정의 기준 시기가 되고, 이때부터 장래의 손해발현 시점까지 중간이자를 공제한 금액에 대해 다시 불법행위시부터 지연손해금을 부가하여 산정하는 것이 원칙으로, 이는 불법행위로 인한 장래의 손해의 현가액 등 산정은 과잉배상이나 과소배상을 방지하고 정당한 배상액을 정하기 위한 손해액의 조정이 필요하기 때문이다. 같은 이유로, 불법행위시 이후로서 사실심 변론종결일 이전의 어느 시점을 기준으로 그 이후 발생할 손해를 그 시점으로부터 장래 각 손해발생 시점까지 중간이자를 공제하는 방법으로 현가를 산정하되 그에 맞추어 지연손해금도 그 기준시점 이후부터 구하는 것은 그것이 위와 같은 본래의 방법을 벗어나거나 이에

모순·저촉되는 것이 아닌 한 허용되고, 반면 불법행위시 이후로서 사실심 변론종결일 이전의 어느 시점을 기준으로 하여 현가를 산정하면서도 지연손해금은 그 기준시점 이전부터 명하는 것은 중간이자를 덜 공제하거나 지연손해금을 더 많이 인용하는 과잉배상이 되어 허용되지 않는다. 호프만식 계산법에 따라 중간이자 공제기간이 414개월을 초과하여 월 단위 수치표상 단리연금 현가율이 240을 넘는 경우, 이를 그대로 적용하여 현가를 산정하면 현가로 받게 되는 금액의 이자가 매월 입게 되는 손해액보다 많게 되어 피해자가 과잉배상을 받게 되는 결과가 되므로, 이를 막기 위하여 그 수치표상 단리연금 현가율이 얼마인지를 불문하고 모두 240을 적용하는 것도 같은 취지이다.

3. 이러한 법리에 비추어 볼 때, 불법행위로 상해를 입었지만 후유증 등으로 인하여 불법행위 당시에는 전혀 예상할 수 없었던 후발손해가 새로이 발생한 경우와 같이, 사회통념상 후발손해가 판명된 때에 현실적으로 손해가 발생한 것으로 볼 수 있는 경우에는 후발손해 판명 시점에 불법행위로 인한 손해배상채권이 성립하고, 지연손해금 역시 그때부터 발생한다고 봄이 상당하다. 이 경우 후발손해가 판명된 때가 불법행위시이자 그로부터 장래의 구체적인 소극적·적극적 손해에 대한 중간이자를 공제하는 현가산정의 원칙적인 기준 시기가 된다고 보아야 하고, 그보다 앞선 시점이 현가산정의 기준 시기나 지연손해금의 기산일이 될 수는 없다"(대판 2022.6.16. 2017다289538).

정답 ○   **유제 전부**   **정답** ○

[사실관계] 사고일에 일정한 손해가 발생하고 그와 시간적 간격을 두고 예상하지 못한 후발손해가 추가로 발생한 경우, 후발손해에 관한 현가산정의 기준 시기나 지연손해금의 기산일을 언제로 보아야 하는지 문제된 사안

4   ★ 민법 제766조 제1항은 불법행위로 인한 손해배상청구권은 피해자나 그 법정대리인이 그 손해 및 가해자를 안 날부터 3년간 이를 행사하지 아니하면 시효로 소멸한다고 규정하고 있다. 여기서 '손해 및 가해자를 안 날'이란 불법행위의 요건사실에 대한 인식으로서 위법한 가해행위의 존재, 손해의 발생 및 가해행위와 손해 사이의 인과관계 등이 있다는 사실까지 안 날을 뜻하며, 가해행위가 불법행위로서 이를 원인으로 하여 손해배상을 소로써 청구할 수 있다는 사실까지를 안 날을 의미한다.   (   )

판결요지

대판 2022.9.7. 2019다241455판시내용   **정답** ○

5   아동·청소년 성폭력 범죄로 인한 손해배상청구권의 단기소멸시효 기산점을 판단함에 있어서는 성폭력 피해의 특수성을 염두에 두고, 피해자가 피해를 인식하여 표현하고 법적 구제절차로 나아가게 된 동기나 경위 및 그 시점, 관련 형사절차 진행 중 수사기관 및 법정에서 가해자가 사실관계나 법리 등을 다투는지 여부, 가해자가 범행을 부인하는 데 그치지 않고 피해자를 무고로 고소하였는지 여부, 관련 형사사건 재판의 심급별 판결 결과 등을 종합적으로 고려하여야 한다.   (   )

5-1   ★ B는 미성년자인 A에게 성폭력을 행사하였고, A는 성년에 도달한 날로부터는 3년이 경과하였으나 B의 위 성폭력행위에 관한 형사사건의 제1심판결 선고일로부터는 3년이 경과하기 전의 시점에 손해배상을 청구하는 소를 제기하였다. 이 경우 불법행위로 인한 손해배상청구권의 단기소멸시효는 관련 형사재판의 제1심판결 선고일부터 진행된다.   (   )

판결요지

※ 아동·청소년 성폭력 범죄로 인한 손해배상청구권의 단기소멸시효의 기산점 판단 시 고려할 사항

"불법행위로 인한 손해배상청구권의 단기소멸시효 기산점이 되는 민법 제766조 제1항의 '손해 및 가해자를 안 날' 은 위법한 가해행위의 존재, 손해의 발생, 가해행위와 손해 발생 사이에 상당인과관계가 있다는 사실 등 불법행위 의 요건사실에 대하여 현실적이고도 구체적으로 인식하였을 때를 의미하고, 피해자 등이 언제 불법행위의 요건사 실을 현실적이고도 구체적으로 인식한 것으로 볼 것인지는 개별 사건의 여러 객관적 사정을 참작하고 손해배상청 구가 가능하게 된 상황을 고려하여 합리적으로 인정하여야 할 것이다. 그러므로 아동·청소년 성폭력 범죄로 인한 손해배상청구권의 단기소멸시효 기산점을 판단함에 있어서는 성폭력 피해의 특수성을 염두에 두고, 피해자가 피 해를 인식하여 표현하고 법적 구제절차로 나아가게 된 동기나 경위 및 그 시점, 관련 형사절차 진행 중 수사기관 및 법정에서 가해자가 사실관계나 법리 등을 다투는지 여부, 가해자가 범행을 부인하는 데 그치지 않고 피해자를 무고로 고소하였는지 여부, 관련 형사사건 재판의 심급별 판결 결과 등을 종합적으로 고려하여야 한다"(대판 2022.6.30. 2022다206384). **정답 ○**

유 제 **정답 ○**

---

6 ★ 제766조 1항의 3년의 단기소멸시효기간은 그 '손해 및 가해자를 안 날'에 더하여 그 '권리를 행 사할 수 있는 때'가 도래하여야 비로소 시효가 진행한다. ( )

판결요지

민법 제166조 제1항은 "소멸시효는 권리를 행사할 수 있는 때로부터 진행한다."라고, 제766조 제1항은 "불법행위 로 인한 손해배상의 청구권은 피해자나 그 법정대리인이 그 손해 및 가해자를 안 날로부터 3년간 이를 행사하지 아니하면 시효로 인하여 소멸한다."라고 각 정한다. 국가배상청구권에 관한 3년의 단기소멸시효기간 기산에는 민 법 제766조 제1항 외에 소멸시효의 기산점에 관한 일반규정인 민법 제166조 제1항이 적용된다. 따라서 3년의 단 기소멸시효기간은 그 '손해 및 가해자를 안 날'에 더하여 그 '권리를 행사할 수 있는 때'가 도래하여야 비로소 시효 가 진행한다"(대판 2023.2.2. 2020다270633). **정답 ○**

---

7 ★ 민법 제766조 1항의 손해를 안다는 것은 현실로 손해가 발생한 것을 안 경우뿐만 아니라 손해 발생을 예견할 수 있을 때를 포함한다. ( )

판결요지

대판 2021.7.29. 2016다11257판시내용 **유 제** **정답 ○**

친족상속법

총 설

1 신청인이 출생시 또는 유년시절부터 한자 성 '金'을 한글 성 '금'으로 사용하여 오랜 기간 자신의 공·사적 생활영역을 형성하여 왔다면, 신청인의 가족관계등록부의 성을 '금'으로 정정하는 것이 상당하다.
( )

1-1 ★ 가족관계등록부는 그 기재가 적법하게 되었고 기재사항이 진실에 부합한다는 추정을 받는다. 그러나 가족관계등록부의 기재에 반하는 증거가 있거나 그 기재가 진실이 아니라고 볼만한 특별한 사정이 있을 때에는 그 추정은 번복될 수 있다. 따라서 어떠한 신분에 관한 내용이 가족관계등록부에 기재되었더라도 기재된 사항이 진실에 부합하지 않음이 분명한 경우에는 그 기재내용을 수정함으로써 가족관계등록부가 진정한 신분관계를 공시하도록 하여야 한다. 22년 법행 ( )

판결요지

> ※ 가족관계의 등록 등에 관한 법률 제104조에 따른 등록부정정사유를 판단하는 기준
> "가족관계등록제도는 국민의 출생·혼인·사망 등 가족관계의 발생 및 변동사항을 가족관계의 등록 등에 관한 법률(이하 '가족관계등록법'이라 한다)이 정한 절차에 따라 가족관계등록부에 등록하여 공시·공증하는 제도이다(제1조, 제9조). 따라서 가족관계등록부는 그 기재가 적법하게 되었고 기재사항이 진실에 부합한다는 추정을 받는다. 그러나 가족관계등록부의 기재에 반하는 증거가 있거나 그 기재가 진실이 아니라고 볼만한 특별한 사정이 있을 때에는 그 추정은 번복될 수 있다. 따라서 어떠한 신분에 관한 내용이 가족관계등록부에 기재되었더라도 기재된 사항이 진실에 부합하지 않음이 분명한 경우에는 그 기재내용을 수정함으로써 가족관계등록부가 진정한 신분관계를 공시하도록 하여야 한다. **유 제** **정답** ○
> 신청인의 가족관계등록부 외에 신분증명을 위하여 사용되는 다른 주민등록표, 여권 등에는 '금'이라는 한글 성이 기재되어 있어 성명에 관하여 공적 장부들의 기재가 불일치하고 이로 인하여 상속등기 등 권리실현에 장애가 발생한 이 사건에서 신청인이 출생 시 또는 유년시절부터 한자 성 '金'을 한글 성 '금'으로 사용하여 오랜 기간 자신의 공·사적 생활영역을 형성하여 왔다면, 신청인의 가족관계등록부의 성을 '금'으로 정정하는 것이 상당하다. 신청인의 가족관계등록부상 한글 성을 '금'으로 정정하도록 허용하는 것은 가족관계등록부 기재내용의 진실성을 확보하여 진정한 신분관계를 공시하는 가족관계등록제도 본래의 목적과 기능에도 부합한다"(대결 2020.1.9. 2018스40)
> **정답** ○

2 ★ 미성년 자녀를 둔 성전환자도 부모로서 자녀를 보호하고 교양하며(민법 제913조), 친권을 행사할 때에도 자녀의 복리를 우선해야 할 의무가 있으므로(민법 제912조), 미성년 자녀가 있는 성전환자의 성별정정 허가 여부를 판단할 때에는 성전환자의 기본권의 보호와 미성년 자녀의 보호 및 복리와의 조화를 이룰 수 있도록 법익의 균형을 위한 여러 사정들을 종합적으로 고려하여 실질적으로 판단하여야 한다. 따라서 위와 같은 사정들을 고려하여 실질적으로 판단하지 아니한 채 단지 성전환자에게 미성년 자녀가 있다는 사정만을 이유로 성별정정을 불허하여서는 아니 된다.

24년 변호, 23년 법무 (　　)

2-1 ★ 종래 判例는 성전환자가 혼인 중에 있거나 미성년자인 자녀가 있는 경우 성별정정을 허가하지 않는다는 입장이었으나, 최근 判例는 입장을 변경하여 현재 혼인 중에 있지 아니한 성전환자는 미성년 자녀가 있는 경우에도, 성별정정을 허가할 수 있다고 판시하였다.

23년 1차모의 (　　)

[판결요지]

※ 현재 혼인 중에 있지 아니한 성전환자에게 미성년 자녀가 있는 경우, 성별정정을 허가할 수 있는지 여부(적극) 및 그 판단 기준

[다수의견] (가) 인간은 누구나 자신의 성정체성에 따른 인격을 형성하고 삶을 영위할 권리가 있다. 성전환자도 자신의 성정체성을 바탕으로 인격과 개성을 실현하고 우리 사회의 동등한 구성원으로서 타인과 함께 행복을 추구하며 살아갈 수 있어야 한다. 이러한 권리를 온전히 행사하기 위해서 성전환자는 자신의 성정체성에 따른 성을 진정한 성으로 법적으로 확인받을 권리를 가진다. 이는 인간으로서의 존엄과 가치에서 유래하는 근본적인 권리로서 행복추구권의 본질을 이루므로 최대한 보장되어야 한다.

한편 미성년 자녀를 둔 성전환자도 부모로서 자녀를 보호하고 교양하며(민법 제913조), 친권을 행사할 때에도 자녀의 복리를 우선해야 할 의무가 있으므로(민법 제912조), 미성년 자녀가 있는 성전환자의 성별정정 허가 여부를 판단할 때에는 성전환자의 기본권의 보호와 미성년 자녀의 보호 및 복리와의 조화를 이룰 수 있도록 법익의 균형을 위한 여러 사정들을 종합적으로 고려하여 실질적으로 판단하여야 한다. 따라서 위와 같은 사정들을 고려하여 실질적으로 판단하지 아니한 채 단지 성전환자에게 미성년 자녀가 있다는 사정만을 이유로 성별정정을 불허하여서는 아니 된다. 그 이유는 다음과 같다.

① 성전환자도 우리 사회의 동등한 구성원으로서 인간으로서의 존엄과 가치를 가지며 행복을 추구할 권리와 인간다운 생활을 할 권리가 있고 이러한 권리는 마땅히 보호받아야 하므로, 성전환자의 성별정정 허가 여부를 판단할 때에도 성전환자의 이러한 인간으로서의 기본권이 최대한 보장될 수 있도록 하여야 한다.

② 미성년 자녀를 둔 성전환자의 성별정정을 허가하는 것이 그의 가족관계에 변화를 가져오는 부분도 없지 않지만, 이는 부 또는 모의 성전환이라는 사실의 발생에 따라 부모의 권리와 의무가 실현되는 모습이 그에 맞게 변화하는 자연스러운 과정일 따름이다. 이렇게 형성되는 부모자녀 관계와 가족질서 또한 전체 법질서 내에서 똑같이 존중받고 보호되어야 한다. 성전환자가 이혼하여 혼인 중에 있지 않다거나 가족관계등록부상 성별정정이 이루어진다고 하여 이러한 점이 달라지지 않는다. 미성년 자녀를 둔 성전환자도 여전히 그의 부 또는 모로서 그에 따르는 권리를 행사하고 의무를 수행하여야 하며 이를 할 수 있다.

③ 미성년 자녀가 있는 성전환자의 성별정정을 허가하는 것이 그 자체로 친권자와 미성년 자녀 사이의 신분관계에 중대한 변동을 초래하거나 자녀의 복리에 현저하게 반한다거나 미성년 자녀를 사회적인 편견과 차별에 무방비 상태로 노출되도록 방치하는 것이라고 일률적으로 단정하는 것은 옳지 않다.

④ 미성년 자녀를 둔 성전환자의 성별정정을 허가할 경우 성별정정된 가족관계등록부의 제출이나 공개 등으로 미성년 자녀가 사회적 차별과 편견에 무방비 상태로 노출되어 방치된다거나 생활상 어려움에 처하게 된다고 단정할 수도 없다. 설령 가족관계등록부의 노출로 미성년 자녀가 사회적인 편견과 차별을 당할 우려가 있다고 하더라도,

이는 국가가 성전환자와 미성년 자녀의 기본권 보장 및 사생활 보호를 위하여 위와 같은 노출을 차단하기 위한 조치를 취해 미성년 자녀를 보호해야 하는 것이지, 이를 미성년 자녀를 둔 성전환자의 성별정정을 허가하지 않을 이유로 삼는 것은 옳지 않다.

(나) 미성년 자녀를 둔 성전환자의 성별정정을 허가할지 여부를 판단할 때에는 성전환자 본인의 인간으로서의 존엄과 가치, 행복추구권, 평등권 등 헌법상 기본권을 최대한 보장함과 동시에 미성년 자녀가 갖는 보호와 배려를 받을 권리 등 자녀의 복리를 염두에 두어야 한다. 따라서 이때에는 성전환자의 성별정정에 필요한 일반적인 허가 기준을 충족하였는지 외에도 미성년 자녀의 연령 및 신체적·정신적 상태, 부 또는 모의 성별정정에 대한 미성년 자녀의 동의나 이해의 정도, 미성년 자녀에 대한 보호와 양육의 형태 등 성전환자가 부 또는 모로서 역할을 수행하는 모습, 성전환자가 미성년 자녀를 비롯한 다른 가족들과 형성·유지하고 있는 관계 및 유대감, 기타 가정환경 등 제반 사정을 고려하여 성전환자의 성별정정 허가 여부가 미성년 자녀의 복리에 미치는 영향을 살펴 성별정정을 허가할 것인지를 판단하여야 한다.

(다) 성전환자에게 미성년 자녀가 있는 경우 성전환자의 가족관계등록부상 성별정정이 허용되지 않는다는 취지의 대판 2011.9.2. 전합2009스117 결정을 비롯하여 그와 같은 취지의 결정들은 이 결정의 견해에 배치되는 범위에서 모두 변경하기로 한다.

[대법관 이동원의 반대의견] 다수의견은 대법원이 대결 2011.9.2. 전합2009스117 결정이 있기 이전에 대법원은 이미 대결 2006.6.22. 전합2004스42 결정에서 성전환자의 성별정정을 허용하기 위해서는 "다른 사람들과의 신분관계에 중대한 변동을 초래하거나 사회에 부정적인 영향을 주지 아니하여 사회적으로 허용될 수 있어야 한다."라는 기본적인 원칙을 제시한 바가 있고, 대결 2011.9.2. 전합2009스117 결정은 성전환자에게 미성년인 자녀가 있으면 그와 같은 기본적인 원칙에 어긋나는 경우에 해당한다는 점을 명확히 한 것이지 성별정정 허가에 있어 독자적인 소극 요건을 새롭게 설정한 것은 아니다.

대결 2011.9.2. 전합2009스117 결정은 우리 법체계 및 미성년인 자녀의 복리에 적합하고, 사회 일반의 통념에도 들어맞는 합리적인 결정이므로, 그대로 유지되어야 한다. 이를 변경하려는 다수의견에 찬성할 수 없다"(대결 2022.11.24. 전합2020스616)

정답 ○

유제   정답 ○

혼 인

1 유족급여수급권을 주장하는 사람이 검사를 상대방으로 하여 과거의 사실상혼인관계에 관한 존부 확인의 소를 제기하는 경우, 확인의 이익이 인정된다.   ( )

1-1 법률상 혼인을 한 사람이 배우자와 별거하면서 제3자와 혼인의 의사로 실질적인 부부생활을 하는 경우, 제3자와의 관계를 사실상 혼인관계로 인정하여 법률혼에 준하는 보호를 할 수는 없다. ( )

판결요지

"[1] 공무원연금법을 비롯한 여러 법령은 그 법에 따른 급여의 수급권자가 사망하면 그의 사실혼 배우자가 유족으로서 급여를 받도록 규정하고 있으므로, 사망한 사람과의 사실혼 관계는 유족급여수급권과 관련된 법률관계의 전제가 된다. 그러므로 급여수급권을 주장하는 사람이 검사를 상대방으로 하여 과거의 사실상 혼인관계에 관한 존부 확인의 소[가사소송법 제2조 제1항 제1호 (나)목 1)]를 제기하는 것은 유족급여와 관련된 분쟁을 한꺼번에 해결하는 적절한 방법이어서 확인의 이익이 인정된다.

[2] 법률상 혼인을 한 사람이 배우자와 별거하면서 제3자와 혼인의 의사로 실질적인 부부생활을 하더라도, 법률상 배우자와 사실상 이혼상태였다는 등의 특별한 사정이 없는 한 제3자와의 관계를 사실상 혼인관계로 인정하여 법률혼에 준하는 보호를 할 수는 없다"(대판 2022.3.31. 2019므10581). 정답 ○

유 제 정답 ○

2 혼인무효 사건은 가사소송사건으로서 자백에 관한 민사소송법의 규정이 적용되지 않고 법원이 직권으로 사실조사 및 필요한 증거조사를 하여야 하는바, 일방 배우자가 상대방 배우자를 상대로 혼인신고 당시에 진정한 혼인의사가 없었다는 사유를 주장하면서 혼인무효 확인의 소를 제기하는 경우, 가정법원으로서는 직권조사를 통해 혼인의사의 부존재가 합리적·객관적 근거에 의하여 뒷받침되는지 판단하여야 한다. ( )

2-1 민법은 혼인성립 이전의 단계에서 성립 요건의 흠결로 혼인이 유효하게 성립하지 않은 혼인무효(민법 제815조)와 혼인이 성립한 후 발생한 사유로 혼인이 해소되는 이혼(민법 제840조)을 구분하여 규정하고 있다. 또한 혼인무효는 이혼의 경우에 비하여 가족관계등록부의 처리 방식이 다르고, 이혼과 달리 혼인무효의 소가 제기되지 않은 상태에서도 유족급여나 상속과 관련된 소송에서 선결문제로 주장할 수 있어 유리한 효과가 부여된다. ( )

판결요지

"민법 제815조 제1호가 혼인무효의 사유로 규정하는 '당사자 간에 혼인의 합의가 없는 때'란 당사자 사이에 사회관념상 부부라고 인정되는 정신적·육체적 결합을 생기게 할 의사의 합치가 없는 경우를 의미한다. 혼인무효 사건은 가류 가사소송사건으로서 자백에 관한 민사소송법의 규정이 적용되지 않고 법원이 직권으로 사실조사 및 필요한 증거조사를 하여야 하는바(가사소송법 제12조, 제17조), 일방 배우자가 상대방 배우자를 상대로 혼인신고 당시에 진정한 혼인의사가 없었다는 사유를 주장하면서 혼인무효 확인의 소를 제기하는 경우, 가정법원으로서는 직권조사를 통해 혼인의사의 부존재가 합리적·객관적 근거에 의하여 뒷받침되는지 판단하여야 한다. 정답 ○

민법은 혼인성립 이전의 단계에서 성립 요건의 흠결로 혼인이 유효하게 성립하지 않은 혼인무효(민법 제815조)와 혼인이 성립한 후 발생한 사유로 혼인이 해소되는 이혼(민법 제840조)을 구분하여 규정하고 있다. 또한 혼인무효는 이혼의 경우에 비하여 가족관계등록부의 처리 방식이 다르고, 이혼과 달리 혼인무효의 소가 제기되지 않은 상태에서도 유족급여나 상속과 관련된 소송에서 선결문제로 주장할 수 있어 유리한 효과가 부여된다.

유 제 정답 ○

따라서 가정법원은 상대방 배우자에게 혼인신고 당시 혼인의사가 없었던 것인지, 혼인 이후에 혼인을 유지할 의사가 없어진 것인지에 대해서 구체적으로 심리·판단하여야 하고, 혼인의사라는 개념이 다소 추상적이고 내면적인 것이라는 사정에 기대어 상대방 배우자가 혼인을 유지하기 위한 노력을 게을리하였다거나 혼인관계 종료를 의도하는 언행을 하는 등 혼인생활 중에 나타난 몇몇 사정만으로 혼인신고 당시 혼인의사가 없었다고 추단하여 혼인무효 사유에 해당한다고 단정할 것은 아니다.

우리나라 국민이 외국인 배우자에 대하여 혼인의 의사가 없다는 이유로 혼인무효 소송을 제기한 경우, 가정법원은 위 법리에 더하여 통상 외국인 배우자가 자신의 본국에서 그 국가 법령이 정하는 혼인의 성립절차를 마친 후 그에 기하여 우리나라 민법에 따른 혼인신고를 하고, 우리나라 출입국관리법령에 따라 결혼동거 목적의 사증을 발급받아 입국하는 절차를 거쳐 비로소 혼인생활에 이르게 된다는 점, 언어장벽 및 문화와 관습의 차이 등으로 혼인생활의 양상이 다를 가능성이 있는 점을 고려하여 외국인 배우자의 혼인의사 유무를 세심하게 판단할 필요가 있다"(대판 2021.12.10. 2019므11584, 2019므11591).

3 대한민국 국민과 베트남 국민 사이에 혼인의 성립요건을 갖추었는지를 판단하는 준거법은 대한민국 국민과 베트남 국민 둘 다에 관하여 대한민국 민법이다.   ( )

판결요지

"국제사법 제36조 제1항은 "혼인의 성립요건은 각 당사자에 관하여 그 본국법에 의한다."라고 정하고 있다. 따라서 대한민국 국민과 베트남 국민 사이에 혼인의 성립요건을 갖추었는지를 판단하는 준거법은 대한민국 국민에 관해서는 대한민국 민법, 베트남 국민에 관해서는 베트남 혼인·가족법이다"(대판 2022.1.27. 2017므1224) 정답 ✕

이 혼

1 ★ 혼인기간 중 총 10여 차례에 이를 정도로 협의이혼 절차 또는 이혼소송 절차를 신청 내지 청구 하였다가 취하하는 행위를 반복하는 등 더 이상 혼인관계를 유지하는 것이 무의미하고, 오히려 미성년 자녀의 복지를 해한다고 판단되는 경우 유책배우자의 이혼 청구를 예외적으로 허용할 수 있다.   22년 2차모의 ( )

판결요지

※ 유책배우자의 이혼청구
"원심은, 유책배우자의 이혼청구를 예외적으로 허용할 수 있는지 여부 및 판단 기준에 관한 대법원 2015. 9. 15. 선고 2013므568 전원합의체 판결의 판시를 원용한 다음, 이 사건 혼인은 회복할 수 없이 파탄되었고 피고보다는 원고에게 혼인관계 파탄에 대한 책임이 더 있는 것으로 판단되나, ① 원고와 피고는 혼인기간 중 총 10여 차례에 이를 정도로 협의이혼 절차 또는 이혼소송 절차를 신청 내지 청구하였다가 취하하는 행위를 반복하는 등 더 이상 부부간의 문제를 상호 원만하게 해결할 수 없는 상황에 이르러 정상적인 부부관계의 회복이 불가능한 것으로 보이는 점, ② 원고와 피고는 이 사건 소송 계속 중에도 상호간은 물론 피고의 원고 어머니에 대한 폭언 등을 이유로 지속적으로 갈등하였고, 사건본인들을 양육하던 피고는 2019. 10.경부터 원고의 면접교섭 요구를 거부하였으며 제 1심부터 원심에 이르기까지 양육환경조사는 물론 부부관계의 회복을 위한 부부상담이 제대로 이루어지지 않고 있는바, 원고와 피고 사이의 분쟁이 부부의 문제를 넘어 사건본인들의 정서에 악영향을 주는 등 사건본인들의 복리를 심각하게 저해하고 있는 것으로 보이는 점, ③ 결국 상호간에 애정이나 존중 등이 없는 형식적인 혼인관계를 유지하는 것은 원고와 피고 사이의 문제를 해결하기보다 새로운 문제의 원인이 되거나 동일한 문제가 계속 되어 쌍방에게 크나큰 고통이 될 수밖에 없어 보이는 점 등 여러 사정들을 종합하면, 유책배우자인 원고의 피고에 대한 이혼청구를 허용하여도 혼인과 가족제도를 형해화할 우려가 없고, 사회의 도덕관·윤리관에도 반하지 아니한다고 판단하여 유책배우자인 원고의 이혼 청구를 인용하였다. 관련 법리에 따라 기록을 살펴보면, 피고가 혼인관계를 회복하기 위한 노력을 기울이지 않으며, 혼인관계 지속이 미성년자녀의 복지를 해한다고 볼만한 사정까지 존재하는 이 사건에서, 유책배우자인 원고의 이혼 청구를 허용할 특별한 사정을 인정한 원심의 판단에 상고이유 주장과 같이 논리와 경험의 법칙을 위반하여 자유심증주의의 한계를 벗어나거나 민법 제840조 제6호, 유책배우자의 이혼 청구 등에 관한 법리오해, 심리미진, 부부상담 및 양육환경조사 절차 진행에 있어서의 설명과 고지의무 위반, 자유 재량의 한계 일탈 등의 잘못이 없다"(대판 2020.11.12. 2020므11818). 정답 ◯

|관련판례|

> ※ 유책배우자의 이혼청구권
>
> 判例는 유책배우자의 이혼청구를 배척하는 것이 기본입장이나, ⅰ) 상대방도 이혼의 반소를 제기하여 이혼의사가 있는 경우나(대판 1987.12.8. 87므44), ⅱ) 상대방도 혼인을 계속할 의사가 없음이 객관적으로 명백한데도 오기나 보복적 감정에서 이혼에 응하지 아니하고 있을 뿐이라는 등 특별한 사정이 있는 경우는 예외적으로 유책배우자의 이혼청구권이 인정된다(대판 1969.12.9. 69므31)고 한다.
>
> 그리고 최근에는 전원합의체 판결을 통해 그 사유를 확대하였는바, " ㉠ 이혼을 청구하는 배우자의 유책성을 상쇄할 정도로 상대방 배우자 및 자녀에 대한 보호와 배려가 이루어진 경우, ㉡ 세월의 경과에 따라 혼인파탄 당시 현저하였던 유책배우자의 유책성과 상대방 배우자가 받은 정신적 고통이 점차 약화되어 쌍방의 책임의 경중을 엄밀히 따지는 것이 더 이상 무의미할 정도가 된 경우 등과 같이 혼인생활의 파탄에 대한 유책성이 그 이혼청구를 배척해야 할 정도로 남아 있지 아니한 특별한 사정이 있는 경우에는 예외적으로 유책배우자의 이혼청구를 허용할 수 있다"(대판 2015.9.15. 전합2013므568)고 한다.

2 쌍방에게 전형적인 유책사유는 없으나 쌍방 간의 오랜 다툼과 갈등, 별거 등으로 인하여 현재 혼인관계는 파탄된 것으로 보이는 경우 법원은 그 중 일방이 제기한 이혼청구를 인용할 수 있다.

( )

판결요지

> ※ 혼인계속의사의 구체적 판단기준 및 판단방법
>
> "민법 제826조 제1항에 따라, 부부는 정신적·육체적·경제적으로 결합된 공동체로서 서로 협조하고 보호하여 부부공동생활로서의 혼인이 유지되도록 상호간에 포괄적으로 협력할 의무를 부담한다. 상대방 배우자의 혼인계속의사를 인정하려면 소송 과정에서 그 배우자가 표명하는 주관적 의사만을 가지고 판단할 것이 아니라, 혼인생활의 전 과정 및 이혼소송이 진행되는 중 드러난 상대방 배우자의 언행 및 태도를 종합하여 그 배우자가 악화된 혼인관계를 회복하여 원만한 공동생활을 영위하려는 노력을 기울임으로써 혼인유지에 협조할 의무를 이행할 의사가 있는지 객관적으로 판단하여야 한다. 따라서 일방 배우자의 성격적 결함이나 언행으로 인하여 혼인관계가 악화된 경우에도, 상대방 배우자 또한 원만한 혼인관계로의 복원을 위하여 협조하지 않은 채 오로지 일방 배우자에게만 혼인관계 악화에 대한 잘못이 있다고 비난하고 대화와 소통을 거부하는 경우, 이혼소송 중 가정법원이 권유하는 부부상담 등 혼인관계의 회복을 위하여 실시하는 조치에 정당한 이유 없이 불응하면서 무관심한 태도로 일관하는 경우에는 혼인유지를 위한 최소한의 노력조차 기울이지 않았다고 볼 여지가 있어, 설령 그 배우자가 혼인계속의사를 표명하더라도 이를 인정함에 신중하여야 한다"(대판 2022.6.16. 2019므14477).   **정답** ○

3 상대방 배우자의 혼인계속의사를 인정하려면 소송 과정에서 그 배우자가 표명하는 주관적 의사만을 가지고 판단할 것이 아니라, 혼인생활의 전 과정 및 이혼소송이 진행되는 중 드러난 상대방 배우자의 언행 및 태도를 종합하여 그 배우자가 악화된 혼인관계를 회복하여 원만한 공동생활을 영위하려는 노력을 기울임으로써 혼인유지에 협조할 의무를 이행할 의사가 있는지 객관적으로 판단하여야 한다.

( )

판결요지

1. 혼인파탄의 책임 판단, 2. 혼인계속의사의 구체적 판단기준 및 판단방법

"민법 제826조 제1항에 따라, 부부는 정신적·육체적·경제적으로 결합된 공동체로서 서로 협조하고 보호하여 부부공동생활로서의 혼인이 유지되도록 상호간에 포괄적으로 협력할 의무를 부담한다. 상대방 배우자의 혼인계속의사를 인정하려면 소송 과정에서 그 배우자가 표명하는 주관적 의사만을 가지고 판단할 것이 아니라, 혼인생활의 전 과정 및 이혼소송이 진행되는 중 드러난 상대방 배우자의 언행 및 태도를 종합하여 그 배우자가 악화된 혼인관계를 회복하여 원만한 공동생활을 영위하려는 노력을 기울임으로써 혼인유지에 협조할 의무를 이행할 의사가 있는지 객관적으로 판단하여야 한다. 긴 별거기간 동안 쌍방 간에 혼인관계 회복을 위한 진지한 노력 없이 계속된 불화와 별거·파탄의 경과를 모두 고려하여 혼인관계 파탄의 책임을 판단하여야 한다. 나아가 혼인생활의 전 과정 및 이혼소송이 진행되는 중에 드러난 피고의 언행 및 태도, 피고와 자녀들이 처해 있는 구체적 상황, 혼인관계의 회복가능성 등에 비추어, 피고에게 혼인계속의사가 있는지를 객관적으로 보아야 한다"(대판 2022.7.28. 2021므11112).

정답 ○

4 이혼 청구 배우자의 유책성을 상쇄할 정도로 상대방 배우자 및 자녀에 대한 보호와 배려가 이루어진 경우, 세월의 경과에 따라 파탄 당시 현저하였던 유책배우자의 유책성과 상대방 배우자가 받은 정신적 고통이 약화되어 쌍방의 책임의 경중을 엄밀히 따지는 것이 더 이상 무의미할 정도가 된 경우 등 혼인 파탄의 책임이 반드시 이혼청구를 배척해야 할 정도로 남아있지 않은 경우 그러한 배우자의 이혼청구는 예외적으로 허용될 수 있다. ( )

4-1 ★ 과거에 일방 배우자가 이혼소송을 제기하였다가 유책배우자라는 이유에서 기각 판결이 확정되었더라도 그 후로 상대방 배우자 또한 종전 소송에서 문제되었던 일방 배우자의 유책성에 대한 비난을 계속하고 일방 배우자의 전면적인 양보만을 요구하거나 민·형사소송 등 혼인관계의 회복과 양립하기 어려운 사정이 남아 있음에도 이를 정리하지 않은 채 장기간의 별거가 고착화된 경우, 이미 혼인관계가 와해되었고 회복될 가능성이 없으며 상대방 배우자에 대한 보상과 설득으로 협의에 의하여 이혼을 하는 방법도 불가능해진 상태까지 이르렀다면, 종전 이혼소송의 변론종결 당시 현저하였던 일방배우자의 유책성이 상당히 희석되었다고 볼 수 있고, 이는 현재 이혼소송의 사실심 변론종결시를 기준으로 판단하여야 한다. ( )

4-2 ★ 이혼에 불응하는 상대방 배우자가 혼인의 계속과 양립하기 어려워 보이는 언행을 하더라도, 그 이혼거절의사가 이혼 후 자신 및 미성년 자녀의 정신적·사회적·경제적 상태와 생활보장에 대한 우려에서 기인한 것으로 볼 여지가 있는 때에는 혼인계속의사가 없다고 섣불리 단정하여서는 안 된다. 또한 자녀가 미성년자인 경우에는 혼인의 유지가 경제적·정서적으로 안정적인 양육환경을 조성하여 자녀의 복리에 긍정적 영향을 미칠 측면과 더불어 부모의 극심한 분쟁상황에 지속적으로 자녀를 노출시키거나 자녀에 대한 부양 및 양육을 방기하는 등 파탄된 혼인관계를 유지함으로써 오히려 자녀의 복리에 부정적 영향을 미칠 측면에 관하여 모두 심리·판단하여야 한다. ( )

판결요지

※ 예외적으로 유책배우자의 이혼청구를 허용할 수 있는 경우 및 그 판단 기준 / 이때 상대방 배우자가 혼인계속의사가 있는지 판단하는 기준 및 고려하여야 할 사항

"재판상 이혼원인에 관한 민법 제840조는 원칙적으로 유책주의를 채택하고 있는 것으로 해석되며, 민법 제840조 제6호의 이혼사유에 관하여도 혼인생활의 파탄에 주된 책임이 있는 배우자는 그 파탄을 사유로 하여 이혼을 청구

할 수 없는 것이 원칙이다. 그러나 이혼청구 배우자의 유책성을 상쇄할 정도로 상대방 배우자 및 자녀에 대한 보호와 배려가 이루어진 경우, 세월의 경과에 따라 파탄 당시 현저하였던 유책배우자의 유책성과 상대방 배우자가 받은 정신적 고통이 약화되어 쌍방의 책임의 경중을 엄밀히 따지는 것이 더 이상 무의미할 정도가 된 경우 등 혼인 파탄의 책임이 반드시 이혼청구를 배척해야 할 정도로 남아있지 않은 경우 그러한 배우자의 이혼청구는 예외적으로 허용될 수 있다. 이를 판단할 때에는 유책배우자의 책임의 태양·정도, 상대방 배우자의 혼인계속의사 및 유책배우자에 대한 감정, 당사자의 나이, 혼인기간과 혼인 후의 구체적인 생활관계, 별거기간, 별거 후에 형성된 부부의 생활관계, 혼인생활의 파탄 후 여러 사정의 변경 여부, 이혼이 인정될 경우 상대방 배우자의 정신적·사회적·경제적 상태와 생활보장의 정도, 미성년 자녀의 양육·교육·복지의 상황, 그 밖의 혼인관계의 여러 사정을 두루 고려하여야 한다.

민법 제826조 제1항에 따라, 부부는 정신적·육체적·경제적으로 결합된 공동체로서 서로 협조하고 보호하여 부부공동생활로서의 혼인이 유지되도록 상호 간에 포괄적으로 협력할 의무를 부담한다.

상대방 배우자의 혼인계속의사를 인정하려면 소송 과정에서 그 배우자가 표명하는 주관적 의사만을 가지고 판단할 것이 아니라, 혼인생활의 전 과정 및 이혼소송이 진행되는 중 드러난 상대방 배우자의 언행 및 태도를 종합하여 그 배우자가 악화된 혼인관계를 회복하여 원만한 공동생활을 영위하려는 노력을 기울임으로써 혼인유지에 협조할 의무를 이행할 의사가 있는지 객관적으로 판단하여야 한다. 따라서 일방 배우자의 성격적 결함이나 언행으로 인하여 혼인관계가 악화된 경우에도, 상대방 배우자 또한 원만한 혼인관계로의 복원을 위하여 협조하지 않은 채 오로지 일방 배우자에게만 혼인관계 악화에 대한 잘못이 있다고 비난하고 대화와 소통을 거부하는 경우, 이혼소송 중 가정법원이 권유하는 부부상담 등 혼인관계의 회복을 위하여 실시하는 조치에 정당한 이유 없이 불응하면서 무관심한 태도로 일관하는 경우에는 혼인유지를 위한 최소한의 노력조차 기울이지 않았다고 볼 여지가 있어, 설령 그 배우자가 혼인계속의사를 표명하더라도 이를 인정함에 신중하여야 한다.

과거에 일방 배우자가 이혼소송을 제기하였다가 유책배우자라는 이유에서 기각 판결이 확정되었더라도 그 후로 상대방 배우자 또한 종전 소송에서 문제 되었던 일방 배우자의 유책성에 대한 비난을 계속하고 일방 배우자의 전면적인 양보만을 요구하거나 민형사소송 등 혼인관계의 회복과 양립하기 어려운 사정이 남아 있음에도 이를 정리하지 않은 채 장기간의 별거가 고착된 경우, 이미 혼인관계가 와해되었고 회복될 가능성이 없으며 상대방 배우자에 대한 보상과 설득으로 협의에 의하여 이혼을 하는 방법도 불가능해진 상태까지 이르렀다면, 종전 이혼소송의 변론종결 당시 현저하였던 일방배우자의 유책성이 상당히 희석되었다고 볼 수 있고, 이는 현재 이혼소송의 사실심 변론종결 시를 기준으로 판단하여야 한다.

다만 이 경우 일방 배우자의 유책성을 상쇄할 정도로 상대방 배우자 및 자녀에 대한 보호와 배려가 이루어졌어야 함은 위에서 본 바와 같으므로, 특히 상대방 배우자가 경제적·사회적으로 매우 취약한 지위에 있어 보호의 필요성이 큰 경우나 각종 사회보장급여 기타 공법상 급여, 연금이나 사적인 보험 등에 의한 혜택이 법률상 배우자의 지위가 유지됨을 전제로 하는 경우에는 유책배우자의 이혼청구를 허용함에 신중을 기하여야 한다. 그러므로 이혼에 불응하는 상대방 배우자가 혼인의 계속과 양립하기 어려워 보이는 언행을 하더라도, 그 이혼거절의사가 이혼 후 자신 및 미성년 자녀의 정신적·사회적·경제적 상태와 생활보장에 대한 우려에서 기인한 것으로 볼 여지가 있는 때에는 혼인계속의사가 없다고 섣불리 단정하여서는 안 된다.

또한 자녀가 미성년자인 경우에는 혼인의 유지가 경제적·정서적으로 안정적인 양육환경을 조성하여 자녀의 복리에 긍정적 영향을 미칠 측면과 더불어 부모의 극심한 분쟁상황에 지속적으로 자녀를 노출시키거나 자녀에 대한 부양 및 양육을 방기하는 등 파탄된 혼인관계를 유지함으로써 오히려 자녀의 복리에 부정적 영향을 미칠 측면에 관하여 모두 심리·판단하여야 한다"(대판 2022.6.16. 2021므14258). **정답** ○   **유제 전부** **정답** ○

5 혼인생활의 파탄에 주된 책임이 있는 배우자는 그 파탄을 사유로 하여 이혼을 청구할 수 없다. 그러나 혼인과 가족생활은 개인의 존엄과 양성의 평등을 지도원리로 하는 것으로, 혼인제도가 추구하는 이상과 신의성실의 원칙에 비추어 그 책임이 이혼청구를 배척해야 할 정도로까지 남아있지 않은 경우라면, 그러한 배우자의 이혼청구는 혼인과 가족제도를 형해화할 우려가 없고 사회의 도덕관·윤리관에 반하지 않는 것이어서 허용될 수 있다. ( )

5-1 배우자 쌍방이 모두 혼인관계를 유지하기 위한 의욕을 상실한 채 상호 방관 또는 적대하는 상태로 상당한 시간이 경과한 끝에 결국 혼인관계가 돌이킬 수 없을 정도의 파탄에 이르게 되었다면 배우자 쌍방이 혼인관계 파탄에 대한 책임을 나누어 가져야 할 것이고, 당초 어느 일방의 인격적 결함이 그러한 갈등 또는 불화의 단초가 되었다는 사정만으로 그에게 이혼청구를 할 수 없을 정도의 주된 책임이 있다고 단정할 수 없다. ( )

> **판결요지**
>
> 대판 2022.6.16. 2022므10109 판시내용 **정답** ○   **유제** **정답** ○

6 민법 제840조 제3호에서 정한 이혼사유인 '배우자로부터 심히 부당한 대우를 받았을 때'라 함은 혼인관계의 지속을 강요하는 것이 가혹하다고 여겨질 정도의 폭행이나 학대 또는 모욕을 받았을 경우를 말하고, 민법 제840조 제6호에서 정한 이혼사유인 '혼인을 계속하기 어려운 중대한 사유가 있을 때'란 부부간의 애정과 신뢰가 바탕이 되어야 할 혼인의 본질에 상응하는 부부공동생활관계가 회복할 수 없을 정도로 파탄되고 혼인생활의 계속을 강제하는 것이 일방 배우자에게 참을 수 없는 고통이 되는 경우를 말한다. ( )

6-1 ★ 부부의 혼인관계가 돌이킬 수 없을 정도로 파탄되었다고 인정된다면 그 파탄의 원인에 대한 원고의 책임이 피고의 책임보다 더 무겁다고 인정되지 않는 한 이혼 청구를 인용해야 한다.

22년 2차모의 ( )

> **판결요지**
>
> "[1] 민법 제840조 제3호에서 정한 이혼사유인 '배우자로부터 심히 부당한 대우를 받았을 때'라 함은 혼인관계의 지속을 강요하는 것이 가혹하다고 여겨질 정도의 폭행이나 학대 또는 모욕을 받았을 경우를 말한다.
> [2] 민법 제840조 제6호에서 정한 이혼사유인 '혼인을 계속하기 어려운 중대한 사유가 있을 때'란 부부간의 애정과 신뢰가 바탕이 되어야 할 혼인의 본질에 상응하는 부부공동생활관계가 회복할 수 없을 정도로 파탄되고 혼인생활의 계속을 강제하는 것이 일방 배우자에게 참을 수 없는 고통이 되는 경우를 말한다. 이를 판단할 때에는 혼인계속의사의 유무, 파탄의 원인에 관한 당사자의 책임 유무, 혼인생활의 기간, 자녀의 유무, 당사자의 연령, 이혼 후의 생활보장, 기타 혼인관계의 여러 사정을 두루 고려하여야 하고, 이러한 사정을 고려하여 부부의 혼인관계가 돌이킬 수 없을 정도로 파탄되었다고 인정된다면 그 파탄의 원인에 대한 원고의 책임이 피고의 책임보다 더 무겁다고 인정되지 않는 한 이혼 청구를 인용해야 한다"(대판 2021.3.25. 2020므14763). **정답** ○   **유제** **정답** ○

7   이혼시 재산분할 여부와 그 액수 및 방법은 원칙적으로 당사자의 협의에 의해 결정하고(제839조의2 1항, 제843조), 협의가 성립하지 않거나 불가능한 때에는 당사자의 청구에 의해 가정법원이 결정한다(제839조의2 2항).   (   )

7–1   ★ 일방 당사자가 특정한 방법으로 재산분할을 청구하더라도 법원은 이에 구속되지 않고 타당하다고 인정되는 방법에 따라 재산분할을 명할 수 있으나, 이혼에 따른 재산분할심판에서 쌍방 당사자가 일부 재산에 관하여 분할방법에 관한 합의를 한 경우 법원이 아무런 합리적인 이유를 제시하지 아니한 채 그 합의에 반하는 방법으로 재산분할을 명할 수는 없다.   22년 2차, 23년 3차모의 (   )

> **판결요지**
>
> ※ **이혼에 따른 재산분할심판에서 당사자 간 일부 재산분할 합의가 이뤄진 경우 소송상 효력**
> "일방 당사자가 특정한 방법으로 재산분할을 청구하더라도 법원은 이에 구속되지 않고 타당하다고 인정되는 방법에 따라 재산분할을 명할 수 있다(대판 2010.12.23. 2009므3928 판결 참조). 그러나 재산분할심판은 재산분할에 관하여 당사자 사이에 협의가 되지 아니하거나 협의할 수 없는 때에 한하여 하는 것이므로(민법 제843조, 제839조의2 제2항), 쌍방 당사자가 일부 재산에 관하여 분할방법에 관한 합의를 하였고, 그것이 그 일부 재산과 나머지 재산을 적정하게 분할하는 데 지장을 가져오는 것이 아니라면 법원으로서는 이를 최대한 존중하여 재산분할을 명하는 것이 타당하다. 그 경우 법원이 아무런 합리적인 이유를 제시하지 아니한 채 그 합의에 반하는 방법으로 재산분할을 하는 것은 재산분할사건이 가사비송사건이고, 그에 관하여 법원의 후견적 입장이 강조된다는 측면을 고려하더라도 정당화되기 어렵다"(대판 2021.6.10. 2021므10898).   정답 ○
>
> **유제**   정답 ○

8   ★ 민법 제843조, 제839조의2 제3항은 협의상 또는 재판상 이혼 시의 재산분할청구권에 관하여 '이혼한 날부터 2년을 경과한 때에는 소멸한다.'고 정하고 있는데, 위 기간은 제척기간이고, 나아가 재판 외에서 권리를 행사하는 것으로 족한 기간이 아니라 그 기간 내에 재산분할심판 청구를 하여야 하는 출소기간이다.   (   )

8–1   ★ 이혼에 따른 재산분할청구 후 제척기간이 지나면 그때까지 청구 목적물로 하지 않은 재산에 대해서는 특별한 사정이 없는 한 제척기간을 준수한 것으로 볼 수 없다. 그러나 청구인 지위에서 대상 재산에 대해 적극적으로 재산분할을 청구하는 것이 아니라, 이미 제기된 재산분할청구 사건의 상대방 지위에서 분할대상 재산을 주장하는 경우에는 제척기간이 적용되지 않는다.   (   )

> **판결요지**
>
> "민법 제843조, 제839조의2 제3항은 협의상 또는 재판상 이혼 시의 재산분할청구권에 관하여 '이혼한 날부터 2년을 경과한 때에는 소멸한다.'고 정하고 있는데, 위 기간은 제척기간이고, 나아가 재판 외에서 권리를 행사하는 것으로 족한 기간이 아니라 그 기간 내에 재산분할심판 청구를 하여야 하는 출소기간이다. 재산분할청구 후 제척기간이 지나면 그때까지 청구 목적물로 하지 않은 재산에 대해서는 특별한 사정이 없는 한 제척기간을 준수한 것으로 볼 수 없다. 그러나 청구인 지위에서 대상 재산에 대해 적극적으로 재산분할을 청구하는 것이 아니라, 이미 제기된 재산분할청구 사건의 상대방 지위에서 분할대상 재산을 주장하는 경우에는 제척기간이 적용되지 않는다"(대결 2022.11.10. 2021스766).   정답 ○
>
> **유제**   정답 ○

9 ★ 사실혼 관계에 있는 부부 일방이 혼인 중 공동재산의 형성에 수반하여 채무를 부담하였다가 사실혼이 종료된 후 그 채무를 변제한 경우 변제된 채무는 특별한 사정이 없는 한 청산 대상이 된다.
( )

판결요지

※ 재산분할에서 사실혼 해소일 직후 발생한 대출금채무가 소극재산에 포함되는지 여부

"사실혼은 당사자 사이에 혼인 의사가 있고 객관적으로 사회관념상 부부공동생활을 인정할 만한 혼인생활의 실체가 있는 경우이므로 법률혼에 관한 민법 규정 중 혼인신고를 전제로 하는 규정은 유추적용할 수 없다. 그러나 부부재산 청산의 의미를 갖는 재산분할 규정은 부부의 생활공동체라는 실질에 비추어 인정되는 것이므로 사실혼 관계에 유추적용할 수 있다(대판 1995.3.10. 94므1379,1386 판결 참조). 부부 일방이 혼인 중 제3자에게 부담한 채무는 일상가사에 관한 것 이외에는 원칙적으로 개인의 채무로서 청산 대상이 되지 않으나 그것이 공동재산의 형성에 수반하여 부담한 채무인 경우에는 청산 대상이 된다(대판 1998.2.13. 97므1486,1493 판결 참조). 따라서 <u>사실혼 관계에 있는 부부 일방이 혼인 중 공동재산의 형성에 수반하여 채무를 부담하였다가 사실혼이 종료된 후 그 채무를 변제한 경우 변제된 채무는 특별한 사정이 없는 한 청산 대상이 된다</u>"(대판 2021.5.27. 2020므15841).   정답 ○

10 이혼, 재산분할 등 소송에서 원고가 이 사건 상가건물의 임대수익을 8:2로 분배하기로 하는 약정이 있었음을 이유로 재산분할을 청구하였다가 그 주장을 배척하는 판결이 확정되었는데, 다시 원고가 이 사건 상가건물의 임대수익을 8:2 또는 2:1로 분배하기로 하는 약정이 체결되었다고 주장하면서 피고를 상대로 위 약정에 따른 임대수익 정산금을 청구하였다면, 선행 이혼, 재산분할 등 확정판결의 기판력이 미치므로 청구를 기각하여야 한다.
( )

10-1 ★ 이혼으로 인한 재산분할청구는 당사자 사이에 협의가 이루어지지 않거나 협의할 수 없는 때 비로소 할 수 있으므로, 이미 이루어진 재산분할에 관한 약정의 이행을 구하는 민사청구와는 구별되는 가사비송사건이다.
23년 3차모의 ( )

판결요지

※ 재산분할심판청구 사건에서 금전의 지급을 구하는 경우, 그 청구가 재산분할심판청구인지 아니면 별개의 민사청구인지 여부의 판단 기준

" <u>민법 제839조의2 제2항에 따른 재산분할에 관한 처분을 마류 가사비송사건으로 분류하고 있고[가사소송법 제2조 제1항 제2호 (나)목],</u> …(중략)…재산분할은 현물분할, 금전지급에 의한 분할, 경매분할 등 다양한 방법으로 이루어질 수 있고, 분할대상 재산이 현금 또는 예금계좌에 보유하고 있는 금융자산이라면 금전지급에 의한 분할이 이루어질 수밖에 없다. 그런데 <u>재산분할청구는 당사자 사이에 협의가 이루어지지 않거나 협의할 수 없는 때 비로소 할 수 있으므로, 이미 이루어진 재산분할에 관한 약정의 이행을 구하는 민사청구와는 구별된다. 당사자가 재산분할청구 사건에서 금전의 지급을 구하는 청구를 하는 경우 그 청구가 재산분할청구인지 아니면 이와 별개의 민사청구인지 여부는 당해 사건에서의 청구원인과 당사자의 주장 취지, 청구에 대한 법원의 판단 및 이를 전후한 사건의 경과 등을 종합적으로 고려하여 판단하여야 한다</u>"(대판 2021.6.24. 2018다243089).   정답 ✕

유제   정답 ○

[사실관계] 원고와 피고 사이에 진행된 선행 이혼, 재산분할 등 소송에서 원고가 이 사건 상가건물의 임대수익을 8:2로 분배하기로 하는 약정이 있었음을 이유로 재산분할을 청구하였다가 그 주장을 배척하는 판결이 확정되었는데, 다시 원고가 이 사건 상가건물의 임대수익을 8:2 또는 2:1로 분배하기로 하는 약정이 체결되었다고 주장하면서

피고를 상대로 위 약정에 따른 임대수익 정산금을 청구한 사안에서, 원심은 선행 이혼, 재산분할 등 확정판결의 기판력이 이 사건에도 미친다고 보아 청구를 기각하였으나, 대법원은 선행 이혼, 재산분할 등 소송에서의 청구가 재산분할심판청구일 뿐 민사청구가 아니라고 판단하여 원심을 파기환송하였다.

11 협의상 또는 재판상 이혼을 하였으나 재산분할을 하지 않아 이혼 후 2년 이내에 최초로 법원에 민법 제839조의2에 따라 재산분할청구를 함에 있어 제척기간 내 이루어진 청구에 대하여 제척기간 준수의 효력이 인정된다. ( )

판결요지

※ 협의상 또는 재판상 이혼을 하였으나 재산분할을 하지 않아 이혼 후 2년 이내에 최초로 법원에 민법 제839조의2에 따라 재산분할청구를 한 경우, 제척기간 내 이루어진 청구에 대하여 제척기간 준수의 효력이 인정되는지 여부(적극)

"협의상 이혼한 자 일방은 다른 일방에 대하여 재산분할을 청구할 수 있고(민법 제839조의2 제1항), 재산분할청구권은 이혼한 날부터 2년을 경과한 때에는 소멸하는데(민법 제839조의2 제3항), 재판상 이혼에 따른 재산분할청구권에도 위 민법 제839조의2가 준용된다(민법 제843조). 협의상 또는 재판상 이혼을 하였으나 재산분할을 하지 않아 이혼 후 2년 이내에 최초로 법원에 민법 제839조의2에 따라 재산분할청구를 함에 있어 제척기간 내 이루어진 청구에 대하여 제척기간 준수의 효력이 인정된다.

① 재산분할 제도는 혼인관계 해소 시 부부가 혼인 중 공동으로 형성한 재산을 청산·분배하는 것을 주된 목적으로 한다. 재산분할사건은 가사비송사건에 해당하고[가사소송법 제2조 제1항 제2호 (나)목 4)], 가사비송절차에 관하여는 가사소송법에 특별한 규정이 없는 한 비송사건절차법 제1편의 규정을 준용하며(가사소송법 제34조 본문), 비송사건절차에 있어서는 민사소송의 경우와 달리 당사자의 변론에만 의존하는 것이 아니고, 법원이 자기의 권능과 책임으로 재판의 기초가 되는 자료를 수집하는, 이른바 직권탐지주의에 의하고 있으므로(비송사건절차법 제11조), 청구인이 재산분할 대상을 특정하여 주장하더라도 법원으로서는 당사자의 주장에 구애되지 아니하고 재산분할의 대상이 무엇인지 직권으로 사실조사를 하여 포함시키거나 제외시킬 수 있다.

② 민법 제839조의2 제3항이 정하는 제척기간은 재판 외에서 권리를 행사하는 것으로 족한 기간이 아니라 그 기간 내에 재산분할심판 청구를 하여야 하는 출소기간이다. 따라서 이혼한 날부터 2년 내에 재산분할심판 청구를 하였음에도 그 재판에서 특정한 증거신청을 하였는지에 따라 제척기간 준수 여부를 판단할 것은 아니다"(대판 2023.12.21. 2023므11819).

정답 ○

12 부부가 이혼을 할 때 쌍방의 협력으로 이룩한 적극재산이 있는 경우는 물론 부부 중 일방이 제3자에 대하여 부담한 채무라도 그것이 공동재산의 형성에 수반하여 부담한 것이거나 부부 공동생활관계에서 필요한 비용 등을 조달하는 과정에서 부담한 것이면 재산분할의 대상이 된다. ( )

12-1 혼인관계가 파탄된 이후 변론종결일 사이에 생긴 재산관계의 변동이 부부 중 일방에 의한 후발적 사정에 의한 것으로서 혼인 중 공동으로 형성한 재산관계와 무관하다는 등의 사정이 있는 경우 그 변동된 재산은 재산분할 대상으로 삼지 않아야 한다. 따라서 재산분할 대상 채무가 혼인관계 파탄 이후 변론종결일에 이르기까지 감소하였고, 그 감소가 혼인 중 공동으로 형성한 재산관계와 무관하게 부부 중 일방의 노력이나 비용으로 이루어졌다면, 그 감소 부분은 재산분할의 대상으로 삼을 수 없으므로 결국 혼인관계 파탄 시점의 채무가 재산분할의 대상이 된다. ( )

판결요지

※ 재판상 이혼에 따른 재산분할에서 혼인관계 파탄 이후 일방에 의하여 채무가 감소한 경우 감소 부분이 재산분할의 대상인지 여부(소극)

"재산분할 제도는 이혼 등의 경우에 부부가 혼인 중 공동으로 형성한 재산을 청산분배하는 것을 주된 목적으로 한다. 이는 민법이 혼인 중 부부의 어느 일방이 자기 명의로 취득한 재산은 그의 특유재산으로 하는 부부별산제를 취하고 있는 것을 보완하여, 이혼을 할 때는 그 재산의 명의와 상관없이 재산의 형성 및 유지에 기여한 정도 등 실질에 따라 각자의 몫을 분할하여 귀속시키고자 하는 제도이다. 부부가 이혼을 할 때 쌍방의 협력으로 이룩한 적극재산이 있는 경우는 물론 부부 중 일방이 제3자에 대하여 부담한 채무라도 그것이 공동재산의 형성에 수반하여 부담한 것이거나 부부 공동생활관계에서 필요한 비용 등을 조달하는 과정에서 부담한 것이면 재산분할의 대상이 된다(대판 2013.6.20. 전합2010므4071, 4088 참조). 바꾸어 말하면, 어떤 적극재산이나 채무가 부부 쌍방의 협력이 아니라 부부 중 일방에 의하여 생긴 것으로서 상대방이 그 형성이나 유지 또는 부담과 무관한 경우에는 이를 재산분할의 대상으로 삼을 수 없다.

재판상 이혼에 따른 재산분할에서 분할 대상이 되는 재산과 그 액수는 이혼소송의 사실심 변론종결일을 기준으로 하여 정하는 것이 원칙이다. 그러나 앞서 살펴본 법리에 비추어 보면, 혼인관계가 파탄된 이후 변론종결일 사이에 생긴 재산관계의 변동이 부부 중 일방에 의한 후발적 사정에 의한 것으로서 혼인 중 공동으로 형성한 재산관계와 무관하다는 등의 사정이 있는 경우 그 변동된 재산은 재산분할 대상으로 삼지 않아야 한다(대판 2013.11.28. 2013므1455, 1462 참조). 따라서 재산분할 대상 채무가 혼인관계 파탄 이후 변론종결일에 이르기까지 감소하였고, 그 감소가 혼인 중 공동으로 형성한 재산관계와 무관하게 부부 중 일방의 노력이나 비용으로 이루어졌다면, 그 감소 부분은 재산분할의 대상으로 삼을 수 없으므로 결국 혼인관계 파탄 시점의 채무가 재산분할의 대상이 된다"(대판 2024.5.17. 2024므10721, 2024므10738). **정답** ○   **유제** **정답** ○

---

13 ★★ 이혼으로 혼인관계가 이미 해소되었다면 기왕의 혼인관계는 과거의 법률관계가 된다. 그러나 신분관계인 혼인관계는 그것을 전제로 하여 수많은 법률관계가 형성되고 그에 관하여 일일이 효력의 확인을 구하는 절차를 반복하는 것보다 과거의 법률관계인 혼인관계 자체의 무효 확인을 구하는 편이 관련된 분쟁을 한꺼번에 해결하는 유효·적절한 수단일 수 있으므로, 특별한 사정이 없는 한 혼인관계가 이미 해소된 이후라고 하더라도 혼인무효의 확인을 구할 이익이 인정된다고 보아야 한다. ( )

13-1 ★ 단순히 여자인 청구인이 혼인하였다가 이혼한 것처럼 호적상 기재되어 있어 불명예스럽다는 사유는 청구인의 현재 법률관계에 영향을 미치는 것이 아니고, 이혼신고로써 해소된 혼인관계의 무효 확인은 과거의 법률관계에 대한 확인이어서 확인의 이익이 없다. ( )

판결요지

※ 혼인관계가 이혼으로 해소된 이후에도 과거 일정기간 존재하였던 혼인관계의 무효 확인을 구할 확인의 이익이 있는지 여부(적극)

" 1. 일반적으로 과거의 법률관계는 확인의 소의 대상이 될 수 없지만, 그것이 이해관계인 사이에 현재 또는 잠재적 분쟁의 전제가 되어 과거의 법률관계 자체의 확인을 구하는 것이 관련된 분쟁을 한꺼번에 해결하는 유효·적절한 수단이 될 수 있는 경우에는 예외적으로 확인의 이익이 인정된다(대판 1995.3.28. 94므1447, 대판 1995.11.14. 95므694 등 참조).

이혼으로 혼인관계가 이미 해소되었다면 기왕의 혼인관계는 과거의 법률관계가 된다. 그러나 신분관계인 혼인관계는 그것을 전제로 하여 수많은 법률관계가 형성되고 그에 관하여 일일이 효력의 확인을 구하는 절차를 반복하는 것보다 과거의 법률관계인 혼인관계 자체의 무효 확인을 구하는 편이 관련된 분쟁을 한꺼번에 해결하는 유효·적절한 수단일 수 있으므로, 특별한 사정이 없는 한 혼인관계가 이미 해소된 이후라고 하더라도 혼인무효의 확인을 구할 이익이 인정된다고 보아야 한다. 그 상세한 이유는 다음과 같다

가. 무효인 혼인과 이혼은 법적 효과가 다르다. 무효인 혼인은 처음부터 혼인의 효력이 발생하지 않는다. 따라서 인척이거나 인척이었던 사람과의 혼인금지 규정(민법 제809조 제2항)이나 친족 사이에 발생한 재산범죄에 대하여 형을 면제하는 친족상도례 규정(형법 제328조 제1항 등) 등이 적용되지 않는다. 반면 혼인관계가 이혼으로 해소되었더라도 그 효력은 장래에 대해서만 발생하므로 이혼 전에 혼인을 전제로 발생한 법률관계는 여전히 유효하다. 예를 들어 이혼 전에 부부의 일방이 일상의 가사에 관하여 제3자와 법률행위를 한 경우 다른 일방은 이혼한 이후에도 그 채무에 대하여 연대책임을 부담할 수 있지만(민법 제832조), 혼인무효 판결이 확정되면 기판력은 당사자 뿐 아니라 제3자에게도 미치므로(가사소송법 제21조 제1항) 제3자는 다른 일방을 상대로 일상가사채무에 대한 연대책임을 물을 수 없게 된다. 그러므로 이혼 이후에도 혼인관계가 무효임을 확인할 실익이 존재한다.

나. 가사소송법은 부부 중 어느 한쪽이 사망하여 혼인관계가 해소된 경우 혼인관계 무효 확인의 소를 제기하는 방법에 관한 규정을 두고 있다. 즉 가사소송법 제24조에서는 '부부 중 어느 한쪽이 혼인의 무효나 취소 또는 이혼무효의 소를 제기할 때에는 배우자를 상대방으로 한다'(제1항), '제3자가 제1항에 규정된 소를 제기할 때에는 부부를 상대방으로 하고, 부부 중 어느 한쪽이 사망한 경우에는 그 생존자를 상대방으로 한다'(제2항), '제1항과 제2항에 따라 상대방이 될 사람이 사망한 경우에는 검사를 상대방으로 한다'(제3항)고 규정함으로써, 혼인당사자 모두 또는 한쪽이 사망하여 혼인관계가 해소되고 과거의 법률관계가 되었다고 하더라도 그 혼인관계의 무효 확인을 구하는 소를 제기할 수 있음을 전제로 구체적인 방법을 마련하고 있다. 이러한 가사소송법 규정에 비추어 이혼한 이후 제기되는 혼인무효 확인의 소가 과거의 법률관계를 대상으로 한다는 이유로 확인의 이익이 없다고 볼 것은 아니다.

다. 대법원은 협의파양으로 양친자관계가 해소된 이후 제기된 입양무효 확인의 소에서 확인의 이익을 인정하였다. 대판 1995.9.29. 94므1553(본소), 1560(반소) 판결은 '원·피고 간의 입양이 무효임의 확인을 구하는 이 사건 반소청구는 이미 협의파양 신고로 인하여 원·피고 간에 양친자관계가 해소된 이후에 제기된 것이므로 위 협의파양의 무효를 구하는 본소청구가 인용되어 원·피고 간에 양친자관계가 회복되지 아니하는 한 이는 과거의 법률관계에 대한 확인을 구하는 것이라 하겠지만, 위 입양은 원·피고 간의 모든 분쟁의 근원이 되는 것이어서 이의 효력 유무에 대한 판단결과는 당사자 간의 분쟁을 발본적으로 해결하거나 예방하여 주는 효과가 있다 할 것이므로 이를 즉시 확정할 법률상의 이익이 있다'고 판단하였다. 대법원의 위와 같은 판단은 이혼으로 혼인관계가 해소된 이후 제기된 혼인무효 확인의 소에서 확인의 이익을 판단할 때에도 동일하게 적용될 수 있다.

라. 무효인 혼인 전력이 잘못 기재된 가족관계등록부의 정정 요구를 위한 객관적 증빙자료를 확보하기 위해서는 혼인관계 무효 확인의 소를 제기할 필요가 있다. 혼인무효 판결을 받은 당사자는 가족관계등록부의 정정을 요구할 수 있고, 그 방법과 절차는 「가족관계의 등록 등에 관한 법률」 제107조 등이 정한 바에 따르게 된다. 즉 혼인무효 판결이 확정되면 당사자는 가족관계등록부 정정신청을 할 수 있는데, 시·(구)·읍면의 장은 '혼인무효사유가 한쪽 당사자나 제3자의 범죄행위로 인한 경우'에는 가족관계등록부를 재작성하고 「가족관계등록부의 재작성에 관한 사무처리지침」(가족관계등록예규 제442호) 제2조 제1호, 제3조 제3항, 그 외의 경우에는 무효인 혼인이 기록된 부분에 하나의 선을 긋고 무효인 말소내용과 사유를 기록하는 방법으로 가족관계등록부를 정정하게 된다(「가족관계의 등록 등에 관한 규칙」 제66조 제2항). 이러한 절차규정에 비추어 볼 때 이혼으로 혼인관계가 이미 해소되었을 때 그 무효 확인을 구하는 소는 혼인 전력이 잘못 기재된 가족관계등록부 정정 요구에 필요한 객관적 증빙자료를 확보하기 위해 필요한 것으로서, 가족관계등록부 기재사항과 밀접하게 관련된 현재의 권리 또는 법률상 지위에 대한 위험이나 불안을 제거하기 위한 유효·적절한 수단에 해당할 수 있다.

마. 사법작용은 구체적인 법적 분쟁이 발생하여 당사자가 법원을 통한 권리구제를 구하는 경우에 비로소 발동되는

소극적인 국가작용이나, 재판의 청구가 있는 이상 법원은 가능한 한 이를 적극적으로 받아들여 국민의 법률생활과 관련된 분쟁이 실질적으로 해결될 수 있도록 필요한 노력을 다하여야 한다. 가족관계등록부의 잘못된 기재가 단순한 불명예이거나 간접적·사실상의 불이익에 불과하다고 보아 그 기재의 정정에 필요한 자료를 확보하기 위하여 기재 내용의 무효 확인을 구하는 소에서 확인의 이익을 부정한다면, 혼인무효 사유의 존부에 대하여 법원의 판단을 구할 방법을 미리 막아버림으로써 국민이 온전히 권리구제를 받을 수 없게 되는 결과를 가져올 수 있다. 2. 이와 달리 '단순히 여자인 청구인이 혼인하였다가 이혼한 것처럼 호적상 기재되어 있어 불명예스럽다는 사유는 청구인의 현재 법률관계에 영향을 미치는 것이 아니고, 이혼신고로써 해소된 혼인관계의 무효 확인은 과거의 법률관계에 대한 확인이어서 확인의 이익이 없다'고 본 대판 1984.2.28. 82므67 판결 등은 이 판결의 견해에 배치되는 범위에서 이를 변경하기로 한다.(대판 2024.5.23. 전합2020므15896).   정답 ○   유제

정답 ✕

[사실관계] 혼인신고를 하여 법률상 부부였던 원·피고는 이혼조정이 성립함에 따라 이혼신고를 마쳤음. 원고는 혼인의사를 결정할 수 없는 극도의 혼란과 불안, 강박 상태에서 혼인에 관한 실질적 합의 없이 이 사건 혼인신고를 하였다고 주장하면서 주위적으로 혼인무효 확인을, 혼인의사를 결정할 수 없는 정신상태에서 피고의 강박으로 이 사건 혼인신고를 하였다고 주장하면서 예비적으로 혼인취소를 청구함   원심은, 혼인무효 확인을 구하는 주위적 청구에 대하여는 '혼인관계가 이미 이혼신고로 해소되었다면 위 혼인관계의 무효 확인은 과거의 법률관계 확인으로서 확인의 이익이 없다'는 취지의 대판 1984.2.28. 82므67 판결을 인용하면서 원고와 피고 사이에 이미 이혼신고가 이루어졌고 이 사건에서 원고의 현재의 법률관계에 영향을 미친다고 볼 아무런 자료가 없어 확인의 이익이 없다고 판단하였고, 혼인취소를 구하는 예비적 청구에 대하여도 이미 이혼으로 혼인관계가 해소되었으므로 역시 소를 제기할 이익이 없다고 판단하였음. 이에 대하여 원고가 혼인무효 확인을 구하는 주위적 청구에 대하여 상고를 제기함   대법원은 전원합의체 판결을 통하여 위와 같은 법리를 설시하면서, 혼인관계가 이미 해소된 이후라고 하더라도 혼인무효의 확인을 구할 이익이 인정된다고 판단하고, 이와 다른 입장에 있던 대판 1984.2.28. 82므67 판결 등을 변경하면서 원심을 파기·자판하여 제1심판결을 취소하고, 사건을 제1심법원으로 환송함

| 쟁점정리 |

※ 이혼했어도 혼인무효 가능

종전 判例는 이혼으로 혼인 관계가 해소되었기 때문에 혼인을 무효로 해도 실익이 없어 이혼을 했다면 혼인 자체를 무효로 할 수 없다고 보았다(소 각하). 그러나 바뀐 전원합의체 판결에 따르면 이혼했어도 혼인무효가 가능하다고 하는바, ㉠ 이혼 후에도 민법상 '근친혼 금지'나 형법상 '친족상도례'(가족 간 재산범죄는 처벌하지 않거나 고소해야 처벌 가능)등은 계속 적용되므로 이런 규정을 적용받지 않으려면 '혼인 무효'가 되어야 한다. 따라서 이혼 후 혼인 무효도 실익이 있다고 한다. ㉡ 또한 이혼 후 '미혼모'나 '미혼부'로 인정받으려면 혼인 무효가 필요하므로, 이들에 대한 혼인 무효를 허용할 필요도 있다고 한다. ㉢ 따라서 이혼 부부가 혼인 무효를 다퉈 볼 수 있는 사례로는 ① 본인이 원하지 않았는데 부모 강요로 결혼했다가 이혼한 부부, ② 외국인 배우자가 취업 등 다른 목적으로 혼인신고한 후 가출해 이혼한 부부, ③ 아파트 청약 등 이익을 노리고 결혼할 의사 없이 혼인신고만 했다가 이혼한 부부 등이 있다.

사실혼

1 사실혼 해소를 원인으로 한 재산분할에서 분할의 대상이 되는 재산과 액수는 원칙적으로 사실혼이 해소된 날을 기준으로 하여 정하여야 한다. ( )

1-1 사실혼 해소 이후 재산분할 청구사건의 사실심 변론종결 시까지 사이에 혼인 중 공동의 노력으로 형성·유지한 부동산 등에 발생한 외부적, 후발적 사정으로서 특별한 사정이 있는 경우에는 이를 분할대상 재산의 가액 산정에 참작할 수 있다. ( )

[판결요지]

 사실혼 해소를 원인으로 한 재산분할에서 분할의 대상이 되는 재산과 액수는 사실혼이 해소된 날을 기준으로 하여 정하여야 한다. 한편 재산분할 제도가 혼인관계 해소 시 부부가 혼인 중 공동으로 형성한 재산을 청산·분배하는 것을 주된 목적으로 하는 것으로서, 부부 쌍방의 협력으로 이룩한 적극재산 및 그 형성에 수반하여 부담한 채무 등을 분할하여 각자에게 귀속될 몫을 정하기 위한 것이므로, 사실혼 해소 이후 재산분할 청구사건의 사실심 변론종결 시까지 사이에 혼인 중 공동의 노력으로 형성·유지한 부동산 등에 발생한 외부적, 후발적 사정으로서, 그로 인한 이익이나 손해를 일방에게 귀속시키는 것이 부부 공동재산의 공평한 청산·분배라고 하는 재산분할제도의 목적에 현저히 부합하지 않는 결과를 가져오는 등의 특별한 사정이 있는 경우에는 이를 분할대상 재산의 가액 산정에 참작할 수 있다(대판 2023.7.13. 2017므11856, 11863). **정답** ○

[유제] **정답** ○

[사실관계] 사실혼 해소로 인한 재산분할 등 청구 사건에서 원고와 피고의 분할대상 재산인 아파트 가액이 사실혼이 해소된 날보다 원심 변론종결일 무렵 상승한 사안에서 대법원은, 혼인 중 공동의 노력으로 형성·유지한 부동산 등에 발생한 외부적, 후발적 사정으로서, 그로 인한 이익이나 손해를 일방에게 귀속시키는 것이 부부 공동재산의 공평한 청산·분배라고 하는 재산분할 제도의 목적에 현저히 부합하지 않는 결과를 가져오는 등의 특별한 사정이 있는 경우에는 이를 분할대상 재산의 가액 산정에 참작할 수 있다는 이유로, 원심 변론종결일에 가장 근접한 시기의 실거래가를 기준으로 아파트 가액을 산정한 원심의 결론을 수긍하여 상고를 기각한 사례

[동지판례] 甲과 乙이 사실혼 관계에 있던 중 乙이 건물에 관한 소유권이전등기를 마친 후 이를 소유하였는데, 甲과 乙의 사실혼 관계가 해소되어 甲이 乙을 상대로 사실혼 해소에 따른 재산분할청구 소송을 제기하였고, 위 건물의 가액 산정 기준시점이 문제 된 사안에서, 甲과 乙의 사실혼 관계가 해소된 날을 기준으로 재산분할의 대상이 되는 재산과 액수를 산정하여야 하는바, 위 건물의 가액 산정을 위한 감정촉탁을 할 때 사실혼 관계가 해소된 날을 기준으로 시가의 산정을 명하였어야 함에도 '감정일 현재 시가'의 산정만 명하였고, 원심 변론종결일까지 제출된 객관적 자료 중 사실혼 관계가 해소된 날을 기준으로 위 건물의 가액을 추단할 수 있는 자료가 보이지 않는 상황에서, 사실혼 해소 이후 재산분할 청구사건의 사실심 변론종결 시까지 사이에 혼인 중 공동의 노력으로 형성·유지한 부동산 등에 발생한 외부적·후발적 사정으로서, 그로 인한 이익이나 손해를 일방에게 귀속시키는 것이 부부 공동재산의 공평한 청산·분배라고 하는 재산분할제도의 목적에 현저히 부합하지 않는 결과를 가져오는 등의 특별한 사정이 있는지조차 불분명한 이상, 제출된 자료 중 사실혼 관계가 해소된 시점과 가장 가까운 시점을 기준으로 위 건물의 가액을 산정하였어야 하므로, 적어도 제1심법원의 감정촉탁 결과에 따라 재산분할을 명하였어야 하는데도, 원심 변론종결일에 근접한 시기를 기준으로 한 감정촉탁 결과를 근거로 위 건물의 가액을 산정한 원심판단에 법리오해의 잘못이 있다고 한 사례(대판 2024.1.4. 2022므11027).

부 양

1 ★ 재판상 이혼 시 친권자와 양육자로 지정된 처(妻)는 부(夫)에게 양육비를 청구할 수 있고, 이 경우 가정법원은 자녀의 양육비 중 처(妻)가 부담해야 할 양육비를 제외하고 부(夫)가 분담해야 할 적정 금액의 양육비만을 결정하여야 한다. 21년 변호, 23년 2차모의 (　　)

판결요지

※ **재판상 이혼 시 친권자와 양육자로 지정된 부모의 일방이 상대방에게 양육비를 청구하는 경우**

"[1] 부모는 자녀를 공동으로 양육할 책임이 있고, 양육에 드는 비용도 원칙적으로 부모가 공동으로 부담하여야 한다. 그런데 어떠한 사정으로 인하여 부모 중 어느 한쪽만이 자녀를 양육하게 된 경우에는 양육하는 사람이 상대방에게 현재와 장래의 양육비 중 적정 금액의 분담을 청구할 수 있다. 재판상 이혼에 따른 자녀의 양육책임에 대하여 이혼 당사자 간에 양육자의 결정과 양육비용의 부담에 관한 사항에 대하여 협의가 이루어지지 않거나 협의할 수 없을 때에는 가정법원은 직권으로 또는 당사자의 청구에 따라 해당 사항을 정한다(민법 제837조, 제843조). 자녀의 양육에 관한 처분에 관한 심판은 부모 중 일방이 다른 일방을 상대방으로 하여 청구하여야 한다(가사소송규칙 제99조 제1항). 이러한 사항들을 종합하면, 재판상 이혼 시 친권자와 양육자로 지정된 부모의 일방은 상대방에게 양육비를 청구할 수 있고, 이 경우 가정법원으로서는 자녀의 양육비 중 양육자가 부담해야 할 양육비를 제외하고 상대방이 분담해야 할 적정 금액의 양육비만을 결정하는 것이 타당하다.

[2] 판결 주문은 명확하여야 하고 주문 자체로서 내용이 특정될 수 있어야 한다. 주문은 어떠한 범위에서 당사자의 청구를 인용하고 배척한 것인가를 그 이유와 대조하여 짐작할 수 있을 정도로 표시되고 집행에 의문이 없을 정도로 이를 명확히 특정하여야 한다. 판결 주문이 특정되었는지 여부는 직권조사사항이다. 가사비송사건에서 금전의 지급, 물건의 인도, 등기, 그 밖에 의무의 이행을 명하는 심판은 집행권원이 된다(가사소송법 제41조). 따라서 양육비의 지급을 명하거나 양육비의 사용 등에 관한 의무의 이행을 명하는 심판도 집행의 문제가 남게 되므로 특히 주문은 의문이 생기지 않도록 분명히 적어야 한다"(대판 2020.5.14. 2019므15302). **정답 ○**

[사실관계] 甲이 乙을 상대로 이혼청구 등을 하면서 친권자와 양육자를 甲으로 지정하고 양육비를 지급할 것을 청구하였는데, 원심이 판결 주문에서 자녀인 丙의 양육비로 甲과 乙에게 각 일정액을 부담하도록 하면서 甲과 乙이 친권자와 양육자로 지정된 甲의 명의에 丙의 명의를 병기한 새로운 예금계좌를 개설하여 양육비를 입금하도록 한 사안에서, 원심판단에는 甲을 친권자와 양육자로 지정하면서 甲에게도 일정액의 양육비를 부담하도록 명한 잘못이 있을 뿐만 아니라, 위와 같은 판결 주문만으로는 甲과 乙이 이행할 의무의 내용이 객관적으로 특정되었다고 볼 수 없으므로 이는 판결 주문으로서 갖추어야 할 명확성을 갖추지 못하여 위법하다고 한 사례.

---

2 비양육친이 자신을 양육자로 지정하여 달라는 청구를 하는 경우, 법원은 양육자 지정 후 사건본인의 인도가 실제로 이행될 수 있는지, 그 이행 가능성이 낮음에도 비양육친을 양육자로 지정함으로써 비양육친이 경제적 이익을 누리거나 양육친에게 경제적 고통을 주는 결과가 발생할 우려가 없는지 등에 대해 신중하게 판단할 필요가 있다. (　　)

2-1 ★ 외국인이 대한민국 국민과 혼인을 한 후 입국하여 체류자격을 취득하고 거주하다가 한국어를 습득하기 충분하지 않은 기간에 이혼에 이르게 된 경우, 한국어 소통능력이 부족하다는 이유만으로 미성년 자녀의 양육자로 지정되기에 부적합하다고 평가할 수는 없다. 23년 법행 (　　)

판결요지

[1] 법원이 민법 제837조 제4항에 따라 미성년 자녀의 양육자를 정할 때 고려하여야 할 사항 / 별거 이후 재판상 이혼에 이르기까지 상당 기간 부모의 일방이 미성년 자녀를 평온하게 양육하여 온 경우, 현재의 양육 상태를 변경하여 상대방을 친권자 및 양육자로 지정하는 것이 정당화되기 위한 요건 및 이때 법원이 고려하여야 할 사항

"[1] 법원이 민법 제837조 제4항에 따라 미성년 자녀의 양육자를 정할 때에는, 미성년 자녀의 성별과 연령, 그에 대한 부모의 애정과 양육 의사의 유무는 물론, 양육에 필요한 경제적 능력의 유무, 부와 모가 제공하려는 양육방식의 내용과 합리성·적합성 및 상호 간의 조화 가능성, 부 또는 모와 미성년 자녀 사이의 친밀도, 미성년 자녀의 의사 등의 모든 요소를 종합적으로 고려하여, 미성년 자녀의 성장과 복지에 가장 도움이 되고 적합한 방향으로 판단하여야 한다.

별거 이후 재판상 이혼에 이르기까지 상당 기간 부모의 일방이 미성년 자녀, 특히 유아를 평온하게 양육하여 온 경우, 이러한 현재의 양육 상태에 변경을 가하여 상대방을 친권자 및 양육자로 지정하는 것이 정당화되기 위해서는 현재의 양육 상태가 미성년 자녀의 건전한 성장과 복지에 도움이 되지 아니하고 오히려 방해가 되고, 상대방을 친권자 및 양육자로 지정하는 것이 현재의 양육 상태를 유지하는 경우보다 미성년 자녀의 건전한 성장과 복지에 더 도움이 된다는 점이 명백하여야 한다.

재판을 통해 비양육친이 양육자로 지정된다고 하더라도 미성년 자녀가 현실적으로 비양육친에게 인도되지 않는 한 양육자 지정만으로는, 설령 자녀 인도 청구를 하여 인용된다고 할지라도 강제집행이 사실상 불가능하다. 미성년 자녀가 유아인 경우 '유아인도를 명하는 재판의 집행절차(재판예규 제917-2호)'는 유체동산인도청구권의 집행절차에 준하여 집행관이 강제집행할 수 있으나, 유아가 의사능력이 있는 경우에 그 유아 자신이 인도를 거부하는 때에는 집행을 할 수 없다고 규정하고 있다.

위와 같이 양육자 지정 이후에도 미성년 자녀를 인도받지 못한 채 현재의 양육 상태가 유지된다면 양육친은 상대방에게 양육비 청구를 할 수 없게 되어, 결국 비양육친은 미성년 자녀를 양육하지 않으면서도 양육비를 지급할 의무가 없어지므로 경제적으로는 아무런 부담을 갖지 않게 되는 반면, 양육친은 양육에 관한 경제적 부담을 전부 부담하게 된다. 이러한 상황은 자의 건전한 성장과 복지에 도움이 되지 않는다.

따라서 비양육친이 자신을 양육자로 지정하여 달라는 청구를 하는 경우, 법원은 양육자 지정 후 사건본인의 인도가 실제로 이행될 수 있는지, 그 이행 가능성이 낮음에도 비양육친을 양육자로 지정함으로써 비양육친이 경제적 이익을 누리거나 양육친에게 경제적 고통을 주는 결과가 발생할 우려가 없는지 등에 대해 신중하게 판단할 필요가 있다.

[2] 외국인이 대한민국 국민과 혼인을 한 후 입국하여 체류자격을 취득하고 거주하다가 한국어를 습득하기 충분하지 않은 기간에 이혼에 이르게 된 경우, 한국어 소통능력이 부족하다는 이유로 미성년 자녀의 양육자로 지정되기에 부적합하다고 평가할 수 있는지 여부(소극)

[2] 대한민국 국민과 혼인을 한 후 입국하여 체류자격을 취득하고 거주하다가 한국어를 습득하기 충분하지 않은 기간에 이혼에 이르게 된 외국인이 당사자인 경우, 미성년 자녀의 양육에 있어 한국어 소통능력이 부족한 외국인보다는 대한민국 국민인 상대방에게 양육되는 것이 더 적합할 것이라는 추상적이고 막연한 판단으로 해당 외국인 배우자가 미성년 자녀의 양육자로 지정되기에 부적합하다고 평가하는 것은 옳지 않다.

대한민국은 공교육이나 기타 교육여건이 확립되어 있어 미성년 자녀가 한국어를 습득하고 연습할 기회를 충분히 보장하고 있으므로, 외국인 부모의 한국어 소통능력이 미성년 자녀의 건전한 성장과 복지에 있어 중요한 의미를 가진다고 보기 어렵다. 오히려 가정법원은 양육자 지정에 있어 한국어 소통능력에 대한 고려가 자칫 출신 국가 등을 차별하는 의도에서 비롯되거나 차별하는 결과를 낳게 될 수 있다는 점, 외국인 부모의 모국어 및 모국문화에 대한 이해 역시 자녀의 자아 존중감 형성에 중요한 요소가 된다는 점 등에 대해서도 유의하여야 한다. 문화다양성의 보호와 증진에 관한 법률은 모든 사회구성원은 문화적 표현의 자유와 권리를 가지며, 다른 사회구성원의 다양한 문화적 표현을 존중하고 이해하기 위하여 노력하여야 한다(제4조)고 규정하고 있다.

나아가 외국인 배우자가 국제결혼 후 자녀의 출산 등으로 한국어를 배우고 활용할 시간이 부족하였다는 사정 등을 외면한 채 이혼 시점에 한국어 소통능력이 다소 부족하다는 사정에만 주목하여, 외국인 배우자의 한국어 소통능력 역시 사회생활을 해 나가면서 본인이 의식적으로 노력한다면 계속하여 향상될 수 있다는 점을 놓쳐서는 안 된다. 특히 다문화가족지원법은 국가와 지방자치단체가 다문화가족에 대한 사회적 차별 및 편견을 예방하고 사회구성원이 문화적 다양성을 인정하고 존중할 수 있도록 다문화 이해교육을 실시하고 홍보 등 필요한 조치를 취하도록 할 책임이 있음을 규정하고 있고(제5조 제1항), 결혼이민자 등이 대한민국에서 생활하는 데 필요한 기본적 정보를 제공하는 것은 물론 언어소통 능력 향상을 위한 한국어교육 등을 받을 수 있도록 필요한 지원을 할 수 있으며(제6조 제1항), 해당 법률이 다문화가족이 이혼 등의 사유로 해체된 경우에도 그 구성원이었던 자녀에 대해 적용되는 것으로(제14조의2) 규정하고 있다"(대결 2021.9.30. 2021므12320,12337)   **정답** ○

유 제   **정답** ○

---

3 ★ 가정법원이 민법 제924조의2에 따라 부모의 친권 중 양육권만을 제한하여 미성년후견인으로 하여금 자녀에 대한 양육권을 행사하도록 결정한 경우에는 민법 제837조(이혼과 자의 양육책임)를 유추적용하여 미성년후견인은 비양육친을 상대로 가사소송법에 따른 양육비심판을 청구할 수 있다.

22년 2차모의 (   )

판결요지

※ 미성년후견인이 가정법원의 결정을 통해 사건본인을 양육할 권한을 갖는 경우 비양육친을 상대로 양육비심판을 청구할 수는 자격이 있는지(적극)

"나. 가사소송법 제2조 제1항 제2호 나목 3)은 '민법 제837조(동조가 준용되는 경우 포함)에 따른 자녀의 양육에 관한 처분과 그 변경'을 마류 가사비송사건으로 정하고, 민법 제837조는 '양육자의 결정, 양육비용의 부담'을 자의 양육에 관한 사항으로 정하며(제2항), '가정법원은 부·모·자 및 검사의 청구 또는 직권으로 자의 양육에 관한 사항을 변경하거나 다른 적당한 처분을 할 수 있다'고 정하고 있다(제5항). 가사소송규칙 제99조 제1항은 '자의 양육에 관한 처분과 변경에 관한 심판은 부모 중 일방이 다른 일방을 상대방으로 하여 청구하여야 한다'고 정하고 있다. 또한 민법은 친권의 상실(제924조), 법률행위 대리권·재산관리권의 상실(제925조)에 관한 규정만을 두고 있었으나, 2014. 10. 15. 법률 제12777호로 개정되면서(이하 '개정 민법'이라고 한다) 가정법원은 친권 상실사유에 이르지 않더라도 미성년 자녀의 복리를 위해서 친권의 일부를 제한할 수 있다는 규정(제924조의2)을 신설하였고, 가정법원은 미성년 자녀의 보호에 공백이 생기는 것을 막기 위해 친권의 일부 제한 등으로 그 제한된 범위의 친권을 행사할 사람이 없는 경우 미성년후견인을 직권으로 선임하며(제932조 제2항, 제928조), 이 경우 미성년후견인의 임무는 제한된 친권의 범위에 속하는 행위에 한정되는 것으로 정하였다(제946조). 이에 따라 가정법원은 부모가 미성년 자녀를 양육하는 것이 오히려 자녀의 복리에 반한다고 판단한 경우 부모의 친권 중 보호·교양에 관한 권리(민법 제913조), 거소지정권(민법 제914조) 등 자녀의 양육과 관련된 권한(이하 '양육권'이라고 한다)만을 제한하여 미성년후견인이 부모를 대신하여 그 자녀를 양육하도록 하는 내용의 결정도 할 수 있게 되었다.

다. 앞서 본 규정 내용과 체계, 민법의 개정 취지 등에 비추어 보면, 가정법원이 민법 제924조의2에 따라 부모의 친권 중 양육권만을 제한하여 미성년후견인으로 하여금 자녀에 대한 양육권을 행사하도록 결정한 경우에 민법 제837조를 유추적용하여 미성년후견인은 비양육친을 상대로 가사소송법 제2조 제1항 제2호 나목 3)에 따른 양육비심판을 청구할 수 있다고 봄이 타당하다(대결 2021.5.27. 2019스621)   **정답** ○

4 ★ 민법 제974조, 제975조에 따라 부양의 의무 있는 사람이 여러 사람인 경우에 그중 부양의무를 이행한 1인은 다른 부양의무자를 상대로 하여 이미 지출한 과거의 부양료에 대해서도 상대방이 분담함이 상당하다고 인정되는 범위에서 그 비용의 상환을 청구할 수 있다. ( )

4-1 ★★ 부모와 성년의 자녀·그 배우자 사이에 민법 제974조 제1호, 제975조에 따라 부담하는 부양의무 중 과거의 부양료에 관해서는 부양의무 이행청구에도 불구하고 그 부양의무자가 부양의무를 이행하지 않음으로써 이행지체에 빠진 후의 것이거나, 그렇지 않은 경우에는 부양의무의 성질이나 형평의 관념상 이를 허용해야 할 특별한 사정이 있는 경우에 한하여 이행청구 이전의 과거 부양료를 청구할 수 있다. ( )

[판결요지]

> ※ 자녀 중 1인이 부모에 대한 부양의무를 이행한 후 동순위 부양의무자인 형제들을 상대로 그가 과거에 지출한 부양료에 대하여 구상청구가 가능한지 여부(예외적 가능) 및 그 범위
>
> "민법 제974조, 제975조에 따라 부양의 의무 있는 사람이 여러 사람인 경우에 그중 부양의무를 이행한 1인은 다른 부양의무자를 상대로 하여 이미 지출한 과거의 부양료에 대해서도 상대방이 분담함이 상당하다고 인정되는 범위에서 그 비용의 상환을 청구할 수 있다. 이 경우 법원이 분담비율이나 분담액을 정할 때 과거의 부양에 관하여 여러 부양의무자가 기여한 정도, 부양을 받을 사람의 연령, 부양의무자의 재산상황이나 자력 등 그 밖의 여러 사정을 참작하여 적절하다고 인정되는 분담의 범위를 정할 수 있다.
>
> 다만 부양의무를 이행하지 않은 부양의무자가 부양의무를 이행한 사람에게 상환해야 할 과거 부양료의 액수는 그가 부양을 받을 사람에게 부담해야 할 부양의무 중 그의 분담부분에 한정되므로 그 부양의무의 범위에 관하여 살펴볼 필요가 있다. 부모와 성년의 자녀·그 배우자 사이에 민법 제974조 제1호, 제975조에 따라 부담하는 부양의무 중 과거의 부양료에 관해서는 부양의무 이행청구에도 불구하고 그 부양의무자가 부양의무를 이행하지 않음으로써 이행지체에 빠진 후의 것이거나, 그렇지 않은 경우에는 부양의무의 성질이나 형평의 관념상 이를 허용해야 할 특별한 사정이 있는 경우에 한하여 이행청구 이전의 과거 부양료를 청구할 수 있다"(대결 2022.8.25. 2018스542)
>
> [정답] ○ [유제] [정답] ○

|관련판례|

> ※ 부부간 과거의 부양료 청구
>
> "부부간의 상호부양의무는 부부의 일방에게 부양을 받을 필요가 생겼을 때 당연히 발생하는 것이기는 하지만, 과거의 부양료에 관하여는 부양을 받을 자가 부양의무자에게 부양의무의 이행을 청구하였음에도 불구하고 부양의무자가 부양의무를 이행하지 아니함으로써 '이행지체에 빠진 이후의 것'에 대하여만 부양료의 지급을 청구할 수 있을 뿐, 부양의무자가 부양의무의 이행을 청구받기 이전의 부양료의 지급은 청구할 수 없다고 보는 것이 부양의무의 성질이나 형평의 관념에 합치된다"(대결 2008.6.12. 2005스50 : **2회,8회 선택형**). 다만 "부양의무의 성질이나 형평의 관념상 이를 허용해야 할 특별한 사정이 있는 경우에 한하여 이행청구 이전의 과거 부양료를 지급하여야 한다"(대판 2012.12.27. 2011다96932)고 한다.
>
> [비교판례] "부모의 자녀양육의무는 특별한 사정이 없는 한 자녀의 출생과 동시에 발생하는 것이므로 과거의 양육비에 대하여도 상대방이 분담함이 상당하다고 인정되는 경우에는 그 비용의 상환을 청구할 수 있다"(대결 1993.5.13. 전합92스21)

5   ★ 혼인이 사실상 파탄되어 부부가 별거하면서 서로 이혼소송을 제기하는 경우라고 하더라도, 특별한 사정이 없는 한 이혼을 명한 판결의 확정 등으로 법률상 혼인관계가 완전히 해소될 때까지는 부부간 부양의무가 소멸하지 않는다.   (   )

5-1 부양의무자의 이혼 등 본소에 대하여 부양권리자가 이혼 등의 반소를 제기하였다는 사정은 이혼의사가 합치되었다는 사정에 불과할 뿐 여전히 둘 사이에는 혼인파탄의 책임 및 부부공동재산의 범위에 관한 분쟁이 남아 있어 혼인이 완전히 해소되었다고 볼 수는 없다.   (   )

[판결요지]

> ※ 선행 부양료 심판에서 부부 일방의 상대방에 대한 부양의무가 인정된 후 쌍방이 이혼 등을 청구하는 본소, 반소를 서로 제기한 경우 부부간 부양의무 존속 여부 및 기간(= 법률상 혼인관계 해소 시까지 존속)
> "부부간 부양의무는 혼인관계의 본질적 의무로서 부양받을 자의 생활을 부양의무자의 생활과 같은 정도로 보장하여 부부공동생활의 유지를 가능하게 하는 것이다. 따라서 혼인이 사실상 파탄되어 부부가 별거하면서 서로 이혼소송을 제기하는 경우라고 하더라도, 특별한 사정이 없는 한 이혼을 명한 판결의 확정 등으로 법률상 혼인관계가 완전히 해소될 때까지는 부부간 부양의무가 소멸하지 않는다고 보아야 한다.
> …(중략)…
> 4) 재판상 이혼의 경우 일방의 이혼, 위자료 및 재산분할 등을 구하는 본소 제기는 물론 이에 대한 상대방의 이혼 등의 반소 제기는, 모두 이혼의 의사가 있으니 법원의 형성판결을 통해 혼인관계를 해소하고 혼인파탄의 책임 및 부부공동재산의 범위를 따져 위자료 및 재산분할 내용을 정해 달라는 재판상 청구권의 행사에 지나지 않는다. 따라서 부양의무자의 이혼 등 본소에 대하여 부양권리자가 이혼 등의 반소를 제기하였다는 사정은 이혼 의사가 합치되었다는 사정에 불과할 뿐 여전히 둘 사이에는 혼인파탄의 책임 및 부부공동재산의 범위에 관한 분쟁이 남아 있어 혼인이 완전히 해소되었다고 볼 수는 없다.
> 5) 따라서 배우자 일방이 스스로 정당한 이유 없이 동거를 거부하면서도 상대방에게 부양료의 지급을 청구할 수는 없지만, 그러한 귀책사유 없는 배우자 일방이 상대방에게 부양료의 지급을 청구하는 것은 부양료 지급의 요건 및 필요성이 인정되지 않는 특별한 사정이 없는 한 비록 당사자 쌍방이 이혼소송을 서로 제기한 경우라도 인정되어야 한다. 그럼에도 원심이 상대방이 이혼 등 청구의 반소를 제기한 날 이후부터는 이혼의사의 합치가 있어 청구인에게 정상적인 부부관계가 유지되고 있음을 전제로 한 부양의무가 인정된다고 볼 수 없다고 판단한 것은 필요한 심리를 다하지 아니한 채 부부간 부양의무에 관한 민법 제826조를 위반하여 재판에 영향을 미친 잘못이 있다. 원심으로서는 앞서 본 부부간 부양의무의 성격 및 이혼소송 중 소득이 없는 부양권리자에 대한 부양료 지급의 필요성 등을 심리하여 이 사건 선행 부양료 심판에서 정한 부양의무의 종기를 변경할 필요성이 있는지, 있다면 언제까지로 정할 것인지 여부를 판단하였어야 한다"(대결 2023.3.24. 2022스771)   [정답] ○
>
> [유제]   [정답] ○

6   부모 중 어느 한쪽만이 자녀를 양육하게 된 경우에 특별한 사정이 있는 경우를 제외하고는 양육하는 일방은 상대방에 대하여 현재 및 장래에 있어서의 양육비 중 적정 금액의 분담을 청구할 수 있음은 물론이고, 과거의 양육비에 대하여도 상대방이 분담함이 상당하다고 인정되는 경우에는 그 비용의 상환을 청구할 수 있다.   (   )

6-1 부모의 법률상 부양의무는 인지판결이 확정되면 그 자의 출생 시로 소급하여 효력이 생기는 것이므로, 양육자는 인지판결의 확정 전에 발생한 과거의 양육비에 대하여도 상대방이 부담함이 상당한 범위 내에서 그 비용의 상환을 청구할 수 있다고 보아야 한다.

판결요지

※ 부모 중 어느 한쪽만이 자녀를 양육하게 된 경우, 양육자는 상대방이 분담함이 상당하다고 인정되는 과거 양육비의 상환을 청구할 수 있는지 여부(적극) / 이때 분담의 범위를 정하는 기준 / 인지판결의 확정 전에 발생한 과거의 양육비에 대하여도 상대방이 부담함이 상당한 범위 내에서 그 비용의 상환을 청구할 수 있는지 여부(적극)

"부모는 그 소생의 자녀를 공동으로 양육할 책임이 있고, 양육에 소요되는 비용도 원칙적으로 부모가 공동으로 부담하여야 하는 것이며, 이는 부모 중 누가 친권을 행사하는 자인지 또 누가 양육권자이고 현실로 양육하고 있는 자인지를 물을 것 없이 친자관계의 본질로부터 발생하는 의무이다. 어떠한 사정으로 인하여 부모 중 어느 한쪽만이 자녀를 양육하게 된 경우에, 그와 같은 일방에 의한 양육이 그 양육자의 일방적이고 이기적인 목적이나 동기에서 비롯한 것이라거나 자녀의 이익을 위하여 도움이 되지 아니하거나 그 양육비를 상대방에게 부담시키는 것이 오히려 형평에 어긋나게 되는 등 특별한 사정이 있는 경우를 제외하고는, 양육하는 일방은 상대방에 대하여 현재 및 장래에 있어서의 양육비 중 적정 금액의 분담을 청구할 수 있음은 물론이고, 부모의 자녀양육의무는 특별한 사정이 없는 한 자녀의 출생과 동시에 발생하는 것이므로 과거의 양육비에 대하여도 상대방이 분담함이 상당하다고 인정되는 경우에는 그 비용의 상환을 청구할 수 있다.

다만 한쪽의 양육자가 양육비를 청구하기 이전의 과거의 양육비 모두를 상대방에게 부담시키게 되면 상대방은 예상하지 못하였던 양육비를 일시에 부담하게 되어 지나치고 가혹하며 신의성실의 원칙이나 형평의 원칙에 어긋날 수도 있으므로, 이와 같은 경우에는 반드시 이행청구 이후의 양육비와 동일한 기준에서 정할 필요는 없고, 부모 중 한쪽이 자녀를 양육하게 된 경위와 그에 소요된 비용의 액수, 그 상대방이 부양의무를 인식한 것인지 여부와 그 시기, 그것이 양육에 소요된 통상의 생활비인지 아니면 이례적이고 불가피하게 소요된 다액의 특별한 비용(치료비 등)인지 여부와 당사자들의 재산 상황이나 경제적 능력과 부담의 형평성 등 여러 사정을 고려하여 적절하다고 인정되는 분담의 범위를 정할 수 있다.

민법 제860조는 "인지는 그 자의 출생 시에 소급하여 효력이 생긴다."라고 규정하고 있다. 따라서 인지판결 확정으로 법률상 부양의무가 현실화되는 것이기는 하지만 부모의 법률상 부양의무는 인지판결이 확정되면 그 자의 출생 시로 소급하여 효력이 생기는 것이므로, 양육자는 인지판결의 확정 전에 발생한 과거의 양육비에 대하여도 상대방이 부담함이 상당한 범위 내에서 그 비용의 상환을 청구할 수 있다고 보아야 한다"(대결 2023.10.31. 2023스643)

정답 ○

정답 ○

유 제

[사실관계] 필리핀 국적의 모친과 한국 국적의 부친 시이에서 혼인 외의 자로 태어난 자가 부친에 대하여 인지청구의 소를 제기하여 확정판결을 받았는데, 현재 필리핀에 거주하면서 자를 양육하고 있는 모친이 부친을 상대로 자의 출생 시부터의 과거 양육비 및 장래 양육비를 청구한 사안에서 원심은 별도의 준거법에 관한 조사 없이 대한민국법이 적용됨을 전제로 혼인 외 출생자에 대하여는 그 부가 인지함으로써 비로소 부자간에 법률상의 친자관계가 형성되어 부양의무가 발생한다며 인지판결 확정 전의 과거 양육비 청구 부분을 배척하였는데 대법원은, 준거법은 직권조사사항이므로 이를 심리, 조사할 의무가 있음을 지적하며, 부모의 법률상 부양의무는 인지판결이 확정되면 자 출생시로 소급하여 효력이 생긴다고 보아 인지판결 확정 전의 과거 양육비 청구를 배척한 원심결정을 파기·환송한 사례

친 권

1 ★ 친권자는 자녀가 그 명의로 취득한 특유재산을 관리할 권한이 있는데(민법 제916조), 그 재산 관리 권한이 소멸하면 자녀의 재산에 대한 관리의 계산을 하여야 한다(민법 제923조 제1항). 여기서 '관리의 계산'이란 자녀의 재산을 관리하던 기간의 그 재산에 관한 수입과 지출을 명확히 결산하여 자녀에게 귀속되어야 할 재산과 그 액수를 확정하는 것을 말한다. 친권자의 위와 같은 재산 관리 권한이 소멸한 때에는 위임에 관한 민법 제683조, 제684조가 유추적용되므로, 친권자는 자녀 또는 그 법정대리인에게 위와 같은 계산 결과를 보고하고, 자녀에게 귀속되어야 할 재산을 인도하거나 이전할 의무가 있다.   (   )

1-1 ★ 친권자는 자녀에 대한 재산 관리 권한에 기하여 자녀에게 지급되어야 할 돈을 자녀 대신 수령한 경우 그 재산 관리 권한이 소멸하면 그 돈 중 재산 관리 권한 소멸 시까지 위와 같이 정당하게 지출한 부분을 공제한 나머지를 자녀 또는 그 법정대리인에게 반환할 의무가 있다. 이 경우 친권자가 자녀를 대신하여 수령한 돈을 정당하게 지출하였다는 점에 대한 증명책임은 친권자에게 있다.   (   )

1-2 ★ 친권자의 위와 같은 반환의무는 민법 제923조 제1항의 계산의무 이행 여부를 불문하고 그 재산 관리 권한이 소멸한 때 발생한다고 봄이 타당하다. 이에 대응하는 자녀의 친권자에 대한 위와 같은 반환청구권은 재산적 권리로서 일신전속적인 권리라고 볼 수 없으므로, 자녀의 채권자가 그 반환청구권을 압류할 수 있다.   (   )

판결요지

※ 민법 제923조 제1항에서 정한 '관리의 계산'의 의미 / 친권자가 자녀의 특유재산을 통상적인 양육비용으로 사용할 수 있는 경우 / 친권자가 자녀에 대한 재산 관리 권한에 기하여 자녀에게 지급되어야 할 돈을 자녀 대신 수령한 경우, 재산 관리 권한이 소멸하면 그 돈 중 재산 관리 권한 소멸 시까지 정당하게 지출한 부분을 공제한 나머지를 자녀 또는 그 법정대리인에게 반환할 의무가 있는지 여부(적극) 및 이때 친권자가 자녀를 대신하여 수령한 돈을 정당하게 지출하였다는 점에 대한 증명책임의 소재(=친권자) / 자녀의 친권자에 대한 위와 같은 반환청구권을 자녀의 채권자가 압류할 수 있는지 여부(적극)

"친권자는 자녀가 그 명의로 취득한 특유재산을 관리할 권한이 있는데(민법 제916조), 그 재산 관리 권한이 소멸하면 자녀의 재산에 대한 관리의 계산을 하여야 한다(민법 제923조 제1항). 여기서 '관리의 계산'이란 자녀의 재산을 관리하던 기간의 그 재산에 관한 수입과 지출을 명확히 결산하여 자녀에게 귀속되어야 할 재산과 그 액수를 확정하는 것을 말한다. 친권자의 위와 같은 재산 관리 권한이 소멸한 때에는 위임에 관한 민법 제683조, 제684조가 유추적용되므로, 친권자는 자녀 또는 그 법정대리인에게 위와 같은 계산 결과를 보고하고, 자녀에게 귀속되어야 할 재산을 인도하거나 이전할 의무가 있다.

한편 부모는 자녀를 공동으로 양육할 책임이 있고 양육에 소요되는 비용도 원칙적으로 공동으로 부담하여야 하는 점을 고려할 때, 친권자는 자녀의 특유재산을 자신의 이익을 위하여 임의로 사용할 수 없음은 물론 자녀의 통상적인 양육비용으로도 사용할 수도 없는 것이 원칙이나, 친권자가 자신의 자력으로는 자녀를 부양하거나 생활을 영위하기 곤란한 경우, 친권자의 자산, 수입, 생활수준, 가정상황 등에 비추어 볼 때 통상적인 범위를 넘는 현저한 양육비용이 필요한 경우 등과 같이 정당한 사유가 있는 경우에는 자녀의 특유재산을 그와 같은 목적으로 사용할 수 있다.

따라서 친권자는 자녀에 대한 재산 관리 권한에 기하여 자녀에게 지급되어야 할 돈을 자녀 대신 수령한 경우 그 재산 관리 권한이 소멸하면 그 돈 중 재산 관리 권한 소멸 시까지 위와 같이 정당하게 지출한 부분을 공제한 나머지를 자녀 또는 그 법정대리인에게 반환할 의무가 있다. 이 경우 친권자가 자녀를 대신하여 수령한 돈을 정당하게 지출하였다는 점에 대한 증명책임은 친권자에게 있다.

친권자의 위와 같은 반환의무는 민법 제923조 제1항의 계산의무 이행 여부를 불문하고 그 재산 관리 권한이 소멸한 때 발생한다고 봄이 타당하다. 이에 대응하는 자녀의 친권자에 대한 위와 같은 반환청구권은 재산적 권리로서 일신전속적인 권리라고 볼 수 없으므로, 자녀의 채권자가 그 반환청구권을 압류할 수 있다"(대판 2022.11.17. 2018다294179)

정답 ○

유제 모두

정답 ○

부모와 자

1 민법 제781조 제6항에 따른 자의 성·본 변경허가 심판을 할 때 가정법원은 청구인의 주장에 구애되지 않고 직권으로 탐지한 자료에 따라 '성·본 변경이 청구된 자녀의 복리에 적합한지'를 최우선적으로 고려하여 후견적 입장에서 허가 여부를 판단하여야 한다. ( )

1-1 성·본 변경을 청구하는 부, 모 중 일방이 단지 이를 희망한다는 사정은 주관적·개인적인 선호의 정도에 불과하며 이에 대하여 타방이 동의를 하였더라도 그 사정만으로는 성·본 변경허가의 요건을 충족하였다고 보기 어렵다. ( )

판결요지

※ 민법 제781조 제6항에 따른 자의 성·본 변경허가 심판의 성격 및 이때 가정법원이 '성·본 변경이 청구된 자녀의 복리에 적합한지'를 최우선적으로 고려하여 후견적 입장에서 허가 여부를 판단하여야 하는지 여부(적극)

"[1] 민법 제781조 제6항 본문은 "자의 복리를 위하여 자의 성과 본을 변경할 필요가 있을 때에는 부, 모 또는 자의 청구에 의하여 법원의 허가를 받아 이를 변경할 수 있다."라고 규정하고, 이에 따른 성·본 변경허가 심판은 '라류 가사비송사건'에 속한다[가사소송법 제2조 제1항 제2호 (가)목 6)]. 가사비송사건은 가정법원이 후견적인 지위에서 재량에 의해 합목적적으로 법률관계를 형성하는 재판으로서, 직권탐지주의가 적용된다(가사소송규칙 제23조 제1항). 특히 라류 가사비송사건은 상대방이 없는 비대심적 구조로서 비송재판으로서의 성격이 더욱 두드러진다. 앞서 본 민법 제781조 제6항의 문언과 성·본 변경허가제의 도입 취지, 가사소송법이 성·본 변경허가 재판을 라류 가사비송사건으로 규정한 점에 비추어 보면, 가정법원은 청구인의 주장에 구애되지 않고 직권으로 탐지한 자료에 따라 '성·본 변경이 청구된 자녀의 복리에 적합한지'를 최우선적으로 고려하여 후견적 입장에서 재량권의 범위에서 그 허가 여부를 판단하여야 한다.

[2] 민법 제781조 제6항에서 '자녀의 복리를 위하여 자의 성과 본을 변경할 필요가 있을 때'에 해당하는지 여부는 자녀의 나이와 성숙도를 감안하여 자 또는 친권자·양육자의 의사를 고려하되, 성·본 변경이 이루어지지 아니함으로 인하여 가족 구성원 사이의 정서적 통합, 가족 구성원에 대한 편견이나 오해 등으로 학교생활이나 사회생활에서 겪게 되는 불이익과 함께 성·본 변경으로 초래될 자녀 본인의 정체성 혼란, 자녀와 성·본을 함께 하고 있는 친부나 형제자매 등과의 유대관계 단절 등의 사정을 심리한 다음, 자녀의 복리를 위하여 성·본의 변경이 필요하다고 인정되어야 한다. 또한 성·본 변경으로 인하여 학교생활이나 사회생활에 있어서의 불편 내지 혼란, 타인에

게 불필요한 호기심이나 의구심 등을 일으키게 하여 사건본인의 정체성 유지에 영향을 미칠 개연성 등의 불이익 등도 함께 고려하여 허가 여부를 신중하게 판단하여야 한다.

[3] 자의 성·본 변경허가 청구에 관하여 가사소송규칙은 가정법원이 부, 모 등의 의견을 청취할 수 있다고만 규정하고 있을 뿐(가사소송규칙 제59조의2 제2항), 법령상 부, 모 등의 동의를 요건으로 하지 않는 점(민법 제781조 제6항 참조) 등에 비추어 보면, 성·본 변경을 청구하는 부, 모 중 일방이 단지 이를 희망한다는 사정은 주관적·개인적인 선호의 정도에 불과하며 이에 대하여 타방이 동의를 하였더라도 그 사정만으로는 성·본 변경허가의 요건을 충족하였다고 보기 어렵다. 특히 미성년 자녀를 둔 부부가 이혼한 후 부 또는 모가 자의 성·본 변경허가를 청구하는 경우, 성·본 변경허가 청구에 이르게 된 경위에 관하여 설령 청구인이 표면적으로는 자녀의 복리를 내세우더라도 비양육친이 미성년 자녀에 대해 당연히 지급하여야 할 양육비(민법 제837조, 제843조 참조)의 지급 여부나 그 액수 혹은 비양육친과 미성년 자녀가 상호 간 지닌 면접교섭권(민법 제837조의2 제1항 참조) 행사에 관련한 조건이 연계된 것은 아닌지, 양육비의 지급이나 면접교섭권의 행사를 둘러싼 갈등 상황에서 이를 해결하기 위해 마련된 법적 절차(가사소송법 제64조의 이행명령 및 그 위반 시 같은 법 제67조 제1항의 과태료, 같은 법 제68조 제1항의 감치 등)를 거치지 않고 상대방을 사실상 압박하기 위함이 주요한 동기는 아닌지, 자녀의 성과 본을 변경함으로써 비양육친과 미성년 자녀의 관계 자체를 차단하려는 의도가 엿보이는지, 이혼 당사자가 스스로 극복하여야 하는 이혼에 따른 심리적 갈등, 전 배우자에 대한 보복적 감정 기타 이혼의 후유증에서 벗어나기 위한 수단으로 여겨지는 등 미성년 자녀가 아닌 청구인의 관점이나 이해관계가 주로 반영된 측면은 없는지, 나아가 이혼 이후의 후속 분쟁에서의 유·불리를 고려한 것은 아닌지 역시 살펴보아야 한다"(대결 2022.3.31. 2021스3).

> 정답 ○   유 제   정답 ○

---

2 혼인 외 출생자의 경우 모자관계는 인지를 요하지 아니하고 법률상의 친자관계가 인정될 수 있지만, 부자관계는 부의 인지에 의하여서만 발생하는 것이므로, 부가 사망한 경우에는 그 사망을 안 날로부터 2년 이내에 검사를 상대로 인지청구의 소를 제기하여야 하고, 친생자관계존재확인을 구하는 소는 허용될 수 없다. ( )

2-1 ★ 혼인 외 출생자는 검사를 상대로 사망한 부와 사이에 친생자관계존재확인을 구할 수 없다.( )

2-2 ★ 생모나 친족 등 이해관계인은 혼인 외 출생자를 상대로 혼인 외 출생자와 사망한 부 사이의 친생자관계존재확인을 구할 수 없다. ( )

[판결요지]

> ※ 혼인 외 출생자가 검사를 상대로 사망한 부와 사이에 친생자관계존재확인을 구할 수 있는지 여부(소극)
> "혼인 외 출생자의 경우 모자관계는 인지를 요하지 아니하고 법률상의 친자관계가 인정될 수 있지만, 부자관계는 부의 인지에 의하여서만 발생하는 것이므로, 부가 사망한 경우에는 그 사망을 안 날로부터 2년 이내에 검사를 상대로 인지청구의 소를 제기하여야 하고, 친생자관계존재확인을 구하는 소는 허용될 수 없다(대판 1997.2.14. 96므738 판결). 가사소송법 제12조 본문에 따라 가사소송 절차에 적용되는 민사소송법 제136조 제4항은 "법원은 당사자가 명백히 간과한 것으로 인정되는 법률상 사항에 관하여 당사자에게 의견을 진술할 기회를 주어야 한다."라고 규정하고 있으므로, 당사자가 부주의 또는 오해로 인하여 명백히 간과한 법률상의 사항이 있거나 당사자의 주장이 법률상의 관점에서 보아 모순이나 불명료한 점이 있는 경우 법원은 적극적으로 석명권을 행사하여 당사자에게 의견진술의 기회를 주어야 하고 만일 이를 게을리 한 경우에는 석명 또는 지적의무를 다하지 아니한 것으로서 위법하다(대법원 2010.2.11. 2009다83599 판결 참조). 혼인 외 출생자 등이 법률상 부자관계의 성립을 목적으로 친생자관계존재확인의 소를 제기한 경우에 법원은 친생자관계존재확인의 소의 보충성을 이유로 그대로 소를 각하할 것이 아니라

원고의 진정한 의사를 확인하여 그에 알맞은 청구취지와 청구원인으로 정리하도록 석명하여야 한다"(대판 2021.12.30. 2017므14817).

[사실관계] 혼인 외 출생자인 원고가 검사를 상대로 사망한 부와 사이에 법률상 부자관계의 성립을 목적으로 친생자관계존재확인을 청구한 사안에서, 아무런 석명권을 행사하지 않은 채 친생자관계존재확인의 소의 보충성을 이유로 소를 각하한 원심에 대하여 석명의무를 위반하였다고 보아 파기환송한 사례　　　**정답** ○

　유 제 - 1　　　　　　　　　　　　　　　　　　　　　　　　　　　　　**정답** ○

※ 생모나 친족 등 이해관계인이 혼인외 출생자를 상대로 혼인외 출생자와 사망한 부 사이의 친생자관계 존재확인을 구하는 소가 허용되는지 여부(소극)

"혼인외 출생자의 경우에 모자관계는 인지를 요하지 아니하고 법률상 친자관계가 인정될 수 있지만, 부자관계는 부의 인지에 의하여서만 발생하는 것이므로, 부가 사망한 경우에는 그 사망을 안 날로부터 2년 이내에 검사를 상대로 인지청구의 소를 제기하여야 하고, 생모나 친족 등 이해관계인이 혼인외 출생자를 상대로 혼인외 출생자와 사망한 부 사이의 친생자관계존재확인을 구하는 소는 허용될 수 없다"(대판 2022.1.27. 2018므11273).

[사실관계] 망인의 자녀들인 원고들이 혼인 외 출생자인 피고를 상대로 피고와 망인 사이의 친생자관계존재확인을 구한 사안에서, 원심은 소가 부적법하다고 보아 각하하였고, 대법원은 원심의 판단에 법리오해 등이 없다는 이유로 상고를 기각한 사례　**유 제 - 2**　　　　　　　　　　　　　　　　　**정답** ○

3　★★ 아내가 혼인 중 남편이 아닌 제3자의 정자를 제공받아 인공수정으로 자녀를 출산한 경우에도 친생추정 규정을 적용하여 인공수정으로 출생한 자녀가 남편의 자녀로 추정된다.

22년 1차 모의, 21년 2차·3차 모의, 22년 법행　　( )

판결요지

1. 아내가 혼인 중 남편이 아닌 제3자의 정자를 제공받아 인공수정으로 임신한 자녀를 출산한 경우 출생한 자녀가 남편의 자녀로 추정되는지

"1. 친생자와 관련된 민법 규정, 특히 친생추정 규정의 문언과 체계, 민법이 혼인 중 출생한 자녀의 법적 지위에 관하여 친생추정 규정을 두고 있는 기본적인 입법 취지와 연혁, 헌법이 보장하고 있는 혼인과 가족제도 등에 비추어 보면, 아내가 혼인 중 남편이 아닌 제3자의 정자를 제공받아 인공수정으로 자녀를 출산한 경우에도 친생추정 규정을 적용하여 인공수정으로 출생한 자녀가 남편의 자녀로 추정된다고 보는 것이 타당하다.

2. 혼인 중 아내가 임신하여 출산한 자녀가 남편과 혈연관계가 없다는 점이 밝혀진 경우 친생추정이 미치지 않는지

2. 친생추정 규정의 문언과 체계, 민법이 혼인 중 출생한 자녀의 법적 지위에 관하여 친생추정 규정을 두고 있는 기본적인 입법 취지와 연혁, 헌법이 보장하고 있는 혼인과 가족제도, 사생활의 비밀과 자유, 부부와 자녀의 법적 지위와 관련된 이익의 구체적인 비교 형량 등을 종합하면, 혼인 중 아내가 임신하여 출산한 자녀가 남편과 혈연관계가 없다는 점이 밝혀졌더라도 친생추정이 미치지 않는다고 볼 수 없다"(대판 2019.10.23. 전합2016므2510).

정답 ○

[사실관계] 아내가 남편인 원고의 동의를 얻어 제3자의 정자로 인공수정을 하거나 다른 남자와의 관계에서 임신을 하여 원고와 혈연관계가 없는 피고들을 출산하였는데, 그 후 원고가 아내와 이혼하고 피고들을 상대로 친생자관계부존재 확인을 구한 사안에서, 아내가 혼인 중 남편이 아닌 제3자의 정자를 제공받아 인공수정으로 자녀를 출산한 경우에도 친생추정 규정을 적용하여 그 자녀는 남편의 자녀로 추정된다고 보는 것이 타당하고, 혼인 중 아내가 임신하여 출산한 자녀의 경우 유전자 검사를 통하여 남편과 혈연관계가 없다는 점이 밝혀졌더라도 여전히 친생추정이 미친다고 보아, 원심판결의 소 각하 결론을 받아들이고 원고의 상고를 기각한 사례

4 ★ 혈연관계 유무나 그에 대한 인식은 친생부인의 소를 이유 있게 하는 근거 또는 제소기간의 기산점 기준으로서 친생부인의 소를 통해 친생추정을 번복할 수 있도록 하는 사유이다. 이를 넘어서 처음부터 친생추정이 미치지 않도록 하는 사유로서 친생부인의 소를 제기할 필요조차 없도록 하는 요소가 될 수는 없다. 즉, 혈연관계가 없다는 점을 친생추정이 미치지 않는 전제사실로 볼 수 없다.

( )

4-1 ★ 가족관계등록부상 부자관계로 등록된 두 사람 사이에 생물학적 혈연관계가 없다는 사실은 친생부인의 소를 제기할 필요조차 없도록 하는 요소이어서 친생자관계부존재확인의 소를 통해 친자관계를 부인할 수 있는 사유이다. 22년 3차모의 ( )

4-2 ★ 자녀와 그 모(母)의 법률혼 배우자 사이의 혈연의 부존재는 친생추정이 미치지 않게 하는 사유에 해당한다. 23년 변호 ( )

[판결요지]

※ 생물학적 혈연관계가 없다는 점이 친생부인의 소로써 친생추정을 번복할 수 있게 하는 사유인지 여부(적극) 및 이를 넘어서 처음부터 친생추정이 미치지 않도록 하는 사유인지 여부(소극) / 처가 혼인 중에 포태하였으나 동거의 결여로 처가 부(夫)의 자를 포태할 수 없는 것이 외관상 명백한 사정이 있는 경우, 민법 제844조 제1항의 친생추정이 미치는지 여부(소극)

"민법은 친생추정 규정을 두면서도 남편에게 친생부인의 사유가 있음을 안 날부터 2년 내에 친생부인의 소를 제기할 수 있도록 하고 있다. 이는 진실한 혈연관계에 대한 인식을 바탕으로 법률적인 친자관계를 진실에 부합시키고자 하는 남편에게 친생추정을 부인할 수 있는 실질적인 기회를 부여한 것이다. 친생부인의 소가 적법하게 제기되면 부모와 출생한 자녀 사이에 생물학적 혈연관계가 존재하는지가 증명의 대상이 되는 주요사실을 구성한다. 결국 혈연관계가 없음을 알게 되면 친생부인의 소를 제기할 수 있는 제소기간이 진행하고, 실제로 생물학적 혈연관계가 없다는 점은 친생부인의 소로써 친생추정을 번복할 수 있게 하는 사유이다.

이처럼 혈연관계 유무나 그에 대한 인식은 친생부인의 소를 이유 있게 하는 근거 또는 제소기간의 기산점 기준으로서 친생부인의 소를 통해 친생추정을 번복할 수 있도록 하는 사유이다. 이를 넘어서 처음부터 친생추정이 미치지 않도록 하는 사유로서 친생부인의 소를 제기할 필요조차 없도록 하는 요소가 될 수는 없다. 혈연관계가 없다는 점을 친생추정이 미치지 않는 전제사실로 보는 것은 원고적격과 제소기간의 제한을 두고 있는 친생부인의 소의 존재를 무의미하게 만드는 것으로 현행 민법의 해석상 받아들이기 어렵다. 친생부인권을 실질적으로 행사할 수 있는 기회를 부여받았는데도 제소기간이 지나도록 이를 행사하지 않아 더 이상 이를 다툴 수 없게 된 경우 그러한 상태가 남편이 가정생활과 신분관계에서 누려야 할 인격권, 행복추구권, 개인의 존엄과 양성의 평등에 기초한 혼인과 가족생활에 대한 기본권을 침해한다고 볼 수 없다.

다만 친생추정 규정은 부부가 정상적인 혼인생활을 영위하고 있는 경우를 전제로 가정의 평화를 위하여 마련된 것이어서 그 전제사실을 갖추지 않은 경우까지 적용하여 요건이 엄격한 친생부인의 소로써 부인할 수 있도록 하는 것은 제도의 취지에 반하여 진실한 혈연관계에 어긋나는 부자관계를 성립하게 하는 등 부당한 결과를 가져올 수 있다. 대판 2019.10.23. 전합2016므2510 판결에서도 이러한 입장이 변경되지 아니하였다.

따라서 민법 제844조 제1항의 친생추정은 반증을 허용하지 않는 강한 추정이므로, 처가 혼인 중에 포태한 이상 그 부부의 한쪽이 장기간에 걸쳐 해외에 나가 있거나, 사실상의 이혼으로 부부가 별거하고 있는 경우 등 동거의 결여로 처가 부(夫)의 자를 포태할 수 없는 것이 외관상 명백한 사정이 있는 경우에만 그 추정이 미치지 않을 뿐이고, 이러한 예외적인 사유가 없는 한 누구라도 그 자가 부의 친생자가 아님을 주장할 수 없다"(대판 2021.9.9. 2021므13293).

[유제 모두] 정답 ○

정답 ✕

쟁점정리

> ※ 친생자 추정의 제한(친생자 추정이 미치지 않는 자)
>
> ① 判例는 妻가 夫의 子를 포태할 수 없는 것이 객관적으로 명백한 사정이 있는 경우에는 夫의 친생자로서의 추정이 미치지 않는다는 외관설의 입장이다(대판 1983.7.12. 전합82므59). 즉, 제844조 1항의 친생추정은 반증을 허용하지 않는 강한 추정이므로, 이러한 예외적인 사유가 없는 한 누구라도 그 자가 부의 친생자가 아님을 주장할 수 없다(대판 2021.9.9. 2021므13293).
>
> ② 아울러 전원합의체 판결은 ㉠ 아내가 혼인 중 남편이 아닌 제3자의 정자를 제공받아 인공수정으로 자녀를 출산한 경우에도 친생추정 규정을 적용하여 인공수정으로 출생한 자녀가 남편의 자녀로 추정되며, ㉡ 인공수정에 동의한 남편이 나중에 이를 번복하고 친생부인의 소를 제기하는 것은 원칙적으로 허용되지 않는다고 보았다.[1] ㉢ 또한 같은 취지에서 혼인 중 아내가 임신하여 출산한 자녀가 남편과 혈연관계가 없다는 점이 밝혀졌더라도 친생추정이 미친다고 보아 부자관계를 단절시킬 수 있는 기간을 제한시켰다(대판 2019.10.23. 전합2016므2510 : 11회,12회 선택형).
>
> ③ 이처럼 '혈연관계 유무'나 그에 대한 인식은 친생부인의 소를 이유 있게 하는 근거 또는 제소기간의 기산점 기준으로서 친생부인의 소를 통해 친생추정을 번복할 수 있도록 하는 사유이다. 이를 넘어서 '처음부터 친생추정이 미치지 않도록 하는 사유로서 친생부인의 소를 제기할 필요조차 없도록 하는 요소가 될 수는 없다.' 즉, 혈연관계가 없다는 점을 친생추정이 미치지 않는 전제사실로 보는 것은 원고적격과 제소기간의 제한을 두고 있는 친생부인의 소의 존재를 무의미하게 만드는 것으로 현행 민법의 해석상 받아들이기 어렵다(대판 2021.9.9. 2021므13293).

5 ★ 조부모가 손자녀를 입양하여 부모·자녀 관계를 맺는 것은 입양의 의미와 본질에 부합하지 않으므로 허용될 수 없다. 　　　　　　　　　　　　　　　　23년 변호, 22·23 법무사 (　　)

판결요지

> ※ 조부모가 손자녀를 입양할 수 있는지 여부(적극) / 조부모에 의한 미성년 손자녀 입양의 허가 여부를 판단하는 기준 및 이때 법원이 고려하여야 할 요소
>
> "[다수의견] (가) 입양은 출생이 아니라 법에 정한 절차에 따라 원래는 부모·자녀가 아닌 사람 사이에 부모·자녀 관계를 형성하는 제도이다. 조부모와 손자녀 사이에는 이미 혈족관계가 존재하지만 부모·자녀 관계에 있는 것은 아니다. 민법은 입양의 요건으로 동의와 허가 등에 관하여 규정하고 있을 뿐이고 존속을 제외하고는 혈족의 입양을 금지하고 있지 않다(민법 제877조 참조). 따라서 조부모가 손자녀를 입양하여 부모·자녀 관계를 맺는 것이 입양의 의미와 본질에 부합하지 않거나 불가능하다고 볼 이유가 없다.
>
> 조부모가 자녀의 입양허가를 청구하는 경우에 입양의 요건을 갖추고 입양이 자녀의 복리에 부합한다면 이를 허가할 수 있다. 다만 조부모가 자녀를 입양하는 경우에는, 양부모가 될 사람과 자녀 사이에 이미 조손(조손)관계가 존재하고 있고 입양 후에도 양부모가 여전히 자녀의 친생부 또는 친생모에 대하여 부모의 지위에 있다는 특수성이 있으므로, 이러한 사정이 자녀의 복리에 미칠 영향에 관하여 세심하게 살필 필요가 있다.
>
> (나) 법원은 조부모가 단순한 양육을 넘어 양친자로서 신분적 생활관계를 형성하려는 실질적인 의사를 가지고 있

---

1) "나아가 인공수정 동의와 관련된 현행법상 제도의 미비, 인공수정이 이루어지는 의료 현실, 민법 제852조에서 친생자임을 승인한 자의 친생부인을 제한하고 있는 취지 등에 비추어 이러한 동의가 명백히 밝혀지지 않았던 사정이 있다고 해서 곧바로 친자관계가 부정된다거나 친생부인의 소를 제기할 수 있다고 볼 것은 아니다"(12회 선택형)

는지, 입양의 주된 목적이 부모로서 자녀를 안정적·영속적으로 양육·보호하기 위한 것인지, 친생부모의 재혼이나 국적 취득, 그 밖의 다른 혜택 등을 목적으로 한 것은 아닌지를 살펴보아야 한다. 또한 친생부모의 입양동의가 자녀 양육과 입양에 관한 충분한 정보를 제공받은 상태에서 자발적이고 확정적으로 이루어진 것인지를 확인하고 필요한 경우 가사조사, 상담 등을 통해 관련 정보를 제공할 필요가 있다. 그 밖에 조부모가 양육능력이나 양부모로서의 적합성과 같은 일반적인 요건을 갖추는 것 외에도, 자녀와 조부모의 나이, 현재까지의 양육 상황, 입양에 이르게 된 경위, 친생부모의 생존 여부나 교류 관계 등에 비추어 조부모와 자녀 사이에 양친자관계가 자연스럽게 형성될 것을 기대할 수 있는지를 살피고 조부모의 입양이 자녀에게 도움이 되는 사항과 우려되는 사항을 비교·형량하여, 개별적·구체적인 사안에서 입양이 자녀의 복리에 적합한지를 판단하여야 한다. 심리 과정에서는 입양되는 자녀가 13세 미만인 경우에도 자신의 의견을 형성할 능력이 있다면 자녀의 나이와 상황에 비추어 적절한 방법으로 자녀의 의견을 청취하는 것이 바람직하다"(대결 2021.12.23. 전합2018스5 : 이러한 다수의견에 대하여는 친생부모가 생존하는 경우 조부모의 손자녀 입양은 엄격한 기준에 따라 허가 여부를 판단하여야 하고, 그러한 기준에 따르면 입양을 불허한 원심결정이 타당하다는 대법관 조재연, 대법관 민유숙, 대법관 이동원의 반대의견과 대법관 민유숙의 반대의견에 대한 보충의견이 있었다).

정답 ✕

6 ★★ 민법 제777조 소정의 친족은 특단의 사정이 없는 한, 그와 같은 신분관계를 가졌다는 사실만으로써 당연히 친자관계존부 확인의 소를 제기할 소송상의 이익이 있다. 20년 법행, 24년 변호 ( )

6-1 ★ 친생자관계존부확인의 소의 경우 민법 제777조 소정의 친족은 이해관계인으로서 친생자관계존부의 확인이 필요한 당사자 쌍방을 상대로 친생자관계존부확인의 소를 구할 수 있고, 상대방이 될 당사자 쌍방이 사망한 때에는 검사를 상대로 친생자관계존부확인의 소를 구할 수 있으며, 이 경우 민법 제865조 제2항을 유추적용하여 그 제소기간을 준수하여야 한다. 22년 법행 ( )

6-2 ★ 다른 사람들 사이의 친생자관계의 존부가 판결로 확정됨에 따라 부양에 관한 자신의 권리에 구체적인 영향을 받는 사람이라고 하더라도 친생자관계 존부확인의 소를 제기할 수 있는 이해관계인에 해당하지 않는다. 23·24년 변호, 21법무사 ( )

[판결요지]

※ 1. 민법 제865조에 의한 친생자관계존부확인의 소의 원고적격 범위, 2. 민법 제777조에서 정한 친족은 그와 같은 신분관계에 있다는 사실만으로 당연히 친생자관계존부확인의 소를 제기할 수 있다고 한 종전 대법원 판례의 타당성 여부

"1. 민법 제865조 제1항(이하 '이 사건 조항'이라 한다)은 "제845조, 제846조, 제848조, 제850조, 제851조, 제862조, 제863조의 규정에 의하여 소를 제기할 수 있는 자는 다른 사유를 원인으로 하여 친생자관계존부확인의 소를 제기할 수 있다."라고 정한다. 이는 법적 친자관계와 가족관계등록부에 표시된 친자관계가 일치하지 않을 때 이를 바로잡기 위하여 친생자관계존부확인의 소를 제기할 수 있도록 한 것이다.

이 사건 조항이 친생자관계존부확인의 소를 제기할 수 있는 자를 구체적으로 특정하여 직접 규정하는 대신 소송목적이 유사한 다른 소송절차에 관한 규정들을 인용하면서 각 소의 제기권자에게 원고적격을 부여하고 그 사유만을 달리하게 한 점에 비추어 보면, 이 사건 조항이 정한 친생자관계존부확인의 소는 법적 친생자관계의 성립과 해소에 관한 다른 소송절차에 대하여 보충성을 가진다.

이처럼 이 사건 조항의 규정 형식과 문언 및 체계, 위 각 규정들이 정한 소송절차의 특성, 친생자관계존부확인의 소의 보충성 등을 고려하면, 친생자관계존부확인의 소를 제기할 수 있는 자는 이 사건 조항에서 정한 제소권자로 한정된다고 봄이 타당하다.

2. 구 인사소송법 등의 폐지와 가사소송법의 제정·시행, 호주제 폐지 등 가족제도의 변화, 신분관계 소송의 특수성, 가족관계 구성의 다양화와 그에 대한 당사자 의사의 존중, 법적 친생자관계의 성립이나 해소를 목적으로 하는 다른 소송절차와의 균형 등을 고려할 때, 민법 제777조에서 정한 친족이라는 사실만으로 당연히 친생자관계존부확인의 소를 제기할 수 있다고 한 종전 대법원 판례는 더 이상 유지될 수 없게 되었다고 보아야 한다"(대판 2020.6.18. 전합2015므8351).　　　　　　　　　　　　　　　　　　　　　　　　　【정답】 ✕

【유제】 대판 2004.2.12. 2003므2503판시내용으로 위 전합으로 폐기되었다.　　　　　　　　　【정답】 ✕

[원고적격의 구체적 범위]

"(1) 친생자관계의 당사자로서 부, 모, 자녀 : 친생자관계의 당사자인 부, 모, 자녀는 이 사건 조항에 열거된 민법 제845조, 제846조, 제862조, 제863조에 의하여 소를 제기할 수 있는 자로서 다른 사유를 원인으로 하는 경우에는 친생자관계존부확인의 소를 제기할 수 있다.

(2) 자녀의 직계비속과 그 법정대리인 : 친생자관계의 당사자인 자녀의 직계비속과 그 법정대리인은 이 사건 조항에 열거된 민법 제863조에 의하여 소를 제기할 수 있는 자로서 다른 사유를 원인으로 하는 경우에는 친생자관계존부확인의 소를 제기할 수 있다.

(3) 성년후견인, 유언집행자, 부(夫) 또는 처(妻)의 직계존속이나 직계비속 : 이 사건 조항에 열거된 민법 제848조, 제850조, 제851조는 모두 친생부인의 소의 원고적격에 관한 기본규정인 민법 제846조를 전제로 하여 보충적으로 원고적격을 확대하는 규정들이다. 따라서 민법 제848조, 제850조, 제851조의 제소권자인 성년후견인, 유언집행자, 부 또는 처의 직계존속이나 직계비속은 위 규정들에 의하여 소를 제기할 수 있는 요건을 갖춘 경우에 한하여 원고적격이 있다고 봄이 옳다. 즉, 성년후견인은 남편이나 아내가 성년후견을 받게 되었을 때(제848조), 유언집행자는 부 또는 처가 유언으로 친생자관계를 부정하는 의사를 표시한 때(제850조), 부 또는 처의 직계존속이나 직계비속은 부(夫)가 자녀의 출생 전에 사망하거나 부 또는 처가 친생부인의 소의 제기 기간 내에 사망한 때(제851조) 비로소 다른 사유를 원인으로 하여 친생자관계존부확인의 소를 제기할 수 있다. 이들이 위와 같은 요건을 구비하지 못한 경우에는 위 각 규정에 의하여 친생자관계존부확인의 소를 제기할 원고적격이 당연히 있다고 할 수 없다

(4) 이해관계인 : 이해관계인은 이 사건 조항에 열거된 민법 제862조에 따라 다른 사유를 원인으로 하여 친생자관계존부확인의 소를 제기할 수 있다. 여기서 <u>이해관계인은 다른 사람들 사이의 친생자관계가 존재하거나 존재하지 않는다는 내용의 판결이 확정됨으로써 일정한 권리를 얻거나 의무를 면하는 등 법률상 이해관계가 있는 제3자를 뜻한다.</u> 따라서 다른 사람들 사이의 친생자관계존부가 판결로 확정됨에 따라 상속이나 부양 등에 관한 자신의 권리나 의무, 법적 지위에 구체적인 영향을 받게 되는 경우이어야 이해관계인으로서 친생자관계존부확인의 소를 제기할 수 있다. 가족관계등록부상으로는 아무런 친족관계가 나타나지 않더라도 스스로 자녀의 생부 또는 생모라고 주장하면서 친생자관계존부확인의 소를 제기한 사람은 그 판결결과에 따라 당사자와의 친생자관계 자체에 직접적인 영향을 받게 되므로 이해관계인에 포함된다. 【유제】　　　　　　　　　　　　　　　【정답】 ✕

결국 친생자관계존부확인의 소를 제기한 원고가 앞서 (1), (2), (3)에서 본 바와 같이 당연히 원고적격이 인정되는 경우가 아니라면, 여기서 말하는 이해관계인에 해당하는 경우에만 원고적격이 있다. 이러한 이해관계인에 해당하는지 여부는 원고의 주장내용과 변론에 나타난 제반사정을 토대로 상속이나 부양 등에 관한 원고의 권리나 의무, 법적 지위에 미치는 구체적인 영향이 무엇인지를 개별적으로 심리하여 판단해야 한다"(대판 2020.6.18. 전합2015므8351).

7 당사자가 입양의 의사로 친생자 출생신고를 하고 입양의 실질적 요건이 모두 구비되었다면 형식에 다소 잘못이 있더라도 입양의 효력이 발생한다. ( )

7-1 파양에 의하여 양친자관계를 해소할 필요가 있는 등 특별한 사정이 있는 경우 호적기재 자체를 말소하여 법률상 친자관계의 존재를 부인하게 하는 친생자관계부존재확인청구가 허용될 수 있다. 이와 같은 양친자관계를 해소하기 위한 친생자관계부존재확인청구의 인용판결이 확정되면 확정일 이후부터는 더 이상 양친자관계의 존재를 주장할 수 없다. ( )

> [판결요지]
>
> ※ 입양의 의사로 친생자 출생신고를 하고 입양의 실질적 요건이 모두 구비된 경우, 입양의 효력이 발생하는지 여부(적극) / 파양에 의하여 양친자관계를 해소할 필요가 있는 등 특별한 사정이 있는 경우, 친생자관계부존재확인청구가 허용되는지 여부(적극) / 양친자관계를 해소하기 위한 친생자관계부존재확인청구의 인용판결이 확정된 경우, 양친자관계의 존재를 주장할 수 있는지 여부(소극)
>
> "당사자가 입양의 의사로 친생자 출생신고를 하고 입양의 실질적 요건이 모두 구비되었다면 형식에 다소 잘못이 있더라도 입양의 효력이 발생한다. 이때 친생자 출생신고는 법률상의 친자관계인 양친자관계를 공시하는 입양신고의 기능을 한다. 따라서 파양에 의하여 양친자관계를 해소할 필요가 있는 등 특별한 사정이 있는 경우 호적기재 자체를 말소하여 법률상 친자관계의 존재를 부인하게 하는 친생자관계부존재확인청구가 허용될 수 있다. 이와 같은 양친자관계를 해소하기 위한 친생자관계부존재확인청구의 인용판결이 확정되면 확정일 이후부터는 더 이상 양친자관계의 존재를 주장할 수 없다"(대판 2023.9.21. 2021므13354) **정답** ○
>
> [유제] **정답** ○

7-2 친생자 출생신고 당시 입양의 실질적 요건을 갖추지 못하여 입양신고로서의 효력이 생기지 않았더라도 그 후에 입양의 실질적 요건을 갖추게 된 경우에는 무효인 친생자 출생신고는 소급적으로 입양신고로서의 효력을 갖게 된다고 할 것이나, 당사자 간에 무효인 신고행위에 상응하는 신분관계가 실질적으로 형성되어 있지 아니한 경우에는 무효인 신분행위에 대한 추인의 의사표시만으로 그 무효행위의 효력을 인정할 수 없다. 22년 법무사 ( )

> [판결요지]
>
> ※ 구 민법 제869조에서 정한 입양승낙 없이 친생자로서의 출생신고 방법으로 입양된 15세 미만의 자가 입양의 승낙능력이 생긴 15세 이후에도 계속하여 자신을 입양한 상대방을 부모로 여기고 생활하는 등 입양의 실질적인 요건을 갖춘 경우, 친생자로 신고된 자가 15세가 된 이후에 상대방이 한 입양에 갈음하는 출생신고를 묵시적으로 추인하였다고 보아 무효인 친생자 출생신고가 소급적으로 입양신고로서 효력을 갖게 될 수 있는지 여부(적극)
>
> " 친생자 출생신고 당시 입양의 실질적 요건을 갖추지 못하여 입양신고로서의 효력이 생기지 않았더라도 그 후에 입양의 실질적 요건을 갖추게 된 경우에는 무효인 친생자 출생신고는 소급적으로 입양신고로서의 효력을 갖게 된다고 할 것이나, 당사자 간에 무효인 신고행위에 상응하는 신분관계가 실질적으로 형성되어 있지 아니한 경우에는 무효인 신분행위에 대한 추인의 의사표시만으로 그 무효행위의 효력을 인정할 수 없다. 그리하여 구 민법(1990. 1. 13. 법률 제4199호로 개정되기 전의 것) 제869조 소정의 입양승낙 없이 친생자로서의 출생신고 방법으로 입양된 15세 미만의 자가 입양의 승낙능력이 생긴 15세 이후에도 계속하여 자신을 입양한 상대방을 부모로 여기고

생활하는 등 입양의 실질적인 요건을 갖춘 경우에는 친생자로 신고된 자가 15세가 된 이후에 상대방이 한 입양에 갈음하는 출생신고를 묵시적으로 추인하였다고 보아 무효인 친생자 출생신고가 소급적으로 입양신고로서의 효력을 갖게 되는 것으로 볼 수 있지만, 이와 달리 감호·양육 등 양친자로서의 신분적 생활사실이 계속되지 아니하여 입양의 실질적인 요건을 갖추지 못한 경우에는 친생자로 신고된 자가 15세가 된 이후에 상대방이 한 입양에 갈음하는 출생신고를 묵시적으로 추인한 것으로 보기도 힘들 뿐만 아니라 설령 묵시적으로 추인한 것으로 볼 수 있는 경우라고 하더라도 무효인 친생자 출생신고가 소급적으로 입양신고로서의 효력을 갖게 될 수 없는 것이다"(대판 2020.5.14. 2017프12484) 유제   정답 ○

8 ★ 성년자인 자녀의 법정대리인이 인지청구의 소를 제기한 경우에는 그 법정대리인이 부 또는 모의 사망사실을 안 날이 민법 제864조에서 정한 제척기간의 기산일이 된다. 그러나 자녀가 미성년자인 동안 법정대리인이 인지청구의 소를 제기하지 않은 때에는 자녀가 성년이 된 뒤로 부 또는 모의 사망을 안 날로부터 2년 내에 인지청구의 소를 제기할 수 있다고 보아야 한다. ( )

판결요지

※ 미성년자인 자녀의 법정대리인이 인지청구의 소를 제기한 경우, 민법 제864조에서 정한 제척기간의 기산점(=법정대리인이 부 또는 모의 사망사실을 안 날) / 자녀가 미성년자인 동안 법정대리인이 인지청구의 소를 제기하지 않은 경우, 인지청구의 소를 제기할 수 있는 기간(=자녀가 성년이 된 뒤로 부 또는 모의 사망을 안 날로부터 2년 이내)
"자녀와 그 직계비속 또는 그 법정대리인은 부 또는 모를 상대로 하여 인지청구의 소를 제기할 수 있고, 이 경우에 부 또는 모가 사망한 때에는 그 사망을 안 날로부터 2년 내에 검사를 상대로 인지청구의 소를 제기하여야 한다(민법 제863조, 제864조). 이때 미성년자인 자녀의 법정대리인이 인지청구의 소를 제기한 경우에는 그 법정대리인이 부 또는 모의 사망사실을 안 날이 민법 제864조에서 정한 제척기간의 기산일이 된다. 그러나 자녀가 미성년자인 동안 법정대리인이 인지청구의 소를 제기하지 않은 때에는 자녀가 성년이 된 뒤로 부 또는 모의 사망을 안 날로부터 2년 내에 인지청구의 소를 제기할 수 있다고 보아야 한다. 인지청구권은 자녀 본인의 일신전속적인 신분관계상의 권리로서 그 의사가 최대한 존중되어야 하고, 법정대리인에게 인지청구의 소를 제기할 수 있도록 한 것은 소송능력이 제한되는 미성년자인 자녀의 이익을 두텁게 보호하기 위한 것일 뿐 그 권리행사를 제한하기 위한 것이 아니기 때문이다."(대판 2024.2.8. 2021프13279) 정답 ○

9 북한에서 혼인관계가 유효하게 성립하였으나 가족관계등록부에 그 혼인관계가 기록되지 않았다는 사정만으로 그 혼인관계 중에 출생한 자녀가 혼인 외의 출생자가 되는 것은 아니다. ( )

9-1 자신이 북한에서 유효하게 성립한 혼인관계 중에 출생한 자녀임을 주장하며 부와의 사이에 친생자관계존재확인의 확정판결을 받아 가족관계등록부 정정을 신청하는 경우에는 비록 가족관계등록부 등에 부모의 혼인관계가 기록되어 있지 않아도 북한에서 부모의 혼인관계 성립 여부 또는 이와 관련한 신분관계를 소명하여 가족관계등록법 제104조에 따른 가정법원의 허가를 받아 정정신청을 함으로써 가족관계등록부를 정정할 수 있다고 보아야 한다. ( )

판결요지

※ 1. 북한에서 성립한 혼인관계의 효력 및 그 혼인관계 중 출생한 자녀가 혼인 중의 출생자인지 여부(적극) 2. 북한에서 유효하게 성립한 혼인관계 중에 출생한 자녀가 부와의 사이에 친생자관계존재확인판결을 받은 경우 가족관계등록부 정정 방법

"가. 「가족관계의 등록 등에 관한 법률」(이하 '가족관계등록법'이라 한다) 제104조는 가정법원의 허가에 의한 가족관계등록부의 정정신청, 제107조는 확정판결에 의한 가족관계등록부의 정정신청에 관하여 각각 규정하고 있다. 가정법원의 허가에 의한 가족관계등록부의 정정은 그 절차의 간이성에 비추어 정정할 사항이 경미한 경우에 허용되는 것이므로 친족법상 또는 상속법상 중대한 영향을 미칠 수 있는 사항에 대하여는 가족관계등록법 제107조에 따라 확정판결에 의하여만 가족관계등록부의 정정신청을 할 수 있다(대결 1993.5.22. 93스14, 15, 16 등 참조).

나. 자녀의 가족관계등록부에 부의 출생연월일과 본이 기록되지 않은 경우 이를 부의 제적부 기재내용과 동일하게 기록하는 것은 친족법상 또는 상속법상 중대한 영향을 미칠 수 있는 사항이므로 이는 가족관계등록법 제107조에 따라 확정판결에 의하여 이루어져야 한다. 혼인 중의 출생자는 친생자관계존재확인의 확정판결을 받아 가족관계등록법 제107조에 따른 등록부 정정신청을 할 수 있는데, 위 판결에서는 친생자관계의 존부에 대한 판단 외에 부모의 혼인 여부가 주문으로 확정되지는 않으므로 혼인 중의 출생자라는 점은 가족관계등록부 등을 통하여 별도로 인정되어야 한다.

다. 북한에서 혼인관계가 유효하게 성립하였으나 가족관계등록부에 그 혼인관계가 기록되지 않았다는 사정만으로 그 혼인관계 중에 출생한 자녀가 혼인 외의 출생자가 되는 것은 아니다. 그 이유는 다음과 같다.

1) 「북한이탈주민의 보호 및 정착지원에 관한 법률」 제19조의2는 가족관계 등록을 창설한 북한이탈주민 중 북한에 배우자를 둔 사람이 그 배우자를 상대로 이혼을 청구하는 경우의 특례를 규정하고 있다. 그리고 「남북 주민 사이의 가족관계와 상속 등에 관한 특례법」은 정전협정 전에 혼인하여 군사분계선 이남지역(이하 '남한'이라 한다)에 배우자를 둔 사람이 북한에서 다시 혼인을 한 경우 이를 중혼으로 취소하는 것을 제한하거나 일정한 경우 전혼이 소멸한 것으로 보고(제6조), 혼인 중의 자녀로 출생한 북한주민이 남한주민인 부모를 상대로 친생자관계존재확인의 소를 제기하는 기간에 대한 특례를 규정하고 있다(제8조).

2) 이처럼 관련 법률은 북한에서 성립한 혼인관계의 효력이 인정될 수 있고 그 혼인관계 중 출생한 자녀도 혼인 중의 자녀가 될 수 있다는 입장에 서서 그에 따른 법률관계를 규율하고 있다. 이는 남북관계 및 이로 인하여 발생하는 남북 주민의 신분관계의 여러 문제점이 가지는 특수성을 고려하여, 가족관계등록법에 따른 기록이 없다는 이유만을 들어 북한에서 이미 유효하게 이루어진 신분관계의 효력을 부정하지 않겠다는 취지이다.

라. 자신이 북한에서 유효하게 성립한 혼인관계 중에 출생한 자녀임을 주장하며 부와의 사이에 친생자관계존재확인의 확정판결을 받아 가족관계등록부 정정을 신청하는 경우에는 비록 가족관계등록부 등에 부모의 혼인관계가 기록되어 있지 않아도 북한에서 부모의 혼인관계 성립 여부 또는 이와 관련한 신분관계를 소명하여 가족관계등록법 제104조에 따른 가정법원의 허가를 받아 정정신청을 함으로써 가족관계등록부를 정정할 수 있다고 보아야 한다. 북한에서 유효하게 성립한 혼인관계가 가족관계등록부에 기록되기 어려운 점, 가사소송법 등에 혼인관계가 유효하게 존속한다거나 특정인이 그 혼인 중에 출생한 자녀임을 확인받을 수 있는 직접적인 쟁송방법이 없는 점, 앞서 살펴본 관련 법률의 취지 등을 고려하면, 위와 같은 경우에도 가정법원의 허가를 받아 가족관계등록부를 정정할 수 있는 법적 가능성을 부여할 필요가 있기 때문이다"(대결 2024.6.13. 2024스536).

정답 ○

유 제

정답 ○

[사실관계] 신청인은 북한에서 출생한 북한이탈주민으로 가족관계등록부에 부와 모의 이름만 기재되어 있고 부모의 나머지 특정등록사항란은 비어 있었다. 신청인은 북한에서 사망한 망인과 사이에 친생자관계존재확인판결을 받았는데 망인은 신청인의 가족관계등록부상 부와 이름이 같다. 신청인은 망인이 한국전쟁 당시 포로로 끌려갔다가 정전 후 북송되어 북한에서 신청외인과 혼인하여 신청인을 낳았다고 주장하면서 신청인의 가족관계등록부 중

부의 출생연월일과 본을 망인의 제적부 기재내용과 동일하게 정정하도록 허가하여 달라고 신청하였다.

원심은 망인과 신청외인의 혼인신고가 이루어지지 아니한 이상 신청인은 친생자 추정을 받는 혼인 중의 출생자에 해당하지 아니하고 인지에 의하여 법률상 친자관계가 발생하였다는 자료도 없으므로 친생자관계존재확인판결이 있다고 하여도 그 판결만으로 등록부정정을 할 수 없다는 이유로, 신청인의 신청을 기각한 제1심결정을 유지하였다.

이에 대해 대법원은 위와 같은 법리를 설시하면서, 망인과 신청외인의 혼인관계가 북한에서 유효하게 성립하였는지 등에 관하여 심리하여 그 혼인의 효력 또는 이와 관련하여 신청인과 망인이 부자관계에 있는지에 대하여 판단하였어야 했다고 보아, 원심을 파기환송한 사례

후 견

1   ★ 본인에 대해 한정후견개시심판 청구가 제기된 후 그 심판이 확정되기 전에 후견계약이 등기된 경우에는 원칙적으로 후견계약을 우선하도록 하여야 한다.   18년 3차모의 (   )

1-1   ★ 본인에 대해 한정후견개시심판 청구가 제기된 후 그 심판이 확정되기 전에 후견계약이 등기된 경우에도 가정법원은 본인의 이익을 위하여 특별히 필요하다고 인정할 때에는 한정후견개시심판을 할 수 있다.   19년 법무사 (   )

1-2   후견계약의 등기에 불구하고 한정후견 등의 심판을 할 수 있는 '본인의 이익을 위하여 특별히 필요한 때'란 후견계약에 따른 후견이 본인의 보호에 충분하지 아니하여 법정후견에 의한 보호가 필요하다고 인정되는 경우를 말한다.   (   )

1-3   ★ 후견계약이 등기된 경우 본인의 이익을 위한 특별한 필요성이 인정되어 민법 제9조 제1항 등에서 정한 법정후견 청구권자, 임의후견인이나 임의후견감독인의 청구에 따라 법정후견 심판을 한 경우 후견계약은 임의후견감독인의 선임과 관계없이 본인이 성년후견 또는 한정후견 개시의 심판을 받은 때 종료한다.   (   )

판결요지

※ [민법 제959조의20에서 정한 임의후견우선 원칙과 예외의 해석]

1. 민법 제959조의20 제1항이 본인에 대해 법정후견 개시심판 청구가 제기된 후 심판이 확정되기 전에 후견계약이 등기된 경우에도 적용되는지 여부(적극), 2. 민법 제959조의20 제1항 후문에 따라 종료되는 후견계약이 임의후견감독인이 선임된 경우에 한정되는지 여부(소극)

"민법 제959조의20 제1항은 "후견계약이 등기되어 있는 경우에는 가정법원은 본인의 이익을 위하여 특별히 필요할 때에만 임의후견인 또는 임의후견감독인의 청구에 의하여 성년후견, 한정후견 또는 특정후견의 심판을 할 수 있다. 이 경우 후견계약은 본인이 성년후견 또는 한정후견 개시의 심판을 받은 때 종료된다."라고 정하고, 제2항은 "본인이 피성년후견인, 피한정후견인 또는 피특정후견인인 경우에 가정법원은 임의후견감독인을 선임함에 있어서 종전의 성년후견, 한정후견 또는 특정후견의 종료 심판을 하여야 한다. 다만 성년후견 또는 한정후견 조치의 계속이 본인의 이익을 위하여 특별히 필요하다고 인정하면 가정법원은 임의후견감독인을 선임하지 아니한다."라고 정하고 있다. 이와 같은 민법 규정은 후견계약이 등기된 경우에는 사적 자치의 원칙에 따라 본인의 의사를 존중하여 후견계약을 우선하도록 하고, 예외적으로 본인의 이익을 위하여 특별히 필요할 때에 한하여 법정후견(성년후견, 한정후견 또는 특정후견을 가리킨다)을 개시할 수 있도록 하고 있다. 민법 제959조의20 제1항에서 후견계약의 등

기 시점을 특별히 제한하지 않고 제2항 본문에서 본인에 대해 이미 법정후견이 개시된 경우에는 임의후견감독인을 선임하면서 종전 법정후견의 종료 심판을 하도록 한 점 등에 비추어 보면, 위 제1항은 본인에 대해 법정후견 개시심판 청구가 제기된 후 심판이 확정되기 전에 후견계약이 등기된 경우에도 적용된다고 보아야 하고, 그 경우 가정법원은 본인의 이익을 위하여 특별히 필요하다고 인정할 때에만 법정후견 개시심판을 할 수 있다(대결 2017.6.1. 2017스515 참조). 민법 제959조의20 제1항 전문은 후견계약이 등기된 경우에는 본인의 이익을 위하여 특별히 필요한 때에만 법정후견 심판을 할 수 있다고 정하고 있을 뿐이고 임의후견감독인이 선임되어 있을 것을 요구하고 있지 않다. 또한 법정후견 청구권자로 '임의후견인 또는 임의후견감독인'을 정한 것은 임의후견에서 법정후견으로 원활하게 이행할 수 있도록 민법 제9조 제1항, 제12조 제1항, 제14조의2 제1항에서 정한 법정후견 청구권자 외에 임의후견인 또는 임의후견감독인을 추가한 것이다. 민법 제959조의20 제1항 후문은 '이 경우 후견계약은 성년후견 또는 한정후견 개시의 심판을 받은 때 종료된다.'고 정하고 있고, '이 경우'는 같은 항 전문에 따라 법정후견 심판을 한 경우를 가리킨다. 이러한 규정의 문언, 체제와 목적 등에 비추어 보면, 후견계약이 등기된 경우 본인의 이익을 위한 특별한 필요성이 인정되어 민법 제9조 제1항 등에서 정한 법정후견 청구권자, 임의후견인이나 임의후견감독인의 청구에 따라 법정후견 심판을 한 경우 후견계약은 임의후견감독인의 선임과 관계없이 본인이 성년후견 또는 한정후견 개시의 심판을 받은 때 종료한다고 보아야 한다. 그리고 민법 제959조의20 제1항에서 후견계약의 등기에 불구하고 법정후견 심판을 할 수 있는 요건으로 정한 '본인의 이익을 위하여 특별히 필요할 때'란 후견계약의 내용, 후견계약에서 정한 임의후견인이 임무에 적합하지 않은 사유가 있는지, 본인의 정신적 제약 정도, 그 밖에 후견계약과 본인을 둘러싼 여러 사정을 종합하여, 후견계약에 따른 후견이 본인의 보호에 충분하지 않아 법정후견에 의한 보호가 필요하다고 인정되는 경우를 말한다(대결 2017.6.1. 2017스515 참조)"(대결 2021.7.15. 2020으547).

정답 ○   유제 모두 정답 ○

쟁점정리

▌임의후견제도

I. 의 의

'후견계약'은 질병·장애·노령 그 밖의 사유로 인한 정신적 제약으로 사무를 처리할 능력이 부족한 상황에 있거나 부족하게 될 상황에 대비하여, 자신의 재산관리 및 신상보호에 관한 사무의 전부 또는 일부를 다른 자에게 위탁하고 그 위탁사무에 관하여 대리권을 수여 하는 것을 내용으로 하는 계약을 말한다(제959조의 14). 이러한 당사자간의 후견계약에 의하여 행해지는 후견을 '임의후견'이라고 한다.

II. 요건 및 효력발생

후견계약은 '공정증서'로 체결하여야 하고, 가정법원이 '임의후견감독인을 선임'한 때부터 효력이 발생한다(제959조의14 2항, 3항). 후견계약에 따라 대리인으로 선임된 자를 '임의후견인'이라 하는데, 그 대리권의 범위는 후견계약에 따라 정해진다. 임의후견인의 대리권 소멸은 등기하지 아니하면 선의의 제3자에게 대항할 수 없다(제959조의19). 주의할 것은 이러한 임의후견인 선임을 위한 후견계약은 피후견인의 행위능력에 어떠한 영향도 미치지 않는다는 점이다.

III. 법정후견과의 관계

법정후견(성년후견·한정후견·특정후견)은 임의후견에 대하여 보충적이다. 즉, 민법은 후견계약이 등기된 경우에는 사적자치의 원칙에 따라 본인의 의사를 존중하여 후견계약을 우선하도록 하고, 예외적으로 본인의 이익을 위하여 특별히 필요할 때에 한하여 법정후견에 의할 수 있도록 하였다.

① [원칙] 임의후견계약이 체결되어 '등기'되어 있는 경우에는 가정법원은 원칙적으로 법정후견을 개시하지 않는다(제959조의20 1항). 그리고 후견계약의 본인이 법정후견인인 경우에 가정법원은 '임의후견감독인'

을 선임함에 있어서 원칙적으로 종전의 법정후견의 종료 심판을 하여, 임의후견의 효력발생과 함께 법정후견을 종료시킨다(제959조의20 2항).

② **[예외]** 다만 후견계약이 '등기'되어 있더라도 가정법원은 본인의 이익을 위하여 특별히 필요한 경우에 한하여 임의후견인 또는 임의후견감독인의 청구에 의하여 법정후견의 심판을 할 수 있고, 이 경우 후견계약은 효력이 발생하지 않아 종료하게 된다(제959조의20 1항). 이와 관련하여 최근 判例는 '한정후견개시심판 청구가 제기된 후 그 심판이 확정되기 전에 후견계약이 등기된 경우'에도 가정법원은 본인의 이익을 위하여 특별히 필요하다고 인정할 때에는 한정후견개시심판을 할 수 있다고 하며, 이 때 본인의 이익을 위하여 특별히 필요한 때란 후견계약에 따른 후견이 본인의 보호에 충분하지 아니하여 법정후견에 의한 보호가 필요하다고 인정되는 경우를 말한다고 한다(대결 2017.6.1. 2017스515).

제2장	상속법

상 속

1 ★★ 공동상속인들 사이에 협의가 이루어지지 않는 경우에는 제사주재자의 지위를 인정할 수 없는 특별한 사정이 있지 않는 한 피상속인의 직계비속 중 남녀, 적서를 불문하고 최근친의 연장자가 제사주재자로 우선한다고 보는 것이 가장 조리에 부합한다.   24년 변호, 23년 법무 ( )

1-1 제사주재자의 지위를 인정할 수 없는 특별한 사정에는 장기간의 외국 거주, 평소 부모를 학대하거나 모욕 또는 위해를 가하는 행위, 조상의 분묘에 대한 수호·관리를 하지 않거나 제사를 거부하는 행위, 합리적인 이유 없이 부모의 유지 또는 유훈에 현저히 반하는 행위 등으로 인하여 정상적으로 제사를 주재할 의사나 능력이 없다고 인정되는 경우뿐만 아니라, 피상속인의 명시적·추정적 의사, 공동상속인들 다수의 의사, 피상속인과의 생전 생활관계 등을 고려할 때 그 사람이 제사주재자가 되는 것이 현저히 부당하다고 볼 수 있는 경우도 포함된다.   ( )

판결요지

※ 공동상속인들 사이에 제사주재자에 관한 협의가 이루어지지 않는 경우 제사주재자 결정방법

"1. 종전 판례의 변경

대판 2008.11.20. 전합2007다27670 판결(이하 '2008년 전원합의체 판결'이라 한다)은 피상속인의 유체·유해가 민법 제1008조의3 소정의 제사용 재산에 준해서 제사주재자에게 승계되고, 제사주재자는 우선적으로 공동상속인들 사이의 협의에 의해 정하되, 협의가 이루어지지 않는 경우에는 그 지위를 유지할 수 없는 특별한 사정이 있지 않는 한 장남 또는 장손자 등 남성 상속인이 제사주재자라고 판시하였다.

공동상속인들 사이에 협의가 이루어지지 않는 경우 제사주재자 결정방법에 관한 2008년 전원합의체 판결의 법리는 더 이상 조리에 부합한다고 보기 어려워 유지될 수 없다. 그 이유는 다음과 같다.

가. 과거에는 조리에 부합하였던 법규범이라도 사회관념과 법의식의 변화 등으로 인해 헌법을 최상위 규범으로 하는 전체 법질서에 부합하지 않게 되었다면, 대법원은 전체 법질서에 부합하지 않는 부분을 배제하는 등의 방법으로 그러한 법규범이 현재의 법질서에 합치하도록 하여야 한다.

나. 공동상속인들 사이에 협의가 성립되지 않는 경우 특별한 사정이 없는 한 장남 또는 장손자 등 남성 상속인을 제사주재자로 우선하는 것은 성별에 의한 차별을 금지한 헌법 제11조 제1항 및 개인의 존엄과 양성의 평등에 기초한 혼인과 가족생활의 성립과 유지를 보장하는 헌법 제36조 제1항의 정신에 합치하지 않는다.

다. 현대사회의 제사에서 부계혈족인 남성 중심의 가계계승의 의미는 상당 부분 퇴색하고, 망인에 대한 경애와 추모의 의미가 보다 중요해지고 있다. 이와 같은 현재의 법질서, 국민들의 변화된 의식 및 정서와 생활양식 등을 고려하면, 장남 또는 장손자 등 남성 상속인이 여성 상속인에 비해 제사주재자로 더 정당하다거나 그 지위를 우선적으로 인정받아야 한다고 볼 수 없다.

라. 제사 및 제사용 재산의 승계제도는 조상숭배라는 전통에 근거하는 것이면서도 헌법상 개인의 존엄 및 양성평등의 이념과 조화되도록 운영하여야 한다는 한계를 가진다. 제사주재자를 정할 때 여성 상속인을 열위에 두는 것은 이러한 현대적 의미의 전통에 부합하지 않는다. 제사주재자로 남성 상속인을 우위에 두지 않는다고 하여 제사제도에 내포된 숭조사상, 경로효친과 같은 전통문화나 미풍양속이 무너진다고 볼 수도 없다.

2. 제사주재자의 결정 방법

공동상속인들 사이에 협의가 이루어지지 않는 경우에는 제사주재자의 지위를 인정할 수 없는 특별한 사정이 있지 않는 한 피상속인의 직계비속 중 남녀, 적서를 불문하고 최근친의 연장자가 제사주재자로 우선한다고 보는 것이 가장 조리에 부합한다. 그 이유는 다음과 같다.

가. 2008년 전원합의체 판결에서 조리에 부합한다고 본 제사주재자 결정방법이 현재의 법질서와 조화되지 않는다면 기존 법규범의 연장선상에서 현재의 법질서에 부합하도록 이를 조금씩 수정·변형함으로써 명확하고 합당한 기준을 설정할 필요가 있다.

나. 민법 제1008조의3은 제사용 재산의 특수성을 고려하여 제사용 재산을 유지·보존하고 그 승계에 관한 법률관계를 간명하게 처리하기 위하여 일반 상속재산과 별도로 특별승계를 규정하고 있다. 이러한 취지를 고려하면 어느 정도 예측 가능하면서도 사회통념상 제사주재자로서 정당하다고 인정될 수 있는 특정한 1인을 제사주재자로 정해야 할 필요가 있다.

다. 피상속인의 직계비속 중 최근친의 연장자를 제사주재자로 우선하는 것은 우리의 전통 미풍양속과 현행 법질서 및 사회 일반의 보편적 법인식에 부합한다고 볼 수 있다.

3. 제사주재자의 지위를 인정할 수 없는 특별한 사정

제사주재자의 지위를 인정할 수 없는 특별한 사정에는 2008년 전원합의체 판결에서 판시한 바와 같이 장기간의 외국 거주, 평소 부모를 학대하거나 모욕 또는 위해를 가하는 행위, 조상의 분묘에 대한 수호·관리를 하지 않거나 제사를 거부하는 행위, 합리적인 이유 없이 부모의 유지 또는 유훈에 현저히 반하는 행위 등으로 인하여 정상적으로 제사를 주재할 의사나 능력이 없다고 인정되는 경우뿐만 아니라, 피상속인의 명시적·추정적 의사, 공동상속인들 다수의 의사, 피상속인과의 생전 생활관계 등을 고려할 때 그 사람이 제사주재자가 되는 것이 현저히 부당하다고 볼 수 있는 경우도 포함된다"(대판 2023.5.11. 전합2018다248626). **정답** ○   **유제** **정답** ○

---

2 ★ 공동상속인들 사이에 협의가 이루어지지 않는 경우 제사주재자의 지위를 인정할 수 없는 특별한 사정이 있지 않는 한 피상속인의 직계비속 중 남녀, 적서를 불문하고 최근친의 연장자가 제사주재자로 우선하고, 새로운 법리는 그 판결 선고 이후에 제사용 재산의 승계가 이루어지는 경우에만 적용된다. ( )

판결요지

> ※ **분묘의 관리처분권의 귀속주체 및 제사주재자 결정방법**
>
> "분묘는 민법 제1008조의3에 따라 그 분묘에 안장된 망인의 제사를 주재하는 사람이 승계하는 것이다. 구 관습법에 따르면 종손이 있는 경우에 그가 제사주재자의 지위를 유지할 수 없는 특별한 사정이 있는 경우를 제외하고는 일반적으로 선조의 분묘를 수호·관리하는 권리는 제사주재자인 그 종손에게 있었다. 그 후 대법원은 위 입장을 변경하면서, 제사주재자는 우선적으로 망인의 공동상속인들 사이의 협의로 정하되, 협의가 이루어지지 않는 경우 제사주재자의 지위를 유지할 수 없는 특별한 사정이 있지 않는 한 망인의 장남(장남이 이미 사망한 경우에는 장손자)이 제사주재자가 되고, 공동상속인들 중 아들이 없는 경우에는 망인의 장녀가 제사주재자가 된다고 하면서, 새로운 법리는 그 판결 선고 이후에 제사용 재산의 승계가 이루어지는 경우에만 적용된다고 판시하였다. 이어 대법원은 다시 제사주재자 결정방법에 관한 종전 견해를 변경하여, 공동상속인들 사이에 협의가 이루어지지 않는 경우 제사주재자의 지위를 인정할 수 없는 특별한 사정이 있지 않는 한 피상속인의 직계비속 중 남녀, 적서를 불문하고 최근친의 연장자가 제사주재자로 우선하고, 새로운 법리는 그 판결 선고 이후에 제사용 재산의 승계가 이루어지는 경우에만 적용된다고 판시하였다"(대판 2023.6.29. 2022다302039). **정답** ○

3 ★ 공동상속인들 사이에서 상속재산의 분할이 마쳐지지 않았음에도 특정 공동상속인에 대하여 특별수익 등을 고려하면 그의 구체적 상속분이 없다는 등의 이유를 들어 그 공동상속인에게는 개개의 상속재산에 관하여 법정상속분에 따른 권리승계가 아예 이루어지지 않았다거나, 부동산인 상속재산에 관하여 법정상속분에 따라 마쳐진 상속을 원인으로 한 소유권이전등기가 원인무효라고 주장하는 것은 허용될 수 없다. ( )

3-1 ★ 민법 제1007조에서 정한 상속분은 법정상속분을 의미하고 이는 상속재산인 권리와 의무 모두에 대하여 동일하며, 상속재산 분할 전에는 법정상속분에 따른 상속재산 공유만을 인정함이 타당하므로 상속재산 분할 전에 민사소송에서 구체적 상속분을 주장하여 개개의 상속재산에 대한 법정상속분에 따른 권리승계가 아예 이루어지지 않았다거나 무효라고 주장하는 것은 허용될 수 없다. ( )

3-2 상속재산인 부동산에 관하여 공동상속인인 A와 B앞으로 법정상속분에 따라 상속을 원인으로 한 소유권이전등기가 마쳐졌다. 이 경우 상속재산분할이 이루어지기 전 A는 B가 초과특별수익자이므로 B는 상속분이 없다고 주장하면서 B 앞으로 마쳐진 상속을 원인으로 한 지분이전등기에 관하여 진정명의회복을 원인으로 한 이전등기청구(상속회복청구)를 할 수 없다. ( )

판결요지

※ 1. 민법 제1007조에서 정한 상속분의 의미(= 법정상속분), 2. 상속재산분할이 이루어지기 전에 민사소송에서 특별수익에 기한 구체적 상속분을 주장하면서 법정상속분에 따라 마쳐진 공동상속인 명의의 소유권이전등기에 관하여 상속회복청구의 소를 제기할 수 있는지 여부(소극)

"민법 제1007조는 "공동상속인은 각자의 상속분에 응하여 피상속인의 권리·의무를 승계한다."라고 정하는바, 위 조항에서 정한 '상속분'은 법정상속분을 의미하므로 일단 상속이 개시되면 공동상속인은 각자의 법정상속분의 비율에 따라 모든 상속재산을 승계한다. 또한 민법 제1006조는 "상속인이 수인인 때에는 상속재산은 그 공유로 한다."라고 정하므로, 공동상속인들은 상속이 개시되어 상속재산의 분할이 있을 때까지 민법 제1007조에 기하여 각자의 법정상속분에 따라서 이를 잠정적으로 공유하다가 특별수익 등을 고려한 구체적 상속분에 따라 상속재산을 분할함으로써 위와 같은 잠정적 공유상태를 해소하고 최종적으로 개개의 상속재산을 누구에게 귀속시킬 것인지를 확정하게 된다. 그러므로 공동상속인들 사이에서 상속재산의 분할이 마쳐지지 않았음에도 특정 공동상속인에 대하여 특별수익 등을 고려하면 그의 구체적 상속분이 없다는 등의 이유를 들어 그 공동상속인에게는 개개의 상속재산에 관하여 법정상속분에 따른 권리승계가 아예 이루어지지 않았다거나, 부동산인 상속재산에 관하여 법정상속분에 따라 마쳐진 상속을 원인으로 한 소유권이전등기가 원인무효라고 주장하는 것은 허용될 수 없다"(대판 2023.4.27. 2020다292626).

정답 ○

유제 모두

정답 ○

[사실관계] 상속재산인 부동산에 관하여 공동상속인인 원고들과 피고 앞으로 법정상속분에 따라 상속을 원인으로 한 소유권이전등기가 마쳐졌다. 원고들은, 피고가 초과특별수익자이므로 피고는 상속분이 없다고 주장하면서 피고 앞으로 마쳐진 상속을 원인으로 한 지분이전등기에 관하여 진정명의회복을 원인으로 한 이전등기청구(상속회복청구)를 하였다. 또한 상속채무 중 망인의 예금채권에 대한 추심을 통해 상속채무가 변제되었는데, 원고들은 피고의 상속채무는 법정상속분에 따라 상속되지만 예금채권에 대해서는 초과특별수익자인 피고의 상속분이 없고 원고들에게만 상속되는데, 위 예금채권에서 피고의 상속채무가 변제된 것이므로 피고가 부당이득을 반환할 의무가 있다고 주장하면서 부당이득반환청구를 하였다. 원심은, 피고의 구체적 상속분이 0원이므로 피고 앞으로 마쳐진 소유권이전등기가 원인무효라고 판단하여 상속회복청구를 받아들이고 같은 취지에서 부당이득반환청구도 인용하였다.

그러나 대법원은, 민법 제1007조에서 정한 상속분은 법정상속분을 의미하고 이는 상속재산인 권리와 의무 모두에 대하여 동일하며, 상속재산 분할 전에는 법정상속분에 따른 상속재산 공유만을 인정함이 타당하므로 상속재산 분할 전에 민사소송에서 구체적 상속분을 주장하여 개개의 상속재산에 대한 법정상속분에 따른 권리승계가 아예 이루어지지 않았다거나 무효라고 주장하는 것은 허용될 수 없다고 보아, 이와 달리 판단한 원심을 파기·환송하였다.

4   ★ 민법 제1026조 제3호에서 정한 법정단순승인 사유 중 '고의로 재산목록에 기입하지 아니한 때'에 해당하기 위해서는 상속인이 상속재산을 은닉하여 상속채권자를 사해할 의사가 있을 것을 필요로 하며, 그 증명책임은 이를 주장하는 측에게 있다.   (   )

4-1   법원으로서는 한정승인제도의 취지와 의의를 염두에 두고 민법 제1026조 제3호의 의미와 효과를 고려하여, 민법 제1026조 제3호의 '고의로 재산목록에 기입하지 아니한 때'에 해당하는지를 신중하게 판단하여야 한다. 한정승인에 의한 청산절차에서 재산목록에 기재되었는지와 무관하게 실제 상속채권자의 지위에 있으면 청산절차의 대상이 되고 그의 재산목록에 기재되지 않았다는 이유로 실권효가 발생하지 않기 때문이다.   (   )

4-2   甲의 상속인인 乙과 丙에게 부과된 상속세를 乙이 모두 납부한 후 丙을 상대로 구상금 청구의 소를 제기하였고, 丙은 乙을 상대로 상속재산분할심판청구를 하였는데, 丙이 사망하자 그 상속인인 丁 등이 위 소송과 상속재산분할심판절차를 수계하였으며, 丁은 한정승인신고를 하면서 상속재산목록에 적극재산이 전혀 없다고 기입한 경우, 丁으로서는 상속재산분할심판에서 법원의 판단에 따라 자신의 상속재산에 대한 권리 유무 및 범위가 달라질 입장에서 섣불리 적극재산에 상속재산을 기입하기 어려웠을 것으로 보이므로, 丁에게 그 재산의 존재를 쉽게 알 수 없게 만들려는 의사, 즉 상속재산을 은닉하여 상속채권자를 사해할 의사가 있었다고 단정하기 어렵다.   (   )

[판결요지]

[1] 민법 제1026조 제3호에서 정한 법정단순승인 사유 중 '고의로 재산목록에 기입하지 아니한 때'에 해당하기 위해서는 상속인이 상속재산을 은닉하여 상속채권자를 사해할 의사가 있을 것을 필요로 하는지 여부(적극) 및 그 증명책임의 소재(=이를 주장하는 측)

"[1] 민법 제1026조 각호의 사유가 있으면 단순승인을 한 것으로 보게 되는데, 민법 제1026조에 정해진 법정단순승인 사유 중 제3호는 "상속인이 한정승인이나 포기를 한 후에 상속재산을 은닉하거나 부정소비하거나 고의로 재산목록에 기입하지 아니한 때"이다. 이러한 제3호의 법정단순승인 사유가 있으면 그 전에 상속인이 한 한정승인 또는 포기의 효력이 소멸하고 단순승인의 효과가 발생하여 상속인의 고유재산에 대하여도 집행할 수 있게 된다. 이러한 점 때문에 민법 제1026조 제3호는 상속인의 배신적 행위에 대한 제재로서 의미를 가지고 있다.

"상속인이 한정승인이나 포기를 한 후에 상속재산을 은닉하거나 부정소비하거나 고의로 재산목록에 기입하지 아니한 때"(민법 제1026조 제3호)에서 '고의로 재산목록에 기입하지 아니한 때'라 함은 한정승인을 함에 있어 상속재산을 은닉하여 상속채권자를 사해할 의사로써 상속재산을 재산목록에 기입하지 않는 것을 뜻하므로, 위 규정에 해당하기 위해서는 상속인이 어떠한 상속재산이 있음을 알면서 이를 재산목록에 기입하지 아니하였다는 사정만으로는 부족하고, 상속재산을 은닉하여 상속채권자를 사해할 의사, 즉 그 재산의 존재를 쉽게 알 수 없게 만들려는 의사가 있을 것을 필요로 한다. 위 사정은 이를 주장하는 측에서 증명하여야 한다.

[2] 민법 제1026조 제3호의 '고의로 재산목록에 기입하지 아니한 때'에 해당하는지 판단할 때 법원이 고려하여야 할 사항

[2] 민법은 상속에 있어 법적 안정성이라는 공익을 도모하기 위하여 포괄·당연승계주의를 채택하면서, 상속인이 피상속인의 채무를 무한정 상속하여 파탄에 빠지는 것을 막아 상속인을 보호하기 위해 상속인으로 하여금 그의 의사에 따라 상속의 효과를 귀속시키거나 거절할 수 있는 자유를 주고자 상속의 포기·한정승인제도를 두고 있는 것이므로, 법원으로서는 위와 같은 한정승인제도의 취지와 의의를 염두에 두고 민법 제1026조 제3호의 의미와 효과를 고려하여, 민법 제1026조 제3호의 '고의로 재산목록에 기입하지 아니한 때'에 해당하는지를 신중하게 판단하여야 한다. 한정승인에 의한 청산절차에서 재산목록에 기재되었는지와 무관하게 실제 상속채권자의 지위에 있으면 청산절차의 대상이 되고 그의 재산목록에 기재되지 않았다는 이유로 실권효가 발생하지 않기 때문이다.

특히 소송 등의 분쟁이 예상되거나 계속 중인 상태에서 상속이 개시된 경우, 한정승인을 하는 상속인으로서는 분쟁과 관계된 재산이나 채권, 채무 등을 재산목록에 기입하게 되면 자칫 분쟁의 결과에 따라 그 내용이 사실과 달라지거나, 또는 이로 인해 소송 상대방의 주장을 인정하는 결과가 될 수 있다는 우려로 이를 기입하지 않는 경우가 있을 수 있으므로, 그러한 경우에는 상속재산을 은닉하여 상속채권자를 사해할 의사가 있는지 여부를 더욱 신중하게 판단하여야 한다"(대판 2022.7.28. 2019다29853). **정답** ○

유 제 모 두 **정답** ○

[사실관계] 甲의 상속인인 乙과 丙에게 부과된 상속세를 乙이 모두 납부한 후 丙을 상대로 구상금 청구의 소를 제기하였고, 丙은 乙을 상대로 상속재산분할심판청구를 하였는데, 丙이 사망하자 그 상속인인 丁 등이 위 소송과 상속재산분할심판절차를 수계하였으며, 丁은 한정승인신고를 하면서 상속재산목록에 적극재산이 전혀 없다고 기입한 사안에서, 丁으로서는 상속재산분할심판에서 법원의 판단에 따라 자신의 상속재산에 대한 권리 유무 및 범위가 달라질 입장에서 섣불리 적극재산에 상속재산을 기입하기 어려웠을 것으로 보이므로, 丁에게 그 재산의 존재를 쉽게 알 수 없게 만들려는 의사, 즉 상속재산을 은닉하여 상속채권자를 사해할 의사가 있었다고 단정하기 어려운데도, 丁이 상속재산이 있다는 사실을 알면서도 이를 재산목록에 기입하지 않았다는 사정만을 들어 민법 제1026조 제3호의 '고의로 재산목록에 기입하지 아니한 때'에 해당한다고 본 원심판결에 법리오해 등의 잘못이 있다고 한 사례

---

5 ★★ 상속채권자가 피상속인에 대하여는 채권을 보유하면서 상속인에 대하여는 채무를 부담하는 경우, 상속채권자가 상속이 개시된 후 피상속인에 대한 채권을 자동채권으로 하여 상속인에 대한 채무에 대하여 상계하였더라도 이후 상속인이 한정승인을 하면 상계는 소급하여 효력을 상실한다.

( )

5-1 법원으로서는 한정승인제도의 취지와 의의를 염두에 두고 민법 제1026조 제3호의 의미와 효과를 고려하여, 민법 제1026조 제3호의 '고의로 재산목록에 기입하지 아니한 때'에 해당하는지를 신중하게 판단하여야 한다. 한정승인에 의한 청산절차에서 재산목록에 기재되었는지와 무관하게 실제 상속채권자의 지위에 있으면 청산절차의 대상이 되고 그의 재산목록에 기재되지 않았다는 이유로 실권효가 발생하지 않기 때문이다.

( )

5-2 망인(가해자) 甲의 운전 과실로 동승자(피해자) 乙까지 모두 사망하자, 乙과 책임보험계약을 체결한 丙(보험회사)이 乙의 유족 丁에게 보험금을 지급하였다. 한편, 丙은 甲과 생명보험계약을 체결한 보험자이기도 하다. 이후 丙이 甲의 유일한 상속인인 戊를 상대로, 보험자대위에 따라 丁의 甲에 대한 손해배상채권을 대위행사하면서 이를 자동채권(戊의 상속채무)으로 하여 戊의 丁에 대한 사망보험금 청구권(戊의 고유재산)과 상계하였는데, 이후 戊가 '戊의 사망보험금은 戊의 고유재산

이고 戊의 손해배상채무는 상속채무인데, 戊가 한정승인을 받았으므로 상계의 효과는 소멸한다'고 주장하며 반소로 丁에게 사망보험금 지급을 청구한 경우, 법원은 戊의 한정승인신고가 수리됨에 따라 丁이 한 상계가 소급하여 효력을 상실하므로 청구를 기각한 하여야 한다.　　　　　(　)

[판결요지]

※ 상속채권자가 피상속인에 대하여는 채권을 보유하면서 상속인에 대하여는 채무를 부담하는 경우, 상속채권자가 상속이 개시된 후 피상속인에 대한 채권을 자동채권으로 하여 상속인에 대한 채무에 대하여 상계하였더라도 이후 상속인이 한정승인을 하면 상계가 소급하여 효력을 상실하는지 여부(적극)
"상속인이 한정승인을 하는 경우에도, 피상속인의 채무와 유증에 대한 책임 범위가 한정될 뿐 상속인은 상속이 개시된 때부터 피상속인의 일신에 전속한 것을 제외한 피상속인의 재산에 관한 포괄적인 권리·의무를 승계하지만(민법 제1005조), 피상속인의 상속재산을 상속인의 고유재산으로부터 분리하여 청산하려는 한정승인 제도의 취지에 따라 상속인의 피상속인에 대한 재산상 권리·의무는 소멸하지 아니한다(민법 제1031조).
그러므로 상속채권자가 피상속인에 대하여는 채권을 보유하면서 상속인에 대하여는 채무를 부담하는 경우, 상속이 개시되면 위 채권 및 채무가 모두 상속인에게 귀속되어 상계적상이 생기지만, 상속인이 한정승인을 하면 상속이 개시된 때부터 민법 제1031조에 따라 피상속인의 상속재산과 상속인의 고유재산이 분리되는 결과가 발생하므로, 상속채권자의 피상속인에 대한 채권과 상속인에 대한 채무 사이의 상계는 제3자의 상계에 해당하여 허용될 수 없다. 즉, 상속채권자가 상속이 개시된 후 한정승인 이전에 피상속인에 대한 채권을 자동채권으로 하여 상속인에 대한 채무에 대하여 상계하였더라도, 그 이후 상속인이 한정승인을 하는 경우에는 민법 제1031조의 취지에 따라 상계가 소급하여 효력을 상실하고, 상계의 자동채권인 상속채권자의 피상속인에 대한 채권과 수동채권인 상속인에 대한 채무는 모두 부활한다"(대판 2022.10.27. 2022다254154,254161).　　정답 ○

[유제모두]　　정답 ○

[사실관계] 망인(가해자)의 운전 과실로 동승자들(피해자)까지 모두 사망하자, 동승자들과 책임보험계약을 체결한 원고가 동승자들의 유족들에게 보험금을 지급하였다(한편, 원고는 망인과 생명보험계약을 체결한 보험자이기도 함). 이후 원고가 망인의 유일한 상속인인 피고를 상대로, 보험자대위에 따라 동승자 유족의 망인에 대한 손해배상채권을 대위행사하면서 이를 자동채권(피고의 상속채무)으로 하여 피고의 원고에 대한 사망보험금 청구권(피고의 고유재산)과 상계하였는데, 이후 피고가 '피고의 사망보험금은 피고의 고유재산이고 피고의 손해배상채무는 상속채무인데, 피고가 한정승인을 받았으므로 상계의 효과는 소멸한다'고 주장하며 반소로 원고에게 사망보험금 지급을 청구한 사안에서, 피고의 한정승인신고가 수리됨에 따라 원고가 한 상계가 소급하여 효력을 상실한다고 본 원심의 판단을 수긍하여 상고를 기각한 사례

6 ★ 구체적 상속분을 산정함에 있어서는, 상속개시 당시를 기준으로 상속재산과 특별수익재산을 평가하여 이를 기초로 하여야 하고, 공동상속인 중에 특별수익자가 있는 경우 구체적 상속분 가액의 산정을 위해서는, 피상속인이 상속개시 당시 가지고 있던 재산 가액에 생전 증여의 가액을 가산한 후, 이 가액에 각 공동상속인별로 법정상속분율을 곱하여 산출된 상속분의 가액으로부터 특별수익자의 수증재산인 증여 또는 유증의 가액을 공제하는 계산방법에 의한다.　　　　　(　)

6-1 ★★ 상속재산분할의 대상은 상속개시 이후 수용 또는 협의취득되거나 매각된 부동산 등이 아니라 그 대상재산인 보상금, 매매대금 등으로 보아야 하므로, 이러한 대상재산을 이른바 '간주상속재산'으로 보아 구체적 상속분을 산정해야 한다.　　　　　(　)

판결요지

※ 1. 상속재산분할 기준인 구체적 상속분의 산정방법, 2. 상속재산 중 특정 재산을 일부 상속인이 소유하도록 하는 현물분할에 있어서 심리할 사항과 필요한 조치

"1. 구체적 상속분을 산정함에 있어서는, 상속개시 당시를 기준으로 상속재산과 특별수익재산을 평가하여 이를 기초로 하여야 하고, 공동상속인 중에 특별수익자가 있는 경우 구체적 상속분 가액의 산정을 위해서는, 피상속인이 상속개시 당시 가지고 있던 재산 가액에 생전 증여의 가액을 가산한 후, 이 가액에 각 공동상속인별로 법정상속분율을 곱하여 산출된 상속분의 가액으로부터 특별수익자의 수증재산인 증여 또는 유증의 가액을 공제하는 계산방법에 의한다. 이렇게 계산한 상속인별 구체적 상속분 가액을 전체 공동상속인들 구체적 상속분 가액 합계액으로 나누면 상속인별 구체적 상속분 비율, 즉 상속재산분할의 기준이 되는 구체적 상속분을 얻을 수 있다.

한편 위와 같이 구체적 상속분 가액을 계산한 결과 공동상속인 중 특별수익이 법정상속분 가액을 초과하는 초과특별수익자가 있는 경우, 그러한 초과특별수익자는 특별수익을 제외하고는 더 이상 상속받지 못하는 것으로 처리하되(구체적 상속분 가액 0원) 초과특별수익은 다른 공동상속인들이 그 법정상속분율에 따라 안분하여 자신들의 구체적 상속분 가액에서 공제하는 방법으로 구체적 상속분 가액을 조정하여 위 구체적 상속분 비율을 산출함이 바람직하다. 결국 초과특별수익자가 있는 경우 그 초과된 부분은 나머지 상속인들의 부담으로 돌아가게 된다.

2. 가정법원이 상속재산분할을 함에 있어 분할 대상이 된 상속재산 중 특정 재산을 일부 상속인 소유로 현물분할 한다면, 전체 분할 대상 재산을 분할시 기준으로 평가하여, ① 그 특정 재산 가액이 그의 구체적 상속분에 따른 취득가능 가액을 초과하는 상속인이 있는 경우 그 차액을 정산하도록 하여야 하고(대결 1997.3.21. 96스62 결정 참조, 앞서 구체적 상속분을 산정함에 있어 유증이나 생전 증여 등으로 인한 초과특별수익과 달리, 산정된 구체적 상속분에 따른 취득가능 가액을 초과하여 분할받게 되는 부분은 다른 상속인들에게 정산해야 한다), ② 그 특정 재산 가액이 그의 구체적 상속분에 따른 취득가능 가액을 초과하지 않을 경우에도 위와 같은 현물분할을 반영하여 상속인들 사이의 지분율을 다시 산정해서 남은 분할 대상 상속재산은 수정된 지분율로 분할해야 한다.

이를 위해 전체 분할 대상 상속재산의 분할시 기준 평가액에 상속인별 구체적 상속분을 곱하여 산출된 상속인별 취득가능 가액에서 각자 소유로 하는 특정 재산의 분할시 기준 평가액을 공제하는 방법으로 구체적 상속분을 수정한 지분율을 산정할 수 있다.

3. 한편 대법원 2016. 5. 4.자 2014스122 결정의 판시에 따르면, 상속재산분할의 대상은 상속개시 이후 수용 또는 협의취득되거나 매각된 부동산 등이 아니라 그 대상재산인 보상금, 매매대금 등으로 보아야 하므로, 이러한 대상 재산을 이른바 '간주상속재산'으로 보아 구체적 상속분을 산정해야 한다"(대결 2022.6.30. 2017스98,99,100,101).

정답 ○

유제

정답 ○

[사실관계] 원심이 일부 상속인들에게 선지급된 상속재산 부분은 보유 상태 그대로 소유하도록 현물분할 하면서도, 그 부분이 구체적 상속분에 따른 취득가능 가액을 초과하여 정산이 필요한 상속인에게 정산을 명하지 아니하였고, 나머지 상속재산은 일부 상속인들이 공유하는 것으로 분할을 명하면서 선지급된 상속재산을 그대로 소유하도록 한 현물분할을 반영하여 수정하지 않은 채 구체적 상속분을 그대로 적용하였음

대법원은 초과특별수익자라서 그의 구체적 상속분이 없다고 판단한 상속인이 있다면, 그가 상속개시 후 취득한 것으로서 그대로 보유하게 되는 상속재산은 모두 그의 구체적 상속분에 따른 취득가능 가액을 초과하므로 정산이 필요하고, 나머지 상속재산을 나머지 상속인들의 공유로 남겨두는 방법을 취하는 경우에도 그 공유 지분 비율은 구체적 상속분 그대로가 아니라, 선지급된 상속재산 부분은 보유 상태 그대로 소유하도록 현물분할을 반영하여 지분율을 다시 산정해서 적용해야 한다는 이유로 원심결정을 파기환송하면서, 환송 후 원심으로서는 상속개시 이후 수용, 매각 등으로 상속재산을 구성하지 아니하게 된 부동산이 상속재산분할대상이 될 수 있는지와 상속재산분할의 대상으로서 '간주상속재산'에 산정될 재산은 무엇인지 심리·확정할 필요가 있다는 점까지 덧붙여 둔 사례

7 ★ 상속재산인 부동산의 분할 귀속을 내용으로 하는 상속재산분할심판에 따른 물권변동의 효력 발생 시기는 상속재산분할심판 확정시이다. ( )

7-1 ★★ 상속재산인 부동산의 분할 귀속을 내용으로 하는 상속재산분할심판이 확정된 후 그 상속재산분할심판에 따른 등기가 이루어지기 전에 상속재산분할심판이 있었음을 알지 못한 채 상속재산분할의 효력과 양립하지 않는 법률상 이해관계를 갖고 등기를 마친 제3자에 대해서 상속재산분할의 효력을 주장할 수 없다. 23년 1차모의 ( )

7-2 위의 경우 제3자의 악의에 대한 주장·증명책임은 상속재산분할심판의 효력을 주장하는 자에게 있다. ( )

> **판결요지**

> ※ **부동산에 관한 상속재산분할심판의 효력과 그 효력이 미치지 않는 제3자의 범위**
>
> "가. 상속재산의 분할은 상속이 개시된 때에 소급하여 그 효력이 있다. 그러나 제3자의 권리를 해하지 못한다(민법 제1015조). 이는 상속재산분할의 소급효를 인정하여 공동상속인이 분할 내용대로 상속재산을 피상속인이 사망한 때에 바로 피상속인으로부터 상속한 것으로 보면서도, 상속재산분할 전에 이와 양립하지 않는 법률상 이해관계를 가진 제3자에게는 상속재산분할의 소급효를 주장할 수 없도록 함으로써 거래의 안전을 도모하고자 한 것이다. 이 때 민법 제1015조 단서에서 말하는 제3자는 일반적으로 상속재산분할의 대상이 된 상속재산에 관하여 상속재산분할 전에 새로운 이해관계를 가졌을 뿐만 아니라 등기, 인도 등으로 권리를 취득한 사람을 말한다(대판 1992.11.24. 92다31514, 대판 1996.4.26. 95다54426,54433 판결 등 참조). 정답 ✕
>
> 나. 상속재산인 부동산의 분할 귀속을 내용으로 하는 상속재산분할심판이 확정되면 민법 제187조에 의하여 상속재산분할심판에 따른 등기 없이도 해당 부동산에 관한 물권변동의 효력이 발생한다. 다만 위에서 본 민법 제1015조 단서의 내용과 입법취지 등을 고려하면, 상속재산분할심판에 따른 등기가 이루어지기 전에 상속재산분할의 효력과 양립하지 않는 법률상 이해관계를 갖고 등기를 마쳤으나 상속재산분할심판이 있었음을 알지 못한 제3자에 대하여는 상속재산분할의 효력을 주장할 수 없다고 보아야 한다. 이 경우 제3자가 상속재산분할심판이 있었음을 알았다는 점에 관한 주장·증명책임은 상속재산분할심판의 효력을 주장하는 자에게 있다고 할 것이다"(대판 2020.8.13. 2019다249312) 유제 전부 정답 ○

8 ★★ 상속인은 상속관계가 '확정'되지 않은 동안에도 잠정적으로나마 피상속인의 재산을 당연 취득하고 상속재산을 관리할 의무가 있으므로, 상속채권자는 그 기간 동안 상속인을 상대로 상속재산에 관한 가압류 결정을 받아 이를 집행할 수 있고, 그 후 상속인이 상속포기로 인하여 상속인의 지위를 소급하여 상실한다고 하더라도 이미 발생한 가압류의 효력에 영향을 미치지 않는다. 23년 1차모의, 22년 법행, 24년 변호, 23년 법무 ( )

> **판결요지**

> ※ 상속채권자가 상속 승인, 포기 등으로 상속관계가 확정되지 않은 동안 상속인을 상대로 상속재산에 관한 가압류결정을 받아 이를 집행할 수 있는지 여부(적극) 및 그 후 상속인이 상속포기로 인하여 상속인의 지위를 소급하여 상실한다고 하더라도 이미 발생한 가압류의 효력에 영향을 미치는지 여부(소극) / 이때 상속채권자가 종국적으로 상속인이 된 사람 또는 상속재산관리인을 채무자로 한 상속재산에 대한 경매절차에서 적법하게 배당을 받을 수 있는지 여부(적극)

"상속인은 상속개시된 때부터 피상속인의 재산에 관한 포괄적 권리의무를 승계한다(민법 제1005조 본문). 다만 상속인은 상속개시 있음을 안 날로부터 3월 내에 단순승인이나 한정승인 또는 포기를 할 수 있고(민법 제1019조 제1항 본문), 상속의 포기는 상속개시된 때에 소급하여 그 효력이 있다(민법 제1042조).

상속인은 상속포기를 할 때까지는 그 고유재산에 대하는 것과 동일한 주의로 상속재산을 관리하여야 한다(민법 제1022조). 상속인이 상속을 포기할 때에는 민법 제1019조 제1항의 기간 내에 가정법원에 포기의 신고를 하여야 하고(민법 제1041조), 상속포기는 가정법원이 상속인의 포기신고를 수리하는 심판을 하여 이를 당사자에게 고지한 때에 효력이 발생하므로, 상속인은 가정법원의 상속포기신고 수리 심판을 고지받을 때까지 민법 제1022조에 따른 상속재산 관리의무를 부담한다.

이와 같이 상속인은 아직 상속 승인, 포기 등으로 상속관계가 확정되지 않은 동안에도 잠정적으로나마 피상속인의 재산을 당연 취득하고 상속재산을 관리할 의무가 있으므로, 상속채권자는 그 기간 동안 상속인을 상대로 상속재산에 관한 가압류결정을 받아 이를 집행할 수 있다. 그 후 상속인이 상속포기로 인하여 상속인의 지위를 소급하여 상실한다고 하더라도 이미 발생한 가압류의 효력에 영향을 미치지 않는다. 따라서 위 상속채권자는 종국적으로 상속인이 된 사람 또는 민법 제1053조에 따라 선임된 상속재산관리인을 채무자로 한 상속재산에 대한 경매절차에서 가압류채권자로서 적법하게 배당을 받을 수 있다"(대판 2021.9.15. 2021다224446).   **정답** ○

9 ★★ 상속인이 미성년인 경우 제1019조 3항이나 그 소급 적용에 관해 민법 부칙에서 정한 '상속채무 초과사실을 안 날' 등을 판단할 때에는 '법정대리인'의 인식을 기준으로 해야 하므로, 법정대리인의 인식을 기준으로 하여 특별한정승인이 불가능하다면, 상속인이 성년에 이른 뒤에 본인 스스로의 인식을 기준으로 새롭게 특별한정승인을 할 수는 없다. 22년 2차모의 기록형, 22년 법행 ( )

[판결요지]

1. 상속인이 미성년인 경우 민법 제1019조 제3항이나 그 소급 적용에 관한 민법 부칙에서 정한 '상속채무 초과사실을 안 날' 등을 판단할 때 법정대리인의 인식을 기준으로 해야 하는지(적극),

"1. 민법 제1019조 제1항, 제3항의 각 기간은 상속에 관한 법률관계를 조기에 안정시켜 법적 불안 상태를 막기 위한 제척기간인 점, 미성년자를 보호하기 위해 마련된 법정대리인 제도와 민법 제1020조의 내용 및 취지 등을 종합하면, 상속인이 미성년인 경우 민법 제1019조 제3항이나 그 소급 적용에 관한 민법 부칙(2002. 1. 14. 개정 법률 부칙 중 2005. 12. 29. 법률 제7765호로 개정된 것, 이하 같다) 제3항, 제4항에서 정한 '상속채무 초과사실을 중대한 과실 없이 제1019조 제1항의 기간 내에 알지 못하였는지'와 '상속채무 초과사실을 안 날이 언제인지'를 판단할 때에는 법정대리인의 인식을 기준으로 삼아야 한다(대판 2015.4.23. 2012다15268 판결 참조).

따라서 미성년 상속인의 법정대리인이 1998. 5. 27. 전에 상속개시 있음과 상속채무 초과사실을 모두 알았다면, 위 민법 부칙 규정에 따라 그 상속인에게는 민법 제1019조 제3항이 적용되지 않으므로, 이러한 상속인은 특별한정승인을 할 수 없다.

또한 법정대리인이 상속채무 초과사실을 안 날이 1998. 5. 27. 이후여서 상속인에게 민법 제1019조 제3항이 적용되더라도, 법정대리인이 위와 같이 상속채무 초과사실을 안 날을 기준으로 특별한정승인에 관한 3월의 제척기간이 지나게 되면, 그 상속인에 대해서는 기존의 단순승인의 법률관계가 그대로 확정되는 효과가 발생한다.

2. 법정대리인의 인식을 기준으로 하여 특별한정승인이 불가능하더라도, 상속인이 성년에 이른 뒤에 본인 스스로의 인식을 기준으로 새롭게 특별한정승인을 할 수 있는지 여부(소극)

2. 미성년 상속인의 법정대리인이 인식한 바를 기준으로 '상속채무 초과사실을 중대한 과실 없이 알지 못하였는지 여부'와 '이를 알게 된 날'을 정한 다음 이를 토대로 살폈을 때 특별한정승인 규정이 애당초 적용되지 않거나 특별

한정승인의 제척기간이 이미 지난 것으로 판명되면, 단순승인의 법률관계가 그대로 확정된다. 그러므로 이러한 효과가 발생한 이후 상속인이 성년에 이르더라도 상속개시 있음과 상속채무 초과사실에 관하여 상속인 본인 스스로의 인식을 기준으로 특별한정승인 규정이 적용되고 제척기간이 별도로 기산되어야 함을 내세워 새롭게 특별한정승인을 할 수는 없다고 보아야 한다. …(중략)…

다. 상속채무가 상속재산을 초과함에도 법정대리인이 착오나 무지 등으로 한정승인이나 포기를 하지 않는 경우에 미성년 상속인을 특별히 보호하기 위하여 별도의 제도를 마련하는 것이 입법론적으로 바람직하기는 하다. 그러나 현행 민법에 특별한정승인에 관한 법정대리만을 예외적으로 취급할 법적 근거가 전무한 상태임에도 오로지 해석론에 입각하여, 상속인이 성년에 이른 후에 본인 스스로의 인식을 기준으로 별도의 제척기간이 기산됨을 내세워 새롭게 특별한정승인을 할 수는 없다.

이와 달리 새로운 특별한정승인을 허용하자는 견해는, 현행 민법에 따라 인정되는 특별한정승인이 아니라 전혀 새로운 내용의 특별한정승인을 인정하자는 것과 다름이 없고, 이에 따르게 되면 법률의 근거 없이 상속인이 미성년인 동안에 법정대리로 인하여 생긴 기존의 효과를 무시하게 될 뿐만 아니라 법적 안정성 및 형평에도 정면으로 반하게 된다"(대판 2020.11.19. 전합2019다232918). **정답** ✕

개정민법

※ 위 판결은 최근 민법 개정으로 의미를 상실하였다.

제1019조(승인, 포기의 기간) ①항 상속인은 상속개시있음을 안 날로부터 3월내에 단순승인이나 한정승인 또는 포기를 할 수 있다. 그러나 그 기간은 이해관계인 또는 검사의 청구에 의하여 가정법원이 이를 연장할 수 있다. [개정 1990.1.13.] ②항 상속인은 제1항의 승인 또는 포기를 하기 전에 상속재산을 조사할 수 있다. [개정 2002.1.14.] ③항 제1항에도 불구하고 상속인은 상속채무가 상속재산을 초과하는 사실(이하 이 조에서 "상속채무 초과사실"이라 한다)을 중대한 과실 없이 제1항의 기간 내에 알지 못하고 단순승인(제1026조제1호 및 제2호에 따라 단순승인한 것으로 보는 경우를 포함한다. 이하 이 조에서 같다)을 한 경우에는 그 사실을 안 날부터 3개월 내에 한정승인을 할 수 있다. [개정 2022.12.13.] ④항 제1항에도 불구하고 미성년자인 상속인이 상속채무가 상속재산을 초과하는 상속을 성년이 되기 전에 단순승인한 경우에는 성년이 된 후 그 상속의 상속채무 초과사실을 안 날부터 3개월 내에 한정승인을 할 수 있다. 미성년자인 상속인이 제3항에 따른 한정승인을 하지 아니하였거나 할 수 없었던 경우에도 또한 같다. [신설 2022.12.13.]

[개정 주요내용] ㉠ 미성년 상속인은 상속채무가 상속재산을 초과하는 상속을 성년이 되기 전에 법정대리인이 단순승인(의제)한 경우 미성년 시기의 법정대리인의 인식 여부와 관계없이 성년이 된 후 본인이 상속의 상속채무 초과사실을 안 날부터 3개월 내에 한정승인을 할 수 있음(제1019조 제4항 전단 신설). ㉡ 현행 제1019조 제3항의 특별한정승인의 요건을 충족하지 못하거나, 해당 요건에 해당하지만 그에 따라 한정승인을 하지 아니하는 경우에도 제1019조 제4항에 따라 신설되는 특별한정승인 규정이 적용된다는 것을 명확히 함(제1019조제4항 후단 신설). ㉢ 제1019조 제4항에 미성년 상속인을 위한 특별한정승인 절차를 신설함에 따라 해당 규정에 따른 한정승인을 한 경우에도 현행법의 한정승인과 관련된 규정이 적용될 수 있도록 정비하되, 입법취지에 맞게 현행 제1038조 제1항 후단에 따른 특별한정승인 전의 변제로 인한 손해배상책임의 적용 범위에서 제외함(제1030조, 제1034조 제2항 및 제1038조 제2항). ㉣ 이 법의 시행일을 공포한 날로 명시(22.12.13.)하되, 제1019조 제4항은 상속채무가 상속재산을 초과하는 상속을 단순승인하였거나 단순승인한 것으로 의제되는 미성년 상속인을 보호하기 위한 목적에서 신설되는 것이므로 그 보호범위를 실효적으로 확대하기 위한 취지에서 시행일 당시 미성년자인 상속인의 경우와 이 법 시행 당시 성년자이나 성년이 되기 전에 단승승인을 하거나 단순승인이 의제되고 이 법 시행 이후 상속채무가 상속재산을 초과하는 사실을 알게 되는 경우까지 제1019조 제4항이 소급적용될 수 있도록 부칙에 특례를 규정함(부칙 제2조 제2항).

10 ★ 민법 제1019조 제3항이 신설된 후 상속인이 단순승인을 하거나 단순승인한 것으로 간주된 후에 한정승인 신고를 하고 가정법원이 특별한정승인의 요건을 갖추었다는 취지에서 수리심판을 하였다면 상속인이 특별한정승인을 한 것으로 보아야 한다. 22년 2차모의 기록형 ( )

> **판결요지**
>
> "가정법원의 한정승인신고 수리의 심판은 일응 한정승인의 요건을 구비한 것으로 인정한다는 것일 뿐 그 효력을 확정하는 것이 아니고, 한정승인의 효력이 있는지 여부에 대한 최종적인 판단은 실체법에 따라 민사소송에서 결정될 문제이다(대판 2002.11.8. 2002다21882 판결 등 참조). 가사소송규칙 제75조 제3항은 가정법원의 한정승인신고 수리 심판서에 신고 일자와 대리인에 관한 사항을 기재하도록 정할 뿐 민법 제1019조 제1항의 한정승인과 같은 조 제3항의 특별한정승인을 구분하여 사건명이나 근거조문 등을 기재하도록 정하고 있지 않고, 재판실무상으로도 이를 특별히 구분하여 기재하지 않고 있다. 따라서 민법 제1019조 제3항이 신설된 후 상속인이 단순승인을 하거나 단순승인한 것으로 간주된 후에 한정승인 신고를 하고 가정법원이 특별한정승인의 요건을 갖추었다는 취지에서 수리심판을 하였다면 상속인이 특별한정승인을 한 것으로 보아야 한다.
>
> 그렇다면 민법 제1019조 제3항이 적용되는 사건에서 상속인이 단순승인을 하거나 민법 제1026조 제1호, 제2호에 따라 단순승인한 것으로 간주된 다음 한정승인 신고를 하여 이를 수리하는 심판을 받았다면, 상속채권에 관한 청구를 심리하는 법원은 위 한정승인이 민법 제1019조 제3항에서 정한 요건을 갖춘 특별한정승인으로서 유효한지 여부를 심리·판단하여야 한다"(대판 2021.2.25. 2017다289651). **정답** ○

11 ★★ 피상속인의 배우자와 자녀 중 자녀 전부가 상속을 포기한 경우에는 배우자가 단독상속인이 된다. 23년 1차모의, 23년 3차모의 사례형, 24년 변호, 23년 법무 ( )

11-1 ★ 甲남(56세)은 2018.8.6. 사망하였고, 유족으로 배우자 乙녀와 자녀 丙, 丁이 있었으며, 부(父) 戊가 생존해 있었고, 모(母)는 이전에 사망하였다. 위 가족들은 모두 甲의 사망을 당일 알았다. 丙과 丁은 한 달이 지난 2018.9.27. 법원에 甲남에 대한 상속포기 신고를 하여 그 신고가 2018.9.30. 수리되었다. 丙은 미혼으로 자녀가 없었으나, 丁은 2016.6.12. 丁2와 혼인하여 2017.6.1. 출산하여 쌍둥이 자녀인 丁3과 丁4를 두었다. 이 경우 피상속인의 직계비속 丙, 丁은 전부 상속을 포기하였으므로, 피상속인의 배우자 乙녀가 甲남의 재산을 단독으로 상속하고, 乙과 丁의 직계비속인 丁3과 丁4는 甲남의 재산을 상속하지 않는다. ( )

> **판결요지**
>
> ※ **피상속인의 배우자와 자녀 중 자녀 전부가 상속을 포기한 경우의 상속인(= 배우자 단독상속)**
>
> 1. 상속에 관한 입법례와 민법의 입법 연혁
>
> 우리 민법은 제정 당시부터 배우자 상속을 혈족 상속과 구분되는 특별한 상속으로 규정하지 않았다. 상속에 관한 구 관습도 배우자가 일정한 경우에 단독상속인이 되었을 뿐 배우자 상속과 혈족 상속을 특별히 구분하지 않았다. 위와 같은 입법 연혁에 비추어 보면, 구 관습이 적용될 때는 물론이고 제정 민법 이후 현재에 이르기까지 배우자는 상속인 중 한 사람이고 다른 혈족 상속인과 법률상 지위에서 차이가 없다.
>
> 2. 민법의 문언 및 체계적·논리적 해석
>
> 민법 제1000조부터 제1043조까지 각각의 조문에서 규정하는 '상속인'은 모두 동일한 의미임이 명백하다. 따라서 민법 제1043조의 '상속인이 수인인 경우' 역시 민법 제1000조 제2항의 '상속인이 수인인 때'와 동일한 의미로서 같

은 항의 '공동상속인이 되는' 경우에 해당하므로 그 공동상속인에 배우자도 당연히 포함되며, 민법 제1043조에 따라 상속포기자의 상속분이 귀속되는 '다른 상속인'에도 배우자가 포함된다.

이에 따라 공동상속인인 배우자와 여러 명의 자녀들 중 일부 또는 전부가 상속을 포기한 경우의 법률효과를 본다. 공동상속인인 배우자와 자녀들 중 자녀 일부만 상속을 포기한 경우에는 민법 제1043조에 따라 그 상속포기자인 자녀의 상속분이 배우자와 상속을 포기하지 않은 다른 자녀에게 귀속된다. 이와 동일하게 공동상속인인 배우자와 자녀들 중 자녀 전부가 상속을 포기한 경우 민법 제1043조에 따라 상속을 포기한 자녀의 상속분은 남아 있는 '다른 상속인'인 배우자에게 귀속되고, 따라서 배우자가 단독상속인이 된다.

이에 비하여 피상속인의 배우자와 자녀 모두 상속을 포기한 경우 민법 제1043조는 적용되지 않는다.

3. 상속재산 중 소극재산이 적극재산보다 많을 경우 상속포기자의 의사

피상속인의 배우자와 자녀들 중 자녀 전부가 상속을 포기하였다는 이유로 피상속인의 배우자와 손자녀 또는 직계존속이 공동상속인이 된다고 보는 것은 위와 같은 당사자들의 기대나 의사에 반하고 사회 일반의 법감정에도 반한다. 일반인의 입장에서 피상속인의 배우자와 자녀 중 자녀 전부가 상속을 포기하면 피상속인의 배우자와 손자녀 또는 직계존속이 공동상속인이 되리라는 점을 예상하기도 어렵다.

4. 실무상 문제

종래 판례에 따라 피상속인의 배우자와 손자녀 또는 직계존속이 공동상속인이 되었더라도 그 이후 피상속인의 손자녀 또는 직계존속이 다시 적법하게 상속을 포기함에 따라 결과적으로는 피상속인의 배우자가 단독상속인이 되는 실무례가 많이 발견된다. 결국 공동상속인들의 의사에 따라 배우자가 단독상속인으로 남게 되는 동일한 결과가 되지만, 피상속인의 손자녀 또는 직계존속에게 별도로 상속포기 재판 절차를 거치도록 하고 그 과정에서 상속채권자와 상속인들 모두에게 불필요한 분쟁을 증가시키며 무용한 절차에 시간과 비용을 들이는 결과가 되었다. 따라서 피상속인의 배우자와 자녀 중 자녀 전부가 상속을 포기한 경우 배우자가 단독상속인이 된다고 해석함으로써 법률관계를 간명하게 확정할 수 있다.

5. 판례 변경의 타당성

이상에서 살펴본 바와 같이 상속에 관한 입법례와 민법의 입법 연혁, 민법 조문의 문언 및 체계적·논리적 해석, 채무상속에서 상속포기자의 의사, 실무상 문제 등을 종합하여 보면, 피상속인의 배우자와 자녀 중 자녀 전부가 상속을 포기한 경우에는 배우자가 단독상속인이 된다고 봄이 타당하다"(대판 2023.3.23. 전합2020그42). **정답** ○

유 제 **정답** ○

[사실관계] 망인 사망 후 망인의 아내는 상속한정승인을 하고 4명의 자녀들은 모두 상속포기를 하였는데, 망인에 대하여 확정판결을 받은 피신청인이 망인의 손자녀인 신청인들과 망인의 아내에게 위 판결에 기한 채무가 공동상속되었다는 이유로 이 사건 승계집행문 부여신청을 하여 승계집행문을 부여받았고, 이에 대해 신청인들이 자신들은 망인의 상속인이 아니라고 주장하며 승계집행문 부여에 대한 이의를 신청한 사안에서,

원심은, 종래 판례(대판 2015.5.14. 2013다48852)에 따라 피상속인의 배우자와 자녀 중 자녀 전부가 상속을 포기한 경우 피상속인에게 손자녀가 있으면 배우자가 그 손자녀가 공동으로 상속인이 된다는 이유로 신청인들의 이의신청을 기각하였으나,

대법원은 전원합의체 판결을 통하여, 상속에 관한 입법례와 민법의 입법 연혁, 민법 조문의 문언 및 체계적·논리적 해석, 채무상속에서 상속포기자의 의사, 실무상 문제 등을 종합하여 보면, 피상속인의 배우자와 자녀 중 자녀 전부가 상속을 포기한 경우에는 배우자가 단독상속인이 된다고 봄이 타당하다고 판단하여, 종래 판례를 변경하고 종래 판례에 따른 원심을 파기·환송함

12 ★ 생명보험은 피보험자의 사망, 생존, 사망과 생존을 보험사고로 하는 보험이다(상법 제730조). 생명보험의 보험계약자가 스스로를 피보험자로 하면서 자신이 생존할 때의 보험수익자로 자기 자신을, 자신이 사망할 때의 보험수익자로 상속인을 지정한 후 피보험자가 사망하여 보험사고가 발생한 경우, 이에 따른 보험금청구권은 상속인들의 고유재산으로 보아야 하고 이를 상속재산이라고 할 수는 없다. 　　　　　　　　　　　　　　　　　　　　　　　　　　　　　　　　　　( )

12-1 보험계약에 따른 사망보험금청구권은 甲의 사망이라는 보험사고가 발생하여 보험수익자로 지정된 丙 등이 보험계약의 효력에 따라 고유한 권리로 취득한 것이지 甲으로부터 상속한 것이 아니므로, 丙 등이 위 보험계약에 따라 사망보험금을 수령한 행위는 고유재산인 자신들의 보험금청구권을 추심하여 만족을 얻은 것으로 보아야 하고, 상속재산에 대한 처분행위(저자 주 : 제1026조 제1호)로 평가할 수는 없다. 　　　　　　　　　　　　　　　　　　　　　　　　　　( )

판결요지

※ 1. 생명보험의 보험계약자가 스스로를 피보험자로 하면서 자신이 생존할 때의 보험수익자로 자기 자신을, 자신이 사망할 때의 보험수익자로 상속인을 지정한 후 피보험자가 사망하여 보험사고가 발생한 경우, 이에 따른 보험금청구권이 상속인들의 고유재산인지 여부(적극) 및 보험계약이 피보험자의 사망, 생존, 사망과 생존을 보험사고로 하는 이상 보험계약에서 다액인 보험료를 일시에 납입하여야 한다거나 사망보험금이 일시 납입한 보험료와 유사한 금액으로 산출되도록 설계되어 있더라도 생명보험에 해당하는지 여부(원칙적 적극)

"[1] 생명보험은 피보험자의 사망, 생존, 사망과 생존을 보험사고로 하는 보험이다(상법 제730조). 생명보험의 보험계약자가 스스로를 피보험자로 하면서 자신이 생존할 때의 보험수익자로 자기 자신을, 자신이 사망할 때의 보험수익자로 상속인을 지정한 후 피보험자가 사망하여 보험사고가 발생한 경우, 이에 따른 보험금청구권은 상속인들의 고유재산으로 보아야 하고 이를 상속재산이라고 할 수는 없다. 상속인들은 보험수익자의 지위에서 보험자에 대하여 보험금 지급을 청구할 수 있고 이러한 권리는 보험계약의 효력으로 당연히 생기는 것이기 때문이다. 보험계약이 피보험자의 사망, 생존, 사망과 생존을 보험사고로 하는 이상 이는 생명보험에 해당하고, 보험계약에서 다액인 보험료를 일시에 납입하여야 한다거나 사망보험금이 일시 납입한 보험료와 유사한 금액으로 산출되도록 설계되어 있다 하더라도 특별한 사정이 없는 한 생명보험으로서의 법적 성질이나 상속인이 보험수익자 지위에서 취득하는 사망보험금청구권의 성질이 달라지는 것은 아니다.

[2] 甲이 乙 보험회사와 자신을 피보험자로 하는 상속연금형 즉시연금보험계약을 체결하고 보험료 1억 원을 일시에 납입하였는데, 위 보험계약은 보험수익자가 매월 생존연금을 지급받다가 만기가 도래하면 납입 보험료와 동일한 액수의 만기보험금을 지급받지만, 만기가 도래하기 전 피보험자가 사망하면 만기보험금 지급을 위해 적립된 금액과 일정 금액을 합산한 액수의 사망보험금을 받는 내용의 보험으로, 甲은 자신이 생존할 경우의 보험수익자를 자기 자신으로, 사망할 경우의 보험수익자를 상속인으로 지정하였고, 그 후 甲이 생존연금을 지급받다가 만기가 도래하기 전 사망하여 공동상속인인 丙 등이 보험수익자로서 보험계약에 따른 사망보험금을 수령한 사안에서, 위 보험계약은 보험자가 보험수익자에게 매월 생존연금을 지급하다가 만기가 도래하면 만기보험금을 지급하고 만기가 도래하기 전에 피보험자가 사망하면 사망보험금을 지급하는 내용이므로 사람의 사망과 생존 모두를 보험사고로 하는 생명보험계약에 해당하는데, 피보험자가 만기까지 생존할 경우 납입 보험료 상당액을 만기보험금으로 지급하도록 약정되어 있으므로 보험자는 일시 납입된 보험료 중 상당 부분을 적립금으로 계상해 두어야 하지만, 만기 이전에도 생존연금을 지급해야 하므로 재원 마련을 위해 적립금을 운용할 수밖에 없고, 만기 이전에 피보험자가 사망한 경우 당시까지 적립금으로 계상된 금액뿐만 아니라 일정 액수를 더하여 사망보험금을 지급하게 되므로 사망보험금이 납입 보험료와 액수가 유사하게 산출된다 하여 피상속인의 생전 보유 재산인 보험료 납입 재원과

동일한 것이라고 평가하기는 어렵고, 생명보험계약으로서의 법적 성질이 달라진다고 보기도 어려울 뿐만 아니라, 위 보험계약에 따른 사망보험금청구권은 甲의 사망이라는 보험사고가 발생하여 보험수익자로 지정된 丙 등이 보험계약의 효력에 따라 고유한 권리로 취득한 것이지 甲으로부터 상속한 것이 아니므로, 丙 등이 위 보험계약에 따라 사망보험금을 수령한 행위는 고유재산인 자신들의 보험금청구권을 추심하여 만족을 얻은 것으로 보아야 하고, 상속재산에 대한 처분행위로 평가할 수는 없는데도, 이와 달리 원심은 <u>피고들이 이 사건 보험계약에 따라 사망보험금을 수령하여 소비한 것이 상속재산의 처분행위에 해당한다고 보아 민법 제1026조 제1호에 따라 단순승인을 한 것으로 의제하였다. 이러한 원심의 판단에는 보험수익자의 생명보험금청구권과 상속재산에 관한 법리를 오해하여 판결에 영향을 미친 잘못이 있다</u>"(대판 2023.6.29. 2019다300934). **정답** ○　　**유제**　**정답** ○

13 ★ 금전채권과 같이 급부의 내용이 가분인 채권은 공동상속되는 경우 상속개시와 동시에 당연히 법정상속분에 따라 공동상속인들에게 분할하여 귀속하고, 특별수익이 존재하거나 기여분이 인정되는 등 특별한 사정이 있는 경우에는 가분채권도 상속재산분할의 대상이 될 수 있다.　　　　　　( )

판결요지

"[1] 금전채권과 같이 급부의 내용이 가분인 채권은 공동상속되는 경우 상속개시와 동시에 당연히 법정상속분에 따라 공동상속인들에게 분할하여 귀속하고, 특별수익이 존재하거나 기여분이 인정되는 등 특별한 사정이 있는 경우에는 가분채권도 상속재산분할의 대상이 될 수 있다.
주식은 주식회사의 주주 지위를 표창하는 것으로서 금전채권과 같은 가분채권이 아니므로 공동상속하는 경우 법정상속분에 따라 당연히 분할하여 귀속하는 것이 아니라 공동상속인들이 이를 준공유하는 법률관계를 형성하고, 주택공급을 신청할 권리와 분리될 수 없는 청약저축의 가입자가 사망하여 공동상속이 이루어진 경우 공동상속인이 청약저축 예금계약을 해지하려면 금융기관과 사이에 다른 내용의 특약이 있다는 등의 특별한 사정이 없는 한 전원이 해지의 의사표시를 하여야 한다.
[2] 가분채권이 공동상속된 경우의 법률효과, 이러한 법률관계 또는 법률효과가 상속재산분할에 미치는 영향, 자본시장법상 투자신탁의 수익권을 표시하는 수익증권은 좌수를 단위로 분할 판매가 가능하고 투자자가 언제든지 환매하여 단기간 내에 환매대금을 수령함으로써 손쉽게 투자금을 회수할 수 있도록 고안되었다는 특성, 단기금융집합투자기구에 대하여 투자자의 손실을 최소화하고 투자금의 신속한 회수를 위해 마련된 특별한 규율과 이에 바탕을 둔 투자자들의 인식 등을 종합하면, <u>자본시장법상 투자신탁 형태 단기금융집합투자기구의 수익권은 특별한 사정이 없는 한 상속개시와 동시에 당연히 법정상속분에 따른 수익증권의 좌수대로 공동상속인들에게 분할하여 귀속한다</u>"(대판 2023.12.21. 2023다221144).　　**정답** ○

14 상속인 결격사유의 하나로 규정하고 있는 민법 제1004조 제5호 소정의 '상속에 관한 유언서를 은닉한 자'라 함은 유언서의 소재를 불명하게 하여 그 발견을 방해하는 행위를 한 자를 의미하는 것으로, 공동상속인들 사이에 그 내용이 널리 알려진 유언서에 관하여 피상속인의 사망 후 일정한 기간이 경과한 시점에서 비로소 그 존재를 주장하는 등의 사정만으로 이를 두고 유언서의 은닉에 해당한다고 단정할 수 없다.　　　　　　( )

14-1 비록 부부가 아직 이혼하지 아니하였지만 이처럼 실질적으로 부부공동생활이 파탄되어 회복할 수 없을 정도의 상태에 이르렀다면, 제3자가 부부의 일방과 성적인 행위를 하더라도 이를 두고 불법행위가 성립한다고 보기 어렵다.　　　　　　( )

14-2 부부의 일방과 부정행위를 한 제3자가 실질적으로 부부공동생활이 파탄되어 회복할 수 없을 정도의 상태에 이르게 된 원인을 제공한 경우라 하더라도, 배우자 아닌 자와의 성적인 행위가 부부공동생활이 실질적으로 파탄되어 실체가 더 이상 존재하지 아니하거나 객관적으로 회복할 수 없는 정도에 이른 상태에서 이루어졌다면 이를 달리 볼 수는 없다. ( )

판결요지

"[1] 상속결격은 법정사유가 인정되면 상속권 박탈이라는 중대한 효과가 법률상 당연히 발생하므로 그 사유를 엄격하게 해석하여야 하고, 유추에 의하여 상속결격사유를 확장하는 것은 허용되지 않는다. 상속인 결격사유의 하나로 규정하고 있는 민법 제1004조 제5호 소정의 '상속에 관한 유언서를 은닉한 자'라 함은 유언서의 소재를 불명하게 하여 그 발견을 방해하는 행위를 한 자를 의미하는 것으로, 공동상속인들 사이에 그 내용이 널리 알려진 유언서에 관하여 피상속인의 사망 후 일정한 기간이 경과한 시점에서 비로소 그 존재를 주장하는 등의 사정만으로 이를 두고 유언서의 은닉에 해당한다고 단정할 수 없다.

[2] 제3자가 부부의 일방과 부정행위를 함으로써 혼인의 본질에 해당하는 부부공동생활을 침해하거나 그 유지를 방해하고 그에 대한 배우자로서의 권리를 침해하여 배우자에게 정신적 고통을 가하는 행위는 원칙적으로 불법행위를 구성한다. 그러나 부부가 장기간 별거하는 등의 사유로 실질적으로 부부공동생활이 파탄되어 실체가 더 이상 존재하지 아니하게 되고 객관적으로 회복할 수 없는 정도에 이른 경우에는 혼인의 본질에 해당하는 부부공동생활이 유지되고 있다고 볼 수 없으므로, 비록 부부가 아직 이혼하지 아니하였지만 이처럼 실질적으로 부부공동생활이 파탄되어 회복할 수 없을 정도의 상태에 이르렀다면, 제3자가 부부의 일방과 성적인 행위를 하더라도 이를 두고 부부공동생활을 침해하거나 그 유지를 방해하는 행위라고 할 수 없고 또한 그로 인하여 배우자의 부부공동생활에 관한 권리가 침해되는 손해가 생긴다고 할 수도 없으므로 불법행위가 성립한다고 보기 어렵다. 부부의 일방과 부정행위를 한 제3자가 실질적으로 부부공동생활이 파탄되어 회복할 수 없을 정도의 상태에 이르게 된 원인을 제공한 경우라 하더라도, 배우자 아닌 자와의 성적인 행위가 부부공동생활이 실질적으로 파탄되어 실체가 더 이상 존재하지 아니하거나 객관적으로 회복할 수 없는 정도에 이른 상태에서 이루어졌다면 이를 달리 볼 수는 없다"(대판 2023. 12. 21. 2023다265731).

정답 ○

유제 모두
정답 ○

15 단체협약에서 근로자의 사망으로 지급되는 퇴직금(이하 '사망퇴직금'이라 한다)을 근로기준법이 정한 유족보상의 범위와 순위에 따라 유족에게 지급하기로 정하였다면, 사망퇴직금은 상속재산이 아니라 수령권자인 유족의 고유재산이라고 보아야 한다. ( )

판결요지

※ 단체협약에서 근로자의 사망으로 지급되는 퇴직금을 근로기준법이 정한 유족보상의 범위와 순위에 따라 유족에게 지급하기로 정한 경우, 이에 따른 사망퇴직금이 유족의 고유재산인지 여부(적극)

"단체협약에서 근로자의 사망으로 지급되는 퇴직금(이하 '사망퇴직금'이라 한다)을 근로기준법이 정한 유족보상의 범위와 순위에 따라 유족에게 지급하기로 정하였다면, 개별 근로자가 사용자에게 이와 다른 내용의 의사를 표시하지 않는 한 수령권자인 유족은 상속인으로서가 아니라 위 규정에 따라 직접 사망퇴직금을 취득하는 것이므로, 이러한 경우의 사망퇴직금은 상속재산이 아니라 수령권자인 유족의 고유재산이라고 보아야 한다. 그 이유는 다음과 같다.

① 근로자퇴직급여 보장법은 사용자가 퇴직한 근로자에게 지급하여야 할 퇴직금의 액수, 지급 방법 등에 관하여 규정하였으나, 사망퇴직금의 수령권자에 대하여 명시적으로 정하지는 아니하였다. ② 일반적으로 퇴직금은 후불적 임금으로서의 성격과 공로보상적 성격 외에도 사회보장적 급여로서의 성격을 함께 가지므로, 사망퇴직금은 사망한 근로자의 생전 근로에 대한 대가로서의 성격 외에 근로자의 사망 당시 그에 의하여 부양되고 있던 유족의 생활보장과 복리향상 등을 위한 급여로서의 성격도 함께 가진다고 볼 수 있다. 따라서 단체협약에서 근로자의 재직 중 사망으로 말미암아 생활보장이 필요한 유족에게 사망퇴직금을 지급하는 내용을 정하는 것은 사망퇴직금의 성격에도 부합한다. ③ 단체협약은 헌법이 직접 보장하는 기본권인 단체교섭권의 행사에 따른 것이자 헌법이 제도적으로 보장한 노사의 협약자치의 결과물이므로 법원의 후견적 개입에는 신중할 필요가 있다. 즉, 노동조합과 사용자가 단체협약으로 유족의 생활보장과 복리향상을 목적으로 하여 근로기준법이 정한 유족에게 사망퇴직금을 지급하도록 정하였다면, 이는 그 자체로 현저히 합리성을 결한 것이라고 볼 수 없으므로 가급적 존중되어야 한다"(대판 2023.11.16. 2018다283049) **정답** ○

16 ★ 대습상속인이 대습원인의 발생 전에 피상속인으로부터 증여를 받은 경우 이는 상속인의 지위에서 받은 것이 아니므로 상속분의 선급으로 볼 수 없다. 따라서 대습상속인의 위와 같은 수익은 특별수익에 해당하지 않는다고 봄이 타당하다. ( )

16-1 ★★ 대습상속인이 대습원인 발생 전에 보험수익자로 지정된 이상 그 후에 피대습인의 사망이라는 조건 성취에 따라 생명보험금을 수령하였더라도, 그 보험금은 대습상속인이 상속인의 지위에서 받은 것이 아니므로 상속분의 선급인 특별수익으로 볼 수 없다. ( )

판결요지

※ 1. 대습상속인이 대습원인의 발생 이전에 피상속인으로부터 증여를 받은 경우 대습상속인의 수증액이 특별수익에 해당하는지 여부(소극) 2. 피상속인이 피대습인을 피보험자로 하되 대습상속인을 보험수익자로 지정한 생명보험계약을 체결하고 보험계약자로서 보험료를 납부하다가 피대습인이 사망하여 대습상속인이 생명보험금을 수령한 경우 증여 시기(보험수익자 지정 시) 및 그 보험금이 특별수익에 해당하는지 여부(소극)

"[1] 민법 제1008조는 공동상속인 중에 피상속인으로부터 재산의 증여 또는 유증을 받은 특별수익자가 있는 경우 공동상속인들 사이의 공평을 기하기 위하여 그 수증재산을 상속분의 선급으로 다루어 구체적인 상속분을 산정할 때 이를 참작하도록 하려는 데 그 취지가 있다(대판 1995.3.10. 94다16571). 대습상속인이 대습원인의 발생 전에 피상속인으로부터 증여를 받은 경우 이는 상속인의 지위에서 받은 것이 아니므로 상속분의 선급으로 볼 수 없다. 그렇지 않고 이를 상속분의 선급으로 보게 되면, 피대습인이 사망하기 전에 피상속인이 먼저 사망하여 상속이 이루어진 경우에는 특별수익에 해당하지 아니하던 것이 피대습인이 피상속인보다 먼저 사망하였다는 우연한 사정으로 인하여 특별수익으로 되는 불합리한 결과가 발생한다. 따라서 대습상속인의 위와 같은 수익은 특별수익에 해당하지 않는다고 봄이 타당하다(대판 2014.5.29. 2012다31802).

[2] 구체적 상속분 산정을 위한 분할대상 상속재산에 포함되는 증여에 해당하는지 여부를 판단할 때에는 피상속인의 재산처분행위의 법적 성질을 형식적·추상적으로 파악하는 데 그쳐서는 안 되고, 재산처분행위가 실질적인 관점에서 피상속인의 재산을 감소시키는 무상처분에 해당하는지 여부에 따라 판단해야 한다(대판 2021.8.19. 2017다 230338, 대판 2022.8.11. 2020다247428). 피상속인이 피대습인을 피보험자로 하되 대습상속인을 보험수익자로 지정한 생명보험계약을 체결하고 보험계약자로서 보험료를 납부하다가 피대습인이 사망하여 대습상속인이 생명보험금을 수

령한 경우, 대습상속인을 보험수익자로 지정한 때 이미 실질적으로 피상속인의 재산을 감소시키는 증여가 있었다고 봄이 타당하다. 이와 같이 <u>대습상속인이 대습원인 발생 전에 보험수익자로 지정된 이상 그 후에 피대습인의 사망이라는 조건 성취에 따라 생명보험금을 수령하였더라도, 그 보험금은 대습상속인이 상속인의 지위에서 받은 것이 아니므로 상속분의 선급인 특별수익으로 볼 수 없다</u>"(대결 2024.6.13. 2024스525, 2024스526). `정답` ○

유제

`정답` ○

[사실관계] 피상속인 甲이 사망하기 전에 甲의 자녀들 중 乙이 먼저 사망하였는데, 甲이 乙 사망 전에 乙을 피보험자로 하되 乙의 상속인을 보험수익자로 지정한 생명보험계약을 체결하고 보험계약자로서 보험료를 납부하다가 甲이 사망하여 乙의 상속인들로서 甲의 대습상속인인 상대방들이 이 사건 보험금을 지급받았고, 甲의 상속인들인 청구인들과 상대방들이 본심판과 반심판으로 상속재산분할심판을 청구하였다.

원심은 이 사건 보험금이 민법 제1008조의 특별수익에 해당한다고 판단한 다음, 이 사건 보험금을 분할대상 상속재산에 포함시켜 상대방들에 대한 구체적 상속분을 정하였다.

이에 대해 대법원은 위와 같은 법리를 설시하면서, 甲의 사망 전에 상대방들을 보험수익자로 지정한 때 이미 상대방들에 대한 증여가 이루어졌으므로 甲의 사망 후에 상대방들이 수령한 이 사건 보험금은 상속인의 지위에서 받은 것이 아니어서 상속분의 선급인 특별수익이 아니라고 보아, 이 사건 보험금을 분할대상 상속재산에 포함시킨 원심을 파기·환송한 사례

유언 및 유류분

1 ★ 유증의 철회에 관한 민법 제1108조 제1항은 사인증여에 준용된다.

23년 법원직, 24년 변호사시험 사례형 (　　)

판결요지

※ 유증의 철회에 관한 민법 제1108조 제1항이 사인증여에 준용되는지 여부(원칙적 적극)
"민법 제562조는 사인증여에는 유증에 관한 규정을 준용한다고 정하고 있고, 민법 제1108조 제1항은 유증자는 유증의 효력이 발생하기 전에 언제든지 유언 또는 생전행위로써 유증 전부나 일부를 철회할 수 있다고 정하고 있다. 사인증여는 증여자의 사망으로 인하여 효력이 발생하는 무상행위로 실제적 기능이 유증과 다르지 않으므로, 증여자의 사망 후 재산 처분에 관하여 유증과 같이 증여자의 최종적인 의사를 존중할 필요가 있다. 또한 증여자가 사망하지 않아 사인증여의 효력이 발생하기 전임에도 사인증여가 계약이라는 이유만으로 법적 성질상 철회가 인정되지 않는다고 볼 것은 아니다. 이러한 사정을 고려하면 특별한 사정이 없는 한 <u>유증의 철회에 관한 민법 제1108조 제1항은 사인증여에 준용된다고 해석함이 타당하다</u>"(대판 2022.7.28. 2017다245330). `정답` ○

[사실관계] <u>원고가, 원고와 피고 사이에 출생한 혼외자인 아들에게 원고 소유인 부동산을 사인증여 하면서 위 부동산에 관하여 근저당권자 명의를 피고로 하는 근저당권설정등기를 마쳐주었는데, 원고가 사인증여를 철회하였다는 이유로 피고에 대하여 위 근저당권설정등기의 말소를 구한 사안</u>에서, 대법원이 사인증여의 경우 유증과 같이 증여자의 최종적인 의사를 존중할 필요가 있고, 사인증여가 계약이라는 이유만으로 그 법적 성질상 철회가 인정되지 않는다고 볼 것은 아님을 근거로 특별한 사정이 없는 한 <u>유증의 철회에 관한 민법 제1108조 제1항은 사인증여에 준용된다고 판단한 사례</u>

2 ★ 유증은 유언으로 수증자에게 일정한 재산을 무상으로 주기로 하는 행위로서 상대방 없는 단독행위이다. 사인증여는 증여자가 생전에 무상으로 재산의 수여를 약속하고 증여자의 사망으로 약속의 효력이 발생하는 증여계약의 일종으로 수증자와의 의사의 합치가 있어야 하는 점에서 단독행위인 유증과 구별된다. ( )

2-1 유언자인 망인이 자신의 상속인인 여러 명의 자녀들에게 재산을 분배하는 내용의 유언을 하였으나 민법상 요건을 갖추지 못하여 유언의 효력이 부정되는 경우, 유언자인 망인과 일부 상속인 사이에서만 사인증여로서의 효력을 인정하여야 할 특별한 사정이 없는 이상 그와 같은 효력을 인정하는 판단에는 신중을 기해야 한다. ( )

판결요지

※ 1. '유증'과 '사인증여'의 구별 2. 망인이 단독행위로서 유증을 하였으나 유언의 요건을 갖추지 못하여 효력이 없는 경우, 유언자인 망인과 일부 상속인 사이에서만 사인증여로서의 효력을 인정할 때 고려할 사항

"[1] 유증은 유언으로 수증자에게 일정한 재산을 무상으로 주기로 하는 행위로서 상대방 없는 단독행위이다. 사인증여는 증여자가 생전에 무상으로 재산의 수여를 약속하고 증여자의 사망으로 약속의 효력이 발생하는 증여계약의 일종으로 수증자와의 의사의 합치가 있어야 하는 점에서 단독행위인 유증과 구별된다.

[2] 망인이 단독행위로서 유증을 하였으나 유언의 요건을 갖추지 못하여 효력이 없는 경우 이를 '사인증여'로서 효력을 인정하려면 증여자와 수증자 사이에 청약과 승낙에 의한 의사합치가 이루어져야 하는데, 유언자인 망인이 자신의 상속인인 여러 명의 자녀들에게 재산을 분배하는 내용의 유언을 하였으나 민법상 요건을 갖추지 못하여 유언의 효력이 부정되는 경우 유언을 하는 자리에 동석하였던 일부 자녀와 사이에서만 '청약'과 '승낙'이 있다고 보아 사인증여로서의 효력을 인정한다면, 자신의 재산을 배우자와 자녀들에게 모두 배분하고자 하는 망인의 의사에 부합하지 않고 그 자리에 참석하지 않았던 나머지 상속인들과의 형평에도 맞지 않는 결과가 초래된다. 따라서 이러한 경우 유언자인 망인과 일부 상속인 사이에서만 사인증여로서의 효력을 인정하여야 할 특별한 사정이 없는 이상 그와 같은 효력을 인정하는 판단에는 신중을 기해야 한다"(대판 2023.9.27. 2022다302237). **정답** ○

---

3 ★ 녹음에 의한 유언이 성립한 후에 녹음테이프나 녹음파일 등이 멸실 또는 분실된 경우 녹음의 내용을 증명하여 유언의 유효를 주장할 수 있다. ( )

3-1 변호사가 망인의 유언을 휴대전화로 녹음한 다음 녹음 원본파일을 망인의 상속인에게 카카오톡으로 전송한 후 삭제하였고, 유언 검인기일에는 녹음 사본파일만이 제출되어 유언검인조서가 작성된 경우, 유언 검인기일에 제출된 녹음 사본파일이 녹음 원본파일과 동일성이 있는 파일인 사실이 인정된다면, 망인의 유언이 민법 제1067조의 요건을 갖춘 것으로서 유효하다. ( )

3-2 서증사본의 신청 당사자가 문서 원본을 분실하였다든가, 선의로 이를 훼손한 경우, 문서제출명령에 응할 의무가 없는 제3자가 해당 문서의 원본을 소지하고 있는 경우, 원본이 방대한 양의 문서인 경우 등 원본 문서의 제출이 불가능하거나 곤란한 상황에서는 원본을 제출할 필요가 없지만, 그러한 경우라면 해당 서증의 신청당사자가 원본을 제출하지 못하는 것을 정당화할 수 있는 구체적 사유를 주장·증명하여야 한다. ( )

판결요지

※ 1. 녹음에 의한 유언이 성립한 후에 녹음테이프나 녹음파일 등이 멸실 또는 분실된 경우 녹음의 내용을 증명하여 유언의 유효를 주장할 수 있는지 여부(적극), 2. 원본의 존재 및 성립의 진정에 관하여 다툼이 있는 경우 서증으로서 사본 제출의 효과 및 서증 제출에 있어 원본 제출이 요구되지 않는 경우와 그 증명책임의 소재

"유언증서가 성립한 후에 멸실되거나 분실되었다는 사유만으로 유언이 실효되는 것은 아니고 이해관계인은 유언증서의 내용을 증명하여 유언의 유효를 주장할 수 있다(대판 1996.9.20. 96다21119). 이는 녹음에 의한 유언이 성립한 후에 녹음테이프나 녹음파일 등이 멸실 또는 분실된 경우에도 마찬가지이다.

문서의 제출은 원본으로 하여야 하는 것이고, 원본이 아니고 단순히 사본만으로 한 증거의 제출은 정확성의 보증이 없어 원칙적으로 부적법하므로, 원본의 존재 및 원본의 성립의 진정에 관하여 다툼이 있고 사본을 원본의 대용으로 하는 것에 대하여 상대방으로부터 이의가 있는 경우에는 사본으로써 원본을 대신할 수 없다. 반면에 사본을 원본으로서 제출하는 경우에는 그 사본이 독립한 서증이 되는 것이나 그 대신 이로써 원본이 제출된 것으로 되는 아니하고, 이때에는 증거에 의하여 사본과 같은 원본이 존재하고 그 원본이 진정하게 성립하였음이 인정되지 않는 한 그와 같은 내용의 사본이 존재한다는 것 이상의 증거가치는 없다. 다만, 서증사본의 신청 당사자가 문서 원본을 분실하였다든가, 선의로 이를 훼손한 경우, 문서제출명령에 응할 의무가 없는 제3자가 해당 문서의 원본을 소지하고 있는 경우, 원본이 방대한 양의 문서인 경우 등 원본 문서의 제출이 불가능하거나 곤란한 상황에서는 원본을 제출할 필요가 없지만, 그러한 경우라면 해당 서증의 신청당사자가 원본을 제출하지 못하는 것을 정당화할 수 있는 구체적 사유를 주장·증명하여야 한다(대판 2010.2.25. 2009다96403).

감정인의 감정 결과는 그 감정방법 등이 경험칙에 반하거나 합리성이 없는 등의 현저한 잘못이 없는 한 이를 존중하여야 한다"(대판 2023.6.1. 2023다217534). **정답** ○

유제 모두 **정답** ○

[사실관계] 변호사가 망인의 유언을 휴대전화로 녹음한 다음 녹음 원본파일을 망인의 상속인에게 카카오톡으로 전송한 후 삭제하였고, 유언 검인기일에는 녹음 사본파일만이 제출되어 유언검인조서가 작성된 경우, 대법원은 제반 사정에 비추어 유언 검인기일에 제출된 녹음 사본파일이 녹음 원본파일과 동일성이 있는 파일인 사실이 인정된다는 이유로 망인의 유언이 민법 제1067조의 요건을 갖춘 것으로서 유효하다고 판단한 원심을 수긍하여 상고를 기각하였다.

4 ★ 후견심판 사건에서 가사소송법 제62조 제1항에 따른 사전처분으로 후견심판이 확정될 때까지 임시후견인이 선임된 경우, 사건본인은 의사능력이 있는 한 임시후견인의 동의가 없이도 유언을 할 수 있다고 보아야 하고, 아직 성년후견이 개시되기 전이라면 의사가 유언서에 심신 회복 상태를 부기하고 서명날인하도록 요구한 민법 제1063조 제2항은 적용되지 않는다고 보아야 한다. ( )

판결요지

[1] 후견심판 사건에서 가사소송법 제62조 제1항에 따른 사전처분으로 후견심판이 확정될 때까지 임시후견인이 선임된 경우, 임시후견인의 동의가 없이도 사건본인이 유언을 할 수 있는지 여부(원칙적 적극) 및 아직 성년후견이 개시되기 전인 경우, 의사가 유언서에 심신 회복 상태를 부기하고 서명날인하도록 요구한 민법 제1063조 제2항이 적용되는지 여부(소극)

"[1] 가사소송법 제62조 제1항은 후견심판이 확정될 때까지 사건본인의 보호 및 재산의 관리·보전을 위하여 임시후견인 선임 등 사전처분을 할 수 있음을 정하였고, 가사소송규칙 제32조 제4항은 가사사건의 재판·조정 절차에 관한 필요한 사항에 대하여 대법원규칙으로 정하도록 한 위임 규정(가사소송법 제11조) 및 그 취지(가사소송규칙 제1조)에 따라 '가사소송법 제62조에 따른 사전처분으로 임시후견인을 선임한 경우, 성년후견 및 한정후견에 관한 사건의 임시후견인에 대하여는 특별한 규정이 없는 이상 한정후견인에 관한 규정을 준용한다.'고 정하였다.

가정법원은 피한정후견인에 대하여 한정후견인의 동의를 받아야 하는 행위를 정할 수 있고(민법 제13조 제1항), 피한정후견인이 한정후견인의 동의가 필요한 법률행위를 동의 없이 하였을 때는 이를 취소할 수 있다(같은 조 제4항). 한편 민법 제1060조는 '유언은 본법의 정한 방식에 의하지 아니하면 효력이 발생하지 아니한다.'고 정하여 유언에 관하여 엄격한 요식성을 요구하고 있으나, 피성년후견인과 피한정후견인의 유언에 관하여는 행위능력에 관한 민법 제10조 및 제13조가 적용되지 않으므로(민법 제1062조), 피성년후견인 또는 피한정후견인은 의사능력이 있는 한 성년후견인 또는 한정후견인의 동의 없이도 유언을 할 수 있다.

위와 같은 규정의 내용과 체계 및 취지에 비추어 보면, 후견심판 사건에서 가사소송법 제62조 제1항에 따른 사전처분으로 후견심판이 확정될 때까지 임시후견인이 선임된 경우, 사건본인은 의사능력이 있는 한 임시후견인의 동의가 없이도 유언을 할 수 있다고 보아야 하고, 아직 성년후견이 개시되기 전이라면 의사가 유언서에 심신 회복 상태를 부기하고 서명날인하도록 요구한 민법 제1063조 제2항은 적용되지 않는다고 보아야 한다"(대판 2022. 12. 1. 2022다261237)   정답 ○

5 ★ 공동상속인 중 특별수익을 받은 유류분권리자의 유류분 부족액을 산정할 때에는 유류분액에서 특별수익액과 순상속분액을 공제하여야 하고, 이때 공제할 순상속분액은 당해 유류분권리자의 '법정상속분'이 아니라 특별수익을 고려한 구체적인 상속분에 기초하여 산정하여야 한다.

23년 변호 (   )

판결요지

※ 공동상속인 중 특별수익을 받은 유류분권리자의 유류분 부족액을 산정할 때 유류분액에서 공제하여야 하는 순상속분액을 산정하는 방법

"유류분제도는 피상속인의 재산처분행위로부터 유족의 생존권을 보호하고 법정상속분의 일정 비율에 해당하는 부분을 유류분으로 산정하여 상속인의 상속재산형성에 대한 기여와 상속재산에 대한 기대를 보장하는 데 입법 취지가 있다. 유류분에 관한 민법 제1118조에 의하여 준용되는 민법 제1008조는 "공동상속인 중에 피상속인으로부터 재산의 증여 또는 유증을 받은 자가 있는 경우에 그 수증재산이 자기의 상속분에 달하지 못한 때에는 그 부족한 부분의 한도에서 상속분이 있다."라고 규정하고 있다. 이는 공동상속인 중 피상속인으로부터 재산의 증여 또는 유증을 받은 특별수익자가 있는 경우에 공동상속인들 사이의 공평을 기하기 위하여 그 수증재산을 상속분의 선급으로 다루어 구체적인 상속분을 산정함에 있어 이를 참작하도록 하려는 데 취지가 있다.

이러한 유류분제도의 입법 취지와 민법 제1008조의 내용 등에 비추어 보면, 공동상속인 중 특별수익을 받은 유류분권리자의 유류분 부족액을 산정할 때에는 유류분액에서 특별수익액과 순상속분액을 공제하여야 하고, 이때 공제할 순상속분액은 당해 유류분권리자의 특별수익을 고려한 구체적인 상속분에 기초하여 산정하여야 한다"(대판 2021. 8. 19. 2017다235791).   정답 ○

6 ★ 유류분권리자의 구체적인 상속분보다 유류분권리자가 부담하는 상속채무가 더 많은 경우, 그 초과분을 유류분액에 가산하여 유류분 부족액을 산정하여야 한다. 23년 변호 ( )

6-1 ★ 유언자가 임차권 또는 근저당권이 설정된 목적물을 특정유증하면서 유증을 받은 자가 임대차보증금반환채무 또는 피담보채무를 인수할 것을 부담으로 정한 경우, 특정유증으로 유류분권리자가 얻은 순상속분액은 없다고 보아 유류분 부족액을 산정하여야 하며, 특정유증을 받은 자가 임대차보증금반환채무 또는 피담보채무를 변제한 경우, 상속인에 대하여 구상권을 행사할 수 없고, 이러한 법리는 유증 목적물에 관한 임대차계약에 대항력이 있는지와 무관하게 적용된다. ( )

6-2 ★ 유언자가 임차권 또는 근저당권이 설정된 목적물을 특정유증한 경우, 유증을 받은 자가 임대보증금반환채무 또는 피담보채무를 인수할 것을 부담으로 정하여 유증한 것으로 볼 수 있다. ( )

6-3 ★ 망인이 유증 목적물에 관한 임대차보증금반환채무 또는 근저당권의 피담보채무를 부담하다가 사망한 경우 특정유증을 받지 못한 공동상속인인 A의 유류분 부족액 산정 시에는 유증 목적물에 관한 임대차보증금반환채무 또는 근저당권의 피담보채무는 당해 특정유증이 수증자 B에게 유증 목적물에 관한 임대차보증금반환채무 등을 인수할 것을 부담으로 정한 부담부 증여인지 여부에 따라 처리하여야 한다. ( )

[판결요지]

※ 망인이 유증 목적물에 관한 임대차보증금반환채무 또는 근저당권의 피담보채무를 부담하다가 사망한 경우, 유류분권리자의 유류분 부족액 산정 시 또는 수증자의 위 각 채무 변제에 따른 구상권 성립 여부 판단 시의 위 각 채무의 처리 기준

"[1] 유류분권리자의 유류분 부족액은 유류분액에서 특별수익액과 순상속분액을 공제하는 방법으로 산정하는데, 피상속인이 상속개시 시에 채무를 부담하고 있던 경우 유류분액은 민법 제1113조 제1항에 따라 피상속인이 상속개시 시에 가진 재산의 가액에 증여재산의 가액을 가산하고 채무의 전액을 공제하여 유류분 산정의 기초가 되는 재산액을 확정한 다음, 거기에 민법 제1112조에서 정한 유류분 비율을 곱하여 산정한다. 그리고 유류분액에서 공제할 순상속분액은 특별수익을 고려한 구체적인 상속분에서 유류분권리자가 부담하는 상속채무를 공제하여 산정하고, 이때 유류분권리자의 구체적인 상속분보다 유류분권리자가 부담하는 상속채무가 더 많다면 그 초과분을 유류분액에 가산하여 유류분 부족액을 산정하여야 한다.

[2] 유언자가 자신의 재산 전부 또는 전 재산의 비율적 일부가 아니라 일부 재산을 특정하여 유증한 특정유증의 경우에는, 유증 목적인 재산은 일단 상속재산으로서 상속인에게 귀속되고 유증을 받은 자는 유증의무자에 대하여 유증을 이행할 것을 청구할 수 있는 채권을 취득하게 된다. 유언자가 임차권 또는 근저당권이 설정된 목적물을 특정유증하면서 유증을 받은 자가 그 임대차보증금반환채무 또는 피담보채무를 인수할 것을 부담으로 정한 경우에도 상속인이 상속개시 시에 유증 목적물과 그에 관한 임대차보증금반환채무 또는 피담보채무를 상속하므로 이를 전제로 유류분 산정의 기초가 되는 재산액을 확정하여 유류분액을 산정하여야 한다. 이 경우 상속인은 유증을 이행할 의무를 부담함과 동시에 유증을 받은 자에게 유증 목적물에 관한 임대차보증금반환채무 등을 인수할 것을 요구할 수 있는 이익 또한 얻었다고 할 수 있으므로, 결국 그 특정유증으로 인해 유류분권리자가 얻은 순상속분액은 없다고 보아 유류분 부족액을 산정하여야 한다. 나아가 위와 같은 경우에 특정유증을 받은 자가 유증 목적물에 관한 임대차보증금반환채무 또는 피담보채무를 임차인 또는 근저당권자에게 변제하였다고 하더라도 상속인에 대한 관계에서는 자신의 채무 또는 장차 인수하여야 할 채무를 변제한 것이므로 상속인에 대하여 구상권을 행사할 수 없다고 봄이 타당하다. 위와 같은 법리는 유증 목적물에 관한 임대차계약에 대항력이 있는지 여부와 무관하게 적용된다.

[3] 유언자가 부담부 유증을 하였는지는 유언에 사용한 문언 및 그 외 제반 사정을 종합적으로 고려하여 탐구된

유언자의 의사에 따라 결정되어야 하는데, 유언자가 임차권 또는 근저당권이 설정된 목적물을 특정유증하였다면 특별한 사정이 없는 한 유증을 받은 자가 그 임대보증금반환채무 또는 피담보채무를 인수할 것을 부담으로 정하여 유증하였다고 볼 수 있다"(대판 2022.1.27. 2017다265884).　　　　　　　　　　　　　　　　　　　　　정답 ○

유제 모두　　　　　　　　　　　　　　　　　　　　　　　　　　　　　　　　　　　　　정답 ○

[사실관계] 망인으로부터 특정유증을 받지 못한 공동상속인들인 원고들이 수증자인 공동상속인 또는 제3자를 상대로 유류분반환 또는 상속회복을 구한 사안에서, 대법원은 유류분권리자의 유류분 부족액 산정 시 또는 수증자의 위 각 채무 변제에 따른 구상권 성립 여부 판단 시 유증 목적물에 관한 임대차보증금반환채무 또는 근저당권의 피담보채무는 당해 특정유증이 수증자에게 유증 목적물에 관한 임대차보증금반환채무 등을 인수할 것을 부담으로 정한 부담부 증여인지 여부에 따라 처리하여야 한다고 판단하여, 당해 임대차계약에 대항력이 있는지 여부에 따라 판단한 원심판결을 일부 파기환송하였다.

7 상속인이 피상속인으로부터 받은 증여가 모두 유류분반환의 대상인 특별수익이 되는 것은 아니고, 어떠한 생전 증여가 특별수익에 해당하는지는 생전 증여가 장차 상속인으로 될 사람에게 돌아갈 상속재산 가운데 그의 몫 일부를 미리 주는 것이라고 볼 수 있는지에 따라 판단된다. 따라서 유류분의 범위도 법정상속분의 일부로 제한되어 있다.　　　　　　　　　　　　　　　　( )

7-1 ★ 유류분의 통상적 반환방법은 원물반환이나, 증여나 유증 후 그 목적물에 관하여 제3자가 저당권이나 지상권 등의 권리를 취득한 경우에는, 유류분권리자가 원물반환 대신 그 가액의 반환을 구할 수 있다. 그럼에도 유류분권리자가 스스로 위험이나 불이익을 감수하면서 원물반환을 구하는 경우, 법원은 원물반환을 명하여야 한다.　　　　　　　　　　　　　　　　　( )

7-2 ★ 유류분반환의 범위를 산정하기 위하여 증여받은 재산의 시가를 산정할 때 기준이 되는 시기는 상속개시 당시이고, 어느 공동상속인 1인이 특별수익으로서 여러 부동산을 증여받아 그 증여재산으로 유류분 부족액을 반환하는 경우, 반환해야 할 증여재산의 범위는 특별한 사정이 없는 한 민법 제1115조 제2항을 유추적용하여 증여재산의 가액에 비례하여 안분하는 방법으로 정함이 타당하다. 다만, 증여 이후 수증자나 수증자로부터 증여재산을 양수받은 사람이 자기 비용으로 증여재산의 성상 등을 변경하여 상속개시 당시 그 가액이 증가되어 있는 경우, 그와 같은 변경이 있기 전 증여 당시의 성상 등을 기준으로 상속개시 당시 가액을 산정하여야 하고, 유류분 부족액 확정 후 증여재산별로 반환 지분을 산정할 때 기준이 되는 증여재산의 총가액은 상속개시 당시의 성상 등을 기준으로 산정하여야 한다.　　　　　　　　　　　　　　23년 2차모의 ( )

7-3 유류분권리자로 자녀 A와 B가 있고, 피상속인이 자녀 A에게만 10억 원의 부동산을 증여하고, 자녀 A가 자신의 비용으로 성상을 변경하여 그 가액이 20억 원이 되었으며, 상속재산과 상속채무는 없고, 자녀 B가 자녀 A를 상대로 유류분반환을 청구하는 경우(모든 가액은 상속개시시로 산정된 것임), ① 자녀 B의 유류분 부족액은 '10억 원 × 1/4 = 2억 5,000만 원'이라고 산정해야 하고 ② 자녀 A가 반환해야 할 부동산 지분은 '2억 5,000만 원 / 20억 원 = 2.5/20 지분)'이라고 산정해야 한다.　　　　　　　　　　　　　　　　　　　　　　　　　　　( )

판결요지

1. 유류분 제도의 헌법 위반 여부

"[1] 유류분제도에 관한 민법 제1112조, 제1113조, 제1118조와 제1008조가 피상속인의 재산처분의 자유와 수증자의 재산권을 과도하게 침해함으로써 헌법 제23조 제1항과 제37조 제2항에 위반된다고 할 수 없다. 그 이유는 다음과 같다.

유류분제도는 피상속인의 재산처분행위로부터 유족의 생존권을 보호하고 법정상속분의 일정 비율에 해당하는 부분을 유류분으로 산정하여 상속인의 상속재산 형성에 대한 기여와 상속재산에 대한 기대를 보장하는 데 그 목적이 있다. 민법 제1118조에 따라 준용되는 민법 제1008조는 공동상속인 중에 피상속인으로부터 재산의 증여 또는 유증을 받은 특별수익자가 있는 경우에 공동상속인 사이의 공평을 도모하기 위하여 수증재산을 상속분의 선급으로 다루어 구체적인 상속분을 산정하는 데 참작하도록 하려는 데 그 취지가 있다.

유류분제도가 피상속인이 생전에 자유롭게 처분하는 것을 원천적으로 막는 것은 아니다. 또한 공동상속인이 피상속인으로부터 받은 증여가 모두 유류분반환의 대상인 특별수익이 되는 것이 아니고, 어떠한 생전 증여가 특별수익에 해당하는지는 피상속인의 생전의 자산, 수입, 생활수준, 가정상황 등을 참작하고 공동상속인 사이의 형평을 고려하여 생전 증여가 장차 상속인으로 될 사람에게 돌아갈 상속재산 가운데 그의 몫 일부를 미리 주는 것이라고 볼 수 있는지에 따라 판단된다. 유류분의 범위도 법정상속분의 일부로 제한되어 있다.

따라서 유류분제도에 관한 민법 제1112조, 제1113조, 제1118조와 제1008조에 따라 피상속인의 재산처분 자유와 수증자의 재산권이 과도하게 침해된다고 보기 어렵다.

2. 유류분의 반환방법
[2] 민법은 유류분의 반환방법에 관하여 별도의 규정을 두고 있지 않다. 그러나 증여 또는 유증대상 재산 그 자체를 반환하는 것이 통상적인 반환방법이므로, 유류분권리자가 원물반환의 방법으로 유류분반환을 청구하고 그와 같은 원물반환이 가능하다면 특별한 사정이 없는 한 법원은 유류분권리자가 청구하는 방법에 따라 원물반환을 명하여야 한다.

증여나 유증 후 그 목적물에 관하여 제3자가 저당권이나 지상권 등의 권리를 취득한 경우에는 원물반환이 불가능하거나 현저히 곤란하므로, 반환의무자가 목적물을 저당권 등의 제한이 없는 상태로 회복하여 이전해 줄 수 있다는 등의 예외적인 사정이 없는 한 유류분권리자는 반환의무자를 상대로 원물반환 대신 그 가액의 반환을 구할 수 있다. 그러나 그렇다고 해서 유류분권리자가 스스로 위험이나 불이익을 감수하면서 원물반환을 구하는 것까지 허용되지 않는다고 볼 것은 아니므로, 그 경우에도 법원은 유류분권리자가 청구하는 방법에 따라 원물반환을 명하여야 한다.

3. 유류분반환 대상인 증여를 받은 이후 수증자가 비용을 지출하여 증여 목적물의 성상을 변경한 경우 유류분반환을 원물반환으로 명할 때 그 반환 지분의 산정 방법
[3] 유류분반환의 범위는 상속개시 당시 피상속인의 순재산과 문제 된 증여재산을 합한 재산을 평가하여 그 재산액에 유류분청구권자의 유류분비율을 곱하여 얻은 유류분액을 기준으로 산정하는데, 증여받은 재산의 시가는 상속개시 당시를 기준으로 산정해야 한다.

어느 공동상속인 1인이 특별수익으로서 여러 부동산을 증여받아 그 증여재산으로 유류분권리자에게 유류분 부족액을 반환하는 경우 반환해야 할 증여재산의 범위는 특별한 사정이 없는 한 민법 제1115조 제2항을 유추적용하여 증여재산의 가액에 비례하여 안분하는 방법으로 정함이 타당하다. 따라서 유류분반환 의무자는 증여받은 모든 부동산에 대하여 각각 일정 지분을 반환해야 하는데, 그 지분은 모두 증여재산의 상속개시 당시 총가액에 대한 유류분 부족액의 비율이 된다.

다만 증여 이후 수증자나 수증자로부터 증여재산을 양수받은 사람이 자기의 비용으로 증여재산의 성상(성상) 등을 변경하여 상속개시 당시 그 가액이 증가되어 있는 경우, 유류분 부족액을 산정할 때 기준이 되는 증여재산의 가액에 관해서는 위와 같이 변경된 성상 등을 기준으로 증여재산의 상속개시 당시 가액을 산정하면 유류분권리자에게 부당한 이익을 주게 되므로, 그와 같은 변경이 있기 전 증여 당시의 성상 등을 기준으로 상속개시 당시 가액을 산정해야 한다.

반면 유류분 부족액 확정 후 증여재산별로 반환 지분을 산정할 때 기준이 되는 증여재산의 총가액에 관해서는 상속개시 당시의 성상 등을 기준으로 상속개시 당시의 가액을 산정함이 타당하다. 이 단계에서는 현재 존재하는 증여재산에 관한 반환 지분의 범위를 정하는 것이므로 이와 같이 산정하지 않을 경우 유류분권리자에게 증여재산 중 성상 등이 변경된 부분까지도 반환되는 셈이 되어 유류분권리자에게 부당한 이익을 주게 되기 때문이다"(대판 2022. 2. 10. 2020다250783).

정답 ○

유제 모두

정답 ○

[**사실관계**] 유류분반환의무자가 피상속인으로부터 부동산을 증여받은 이후 비용을 지출하여 증여 목적물의 성상을 변경하고 이에 따라 그 가액이 증가된 경우, 유류분권리자들이 유류분반환으로서 원물반환을 청구하는 사안에서, 원심은 증여 목적물의 가액에 관하여, ① 유류분부족액 산정 시, 성상 변경 전의 증여 당시 성상을 기준으로 상속개시시 가액을 산정하였는데, ② 원물반환 지분 산정 시에도, 같은 기준으로 가액을 산정하였다. 그러나 대법원은 원심의 위 ① 부분 산정 방법에는 잘못이 없지만, ② 부분 산정 방법에는 잘못이 있다는 이유로 원심을 파기하였다. 대법원의 [3] 부분 판시 내용을 간단한 예로 들어 설명하면 다음과 같다. 유류분권리자로 자녀1, 2가 있고, 피상속인이 자녀1에게만 10억 원의 부동산을 증여하고, 자녀1이 자신의 비용으로 성상을 변경하여 그 가액이 20억 원이 되었으며, 상속재산과 상속채무는 없고, 자녀2가 자녀1을 상대로 유류분반환을 청구하는 상황을 가정할 경우(모든 가액은 상속개시시로 산정된 것임), ① 자녀2의 유류분 부족액은 '10억 원 × 1/4 = 2억 5,000만 원'이라고 산정해야 한다. ② 반면 자녀1이 반환해야 할 부동산 지분은 '2억 5,000만 원 / 20억 원 = 2.5/20 지분'이라고 산정해야 한다.

8 공동상속인 중에 피상속인으로부터 재산의 생전 증여로 민법 제1008조의 특별수익을 받은 사람이 있는 경우, 증여가 상속개시 1년 이전의 것인지 또는 당사자 쌍방이 유류분권리자에게 손해를 가할 것을 알고서 하였는지와 관계없이 증여를 받은 재산이 유류분 산정을 위한 기초재산에 산입된다. ( )

8-1 ★ 공동상속인이 다른 공동상속인에게 <u>무상으로 자신의 상속분을 양도</u>한 경우, 그 상속분이 양도인 사망으로 인한 상속에서 유류분 산정을 위한 기초재산에 산입된다. 23년 변호, 23년 법행 ( )

8-2 ★ 유류분 산정의 기초재산에 산입되는 증여에 해당하는지 여부를 판단할 때에는 피상속인의 재산 처분행위가 실질적인 관점에서 피상속인의 재산을 감소시키는 무상처분에 해당하는지 여부에 따라 판단하여야 한다. 23년 변호 ( )

판결요지

※ 공동상속인 중에 피상속인으로부터 재산의 생전 증여로 민법 제1008조의 특별수익을 받은 사람이 있는 경우, 증여가 상속개시 1년 이전의 것인지 또는 당사자 쌍방이 유류분권리자에게 손해를 가할 것을 알고서 하였는지와 관계없이 증여를 받은 재산이 유류분 산정을 위한 기초재산에 산입되는지 여부(적극) / 상속분 양도의 의미 및 공동상속인이 다른 공동상속인에게 무상으로 자신의 상속분을 양도한 경우, 그 상속분이 양도인 사망으로 인한 상속에서 유류분 산정을 위한 기초재산에 산입되는지 여부(적극)

"유류분에 관한 민법 제1118조에 따라 준용되는 민법 제1008조는 '특별수익자의 상속분'에 관하여 "공동상속인 중에 피상속인으로부터 재산의 증여 또는 유증을 받은 자가 있는 경우에 그 수증재산이 자기의 상속분에 달하지 못한 때에는 그 부족한 부분의 한도에서 상속분이 있다."라고 정하고 있다. 공동상속인 중에 피상속인으로부터 재산의 생전 증여로 민법 제1008조의 특별수익을 받은 사람이 있으면 민법 제1114조가 적용되지 않으므로, 그 증여가 상속개시 1년 이전의 것인지 여부 또는 당사자 쌍방이 유류분권리자에 손해를 가할 것을 알고서 하였는지 여부와 관계없이 증여를 받은 재산이 유류분 산정을 위한 기초재산에 산입된다.

상속분 양도는 상속재산분할 전에 적극재산과 소극재산을 모두 포함한 상속재산 전부에 관하여 공동상속인이 가지는 포괄적 상속분, 즉 상속인 지위의 양도를 뜻한다. 공동상속인이 다른 공동상속인에게 무상으로 자신의 상속분을 양도하는 것은 특별한 사정이 없는 한 유류분에 관한 민법 제1008조의 증여에 해당하므로, 그 상속분은 양도인의 사망으로 인한 상속에서 유류분 산정을 위한 기초재산에 산입된다고 보아야 한다. 그 이유는 다음과 같다.

유류분제도는 피상속인의 재산처분행위로부터 유족의 생존권을 보호하고 법정상속분의 일정비율에 해당하는 부분을 유류분으로 산정하여 상속인의 상속재산 형성에 대한 기여와 상속재산에 대한 기대를 보장하는 데 그 목적이 있다. 민법 제1118조에 따라 준용되는 민법 제1008조는 공동상속인 중에 피상속인으로부터 재산의 증여 또는 유증을 받은 특별수익자가 있는 경우에 공동상속인들 사이의 공평을 기하기 위하여 그 수증재산을 상속분의 선급으로 다루어 구체적인 상속분을 산정하는 데 참작하도록 하려는 데 그 취지가 있다.

이러한 유류분제도의 입법 목적과 민법 제1008조의 취지에 비추어 보면, 유류분 산정의 기초재산에 산입되는 증여에 해당하는지 여부를 판단할 때에는 피상속인의 재산처분행위의 법적 성질을 형식적·추상적으로 파악하는 데 그쳐서는 안 되고, 재산처분행위가 실질적인 관점에서 피상속인의 재산을 감소시키는 무상처분에 해당하는지 여부에 따라 판단하여야 한다.

다른 공동상속인으로부터 상속분을 양수한 공동상속인은 자신이 가지고 있던 상속분과 양수한 상속분을 합한 상속분을 가지고 상속재산분할 절차에 참여하여 그 상속분 합계액에 해당하는 상속재산을 분배해 달라고 요구할 수 있다. 따라서 상속분에 포함된 적극재산과 소극재산의 가액 등을 고려할 때 상속분에 재산적 가치가 있다면 상속분 양도는 양도인과 양수인이 합의하여 재산적 이익을 이전하는 것이라고 할 수 있다.

상속재산분할이 상속이 개시된 때 소급하여 효력이 있다고 해도(민법 제1015조 본문), 위와 같이 해석하는 데 지장이 없다"(대판 2021.7.15. 2016다210498).   정답 ○

유제 모두   정답 ○

9   ★ 피상속인이 상속개시 전에 재산을 증여하여 그 재산이 유류분반환청구의 대상이 된 경우, 수증자가 증여받은 재산을 상속개시 전에 처분하였거나 수용되었다면 민법 제1113조 제1항에 따라 유류분을 산정함에 있어서 그 증여재산의 가액은 증여재산의 현실 가치인 처분 당시의 가액을 기준으로 상속개시까지 사이의 물가변동률을 반영하는 방법으로 산정하여야 한다.   (   )

9-1 ★ 민법 제1113조 제1항은 "유류분은 피상속인의 상속개시시에 있어서 가진 재산의 가액에 증여재산의 가액을 가산하고 채무의 전액을 공제하여 이를 산정한다."라고 정하고 있는바, 여기서 증여재산은 상속개시시를 기준으로 산정하여야 하므로, 수증자가 증여재산을 상속개시 시까지 그대로 보유하고 있는 경우에는 그 재산의 상속개시 당시 시가를 증여재산의 가액으로 평가할 수 있다.
(   )

9-2 ★ 민법 제1113조 제1항은 "상속개시시에 있어서 가진 재산의 가액"이라고 규정하고 있을 뿐이므로, 상속개시시에 원물로 보유하고 있지 않은 증여재산에 대해서까지 그 재산 자체의 상속개시 당시 교환가치로 평가하라는 취지로 해석하여야 하는 것은 아니다. 따라서 상속개시 전에 증여재산이 처분되거나 수용된 경우 그 상태대로 재산에 편입시켜 유류분을 반환하도록 하는 것이 타당하다.   (   )

판결요지

※ 증여재산이 상속개시 전 처분 또는 수용된 경우, 유류분액 산정 시 증여재산의 가액산정 방법(= 증여재산의 현실 가치인 처분 당시의 가액을 기준으로 상속개시까지 사이의 물가변동률을 반영하는 방법으로 산정)

"민법 문언의 해석과 유류분 제도의 입법취지 등을 종합할 때 피상속인이 상속개시 전에 재산을 증여하여 그 재산이 유류분반환청구의 대상이 된 경우, 수증자가 증여받은 재산을 상속개시 전에 처분하였거나 수용되었다면 민법 제1113조 제1항에 따라 유류분을 산정함에 있어서 그 증여재산의 가액은 증여재산의 현실 가치인 처분 당시의 가액을 기준으로 상속개시까지 사이의 물가변동률을 반영하는 방법으로 산정하여야 한다.

구체적인 이유는 다음과 같다.

1) 민법 제1113조 제1항은 "유류분은 피상속인의 상속개시시에 있어서 가진 재산의 가액에 증여재산의 가액을 가산하고 채무의 전액을 공제하여 이를 산정한다."라고 정하고 있을 뿐 구체적인 가액산정 방법에 대하여는 규정을 두고 있지 않다. 따라서 증여재산의 가액산정 방법은 법원의 해석에 맡겨져 있다.

2) 민법 제1113조 제1항의 문언과 더불어 증여재산의 가액산정은 상속개시 당시 피상속인의 순재산과 문제된 증여재산을 합한 재산을 평가하여 유류분반환의 범위를 정하기 위함이라는 점 및 위 규정에서 증여재산의 가액을 가산하는 이유가 상속재산에서 유출되지 않고 남아 있었을 경우 유류분권리자가 이를 상속받을 수 있었을 것이라는 점에 근거를 두고 있는 점 등에 비추어, 증여재산은 상속개시시를 기준으로 산정하여야 한다(대판 2011.4.28. 2010다29409 판결 등 참조). 따라서 수증자가 증여재산을 상속개시 시까지 그대로 보유하고 있는 경우에는 그 재산의 상속개시 당시 시가를 증여재산의 가액으로 평가할 수 있다.

3) 이에 비하여 수증자가 상속개시 전에 증여재산을 처분하였거나 수용된 경우 그 재산을 상속개시시를 기준으로 평가하는 방법은 위의 경우와 달리 보아야 한다.

가) 민법 제1113조 제1항이 "상속개시시에 있어서 가진 재산의 가액"이라고 규정하고 있을 뿐이므로 상속개시시에 원물로 보유하고 있지 않은 증여재산에 대해서까지 그 재산 자체의 상속개시 당시 교환가치로 평가하라는 취지로 해석하여야 하는 것은 아니다. 따라서 상속개시 전에 증여재산이 처분되거나 수용된 경우 그 상태대로 재산에 편입시켜 유류분을 반환하도록 하는 것이 타당하다.

나) 대법원은 유류분반환에 있어서 증여받은 재산이 금전일 경우에는 그 증여받은 금액을 상속개시 당시의 화폐가치로 환산하여 이를 증여재산의 가액으로 봄이 상당하고, 그러한 화폐가치의 환산은 증여 당시부터 상속개시 당시까지 사이의 물가변동률을 반영하는 방법으로 산정하는 것이 합리적이라고 판시하였다(대판 2009.7.23. 2006다28126 판결 등 참조). 부동산 등 현물로 증여된 재산이 상속개시 전에 처분 또는 수용된 경우, 상속개시시에 있어서 수증자가 보유하는 재산은 수증자가 피상속인으로부터 처분대가에 상응하는 금전을 증여받은 것에 대하여 처분 당시부터 상속개시 당시까지 사이의 물가변동률을 반영하는 방법으로 상속개시 당시의 화폐가치로 환산한 것과 실질적으로 다를 바 없다.

4) 가) 유류분 제도는 피상속인의 재산처분행위로부터 유족의 생존권을 보호하고 법정상속분의 일정 비율에 해당하는 부분을 유류분으로 산정하여 상속인의 상속재산 형성에 대한 기여와 상속재산에 대한 기대를 보장하는 데 그 목적이 있지(헌법재판소 2010. 4.29. 선고 2007헌바144 결정 참조), 수증자가 피상속인으로부터 증여받은 재산을 상속재산으로 되돌리는 데 목적이 있는 것은 아니다. 증여재산이 상속개시 전에 처분되었음에도 그와 같이 이미 처분된 재산을 상속개시시의 시가로 평가하여 가액을 산정한다면, 수증자가 상속개시 당시 증여재산을 원물 그대로 보유하는 것으로 의제하는 결과가 된다.

나) 수증자가 재산을 처분한 후 상속개시 사이에 그 재산의 가치가 상승하거나 하락하는 것은 수증자나 기타 공동상속인들이 관여할 수 없는 우연한 사정이다. 그럼에도 상속개시시까지 처분재산의 가치가 증가하면 그 증가분만큼의 이익을 향유하지 못하였던 수증자가 부담하여야 하고, 감소하면 그 감소분만큼의 위험을 유류분청구자가 부

담하여야 한다면 상속인간 형평을 위하여 마련된 유류분제도의 입법취지에 부합하지 않게 된다.

다) 특히 이 사건과 같이 증여재산인 토지 일대에 개발사업이 시행된 결과 상속개시 전에 협의취득 또는 수용에 이른 경우 증여토지의 형상이 완전히 변모하고 개발사업의 진행 경과에 따라 가격의 등락이 결정되게 되는바, 이를 수증자나 다른 공동상속인들의 이익이나 손실로 돌리는 것은 부당하다. 정부의 부동산 정책과 개발사업에 따라 부동산 가액 변동성이 매우 큰 우리나라의 상황이 고려되어야 한다.

5) 가) 유류분 반환 범위는 상속개시시에 상속재산이 되었을 재산, 즉 그러한 증여가 없었다면 피상속인이 보유하고 있었을 재산이 기준이 된다.

나) 만약 피상속인이 재산을 보유하다가 자신의 생전에 이를 처분하거나 수용된 후 사망하였다면 재산 자체의 시가상승으로 인한 이익이 상속재산에 편입될 여지가 없다. 그런데 피상속인이 생전에 증여를 한 다음 수증자에 의하여 처분되거나 수용되었다고 하여 그 재산의 시가상승 이익을 유류분 반환대상에 포함시키도록 재산가액을 산정한다면 수증자의 재산 처분을 제재하는 것과 마찬가지가 된다"(대판 2023.5.18. 2019다222867).   정답 ○

유 제 모 두   정답 ○

[사실관계] 유류분반환청구 사건에서 피고가 증여받은 재산이 상속개시 전에 수용된 경우 그 재산의 가액산정 방법이 쟁점이 된 사안에서, 대법원은 위 법리에 따라 증여재산의 현실 가치인 처분 당시의 가액을 기준으로 상속개시까지 사이의 물가변동률을 반영하는 방법으로 증여재산의 가액을 산정하여야 한다고 판단하여, 이와 달리 상속이 개시된 때를 기준으로 증여재산의 가액을 산정한 원심을 일부 파기·환송하였다.

10 ★ 증여 당시 법정상속분의 2분의 1을 유류분으로 갖는 배우자나 직계비속이 공동상속인으로서 유류분권리자가 되리라고 예상할 수 있는 경우에, 제3자에 대한 증여가 유류분권리자에게 손해를 가할 것을 알고 행해진 것이라고 보기 위해서는, 당사자 쌍방이 증여 당시 증여재산의 가액이 증여하고 남은 재산의 가액을 초과한다는 점을 알았던 사정뿐만 아니라, 장래 상속개시일에 이르기까지 피상속인의 재산이 증가하지 않으리라는 점까지 예견하고 증여를 행한 사정이 인정되어야 하고, 이러한 당사자 쌍방의 가해의 인식은 증여 당시를 기준으로 판단하여야 하는데, 그 증명책임은 유류분반환청구권을 행사하는 상속인에게 있다.   (   )

10-1 ★ 피상속인이 공동상속인이 아닌 제3자를 보험수익자로 지정한 생명보험계약을 체결하거나 중간에 제3자로 보험수익자를 변경하여 제3자가 생명보험금을 수령하는 경우, 피상속인은 보험수익자인 제3자에게 유류분 산정의 기초재산에 포함되는 증여를 하였다고 봄이 타당하다. 또한 공동상속인이 아닌 제3자에 대한 증여이므로 민법 제1114조에 따라 보험수익자를 그 제3자로 지정 또는 변경한 것이 상속개시 전 1년간에 이루어졌거나 당사자 쌍방이 그 당시 유류분권리자에 손해를 가할 것을 알고 이루어졌어야 유류분 산정의 기초재산에 포함되는 증여가 있었다고 볼 수 있다. 이때 유류분 산정의 기초재산에 포함되는 증여 가액을 이미 납입한 보험료 총액 중 피상속인이 납입한 보험료가 차지하는 비율을 보험금액에 곱하여 산출한 금액으로 할 수 있다.   (   )

10-2 ★ 유류분권리자가 반환을 청구할 수 있는 '유류분 부족액'은 '유류분액'에서 유류분권리자가 받은 특별수익액과 순상속분액을 공제하는 방법으로 산정하는데, 유류분액에서 공제할 순상속분액은 특별수익을 고려한 구체적인 상속분에서 유류분권리자가 부담하는 상속채무를 공제하여 산정한다. 그리고 유류분권리자의 구체적인 상속분보다 그가 부담하는 상속채무가 더 많은 경우라도 유류분권리자가 한정승인을 한 때에는 순상속분액을 0으로 보아 유류분 부족액을 산정하여야 한다. (   )

판결요지

[1] 공동상속인이 아닌 제3자에 대한 증여 당시 법정상속분의 2분의 1을 유류분으로 갖는 배우자나 직계비속이 공동상속인으로서 유류분권리자가 되리라고 예상할 수 있는 경우, 위 증여가 유류분권리자에게 손해를 가할 것을 알고 행해진 것이라고 보기 위한 요건과 그 판단의 기준 시기(=증여 당시) 및 이에 관한 증명책임의 소재(=유류분반환청구권을 행사하는 상속인)

"[1] 공동상속인이 아닌 제3자에 대한 증여는 원칙적으로 상속개시 전의 1년간에 행한 것에 한하여 유류분반환청구를 할 수 있고, 다만 당사자 쌍방이 증여 당시에 유류분권리자에 손해를 가할 것을 알고 증여를 한 때에는 상속개시 1년 전에 한 것에 대하여도 유류분반환청구가 허용된다(민법 제1114조 참조). 증여 당시 법정상속분의 2분의 1을 유류분으로 갖는 배우자나 직계비속이 공동상속인으로서 유류분권리자가 되리라고 예상할 수 있는 경우에, 제3자에 대한 증여가 유류분권리자에게 손해를 가할 것을 알고 행해진 것이라고 보기 위해서는, 당사자 쌍방이 증여 당시 증여재산의 가액이 증여하고 남은 재산의 가액을 초과한다는 점을 알았던 사정뿐만 아니라, 장래 상속개시일에 이르기까지 피상속인의 재산이 증가하지 않으리라는 점까지 예견하고 증여를 행한 사정이 인정되어야 하고, 이러한 당사자 쌍방의 가해의 인식은 증여 당시를 기준으로 판단하여야 하는데, 그 증명책임은 유류분반환청구권을 행사하는 상속인에게 있다.

[2] 피상속인이 공동상속인이 아닌 제3자를 보험수익자로 지정한 생명보험계약을 체결하거나 중간에 제3자로 보험수익자를 변경하여 제3자가 생명보험금을 수령하는 경우, 이를 피상속인이 보험수익자인 제3자에게 유류분 산정의 기초재산에 포함되는 증여를 한 것으로 보기 위한 요건 및 이때 유류분 산정의 기초재산에 포함되는 증여 가액을 이미 납입한 보험료 총액 중 피상속인이 납입한 보험료가 차지하는 비율을 보험금액에 곱하여 산출한 금액으로 할 수 있는지 여부(원칙적 적극)

[2] 피상속인이 자신을 피보험자로 하되 공동상속인이 아닌 제3자를 보험수익자로 지정한 생명보험계약을 체결하거나 중간에 제3자로 보험수익자를 변경하고 보험회사에 보험료를 납입하다 사망하여 그 제3자가 생명보험금을 수령하는 경우, 피상속인은 보험수익자인 제3자에게 유류분 산정의 기초재산에 포함되는 증여를 하였다고 봄이 타당하다. 또한 공동상속인이 아닌 제3자에 대한 증여이므로 민법 제1114조에 따라 보험수익자를 그 제3자로 지정 또는 변경한 것이 상속개시 전 1년간에 이루어졌거나 당사자 쌍방이 그 당시 유류분권리자에 손해를 가할 것을 알고 이루어졌어야 유류분 산정의 기초재산에 포함되는 증여가 있었다고 볼 수 있다.

이때 유류분 산정의 기초재산에 포함되는 증여 가액은 피상속인이 보험수익자 지정 또는 변경과 보험료 납입을 통해 의도한 목적, 제3자가 보험수익자로서 얻은 실질적 이익 등을 고려할 때, 특별한 사정이 없으면 이미 납입된 보험료 총액 중 피상속인이 납입한 보험료가 차지하는 비율을 산정하여 이를 보험금액에 곱하여 산출한 금액으로 할 수 있다.

[3] 유류분 부족액을 산정할 때 유류분액에서 공제하여야 하는 순상속분액을 산정하는 방법 / 유류분권리자의 구체적인 상속분보다 그가 부담하는 상속채무가 더 많은 경우라도 유류분권리자가 한정승인을 한 때에는 순상속분액을 0으로 보아 유류분 부족액을 산정하여야 하는지 여부(적극)

[3] 유류분권리자가 반환을 청구할 수 있는 '유류분 부족액'은 '유류분액'에서 유류분권리자가 받은 특별수익액과 순상속분액을 공제하는 방법으로 산정하는데, 유류분액에서 공제할 순상속분액은 특별수익을 고려한 구체적인 상속분에서 유류분권리자가 부담하는 상속채무를 공제하여 산정한다. 이처럼 유류분액에서 순상속분액을 공제하는 것은 유류분권리자가 상속개시에 따라 받은 이익을 공제하지 않으면 유류분권리자가 이중의 이득을 얻기 때문이다. 유류분권리자의 구체적인 상속분보다 유류분권리자가 부담하는 상속채무가 더 많다면, 즉 순상속분액이 음수인 경우에는 그 초과분을 유류분액에 가산하여 유류분 부족액을 산정하여야 한다. 이러한 경우에는 그 초과분을 유류

분액에 가산해야 단순승인 상황에서 상속채무를 부담해야 하는 유류분권리자의 유류분액 만큼 확보해줄 수 있기 때문이다.

그러나 위와 같이 유류분권리자의 구체적인 상속분보다 유류분권리자가 부담하는 상속채무가 더 많은 경우라도 유류분권리자가 한정승인을 했다면, 그 초과분을 유류분액에 가산해서는 안 되고 순상속분액을 0으로 보아 유류분 부족액을 산정해야 한다.

유류분권리자인 상속인이 한정승인을 하였으면 상속채무에 대한 한정승인자의 책임은 상속재산으로 한정되는데, 상속채무 초과분이 있다고 해서 그 초과분을 유류분액에 가산하게 되면 법정상속을 통해 어떠한 손해도 입지 않은 유류분권리자가 유류분액을 넘는 재산을 반환받게 되는 결과가 되기 때문이다. 상속채권자로서는 피상속인의 유증 또는 증여로 피상속인이 채무초과상태가 되거나 그러한 상태가 더 나빠지게 되었다면 수증자를 상대로 채권자취소권을 행사할 수 있다"(대판 2022.8.11. 2020다247428). 정답 ○

유제 모두 정답 ○

---

11 공동상속인이 아닌 제3자에 대한 증여가 상속개시 1년 전에 한 것이라도 당사자 쌍방이 증여 당시에 유류분권리자에 손해를 가할 것을 알고 증여한 경우에는 그에 대한 유류분반환청구가 허용된다.
（　　）

11-1 ★ 증여 당시 법정상속분의 2분의 1을 유류분으로 갖는 배우자나 직계비속이 공동상속인으로서 유류분권리자가 되리라고 예상할 수 있는 경우에, 제3자에 대한 증여가 유류분권리자에게 손해를 가할 것을 알고 행해진 것이라고 보기 위해서는, 당사자 쌍방이 증여 당시 증여재산의 가액이 증여하고 남은 재산의 가액을 초과한다는 점을 알았던 사정뿐만 아니라, 장래 상속개시일에 이르기까지 피상속인의 재산이 증가하지 않으리라는 점까지 예견하고 증여를 행한 사정이 인정되어야 한다.
（　　）

11-2 유류분반환청구권은 유류분권리자가 상속의 개시와 반환하여야 할 증여 또는 유증을 한 사실을 안 때로부터 1년 내에 하지 아니하면 시효에 의하여 소멸한다. 이러한 유류분반환청구권 단기소멸시효의 기산점으로서 '반환하여야 할 증여 또는 유증을 한 사실을 안 때'는 증여 또는 유증이 있었다는 사실 및 그것이 반환하여야 할 것임을 안 때라고 해석하여야 한다.
（　　）

11-3 ★ 유류분권리자가 피상속인으로부터 그 소유 부동산의 등기를 이전받은 제3자를 상대로 등기의 무효 사유를 주장하며 소유권이전등기의 말소를 구하는 소를 제기하고 관련 증거를 제출하였으나, 오히려 증여된 것으로 인정되어 무효 주장이 배척된 판결이 선고되어 확정된 경우라면, 특별한 사정이 없는 한 그러한 판결이 확정된 때에 비로소 증여가 있었다는 사실 및 그것이 반환하여야 할 것임을 알았다고 보아야 한다.
（　　）

판결요지

※ 1. 유류분반환청구권 소멸시효 완성 여부 2. 유류분반환청구권의 범위

"공동상속인이 아닌 제3자에 대한 증여가 상속개시 1년 전에 한 것이라도 당사자 쌍방이 증여 당시에 유류분권리자에 손해를 가할 것을 알고 증여한 경우에는 그에 대한 유류분반환청구가 허용된다(민법 제1114조 참조). 증여 당시 법정상속분의 2분의 1을 유류분으로 갖는 배우자나 직계비속이 공동상속인으로서 유류분권리자가 되리라고 예상할 수 있는 경우에, 제3자에 대한 증여가 유류분권리자에게 손해를 가할 것을 알고 행해진 것이라고 보기 위해서는, 당사자 쌍방이 증여 당시 증여재산의 가액이 증여하고 남은 재산의 가액을 초과한다는 점을 알았던 사정

뿐만 아니라, 장래 상속개시일에 이르기까지 피상속인의 재산이 증가하지 않으리라는 점까지 예견하고 증여를 행한 사정이 인정되어야 한다(대판 2012.5.24. 2010다50809, 대판 2022.8.11. 2020다247428 등 참조).

유류분반환청구권은 유류분권리자가 상속의 개시와 반환하여야 할 증여 또는 유증을 한 사실을 안 때로부터 1년 내에 하지 아니하면 시효에 의하여 소멸한다(민법 제1117조). 이러한 유류분반환청구권 단기소멸시효의 기산점으로서 '반환하여야 할 증여 또는 유증을 한 사실을 안 때'는 증여 또는 유증이 있었다는 사실 및 그것이 반환하여야 할 것임을 안 때라고 해석하여야 한다(대판 2001.9.14. 2000다66430,66447, 2016.5.26. 2014다90140 등 참조)"(대판 2023.6.15. 2023다203894).

정답 ○

정답 ○

유제 모두

[사실관계] 망인이 조카인 피고에게 망인 소유의 이 사건 부동산을 증여하고 피고 앞으로 매매를 원인으로 한 소유권이전등기를 마쳐주고 사망하자, 망인의 배우자로서 유일한 상속인인 원고가 피고를 상대로 위 소유권이전등기가 무효인 명의신탁에 의한 것이라 주장하면서 그 말소를 구하는 선행 소송을 제기하였지만 망인이 피고에게 이 사건 부동산을 증여한 것으로 볼 여지가 충분하다는 내용의 원고 청구기각의 패소판결이 선고·확정되자, 피고를 상대로 이 사건 유류분반환청구의 소를 제기하였다.

원심은, 적어도 선행 소송 제1심판결이 선고되었을 당시부터는 유류분반환청구권 단기소멸시효가 진행되어 소멸시효가 완성되었다는 피고 항변을 배척하고, 이 사건 부동산 이외에 망인의 다른 적극적 상속재산이 없음을 전제로 이 사건 부동산의 1/2 지분에 관하여 소유권이전등기를 명하였다.

대법원은, 불법행위채권 단기소멸시효 기산점에 관하여, 손해배상책임을 인정하는 내용의 관련사건 제1심판결 선고 무렵이 아니라 그 판결이 확정된 때 비로소 피해자가 불법행위의 요건사실을 현실적·구체적으로 인식하였다고 볼 여지가 있다고 판단한 대판 2019.12.13. 2019다259371 판결을 참조판결로 인용하면서, <u>유류분권리자가 피상속인으로부터 그 소유 부동산의 등기를 이전받은 제3자를 상대로 등기의 무효 사유를 주장하며 소유권이전등기의 말소를 구하는 소를 제기하고 관련 증거를 제출하였으나, 오히려 증여된 것으로 인정되어 무효 주장이 배척된 판결이 선고되어 확정된 경우라면, 특별한 사정이 없는 한 그러한 판결이 확정된 때에 비로소 증여가 있었다는 사실 및 그것이 반환하여야 할 것임을 알았다고 보아야 한다</u>고 판시하고, 소멸시효항변을 배척한 원심의 판단을 수긍하였다.

또한 대법원은 유류분반환청구권의 범위와 관련하여, 원고가 이 사건 부동산 이외에 망인 사망 당시 망인 소유로 남아있던 다른 부동산을 상속하였기 때문에, 원고의 유류분 부족액을 산정함에 있어 '유류분 산정의 기초가 되는 재산액' 및 '원고의 순상속분액'에 원고의 위 적극적 상속재산을 포함시켜 유류분 부족액 범위를 산정해야 하고, 그 결과 원고의 유류분 부족액이 있고 피고에게 원물반환을 하도록 명한다면, 피고가 원고에게 반환해야 할 이 사건 부동산의 지분은 원고의 유류분 부족액을 이 사건 부동산의 상속개시 당시의 가액으로 나눈 비율이 되어야 한다고 판시하면서, 원고가 상속받은 적극재산이 있다는 사실을 간과하고 이를 고려하지 않은 채 원고의 유류분 부족액이나 반환 범위를 판단한 원심판결을 파기·환송하였다.

12 어떠한 생전 증여가 특별수익에 해당하는지는 피상속인의 생전의 자산, 수입, 생활수준, 가정상황 등을 참작하고 공동상속인들 사이의 형평을 고려하여 당해 생전 증여가 장차 상속인으로 될 자에게 돌아갈 상속재산 중 그의 몫의 일부를 미리 주는 것이라고 볼 수 있는지에 의하여 결정하여야 한다. ( )

12-1 ★ 피상속인이 특정한 상속인에게 한 생전 증여에 그 상속인의 특별한 부양에 대한 대가의 의미가 포함되어 있으면 그 생정 증여는 특별수익에서 제외될 수 있으며, 이때 특별한 부양에 대한 대가 의미가 포함되어 있는지는 당사자들의 의사보다는 사회통념에 따라 판단해야 한다. 23년 변호 ( )

[판결요지]

> ※ **특별한 부양 내지 기여에 대한 대가로 이루어진 생전 증여가 특별수익으로서 유류분반환의 대상이 되는지 여부(소극)**
>
> "유류분에 관한 민법 제1118조에 따라 준용되는 민법 제1008조는 '특별수익자의 상속분'에 관하여 "공동상속인 중에 피상속인으로부터 재산의 증여 또는 유증을 받은 자가 있는 경우에 그 수증재산이 자기의 상속분에 달하지 못한 때에는 그 부족한 부분의 한도에서 상속분이 있다."라고 정하고 있다. 이는 공동상속인 중에 피상속인으로부터 재산의 증여 또는 유증을 받은 특별수익자가 있는 경우에 공동상속인들 사이의 공평을 기하기 위하여 그 수증재산을 상속분의 선급으로 다루어 구체적인 상속분을 산정하는 데 참작하도록 하기 위한 것이다(대판 1996.2.9. 95다17885 판결 등 참조). 여기서 어떠한 생전 증여가 특별수익에 해당하는지는 피상속인의 생전의 자산, 수입, 생활수준, 가정상황 등을 참작하고 공동상속인들 사이의 형평을 고려하여 당해 생전 증여가 장차 상속인으로 될 자에게 돌아갈 상속재산 중 그의 몫의 일부를 미리 주는 것이라고 볼 수 있는지에 의하여 결정하여야 한다(대판 2011.12.8. 2010다66644 판결 등 참조).
>
> 따라서 피상속인으로부터 생전 증여를 받은 상속인이 피상속인을 특별히 부양하였거나 피상속인의 재산의 유지 또는 증가에 특별히 기여하였고, 피상속인의 생전 증여에 상속인의 위와 같은 특별한 부양 내지 기여에 대한 대가의 의미가 포함되어 있는 경우와 같이 상속인이 증여받은 재산을 상속분의 선급으로 취급한다면 오히려 공동상속인들 사이의 실질적인 형평을 해치는 결과가 초래되는 경우에는 그러한 한도 내에서 생전 증여를 특별수익에서 제외할 수 있다. 여기서 피상속인이 한 생전 증여에 상속인의 특별한 부양 내지 기여에 대한 대가의 의미가 포함되어 있는지 여부는 당사자들의 의사에 따라 판단하되, 당사자들의 의사가 명확하지 않은 경우에는 피상속인과 상속인 사이의 개인적 유대관계, 상속인의 특별한 부양 내지 기여의 구체적 내용과 정도, 생전 증여 목적물의 종류 및 가액과 상속재산에서 차지하는 비율, 생전 증여 당시의 피상속인과 상속인의 자산, 수입, 생활수준 등을 종합적으로 고려하여 형평의 이념에 맞도록 사회일반의 상식과 사회통념에 따라 판단하여야 한다. 다만 유류분제도가 피상속인의 재산처분행위로부터 유족의 생존권을 보호하고 법정상속분의 일정비율에 해당하는 부분을 유류분으로 산정하여 상속인의 상속재산 형성에 대한 기여와 상속재산에 대한 기대를 보장하는 데 그 목적이 있는 점(헌법재판소 2010.4.29. 2007헌바144 결정 참조)을 고려할 때, 피상속인의 생전 증여를 만연히 특별수익에서 제외하여 유류분제도를 형해화시키지 않도록 신중하게 판단하여야 한다"(대판 2022.3.17. 2021다230083,2021다230090).   정답 ○
>
> [유제]   정답 ×

13 ★ 어느 공동상속인이 다른 공동상속인에게 자신의 상속분을 무상으로 양도하는 것과 같은 내용으로 상속재산 분할협의가 이루어진 경우, 이에 따라 무상으로 양도된 것으로 볼 수 있는 상속분은 양도인의 사망으로 인한 상속에서 유류분 산정을 위한 기초재산에 포함된다.   23년 2차모의 (   )

13-1 공동상속인 중에 피상속인으로부터 재산의 생전 증여로 민법 제1008조의 특별수익을 받은 사람이 있으면 민법 제1114조가 적용되지 않으므로, 그 증여가 상속개시 1년 이전의 것인지 여부 또는 당사자 쌍방이 유류분권리자에 손해를 가할 것을 알고서 하였는지 여부와 관계없이 증여를 받은 재산이 유류분 산정을 위한 기초재산에 포함된다.   23년 2차모의 (   )

13-2 父 A의 사망으로 인한 상속에서 공동상속인인 母 B, 자녀들인 원고 C와 D 사이에 상속재산인 X부동산을 C가 단독으로 취득하는 내용의 상속재산 분할협의를 하였고, 母 B는 생전에 D에게 Y부동산을 증여하고 소유권이전등기를 마쳐 주었는데, 母의 사망 후 C가 D를 상대로 Y부동산에 관하여 유류분반환을 청구하는 소를 제기한 경우, X부동산에 대한 상속재산 분할협의는 실질적으로 母 B가 C에게 자신의 상속분을 무상으로 양도한 것과 같다고 볼 수 있으므로, 母 B가 상속재산 분할

협의에 따라 실질적으로 C에게 무상으로 양도하였다고 볼 수 있는 상속분은 母 B의 사망으로 인한 상속에서 유류분 산정을 위한 기초재산에 포함되어야 하고, 나아가 C의 유류분 부족액에서 C가 받은 특별수익으로서 공제되어야 한다. ( )

[판결요지]

※ 어느 공동상속인이 다른 공동상속인에게 자신의 상속분을 무상으로 양도하는 것과 같은 내용으로 상속재산 분할협의가 이루어진 경우, 이에 따라 무상으로 양도된 것으로 볼 수 있는 상속분은 양도인의 사망으로 인한 상속에서 유류분 산정을 위한 기초재산에 포함된다고 보아야 하는지 여부(적극)

"유류분에 관한 민법 제1118조에 따라 준용되는 민법 제1008조는 '특별수익자의 상속분'에 관하여 "공동상속인 중에 피상속인으로부터 재산의 증여 또는 유증을 받은 자가 있는 경우에 그 수증재산이 자기의 상속분에 달하지 못한 때에는 그 부족한 부분의 한도에서 상속분이 있다."라고 정하고 있다. 공동상속인 중에 피상속인으로부터 재산의 생전 증여로 민법 제1008조의 특별수익을 받은 사람이 있으면 민법 제1114조가 적용되지 않으므로, 그 증여가 상속개시 1년 이전의 것인지 여부 또는 당사자 쌍방이 유류분권리자에 손해를 가할 것을 알고서 하였는지 여부와 관계없이 증여를 받은 재산이 유류분 산정을 위한 기초재산에 포함된다.
공동상속인이 다른 공동상속인에게 무상으로 자신의 상속분을 양도하는 것은 특별한 사정이 없는 한 유류분에 관한 민법 제1008조의 증여에 해당하므로, 그 상속분은 양도인의 사망으로 인한 상속에서 유류분 산정을 위한 기초재산에 포함된다.
위와 같은 법리는 상속재산 분할협의의 실질적 내용이 어느 공동상속인이 다른 공동상속인에게 자신의 상속분을 무상으로 양도하는 것과 같은 때에도 마찬가지로 적용된다. 따라서 상속재산 분할협의에 따라 무상으로 양도된 것으로 볼 수 있는 상속분은 양도인의 사망으로 인한 상속에서 유류분 산정을 위한 기초재산에 포함된다고 보아야 한다"(대판 2021.8.19. 2017다230338). [정답] ○

[유제 전부] [정답] ○

[사실관계] 父 A의 사망으로 인한 상속에서 공동상속인인 母 B, 자녀들인 원고 C와 D 사이에 상속재산인 X부동산을 C가 단독으로 취득하는 내용의 상속재산 분할협의를 하였고, 母 B는 생전에 D에게 Y부동산을 증여하고 소유권이전등기를 마쳐 주었는데, 母의 사망 후 C가 D를 상대로 Y부동산에 관하여 유류분반환을 청구하는 소를 제기하였다.
원심은 상속재산 분할협의는 상속이 개시된 때 소급하여 효력이 발생하므로 母 B의 상속재산 X부동산에 대한 공유상태는 존재하지 않았던 것이 된다는 사정을 들어 'C가 상속재산 분할협의를 통해 X부동산 중 母 B의 상속분을 취득하였으므로 이를 유류분 산정의 기초재산에 포함시켜야 한다.'는 취지의 피고 D의 주장을 배척하였으나, 대법원은 X부동산에 대한 상속재산 분할협의는 실질적으로 母 B가 C에게 자신의 상속분을 무상으로 양도한 것과 같다고 볼 수 있으므로, 母 B가 상속재산 분할협의에 따라 실질적으로 C에게 무상으로 양도하였다고 볼 수 있는 상속분은 母 B의 사망으로 인한 상속에서 유류분 산정을 위한 기초재산에 포함되어야 하고, 나아가 C의 유류분 부족액에서 C가 받은 특별수익으로서 공제되어야 한다는 이유로, 원심을 파기한 사례

14 ★★ 피대습인이 생전에 피상속인으로부터 특별수익을 받은 경우 대습상속이 개시되었다고 하여 피대습인의 특별수익을 고려하지 않고 대습상속인의 구체적인 상속분을 산정한다면 대습상속인은 피대습인이 취득할 수 있었던 것 이상의 이익을 취득하게 된다. 따라서 피대습인이 대습원인의 발생 이전에 피상속인으로부터 생전 증여로 특별수익을 받은 경우 그 생전 증여는 대습상속인의 특별수익으로 봄이 타당하다. 23년 1차·2차모의, 24년 변호 ( )

14-1 ★ 공동상속인 중에 피상속인으로부터 재산의 생전 증여로 특별수익을 받은 사람이 있으면 그 증여가 상속개시 1년 이전의 것인지 여부 또는 당사자 쌍방이 유류분권리자에 손해를 가할 것을 알고서 하였는지 여부와 관계없이 증여를 받은 재산이 유류분 산정을 위한 기초재산에 산입된다. 그러나 피상속인으로부터 특별수익인 생전 증여를 받은 공동상속인이 상속을 포기한 경우에는, 그 증여가 상속개시 전 1년간에 행한 것이거나 당사자 쌍방이 유류분권리자에 손해를 가할 것을 알고 한 경우에만 유류분 산정을 위한 기초재산에 산입된다. 이러한 법리는 피대습인이 대습원인의 발생 이전에 피상속인으로부터 생전 증여로 특별수익을 받은 이후 대습상속인이 피상속인에 대한 대습상속을 포기한 경우에도 그대로 적용된다.   23년 법행, 21변호 (   )

14-2 피상속인의 아들인 甲은 피상속인으로부터 X토지를 증여를 받은 후 피상속인보다 먼저 사망하였다. 甲의 아들 乙은 甲을 상속하였고, 그 이후 피상속인이 사망하자 피상속인에 대한 상속은 포기하였다. 그 후 피상속인의 다른 자녀인 丙은 乙을 상대로 X토지에 대한 증여에 대하여 유류분반환을 청구하였다. 그러나 X토지에 대한 증여가 상속개시 전 1년 전에 이루어졌고, 증여 당시 피상속인과 甲이 丙에게 손해를 가할 것을 알고 있었다고 보기 어려우므로, X토지에 대한 증여는 유류분 산정을 위한 기초재산에 산입되지 않으므로 丙의 청구는 기각되어야 한다.   (   )

판결요지

1. 피대습자가 대습원인 발생 이전에 받은 특별수익을 대습상속인의 특별수익으로 볼 수 있는지 여부(적극),

"1. 민법 제1008조는 공동상속인 중에 피상속인으로부터 재산의 증여 또는 유증을 받은 특별수익자가 있는 경우에 공동상속인들 사이의 공평을 기하기 위하여 그 수증재산을 상속분의 선급으로 다루어 구체적인 상속분을 산정할 때 이를 참작하도록 하려는 데 그 취지가 있다(대판 1996.2.9. 95다17885 판결 등 참조). 피대습인이 생전에 피상속인으로부터 특별수익을 받은 경우 대습상속이 개시되었다고 하여 피대습인의 특별수익을 고려하지 않고 대습상속인의 구체적인 상속분을 산정한다면 대습상속인은 피대습인이 취득할 수 있었던 것 이상의 이익을 취득하게 된다. 이는 공동상속인들 사이의 공평을 해칠 뿐만 아니라 대습상속의 취지에도 반한다. 따라서 피대습인이 대습원인의 발생 이전에 피상속인으로부터 생전 증여로 특별수익을 받은 경우 그 생전 증여는 대습상속인의 특별수익으로 봄이 타당하다.

2. 피상속인으로부터 증여를 받은 상속인이 상속을 포기한 경우 유류분산정의 기초재산에 산입되는 증여의 범위를 판단할 때 민법 제1114조가 적용되는지 여부(적극)

2. 유류분에 관한 민법 제1118조는 민법 제1008조를 준용하고 있으므로, 공동상속인 중에 피상속인으로부터 재산의 생전 증여로 민법 제1008조의 특별수익을 받은 사람이 있으면 민법 제1114조가 적용되지 않고, 그 증여가 상속개시 1년 이전의 것인지 여부 또는 당사자 쌍방이 유류분권리자에 손해를 가할 것을 알고서 하였는지 여부와 관계없이 증여를 받은 재산이 유류분 산정을 위한 기초재산에 산입된다(대판 1996.2.9. 95다17885 판결 등 참조).

그러나 피상속인으로부터 특별수익인 생전 증여를 받은 공동상속인이 상속을 포기한 경우에는 민법 제1114조가 적용되므로, 그 증여가 상속개시 전 1년간에 행한 것이거나 당사자 쌍방이 유류분권리자에 손해를 가할 것을 알고 한 경우에만 유류분 산정을 위한 기초재산에 산입된다고 보아야 한다. 민법 제1008조에 따라 구체적인 상속분을 산정하는 것은 상속인이 피상속인으로부터 실제로 특별수익을 받은 경우에 한정되는데(대결 2012.4.16. 2011스191,192 결정 참조), 상속의 포기는 상속이 개시된 때에 소급하여 그 효력이 있고(민법 제1042조), 상속포기자는 처음부터 상속인이 아니었던 것이 되므로(대판 2011.6.9. 2011다29307 판결 등 참조), 상속포기자에게는 민법 제1008조가 적용될 여지가 없기 때문이다. 위와 같은 법리는 피대습인이 대습원인의 발생 이전에 피상속인으로부터 생전 증여로 특별수익을 받은 이후 대습상속인이 피상속인에 대한 대습상속을 포기한 경우에도 그대로 적용된다"(대판 2022.3.17. 2020다267620). **정답** ○   **유제 모두** **정답** ○

[사실관계] 피상속인의 아들인 甲이 피상속인으로부터 이 사건 증여를 받은 후 피상속인보다 먼저 사망하였고, 피고들(甲의 처와 아들)이 甲을 상속하였는데, 그 이후 피상속인이 사망하자 피고들이 피상속인에 대한 상속을 포기하였고, 피상속인의 다른 자녀들인 원고들은 피고들을 상대로 이 사건 증여에 대하여 유류분반환을 청구하였다. 원심은 공동상속인이 상속을 포기한 경우에는, '상속개시 전 1년 간에 행해진 증여 또는 유류분권리자에게 손해를 가할 것을 알고 한 증여만 유류분산정의 기초재산에 산입된다'는 민법 제1114조의 적용이 배제되지 않는다고 전제한 후, 이 사건 증여는 상속개시 전 1년 전에 이루어졌고, 이 사건 증여 당시 피상속인과 甲이 원고들에게 손해를 가할 것을 알고 있었다고 보기 어렵기 때문에, 이 사건 증여는 유류분 산정을 위한 기초재산에 산입되지 않는다는 이유로 원고들의 청구를 기각하였고, 대법원은 위와 같은 법리를 설시한 다음 원심의 판단을 수긍하였다.

[관련판례] ※ **피상속인으로부터 특별수익인 생전 증여를 받은 공동상속인이 상속을 포기한 경우, 민법 제1114조가 적용되는지 여부(적극)**

"유류분에 관한 민법 제1118조는 민법 제1008조를 준용하고 있으므로, 공동상속인 중에 피상속인으로부터 재산의 생전 증여로 민법 제1008조의 특별수익을 받은 사람이 있으면 민법 제1114조가 적용되지 않고, 그 증여가 상속개시 1년 전의 것인지 여부 또는 당사자 쌍방이 유류분권리자에 손해를 가할 것을 알고서 하였는지 여부와 관계없이 증여를 받은 재산이 유류분 산정을 위한 기초재산에 산입된다(대판 1996.2.9. 95다17885 판결 등 참조).

그러나 피상속인으로부터 특별수익인 생전 증여를 받은 공동상속인이 상속을 포기한 경우에는 민법 제1114조가 적용되므로, 그 증여가 상속개시 전 1년간에 행한 것이거나 당사자 쌍방이 유류분권리자에 손해를 가할 것을 알고 한 경우에만 유류분 산정을 위한 기초재산에 산입된다고 보아야 한다. 민법 제1008조에 따라 구체적인 상속분을 산정하는 것은 상속인이 피상속인으로부터 실제로 특별수익을 받은 경우에 한정되는데(대결 2012.4.16. 2011스191,192 결정 참조), 상속의 포기는 상속이 개시된 때에 소급하여 그 효력이 있고(민법 제1042조), 상속포기자는 처음부터 상속인이 아니었던 것이 되므로(대판 2011.6.9. 2011다29307 판결 등 참조), 상속포기자에게는 민법 제1008조가 적용될 여지가 없기 때문이다(대판 2022.3.17. 2020다267620 판결 참조)"(대판 2022.7.14. 2022다219465).

15 ★ 패륜적인 상속인의 유류분을 인정하는 민법 제1112조 제1호부터 제3호는 유류분상실사유를 별도로 규정하지 아니하였으므로 헌법에 위반된다(잠정적용 헌법불합치결정). 상속재산형성에 대한 기여나 상속재산에 대한 기대 등이 거의 인정되지 않는 피상속인의 형제자매에게까지 유류분을 인정하는 민법 제1112조 제4호 역시 헌법에 위반된다(단순위헌결정).　　　　(　)

15-1 ★ 기여분에 관한 민법 제1008조의2를 유류분에 준용하는 규정을 두고 있지 않은 민법 제1118조는 헌법에 위반된다(잠정적용 헌법불합치결정).　　　　(　)

[판결요지]

※ 가. 민법 제1112조, 제1113조, 제1114조, 제1115조, 제1116조, 제1118조에 따른 유류분제도의 입법목적의 정당성이 인정되는지 여부(적극) 나. 유류분상실사유를 별도로 규정하지 아니한 민법 제1112조 제1호부터 제3호 및 형제자매의 유류분을 규정한 민법 제1112조 제4호가 재산권을 침해하여 헌법에 위반되는지 여부(적극) 다. 유류분 산정에 관한 민법 제1113조, 유류분 산정 기초재산에 산입되는 증여의 범위에 관한 민법 제1114조 전문이 재산권을 침해하여 헌법에 위반되는지 여부(소극) 라. 해의에 의한 증여의 산입에 관한 민법 제1114조 후문 및 공동상속인 중 특별수익자의 상속분에 관한 민법 제1008조를 준용하는 민법 제1118조 부분이 재산권을 침해하여 헌법에 위반되는지 여부(소극) 마. 유류분 반환에 관한 민법 제1115조, 증여와 유증의 반환 순서에 관한 민법 제1116조, 그리고 대습상속에 관한 민법 제1001조, 제1010

조를 유류분에 준용하는 민법 제1118조 부분이 재산권을 침해하여 헌법에 위반되는지 여부(소극) 바. 기여분에 관한 민법 제1008조의2를 유류분에 준용하는 규정을 두지 아니한 민법 제1118조가 재산권을 침해하여 헌법에 위반되는지 여부(적극) 사. 형제자매의 유류분을 규정한 민법 제1112조 제4호에 대하여 단순위헌을, 유류분상실사유를 별도로 규정하지 아니한 민법 제1112조 제1호부터 제3호와 기여분에 관한 제1008조의2를 유류분에 준용하는 규정을 두지 아니한 민법 제1118조에 대하여 계속적용 헌법불합치결정을 각 선고한 사례

"가. 유류분제도는 피상속인의 재산처분행위로부터 유족의 생존권을 보호하고, 법정상속분의 일정비율에 상당하는 부분을 유류분으로 산정하여 상속재산형성에 대한 기여, 상속재산에 대한 기대를 보장하려는 데에 그 취지가 있고, 가족의 연대가 종국적으로 단절되는 것을 저지하는 기능을 가지는바, 입법목적의 정당성이 인정된다.

나. 유류분권리자와 유류분을 개별적으로 적정하게 입법하는 것이 현실적으로 매우 어려운 점, 법원이 구체적 사정을 고려하여 정하도록 하는 것은 법원의 과도한 부담 등을 초래할 수 있는 점 등을 고려하면, 민법 제1112조가 유류분권리자와 유류분을 획일적으로 규정한 것이 매우 불합리하다고 단정하기 어렵다. 그러나 <u>패륜적인 상속인의 유류분을 인정하는 것은 일반 국민의 법감정과 상식에 반한다고 할 것이므로, 민법 제1112조 제1호부터 제3호가 유류분상실사유를 별도로 규정하지 아니한 것은 불합리하고 기본권제한입법의 한계를 벗어나 헌법에 위반된다. 또한 상속재산형성에 대한 기여나 상속재산에 대한 기대 등이 거의 인정되지 않는 피상속인의 형제자매에게까지 유류분을 인정하는 민법 제1112조 제4호 역시 불합리하고 기본권제한입법의 한계를 벗어나 헌법에 위반된다.</u>

다. 민법 제1113조는 유류분권리자를 보호하는 한편, 공정하고 객관적인 유류분의 산정을 위한 것으로 수긍할 수 있고, 민법 제1114조 전문은 선의의 수증자를 보호하고 거래의 안전을 위한 것으로서 합리적이라 할 것이므로 위 조항들은 재산권을 침해하지 않는다.

라. 당사자 쌍방이 유류분권리자에게 손해를 가할 것을 알고 증여를 한 경우 그러한 증여는 더 이상 보호할 필요가 없으므로, 민법 제1114조 후문을 통해 거래의 안전보다 유류분권리자를 두텁게 보호하려는 입법자의 의사는 합리적이라고 할 수 있으며, 법원은 해의 요건을 엄격하게 해석하여 수증자가 불측의 피해를 보는 것을 방지하고 있다. 한편, 민법 제1008조를 유류분에 준용하는 민법 제1118조 부분은, 공동상속인들 사이의 공평을 기하기 위하여 그 수증재산을 상속분의 선급으로 다루어 구체적인 상속분이나 유류분을 산정함에 있어 이를 참작하도록 하려는 것으로, 유류분권리자를 보호하고 관계 당사자들의 이해관계를 합리적으로 조정하기 위한 것이라고 볼 수 있으므로 위 조항들은 재산권을 침해하지 않는다.

마. 민법 제1115조는 유류분 권리자의 보호와 함께 수증자의 이해관계 및 거래의 안전을 모두 고려하고 유류분반환의무자 사이의 공평하고 합리적인 부담을 도모하는 것으로 볼 수 있고, 민법 제1116조는 수증자의 신뢰보호 필요성이 수유자보다 큰 점을 고려하여 거래의 안전을 보호하려는 것으로서 불합리하다고 보기 어려우므로 위 조항들은 재산권을 침해하지 않는다. 또한 민법 제1001조, 제1010조를 유류분에 준용하는 민법 제1118조 부분은 대습상속인의 상속에 대한 기대를 보호하고 상속에서의 공평을 실현하고자 하는 이념을 유류분에도 적용하기 위한 것으로 합리성이 인정되므로 재산권을 침해하지 않는다.

바. <u>기여분에 관한 민법 제1008조의2를 유류분에 준용하는 규정을 두고 있지 않은 민법 제1118조는</u>, 피상속인을 오랜 기간 부양하거나 상속재산형성에 기여한 기여상속인이 기여의 대가로 받은 증여재산을 비기여상속인에게 반환하여야 하는 부당한 상황을 발생시키고, 기여상속인에게 보상을 하려고 한 피상속인의 의사를 부정하는 불합리한 결과를 초래하는 등 현저히 불합리하므로 기본권제한입법의 한계를 일탈하여 <u>헌법에 위반된다.</u>

사. 형제자매의 유류분을 규정한 민법 제1112조 제4호는 위헌결정을 통하여 재산권에 대한 침해를 제거함으로써 합헌성이 회복될 수 있으므로 단순위헌을 선언한다. 하지만 민법 제1112조 제1호부터 제3호와 기여분에 관한 제1008조의2를 유류분에 준용하는 규정을 두지 아니한 민법 제1118조에 대하여 위헌결정을 선고하여 효력을 상실시키면, 법적 혼란이나 공백 등이 발생할 우려가 있으므로, 위 조항들에 대하여는 2025. 12. 31.까지 계속적용을 명하는 헌법불합치결정을 선고하기로 한다."(헌재 2024.4.25. 2020헌가4 등). 정답 ◯ 유제 정답 ◯

재판관 이영진, 재판관 김기영, 재판관 문형배, 재판관 김형두의 민법 제1114조 후문 및 민법 제1118조 중 제1008조를 준용하는 부분에 관한 반대의견

민법 제1114조 후문 및 민법 제1118조 중 제1008조를 준용하는 부분으로 인하여 유류분반환의무자가 반환하여야 하는 증여재산의 규모가 지나치게 확대되고 유류분반환의무자에게 과도한 부담이 초래된다. 특히 증여재산의 가액은 원칙적으로 상속개시 당시를 기준으로 산정하므로, 물가상승률이나 부동산 시가상승률 등에 따라서 수증자는 증여 당시 재산의 가액보다 훨씬 더 많은 가액의 증여재산을 반환하여야 하는 불합리한 결과가 발생한다. 또한 피상속인이 수십 년 전에 행한 증여도 그 실질적인 효과가 부인됨으로써 법적 안정성이 크게 위협받게 되고, 단지 상속의 기대를 가지고 있었을 뿐이던 유류분권리자의 이익을 위하여 수증자 또는 제3자의 이익을 일방적으로 희생시키는 것은 형평에도 어긋난다. 따라서 위 조항들은 재산권을 침해하여 헌법에 위반되나, 위헌결정으로 인한 법적 혼란 및 공백을 방지하기 위하여 헌법불합치를 선고하는 것이 타당하다.

재판관 이영진, 재판관 김형두의 민법 제1112조에 관한 별개의견 및 민법 제1113조 제1항 및 제1115조 제1항에 관한 보충의견

피상속인의 사망 이후 배우자가 생존권을 보호받아야 할 필요성은 직계비속보다 더 절실하고, 피상속인을 부양하고 상속재산형성에 기여한 배우자가 상속에서 직계비속보다 우대를 받아야 하는 것은 당연하다. 그럼에도 민법 제1112조 제1호 및 제2호는 피상속인의 직계비속과 배우자의 유류분을 동일하게 규정하고 있는데, 이는 현저히 불합리하여 헌법에 위반된다.

한편, 민법 제1113조 제1항은 피상속인이 공익단체에 증여한 경우 또는 피상속인이 자신의 가업승계를 위하여 가업의 지분을 증여한 경우도 유류분 산정 기초재산에 산입하여 유류분반환의 대상이 되도록 함으로써 피상속인의 정당한 의사에 정면으로 배치되고, 공익에도 반하는 문제를 발생시킨다. 민법 제1115조 제1항은 유류분반환시 원물반환을 원칙으로 하므로, 부동산에 대한 유류분반환청구의 경우 매우 복잡한 법률관계를 발생시킨다. 이러한 문제의 해결을 위하여 민법 제1113조 제1항 및 제1115조에 제1항에 대한 입법개선을 촉구한다.

참조조문

※ **제1112조(유류분의 권리자와 유류분)** 상속인의 유류분은 다음 각호에 의한다.
1. 피상속인의 직계비속은 그 법정상속분의 2분의 1
2. 피상속인의 배우자는 그 법정상속분의 2분의 1
3. 피상속인의 직계존속은 그 법정상속분의 3분의 1
4. 피상속인의 형제자매는 그 법정상속분의 3분의 1

※ **제1118조(준용규정)** 제1001조, 제1008조, 제1010조의 규정은 유류분에 이를 준용한다.

※ **제1008조의2(기여분)**

①항 공동상속인 중에 상당한 기간 동거·간호 그 밖의 방법으로 피상속인을 특별히 부양하거나 피상속인의 재산의 유지 또는 증가에 특별히 기여한 자가 있을 때에는 상속개시 당시의 피상속인의 재산가액에서 공동상속인의 협의로 정한 그 자의 기여분을 공제한 것을 상속재산으로 보고 제1009조 및 제1010조에 의하여 산정한 상속분에 기여분을 가산한 액으로써 그 자의 상속분으로 한다. ②항 제1항의 협의가 되지 아니하거나 협의할 수 없는 때에는 가정법원은 제1항에 규정된 기여자의 청구에 의하여 기여의 시기·방법 및 정도와 상속재산의 액 기타의 사정을 참작하여 기여분을 정한다. ③항 기여분은 상속이 개시된 때의 피상속인의 재산가액에서 유증의 가액을 공제한 액을 넘지 못한다. ④항 제2항의 규정에 의한 청구는 제1013조제2항의 규정에 의한 청구가 있을 경우 또는 제1014조에 규정하는 경우에 할 수 있다.

판 례 색 인

판례색인

[헌법재판소 판결]

MEMO